本書爲國家社科基金項目"早期天師道文獻詞彙描寫研究"（09BYY043）

本書出版得到寧波市重點學科建設經費（中國語言文學）的資助

早期天師道文獻詞彙描寫研究

田啓濤　俞理明　著

浙江大学出版社
ZHEJIANG UNIVERSITY PRESS

圖書在版編目(CIP)數據

　　早期天師道文獻詞彙描寫研究／田啓濤,俞理明著
. —杭州:浙江大學出版社,2021.5
　　ISBN 978-7-308-21239-7

　　Ⅰ.①早… Ⅱ.①田…②俞… Ⅲ.①五斗米道－文
獻－古漢語－詞彙－研究－中國 Ⅳ.①B956.2②H131

　　中國版本圖書館 CIP 數據核字(2021)第 063407 號

早期天師道文獻詞彙描寫研究
田啓濤　俞理明　著

責任編輯	徐凱凱
責任校對	李瑞雪
封面設計	周　靈
出版發行	浙江大學出版社
	（杭州市天目山路 148 號　郵政編碼 310007）
	（網址:http://www.zjupress.com）
排　　版	浙江時代出版服務有限公司
印　　刷	浙江新華數碼印務有限公司
開　　本	710mm×1000mm　1/16
印　　張	38
字　　數	723 千
版 印 次	2021 年 5 月第 1 版　2021 年 5 月第 1 次印刷
書　　號	ISBN 978-7-308-21239-7
定　　價	88.00 元

序　言

　　詞彙是語言中變化最快的部分,每個時代的詞彙面貌都不相同,因此,對漢語詞彙的歷史研究,需要瞭解不同時代的不同語料。每個時代的詞彙都是相當巨大的系統,相對而言,出現在這個時代的文獻,其中所使用的詞彙成分,只能反映這個時代詞彙的某些側面。文獻對於詞彙成分的選用,具有抽樣的特點,任何一種應用性的文獻,都只能呈現這個時代詞彙的某些部分,而不是這個詞彙的全部。反過來看,一個時代所有文獻中保存的詞彙成分,未必能把這個時代所有出現過的詞彙成分都包括在內,文獻對於語言的反映和保存,總是隨機且不全面的。

　　就同一個時代而論,作爲語料,不同的文獻的價值不同,用語個性化程度越高、越有特點的文獻,越多保存當時語言中容易被忽視或遺漏的成分,因此,更應該受到關注。

　　六朝是道教興盛的時期,大量道教文獻的産生,記録了當時道教思想、道教傳播和道教活動的各個方面,其中既有大量表達道教專門概念的詞語,也有涉及反映普通人日常生活的一般詞語,反映了當時詞彙的一個特殊的側面。由於一些原因,對道教文獻的語言研究相對滯後,本項研究選擇了六朝時期的十種天師道文獻作爲考察對象,可以彌補六朝道經詞彙研究中的部分不足。

　　詞彙作爲語言的基本使用單位,是語言中變化最快、最容易感知的部分,因此,詞彙中出現的各種變化和特殊現象是語言研究中最容易引起關注的部分。文獻中疑難字詞的訓釋,詞彙發展中出現的新詞、新義、新用法,都是研究的熱點。不過,要完全瞭解一個時代的詞彙,還需要對這個時代的詞彙有一個宏觀的把控,因爲,再多數量的個案研究也不能代替對詞彙的整體觀察。從宏觀的角度來看,我們需要瞭解詞彙中變化的部分,也需要瞭解詞彙中穩定不變的部分——須知,語言中穩定不變的部分,才是語言應用的基礎,它能保障語言溝通作用的正常發揮和代代傳承。

本項研究嘗試在一般歷史詞彙研究的基礎上,立足於宏觀的角度,對詞彙研究作一些探索,具體有以下幾個方面:

一,全面描寫目標文獻中的詞彙成分,即把早期天師道十種文獻中所有的詞彙成分都提取出來,作爲考察的對象,再據詞義給每個詞目立項,多義詞則分析爲多個詞項。

在此基礎上,利用歷史語料庫,觀察每個詞項(每個詞的每個意義)的産生年代,並按不同的歷史階段歸類處理。這樣,我們就可以瞭解,在目標文獻的全部用詞中,包含的不同歷史層次,觀察時間對詞彙變化的影響。

對於"描寫",各家認識不同。本項研究認爲描寫就是從特定角度出發,對限定材料中的每一個成分進行觀察分析,並把這一結果全部陳列出來,供參考核對,而不是一些概括、籠統却無可核查的資料。

二,對描寫的對象展開統計,統計包括多個方面,如天師道十種文獻,一共使用了多少個詞,有多少個詞項,其中單義詞項有多少,雙義、三義、四義等多義詞項各有多少,這樣,我們就瞭解了目標文獻中詞彙的個體數量和大致面貌。

但是,詞彙的個體之間在語用中的活躍程度會有很大的差異,有的詞彙成分非常活躍,使用率高;有的則偶或一用,甚至僅此一現。因此,有必要瞭解不同詞彙個體的活躍程度,統計每個詞項的使用率,觀察它們的活躍程度,或者叫"活性"。

詞彙個體的使用率也有一定的隨機性,部分詞語在某些語境中可能被反復提及,導致看來重復率很高的詞,其實只見於某一種或少數文獻。而有些使用率不太高的詞,却能夠在很多種文獻中出現。如果把每一種文獻都看作是一個交際的場合,那麼,不同的詞所能出現的交際場合是有差異的。有些詞的使用面廣,可以在不同的場合中使用;有些詞的使用,容易受交際環境的約束,離開特定環境就不易被使用。因此,詞彙的分布率也是一個需要觀察的變數,這反映了詞彙成分在不同交際語境中的適宜程度。本項研究因此統計了每個詞項在十種天師道文獻中出現的幾率,觀察它們的分布率或語境適宜度。

三,對統計材料的分析,是統計的目的。簡單地把各類資料作歸納、總結不是統計的目的,需要對資料中蘊含的詞彙歷史變化作深入挖掘。本項研究在漢語詞彙複音化和詞在詞彙中的地位這兩個方面作了深入的挖掘。

漢語詞彙的複音化,是漢語用詞中複音詞數量不斷增加的過程。我們可以通過不同文獻中複音詞的數量增長,感受到這一變化。但由於對複音化的瞭解不夠深入,有時研究分析的結果跟閱讀者的語感發生矛盾,一些統計顯示複音化程度很高的文獻,在閱讀時卻仍給人以單音詞彙爲主的感覺,原因就是:統計只考慮了詞彙個體的數量,沒有考慮詞彙的使用率。實際上,對複音化的觀察,不僅需要考慮詞彙中單音詞和複音詞的數量及使用率,更需要從詞彙更替的角度,從新生詞彙成分的複音率、新生詞彙成分的使用率等多個角度作觀察,由此瞭解到,漢語詞彙的複音化其實是一個從局部到整體的漸變過程。從不同的角度來看這個過程,會有不同的感受,因此,要綜合不同的角度作出整體的判斷,對此,本項研究提供了一個分析樣本。

詞彙的宏觀觀察,除了複音化的考察,還可以從另一個角度展開。我們根據詞彙成分在時間和空間分布上的差異,按產生時代的早晚和使用面的廣狹,把詞彙分爲四個層次:基本層、常用層、局域層、邊緣層。每個詞彙成分,都在這四個層次中占有一個位置。本項研究依據上述詞彙分層思路,通過描寫和統計,對天師道十種文獻中的所有詞彙成分作量化處理,由此確定每個詞在當時詞彙各層次中的地位,也爲進一步觀察詞彙的整體變化提供基礎。

漢語詞彙的研究,不僅需要有大量個體性的考察,也需要有宏觀的整體把握,而宏觀的研究不僅需要高瞻遠矚的觀察分析,更需要在大量雜亂繁瑣的表象中,一點一滴地耐心梳理。本項目在 2009 年夏獲國家社科基金項目立項,其時恰逢田啓濤由碩士陞博士,就由他以此項目展開具體工作。從研究文本的標點、斷詞入手,到確定各詞的義項、考察各義項產生時代再據之分類、分析,在克服重重困難之後,終於如期完成本研究。

本研究以無遺漏、無重疊的描寫爲基本方法,大量的材料陳列非常枯燥乏味,可讀性差。但研究的科學性講究有理有據,充分的材料陳列讓文中的每一個論點、每一個資料都可以在文中得到支撐,而不是以作者一面之詞立論。犧牲可讀性來換取可靠性,得失之間,希望能够得到讀者更多的理解。同時,作爲一種探索或嘗試,本研究希望能爲這方面的工作起壘石鋪路的作用。

俞理明

2021 年 3 月

目　録

緒　論

第一节　中古道經的語料價值

漢語詞彙語法的歷史研究中，通常把漢末魏晉南北朝稱爲中古時期，這是漢語歷史研究中比較薄弱的環節。造成這個情况的原因，不僅是這方面研究起步較晚，也是這一階段語料比較複雜。

中古時期的漢語語料，除了作爲社會主流的世俗儒生、文士的著述，還有一批數量可觀，在文體、用語和内容等方面受文言影響較小、更具新創性、更多地反映當時漢語變化的宗教文獻，包括以譯經爲主的佛教文獻和中國道教人士創作的道經。從二十世紀八十年代以來，這方面的材料受到較高程度的關注，其中佛經用語的研究進展較大，成果可觀，但是，道經語言研究却舉步維艱。造成這方面困難的原因，首先是語料問題。現存可以系統采用的道經資料主要來自《道藏》，但今存《道藏》只有一個版本，就是編纂於明代的《正統道藏》，近年來雖有出版社組織標點排印《中華道藏》，但過於倉促，排校錯誤太多，不足憑信。比較之下，佛藏自宋代以來歷代都有刻版，形成了十多個版本，並且有像《大正藏》那樣幾個經過整理排印的版本，以及采用善本匯纂影印並核校的《中華大藏經》。其次，道經創作有近兩千年的歷史，但早期道經，除了《抱朴子》等少數道經標寫了可靠的作者和時代，大多没有標明作者時代，或者所標的作者時代不可信，難於在漢語史研究中作時間定位。這兩個原因，使得從漢語史的角度利用道經文獻，十分困難。

儘管如此，十多年來，仍有不少學者在積極從事這方面的探索，一些道教文獻，如《太平經》《抱朴子》《真誥》《周氏冥通記》和上清派諸經、敦煌出土道經等，都受到相當程度的關注，成爲專題研究的對象，也取得了可喜的成果。不過，從整體上看，這方面的研究還處在起步和探索的階段，需要在理論和方法上作深入探討。

對於漢語史的研究來説,道教文獻的用語有兩個方面的價值:一方面,道教用語是漢語的一個部分,道教長期影響中國社會,因此,那些出於宗教需要而創造的道教用語,不但服務於道教本身,也會有一部分影響全民,需要我們從道教的文獻中去尋根;另一方面,道教作爲當時的民間宗教,它的文獻寫作,不同於具有典範意義的文人的作品,其中采用了一些當時的日常用語,較多地反映當時漢語使用的情況,這對資料有限的中古漢語研究尤其重要。

從作者与道教活動的關係的角度來看,道經大體可以分爲兩類:一是道教理論家的個人著述,這些著述大多基於少數或個別道教知識分子的理論探討,雖然這些著作面世後也被道教團體的組織者和信仰者所尊奉,但它們的創作並不直接依託民間的道教活動,書齋氣比較重;另一部分道教文獻,它們是直接爲滿足民間的道教活動需求而産生,跟道教團體的日常宗教活動和道教組織的日常管理息息相關,具有强烈的實踐色彩。兩類文獻同屬道教,當然也不乏密切的聯繫,但是,由於作者和寫作目的的差異,其中的内容和反映的語言事實存在很大的不同。前者反映的是進入道教之後的文人用語因語境的變化而出現的變異;後者則更多地反映了當時俚俗間的一般用語和道教日常生活中的用語。我們有必要對這些道教文獻中的用語給予足夠的關注。

本項研究從用語的通俗性、源始性和研究材料開發程度三個角度,選擇早期天師道文獻作爲基礎材料。

第二节　早期天師道及其文獻

2.1　早期天師道

道教是我國土生土長的宗教,也是中華文化的重要組成部分。魯迅説:"前曾言中國根柢全在道教,此説近頗廣行。以此讀史,有許多問題可以迎刃而解。"①卿希泰指出:"道教是中國社會歷史發展和道家自身衍變的産物,是

①　1918 年 8 月 20 日《致許壽裳的信》,《魯迅書信集》,北京:人民文學出版社,1976 年,第 18 頁。

黃老思潮結合神仙思想、陰陽術數、鬼神觀念,並吸取宗天神學、讖緯神學而由'道'統率的龐雜的思想體系。"①日本學者酒井忠夫甚至認爲:"作爲中國人或中國民衆的一般文化,道教比儒教更具代表性。"②道教深深植根於華夏文明沃土之中,從醞釀初創到發展成熟,經歷了漫長的過程,至東漢中後期才真正發展成爲一種完整的宗教形態,出現了太平道、天師道兩個影響較大的道教組織。其中,太平道崇奉《太平經》,在漢末因爲組織黃巾起義遭受鎮壓,它的教派和所崇奉的文獻《太平經》的流布傳承都被迫中止了,天師道則在漢代以後得到廣泛的傳播。

天師道又名正一道、五斗米道,等等,是東漢張陵在蜀地創立的道教流派,歷史文獻中多有記載:

《隸釋》卷十一《巴郡太守樊敏碑》:"季世不詳[祥],米巫虐。"

《三國志·魏志·張魯傳》:"(魯)祖父陵客蜀,學道鶴鳴山中,造作道書以惑百姓,從受道者出五斗米,故世號米賊。"裴松之注引魚豢《典略》:"熹平中,妖賊大起,三輔有駱曜。光和中,東方有張角,漢中有張修③。駱曜教民緬匿法,角爲太平道,修爲五斗米道。"

---

① 卿希泰主編:《中國道教史》,成都:四川人民出版社,1988 年,第 84 頁。

② (日)福井康順等監修,朱越利等譯:《道教》(第一冊),序言,上海:上海古籍出版社,1990 年,第 1 頁。

③ 關於張修在五斗米道中的地位,學術界存在諸多討論。除了上面我們引述《三國志·魏志·張魯傳》裴松之注引《典略》關於張修的記載,還有《後漢書·靈帝紀》:"秋七月,巴郡妖巫張修反,寇郡縣。"李賢注引劉艾《紀》曰:"時巴郡巫人張修療病,愈者雇以米五斗,號爲'五斗米師'。"所以,一些學者對於"三張"的傳承譜系提出質疑。呂思勉認爲:"張修事蹟信而有徵,張魯增飾其法,諱自所出,自謂受諸父祖。"(呂思勉:《道教起源雜考》,《齊魯學報》1941 年第 2 期,後收入氏著:《秦漢史》,上海:上海古籍出版社,1983 年,第 830 頁)任繼愈也認爲:"'三張'傳道世系是張魯自爲師君後製造出來的,一是用以抹殺張修的辦教功績,消除他在教內的影響;二是用以張大自己的門庭,樹立張氏家族在教內的權威。"(任繼愈:《中國道教史》,上海:上海人民出版社,1990 年,第 37 頁)李剛認爲:"張修建立了五斗米道的宗教組織形式,規定了米道的宗教經典,實施了米道的早期宗教儀式,他是米道的創始人之一,也是道教的創始人之一。"(李剛:《張修在道教史上的地位》,《四川大學學報叢刊》第 25 輯《宗教學研究論集》,1985 年。後收入李後強主編:《瓦屋山道教文化》,成都:四川民族出版社,2000 年,第 293 頁)劉屹說:"張修作爲五斗米道起事的首領還見於《典略》等較早的記載,因而其事蹟的真實性是無可懷疑的。"(劉屹:《敬天與崇道——中古經教道教形成的思想史背景》,北京:中華書局,2005 年,第 549—550頁)卿希泰認爲:"張修這一支也許是獨立於三張祖孫一系的另一支民間道教勢力,因教法相同,故世人統稱爲'五斗米道'。"(卿希泰主編:《中國道教史》,成都:四川人民出版社,1988 年,第 178 頁)

《華陽國志·漢中志》:"其供道限出五斗米,故世謂之米道。"①

可以看出,"五斗米道""米道"或"米巫""米賊"是教外人士對"天師道"的稱呼,道中之士自稱爲"天師道"或"正一道"。"天師""正一"的名稱由來甚久,《隸續》卷三《米巫祭酒張普題字》載:"熹平二年三月一日,天表鬼兵胡九□□,仙歷道成,玄施延命,道正一元,布於伯氣,定召祭酒張普,萌生王盛、黄長、楊奉等,詣受微經十二卷。祭酒約,施天師道,法無極耳。"其中就有"正一""天師道"的記載。卿希泰先生說:"今可斷爲保存了張陵原作的《正一法文經章官品》,亦有'正一''天師'之名。"②

早期天師道作爲一種成熟的宗教形式,有着鮮明的宗教特點:

《三國志·魏志·張魯傳》:"魯遂據漢中,以鬼道教民,自號'師君'。其來學道者,初皆名'鬼卒'。受本道已信,號'祭酒'。各領部衆,多者爲治頭大祭酒。皆教以誠信不欺詐,有病自首其過,大都與黄巾相似。諸祭酒皆作義舍,如今之亭傳。又置義米肉,縣於義舍,行路者量腹取足;若過多,鬼道輒病。犯法者,三原之,然後乃行刑。不置長吏,皆以祭酒爲治,民夷便樂之。"裴松之注引魚豢《典略》:"熹平中,妖賊大起,三輔有駱曜;光和中,東方有張角,漢中有張修。駱曜教民緬匿法,角爲太平道,修爲五斗米道。太平道者,師持九節杖爲符祝,教病人叩頭思過,因以符水飲之,得病或日淺而愈者,則云此人通道,其或不愈,則爲不通道。修法略與角同,加施靜室,使病者處其中思過。又使人爲奸令祭酒,祭酒主以老子五千文,使都習,號爲奸令。爲鬼吏,主爲病者請禱。請禱之法,書病人姓名,說服罪之意。作三通,其一上之天,著山上,其一埋之地,其一沉之水,

---

① 關於"五斗米"得名之由還有另外兩種說法:一,崇拜五方星斗說,清代沈曾植《海日樓札叢》卷六"五斗":"若《度人經》'東斗主算,西斗記名,北斗落死,南斗上生,中斗大魁,總監群靈'。……五斗米道,其即以此爲正義歟?"(沈曾植:《海日樓札叢》,北京:中華書局,1962年,第230—231頁)卿希泰說:"五斗米道的命名,可能與崇拜五方星斗有關。"(卿希泰:《有關五斗米道的幾個問題》,《中國哲學》,1980年第4輯。後收入氏著:《道教文化新探》,成都:四川人民出版社,1988年,第154頁)二,西南少數民族的族稱說。王家祐《張陵五斗米道與西南民族》:"'米'即'彌戎'之彌,亦即《十六國春秋》所說:'岩渠古賨國'姓羋。……'五斗'初亦族之稱呼。如:'五擔''五都''五荼'皆夷族名也。"(見《貴州民族研究》,1983年第4期,第150頁)

② 卿希泰主編:《中國道教史》,成都:四川人民出版社,1988年,第149頁。

謂之三官手書。使病者家出米五斗以爲常，故號曰五斗米師。實無益於治病，但爲淫妄，然小人昏愚，競共事之。後角被誅，修亦亡。及魯在漢中，因其民信行修業，遂增飾之。教使作義舍，以米肉置其中以止行人；又教使自隱，有小過者，當治道百步，則罪除；又依《月令》，春夏禁殺；又禁酒。流移寄在其地者，不敢不奉。"

《華陽國志·漢中志》："初平中，以魯爲督義司馬，住漢中，斷谷道。魯既至，行寬惠，以鬼道教。立義舍，置義米、義肉其中，行者取之，量腹而已，不得過，過多云鬼病之。其市肆賈平亦然。犯法者三原而後行刑。"

以上記載較爲全面地展現了早期"天師道"的特徵：一，嚴密的組織體系，首領爲"師君"，道官號"祭酒"，道衆爲"鬼卒"；二，統一的傳習經典《老子五千文》；三，明確的行爲準則，以誠信爲本，不得欺詐；四，治病方式，或以符水飲之，或加施靜室，病人處其中自首其過，或修治道路，以除罪過，或讓"鬼吏"爲病人謝罪請禱，作"三官手書"，一上之天，一埋之地，一沉之水；五，道民繳納的物品，以五斗米爲常；六，建立類似"亭傳"的社會公共機構"義舍"，以米肉置其中，供路人量腹取用；七，處罰形式，對於犯法之人，原諒三次，而後行刑；八，禁令措施，春秋禁殺，禁酒。可以看出"天師道"在組織體系、管理措施、教理教儀等方面已經非常完備。

張氏祖孫三人爲天師道前三代領袖，後人合稱"三張"或"三師"。第一代天師張陵被尊稱爲張道陵、張天師或祖天師，其子張衡爲"嗣天師"，衡子張魯爲"係天師"。

張陵，字輔漢，沛國豐（今江蘇豐縣）人。據葛洪《神仙傳·張道陵傳》記載："（陵）本太學書生，博通五經，晚乃歎曰：'此無益於年命！'遂學長生之道……陵家素貧，欲治生，營田牧畜，非己所長，乃不就。聞蜀人多純厚，易可教化，且多名山。乃與弟子入蜀，仕鵠鳴山，著作道書二十四篇。乃精思煉志，忽有天人下，乘騎金車羽蓋驂龍駕處［虎］，不可數。或稱柱下史，或稱東海小童，乃授陵以新出正一明威之道。陵受之，能治病。於是百姓翕然奉事之以爲師，弟子户至數萬。"而反對道教的人士却有這樣的説法："張陵入鵠鳴山，自稱天師。漢熹平末爲蟒蛇所噏，子衡奔出，尋屍無所，畏負清議之譏，乃假設權方，以表靈化之迹,生糜鵠足,置石崖頂。"①

張陵去世後,其子張衡繼承其位,衡死,子張魯繼其業。關於張衡事蹟,文獻記載較爲簡略。《雲笈七籤》卷二十八引《張天師二十四治圖》:"嗣師,天師子也,諱衡,字靈真,爲人廣智,志節高亮,隱習先業,漢孝靈帝徵爲郎中,不就。以光和二年正月十五日己巳,於山升仙,立治碑一雙在門,名曰嗣師治也。"(22/204c-205a)②

"三師"中張魯事蹟記述最爲詳實。《三國志·魏志·張魯傳》和《後漢書·劉焉傳》中各有一段幾乎完全相同的記載:衡子張魯字公祺,因其"母有姿色,兼挾鬼道,往來焉家"③,於是益州牧劉焉任命張魯督義司馬,與別部司馬張修共同將兵攻打漢中太守蘇固,張魯趁機殺害了張修,奪取了他的部衆。劉焉死後,其子劉璋繼位,因張魯不順從自己,於是盡殺魯母家室。張魯氣憤之下,斷絕斜谷之道,殺使者,割據漢中,以"五斗米道"教民。朝廷雖屢有征討,都未成功,於是任命張魯爲鎮民中郎將,領漢寧太守。建安二十年(215),曹操率兵征討,張魯弟張衛不肯投降,率衆據守陽平關,曹操攻破之,張魯投降。至此,割據統治近三十年的政教合一政權覆亡。因張魯本有歸降之意,曾封"寶貨倉庫"逃巴中,投降以後,被"將還中國,待以客禮"④,拜爲鎮南將軍,封閬中侯,張魯五子及閻圃等也被封侯,曹操還讓兒子彭祖娶張魯之女爲妻。早期天師道文獻《正一法文天師教戒科經·大道家令戒》因此記載:"(張魯)七子五侯,爲國之光,將相掾屬,侯封不少,銀銅數千,父死子係,弟亡兄榮。"(18/237c)

張魯家族投降後甚受曹魏優寵。但優厚的待遇是表面的,曹操的目的是對"天師道"嚴加管控。《三國志·魏志·武帝紀》:"(建安二十年)三月,公西征張魯……十一月,魯自巴中將其餘衆降……二十一年春二月,公還鄴。"由這些記載可知,張魯投降後,次年二月就被帶回了鄴城。曹操不僅把"天師道"上層人物帶回鄴城加以限制管理,還多次把大量漢中信道民衆北遷關中:

① 《廣弘明集》卷八《辯惑篇·二教論·服法非老》道宣注引李膺《蜀記》。
② 引自文物出版社、上海書店、天津古籍出版社于1988年影印本《正統道藏》第22册,第204頁下欄和第205頁上欄。我們在括號中標爲(22/204c-205a),後引《正統道藏》,皆類此。
③ 范曄:《後漢書·劉焉傳》,北京:中華書局,1973年,第2432頁。
④ 范曄:《後漢書·劉焉傳》,北京:中華書局,1973年,第2437頁。

《三國志·魏志·和洽傳》:"太祖克張魯,洽陳便宜以時拔軍徙民,可省置守之費。太祖未納,其後竟徙民棄關中。"

《三國志·魏志·張旣傳》:"(旣)從征張魯,別從散關入討叛氐,收其麥以給軍糧。魯降,旣説太祖拔漢中民數萬户以實長安及三輔。"

《三國志·魏志·杜襲傳》:"(襲)隨太祖到漢中討張魯。太祖還,拜襲駙馬都尉,留督漢中軍事。綏懷開導,百姓自樂出徙洛、鄴者八萬餘口。"

《華陽國志·劉先主傳》:"建安二十四年,先主定漢中,斬夏侯淵。張郃率吏民內徙。"

基於以上記載,卿希泰先生説:"從建安二十年十一月到建安二十四年五月,在不到四年的時間裏,漢中人民被迫北遷的至少已有三次之多,其數量也是相當大的。"[1]人口遷移的情況不僅載於官修史書之中,在早期道經中也有反映,《正一法文天師教戒科經》中有一篇以張魯後裔口吻發布的《大道家令戒》,其中對道民遷徙的情景有描述:"道使末嗣分氣治民漢中四十餘年……至義國殞顛,流移死者,以萬爲數,傷人心志。自從流徙以來,分布天下,道乃往往救汝曹之命。"(18/236b)多次的人口遷徙,道民大部分已被遷往北方。

漢中道民的大量北遷,對"天師道"有雙重的影響。一方面,隨着教團的遷徙,天師道由當時的漢中一隅傳播到地域更爲廣大的北方黄河中下游地區。唐長孺説:"張魯和他的臣僚以及人民的北遷不但帶着他們的宗教信仰同來,而且還帶着他們的宗教組織同來。"[2]"因爲一個虔誠的宗教信徒,絶不會因爲地方的變換而放棄其信仰,這些教民到了北方以後,自然也不會停止傳播其五斗米道。"[3]後來,隨着西晋的統一,天師道又進而傳播到江南地區,構成人員愈益複雜。另一方面,"天師道"遷離漢中,原有骨幹損折不少,張魯本人也在隨

---

[1]　卿希泰主編:《中國道教史》,成都:四川人民出版社,1988 年,第 235 頁。

[2]　唐長孺:《魏晋期間北方天師道的傳播》,載氏著:《魏晋南北朝史論拾遺》,北京:中華書局,1983 年,第 229 頁。

[3]　卿希泰主編:《中國道教史》,成都:四川人民出版社,1988 年,第 236 頁。

曹操北歸後不久就去世了①，天師道道團在離鄉背井、統領減弱、新成員不斷增加的形勢下，内部紀律渙散、科律廢弛。據《大道家令戒》載："諸職男女官，昔所拜署，今在無幾。自從太和五年以來，諸職各各自置，置不復由吾氣——真氣領神選舉，或聽决氣，信内人影夢，或以所奏，或迫不得已，不按舊儀，承信特説。或一治重官，或職治空决。受職者皆濫對天地氣候，理三官文書，事身厚食。"（18/237b）《陽平治》也有類似記載："諸祭酒主者中，頗有舊人以不？從建安、黄初元年以來，諸主者、祭酒，人人稱教，各作一治，不復按舊道法，爲得爾不？令汝輩按吾陽平、鹿堂、鶴鳴教行之。"（18/238c）由於"組織的混亂，教戒上的廢弛，乃是整個魏晋時期天師道的狀況。爲了克服這種狀況，避免其腐敗，促進其發展，對此就必須加以整頓，這是大勢所趨"②，在這樣的形勢下，"天師道"中有識之士鑒於時勢，爲維護教内組織管理和宗教生活的制度化，制定了一批新的文獻，形成了早期天師道文獻。

2.2　早期天師道文獻概要

在今存的道教文獻中，《太平經》産生於漢代，年代最早。早期天師道有傳習《太平經》的可能，但時間不會太久，因爲信奉《太平經》的太平道"在張角率領下於漢靈帝中平元年（184）發動了'黄巾起義'。而'太平道'因發動黄巾起義而遭到殘酷鎮壓之後，從此銷聲匿迹，傳授不明"③。政治上的因素，致使《太平經》的傳習隨之沉寂，"天師道"方面也未見有傳承《太平經》的記載。

關於天師道文獻的造作與傳授，最早的記録出自《米巫祭酒張普題字碑》中的"詣受《微經》十二卷"。但《微經》早已失傳，其具體内容也不得而知。《魏書·釋老志》記載："張陵受道於鵠鳴，因傳《天官章本》千有二百，弟子相授，其事大行。"據考證，《天官章本》依然保存在《正統道藏》之中，陳國符認爲："《正一法文經章官品》所載，即系千二百官。"④卿希泰先生也認爲："所謂

---

① 《真誥》卷四《運象篇》"許子遂能委形冥化從張鎮南之夜解也"。陶弘景注："按張係師爲鎮南將軍，建安二十一年亡，葬鄴東。"（20/514c）

② 卿希泰主編：《中國道教史》，成都：四川人民出版社，1988年，第247頁。

③ 卿希泰主編：《中國道教史》，成都：四川人民出版社，1988年，第207頁。

④ 陳國符：《道藏源流考》（下），北京：中華書局，1963年，第360頁。

'天官章本'，即是爲陶弘景所引的《千二百官儀》，保存在今《正一法文經章官品》之中。"①

　　饒宗頤《張道陵著述考》列有《老子想爾注》《道書》《靈寶》《天官章本》《黃書》等，另有存疑十種：《中山玉櫃神氣訣》(1 卷)、《剛子丹訣》(1 卷)、《神仙得道靈藥經》(1 卷)、《峨眉山神異記》(3 卷)、《太上玄靈北斗本命延生真經》、《太上說東斗主算護名妙經》、《太上說西斗記名護妙經》、《太上說中斗大魁保命妙經》、《太上三天正法經》(1 卷)、《太平洞極經》；附錄二種：《二十四治圖》《張陵別傳》。② 卿希泰對饒宗頤所舉諸經作了詳細分析③，認爲："造作道書一事，史有明載。到目前爲止，可以確定爲張道陵所作的有《微經》12 卷、《天官章本》和《黃書》，當包括在'道書'24 卷之内。"④其中，《黃書》作爲道教房中術，"後世迭有增益，變成《太微黃書》《洞真黃書》，已非張陵之舊了"⑤。總之，以上道經在撰者及時代上存在諸多疑點，真正爲張陵所造之經很少，大部分出於後人僞託。

　　早期道教爲彰顯道經的神聖性，多託真仙降授，扶乩降書，不署撰者和時代。像《抱朴子》《真誥》《周氏冥通記》這類署明作者姓名的極少。朱越利說："凡道經皆有作者，這同其他書籍並無兩樣。或一人獨撰，或數人合作，或累代增修，總要有人才能有書。但許多道書不署作者姓名，聲稱出自神仙。或者署作者之名，仍是神仙之名。這些有關道經出世的神話，旨在塗一層神秘又神聖的色彩。"⑥道經的流傳，有些是寫定之後轉輾流傳至今，變化不大，但也有一些經過後人增補改寫，面貌非舊，或者重新纂錄編輯，兼采多種經文爲一體，其中情況相當複雜。加上歷代道經在整理和傳承方面的諸多不足，比如今存《道藏》只有一個版本，且成書晚至明代後期，無法通過不同藏本進行參照比較；古代道教的經錄數量不多且大多散佚。因此，流傳至今的道經，尤其是早期的道經中，不僅無法直接根據經文的題署瞭解作者年代，要尋找相關的記載來考察

　①　卿希泰主編：《中國道教史》，成都：四川人民出版社，1988 年，第 161 頁。
　②　饒宗頤：《老子想爾注校證》，上海：上海古籍出版社，1991 年，第 92—97 頁。
　③　卿希泰主編：《中國道教史》，成都：四川人民出版社，1988 年，第 160—162 頁。
　④　卿希泰主編：《中國道教史》，成都：四川人民出版社，1988 年，第 160 頁。
　⑤　卿希泰主編：《中國道教史》，成都：四川人民出版社，1988 年，第 173 頁。
　⑥　朱越利：《道經總論》，瀋陽：遼寧教育出版社，1997 年，第 117 頁。

作者或年代也非常困難,道經的寫作者或寫作年代成爲困擾研究的一大障礙。最近幾十年來,中外學者在這方面作了具有開拓性的艱苦努力,爲解決這方面的障礙作了非常有益的工作,但是,由於缺乏可靠的依據,各家在具體判定一種道經的年代時,往往出現各執一詞的現象,分歧仍然不少。

基於上述原因,本書以《道藏提要》《道藏分類解題》《增注新修道藏目錄》的意見爲主要依據,參考日本小林正美《六朝道教史研究》、朱越利《道經總論》、卿希泰《中國道教史》、任繼愈《中國道教史》、張松輝《〈正一法文天師教戒科經〉成書年代考》,法國 Kristofer Schipper and Franciscus Verellen 的 *The Taoist Canon:A Historical Companion to the Daozang*(《道藏通考》)中的相關論述,從各家提及的可能是六朝天師道由漢中北遷黃河中游後產生的幾十種文獻中,選擇可靠度高的十部早期天師道文獻爲研究對象(見表一):

表一　本書選用的十部文獻概況

經名	道藏提要	道藏分類解題	增注新修道藏目錄	其他
太上老君經律	0780 各篇出唐前,《老君百八十戒》出於晉	127 南朝陳	pp207−208 《老君百八十戒》出劉宋陸修静前	《道藏通考》p131: 3 世紀
正一法文天師教戒科經	0783 疑爲北魏寇謙之	126 出自南北朝	p195 魏晉間正一道戒經	張松輝(1994)p20: 曹魏時期
女青鬼律	0784 南北朝	122 古正一派書。引宮川尚志,認爲出自 4 世紀晉代	p209 東晉中葉以後、南北朝正一系律文	小林正美 p360:東晉中葉到晉末。《道藏通考》p127: 東晉
正一敕壇儀	0794 早期正一派科儀	804	p238 晉南北朝	
太上正一咒鬼經	1183	406 兩晉	p313 東晉至南朝間	朱越利 p65: 魏晉天師道經典
老君變化無極經	1185 蓋出六朝後期	1444 後趙之後	p59、p74 東晉末南朝初	任繼愈 p64: 魏晉。《道藏通考》p122: 東晉
太上三天正法經	1193 六朝前期古《上清經》	250 六朝正一經	p74 東晉中葉,天師道向上清道轉型期作品	卿希泰 p161: 東晉以後

續　表

經名	道藏提要	道藏分類解題	增注新修道藏目録	其他
正一法文經章官品	1207 約於南朝劉宋時已行世	834 南朝	p272　東漢張陵一系書	
正一天師告趙昇口訣	1261 似出於隋唐前	272 出自東晋末年	p313　東晋末南朝間	
太上老君太素經	1412 疑出於漢末或魏晋時	225 疑出於六朝	p56　疑出三國魏、西晋	

注:表中各家意見前的數字表示該經在書中之編序或頁碼,數字或頁碼後是各家的具體意見。

此外,《洞真黄書》及《上清黄書過度儀》,雖然各家多認爲是魏晋時期的天師道文獻,但其内容以房中術爲主,傳授隱秘,多用"三五七九"等隱語來講男女交媾技巧,"《洞真黄書》和《黄書過度儀》的内容雜亂,文字錯漏,難以通讀"①,用語的通行度低,作爲語料價值並不高,故未納入本研究的範圍。另外,還有一批文獻的年代,各家分歧較大,本書未加采用(見表二):

表二　本書未采用的疑似天師道文獻

經名	道藏提要	道藏分類解題	增注新修道藏目録	其他
玄都律文	0187 蓋出唐以前	121 六朝正一	p208　造於魏晋,南北朝時期又有增益	p195 小林正美:　劉宋末到梁朝初
太上洞淵神咒經	0334 晋末	386 引吉岡義豐:前 10 卷、19 卷後半及 20 卷東晋孫恩、盧循時至劉宋末,其餘杜光庭時增	p111、p317　前十卷造於南朝,最早部分造於劉宋。後十卷造於唐中晚期,至杜光庭時形成今本	p136 任繼愈:　天師道經典卿希泰《試論〈太上洞淵神咒經〉的烏托邦思想及其年代問題》:　該經上限爲西晋末,下限爲東晋末
太上妙始經	0653 未及時代	209 疑出南北朝	p60　南北朝正一道士作 p574　晋或南北朝正一道士作	p123《道藏通考》:5 世紀

①　王卡:《黄書考源》,《世界宗教研究》,1997 年第 2 期,第 73 頁。

續 表

經名	道藏提要	道藏分類解題	增注新修道藏目錄	其他
正一指教齋儀	0792 六朝人據三張舊典造作	707 未及時代	p238　晋南朝	
正一指教齋清旦行道儀	0793 未及時代	708 未及時代	p238　晋南朝	
太上三五正一盟威錄	1198 隋唐以前	874 漢張陵	p306　南朝	
太上正一盟威法錄	1199 未及時代	873 引陳國符：東漢張陵	p307　南朝	
太上老君開天經	1424 隋唐前	219 六朝	p57　西晋張泮	p193 任繼愈：魏晋南北朝天師道經典 p108《道藏通考》：張泮 六 朝（220 - 589）
赤松子章曆	0610 南北朝	664 引大淵忍爾：唐末以前	p273　南北朝正一系上章之科曆	
正一威儀經	0785 未及時代	799 未及時代	p237　南朝	
正一解厄醮儀	0788 早期正一	697 未及時代	p238　未及時代	
正一出官章儀	0789 未及時代	807 未及時代	p238　未及時代	
正一醮宅儀	0795 未及時代	698 未及時代	p238　未及時代	
正一醮墓儀	0796 未及時代	699 未及時代	p238　未及時代	
太上金書玉牒寶章儀	0800 疑爲六朝正一道士作	702 未及時代	p238　《雲笈七籤》卷七收	
道要靈祇神鬼品經	1191 六朝類書	835 六朝	p663　南北朝類書	
太上正一法文經	1194 南北朝	235 六朝	p69　南北朝末或唐高宗在位期間	
三天内解經	1195 劉宋徐氏	181 劉宋徐氏	p69　南朝宋徐氏	
正一法文十錄召儀	1200 南北朝	806 南朝	p238　南朝	
正一法文傳都功版儀	1200	771 南朝	p259　南朝	
正一論	1216 應爲南北朝	487	p165　南朝	

經名	道藏提要	道藏分類解題	增注新修道藏目録	其他
傳授經戒儀注訣	1226 出自唐	774 六朝,轉引大淵忍爾《五斗米教道法》北朝末	p263　南朝梁	
正一修真略儀	1227 南北朝後期或隋唐之時	673 隋至唐前	p259 南北朝後期至隋唐時期	
正一法文法籙部儀	1230	773 南朝	p265 南朝	
正一法文太上外籙儀	1231 約六朝	772 南朝	p265 南朝	
正一法文修真旨要	1258	1065	p377 南朝末或隋唐間	
正一法文經護國醮海品	1275 南朝劉宋末期已流傳	682 南朝	p273 南北朝	

2.3　本書選用的十部道經簡况

《太上老君經律·老君百八十戒》3545 字,收入明《道藏》"力"字號,洞神部戒律類,在三家本《道藏》18/218b-221c。《太上老君經律》爲天師道戒律經匯編,據篇首目録,原書收有《道德尊經戒》(九行二十七戒)、《老君百八十戒》(以上男官同受)、《太清陰戒》(闕)、《女青律戒》(闕,以上女官受)。今存《道德尊經戒》《老君百八十戒》兩篇,其中《老君百八十戒》爲條舉式律文,共一百八十條,講述教徒行爲規範,涉及各种日常事務,淺近通俗,對研究早期道教道德觀有重要價值。《要修科儀戒律鈔》卷五記載:"老君百八十戒者,本爲盟威等説。"(6/944a)"盟威"即指"正一盟威",屬天師道文獻。東晋劉宋時期靈寶經《太極真人敷靈寶齋戒威儀諸經要訣》云:"夫祭酒當奉行《老君百八十大戒》,此可言祭酒也。故曰不受大戒,不得當百姓及弟子禮拜也。受此戒者,心念奉行,今爲祭酒之人矣。"(9/872b)陸修静《陸先生道門科略》載:"道士不受《老君百八十戒》,其身無德,則非道士。"(24/781c)可知此戒出世年代當在晋或更早。但《道德尊經戒》當在劉宋之後,本書不作考察。

《正一法文天師教戒科經》7191 字,收入明《道藏》"力"字號,洞神部戒律類,屬天師道戒經,在三家本《道藏》18/232a-239b。全經分爲五部分,第一篇無標題，第二篇《大道家令戒》，第三篇《天師教》，第四篇《陽平治》，第五篇《天師五言牽三詩》。無標題的第一篇和《大道家令戒》篇幅較長，是《正一法文天師教戒科經》的主要内容，後三篇皆爲短篇。第一篇主要談奉道及遵守教戒的重要性，"諸賢者欲除害止惡，當勤奉教戒，戒不可違"，希望道民奉道"當如饑渴，欲得飲食；如遇寒暑，欲得易處；如作極，欲得休息；如疲勞，欲眠寐；如願想，欲有所得"。《大道家令戒》和《陽平治》内容相類，是針對天師道遷出漢中以後出現的諸如"諸主者祭酒，人人稱教，各作一治，不復按舊道法爲得爾"等問題提出的整治。《天師教》爲七言古風體，主要目的是勸化世人"保愛精神，節慎陰陽"。《天師五言牽三詩》爲五言古風體，也屬勸化世人的詩篇。關於《天師教》和《天師五言牽三詩》，卿希泰先生說："其中三、五兩篇在體例上與其他各篇皆不相類，可能不是同一作者所造作，出現的時間也許有先後不同。但因其内容均爲教誡，遂被合編爲一卷。"①關於《正一法文天師教戒科經》的成書年代，中外學者多有論述，其觀點大致有三類：胡適、楊聯陞、饒宗頤、柳存仁、張松輝認爲其成書於曹魏時期；湯用彤、唐長孺主張成書於元魏時期；小林正美認爲成書於南朝宋。各家的論述中，張松輝《〈正一法文天師教戒科經〉成書年代考》一文從九個方面論證該經當爲曹魏時期的作品，最爲詳盡。②

《女青鬼律》7991 字，收入明《道藏》"力"字號，洞神部戒律類，在三家本《道藏》18/239c-252b。該經記載了形形色色的鬼，以及鬼的姓名、危害，同時還講述了許多制御邪魅萬鬼之法。據該經第一卷記載"太上大道不忍見之，二年七月七日，日中時下此鬼律八卷，紀天下鬼神姓名，吉凶之術，以勑天師張道陵，使勑鬼神，不得妄轉東西南北"，可知原爲八卷，今存六卷。本經中附有直音和反切等注音材料，當爲後人附注而非當時原文，故未納入研究範圍。

《正一敕壇儀》1573 字，收入明《道藏》"忠"字號，洞神部威儀類，在三家本《道藏》18/295a-297b。屬早期天師道科儀，是正一道士處法壇之上的净壇儀式，分爲辦置水劍、存思、念咒、禹步、請神等程式。

《太上正一咒鬼經》3013 字，收入明《道藏》"滿"字號，正一部，在三家本

---

① 卿希泰主編：《中國道教史》，成都：四川人民出版社，1988 年，第 240 頁。
② 張松輝：《〈正一法文天師教戒科經〉成書年代考》，《世界宗教研究》，1994 年第 1 期，第 20—26 頁。

《道藏》28/367b-370b。由數十條咒語組成,用天師神咒的形式召神以收捕斬殺奸邪鬼、宅中鬼、野道鬼等鬼魅。"該經名冠以'太上正一'四字,諸段皆以'天師曰'爲始。經中奉'天師、嗣師、係師'等三師及門下將吏,並稱三師爲'太上三天道主',又多魏晋時語。該經當爲魏晋天師道所奉經典。"①

《老君變化無極經》2583 字,收入明《道藏》"滿"字號,正一部,在三家本《道藏》28/371c-374b。該經"内容頗雜亂,大意謂歷觀弱水、南蠻、遼東、東海等地,又縱觀歷代帝王之世,皆有種種災難。惟清忠謙卑,抱樸守素,服食神丹,知陰陽之道,方能根深固久,長生升天"②。該經通篇爲七言韵文,從經中"西到廣漢歷長城,長安城中胡馬鳴。奮頭銜勒人民驚,民驚奔走空土城。父子爲虎因時營,觀世浮沉發公名","南度江海建鄴城,故時大樂子孫榮"的記載看,描述的是西晋末年胡人叛亂和東晋建立的歷史,可推斷,該經的成書年代當在東晋之後。

《太上三天正法經》3675 字,收入明《道藏》"滿"字號,正一部。在三家本《道藏》28/406c-410a。該經題爲"清虛小有天王撰",講述"三天正法除六天之文"的産生及傳授。詳細叙述了授受"三天正法除六天之文"的寶訣、祝説、科儀等,對佩帶真文者提出了相關的規定。

《正一法文經章官品》17176 字,收入明《道藏》"物"字號,正一部,在三家本《道藏》28/534c-557b。該經四卷,經文前有目録列有七十七個條目,正文中實只有七十四條,有脱漏。本經是早期天師道上章請天官之作,因此命名爲"正一法文經章官品"。每一條目下列有不同天官,經文對官將名稱、數目、治處、主要職能進行了叙述,如"收萬精鬼"條下有"北玄君一人,官將一百二十人,治皇宫,主收龍蛇精、老虎精,主之",經文行文方式大都類此,内容涉及面較爲廣泛,對社會生活中的收鬼怪、治疾病、農業生産、養殖六畜等都有記述。劉琳先生説:"從《正一法文經章官品》看,五斗米道禳災求福的範圍要廣得多,可以説包括了社會生活的一切方面。"③對於該經進行過深入分析的有卿希

---

①　朱越利:《道經總論》,瀋陽:遼寧教育出版社,1991 年,第 65 頁。
②　任繼愈主編:《道藏提要》,北京:中國社會科學出版社,2005 年,第 577 頁。
③　劉琳:《三張五斗米道的一部重要文獻——〈正一法文經章官品〉》,《古籍整理與研究》,1989 年第 4 期,第 40 頁。

泰、劉琳、小林正美、王宗昱等,各家皆認爲此經爲早期天師道上章之經典。①
本經正文前的目録即正文中的標題,故不作重複考察。

《正一天師告趙昇口訣》1596 字,收入明《道藏》"吹"字號,正一部,在三家
本《道藏》32/593a-594b。該經通篇爲正一天師張道陵告弟子趙昇之言。

《太上老君太素經》506 字,收入明《道藏》"群"字號,正一部,在三家本
《道藏》34/462c-463a。該經"言道生天地萬物之宇宙論及忍辱守雌、治心如水
之人生觀"②,極力宣揚道的神聖性,如"道大而無形,隱而無名,其在天地外者
窈冥,其在天地中者充盛,故天地之間盡道焉"(34/463a)。葛洪《抱朴子·遐
覽》所録《太素經》,當即此經,據此,成書時代當在東晉以前。

以上十種文獻,共計48849 字。

2.4 文本的處理

目前道經文獻可以系統利用的只有明《正統道藏》一個版本。近年以《正
統道藏》爲底本整理出版的標點本《中華道藏》,由於書出衆手、時間倉促等原
因,在繁簡字的轉換、斷句等方面存在諸多問題,不足憑信。同時,道經缺乏可
檢索的電子文本,給研究帶來了困難。

爲此,本研究據《正統道藏》,把上列十部魏晉時期天師道文獻用 word 格
式録入電腦,對材料加以標點、校對。道經在流傳中出現了文字訛誤,本書通
過文義、本經自證、參考他經等方法,作了校改,具體方式如下:

2.4.1　誤字。校正的文字用[　]標在原誤字之後,[　]內有一字,表示原
文有一字誤,[　]內有多字,表示原文有多字誤:

(1)日月大兵十萬人,赤幘紅衣,主陰陽,爲漢困[國]追捕千賊惡逆,
主之。(28/555b)

---

① 可參看卿希泰主編:《中國道教史》,成都:四川人民出版社,1988 年,第167—173 頁;劉琳《三
張五斗米道的一部重要文獻——〈正一法文經章官品〉》,《古籍整理與研究》,1989 年第4 期,第35—41
頁;小林正美著,李慶譯:《六朝道教史研究》,成都:四川人民出版社,2001 年,第373—383 頁;王宗昱
《〈正一法文經章官品〉初探》,程恭讓主編:《天問》(丙戌卷),南京:江蘇人民出版社,2006 年,第239—
256 頁。又王宗昱《〈正一法文經章官品〉校勘》一文對該經中的脱字、衍字、訛字進行了整理,收入鄭開
編:《水窮雲起集》,北京:社會科學文獻出版社,2009 年,第51—100 頁。
② 任繼愈主編:《道藏提要》,北京:中國社會科學出版社,2005 年,第691 頁。

案："漢困"不詞,據文義校改爲"漢國","爲漢國追捕千賊惡逆",指爲漢朝收捕各種盜賊和反叛者。

　　(2)道上、三[二]玄、四玄[三元]、四始、甲子諸官君、三十六官君、亭傳客舍,瑩[營]署注鬼,主行來出入,有取至。(28/554c)

案:道經多以"道上二玄三元四始"並舉,如《赤松子章曆》:"監察真官四野九野都平君,道上二玄三元四始甲子諸官君,十二水帝河平侯,所在神祇社稷,咸承臣今章御之後,乞某災厄過度,年命延長。"(11/225b)《正一指教齋清旦行道儀》:"天師所布下二十四治諸官君將吏,道上二玄三元四始甲子諸官君。"(18/293b)《靈寶玉鑒》卷十七"天師儀注"曰:"啓章有道上二玄三元四始甲子諸官君,四野五野七野九野,是何神也? 曰:道上是無爲大道君,居三才之先,故云道上也。二玄者天也,三元者人也,四始者地也,此天地人三才之稱也。"(10/268c)可見"三玄四玄"有誤。又"瑩署"不詞,當爲"營署",指營舍官署。《太上宣慈助化章》正作"營署":"道上二玄三元四始甲子諸官君、亭傳客舍營署注鬼、四野九野都平君……營護道路,使陸行通易,水行利涉。"(11/371c)

2.4.2　衍字。直接在衍字上加刪除號,作"衍":

　　(1)察惡君,官將一百二十人,治高平室,主收地上道俗人萬民,狂語泄道,非~非~真毀賢,主之。(28/537a)

案:"非非真毀賢"當爲"非真毀賢",衍一"非"字。同經另一文句可證:"剋冠惡君,將一百二十人,治高平室,收天下出狂語他炁,非真傷賢。"(28/537a)

　　(2)九玄察炁君,官將一百二十人,主~治西驛室。主收天下葬埋之鬼爲精崇者。(28/549c)

案:"主治西驛室"中"主"字衍。該句違反《正一法文經章官品》的敘述體例。且有同經另一文句可證:"九玄察炁君,官將一百二十人,治西釋宮,主收葬埋土公鬼。"

2.4.3　脫字。在脫字處用[補:~]標出:

　　(1)啓將軍戰,故遣吏請人庫[補:兵士]二十萬人衆。

案:"人庫"後闕"兵士"一詞,參考其他道經補。如《道門定制》:"又請東西太白君,官將百二十人,治九天乾宫,主制伏姦惡好爲狂孽謀議者,又請人庫兵士二十萬人。"(31/662c)

(2)青倉君一人,官將一百二十人,治豆行室,主罷厭官[補:事]怨仇刑禍,令各解散消亡,不作。(28/555a)

案:"官"後闕"事"字。"官事"指官司、訴訟之事。同經另一文句可證:"清倉君,官將一百二十人,治巨門室,主壓伏官事怨仇刑害,止之。"(28/536a)

以下的分析中,都以校後的文字爲准,不再另行説明。

第三节　漢語詞彙歷史研究的思路和方法

3.1　詞彙的描寫

用描寫的手段研究語言,由來已久,但研究實踐中,大家對於描寫的認識並不一致。從以往的情況來看,有許多對研究對象局部、抽樣的考察,甚至隨機選樣的考察,都被冠以描寫的名義。本書主張嚴格意義上的描寫,即是從一個確定的角度,對某一具體對象完全、無遺漏地考察、分析和陳述。

因此,本書采用的方法是,分析所考察的文獻範圍的全部用詞,進行全面的調查,逐一歸類,並作無遺漏的展示。這樣做的風險,就是細節處理中無法回避或掩蓋某些不易處理的材料,工作中的各種紕漏也會暴露無遺。但是,反過來看,爲了避免出錯,就需要做得更認真、更嚴密,這對提高研究水平是有益的。

本書以魏晋時期可供研究的天師道文獻爲對象,展開詞彙描寫,對詞目的具體處理方法如下:

3.1.1　在確定十種天師道文獻文本的基礎上,分離出其中的所有詞彙單位,即把所有的文句都以詞爲單位切分開來,並以詞爲單位進行分析。

3.1.2　有通假、異體關係的詞,歸入本字形式的條目,以本字形式爲正目,通假、異體形式用括弧附於正目;在材料中只有通假異體形式,沒有本字形式的詞目,則以通假異體形式立目,在釋義中説明本字形式。

3.1.3　考察詞義,分析義項,以義項爲單位立目。根據詞在語句中的意義和用法,歸納同一詞語或語言形式的意義。意義不同的詞,分立爲不同的詞項,標以"1""2""3"等以示區分,並作爲分類的基本單位。因此,本書的分析中,多義詞的每個義項都相當於一個單義詞,文中除有特别説明之外,一般談及的"詞"不僅包括單義詞,也包括多義詞的各個義項。

3.1.4　以義項爲基本單位展開統計,包括它在十種文獻中使用的次數(使用率)和使用面(有幾種文獻使用,即覆蓋率)。使用率是詞彙研究的重要方面,但是,由於話題和表述方式等原因,有些文獻中的有些詞語的使用率會有異常,形成統計的偏差,作爲補救,本書考察詞彙的使用面(覆蓋率),以修正使用率可能帶來的偏面性。

3.1.5　限於學力和研究水準,有個别詞語的意義無法解讀,我們把它們以存疑的方式附在文末附錄中,以待高明。它們不作爲本書統計分析的對象。

3.2　本書的詞彙觀

我們把詞彙定義爲:一種語言的所有使用者在正常交際中所使用的詞的總匯。這一認識,涉及詞彙全民性的問題,需要説明。

"詞的總匯"跟語言的全民性相關。通常,人們把語言的全民性定義爲一個語言成分在全民中的流傳使用,即一個語言成分被説這種語言的人都瞭解和掌握時,就具備了全民性。但在實際上,有許多語言成分,只被社會上某些人群使用而不被其他人瞭解和掌握。不過,這些成分雖然不爲社會全體所使用,却並不妨礙它作爲這種語言的一個構成成分。從另一個角度看,使用同一種語言的人們,可能分别歸屬於不同的語用群體,各群體都可以有自己的特殊用語,而不必保持完全的一致性。因此,在一種語言中,有被全體使用者所掌握的成分,也有只被部分使用者所掌握的成分,我們不應該把那些使用範圍不廣、使用率不高的詞排斥在詞彙之外。

全民範圍内,人們的用語當然要保持高度的一致性,但同時也允許各種差異存在,包括只使用於某些群體中的成分的存在,以適應特殊群體和特殊内容的特殊表達需要。因此,那些只有部分使用者使用的社團性的用語,也是全民語言的一部分。

這樣,全民性就不是語言成分在全民中通行,而是指全民中有人使用的語言成分。其中,全民掌握的詞是高普遍度的,部分人掌握的詞是局域性的。那些只有少數人掌握和使用的詞,作爲全民詞彙的成員,在使用中具有很大的局限。

3.3　時空觀念下的詞彙內部結構

語言是一種社會現象,從它的時間和空間的分布來分析,通常把詞彙分爲基本詞彙和一般詞彙兩個部分。但這種區分比較粗略,不足以說明詞彙內部的各種關係。我們根據詞的穩定性(時間)和普遍性(空間),把詞彙內部分爲基本層、常用層、局域層、邊緣層四個層次(見表三)①:

表三　詞彙的分層

	基本層	常用層			局域層			邊緣層
穩定性	＋＋	±	＋	±	＋或±	－	－	－－
普遍性	＋＋	＋	±	±	－	＋或±	－	－－

注:表中符號表示範圍和程度的等次關係:＋＞＋＞±＞－＞－－。

可以把表中的符號進一步量化,比如高普遍度指90%以上的人都掌握,次高普遍度是70%左右,中普遍度是50%左右,次低普遍度是30%左右,低普遍度在10%以下。這樣,一個語言成分在使用中的普遍程度,可以通過具體的調查來作出準確的認定。

詞的穩定性,應該參考社會和個人的生命周期。中國歷史上的重大分期,通常以400—500年爲一段,比如兩漢、六朝、隋唐五代、宋元、明清,等等,這種分段,反映了社會的重大變化。從語言與社會的關係來說,社會面貌(包括社會體制、經濟文化狀態、人員分布等等)的重大變化,會在更大程度上影響語言的使用,一個能夠跨越這種大時段而沿用不衰的詞語,才可以被認爲是高度穩定的語言成分。人的生命,一般在60—80年左右,如果一個詞語在某人出生

①　參俞理明:《詞彙歷史研究中的宏觀認識》,《江蘇大學學報》(社會科學版),2008年3期,第69—75頁;《高等學校文科學術文摘》2008年4期有介紹,《人大複印資料・語言文字》2008年9期,第70—77頁有轉載。

時已經存在，並且到他去世後依然在使用，那麼，它的穩定性就可以肯定了，但還談不上高度穩定。古人以三十年爲一世，通常，一代人的計算標準是20—30年，這個時間是一個人生命中對社會影響最大的時期，一個詞彙成分如果使用時間超過這個時段，它就是反映一代人語詞的風尚；而使用時間低於一代人的詞，最多反映一時的風尚，即使它在當時廣泛流行，但仍遠遠談不上穩定。因此，考慮某些滯後因素，從時間上分析，語言成分的使用期，超過500年爲高穩定性（＋＋），超過100年爲次高穩定性（＋），在40—100年之間爲中穩定性（±），20—40年爲次低穩定性（－），20年以下爲不穩定（－－）。

　　這四個部分形成一個環靶狀結構（見圖一）：

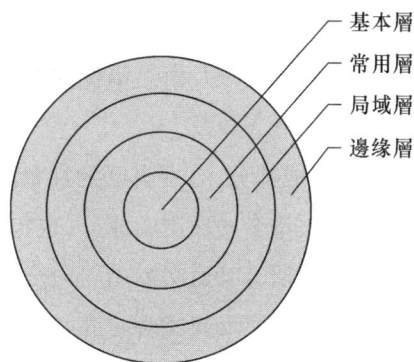

　　　　　　　　　　　　　　　　基本層
　　　　　　　　　　　　　　　　常用層
　　　　　　　　　　　　　　　　局域層
　　　　　　　　　　　　　　　　邊緣層

圖一

　　基本層和常用層，是語言中全民通用的部分，它們適用於各種人群和場合，能够滿足一般交際的需求，是語言的主體部分。從共時的角度來看，二者其實沒有區別，一些常用層的成分，在語用中可能比基本層的成分更加活躍，呈現更高的使用率。它們的區別在於：基本層的成分是經過長期使用穩定下來的，具有更高的普遍性，而常用層的成分在穩定性和普遍性方面略有不足。

　　與此相對，語言的局域層和邊緣層是語言的周邊部分，其中，局域層包括了各種社團（群體）性的詞彙成分，反映在地域、性別年齡、社會分工（職業或行業）、社會地位、文化教養、興趣愛好、交際環境等社會因素作用下，同一語言内部不同群體中形成的特有用語，也是詞彙中最具特色的部分。邊緣層則指那些已經退出詞彙或尚未進入詞彙、但已經出現的成分。有些不再使用的詞彙成分可能仍留在一些人的記憶或文獻記載中，這些退出交際的成分，可能隨

21

着我們對歷史的追述或者對文獻的查證引用,重新出現在交際中;另一方面,語言應用中有一些個人的創新成分或外來介入成分。這些剛剛出現在交際中的新成分,具有偶發性,在沒有被交際群體接受之前,它們都只能算是候補的語言成分,處在詞彙的邊緣地位。雖然邊緣層的成分通常不出現在交際中,但是並不能完全否認它們被啓用的可能。

　　基本層和常用層的詞彙成分可以滿足語言中各種基本概念的表達,並且具有良好的通行性,可以用來完成一般交際,而局域層和邊緣層中的成分都不能全民通行,在表達上也不能自足,它們依附於基本層和常用層,主要用於特殊、有個性的表達,一般不能獨立完成交際。從漢語詞彙歷史研究的目的和實踐來看,由於我們的關注點集中在詞彙的變化方面,因此,我們的着眼點主要在詞彙的邊緣層和局域層中的成分,以及由這兩個層面進入常用層的成分,基本層的成分由於高度穩定,幾乎無人談及。

　　道教是一個特殊的社會組成部分,有着自己的社會觀和行爲方式,道教文獻中出現的各種用語中,既有大量全民通用的成分,也包含許多爲本社團服務的特殊用語。因此,分析魏晉時期天師道文獻用語與全民用語的關係,既考察漢語中普遍穩定使用的部分,也關注反映當時時尚和道教影響下的特殊用語,是本研究的兩個重要方面。因此,本項研究參考先秦、兩漢、魏晉時期的其他文獻,考察十部早期天師道文獻中所有詞項的歷史來源,通過瞭解它們産生或變化的時代,觀察魏晉時期這批材料用詞的歷史來源,分析其中呈現的先秦、兩漢和魏晉三個不同階段的道經詞彙變化的不同趨向,呈現它的承襲、變化和發展的大致面貌。

3.4　語言本體視角下的詞彙分析

3.4.1　傳統語文研究和詞彙研究

　　傳統的漢語語文學研究通常分爲三個方面:文字、音韵和訓詁,從現代語言學的認識來看,文字和音韵都是對語言形式的研究(準確地説,是從語言形式切入語言研究)——文字關注書面形式,音韵關注口頭形式;訓詁則是對語言的意義研究(準確地説,是從意義角度切入語言研究),包括詞句的意義,以及語言結構、篇章關係和修辭等多個方面。

　　傳統的語文學研究爲文獻閱讀服務，因此，它並不以描寫語言系統或語言面貌爲目的，而是着力解決存在於文獻的字詞、語句、篇章中影響閱讀理解的疑難問題，尤其重視訓字釋義，這爲漢語詞彙的歷史研究提供了豐碩的成果和大量可資借鑒的經驗，至今是漢語歷史詞彙研究的重要基礎，以致有人把訓詁學與古代漢語詞彙研究簡單地等同起來。從詞彙角度來看，傳統語文研究克服了大量文獻閱讀理解中的障礙，在一部分詞彙的個體或局部的研究方面頗爲深入，但對詞彙整體的把握不足，以致蒙受原子主義之譏。

　　詞彙是語言中最直觀的成分，數量衆多，複雜多變，是語言研究中最容易切入的部分。但詞彙又是最難深入的，對於詞彙個體或局部的研究，往往不足以反映詞彙的面貌，揭示詞彙的規則。這種局面，甚至延續到現代漢語的詞彙研究之中，詞彙研究的局部討論甚豐，而詞彙研究的系統性嚴重不足，打破這一困局，成爲近年來不少學者努力的目標。

3.4.2　現代語言學視角下的詞彙研究

　　現代語言學把語言本體的研究分爲語音、詞彙和語法三個部分，語音研究語言的物質形式；語法研究語言單位的結構規則；詞彙則是研究語言中具有表達功能的、最爲直觀的基本使用單位。三者界限分明又互有關聯。

　　從詞彙的角度來看，語音的分析與詞彙形式有關，語法分析與詞彙形式的結構有關，語音和語法可以分別或綜合對詞彙發生作用。

　　從語音的基本單位音素出發，音素構成語素，語素構成詞，詞構成句子，詞是其中的重要一環。但是，從詞的構成成分，即構詞的角度對詞彙展開的分析，應該屬於語法研究的一個部分，構詞法與造句法之間的差異，是語法在句子層面與詞彙層面上的差異，構詞分析不是詞彙角度的分析。屬於語法分析的構詞研究，有助於詞彙的分析和研究，但不能代替對詞彙本身的分析和研究。

　　對詞的分析也常常從詞類的角度切入，詞類也是語法作用於詞彙的結果，它立足於語法分析的角度，根據詞在句中的語法功能，對詞作出的分類。因此，詞類的劃分，雖然也包含了大量詞彙的因素，但從根本上說，這是一種語法的分類。總之,不論是構詞法還是詞類分析,都是從詞的語法特性入手,從這樣的角度來分析詞彙,混淆了詞彙與語法的界限,不利於詞彙研究的深入。

漢語是一種音節語,因此,漢語從語音的基本單位音素出發,還有一個複合的系列,即:音素構成音節,單音節組合構成複音節。音素在構成音節以後,就有可能附加意義成爲詞,這樣,單音節與單音詞相應,複音節與複音詞相應,詞的音節數反映了詞的形式的差異。漢語的詞彙,最初以單音詞爲主,漢代以後,走向複音化,産生了大量雙音詞,在隨後的年代裏,三音詞和四音詞也逐漸出現並不斷增多。複音化是漢語詞彙發展的一個重要方面,在這方面的深入研究,對漢語詞彙的歷史研究有重要的推進作用。

但是,詞的音節數量只反映了詞的簡單外形,還不足以全面深入地展示詞彙的豐富性和複雜性。因此,從音節數量切入的詞彙研究中,在區分單音詞和複音詞之後,進一步的分析,往往轉向按詞類的討論或按構詞的分析,也就是從詞彙的形式研究轉向了詞的語法分析。而誠如上文所述,語法分析不應該代替詞彙自身的分析和研究。

3.4.3　詞彙研究中意義的作用

表情達意是語言的基本功能。但是,在語音、詞彙和語法中,語音立足於語言的物質外殼,即以語言的聲音形式爲主要對象,意義只具參考作用;語法研究立足於語言單位的結構規則,即形式規則,也涉及結構關係和結構形式所產生的結構意義或構式意義,但不涉及概念意義。詞彙則不同,詞彙表達的主要是概念意義,那些表達概念意義、可以獨立組成句子或充當句子成分的詞,被稱爲實詞,是詞彙的主要部分。而不能獨立成句、不能充當句子成分的虛詞,有許多是實詞的表意功能退化而成,成爲表達語法意義的手段,附屬於詞彙。

因此,意義是詞彙最具特點的方面,也是研究詞彙應該考慮的主要方面。理由是:(1)詞彙成分的主要作用是表達概念意義;(2)概念意義是語音和語法研究都沒有深入關注的方面;(3)詞彙研究要有自己的切入點。就詞彙本身來説,形式和結構都已經有了專門的研究,而未受關注的概念意義就成爲詞彙研究的最佳切入點。

其實,從概念意義對詞彙作分類,是漢語詞彙研究的傳統。在漢代最早的語文工具書中,意義分類就是詞彙分類的主要思路。

《爾雅》被認爲是最早的同義詞典,它把意義相同或相關的詞放在一起,分爲:1 釋詁、2 釋言、3 釋訓、4 釋親、5 釋宫、6 釋器、7 釋樂、8 釋天、9 釋地、10 釋丘、11 釋山、12 釋水、13 釋草、14 釋木、15 釋蟲、16 釋魚、17 釋鳥、18 釋獸、19 釋畜等十九篇,它的意義分類序列,大致是:抽象事物或現象(1-3)、社會事物(4-7)、自然現象(8-12)、植物動物(13-19)四個方面。

劉熙的《釋名》是一部詞源詞典,它的意義分類爲:1 釋天、2 釋地、3 釋山、4 釋水、5 釋丘、6 釋道、7 釋州國、8 釋形體、9 釋姿容、10 釋長幼、11 釋親屬、12 釋言語、13 釋飲食、14 釋采帛、15 釋首飾、16 釋衣服、17 釋宫室、18 釋床帳、19 釋書契、20 釋典藝、21 釋用器、22 釋樂器、23 釋兵、24 釋車、25 釋船、26 釋疾病、27 釋喪制,大致分類是先列自然環境和行政區劃(1-7),再述人事(8-11),再列有關人的其他事物典制(12-27)。

許慎的《説文解字》是所謂的字書,他把漢字分析爲五百四十個表意的形體單位"部首",並把這些部首以"始一終亥"的規則排列出來。在漢語中,"一"是數字之始,"亥"是地支之末,其中以數爲序排列意義的目的很明顯。但是,概念中具備數量意義的成分很有限,所以這一分類規則不能完全落實,也不易控制和掌握,後來的部首分類蜕變爲字形筆劃排序,與意義無關了。

意義分類有其合理性,但是,意義關係複雜,意義分類的原則和排列原則,各家立足點不同,至今木有一致認識,需要研究探索。

3.4.4　本書的詞彙意義分類

語言作爲人類的交際工具,是主觀認知對客觀外界的刺激反映的結果。人對外界的認識,有一個从自身到他物,從近處到遠處,從具體到抽象,由顯著到細微,即由此及彼,由近至遠,由實至虛,由著知微的過程,這就導致了不同概念之間存在着不同的關聯,形成了詞彙内部的語義聯繫。本書借助於語義場(或稱爲概念場)的思路,結合道教文獻用詞的特點,立足於人本的角度,以意義爲綫索,充分考慮各種概念的關係,展開詞義的分類設計。

從詞所表示概念是否具有實體性出發,可以把詞分表示實體性事物的名物詞,以及表示事物實體狀態性質的非實體詞兩大類。實體性的名物詞表示各種事物,它們具有獨立存在的可能;而非實體詞依附於各種事物,體現事物的表徵,這些表徵往往存在於不同事物之間,具有一定的普遍性,但它們不能脱離具體的事物而單獨存在。其中,包括了反映事物的變化、運動和互相作用,即反映事物動態狀況的行爲詞和反映事物外觀與内在静態特徵以及行爲發生的條件的性狀詞。就此,我們把詞彙按意義分爲名物、行爲和性狀三類,各類内部又按意義差異再作區分:

1. 名物。包括:1.1 人物神靈;1.2 人的肢體器官和壽命,屬於生命體的構成部分,但不是獨立的生命,通常被認爲是人的所有物,動物的肢體器官與人相類,用詞常常混同;1.3 動植物也有生命,但從人的觀念來看,它們屬於"物",跟器物工具同類,人們依據它們的使用價值加以處置;1.4 自然界的星辰大地處所方位不僅是客觀存在的實體,也是人和物存在的環境或背景。此外,還有一些抽象的事物,包括:1.5 人們思維活動産生的各種觀念和意識;1.6 各種社會組織機構和現象。各小類内部又分:

1.1 人物神靈。在人物用詞中,有以人與人關係爲命名依據的,包括親緣關係和社會關係;社會關係中,又有不對等的尊卑主次關係和對等關係之分,如:1.1.1 親緣關係(1.1.1.1 親屬;1.1.1.2 家庭族類);1.1.2 社會關係(1.1.2.1 主從等次;1.1.2.2 友鄰敵對)。此外,還有許多根據人物特性産生的人物用詞,包括:1.1.3 生理特性;1.1.4 才質品性;1.1.5 行爲職業;1.1.6 人物統稱;以及:1.1.7 神靈精氣(1.1.7.1 天帝神仙;1.1.7.2 精靈鬼怪;1.1.7.3 氣),神靈是人們想象中的生命,但是它們具有與人相似的意識和行爲,因此附入此類;1.1.8 人物姓氏。

1.2 肢體壽命。包括:1.2.1 頭部五官;1.2.2 肢體内臟;1.2.3 壽命。

1.3 動植諸物。包括:1.3.1 萬物禽獸昆蟲;1.3.2 植物藥物飲食;1.3.3 服裝織物;1.3.4 器物工具;1.3.5 文書典籍;1.3.6 財利金屬;1.3.7 廢棄物。

1.4 自然環境。包括:1.4.1 建築道路;1.4.2 方位處所;1.4.3 國土疆界地名;1.4.4 地理氣象;1.4.5 天文;1.4.6 八卦五行。

1.5　智能意念。1.5.1　話語音樂;1.5.2　性情欲念;1.5.3　聲望力量;1.5.4　要旨緣由;1.5.5　方法途徑。

1.6　社會事物。1.6.1　名稱機構職銜;1.6.2　事務情實;1.6.3　功業福德;1.6.4　過失罪行;1.6.5　吉凶災異;1.6.6　天命典制。

2. 行爲。表示各種事物自身變化運行和施爲於其他事物等運動情況,與上述名物的分類相應,包括:2.1　反映人的生命過程,比如婚戀生育、生老病死,等等;2.2　人體各部分的本能行爲,包括各種肢體器官發出的外現行爲;2.3　反映人們感受的行爲;2.4　人與人之間,體現各種社會關係和交際關係的行爲;2.5　人針對其他事物的各種行爲;2.6　事物本身的運行變化。因此,行爲類概念包括以下幾個方面:

2.1　有生行爲。包括:2.1.1　生命過程(2.1.1.1　婚戀生育;2.1.1.2生存衰亡);2.1.2　疾病治療(2.1.2.1　疾病生理;2.1.2.2　醫治康復)。

2.2　五官肢體行爲。2.2.1　口部行爲(2.2.1.1　食飲享用;2.2.1.2呼喚使令;2.2.1.3　言論告白;2.2.1.4　歡譽罵詈;2.2.1.5　宣教誦讀);2.2.2　耳目鼻首行爲;2.2.3　四肢行爲(2.2.3.1　手部行爲;2.2.3.2　腳部和軀體行爲);2.2.4　軀體位移(2.2.4.1　離去;2.2.4.2　前往;2.2.4.3來歸;2.2.4.4　上下;2.2.4.5　經歷;2.2.4.6　移動);2.2.5　生活行爲(2.2.5.1　起居;2.2.5.2　衣飾衛生;2.2.5.3　遊戲;2.2.5.4　修養信仰)。

2.3　心理感受。2.3.1　感知;2.3.2　適意安寧;2.3.3　膽量勇氣;2.3.4　悔愧悲苦;2.3.5　怨怒憎忌;2.3.6　控制放縱;2.3.7　欲求;2.3.8能願。

2.4　人際行爲。2.4.1　慈愛尊奉親近;2.4.2　佑助保護;2.4.3　會聚追隨;2.4.4　施受傳遞;2.4.5　輕鄙背欺;2.4.6　敵對衝突;2.4.7　社會治理(2.4.7.1　任職管理;2.4.7.2　請求約定;2.4.7.3　依順;2.4.7.4　防禁;2.4.7.5　過惡懲貸)。

2.5　役物行爲。2.5.1　解知辨識(2.5.1.1　解知;2.5.1.2　稱名判定;2.5.1.3　思考謀劃;2.5.1.4　專心意念);2.5.2　生產經營(2.5.2.1勞作;2.5.2.2　設立備辦;2.5.2.3　理財);2.5.3　尋求獲取致使;2.5.4占有留存;2.5.5　棄除亡失。

2.6 事物運行。2.6.1 現隱;2.6.2 運行通塞難易;2.6.3 散布;2.6.4 增減變化;2.6.5 起止成毀;2.6.6 事物關係。

3.性狀及其他。表示各類事物行爲的不同表象和特徵,這些表象、特徵依附於事物或行爲,或通過事物行爲的存在而表現出來,它們具有客觀的實在性,但却沒有自身的獨立存在方式,一些無法歸入名物和行爲兩類的成分也附見於此,包括:

3.1 人的性狀。包括:3.1.1 外貌;3.1.2 生理狀態;3.1.3 心境;3.1.4 心智修養;3.1.5 真偽善惡;3.1.6 富貴貧賤。

3.2 物體性狀。3.2.1 外形;3.2.2 色彩光澤;3.2.3 音聲;3.2.4 氣味净污;3.2.5 觸感;3.2.6 盛衰整缺;3.2.7 質地。

3.3 類屬。3.3.1 等次位序;3.3.2 比似類同差異。

3.4 數量。3.4.1 表量單位;3.4.2 定數;3.4.3 不定數和少量;3.4.4 大量;3.4.5 頻次。

3.5 時間。3.5.1 久暫;3.5.2 定指時間(3.5.2.1 時點時段;3.5.2.2 始末);3.5.3 相對時間(3.5.3.1 過去;3.5.3.2 現在;3.5.3.3 將來)。

3.6 範圍程度。3.6.1 空間;3.6.2 遍及;3.6.3 接續;3.6.4 限制;3.6.5 揣測强調否定;3.6.6 程度。

3.7 結構關係。3.7.1 介引;3.7.2 助語。

3.8 稱代指示。3.8.1 人物指稱;3.8.2 指示事物;3.8.3 疑問指代。

從義素分析的方法來説,詞的意義分類,在某種程度上,也就是含有相同或相類義素的詞的歸類。但是,詞義具有複合性,一個詞包含的多個義素中,每個義素都可能跟其他一些詞所包含的義素相同或相似,從而有類別上的聯繫。因此,詞的意義分類不能簡單隨意或無限制地考慮意義的關聯,詞的意義分類必須考慮意義關聯的唯一性。我們在意義分析的過程中發現,一個詞所含有多個義素中,大多有一個是居中心地位,這個居於中心地位的義素,能夠決定這個詞的語法屬性和語義類別,而其他的義素則居於附屬的修飾限定地位,反映這個詞的意義特徵,但不能表現它的語法和語義的類別。因此,在詞的意義分類中,可供參考和利用的,應該是反映詞的語法屬性和語義類別的中心義素,而不是反映特徵的附屬義素。①

即便如此,由於本書所涉的不僅有同義關係,還有大量的同類關係,因此,各類概念之間,在分類上仍有可能發生交叉現象。爲消除這種兩可現象,本書的概念排列順序的原則是從典型到非典型,能夠優先歸入前面類別的概念,就不歸入後列的類別,比如表示人體的肢體器官的概念,基本上概括了動物的肢體器官,後者就不重複列舉了,相關的動物的肢體用詞,也附在人體器官之後。

語義的關係複雜,據此排列各詞,難免有無法周全之處。但這樣做可以使各詞在這種排列中有一個相對確定的位置,反映它們在意義上的相同相近關係,展示詞彙的意義系統關係,同時也方便從意義角度對這個系統中各詞彙單位作分析比較。因此,值得一試。

3.4.5　本書的目的

通過以上工作,首先,本書嘗試結合詞在語用中的時空分布和詞彙內部本身的概念關係兩個方面,全面展示出現在十部早期天師道文獻中所有的詞彙成分。

進而,通過對早期天師道文獻詞彙的窮盡性描寫分析,全面展現共時材料中詞語的歷時分布情況,進而瞭解詞彙中舊質成分和新質部分的消長變化,以及漢語複音化的進程,爲漢語詞彙史的構建提供借鑒。

關於早期道經出世時代的判定,一直困擾學術界。正如葛兆光所説:“傳統的文獻研究也還有很多空白,比如像道教文獻的時代排序和清理,就還需要更多的人去投入……比如六朝道教,到底哪些經典是六朝的,誰在先誰在後?現在還不敢特別明確地説,這使得道教史寫起來有很多困難。”②我們知道“語言是一種社會現象,它隨着社會的産生而産生,隨着社會的發展而發展,也將

---

① 參俞理明:《義素分析和漢語詞彙研究》,載《詞彙學理論與應用》(四),北京:商務印書館,2008 年,第 180—194 頁。由於人們也把幾個詞共同具有的特徵義素稱爲核心義素,這裏把決定一個詞的語法功能和語義類別的義素稱爲中心義素,以示區别。

② 葛兆光:《關於道教研究的歷史和方法》,《中國典籍與文化》,2003 年第 1 期,第 84—85 頁。

隨着社會的滅亡而滅亡"①,語言的發展與社會息息相關,它往往帶有歷史的烙印,具有鮮明的時代性,而在語言的語音、詞彙、語法三要素中,"詞彙反映社會的變化最直接、最迅速,與社會的聯繫最爲密切"②。我們從詞彙的角度切入來研究文獻,希望能給道經文獻的年代判定提供幫助。

再次,詞彙表達概念,形成語義系統。借助於語義場的理論,可以對這部分材料反映的語義關係作一描寫。由於詞彙使用具有隨機性的特點,在部分文獻中不可能全面完整地體現當時整個語義系統,而出現大量的缺位,而一些概念的不同的表達,又導致同義詞語的產生,形成詞彙複疊。因此,從這個角度對詞語的分類分析,觀察這部分文獻中不同語義子系統的完整程度和複疊程度,結合詞彙創新的調查,可以瞭解早期天師道關注的熱點和當時的社會風尚。

通過這樣的研究,還可以弄清早期天師道文獻中所有的詞彙新質(包括自身的詞彙創新和采用社會詞彙創新),弄清早期天師道文獻與其他文獻(包括道教其他文獻、佛經和儒典)詞彙共用情況並追溯其中的詞彙交流關係,弄清早期天師道文獻用詞的語義偏向,從而展現早期天師道文獻的詞彙特點,以及蘊含在早期天師道文獻中的漢語詞彙歷時變化的痕迹。本書還將考察天師道文獻用詞與當時一般社會用詞之間的關係,以及導致新詞新義產生的客觀和主觀因素或影響新詞產生的社會人文基礎。

3.4.6 本書的處理方法

語言通過代代相傳而沿用,因此,從詞彙的角度看來,儘管每個時代都有通過各種變化而產生的詞彙新質來反映人們的新認識和新觀念,但每個時代的詞彙中,首先是大量的承襲成分,即詞彙舊質,這些成分反映了語言的傳承性,具有很高的通行度,也是實現語言交際功能的基本保證。

考察詞彙成分的傳承性,需要通過歷史的回顧,即把當時文獻中的用詞與歷史文獻中的詞彙作比較。漢語有悠久的歷史和豐富的歷史文獻,保存在文

---

① 向熹:《簡明漢語史》(上),北京:商務印書館,2010年,第23頁。
② 向熹:《簡明漢語史》(上),北京:商務印書館,2010年,第24頁。

獻中的古代語言材料,爲我們考察漢語詞彙成分的歷史提供了難得的條件。當然,文獻也有局限,就漢語的文獻而言,周秦以前的歷史雖然很長,但材料數量相對較少,其中反映商代用語的甲骨文、金文文獻內容特殊,雖然近年來的研究創獲頗豐,但從語料的角度來看,目前還未能形成一個可資比較的歷史平面,因此本書以周秦文獻作爲漢語詞彙最早的一個階段;兩漢約四百年的歷史,作爲第二個時段;天師道文獻所處的魏晉時期,作爲第三個時段。全書以此分章處理。

各章之中,安排如下:

1. 出現在早期天師道文獻中的詞彙成分,有不同的歷史背景,本書分別用不同的括號標出,以示區別,其中:"【　】"表示產生於先秦,沿用至魏晉而不變;"【　》"表示產生於先秦,在兩漢發生義變,再沿用至魏晉;"〖　〗"表示產生於兩漢,並沿用至魏晉;"【　】*"表示產生於先秦,在魏晉發生義變;"〖　〗*"表示產生於兩漢,在魏晉發生義變;"〖　〗* *"表示產生於魏晉。

2. 各詞項先列詞目,然後釋義。釋義主要參考《漢語大詞典》,並據道經實際情況作適當調整。釋義後用〈　〉標出該詞項在十部道經中的使用率和覆蓋率。如"【生人】活人。〈10/三〉"中,【　】內爲詞目,"活人"是該詞目在道經文獻中的意義,"〈10/三〉"表示共出現十次、分布在三部道經之中。

3. 本書把描寫與統計相結合,每一個詞義類別標題後,都用相應的括號列出本類的詞項數量,即以〔　〕、｛　｝、［　］和（　）表示一、二、三、四各級標題下各部分的詞目數。各詞目數後是相應的統計數字,其中"單、雙、叁、肆、伍、陸"分別表示詞的音節數,其後數字表示這一音節詞的數量,再用〈　〉標示它們的使用率和在文獻分布率。比如"單3〈5/四〉"表示共3個單音詞,一共使用5次,出現在四部文獻中(文獻分布率的統計方法是:同一詞出現在同一文獻中,合併計算;不同的詞出現在同一文獻中,分別計算)。

4. 爲避免累贅,本書只對詞彙新質引用道經實例,其餘從簡。道經引文采用文物出版社、上海書店出版社、天津古籍出版社1988年版明《正統道藏》影印本,引文後用括號標出該例在此印本中的冊序、頁碼和欄次,如"(34/463a)"表示引例出自《正統道藏》第34冊,第463頁,上欄(a、b、c分別代表每頁的上、中、下欄)。

31

5.道經在用字方面存在一些差異,本書對涉及用字差異的詞目作如下處理:異體或通假形式用( )附見於通用形式,如【果(菓)】,【吊問(弔問)】,【俾(畀)】,【天殺(天煞)】。

6.無法解讀的句子及詞語未列入分析和統計範圍,作爲待質詞句附於正文之後。

第一章 早期天師道文獻的先秦詞彙舊質

第一节 名物〔共 1188：單 491 雙 686 叁 7 肆 4〕

1.1 人物神靈｛共 302：單 84 雙 214 叁 3 肆 1｝

人物神靈包括各類表示人物的詞。人們根據人的自然和社會兩個方面的屬性對人進行區分。人的自然特點,包括生理和心理,比如年齡、性別、形體、容貌、心智等等;人的社會性,包括社會關係和社會地位,等等。親屬關係兼具自然和社會兩種屬性,血緣是自然形成的,但婚姻和家庭關係是社會性的。此外,友鄰關係是社會性的,却常常被比附爲親屬關係。

在宗教觀念中,人死之後,鬼魂仍然像生前一樣具有各種意識,而神靈精氣則是人格化的生靈,具有主觀意志和行爲能力,因此,我們把它們歸爲一類。

1.1.1 親緣關係

1.1.1.1 親屬(35：單 13〈59/二十七〉,雙 21〈69/四十〉,叁 1〈1/一〉)

【先人】祖先。〈1/一〉

【先祖】祖先。〈4/一〉

【祖】祖父以上各輩尊長。〈1/一〉

【祖父母】祖父和祖母。〈1/一〉

【祖父】父親的父親。〈1/一〉

【祖母】父親的母親。〈1/一〉

【所生】指生養的人。〈1/一〉

【父母₁】父親和母親。〈7/四〉

【親₃】父母。〈1/一〉

【父】父親。〈7/四〉

【母₁】母親。〈6/三〉

【母親】生養自己的女子。〈1/一〉

【父兄】父親和兄長。〈1/一〉

【父子】父親和兒子。〈8/四〉 　　　　【妻子】妻和子。〈3/二〉

【婦姑】婆媳。〈1/一〉 　　　　　　　【長男】長子。〈1/一〉

【寡婦】失去丈夫的婦人。〈1/一〉 　　【孝子】孝順父母的兒子。〈2/二〉

【兄弟】哥哥和弟弟。〈4/三〉 　　　　【子₁】兒女。〈8/五〉

【兄】哥哥。〈4/一〉 　　　　　　　　【子₂】專指兒子。〈7/二〉

【弟】弟弟。〈4/一〉 　　　　　　　　【子孫】兒子和孫子；後代。〈14/五〉

【夫婦】夫妻。〈5/二〉 　　　　　　　【胤】子嗣；子孫後代。〈2/一〉

【夫妻】丈夫和妻子。〈8/三〉 　　　　【骨肉₂】至親。〈2/二〉

【夫₁】女子的配偶。〈11/三〉 　　　　【親戚】有血緣或婚姻關係的人。

【妻】男子的嫡配。〈4/三〉 　　　　　〈1/一〉

【婦】妻子。〈4/二〉 　　　　　　　　【外親】女系的親屬。〈1/一〉

【嬖妾】愛妾。〈1/一〉

　　1.1.1.2　家庭族類（17：單 6〈31/十四〉，雙 11〈24/十三〉）

【家₂】家族；家庭。〈21/六〉 　　　　【類₂】族類。〈1/一〉

【室₃】家。〈1/一〉 　　　　　　　　【胡】北方和西方的民族。〈6/四〉

【室家】家庭或家庭中的人。〈8/二〉 　【胡人】北方及西域各族。〈2/一〉

【舉家】全家。〈1/一〉 　　　　　　　【夷】東部各族的總稱。〈1/一〉

【内人】家裏人。〈1/一〉 　　　　　　【南蠻】南方的民族。〈1/一〉

【人家₁】他人家庭。〈6/二〉 　　　　【夷蠻】東方和南方各族。〈1/一〉

【他家】他人家庭。〈1/一〉 　　　　　【夷狄】華夏族以外的各族。〈1/一〉

【宗族】同宗同族的人。〈1/一〉 　　　【蠻夷】四方邊遠地區各族。〈1/一〉

【種₁】族類。〈1/一〉

　　1.1.2　社會關係

　　1.1.2.1　主從等次（59：單 11〈88/二十四〉，雙 48〈241/八十六〉）

【上下₃】位分不同的人；猶言君臣、尊　【長₄】首領。〈1/一〉

卑、長幼。〈2/二〉 　　　　　　　　　【皇₂】帝王。〈1/一〉

【主₂】首領；主宰者。〈3/三〉 　　　　【王₁】君王。〈1/一〉

【天子】帝王。〈2/二〉

【王者】帝王。〈3/二〉

【帝王】君主。〈2/二〉

【先王】上古賢明君王。〈1/一〉

【聖主】聖明的君主。〈1/一〉

【人主】人君;君主。〈1/一〉

【國君】天子;諸侯國君。〈1/一〉

【君₁】各級統治者的通稱。〈6/四〉

【五帝】五位著名帝王。〈4/四〉

【五霸】五個霸主。〈2/一〉

【諸侯】帝王分封的各國君主。〈1/一〉

【君父】尊長。〈1/一〉

【君臣】君主與臣下。〈5/二〉

【大子】太子。〈1/一〉

【貴₂】地位顯要的人。〈1/一〉

【將相】文武大臣。〈1/一〉

【將帥】將領。〈4/一〉

【將吏】軍官。〈3/一〉

【將軍】武將。〈10/四〉

【官₁】官吏;官員。〈5/三〉

【吏】對官員的通稱。〈31/二〉

【臣₁】君主制時代的官吏。〈5/三〉

【百官】各級官吏。〈1/一〉

【百僚】百官。〈1/一〉

【群寮】百官。〈1/一〉

【官吏】官員。〈2/一〉

【官人】官吏。〈1/一〉

【長吏】地位較高的官員。〈1/一〉

【忠臣】忠於君主的官吏。〈3/三〉

【故臣】長期從政的大臣。〈1/一〉

【姦臣】弄權誤國的大臣。〈3/二〉

【門下】屬下。〈1/一〉

【下官】小官。〈2/一〉

【吏民】官吏與庶民。〈7/一〉

【民₂】平民百姓。〈33/四〉

【民人】百姓。〈16/三〉

【人民₁】百姓。〈9/六〉

【生民₁】人民。〈1/一〉

【天民】人民;普通人。〈5/二〉

【兆民】民衆;百姓。〈2/一〉

【萬民】廣大百姓。〈84/五〉

【萬姓】萬民。〈5/五〉

【群生₂】百姓。〈3/二〉

【散民】普通老百姓。〈1/一〉

【百姓】人民;民衆。〈30/六〉

【小人】平民百姓。〈3/二〉

【俗₂】民衆。〈1/一〉

【世人】世間的人。〈4/二〉

【貧民】貧苦的人民。〈1/一〉

【齊人】齊國人。〈1/一〉

【異民】不歸順的百姓。〈1/一〉

【主人】財物或權力的支配者。〈5/三〉

【從者】隨從人員。〈2/一〉

【僕妾】奴僕婢妾。〈1/一〉

1.1.2.2　友伴敵對(5:單2〈2/二〉,雙3〈4/四〉)

【所親】親人;親近的朋友。〈2/二〉

【朋友】交誼深厚的人。〈1/一〉

【賓客】客人。〈1/一〉

【客】來賓;賓客。〈1/一〉

【讎】仇敵。〈1/一〉

1.1.3　生理特點［30:單7〈26/十四〉,雙23〈194/四十八〉］

【男女₁】男性和女性。〈76/六〉

【男】男子。〈7/四〉

【男子】男人。〈24/二〉

【士】男子的美稱。〈3/二〉

【女】女人。〈10/三〉

【女子】泛指女性。〈26/二〉

【婦女】成年女子的通稱。〈5/三〉

【尊卑】長輩和晚輩。〈2/一〉

【大小₂】尊卑或長幼。〈7/四〉

【尊₃】尊長;長輩。〈1/一〉

【後人】後繼的人。〈1/一〉

【後生】後輩;下一代。〈2/一〉

【老少】老人和小孩。〈1/一〉

【老小】老人和小孩。〈2/二〉

【老稚】老人和小孩。〈1/一〉

【老人₁】老年人。〈1/一〉

【丈人₁】對老人的尊稱。〈2/一〉

【童】兒童;小孩。〈3/二〉

【童子】小孩;未成年人。〈1/一〉

【兒】嬰孩。〈1/一〉

【小兒】小孩子。〈4/二〉

【嬰兒】幼童。〈1/一〉

【赤子₁】嬰兒。〈2/二〉

【胎₁】孕於母體內的幼體。〈1/一〉

【力士】力氣大的人。〈1/一〉

【病者】有病的人。〈2/一〉

【生人】活人。〈10/三〉

【死人】已死的人。〈9/四〉

【死者】去世的人。〈9/四〉

【白骨】尸骨;死者。〈5/三〉

1.1.4　才質品性［37:單7〈29/十一〉,雙30〈109/五十一〉］

【大人】德高志遠的人。〈2/一〉

【大德】德行高尚的人。〈1/一〉

【聖₁】超凡脫俗的人。〈1/一〉

【聖人】品德智慧高超的人。〈7/三〉

【賢₁】有德行或有才能的人。〈7/四〉

【賢人】有才德的人。〈3/三〉

【賢者】有才德的人。〈22/四〉

【賢良】有德行才能的人。〈1/一〉

【群賢】眾多德才兼備的人。〈1/一〉

【明者】賢明的人。〈2/一〉

【吉人】善良的人。〈1/一〉　　　　【貪夫】貪婪的人。〈1/一〉

【良人】善良的人。〈1/一〉　　　　【貪民】貪婪的人。〈1/一〉

【君子】才德出衆的人。〈4/二〉　　【邪₁】品行不正的人。〈4/一〉

【忠良】忠誠善良的人。〈2/二〉　　【姦₁】歹徒;惡人。〈2/一〉

【善人】善良有德的人。〈12/五〉　　【姦邪₁】奸詐邪惡的人。〈2/一〉

【善士】善良有德的人。〈1/一〉　　【凶₃】凶惡的人物精靈。〈6/二〉

【知者】有智慧的人。〈1/一〉　　　【凶人】凶惡的人。〈1/一〉

【中民】普通的人。〈1/一〉　　　　【群凶】衆多凶逆的人。〈3/三〉

【中人】常人。〈1/一〉　　　　　　【惡人】壞人。〈17/四〉

【愚】愚笨;愚笨的人。〈8/一〉　　【惡者】邪惡的人。〈1/一〉

【愚人】愚昧淺陋的人。〈10/三〉　　【虎狼】凶殘的人。〈1/一〉

【愚者】愚昧淺陋的人。〈6/二〉　　【豺狼】凶殘的惡人。〈1/一〉

【賤₂】地位低下的人。〈1/一〉　　【狼子】凶暴狠毒的人。〈1/一〉

【僞人】僞善的人。〈1/一〉

1.1.5　行爲職業［20:單5〈37/九〉,雙14〈60/十六〉,叄1〈4/二〉］

【同志】志趣相同的人。〈2/一〉　　【兵₁】兵卒;軍隊。〈16/一〉

【其人】適宜的人。〈1/一〉　　　　【兵士】士卒。〈31/二〉

【非其人】不適宜的人。〈4/二〉　　【士卒】士兵。〈1/一〉

【無辜₂】無罪的人。〈1/一〉　　　【賊₂】偷竊搶劫財物的人。〈2/二〉

【百功】各種工匠。〈1/一〉　　　　【盜】偷竊搶劫財物的人。〈1/一〉

【良醫】醫道高明的醫生。〈1/一〉　【盜賊】偷竊劫奪財物的人。〈14/

【明師】賢明的老師。〈1/一〉　　　二〉

【屠沽】宰牲和賣酒的人。〈2/一〉　【賊盜】偷竊劫奪財物的人。〈1/一〉

【軍】軍隊。〈2/二〉　　　　　　　【賊子】賊人。〈2/一〉

【行列】特指軍隊。〈1/一〉　　　　【寇賊】盜匪;敵寇。〈1/一〉

【將₃】將帥。〈16/三〉

1.1.6　人物統稱［10：單6〈219/二十九〉,雙4〈11/六〉］

【民₁】人。泛指人類。〈2/二〉

【人₁】能制造和使用工具的高等動物。〈176/九〉

【人₃】特定的人。〈29/八〉

【子₃】泛稱個人。〈6/四〉

【人人】每個人。〈5/二〉

【萬人】很多人。〈2/二〉

【人數】衆人。〈1/一〉

【人衆】許多人。〈3/一〉

【衆₁】衆人。〈4/四〉

【群₁】人群或物群。〈2/二〉

1.1.7　神靈精氣［68］

1.1.7.1　天帝神仙（30：單4〈58/十一〉,雙25〈93/四十四〉,肆1〈3/二〉）

【帝】上帝;天神。〈3/一〉

【天帝】上帝。〈1/一〉

【大帝】天帝。〈1/一〉

【皇天上帝】天帝。〈3/二〉

【上皇】天帝。〈1/一〉

【高天】上天。〈1/一〉

【皇天】尊稱天或天神。〈2/二〉

【神₁】神靈;神仙。〈53/八〉

【大神】尊神。〈3/二〉

【神明】天地間神靈的總稱。〈4/二〉

【神君】神靈;神仙。〈3/三〉

【神祇】神靈。〈1/一〉

【神靈】神的總稱。〈3/二〉

【萬靈】衆神。〈1/一〉

【群靈】衆神。〈2/一〉

【衆神】衆多神靈。〈1/一〉

【百神】各種神靈。〈2/一〉

【天人】天界的神靈。〈1/一〉

【真人】成仙的人。〈23/八〉

【神人】神仙。〈1/一〉

【神女】仙女。〈4/一〉

【玉女】仙女。〈30/六〉

【五龍】五行神。〈3/二〉

【司神】伺察監察的神。〈1/一〉

【御史】中上層仙官。〈1/一〉

【祇】地神。〈1/一〉

【社神】土神。〈1/一〉

【社稷】土神和穀神。〈1/一〉

【竈₂】竈神。〈1/一〉

【竈君】竈神。〈1/一〉

1.1.7.2　精靈鬼怪（11：單7〈743/二十二〉,雙4〈32/十二〉）

【神₂】精神;心神。〈7/三〉

【精神】精氣元神。〈5/三〉

【形神】形骸精神。〈1／一〉

【魂魄】依附人體的精神。〈8／三〉

【魂】魂魄；魂靈。〈3／二〉

【精₂】精靈；靈魂。〈42／五〉

【鬼】萬物的精靈；鬼怪。〈687／八〉

【鬼神】鬼與神的合稱。〈18／五〉

【靈₂】神靈鬼怪。〈1／一〉

【魅】鬼怪。〈1／一〉

【妖（祅）】反常怪異的事物。〈2／二〉

1.1.7.3　氣(27：單 4〈47／十一〉,雙 22〈58／三十四〉,叄 1〈1／一〉)

【氣₄】形成宇宙萬物的最根本物質實體。〈5／二〉

【太極】最原始的混沌之氣。〈2／一〉

【太初】混沌元氣。〈1／一〉

【元炁₁（元氣）】天地未分前的混沌之氣。〈6／三〉

【炁₅】天地自然陰陽之氣。〈21／四〉

【正氣（正炁）】充塞天地之間的至大至剛之氣。〈4／二〉

【陰陽₁】化生萬物的二氣。〈10／四〉

【二炁】陰陽。〈1／一〉

【氣₅（炁₂）】人的元氣；生命力。〈11／四〉

【真氣₁（真炁）】人體的元氣；生命活動的原動力。〈4／三〉

【陰陽炁】人體陰陽元氣。〈1／一〉

【形炁】形體元氣。〈1／一〉

【血氣】血液和精氣。〈1／一〉

【五精₁】五臟的精氣。〈1／一〉

【五氣₂】五臟之氣。〈1／一〉

【神炁₁】神妙靈異之氣。〈1／一〉

【清炁】天空中清明之氣。〈3／一〉

【五氣₁】五方之氣。〈1／一〉

【地炁】地中之氣。〈1／一〉

【白氣（白炁）】白色的雲氣。〈3／二〉

【赤炁₁】紅色的雲氣。〈2／一〉

【黑炁】黑色的雲氣。〈2／一〉

【陰氣】寒氣；肅殺之氣。〈1／一〉

【逆氣（逆炁）】違逆之氣。〈8／二〉

【邪氣】妖氣。〈1／一〉

【惡氣（惡炁）】邪惡之氣。〈3／三〉

【蠱₂】傷害人的熱毒惡氣。〈10／一〉

1.1.8　人物姓氏[21：單 12〈14／十二〉,雙 9〈11／十〉]

天師道文獻中,提及了不少歷史人物。另外,在他們的神靈系統中,大量的神靈都跟常人一樣有名有姓,其中姓具有普適性,故列於此。

【黃帝】古帝名。傳說中原各族的共同祖先。〈1／一〉

【幽王】西周最後一位帝王。〈1／一〉

【赧王】東周最後一位帝王。〈1／一〉

【許由】傳說中的隱士。〈1/一〉

【老子】道家學派的代表人物,後納入神仙譜系,稱太上老君。〈2/二〉

【尹喜】關令尹,受老子五千文。〈1/一〉

【王喬】王子喬,傳說中的仙人。〈2/一〉

【魯班】傑出的建築工匠。〈1/一〉

【范蠡】春秋人名,助越王勾踐復國滅吳。〈1/一〉

【戴$_2$】姓。〈1/一〉

【恒$_2$】姓。〈2/一〉

【李】姓。〈1/一〉

【劉$_1$】姓。〈1/一〉

【史】姓。〈1/一〉

【蘇】姓。〈1/一〉

【王$_4$】姓。〈2/一〉

【吳】姓。〈1/一〉

【元$_2$】姓。〈1/一〉

【張$_3$】姓。〈1/一〉

【趙】姓。〈1/一〉

【鍾】姓。〈1/一〉

1.2　肢體壽命{86:單50 雙35 肆1}

1.2.1　頭部五官[27:單18〈86/三十六〉,雙9〈14/十〉]

【頭】腦袋。〈13/四〉

【頭首】腦袋。〈1/一〉

【頭面】頭部和面部。〈1/一〉

【面$_1$】人頭的正面部分。〈3/三〉

【面目】面部。〈1/一〉

【額】額頭。〈1/一〉

【頰】臉側從眼到下頜部分。〈4/一〉

【耳$_1$】耳朵。〈6/二〉

【耳目】耳朵和眼睛。〈3/一〉

【目】眼睛。〈25/五〉

【眸子】眼睛。〈1/一〉

【鼻$_1$】呼吸兼嗅覺的器官。〈4/二〉

【口】發聲和飲食的器官。〈10/四〉

【齒】牙齒。〈5/三〉

【口齒】牙齒。〈2/一〉

【舌】舌頭。〈2/二〉

【喉】喉嚨。〈5/一〉

【咽】咽部。〈1/一〉

【嚥$_1$】咽部。〈1/一〉

【咽喉】咽與喉的並稱。〈2/一〉

【喉咽】咽喉。〈2/二〉

【毛】毛髮。〈1/一〉

【髮】頭髮。〈2/二〉

【眉】眉毛。〈1/一〉

【鬚】鬍鬚。〈1/一〉

【毫毛】細毛。〈1/一〉

【角$_1$】頭頂突生的骨狀物。〈1/一〉

1.2.2　肢體內臟[45：單27〈181/五十七〉，雙17〈38/二十二〉，肆1〈1/一〉]

【身₁】人或動物的軀體。〈89/八〉

【體】身體。〈3/三〉

【形₁】形體；身體。〈21/七〉

【身形】身體；形體。〈3/一〉

【身體】人或動物的全身。〈2/一〉

【人身】人的身體。〈2/二〉

【形骸】人的軀體。〈1/一〉

【肢體】軀體。〈1/一〉

【骨肉₁】身體。〈1/一〉

【骨】骨頭。〈1/一〉

【骨節】關節。〈2/二〉

【關節】骨頭連接的地方。〈2/一〉

【肌】肌肉。〈1/一〉

【頸】脖子。〈4/二〉

【肩】肩膀。〈1/一〉

【脅】頸腹之間的軀幹部分。〈1/一〉

【心腹₁】胸部與腹部。〈3/二〉

【心₂】胸部。〈1/一〉

【腹】肚子。〈3/一〉

【腹內】肚子中。〈1/一〉

【臍】肚臍。〈1/一〉

【小腹】人體臍以下的部位。〈1/一〉

【腋】人的胳肢窩。〈1/一〉

【脅】腋下至腰上的身軀兩側。〈1/一〉

【膂脅】胸膛至腋下。〈1/一〉

【背₁】脊背。〈1/一〉

【脊】背部中間的骨肉。〈1/一〉

【五臟六腑】體內全部器官。〈1/一〉

【五藏(五臟)】心、肝、脾、肺、腎五種器官。〈9/二〉

【六腑】胃、膽、三焦、膀胱、大腸、小腸六種器官。〈4/二〉

【心₁】心臟。〈2/一〉

【心₃】古人以心爲思維器官。〈4/二〉

【肺】人的呼吸器官。〈2/二〉

【肝】肝臟。〈1/一〉

【肝心】肝和心。〈1/一〉

【脾】脾臟。〈1/一〉

【血₁】血液。〈8/二〉

【四肢】人體上肢下肢合稱。〈3/一〉

【臂】胳膊。〈2/二〉

【手】人體上肢腕以下部分。〈15/五〉

【十指】十個手指。〈1/一〉

【肶】人的大腿。〈1/一〉

【腳】人與動物的行走器官。〈1/一〉

【足₁】腳。〈12/六〉

【尾】尾巴。〈2/二〉

1.2.3　壽命［14：單 5〈25／十三〉，雙 9〈25／十四〉］

【生₅】生命。〈1／一〉

【命₅】生命；壽命。〈16／七〉

【性命】生命。〈1／一〉

【人命₁】人的生命。〈2／一〉

【民命】人民的生命。〈1／一〉

【人生₂】人的一生。〈4／三〉

【壽₁】年壽；壽限。〈5／三〉

【壽命】生存的年限。〈7／四〉

【年₅】壽命；一生的歲數。〈1／一〉

【年壽】人的壽命。〈2／一〉

【天年】正常享有的壽數。〈6／一〉

【大命₂】天年；壽命。〈1／一〉

【齡】年齡。〈2／一〉

【行年】經歷的年歲。〈1／一〉

1.3　動植諸物｛233：單 123 雙 110｝

1.3.1　萬物禽獸昆蟲［79：單 36〈110／六十二〉，雙 43〈101／六十三〉］

【萬物】宇宙間的一切事物。〈14／四〉

【物₁】萬物。〈2／二〉

【物₂】具體或個別的物品。〈13／五〉

【生物】一切有生命的物體。〈1／一〉

【群生₁】一切生物。〈1／一〉

【蟲₂】一切動物（含人）。〈1／一〉

【鳥獸】飛禽走獸。〈2／一〉

【獸】野生的哺乳動物。〈3／二〉

【野獸】野生的哺乳動物。〈1／一〉

【眾獸】各種獸類。〈1／一〉

【百獸】眾獸。〈1／一〉

【走獸】獸類。〈1／一〉

【猛獸】凶猛的獸類。〈1／一〉

【龍】傳說中的神異動物。〈6／三〉

【飛龍】飛的龍。〈2／二〉

【青龍】青色的龍；與白虎、朱雀、玄武同爲四靈。〈5／三〉

【白龍】白色的龍。〈1／一〉

【黃龍】黃色的龍。〈1／一〉

【黑龍】黑色的龍。〈1／一〉

【赤龍】赤色的龍。〈1／一〉

【蛇龍】蛇與龍。〈1／一〉

【神蛇】具有靈性的蛇。〈1／一〉

【騰蛇】騰蛇。傳說能飛。〈1／一〉

【蛇】爬行動物。〈6／三〉

【蟲蛇】泛指蛇和其他蟲類。〈2／二〉

【玄武】四靈之一，其形爲龜或龜蛇合體。〈6／四〉

【龜】烏龜。〈1／一〉

【黿鼉】大鱉和豬婆龍。〈1／一〉

【魚鼈】鱗介水族。〈2／二〉

【魚】水生脊椎動物。〈7／三〉

【逆鱗】倒生的鱗片。〈1／一〉

【騏鱗】傳說中的祥瑞動物。〈1／一〉

【窮奇】傳說中的獸名。〈4／二〉

【虎】老虎。〈8／五〉

【熊】獸名。〈2／一〉

【狼】獸名。〈5／四〉

【鹿】動物名。〈3／二〉

【猴】猴子。〈1／一〉

【狐】狐狸。〈1／一〉

【狐狸】獸名。〈3／二〉

【兔】兔子。〈1／一〉

【鼠₁】動物名。〈2／二〉

【六畜】馬牛羊雞狗豬。〈20／四〉

【馬】哺乳動物。〈7／二〉

【騾】家畜名。〈1／一〉

【牛】反芻偶蹄類哺乳動物。〈6／一〉

【羊】哺乳動物。〈2／二〉

【豬】哺乳動物。〈4／二〉

【犬】家畜名。俗稱狗。〈2／一〉

【狗】家畜名。〈1／一〉

【貓】哺乳動物。〈1／一〉

【鳥】古指尾羽長的飛禽。〈3／二〉

【百鳥】各種禽鳥。〈1／一〉

【飛鳥】鳥類。〈2／二〉

【六翮】鳥的兩翼。〈1／一〉

【羽】鳥類或昆蟲的翅膀。〈1／一〉

【羽翼】禽鳥的翼翅。〈1／一〉

【毛羽】鳥的羽毛。〈1／一〉

【雀】泛指小鳥。〈1／一〉

【鳳凰】傳說中的百鳥之王。〈1／一〉

【朱雀】四靈之一。〈5／三〉

【鶴】道教以爲有仙氣的動物。〈1／一〉

【烏₁】鳥名。烏鴉。〈2／一〉

【鳩】鳥名。〈1／一〉

【白雉】白色羽毛的野雞。〈1／一〉

【雞】家禽名。〈1／一〉

【蟲₁】昆蟲。〈2／一〉

【百蟲】各種昆蟲。〈3／二〉

【蜎飛】能飛翔的昆蟲。〈1／一〉

【蠕動】爬行的昆蟲。〈1／一〉

【朝生】蜉蝣。〈1／一〉

【蠶(蚕)】昆蟲名。〈9／二〉

【璽】昆蟲蛹期的囊狀保護物。〈1／一〉

【青蠅】蒼蠅。〈1／一〉

【蟲蝗】危害莊稼的蟲類。〈1／一〉

【毒蟲】有毒的蟲、蛇。〈1／一〉

【毒蠱】害人的毒蟲。〈2／一〉

【蠱₁】人工培育的毒蟲。〈1／一〉

【疾₂】毒害物。〈1／一〉

1.3.2　植物藥物飲食［52：單30〈65／四十四〉，雙22〈48／三十一〉］

【草木】各種草本木本植物。〈4／四〉

【木₁】樹。〈9/三〉

【禾苗】穀類作物的幼苗。〈1/一〉

【樹】木本植物的總稱。〈5/四〉

【莖】植物體的主幹。〈2/一〉

【樹木】木本植物的統稱。〈2/一〉

【葉】葉子。〈1/一〉

【林】成片的竹、木。〈1/一〉

【華葉】花與葉。〈1/一〉

【山林】山與林。〈3/三〉

【華英】花。〈1/一〉

【深林】茂密的樹林。〈1/一〉

【榮₁】草木的花。〈1/一〉

【竹林】叢生的竹子。〈1/一〉

【果(菓)】果實。〈3/一〉

【大樹】高大的樹木。〈1/一〉

【實₁】子實。〈1/一〉

【草】草本植物的總稱。〈6/三〉

【米】稻米。〈1/一〉

【百草】各種草類。〈1/一〉

【醫藥】醫術與藥物。〈1/一〉

【生草】青草。〈1/一〉

【藥】藥物。〈1/一〉

【菜】蔬菜類植物的總稱。〈1/一〉

【良藥】療效好的藥物。〈1/一〉

【瓜瓠】瓜類作物。〈3/一〉

【毒藥】能危害生命的藥物。〈2/一〉

【禾穀】穀類作物。〈2/一〉

【毒₁】毒物。〈4/三〉

【糧】穀類食物的總稱。〈4/二〉

【食₂】泛指食物。〈2/二〉

【穀(谷₂)】糧食作物總稱。〈4/二〉

【飲食₂】飲料和食品。〈9/三〉

【五穀】各種穀物。〈5/二〉

【食飲₂】酒和肴饌。〈1/一〉

【稻】植物名。〈1/一〉

【五味₂】各種美味。〈1/一〉

【禾】粟。〈1/一〉

【酒肉】好的飲食。〈4/一〉

【桑】桑葉。〈1/一〉

【漿】汁液。〈1/一〉

【棗】棗樹的果實。〈2/一〉

【酒】飲料名。〈2/二〉

【葦】蘆葦。〈1/一〉

【醴】泛指酒。〈1/一〉

【芰】菱。〈1/一〉

【肉】供食用的動物肉。〈2/二〉

【藕】荷的根莖。〈1/一〉

【肴】熟肉。〈1/一〉

【芝英】靈芝。〈2/二〉

【餌】誘捕魚或禽獸的食物。〈1/一〉

【苗】尚未開花的禾類植物。〈3/一〉

1.3.3 服裝織物[23；單13〈53/十八〉,雙10〈18/十一〉]

【絲】蠶絲。〈2/一〉

【素絲】本色的絲。〈1/一〉

44

【絹】平紋的生絲織物。〈2/一〉

【表₁】外衣。〈1/一〉

【布₁】布料。〈1/一〉

【衣裘】皮裘。〈1/一〉

【布帛】裁制衣物的材料。〈3/一〉

【裳】下身穿的衣裙。〈1/一〉

【尺帛】少量的帛。〈1/一〉

【履₁】鞋。〈1/一〉

【巾】擦拭等用的小块布帛。〈1/一〉

【被₁】被子。〈1/一〉

【衣₁】衣服。〈38/五〉

【鎧】鎧甲。〈1/一〉

【衣服₁】衣裳;服飾。〈6/二〉

【甲₁】鎧甲。〈1/一〉

【衣裳】衣服。〈2/一〉

【甲鎧】鎧甲。〈1/一〉

【衣冠】衣著。〈1/一〉

【赭衣】囚衣。〈1/一〉

【衰麻】衰衣麻絰;喪服。〈1/一〉

【囊】袋子。〈2/二〉

【冠】帽子。〈1/一〉

1.3.4　器物工具［36:單22〈54/三十二〉,雙14〈16/十六〉］

【器】用具;器具。〈2/二〉

【棺】棺材。〈1/一〉

【器物】各種用具。〈1/一〉

【甄】甄子。〈1/一〉

【舟車】船和車。〈1/一〉

【食器】盛食物的器具。〈1/一〉

【車₁】車子。〈3/三〉

【網】繩綫結成的捕獵工具。〈5/一〉

【輿】車。〈1/一〉

【羅網₁】捕捉鳥獸的器具。〈1/一〉

【喪車】運靈柩的車。〈1/一〉

【天網】上天布下的羅網。〈1/一〉

【車馬】車和馬;馬拉的車。〈3/三〉

【刃₁】刀鋒;刀口。〈1/一〉

【車駕】馬駕的車。〈1/一〉

【刃₂】刀劍一類利器。〈1/一〉

【勒₁】帶嚼子的馬絡頭。〈1/一〉

【兵刃】兵器。〈1/一〉

【鞭】鞭子。〈1/一〉

【刀】兵器名。〈1/一〉

【車輪】車輛的輪子。〈1/一〉

【劍】兵器名。〈15/一〉

【羽蓋】鳥羽爲飾的車蓋。〈1/一〉

【戟】兵器名。〈1/一〉

【船】水上運輸工具。〈2/一〉

【殳】兵器名。〈1/一〉

【牀(床)】供人睡卧的家具。〈4/四〉

【斧】斧子。〈4/二〉

【坐₂】座席;座位。〈3/三〉

【黄鉞】飾以黄金的長柄斧。〈1/一〉

【坐席】座位;席位。〈1/一〉

【鐵杖】鐵制的棍棒類兵器。〈1/一〉

【琴】樂器名。〈1/一〉　　　　　　　【簡】竹簡。〈3/二〉

【筆】書寫和繪畫的工具。〈1/一〉　　【錐】錐子。〈1/一〉

1.3.5　文書典籍[8：單8〈29/十三〉]

【書₂】特指某一種專著。〈3/三〉　　　【籍₁】人名簿。〈1/一〉

【書₃】書信。〈2/一〉　　　　　　　　【篇】成部著作的組成部分。〈1/一〉

【經₂】對典範著作的尊稱。〈14/四〉　【文₁】字；文字。〈1/一〉

【錄₂(籙₂)】簿籍；册籍。〈6/一〉　　【易₆】《易經》。〈1/一〉

1.3.6　財利金屬[31：單13〈36/二十一〉,雙18〈34/二十一〉]

【益₂】好處。〈1/一〉　　　　　　　　【寶₁】貴重的東西。〈2/一〉

【利₁】利益；好處。〈6/三〉　　　　　【寶物】寶貴的物品。〈1/一〉

【利₄】盈利；利息。〈6/三〉　　　　　【財寶】錢財寶物。〈4/二〉

【五利】五種利益、好處。〈3/一〉　　　【金帛】黃金絲綢；錢財。〈1/一〉

【私₁】個人的利益。〈1/一〉　　　　　【錢】錢幣。〈2/二〉

【私利】個人的利益。〈1/一〉　　　　　【金錢】貨幣。〈1/一〉

【券契₁】契據。〈1/一〉　　　　　　　【千金】極言錢財多。〈1/一〉

【禄】俸給。〈1/一〉　　　　　　　　　【一錢】一文錢；極少的錢。〈2/一〉

【禮₂】禮物。〈1/一〉　　　　　　　　【金₁】金屬。〈3/二〉

【用₂】財用。〈1/一〉　　　　　　　　【黃金₂】金屬名。〈1/一〉

【財】金錢、物資的總稱。〈6/二〉　　　【銅】金屬名。〈2/一〉

【財物】金錢物品的總稱。〈2/一〉　　　【鐵】黑色金屬。〈4/二〉

【財貨】錢財貨物。〈2/一〉　　　　　　【金鐵】銅和鐵。〈1/一〉

【財利】財物。〈2/二〉　　　　　　　　【金銀】黃金白銀。〈6/二〉

【錢財】金錢財物。〈2/一〉　　　　　　【金鐶】金制的環,作信物。〈1/一〉

【貨略₁】財物。〈2/一〉

1.3.7　廢棄物［4：單 1〈1／一〉,雙 3〈3／三〉］

【塵垢】灰塵和污垢。〈1／一〉

【滓】污穢。〈1／一〉

【糞壤】穢土。〈1／一〉

【糞土】穢土。〈1／一〉

1.4　自然環境｛276：單 108 雙 162 叄 4 肆 2｝

1.4.1　建築道路［44：單 27〈143／五十五〉,雙 17〈30／二十三〉］

【功₂】工程；建築物。〈3／三〉

【城】城池；城市。〈3／二〉

【宮】神殿廟宇。〈3／一〉

【臺】高而上平的方形建築。〈1／一〉

【家₁】居所；住房。〈4／二〉

【宅】住宅；住所。〈29／五〉

【屋】房屋。〈6／四〉

【屋室】房屋住宅。〈1／一〉

【廬】居室。〈2／二〉

【舍₁】房屋；居室。〈5／一〉

【室堂】居住的房舍。〈2／一〉

【室₂】宅舍。〈1／一〉

【民宅】民房。〈1／一〉

【蓬戶】簡陋的房舍。〈1／一〉

【廣庭】寬闊的廳堂。〈1／一〉

【堂】房屋的正廳。〈1／一〉

【室₁】堂後之正室。〈5／二〉

【異室】不同居室。〈1／一〉

【井竈】井與竈。〈1／一〉

【竈₁】架鍋加熱的設備。〈12／三〉

【井】水井。〈10／四〉

【窖】地窖。〈1／一〉

【門亭】門外的崗亭。〈1／一〉

【廁₁】便所。〈1／一〉

【蠶室】飼蠶的宮館。〈2／一〉

【梁】屋梁。〈2／二〉

【柱】支撐房屋的柱子。〈2／二〉

【鼻₂】房梁的突出部分。〈1／一〉

【瓦石】瓦片石頭。〈1／一〉

【壁】牆壁。〈1／一〉

【門戶₁】房屋牆院的出入處。〈5／三〉

【戶₁】門戶。〈2／一〉

【角₂】隅；角落。〈6／二〉

【孔】洞孔。〈1／一〉

【墓】墳墓。〈11／二〉

【丘墓】墳墓。〈1／一〉

【塚（冢）】墳墓。〈18／四〉

【長城】邊境防禦的城牆。〈1／一〉

【河梁】橋梁。〈1／一〉

【道₁】道路。〈11／四〉

【路】道路。〈1／一〉

【道里】道路;路途。〈3/二〉

【道路】人或車馬通行的地面。〈6/四〉

【道左】道路旁邊。〈1/一〉

1.4.2 方位處所〔56:單18〈250/五十五〉,雙37〈128/七十〉,肆1〈1/一〉〕

【九天】天之中央和八方。〈9/三〉

【八方】四方和四隅。〈2/一〉

【八紀】四方和四隅。〈1/一〉

【五方】東南西北中。〈12/三〉

【四方₁】東南西北各方向。〈1/一〉

【四面₁】東南西北各方位。〈2/一〉

【東西南北】四方;處處。〈1/一〉

【東₁】方位名。〈6/三〉

【東方】方位名。〈14/五〉

【東南】東和南之間的方向。〈2/二〉

【東北】東和北之間的方向。〈1/一〉

【西₁】方位名。〈6/四〉

【西方】方位名。〈11/四〉

【西南】西和南之間的方向。〈1/一〉

【西北】西和北之間的方向。〈2/二〉

【南₁】方位名。〈2/二〉

【南方】南面;南邊。〈12/五〉

【南鄉】南方。〈1/一〉

【北₁】方位名。〈5/三〉

【北方】北;北面。〈3/三〉

【內外】內部和外部。〈4/三〉

【表裏】內外。〈1/一〉

【內₁】裏面;裏頭。〈16/七〉

【裏】裏面;內部。〈1/一〉

【中₁】內;裏面。〈141/十〉

【中₄】中間。〈1/一〉

【中央₁】四方之中。〈10/四〉

【中央₂】中間。〈2/二〉

【其中】這裏面;那裏面。〈4/四〉

【其間】其中;那中間。〈2/一〉

【表₂】外邊。〈1/一〉

【外₁】外面。〈6/三〉

【左】左邊。〈11/五〉

【右₁】右邊。〈39/四〉

【旁】旁邊。〈1/一〉

【傍】旁邊;側近。〈3/三〉

【一邊】一側。〈1/一〉

【一方】一邊。〈1/一〉

【兩傍】兩側。〈1/一〉

【左右₁】附近;兩旁。〈3/三〉

【左右₂】身邊。〈7/一〉

【陽₁】日光照得見的地方。〈1/一〉

【處₂】處所;地方。〈8/四〉

【所₁】處所;地方。〈1/一〉

【境₂】處所。〈1/一〉

【四面₂】四周圍;各處。〈1/一〉

【往往₂】處處。〈1/一〉

【所在₁】所處或所到之地。〈1/一〉

【所在₂】存在的地方。〈1/一〉　　　【所出】産生的地方。〈1/一〉

【處所】停留或居住的地方。〈1/一〉　【異處】在不同地方。〈1/一〉

【所處】指安身居住的地方。〈1/一〉　【八極】八方極遠的地方。〈8/四〉

【所從】所向;所往。〈1/一〉　　　　【北海】北方遠僻的地方。〈1/一〉

1.4.3　國土疆界地名[44:單11〈30/十六〉,雙32〈243/六十〉,叁1〈1/一〉]

【地上】人間;陽世。〈7/二〉　　　　【里₃】地方行政組織。〈3/一〉

【地下】陰間。〈3/二〉　　　　　　　【鄉里】鄉民聚居的基層單位。〈1/一〉

【黃泉】陰間。〈2/二〉

【世俗】塵世;世間。〈6/二〉　　　　【鄉邑】鄉里。〈1/一〉

【世₄】天下世間。〈11/四〉　　　　　【故鄉】家鄉。〈1/一〉

【民間】人民中間。〈5/三〉　　　　　【邑】人民聚居之處。〈1/一〉

【境₁】疆界。〈1/一〉　　　　　　　【市】集鎮;城鎮。〈3/二〉

【崖】邊際;界域。〈2/二〉　　　　　【城市】城鎮集市。〈1/一〉

【部界】界域。〈1/一〉　　　　　　　【漢中】行政區劃地名。〈3/三〉

【下地】天下。〈1/一〉　　　　　　　【遼東】行政區劃地名。〈1/一〉

【四海】天下;全國各處。〈3/二〉　　【五嶽】五大名山的總稱。〈11/四〉

【四方₂】天下;各處。〈6/四〉　　　　【太山】泰山,五嶽之一。〈5/二〉

【萬國】萬邦;天下。〈1/一〉　　　　【華山】五嶽之一。〈1/一〉

【天下】全國。〈162/九〉　　　　　　【南嶽】衡山,五嶽之一。〈1/一〉

【九州】天下;全國。〈4/三〉　　　　【崑崙】昆侖山,道教以爲神山,仙人居所。〈3/一〉

【中國】中原地區。〈1/一〉

【郡縣】郡和縣的並稱。〈1/一〉　　　【崑崙山】山名。〈1/一〉

【州】古代行政區劃名。〈1/一〉　　　【丹穴】传说中的山名。〈1/一〉

【郡】地方行政區劃名。〈1/一〉　　　【濛氾】神話中指日落之處。〈1/一〉

【縣】地方行政區劃名。〈1/一〉　　　【桑林】古地名,相傳殷湯祈雨的地方。〈1/一〉

【鄉】基層行政區劃名。〈5/一〉

【里₁】鄉村居民聚落。〈1/一〉　　　【孟津】古黃河津渡名。〈2/二〉

【九江】長江中下游水系。〈1/一〉　　【大江】長江。〈1/一〉

【四瀆】長江黃河淮河濟水。〈4/二〉

　　1.4.4　地理氣象［68：單 27〈165/五十九〉，雙 40〈81/五十三〉，叁 1〈1/一〉］

【地】大地;地面。〈26/八〉

【水泉】河流與泉流。〈1/一〉

【山川】山嶽江河。〈4/三〉

【渚】蓄水處。〈1/一〉

【山海】山與海。〈2/一〉

【池】水停積處;池塘。〈1/一〉

【山】地面隆起部分。〈19/五〉

【沼】水池。〈1/一〉

【高山】高峻的山。〈1/一〉

【汙池】水池。〈3/一〉

【嶽】高山。〈3/一〉

【池澤】池沼湖澤。〈1/一〉

【名山】著名的大山。〈5/二〉

【水澤】河湖沼澤。〈1/一〉

【丘山】山丘。〈1/一〉

【深淵】深潭。〈1/一〉

【神山】神仙居住的山。〈1/一〉

【河】河流。〈2/二〉

【石₁】岩石;石頭。〈9/五〉

【百川】江河湖澤的總稱。〈4/一〉

【高₁】高處。〈2/一〉

【名水】大的江河。〈1/一〉

【谷₁】山谷。〈1/一〉

【江】大的河流。〈1/一〉

【幽谷】幽深的山谷。〈1/一〉

【江河】大的河流。〈1/一〉

【谷口】山谷的出入口。〈1/一〉

【河海】泛指河流。〈1/一〉

【廣野】空曠的原野。〈1/一〉

【弱水】不能載舟的河流。〈3/二〉

【平地】平坦的地面。〈1/一〉

【江海】江和海。〈4/三〉

【田】耕種用的土地。〈2/一〉

【百谷王】江海。〈1/一〉

【土₁】田地;土地。〈5/二〉

【海】大海。〈2/二〉

【土地】田地。〈1/一〉

【巨海】大海。〈1/一〉

【田畝】田地。〈1/一〉

【海水】海中之水。〈5/二〉

【田宅】田地和房屋。〈3/二〉

【洲】水中的陸地。〈1/一〉

【源】水流始出處。〈2/二〉

【濱】水邊;近水的地方。〈1/一〉

【泉水】從地下流出來的水。〈1/一〉

【河濱】河邊;水邊。〈1/一〉

【甘泉】甜美的泉水。〈1/一〉

【氣₁】空氣。〈1/一〉

【風】空氣流動的現象。〈2/一〉

【雲炁】雲霧;霧氣。〈2/一〉

【雲】水形成的空中懸浮物。〈7/四〉

【青雲】青色的雲;高空的雲。〈3/三〉

【浮雲】飄動的雲。〈6/二〉

【雲雨】雲和雨。〈1/一〉

【風雨₁】風和雨。〈6/三〉

【雨】從雲層降向地面的水。〈8/一〉

【雨水】雨。〈1/一〉

【霖】久雨。〈1/一〉

【霖雨】連綿大雨。〈3/一〉

【大雨】下大雨。〈1/一〉

【大水】洪水。〈1/一〉

【雷】雲層放電發出的響聲。〈2/二〉

【冬雷】冬天打雷。〈1/一〉

【風雷】風和雷。〈3/一〉

【霜】水汽凝成的白色冰晶。〈3/二〉

【水₁】無色無臭無味的液體。〈57/八〉

【火₁】物體燃燒發的光焰。〈10/五〉

【煙】指煙狀物。〈1/一〉

【影】暗像或陰影。〈1/一〉

　　1.4.5　天文[48:單 11〈110/二十六〉,雙 34〈128/六十一〉,叁 2〈3/三〉,肆 1〈3/三〉]

【一₅】宇宙萬物的原始狀態。〈7/二〉

【天地₁】自然界或社會。〈42/七〉

【乾坤】天地。〈1/一〉

【陰陽₂】天地。〈6/三〉

【上下₂】天地。〈1/一〉

【天】覆育萬物的自然體。〈81/九〉

【昊天】蒼天。〈1/一〉

【太清₁】天空。〈2/一〉

【天上】天空。〈1/一〉

【雲中₁】雲霄中;高空。〈6/二〉

【懸象】天象。〈2/一〉

【三光】日、月、星。〈4/二〉

【七政】指日月和五星。〈1/一〉

【日月₁】太陽和月亮。〈10/六〉

【日₁】太陽。〈6/五〉

【白日₁】太陽。〈1/一〉

【月₁】月亮。〈5/三〉

【列星】恒星。〈1/一〉

【星辰】星的通稱。〈3/三〉

【流星】短時發光的流星體。〈1/一〉

【五星₁】水木金火土五大行星。〈4/三〉

【辰星】水星。〈1/一〉

【歲星】木星。以其所在星次來紀年,故稱歲星。〈8/二〉

【太白】金星。又名啓明、長庚。〈4/二〉

【太白星】金星。〈2/二〉

【熒惑】火星。因隱現不定,令人迷惑,故名。〈3/三〉

【熒惑星】熒惑。〈1/一〉

【鎮星】土星。〈1/一〉

【太歲₁】天文學假設的歲星。〈3/二〉

【二十八宿】二十八個星座。〈3/三〉

【斗₂】星宿名。〈5/一〉

【南斗₁】星名。即斗宿,有星六顆。在北斗星以南,形似斗。〈1/一〉

【北斗₁】北斗星。〈8/三〉

【北辰】指北極星。〈1/一〉

【璇璣】北斗前四星。也叫魁。〈1/一〉

【玉衡₁】北斗七星中的第五星。〈1/一〉

【招搖】北斗第七星搖光。〈1/一〉

【建₃】北斗星斗柄所指爲建。〈1/一〉

【破₄】斗建所沖的方向。〈1/一〉

【辰₁】二十八宿之一,心宿。〈1/一〉

【畢₃】二十八宿之一,爲白虎七宿的第五宿。〈1/一〉

【參】二十八宿之一,西方白虎七宿的末一宿。〈1/一〉

【太虛】空寂玄奧的天界。〈3/一〉

【天門₁】天宮之門。〈2/二〉

【閶闔】傳説中的天門。〈1/一〉

【食₄】日蝕、月蝕。〈1/一〉

【日食】太陽光被月球擋住。〈1/一〉

【月食】地球擋住陽光月面變黑。〈1/一〉

1.4.6 八卦五行[15:單13〈18/十六〉,雙2〈7/四〉]

【乾】《易》卦名。八卦之一。〈2/一〉

【坤】《易》卦名。八卦之一。〈2/一〉

【震】《易》卦名。八卦之一。〈1/一〉

【巽】《易》卦名。八卦之一。〈1/一〉

【坎】《易》卦名。八卦之一。〈1/一〉

【離】《易》卦名。八卦之一。〈1/一〉

【艮】《易》卦名。八卦之一。〈1/一〉

【兌】《易》卦名。八卦之一。〈1/一〉

【五行】水、火、木、金、土。〈6/三〉

【水₂】五行之一。〈2/二〉

【火₂】五行之一。〈2/二〉

【土₂】五行之一。〈1/一〉

【金₃】五行之一。〈2/二〉

【木₂】五行之一。〈1/一〉

【金木】五行中的金與木。〈1/一〉

1.5　智能意念{85：單 39 雙 46}

1.5.1　話語音樂［20：單 12〈24／十七〉，雙 8〈10／九〉］

【言₁】話；言語。〈9／五〉

【語₂】話；言語。〈3／二〉

【語言₁】言語。〈1／一〉

【論₂】言論。〈1／一〉

【人言】別人的評議、言論。〈1／一〉

【説₃】學説觀點。〈2／一〉

【辭】言詞。〈2／一〉

【浮説】虛浮不實的言談。〈1／一〉

【華言】浮華的言談。〈1／一〉

【言₂】責備的話。〈1／一〉

【惡言】無禮、中傷的言語。〈3／二〉

【一言】一番話。〈1／一〉

【諺言】諺語；俗語。〈1／一〉

【音】音樂。〈1／一〉

【樂₁】音樂。〈1／一〉

【曲】樂曲。〈1／一〉

【章₁】詩歌或樂曲的段落。〈1／一〉

【宮商】五音中的宮與商。〈1／一〉

【角₃】古五音之一。〈1／一〉

【徵】古五音之一。〈1／一〉

1.5.2　性情欲念［33：單 11〈41／二十〉，雙 22〈29／二十六〉］

【情₁】感情。〈2／二〉

【情₂】本性。〈1／一〉

【情₃】情欲性欲。〈1／一〉

【真₁】本原本性。〈2／一〉

【常性】本性。〈1／一〉

【天心】天意。〈1／一〉

【衆心】衆人的意志。〈1／一〉

【心意₁】心情。〈1／一〉

【心意₂】思慮；想法。〈2／一〉

【心₄】思想、意念、感情。〈22／七〉

【心志】意志；志氣。〈1／一〉

【人意】人的意願、情緒。〈2／一〉

【旨】意圖。〈1／一〉

【志₁】志向；志願。〈5／二〉

【意₁】意志；願望。〈2／一〉

【情₄】意願；欲望。〈1／一〉

【大願】宏大的願望。〈1／一〉

【所願】願望。〈1／一〉

【人情】衆人的情緒、願望。〈3／二〉

【所存】謂心志所在。〈1／一〉

【中情】内心的思想感情。〈1／一〉

【内₂】内心。〈3／二〉

【中₃】内心。〈1／一〉

【心中】心裏。〈2／二〉

【人心】人的心地。〈3／三〉

【好心】仁慈的心地。〈1／一〉

【孝心】孝敬尊親的心意。〈1/一〉

【嗜慾】嗜好與欲望。〈1/一〉

【兩心】異心;二心。〈1/一〉

【貪心】貪得的欲望。〈1/一〉

【姦心】壞心思。〈1/一〉

【私情】私人的情感或情誼。〈1/一〉

【惡心】壞念頭。〈1/一〉

1.5.3 聲望力量[5:單3〈5/五〉,雙2〈2/二〉]

【望₂】聲望;威望。〈1/一〉

【威神】神明般的威嚴。〈1/一〉

【力】力量。〈1/一〉

【威勢】威嚴權勢。〈1/一〉

【威】使人懾服的力量。〈3/三〉

1.5.4 要旨緣由[20:單9〈20/十六〉,雙11〈18/十四〉]

【要言】切要精妙的話。〈1/一〉

【根本】事物最主要的部分。〈2/一〉

【大要】要旨。〈1/一〉

【父母₂】萬物化生的根源。〈6/三〉

【要】關鍵;要點。〈5/三〉

【母₂】本源;根本。〈1/一〉

【樞機】事物的關鍵部分。〈1/一〉

【元₁】根源;根本。〈4/三〉

【真要】真諦要義。〈1/一〉

【原₁】本原;根本。〈1/一〉

【本根】事物最重要部分。〈1/一〉

【本末】始末;原委。〈1/一〉

【本₁】本原;根源。〈2/二〉

【從來】來路;由來;來源。〈2/二〉

【基】根本。〈1/一〉

【所以₁】原因;情由。〈1/一〉

【初₂】本原。〈1/一〉

【故₁】緣故;原因。〈3/三〉

【根₁】事物的本源、依據。〈2/一〉

【無故】沒有原因或理由。〈1/一〉

1.5.5 方法途徑[7:單4〈19/十一〉,雙3〈3/三〉]

【道₂】方法;道術。〈11/六〉

【小智】小智慧。〈1/一〉

【法₃】方法;作法。〈6/三〉

【密謀】隱秘權謀。〈1/一〉

【術】方法。〈1/一〉

【神道】神名之道。鬼神賜福降災神

【方₂】醫卜星相等方術。〈1/一〉

妙莫測之道。〈1/一〉

1.6　社會事物｛207：單88 雙119｝

1.6.1　名稱機構職銜［28：單13〈114/三十〉,雙15〈43/十八〉］

【姓】標誌家族系統的稱號。〈31/二〉

【號₁】名位;稱謂。〈7/一〉

【姓名】姓和名字。〈15/三〉

【姓字】姓氏和名字;姓名。〈2/二〉

【名姓】姓名。〈2/一〉

【名字】人的名與字。〈1/一〉

【名₁】人的名字。〈40/六〉

【名₄】事物的名稱。〈3/二〉

【名₉】名號。〈2/二〉

【字₂】人的表字。〈2/二〉

【祖諱】祖先的名字。〈1/一〉

【異名】名稱不同。〈1/一〉

【無名₂】沒有名稱或名字。〈2/一〉

【國家】統治階級實行階級壓迫和實施統治的組織。〈3/一〉

【家國】國家。〈1/一〉

【國】國家。〈9/六〉

【爵】爵位;官位。〈3/一〉

【官₂】官職。〈1/一〉

【位】職位;地位。〈6/二〉

【職₂】職位。〈3/一〉

【尊位】高位。〈1/一〉

【三公】古代中央三種最高官銜的合稱。〈1/一〉

【公門】官署;衙門。〈1/一〉

【官府】政府機關。〈1/一〉

【郵】驛站。〈1/一〉

【客舍】供旅客投宿的處所。〈1/一〉

【獄】監獄。〈6/三〉

【牢獄】監獄。〈10/一〉

1.6.2　事務情實［36：單16〈50/二十九〉,雙20〈41/二十七〉］

【事₁】事情。〈15/八〉

【萬事】一切事。〈1/一〉

【事事】每事。〈1/一〉

【世事】世務;塵俗之事。〈1/一〉

【常事】常有的事情。〈2/二〉

【眾事】各種事情。〈1/一〉

【故₃】舊的事物。〈2/二〉

【所主】主管的事務。〈1/一〉

【所得】得到的(東西)。〈2/二〉

【所見】看到的事物。〈1/一〉

【所思】思慕的人或事。〈1/一〉

【可欲】引起欲念的事物。〈1/一〉

【無所】否定不必明言或不可明言的人或事物。〈5/四〉

【無爲】清静虚無順應自然。〈10/一〉

【行₇】行爲。〈5/二〉

【職₁】職務;職責。〈1/一〉

【往行】過去的行爲。〈1/一〉

【百業】各行各業。〈1/一〉

【迹】形迹;行動。〈2/一〉

【務】事業;工作。〈2/二〉

【形影₁】影蹤;迹象。〈1/一〉

【農₁】農事。〈1/一〉

【轍迹】痕迹。〈1/一〉

【役】勞役;役作之事。〈2/二〉

【實₂】實際;事實。〈3/二〉

【政】政治;政事。〈1/一〉

【情實】實情;真相。〈1/一〉

【兵₂】軍事;戰爭。〈4/二〉

【勢】形勢;情勢。〈1/一〉

【大兵】大的戰爭。〈1/一〉

【形₂】情況;樣子。〈8/一〉

【惡事】邪惡或不光彩的事。〈6/二〉

【狀₁】樣子。〈1/一〉

【人事】人的作爲。〈2/二〉

【狀₂】情狀。〈1/一〉

【時₄】時機。〈1/一〉

1.6.3　功業福德［22:單11〈63/三十一〉,雙11〈22/十四〉］

【効₂(效)】效果;功效。〈2/二〉

【功勞】貢獻勞績。〈1/一〉

【信₁】誠實;守信用。〈4/二〉

【功名】功業名聲。〈2/二〉

【道₃】才藝道德。〈3/二〉

【功賞】立功的獎賞。〈1/一〉

【善₂】美好的品行或人。〈24/五〉

【榮禄】功名利禄。〈2/二〉

【善行₁】美好的品行。〈2/一〉

【恩】德澤;恩惠。〈6/六〉

【小善】小的善行。〈1/一〉

【恩意】情意;恩情。〈1/一〉

【名₆】功業;功名。〈1/一〉

【德₁】道德;品德。〈2/一〉

【名₇】名聲;名譽。〈5/二〉

【德₂】恩惠;恩德。〈2/二〉

【功₁】功勞;功績。〈10/五〉

【上德】至德;盛德。〈1/一〉

【教₂】政教;教化。〈4/三〉

【中德】中等的德行。〈3/一〉

【功德】功業德行。〈4/二〉

【下德】下等的德行。〈4/一〉

1.6.4　過失罪行［18:單7〈48/十七〉,雙11〈22/十三〉］

【無辜₁】没有罪。〈1/一〉

【失₃】錯誤;失誤。〈1/一〉

【過₅】過失;錯誤。〈10/五〉

【咎₂】罪過;過失。〈1/一〉

【惡₁】罪過;罪惡。〈15/二〉

【惡₃】惡劣的行為或人。〈6/三〉

【罪₁】犯法的行為。〈14/四〉

【罪₂】過錯;過失。〈1/一〉

【失德】過錯。〈1/一〉

【過惡】錯誤罪惡。〈1/一〉

【過罪】過失;錯誤。〈1/一〉

【罪過】罪行;過失。〈7/三〉

【大惡₁】大罪過。〈2/一〉

【大罪】大的過失、罪行。〈1/一〉

【大逆】最嚴重的罪行。〈1/一〉

【邪惡】邪辟罪惡。〈2/一〉

【邪亂】邪惡錯亂的事。〈2/一〉

【重罪】重大罪行。〈3/一〉

1.6.5　吉凶災異[56:單 23〈96/四十八〉,雙 33〈65/五十四〉]

【禍福】災殃與幸福。〈1/一〉

【吉凶】禍福。〈6/五〉

【災祥】吉凶災變的徵兆。〈1/一〉

【無害】沒有禍患。〈1/一〉

【無咎】沒有禍殃或罪過。〈2/一〉

【福】幸福;福氣。〈20/五〉

【天福】上天所賜之福。〈1/一〉

【吉】吉利;吉祥。〈2/二〉

【大吉】大吉利。〈1/一〉

【不祥】不吉利。〈1/一〉

【怪】奇異的事物。〈2/二〉

【變₂】重大的突發事件。〈1/一〉

【變₃】異常的自然現象。〈1/一〉

【邪₃】妖異怪誕的事。〈10/三〉

【異₃】怪異不祥的事。〈1/一〉

【故₂】意外或不幸的事變。〈1/一〉

【災變】自然反常而引起災害。〈2/二〉

【災害₁】災禍造成的損害。〈5/三〉

【災患】災難禍害。〈3/三〉

【災禍】災難禍患。〈1/一〉

【殃禍】災禍。〈3/一〉

【殃咎】災禍。〈1/一〉

【災殃】災難禍殃。〈4/三〉

【害₂】禍患;災害。〈2/一〉

【患₁】禍患;災難。〈2/一〉

【禍₁】災害;災殃。〈8/三〉

【咎₁】災禍;不幸的事。〈1/一〉

【凶₁】禍殃;不吉利。〈1/一〉

【殃】禍患;災難。〈9/五〉

【災₁】泛指災害;禍患。〈10/五〉

【災₂】危害。〈2/一〉

【罪₄】禍殃。〈1/一〉

【憂₂】憂患;禍患。〈1/一〉

【難₂】危難;禍患。〈5/二〉

【厄₁】災難;困苦。〈4/三〉

【急₄】危急。〈3/三〉

【毒害】禍患;禍害。〈3/三〉

【患害】禍害。〈1/一〉

【禍殃】禍害；災禍。〈1/一〉

【禍災】災害；災難。〈1/一〉

【禍害】災難；禍殃。〈7/四〉

【禍患】禍害災難。〈1/一〉

【禍亂】禍害變亂。〈1/一〉

【大災】大的災殃、災禍。〈1/一〉

【禍事】凶事。〈1/一〉

【毒₂】有禍害力的事物。〈4/三〉

【祟】鬼神的禍害。〈5/一〉

【天凶】天降的禍殃。〈1/一〉

【天殃₁】天降的禍殃。〈1/一〉

【天災】天降的災禍。〈1/一〉

【水害】水之禍害。〈1/一〉

【水旱】水潦與乾旱。〈5/四〉

【水火】水火帶來的災害。〈2/二〉

【刑殺】傷害；災害。〈2/二〉

【災兵】戰爭的災難。〈1/一〉

【塗炭】比喻極困苦的境遇。〈1/一〉

1.6.6　天命典制 ［47：單18〈166/三十五〉，雙29〈75/四十六〉］

【太清₂】天道；自然。〈1/一〉

【道₄】宇宙萬物的本原。〈132/八〉

【大道】支配萬物的本原。〈26/十〉

【太一₁】宇宙萬物的本原。〈4/三〉

【無極₂】宇宙萬物的本原。〈2/二〉

【命₄】天命；命運。〈1/一〉

【大命₁】天命。〈1/一〉

【元命】天之大命。〈2/一〉

【天命】上天的意旨。〈1/一〉

【天道】天理；天意。〈8/二〉

【天綱₁】天的綱維。〈1/一〉

【虛無】"道"的本體。〈3/二〉

【玄冥】深遠幽寂的道。〈1/一〉

【德₃】幽隱無形的"道"顯現於萬物。〈2/二〉

【道理】事理。〈1/一〉

【至道】精深微妙的道。〈1/一〉

【微道】微妙的道。〈1/一〉

【生道】生存、長生之道。〈3/二〉

【理₂】道理；事理。〈2/二〉

【情₅】道理。〈1/一〉

【義】意義道理。〈1/一〉

【義方】行事應遵守的規範。〈2/二〉

【則₁】楷模；準則。〈1/一〉

【正道】正確的道理、準則。〈1/一〉

【經₃】常態準則。〈1/一〉

【常₂】正常狀態或秩序。〈1/一〉

【五常】五種倫常道德，即父義、母慈、兄友、弟恭、子孝。〈1/一〉

【世₅】世俗。〈4/一〉

【俗₁】習俗；風俗。〈3/二〉

【時俗】世俗；流俗。〈1/一〉

【法度】規範；規矩。〈1/一〉

【紀綱】法度。〈5/二〉

【略】法度。〈1/一〉

【制₃】法度；制度。〈4/四〉

【法則】法度準則。〈1/一〉

【官法】國家的法度。〈1/一〉

【法令】法律政令。〈1/一〉

【令₁】命令；法令。〈1/一〉

【威令】政令軍令。〈1/一〉

【禁令】禁止某項活動的法令。〈1/一〉

【官禁】官府的禁令。〈1/一〉

【禁₂】禁戒性的條規法令。〈6/三〉

【常刑】一定的刑法。〈1/一〉

【烹】用鼎鑊煮人的酷刑。〈1/一〉

【黥】黥刑。〈1/一〉

【斬₁】古代刑罰之一。〈3/三〉

【祭祀】祀神供祖的儀式。〈1/一〉

第二节　行爲〔1560：單 928 雙 625 叁 2 肆 5〕

2.1　有生行爲{132：單 55 雙 77}

2.1.1　生命過程

2.1.1.1　婚戀生育(34：單 18〈92/三十三〉,雙 16〈46/二十三〉)

【嫁娶】男女成婚。〈21/一〉

【婚姻】男女結爲夫妻。〈1/一〉

【娶】男子結婚。〈1/一〉

【姦₂】婚外結合。〈1/一〉

【受氣(受炁)】稟受自然之氣。〈3/三〉

【受命₃】獲得生命。〈1/一〉

【孕】懷胎。〈1/一〉

【蕃息】滋生；繁衍。〈3/一〉

【生民₂】生養人。〈1/一〉

【生₁】生育；養育。〈2/一〉

【生₂】出現；產生。〈43/七〉

【生成】生育。〈1/一〉

【人生₁】人出生。〈2/二〉

【萌生】初生。〈1/一〉

【出₅】出生。〈1/一〉

【發₁】產生。〈1/一〉

【出₂】產生；發生。〈9/三〉

【起₄】產生；發生。〈3/三〉

【生育】生長養育。〈1/一〉

【乳₁】喂奶；哺育。〈1/一〉

【餧】喂養。〈1/一〉

【覆育】養育。〈1/一〉

【供養】贍養；侍奉。〈2/一〉

【養】養育。〈11/三〉

【畜₁】飼養。〈2/一〉

【生₃】生長。〈11/四〉

【畜養】飼養牲口。〈2/二〉

【長₅】成長;發展。〈1/一〉

【滋₁】滋生;生長。〈1/一〉

【熟】成熟。〈1/一〉

【息₄】滋息;生長。〈1/一〉

【絕嗣】斷絕嗣續。〈1/一〉

【化生】化育生長。〈4/四〉

【無後】沒有後嗣。〈1/一〉

2.1.1.2　生存衰亡(32:單11〈108/三十〉,雙21〈55/三十六〉)

【活₁】生命存在。〈1/一〉

【衰₂】衰老。〈1/一〉

【在₁】存在;在世。〈3/二〉

【生死】生存和死亡。〈1/一〉

【生₄】生存;活。〈25/九〉

【死生】死亡和生存。〈1/一〉

【生活₁】生存。〈1/一〉

【死傷】死亡和損傷。〈1/一〉

【生命】生物生存。〈2/一〉

【死₁】死亡;生命終止。〈67/九〉

【壽₂】長壽。〈1/一〉

【死₂】犧牲性命。〈1/一〉

【長存₁】長生。〈3/二〉

【亡₃】死亡。〈4/三〉

【長存₂】長久存在或保留。〈3/二〉

【絕₂】滅亡;死亡。〈1/一〉

【長久₂】長壽。〈1/一〉

【沒₁】死。〈2/一〉

【長生】永久存在或生存。〈21/九〉

【死終】死亡。〈1/一〉

【常存】永久存在;長期存在。〈2/一〉

【死亡】喪失生命。〈4/二〉

【死喪】死亡。〈3/三〉

【不死】不死亡;長生。〈1/一〉

【老死】年老而死。〈1/一〉

【根生】靠根生長。〈1/一〉

【強死】壯健的人死於非命。〈1/一〉

【更生】重新獲得生命。〈2/二〉

【殺身】捨生;喪生。〈1/一〉

【延年₁】延長壽命。〈3/二〉

【兵₃】戰死。〈2/一〉

【不壽】不能長壽。〈1/一〉

2.1.2　疾病治療

2.1.2.1　疾病生理(49:單14〈147/二十〉,雙35〈87/四十一〉)

【百病】各種疾病。〈13/三〉

【病疾】疾病。〈1/一〉

【眥】疾病。〈1/一〉

【疾病₁】泛指病。〈17/三〉

60

【病₁】重病;生病。〈70/五〉

【疾₁】病痛;患病。〈3/二〉

【有疾】患病;得病。〈1/一〉

【疾疫】流行性傳染病。〈1/一〉

【疫病】流行性傳染病。〈1/一〉

【時熱】季節性傳染病。〈1/一〉

【羸】瘦弱衰病。〈1/一〉

【痛₁】疼痛。〈13/一〉

【腫痛】炎症的一般症狀。〈4/一〉

【絞痛】內臟陣發性劇痛。〈1/一〉

【頭痛】頭部疼痛。〈2/二〉

【寒熱】怕冷發熱的症狀。〈2/二〉

【怮結】氣鬱結不通暢。〈2/一〉

【脹滿】鼓脹病症。〈1/一〉

【腫₁】肌肉浮脹。〈3/一〉

【病水】水腫性病症。〈1/一〉

【下₉】人體流血或分泌物。〈5/一〉

【拘急】受風寒而身體痙攣。〈1/一〉

【痿】身體部分失去機能。〈1/一〉

【偏枯】偏癱;半身不遂。〈2/一〉

【消渴】口渴、善饑、尿多、消瘦的病症。〈1/一〉

【咳嗽】喉部或氣管受刺激產生的反應。〈1/一〉

【目眩】眼花。〈1/一〉

【戴眼】瞪眼仰視的病症。〈1/一〉

【聾】聽覺失靈或閉塞。〈1/一〉

【耳聾】耳朵無聽覺。〈2/一〉

【瘖聾】聾啞。〈1/一〉

【瘖啞】口不能言。〈2/一〉

【温】熱病的總稱。〈40/一〉

【熱病】病症名。〈1/一〉

【熱毒】病症名。〈1/一〉

【傷寒】中醫指一切熱性病。〈14/一〉

【惡風】風生害於人身的病症。〈1/一〉

【大風】麻風。〈3/一〉

【瘧】瘧疾。〈2/一〉

【霍亂】病名。〈1/一〉

【帶下】婦女陰道不正常分泌的病症。〈1/一〉

【瘡】瘡癤。〈3/一〉

【癰(癕)】腫瘍。〈3/二〉

【癰疽】毒瘡名。〈1/一〉

【癰腫】癰疽膿腫。〈1/一〉

【顛病】瘋癲。〈1/一〉

【狂惑₁】精神錯亂;瘋癲。〈1/一〉

【佯狂】裝瘋。〈1/一〉

【醉】飲酒過量而神志不清。〈1/一〉

　　2.1.2.2　醫治康復(17:單12〈162/十三〉,雙5〈7/六〉)

【六脉】中醫對浮、沉、長、短、滑、澀六種脉象的總稱。〈1/一〉

【沉₂】脉搏隱伏不顯。〈1/一〉

【浮₂】浮脉。〈1/一〉

【散₃】脉搏浮散,稍按即無。〈1/一〉

【救療】救治;醫治。〈1/一〉

【浮沉₂】脉象的浮沉變化。〈1/一〉

【治病】治療疾病。〈3/二〉

【邪₂】各種致病因素。〈2/一〉

【灸刺】艾灸和針刺。〈1/一〉

【醫】治病;醫療。〈2/一〉

【瘥】病癒。〈2/一〉

【治₃】醫治;醫療。〈146/二〉

【愈】病情痊癒。〈3/一〉

【救₂】醫治。〈1/一〉

【起₁】病癒。〈1/一〉

【爲₄】醫治。〈1/一〉

【起₂】使死者復活;復甦。〈1/一〉

2.2 五官肢體行爲{387:單231 雙155 叁1}

2.2.1 口部行爲

2.2.1.1 食飲享用(19:單12〈42/二十五〉,雙7〈49/十九〉)

【食₁】吃食物。〈19/六〉

【嚙】咬;啃。〈1/一〉

【飲食₁】吃喝。〈23/五〉

【食肉】吃葷食。〈10/四〉

【食飲₁】吃喝。〈1/一〉

【服₁】食用藥物。〈3/三〉

【口腹】吃喝。〈1/一〉

【吞】咽下。〈2/二〉

【飲】喝。〈2/二〉

【噍₂】吞食;飲。〈1/一〉

【飲酒】喝酒。〈9/四〉

【杜口】閉口不食。〈1/一〉

【觴】自飲。〈1/一〉

【吐】使物從口中出來。〈3/三〉

【渴₁】想喝水。〈1/一〉

【食₃】享受俸祿租税。〈1/一〉

【銜】含在嘴裏;用嘴咬著。〈7/三〉

【血食】受享祭品。〈4/三〉

【啖】吃。〈1/一〉

2.2.1.2 呼喚使令(21:單15〈54/三十一〉,雙6〈27/九〉)

【呼₂】稱呼。〈1/一〉

【名₃】被叫做。〈3/二〉

【稱₂】稱做。〈1/一〉

【名₅】形容;稱説。〈3/二〉

【謂₃】叫做。〈3/三〉

【稱名₁】稱呼名字。〈3/一〉

【曰₂】叫做;稱爲。〈5/三〉

【自稱】自己稱呼自己。〈18/三〉

【命₆】稱爲。〈1/一〉

【呼₁】大聲喊叫;呼喚。〈17/四〉

【召₁】召喚;召見。〈6/四〉

【役使】驅使;支配。〈2/二〉

【命₃】命令;下令。〈2/一〉

【歎】歎氣;歎息。〈1/一〉

【有命】命令;下令。〈1/一〉

【嗥】吼叫。〈1/一〉

【教令】教化;命令。〈1/一〉

【鳴】鳥獸昆蟲叫。〈2/二〉

【使₂】役使;使喚。〈7/四〉

【嘯】鳥獸長聲鳴叫。〈1/一〉

【使令】差遣;使喚。〈2/一〉

2.2.1.3　言論告白(44:單 27〈207/七十一〉,雙 17〈25/二十一〉)

【謂₁】對……説;説。〈6/二〉

【命₁】告訴;告誡。〈1/一〉

【曰₁】説;説道。〈62/六〉

【相語】相告;告知。〈2/二〉

【云】説。〈6/二〉

【語₃】告訴。〈3/三〉

【言₃】説;説話。〈33/七〉

【示₂】告知。〈1/一〉

【言語】説話;説。〈6/三〉

【告₁】告知;告訴。〈22/五〉

【説₁】叙説;講述。〈2/二〉

【謝】告知;語。〈2/一〉

【道₅】説;講述。〈6/三〉

【告₃】報告。〈1/一〉

【稱₁】述説;聲稱。〈11/四〉

【上₆】上報;呈報。〈5/四〉

【陳】上言;陳述。〈2/二〉

【奏】進言上書。〈3/三〉

【自陳】自己陳述。〈1/一〉

【上言】進呈言辭。〈1/一〉

【語言₂】説話;交談。〈3/二〉

【啓₂】啓奏;稟告。〈10/六〉

【論議】對人或事物表示意見。〈1/
一〉

【關】稟告。〈1/一〉

【告₂】禱告。〈1/一〉

【論説】議論評説。〈1/一〉

【呼天】向天喊叫以求助。〈1/一〉

【發言】發表意見。〈1/一〉

【上告】向天呼吁;訴於上帝。〈1/
一〉

【論₁】議論。〈2/二〉

【語₁】談話;談論。〈6/四〉

【請雨】求雨。〈1/一〉

【言₄】談論。〈3/二〉

【問】詢問;詰問。〈6/四〉

【多言】多嘴;好説閑話。〈1/一〉

【請問】請求對方解答。〈1/一〉

【苟語】隨便發表言論。〈1/一〉

【對】應答。〈1/一〉

【狂言】病人的譫語。〈1/一〉

【舒₂】抒發;發泄。〈4/一〉

【難言】不容易説。〈1/一〉

【發聲】發出聲響。〈1/一〉

【吹₁】吹奏管樂器。〈1/一〉　　　【歌】歌唱。〈6/一〉

2.2.1.4　歎譽罵詈(16：單7〈14/十〉,雙9〈21/十三〉)

【呼₃】稱道;稱舉。〈3/二〉　　　【罵】以惡言加人。〈4/三〉

【仰歎】贊歎。〈1/一〉　　　　　【罵詈】以惡言加人。〈5/四〉

【面譽】當面稱譽。〈1/一〉　　　【詛】詛咒;咒罵。〈2/一〉

【怒₂】譴責。〈1/一〉　　　　　【讒】説別人的壞話。〈1/一〉

【呵】責罵;喝斥。〈1/一〉　　　【誹謗】以不實之辭毁人。〈9/二〉

【叱咄】大聲斥責。〈1/一〉　　　【毁呰】毀謗非議。〈1/一〉

【怨₂】埋怨;責怪。〈2/一〉　　　【譖人】讒毀他人。〈1/一〉

【怨咎】埋怨;責備。〈1/一〉　　　【毁辱】詆毀侮辱。〈1/一〉

2.2.1.5　宣教誦讀(10：單8〈45/二十〉,雙2〈3/三〉)

【訓】教誨;教導。〈1/一〉　　　【布₂】公布;宣布。〈1/一〉

【啓₁】開導啓發。〈1/一〉　　　【宣】傳布。〈1/一〉

【勸】勸導。〈5/三〉　　　　　【諷誦】背誦。〈1/一〉

【敕】誡飭;告誡。〈26/六〉　　　【誦】朗讀;念誦。〈3/三〉

【丁寧】囑咐;告誡。〈2/二〉　　　【讀】誦讀;閱讀。〈7/四〉

2.2.2　首目耳鼻行爲[31：單15〈90/三十四〉,雙16〈21/十八〉]

【仰】抬頭;臉向上。〈2/一〉　　　【降鑒】俯察。〈1/一〉

【顧】回頭。〈1/一〉　　　　　【察₁】仔細察看。〈1/一〉

【喜笑】喜悦而笑。〈1/一〉　　　【覿】看見。〈1/一〉

【笑】譏笑;嘲笑。〈2/二〉　　　【見₁】看見;看到。〈44/六〉

【哭泣】泛指哭。〈1/一〉　　　　【行₈】巡視。〈1/一〉

【啼哭】出聲哭。〈3/一〉　　　　【望₁】遠視;遙望。〈2/一〉

【瞑目】閉上眼睛。〈1/一〉　　　【望見】從高處、遠處看到。〈1/一〉

【視₁】看。〈11/五〉　　　　　【遠望】向遠處看。〈1/一〉

【觀₁】觀看。〈1/一〉　　　　　【流眄】流轉目光觀看。〈2/一〉

【觀₂】觀察。〈4/三〉　　　　　【遊觀】遊逛觀覽。〈1/一〉

【希見】罕見;少見。〈1/一〉

【聞見】聽到和看見。〈1/一〉

【聞知】聽說;知道。〈1/一〉

【聽】以耳受聲。〈4/二〉

【聞₁】聽見。〈4/三〉

【聞₂】聽說;知道。〈8/四〉

【明聽】仔細聽。〈2/二〉

【洗耳】表示厭聞污濁之聲。〈1/一〉

【呼吸】呼氣和吸氣。〈2/二〉

【氣₃(炁₁)】呼吸;氣息。〈4/二〉

【短炁】呼吸短促。〈1/一〉

2.2.3　肢體行爲

2.2.3.1　手部行爲(28:單23〈45/三十九〉,雙5〈6/五〉)

【指】指着。〈1/一〉

【彈】用手指撥弄琴弦。〈1/一〉

【撫】彈奏。〈1/一〉

【舉₅】演奏。〈1/一〉

【舉樂】奏樂。〈1/一〉

【引₁】取用。〈1/一〉

【執₁】拿;持。〈3/三〉

【把】握;執。〈1/一〉

【捉₂】握;持。〈1/一〉

【握固】屈指成拳。〈1/一〉

【持₁】拿着;握住。〈3/三〉

【舉₁】拿起。〈1/一〉

【提】懸持。〈1/一〉

【捧₁】兩手承托。〈1/一〉

【契₁】刻。〈1/一〉

【攀】向上抓住。〈1/一〉

【據₁】按着。〈1/一〉

【撲】擊打。〈1/一〉

【交手】兩手相接。〈1/一〉

【書₁】書寫記錄。〈6/四〉

【籍₂】記錄登記。〈1/一〉

【記(紀₂)】記錄;載錄。〈5/三〉

【錄₁】記錄;記載。〈5/五〉

【載₃】記錄;登載。〈1/一〉

【著₁】登記;記載。〈2/二〉

【作₃】撰述;撰寫。〈5/三〉

【記功】記錄功績。〈1/一〉

【著名】寫上名字或名稱。〈2/一〉

2.2.3.2　脚部和軀體行爲(20:單14〈29/二十〉,雙6〈12/七〉)

【履₂】踩踏。〈2/二〉

【躡】踩踏。〈1/一〉

【跪】膝蓋著地,臀部抬起。〈1/一〉

【立₁】站立。〈4/二〉

【正立】端正站立。〈1/一〉

【據₂】跨;蹲。〈1/一〉

【騎】跨坐;乘坐。〈1/一〉

【俯】彎腰屈身。〈1/一〉

【伏地】俯伏在地上。〈1/一〉　　【臨₂】面對;當着。〈1/一〉

【申₁】伸展;伸張。〈1/一〉　　【面₂】向;對着。〈4/一〉

【伸】伸開;挺直。〈2/一〉　　【向₁】面對;朝着。〈8/五〉

【舒₁】舒展;伸展。〈1/一〉　　【東向】面向東。〈1/一〉

【相望】對峙;相向。〈1/一〉　　【北向】朝北;向北。〈7/二〉

【相向】相對;面對面。〈1/一〉　　【背₂】背部對着或後面靠着。〈1/一〉

2.2.4　軀體位移

2.2.4.1　離去(18:單10〈63/二十九〉,雙8〈20/九〉)

【離合】聚散。〈1/一〉　　【出₁】自內而外。〈16/七〉

【離散】分離;分散。〈1/一〉　　【行遊】出行;出遊。〈1/一〉

【別₃】離別。〈1/一〉　　【避】躲開;回避。〈11/五〉

【去₁】離開。〈16/五〉　　【脫₁】擺脫;脫身。〈5/三〉

【遠₃】離開。〈7/三〉　　【免】逃避;逃脫。〈1/一〉

【退₁】離去。〈2/二〉　　【奔走】逃走。〈1/一〉

【逝】離去。〈1/一〉　　【亡₁】逃跑;出逃。〈3/一〉

【遠逝】遠去。〈1/一〉　　【逃遁】逃走。〈1/一〉

【遠行】出遠門。〈11/一〉　　【逃亡₁】逃走流亡。〈3/二〉

2.2.4.2　前往(17:單17〈50/三十八〉)

【進】前進。〈1/一〉　　【趨】奔赴。〈1/一〉

【前₃】向前行進;前去。〈11/五〉　　【就₂】湊近。〈2/一〉

【上₈】前進。〈1/一〉　　【摩】接近。〈1/一〉

【往₁】前去。〈4/四〉　　【至₂】來;去。〈3/三〉

【詣₁】晉謁;造訪。〈1/一〉　　【東₂】向東;使往東。〈6/四〉

【詣₂】前往;到。〈5/三〉　　【南₂】南去;向南行。〈3/三〉

【去₄】往;到。〈2/二〉　　【西₂】向西;往西。〈5/四〉

【趣₁】趨向;歸向。〈1/一〉　　【北₂】向北。〈1/一〉

【右₂】往右。〈2/二〉

2.2.4.3　來歸(28：單23〈225/六十六〉，雙5〈14/九〉)

【來₁】由遠到近。〈47/七〉　　　　　【臨₁】來到；到達。〈1/一〉

【來₂】招致；招攬。〈3/二〉　　　　　【行至】走到；到達。〈2/二〉

【來宜】適時而來。〈1/一〉　　　　　【致₁】送達；使達到。〈3/一〉

【來下】來臨；降臨。〈7/三〉　　　　　【反₁】還歸；回。〈4/三〉

【即₁】至；到。〈1/一〉　　　　　　　【徊】回環。〈1/一〉

【極₂】至；到達。〈1/一〉　　　　　　【迴₁】掉轉；返回。〈1/一〉

【造₁】到；去。〈1/一〉　　　　　　　【還₁】返回。〈37/七〉

【之₁】往；至。〈2/二〉　　　　　　　【還₃】交還；歸還。〈2/二〉

【至₁】到；達到。〈45/九〉　　　　　【入₁】進入；由外至內。〈48/八〉

【至於】到；達到。〈3/二〉　　　　　【入₂】引進；接納。〈1/一〉

【到】來到；到達。〈13/六〉　　　　　【入門】進門。〈1/一〉

【訖₃】到；至。〈2/二〉　　　　　　　【歸】趨向；歸附。〈4/三〉

【就₁】赴；到。〈2/一〉　　　　　　　【却₁】退；使退。〈2/二〉

【通₁】到達；通到。〈2/二〉　　　　　【還₄】後退。〈2/二〉

2.2.4.4　上下(7：單6〈92/二十四〉，雙1〈1/一〉)

【上₁】位置在高處；向上。〈25/八〉　　　　一〉

【上₃】由低處到高處；前往。〈4/四〉　　【下₅】降下；降落。〈52/五〉

【登₁】升；上。〈6/四〉　　　　　　　【降₁】降落；落下。〈4/二〉

【浮₁】漂在液體表面或空中。〈1/　　　【低昂】起伏；升降。〈1/一〉

2.2.4.5　經歷(5：單5〈18/十二〉)

【經₁】經過；經歷。〈8/三〉　　　　　【過₁】經過。〈5/五〉

【歷₁】經歷；經過。〈3/二〉　　　　　【侵₁】越境進犯。〈1/一〉

【超₁】越過。〈1/一〉

2.2.4.6　移動(32：單13〈30/二十〉，雙19〈50/三十二〉)

【動₁】脫離靜止狀態。〈3/一〉　　　　【蠢】動；活動。〈1/一〉

【轉₁】移動。〈2/二〉

【遷】遷移。〈1/一〉

【流徙】遷移。〈1/一〉

【移徙】搬動住處。〈13/一〉

【行₁】行走。〈5/三〉

【行步】徒步行走。〈1/一〉

【步行】徒步行走。〈1/一〉

【行道₁】上路;行路。〈1/一〉

【獨行】獨自行走。〈2/二〉

【同行】一同行走。〈1/一〉

【夜行】夜間出行。〈2/二〉

【周行】巡行。〈2/二〉

【周流】往來巡行。〈3/二〉

【周旋】輾轉盤桓。〈3/三〉

【徘徊】來回走動。〈2/二〉

【出入】出進。〈4/三〉

【轉運】迴圈運行。〈1/一〉

【遊₁】遊覽;雲遊。〈5/二〉

【遊₃】行走。〈1/一〉

【遊行₁】逛遊;行走。〈8/四〉

【浮遊】漫遊。〈2/二〉

【翔】遊翱。〈1/一〉

【走】疾趨奔跑。〈2/一〉

【流₁】水或其他液體移動。〈5/三〉

【流₂】順水漂流。〈1/一〉

【水行】水上航行。〈1/一〉

【飛₁】生物在空中行動。〈2/二〉

【舉₂】飛;飛起。〈1/一〉

【飛翔】飛行;盤旋地飛。〈1/一〉

【高飛】高高飛翔。〈1/一〉

2.2.5 生活行爲

2.2.5.1 起居(24:單15〈74/三十五〉,雙9〈13/十二〉)

【居₁】居住。〈11/五〉

【居₂】處在。〈2/二〉

【在₂】居於;處於。〈24/六〉

【處₁】居住;處在。〈9/三〉

【安₁】安居。〈1/一〉

【安居】安定地生活。〈1/一〉

【寄】寄居。〈1/一〉

【不棄】不離開。〈1/一〉

【隱居】深居山林鄉野。〈1/一〉

【避世】逃避塵世。〈3/三〉

【坐₁】坐下。〈2/二〉

【坐起】舉止行動。〈3/二〉

【乘₁(承₄)】駕乘。〈14/六〉

【休息₁】暫停活動恢復精力。〈1/一〉

【止₁】棲息。〈1/一〉

【宿】住宿;過夜。〈1/一〉

【臥】睡;躺。〈2/二〉

【睡寐】瞌睡。〈1/一〉

【眠】睡覺;止息。〈2/一〉

【夢₁】睡眠時腦中表像活動。〈1/一〉

【悟₁】覺醒;覺悟。〈2/二〉

【流散】流離失所;分散四方。〈1/一〉

【夢₂】做夢。〈1/一〉

【惡夢】不祥的夢。〈1/一〉

2.2.5.2　衣飾衛生(14:單8〈58/十五〉,雙5〈9/七〉,叁1〈1/一〉)

【戴₁】把東西加在頭上。〈3/二〉

【被髮】髮不束而披散。〈2/二〉

【佩】佩帶;佩掛。〈35/五〉

【反首】披頭散髮。〈1/一〉

【帶₁】佩帶;携帶。〈6/二〉

【浴】洗身;洗澡。〈2/一〉

【服₃】佩戴;佩帶。〈2/一〉

【沐浴₁】洗澡。〈2/一〉

【被₃】穿着。〈1/一〉

【大小便】排泄屎尿。〈1/一〉

【衣₂】穿。〈8/二〉

【小便】撒尿。〈1/一〉

【脱₃】脱掉;解下。〈1/一〉

【掃除₁】打掃;清除塵穢。〈3/二〉

2.2.5.3　遊戲(4:單2〈4/三〉,雙2〈2/二〉)

【盤游】遊樂。〈1/一〉

【遊獵】出遊打獵。〈1/一〉

【遊₂】遊樂;遊蕩。〈3/二〉

【娛】歡樂;戲樂。〈1/一〉

2.2.5.4　修養信仰(49:單11〈24/十六〉,雙38〈79/五十五〉)

【爲人】做人;處世接物。〈1/一〉

【盡節】盡心竭力保全節操。〈1/一〉

【立₄】立身;立足。〈2/二〉

【抱樸】持守本真。〈1/一〉

【行身】立身處世。〈1/一〉

【執₂】持守。〈1/一〉

【爲道】修道。〈3/二〉

【執志】堅持素志不改操守。〈1/一〉

【爲身】治身;修身。〈1/一〉

【守節】堅守節操。〈1/一〉

【治身】修身。〈7/三〉

【守善】堅守善道。〈1/一〉

【修身】修持自身。〈4/一〉

【爲善】行善。〈4/二〉

【修行】修養德行。〈7/四〉

【行善】做善事。〈6/二〉

【自修】修養自己的德性。〈1/一〉

【積善】累積善行。〈1/一〉

【養生】攝養身心使長壽。〈3/二〉

【潔己】行爲端謹符合規範。〈3/三〉

【養性】修養身心涵養天性。〈2/一〉

【明順】明達順理。〈1/一〉

【全身】保全生命名節。〈1/一〉

【法天】效法自然天道。〈1/一〉

【法道】師法大道。〈1/一〉

【學】學習。〈2/二〉

【習】學習。〈5/三〉

【師₁】學習;效法。〈1/一〉

【効₁】模仿;師法。〈1/一〉

【法₂】仿效;效法。〈2/二〉

【則₂】效法。〈1/一〉

【正₄】糾正;修正。〈4/一〉

【正身】端正自身。〈1/一〉

【自戒】自我告誡、約束。〈2/一〉

【自責】自我譴責。〈2/二〉

【自解】自求解脫。〈1/一〉

【高世】高超卓絕超越世俗。〈1/一〉

【心正】心意純正不偏。〈1/一〉

【合德】同德。〈1/一〉

【道引】一種養生方法。〈1/一〉

【度世₁】超脱塵世爲仙。〈5/四〉

【超然】離塵脱俗。〈1/一〉

【得福】獲得幸福。〈1/一〉

【致福】得福。〈1/一〉

【祭】祭祀。〈4/一〉

【祠祭】祭祀。〈1/一〉

【神祀】祭祀天神。〈1/一〉

【占】占卜吉凶。〈1/一〉

【不神】失靈驗。〈6/三〉

2.3　心理感受{176：單95雙81}

2.3.1　感知[10：單5〈16/十一〉,雙5〈6/五〉]

【化₁】教化;教育。〈8/五〉

【化₂】受感化;受感染。〈2/一〉

【受教】接受教誨。〈1/一〉

【受命₂】接受教誨。〈1/一〉

【感】感動。〈2/二〉

【動₂】感動;觸動。〈2/二〉

【動₃】思想動搖改變。〈2/一〉

【應感】交相感應。〈1/一〉

【震動】震驚;驚動。〈1/一〉

【驚人】使人驚奇。〈2/一〉

2.3.2　適意安寧[19：單8〈17/十二〉,雙11〈51/十七〉]

【快心】稱心。〈1/一〉

【從心】順隨心意。〈1/一〉

【遂₁】順從。〈1/一〉

【合₂】和諧。〈1/一〉

【合和】和諧;和睦。〈3/一〉

【和心】使心境平和。〈1/一〉

【清净₁】心境潔净不受外擾。〈2/一〉

【清静】心性純正恬静。〈2/二〉

【安₂】安定;平静。〈3/二〉

【安₃】安逸。〈1/一〉　　　　　　【安利】安吉。〈1/一〉

【定】安定;穩定。〈6/二〉　　　　【安寧】安定;太平。〈1/一〉

【平₄】平安;太平。〈2/二〉　　　　【安靜】安定平靜。〈1/一〉

【易₅】平安。〈1/一〉　　　　　　【永寧】永久安寧。〈1/一〉

【太平】時世安寧和平。〈37/六〉　　【清₆】清平。〈2/二〉

2.3.3　膽量勇氣[7:單4〈46/十四〉,雙3〈3/三〉]

【敢₁】有勇氣做某事。〈23/三〉　　【恐】擔心。〈12/四〉

【不敢】沒膽量;沒勇氣。〈1/一〉　　【恐怖₁】感到可怕畏懼。〈1/一〉

【驚】恐懼驚慌。〈4/三〉　　　　　【驚狂】恐慌狂亂。〈1/一〉

【畏】恐懼。〈7/四〉

2.3.4　悔愧悲苦[24:單14〈47/二十五〉,雙10〈14/十三〉]

【悔₁】悔恨;後悔。〈5/一〉　　　　【急₁】心急;着急。〈5/二〉

【悔₂】悔過;改過。〈1/一〉　　　　【恤】憂慮。〈1/一〉

【惋】嘆惜。〈1/一〉　　　　　　　【憂₁】憂愁;憂慮。〈5/三〉

【倦】懈怠;厭煩。〈1/一〉　　　　【悒悒】憂鬱;愁悶。〈1/一〉

【患₂】厭惡;厭苦。〈1/一〉　　　　【苦₂】痛苦;困苦。〈12/六〉

【憚勞】怕苦怕累。〈1/一〉　　　　【憂患】困苦患難。〈1/一〉

【惡殺】厭惡殺生。〈1/一〉　　　　【忍₁】忍耐;容忍。〈1/一〉

【哀】悲痛;悲傷。〈1/一〉　　　　【忍₂】忍心。〈1/一〉

【痛₂】悲痛;悲傷。〈11/四〉　　　【恥】羞愧。〈1/一〉

【痛心】悲憤。〈1/一〉　　　　　　【大辱】極大的差辱。〈2/一〉

【茶毒₂】悲痛;痛苦。〈1/一〉　　　【不安】不安寧。〈3/三〉

【可哀】令人悲痛。〈1/一〉　　　　【不寧】不安寧。〈2/二〉

2.3.5　怨怒憎忌[26:單11〈24/十五〉,雙15〈24/十八〉]

【怨₁】怨恨;仇恨。〈8/三〉　　　　【怨恨】仇恨。〈1/一〉

【怨惡】怨恨憎惡。〈1/一〉　　　　【仇怨】仇恨;怨恨。〈1/一〉

【恨₁】怨恨;仇視。〈2/一〉

【憎】憎惡。〈1/一〉

【忿】憤怒;怨恨。〈1/一〉

【娼】憎惡;痛恨。〈3/三〉

【恚】憤怒;怨恨。〈1/一〉

【惡₇】討厭;憎恨。〈3/一〉

【積怨】積累怨恨。〈2/一〉

【憎惡】憎恨;厭惡。〈1/一〉

【怒₁】氣憤;憤怒。〈2/一〉

【大惡₂】普遍地厭惡。〈1/一〉

【瞋】發怒;生氣。〈1/一〉

【忌】禁忌;忌諱。〈1/一〉

【忿怒】憤怒。〈1/一〉

【固₂】嫉妒。〈1/一〉

【暴怒】大怒。〈1/一〉

【嫉妬】嫉妒。〈1/一〉

【恚怒】生氣憤怒。〈2/二〉

【姤娼】嫉妒。〈1/一〉

【狂悖】狂妄悖逆。〈1/一〉

【娼妬】嫉妒。〈7/三〉

【恐怖₂】威脅恫嚇。〈1/一〉

【忌諱】避忌;顧忌。〈2/一〉

2.3.6 控制放縱［25：單10〈69/二十二〉,雙15〈17/十五〉］

【節】節制。〈1/一〉

【淫溢】放縱;恣肆。〈1/一〉

【制₁】控制。〈5/二〉

【恣欲】縱欲。〈1/一〉

【禁制】控制;約束。〈1/一〉

【放逸】放縱逸樂。〈1/一〉

【謹慎】言行小心。〈1/一〉

【放恣】放縱。〈1/一〉

【明慎】明察審慎。〈1/一〉

【飛揚】放縱。〈1/一〉

【慎₁】謹慎;慎重。〈15/四〉

【縱】放縱;聽任。〈2/一〉

【慎₂】千萬;無論如何。〈3/二〉

【放縱】放任而不受約束。〈2/一〉

【自用】不接受別人的意見。〈1/一〉

【縱恣】肆意放縱。〈2/一〉

【自衒】炫耀自己。〈1/一〉

【擅】隨意。〈1/一〉

【私行】任憑己意行事。〈1/一〉

【妄】胡亂;隨便。〈39/八〉

【泄₂】狎侮;輕慢。〈1/一〉

【不節】無節制。〈1/一〉

【狂】傲慢。〈1/一〉

【悖亂】惑亂。〈1/一〉

【慢】怠慢。〈1/一〉

2.3.7　欲求[47：單29〈167/五十五〉,雙18〈29/二十三〉]

【好惡】喜好與嫌惡。〈1/一〉

【愛憎】喜愛和憎恨。〈1/一〉

【寧】寧可;寧願。〈2/一〉

【欲₁】欲望;願望。〈10/二〉

【欲₂】想要;希望。〈83/七〉

【欲₄】願意。〈1/一〉

【願₁】願望。〈2/一〉

【願₂】希望。〈7/五〉

【願₃】祝願祈求。〈1/一〉

【禱₁】向神祝告祈求福壽。〈3/二〉

【禱₂】禱告祝頌。〈1/一〉

【祝₁】祝禱。〈2/一〉

【願請】祈請;請求。〈2/一〉

【願欲】志願;欲念。〈1/一〉

【惟願】希望。〈1/一〉

【祈】請求;希望。〈1/一〉

【冀】希望;盼望。〈3/二〉

【望₃】希望;期待。〈3/一〉

【慕₁】思慕;嚮往。〈2/二〉

【肯】表示樂意、願意。〈2/二〉

【意欲】心想做某事。〈1/一〉

【愛₁】喜歡;愛好。〈4/二〉

【寶₂】珍愛;珍視。〈1/一〉

【好₃】喜愛;愛好。〈4/二〉

【樂₃】喜愛;喜歡。〈11/二〉

【喜₂】愛好。〈1/一〉

【慈₂】愛惜;仁愛。〈2/二〉

【利₆】貪愛。〈1/一〉

【願₄】羨慕;傾慕。〈2/一〉

【甘】愛好。〈1/一〉

【貪₁】愛財。〈5/三〉

【貪₂】貪圖。〈6/四〉

【淫₁】沉湎;沉浸。〈1/一〉

【淫₂】貪色;淫蕩。〈3/二〉

【淫₃（婬）】姦淫。〈2/二〉

【婬亂】淫蕩亂紀。〈1/一〉

【淫色】沉迷美色。〈2/一〉

【淫泆（婬泆）】淫亂。〈6/四〉

【好樂】喜好;嗜好。〈1/一〉

【好色】貪愛女色。〈2/二〉

【好生】愛惜生靈;不嗜殺。〈3/二〉

【好施】喜好施捨。〈1/一〉

【好學】喜愛學習。〈1/一〉

【貪財】貪圖財貨。〈1/一〉

【貪利₁】貪求利益。〈1/一〉

【貪利₂】貪圖。〈2/一〉

【無望】沒有希望。〈1/一〉

2.3.8 能願[18：單 13〈317/五十四〉,雙 5〈72/十二〉]

【且₁】應當。〈1/一〉

【可₃】適宜;相宜。〈1/一〉

【庶】希望;但願。〈1/一〉

【可得】能够。〈1/一〉

【宜₂】應當;應該。〈11/五〉

【可以₁】表示可能或能够。〈2/一〉

【應₁】應當;應該。〈7/四〉

【可以₂】表示有某種用途。〈2/一〉

【必】必須;必定要。〈13/六〉

【不可】不可以;不可能。〈62/八〉

【當₂】應該;應當。〈83/八〉

【宜₁】適宜。〈1/一〉

【得₄】在動詞前表示能够。〈49/七〉

【不忍】不忍心;覺得過不去。〈5/一〉

【能】能够。〈86/九〉

【獲₂】得以;能够。〈1/一〉

【得₅】按意願成爲。〈2/二〉

【可₂】可以;能够。〈61/八〉

2.4　人際行爲{431：單 250 雙 179 肆 2}

2.4.1　慈愛尊奉親近［71：單 40〈126/六十三〉,雙 30〈48/三十九〉,肆 1〈1/一〉]

【精誠】真誠。〈3/二〉

【惠施】恩惠。〈1/一〉

【含弘】包容博厚。〈2/一〉

【施惠】給人以恩惠。〈2/一〉

【寬弘】胸懷寬闊氣量弘深。〈1/一〉

【禮₁】禮遇。〈1/一〉

【披衿】打開心懷。〈1/一〉

【厚】厚待;優待。〈1/一〉

【慈₁】慈愛。〈3/一〉

【重₂】看重;重視。〈2/二〉

【慈愛】仁慈愛人。〈1/一〉

【任用】信任重用。〈1/一〉

【恩惠】仁愛。〈1/一〉

【信₂】信從;相信。〈16/二〉

【愛₂】愛護;關心。〈2/一〉

【謹】恭敬。〈13/二〉

【惻隱】同情;憐憫。〈1/一〉

【肅】恭敬。〈1/一〉

【哀憐】憐惜。〈1/一〉

【翼】恭敬;謹肅。〈2/一〉

【傷₂】哀悼;哀憐。〈1/一〉

【敬₁】恭敬;端肅。〈3/一〉

【勖₁】勉勵。〈1/一〉

【敬₂】尊敬;尊重。〈3/二〉

【賢₂】尊崇。〈1/一〉

【崇】尊崇;推重。〈2/二〉

【尊₄】尊奉。〈1/一〉

【舉₃】立;奉立。〈1/一〉

【事₂】侍奉;供奉。〈6/三〉

【奉₁】施行;奉行。〈6/五〉

【守₃】遵循;遵守。〈3/一〉

【承天】承奉天道。〈2/一〉

【奉持】奉行。〈1/一〉

【遵】遵照;依照。〈4/二〉

【從₄】聽從;順從。〈13/四〉

【拜₂】順服;敬奉。〈2/二〉

【由₁】遵從。〈4/二〉

【奉辭】奉君主之正辭。〈1/一〉

【與₂】親附。〈1/一〉

【孝】孝順;善事父母。〈6/二〉

【孝順】愛敬順從。〈1/一〉

【慈孝】孝敬。〈3/二〉

【侍】陪從或伺候尊長、主人。〈3/二〉

【師事】拜爲師或師禮相待。〈1/一〉

【悅】愛;愛慕。〈1/一〉

【親₁】親近;親密。〈7/三〉

【狎】親近。〈1/一〉

【私親】親近。〈1/一〉

【相親】相親近。〈1/一〉

【無偏無黨】不偏私不阿黨。〈1/一〉

【無親】沒有偏愛。〈1/一〉

【媚】逢迎取悅。〈1/一〉

【阿黨】比附於下;結黨營私。〈1/一〉

【群黨】結伙;拉幫結派。〈1/一〉

【報】回贈;回報。〈4/二〉

【賀慶】慶賀。〈1/一〉

【朝₃】祭拜;禮拜。〈2/一〉

【稽首】古時一種跪拜禮。〈7/五〉

【拜₁】一種表示恭敬的禮節。〈1/一〉

【再拜₁】拜了又拜。表恭敬。〈5/四〉

【在上】對尊長的敬語。〈1/一〉

【唯唯】恭敬的應答聲。〈1/一〉

【大₄】敬詞。〈1/一〉

【請₄】敬詞。表示請求對方允許自己做某事。〈2/二〉

【煩₂】煩勞;相煩。〈1/一〉

【敢₃】謙詞。猶冒昧。〈1/一〉

【竊】私下。多用作謙詞。〈1/一〉

【敢₂】不敢;豈敢。〈1/一〉

【不材】不成材。多作自謙。〈1/一〉

【敢不】豈敢不;不敢不。〈1/一〉

【死罪】請罪或道歉的套語。〈2/一〉

2.4.2　佑助保護[24:單16〈78/三十七〉,雙8〈21/九〉]

【受福】接受天地神明的降福。〈4/一〉

【祐】保佑。〈3/三〉

【保₁】保佑。〈5/一〉

【保₂】守護;保持。〈3/二〉

【守₁】守護;看守。〈16/四〉

【守₂】保持;維持。〈1/一〉

【持₂】守;保持。〈5/三〉

【保護】護衛使不受損害。〈6/一〉

【相保】相互護持依存。〈2/一〉

【自守₁】自保;自爲守衛。〈1/一〉

【保身】保全自身。〈1/一〉

【輔】輔助。〈3/三〉

【助】輔助。〈7/四〉

【佐】輔助。〈4/三〉

【濟】救助。〈5/二〉

【扶】攙扶;扶著。〈3/二〉

【將₁】扶助;扶持。〈2/二〉

【營₁】衛護;救助。〈2/一〉

【救】援助;使解脱。〈6/四〉

【卹】救濟。〈2/一〉

【利₃】有利。〈11/一〉

【利於】對某人或某事物有利。〈1/一〉

【有利】有利益;有好處。〈1/一〉

【無益】没有好處;没有裨益。〈5/二〉

2.4.3　會聚追隨[40:單24〈89/四十九〉,雙16〈42/二十〉]

【合₁】會集;聚合。〈3/一〉

【會₁】會合;聚會。〈7/四〉

【集】集合;聚集。〈3/三〉

【聚衆】聚集人衆。〈1/一〉

【收合】收集;聚集。〈1/一〉

【大會】共會;一起聚會。〈1/一〉

【來會】來集。〈1/一〉

【高會】舉行盛大宴會。〈1/一〉

【相見】彼此會面。〈2/一〉

【相遇】遭遇;相逢。〈2/二〉

【一合】會合;遇合。〈22/二〉

【值】遇到;碰上。〈1/一〉

【逢】遇到;遇見。〈8/二〉

【迎】迎接。〈4/三〉

【來迎】迎接。〈1/一〉

【合₄】結合;聯合。〈7/一〉

【合并】結合到一起。〈2/二〉

【合形】形體合一。〈1/一〉

【并₁】合併;聚合。〈6/三〉

【并合】合而爲一。〈1/一〉

【要結】結合;邀引交結。〈1/一〉

【交₁】結交;交往。〈1/一〉

【往₂】對待;交往。〈1/一〉

【往來₁】交往;交際。〈1/一〉

【請₁】謁見;拜謁。〈1/一〉

【見₂】謁見;拜見。〈4/二〉

【待】等待;等候。〈1/一〉

【止₃】等待。〈1/一〉

【須₁】等待。〈2/一〉

【胥】等待。〈1/一〉

【導】引導。〈3/三〉

【隨₁】跟從;追從。〈9/五〉

【相隨】伴隨;跟隨。〈1/一〉

【相從】跟隨;在一起。〈3/二〉

【從₁】跟從;跟隨。〈6/四〉

【從₂】使跟從;帶領。〈3/二〉

【從₃】追逐。〈1/一〉

【逐₁】追趕;追逐。〈7/二〉

【逐₂】隨;跟隨。〈6/三〉

【追】追逐;追趕。〈3/二〉

2.4.4　施受傳遞［40：單 32〈165/七十一〉,雙 8〈10/十〉］

【授受】給予和接受。〈1/一〉

【布₃】布施。〈1/一〉

【與₁】給予。〈7/四〉

【賜₁】賞賜;給予。〈3/三〉

【賞】賞賜;獎賞。〈1/一〉

【賜與】賜給。〈1/一〉

【奉₂】進獻。〈2/一〉

【獻】奉獻。〈1/一〉

【給】供給;配給。〈15/二〉

【付】給與;交給。〈11/四〉

【受₄】付與。〈4/三〉

【授₁】給予;交付。〈4/二〉

【授與】給予。〈2/二〉

【承₂】繼承;接續。〈1/一〉

【相承】遞相沿襲。〈1/一〉

【相傳】遞相傳授。〈2/二〉

【傳₁】傳授。〈17/六〉

【傳₂】傳送。〈1/一〉

【授₂】傳授;教。〈19/六〉

【相授】相傳授。〈1/一〉

【欽承】恭敬地承受。〈1/一〉

【稟】領受;承受。〈3/二〉

【承₁】接受;承受。〈4/三〉

【奉₃】接受。〈1/一〉

【納】引進;接受。〈1/一〉

【含】容納。〈2/二〉

【聞₃】接受。〈1/一〉

【逆₁】接受。〈1/一〉

【服₂】承受。〈1/一〉

【載₂】承受。〈1/一〉

【受₁（授₃）】接受;承受。〈42/九〉

【受₂】遭受。〈5/三〉

【遭】遭受;受到。〈1/一〉

【被₂】蒙受;遭受。〈8/三〉

【獲₁】遭受;招致。〈2/二〉

【犯₂】遭受;招致。〈1/一〉

【遇₁】遭受;遇到。〈2/一〉　　　　【歷₂】遭逢;經受。〈1/一〉

【罹】遭受。〈1/一〉　　　　　　　【遇難】遭遇災難。〈1/一〉

2.4.5　輕鄙背欺[41:單17〈53/二十五〉,雙24〈41/三十四〉]

【輕₁】輕率;不慎重。〈1/一〉　　　　【勃亂】舉止違背事理。〈1/一〉

【輕₂】輕視;鄙視。〈1/一〉　　　　　【逆亂】叛亂;變亂。〈1/一〉

【輕踈】輕視;怠慢。〈1/一〉　　　　　【叛₁】背叛。〈1/一〉

【吐舌】伸舌頭表示鄙視。〈1/一〉　　　【逆₃】背叛;作亂。〈22/三〉

【不孝】不孝敬父母。〈6/二〉　　　　　【亂₂】叛亂;動亂。〈5/三〉

【不親】不親近;不親睦。〈1/一〉　　　【作亂】制造叛亂;暴亂。〈1/一〉

【不從】不服從;不聽從。〈5/三〉　　　【不信₁】不相信。〈1/一〉

【不聽】不聽從別人的意見。〈2/二〉　　【不信₂】不誠實。〈2/二〉

【不適】不合;不調。〈2/二〉　　　　　【陽₂】假裝。〈1/一〉

【不應】不應驗。〈1/一〉　　　　　　　【詐稱】假稱;謊說。〈3/三〉

【不用₁】不聽從;不采納。〈1/一〉　　　【託₂】假託;推託。〈1/一〉

【不順₁】不順理。〈1/一〉　　　　　　【蠱₃】誘惑;迷亂。〈1/一〉

【不順₂】不順從;叛逆。〈1/一〉　　　　【紿】欺誑。〈1/一〉

【二₂】二心。〈1/一〉　　　　　　　　【欺】欺騙;欺詐。〈6/三〉

【二心】異心;不忠實。〈3/二〉　　　　【詐】欺騙。〈1/一〉

【負】背棄;辜負。〈3/二〉　　　　　　【誑】惑亂;欺騙。〈1/一〉

【背₃】違背;違反。〈1/一〉　　　　　　【欺誣】欺騙蒙蔽。〈1/一〉

【違】違背;違反。〈4/二〉　　　　　　【欺詐】欺騙。〈2/二〉

【反₂】與之相反;違背。〈2/一〉　　　　【奸詐】虛偽詭詐。〈1/一〉

【相違】違背。〈1/一〉　　　　　　　　【機巧】詭詐。〈1/一〉

【乖離】背離。〈1/一〉

2.4.6　敵對衝突[57:單29〈178/五十九〉,雙28〈59/三十四〉]

【競】爭競。〈1/一〉　　　　　　　　　【忿爭】忿怒相爭。〈2/一〉

【分爭】爭鬥。〈1/一〉　　　　　　　　【爭權】爭奪權力、權益。〈1/一〉

【亂₁】無秩序;混亂。〈4/二〉

【亂₄】擾亂。〈1/一〉

【不和】不和睦;不和諧。〈10/一〉

【不調】不協調。〈2/二〉

【不治】不能治理。〈1/一〉

【凌】欺壓。〈1/一〉

【壓】以權勢或强力抑制。〈1/一〉

【陵】侵犯;欺侮。〈2/一〉

【陵人】以勢壓人。〈1/一〉

【衝₂】突襲;衝擊。〈2/一〉

【干】干犯;干擾。〈7/三〉

【相干】相干擾;相干預。〈1/一〉

【犯₁】觸犯;冒犯。〈35/七〉

【不宜】不利;妨害。〈8/一〉

【不利】有害。〈7/三〉

【加₂】施加;加惡。〈1/一〉

【侵害】侵犯損害。〈2/二〉

【耗₁】損害。〈1/一〉

【害₁】損害;傷害。〈16/三〉

【刻₂】傷害。〈1/一〉

【損₂】損害;傷害。〈1/一〉

【傷₁】傷害;損害。〈14/五〉

【中₇】傷害。〈1/一〉

【病₂】禍害。〈1/一〉

【禍₂】危害;損害。〈1/一〉

【毀傷₁】損壞;傷害。〈1/一〉

【傷害】損害;傷害。〈2/一〉

【傷殺】傷害;殺害。〈1/一〉

【血₂】殺傷。〈1/一〉

【荼毒】毒害;殘害。〈2/二〉

【誅】殺戮。〈4/四〉

【殺₁】殺戮;致死。〈32/六〉

【煞】殺死;弄死。〈26/二〉

【賊₁】殺戮;殺害。〈1/一〉

【殺傷】殺戮傷害。〈1/一〉

【殺伐】殺戮。〈1/一〉

【殺害(煞害)】不正當地致死。〈4/二〉

【殺戮】殺害;屠殺。〈1/一〉

【謀殺】謀劃殺害。〈1/一〉

【劫殺】劫持並加以殺害。〈1/一〉

【誅伐】討伐。〈1/一〉

【攻伐】攻打討伐。〈1/一〉

【戰鬥】爭鬥;鬥爭。〈1/一〉

【征戰】出征作戰。〈1/一〉

【戰】作戰;戰爭。〈1/一〉

【陷₂】刺入。〈1/一〉

【伐₂】擊刺;傷害。〈7/三〉

【貫】射中;穿透。〈1/一〉

【陷₁】墜入;陷入。〈1/一〉

【害身】損害自身。〈2/一〉

【自刑】自殘肢體;自殺。〈1/一〉

【自刺】自殺。〈1/一〉

【當₁】抵敵;抵當。〈12/五〉

2.4.7 社會治理

2.4.7.1 任職管理(56：單 36〈1173／七十二〉，雙 20〈31／二十四〉)

【推】薦舉。〈1／一〉

【舉₄】推薦。〈1／一〉

【選舉】選拔舉用賢能的人。〈1／一〉

【舉善】推薦德才兼優的人。〈1／一〉

【詳】審察；審理。〈1／一〉

【視₂】審察。〈3／二〉

【視₃】看待；對待。〈4／二〉

【進退】升降任免。〈1／一〉

【拜₃】授官；封爵。〈2／一〉

【侯】封侯。〈1／一〉

【登₂】加封；升任。〈1／一〉

【置₄】任命；任。〈2／一〉

【受任】授任；任命。〈2／二〉

【用₁】使用；任用。〈8／三〉

【遣₁】派遣；差遣。〈9／四〉

【使₁】派遣。〈1／一〉

【受職】接受委派的職務。〈1／一〉

【受命₁】接受任務、命令。〈1／一〉

【作₅】擔任某種職務。〈2／二〉

【備₃】充任；充當。〈1／一〉

【充】充當；擔任。〈2／二〉

【爲₆】充當；擔任。〈40／九〉

【奪₂】削除；剝奪。〈2／一〉

【理物】治理世間萬物。〈1／一〉

【御世】治理天下。〈1／一〉

【御₁】統治；治理。〈2／二〉

【措】治理。〈1／一〉

【理₁】治理；整理。〈3／三〉

【牧】統治。〈1／一〉

【總統】總攬；總管。〈1／一〉

【主₁】主宰掌管。〈669／三〉

【執₃】主持掌管。〈1／一〉

【操持】掌管。〈1／一〉

【正₅】治理。〈2／二〉

【治₁】治理；統治。〈389／七〉

【管】管轄。〈1／一〉

【統】統領；率領。〈2／二〉

【領】統率；管領。〈10／四〉

【將₄】統率；指揮。〈1／一〉

【控】駕馭。〈1／一〉

【自治】自行管理或處理。〈1／一〉

【立治】施政。〈1／一〉

【正法₁】依法制裁、辦理。〈5／三〉

【治₅】政治清明，社會安定。〈2／二〉

【立功】建樹功績；建立功勞。〈2／二〉

【治民】統治、治理民眾。〈4／一〉

【親民】親近愛撫民眾。〈1／一〉

【和民】與民和洽。〈1／一〉

【調】協調；使協調。〈1／一〉

【和】和解。〈2／二〉

【和同】調和。〈2/一〉

【歸心】誠心歸附。〈1/一〉

【和合₂】撮合。〈2/一〉

【伏₃】降服;屈服。〈2/二〉

【善₃】使之善;改善。〈1/一〉

【剋】制服。〈1/一〉

2.4.7.2　請求約定(6:單1〈2/一〉,雙5〈8/五〉)

【屬託】請託;託付。〈1/一〉

【信盟】盟約。〈1/一〉

【約₁】約定。〈2/一〉

【約誓】以誓言相約信。〈1/一〉

【盟要】盟約。〈1/一〉

【同心】齊心。〈4/一〉

2.4.7.3　依順(28:單21〈96/五十五〉,雙7〈14/八〉)

【逆順】逆與順。〈2/二〉

【合時】合乎時宜。〈1/一〉

【合₃】符合;適合。〈8/四〉

【隨時₁】順應時勢。〈3/一〉

【應₃】符合;適應;順應。〈8/五〉

【著₃】依附;附着。〈8/三〉

【相應】相符合。〈3/一〉

【按】依照;依據。〈6/二〉

【合符】符信相合。〈3/一〉

【乘₂(承₃)】憑藉。〈6/四〉

【如₁】隨順;依照。〈7/五〉

【賴】依靠憑藉。〈1/一〉

【利₅】順應。〈1/一〉

【因₂】利用憑藉。〈2/一〉

【因₁】順應。〈1/一〉

【恃】憑藉。〈1/一〉

【順】依順。〈8/三〉

【資】依憑。〈1/一〉

【聽₂】聽從;接受。〈1/一〉

【託₁】憑藉;依賴。〈2/二〉

【聽₃】聽憑;任憑。〈2/二〉

【依₁】依附;託身。〈4/二〉

【和順】順應;不違背。〈1/一〉

【依₂】根據;按照。〈9/五〉

【應天】與天相應。〈1/一〉

【隨₂】聽任;任憑。〈5/三〉

【時₂】適時;合於時宜。〈1/一〉

【隨₃】依據;按照。〈14/七〉

2.4.7.4　防禁(16:單10〈73/二十一〉,雙6〈246/十五〉)

【屯】戍守;駐扎。〈4/一〉

【糺禁】糾察和禁絕。〈1/一〉

【備₂】防備。〈1/一〉

【逆₂】排斥;拒絕。〈3/二〉

【衛】防守;衛護。〈4/二〉

【制₂】斷絕;禁止。〈16/三〉

【防】防備。〈1/一〉

【止₄】阻止;制止。〈6/一〉

【防閑】防備和禁阻。〈1/一〉

【禁₁】禁止;制止。〈5/三〉

【禁止】制止;阻止。〈2/二〉

【無4】副詞。表禁止。〈1/一〉

【勿】副詞。表禁止。〈32/六〉

【不得】不能;不可。〈237/八〉

【不須】不用;不必。〈3/二〉

【不禁】准許;不禁止。〈2/一〉

2.4.7.5　過惡懲貸(52:單24〈293/三十八〉,雙27〈57/三十二〉,肆1〈1/一〉)

【無法】無視法紀。〈1/一〉

【無道】不行正道;做壞事。〈6/一〉

【失理】違背道理或事理。〈1/一〉

【不法】不合法度。〈1/一〉

【犯禁】違反禁令。〈2/二〉

【犯罪】觸犯法律構成罪行。〈1/一〉

【爲非】做壞事。〈1/一〉

【行惡】做壞事。〈1/一〉

【爲害】造成禍害。〈1/一〉

【蠶食】逐漸侵占。〈1/一〉

【盜竊】偷竊。〈1/一〉

【掠取】劫奪;掠奪。〈2/二〉

【司聽】監督察聽。〈1/一〉

【司過】伺察其過失。〈1/一〉

【伺候】窺伺;窺測。〈2/二〉

【察2】糾察。〈8/二〉

【告4】告發;控告。〈1/一〉

【證】告發;檢舉。〈2/一〉

【訟】訴訟;控告。〈3/二〉

【天網恢恢】作惡必受天罰。〈1/一〉

【捕】捉拿。〈7/四〉

【攝2】捉拿;拘捕。〈14/二〉

【取2】捕捉;捉拿。〈1/一〉

【得2】捕獲。〈10/二〉

【收1】拘捕。〈219/三〉

【繫2】拘囚;拘禁。〈3/一〉

【拘繫】拘禁。〈1/一〉

【束縛】捆綁;拘囚。〈1/一〉

【坐3】犯罪;判罪。〈2/二〉

【咎3】責怪;追究罪責。〈3/二〉

【罰】處罰。〈5/二〉

【謫】處罰;懲罰。〈1/一〉

【罪3】懲罰;治罪。〈2/一〉

【受罰】遭到處罰。〈1/一〉

【得罪】獲罪。〈1/一〉

【有罪】有犯法罪惡的行爲。〈6/二〉

【生殺】決定生與死。〈1/一〉

【送1】遣送。〈1/一〉

【行刑】施刑。〈1/一〉

【笞】用鞭、杖或竹板打人。〈2/二〉

【髡】剃髮示辱的刑罰。〈1/一〉

【絞】勒死的刑罰。〈1/一〉

【斬殺】殺頭或腰斬的刑罰。〈12/二〉

【無赦】不寬免罪罰。〈5/一〉

【謝過】承認錯誤表示歉意。〈1/一〉

【改】改正;糾正。〈3/二〉

【改過】改正過失或錯誤。〈1/一〉　　【赦】寬免罪過。〈1/一〉

【改悔】認識錯誤加以改正。〈3/一〉　　【原₂】寬恕；原諒。〈1/一〉

【贖₁】抵銷或彌補過失。〈1/一〉　　【遣₂】釋放。〈1/一〉

2.5　役物行爲{272：單 186 雙 82 叁 1 肆 3}

2.5.1　解知辨識

2.5.1.1　解知(20：單 12〈109/二十七〉,雙 8〈11/十〉)

【開₂】啓發；開導。〈1/一〉　　【分明₁】清楚。〈1/一〉

【覺】意識到。〈1/一〉　　【知】曉得；瞭解。〈73/八〉

【曉】明白；瞭解。〈1/一〉　　【得知】知曉。〈1/一〉

【解₃】明白；理解。〈2/一〉　　【明知】明確理解或瞭解。〈1/一〉

【達₁】通曉；明白。〈1/一〉　　【知道】通曉天地人世的道理。〈3/二〉

【通₅】懂得；通曉。〈1/一〉

【通₆】通情達理。〈1/一〉　　【知聞】知悉；知曉。〈1/一〉

【分₄】分明；清楚。〈1/一〉　　【自知₁】自己明瞭。〈1/一〉

【明₂】明白；清楚。〈17/六〉　　【無知₁】不明事理。〈2/二〉

【明₃】懂得通曉。〈5/二〉　　【無知₂】不瞭解；不清楚。〈1/一〉

【明₅】明智；明察。〈5/三〉

2.5.1.2　稱名判定(20：單 15〈148/五十〉,雙 5〈26/十三〉)

【號₂】給予稱號或取號。〈5/三〉　　【可謂】可以說是。〈2/一〉

【是₃】表示肯定判斷。〈17/五〉　　【以爲₂】把它作爲。〈9/七〉

【爲₇】當作。〈49/八〉　　【以₂】認爲。〈1/一〉

【爲₈】是。〈16/五〉　　【不離】不失爲；還算是。〈1/一〉

【作₆】當作；算是。〈4/一〉　　【足₃】值得；足以。〈1/一〉

【如₃】乃；是。〈1/一〉　　【非₄】不；不是。〈20/八〉

【曰₃】爲；是。〈8/三〉　　【屬₁】歸屬；隸屬。〈11/四〉

【謂₂】意思指；說的是。〈3/一〉　　【別₁】區分；辨別。〈6/四〉

83

【分₃】辨別;區別。〈4/三〉

【斷₄】判斷;裁決。〈2/二〉

【分別₁】區別;分辨。〈13/三〉

【無疑】沒有猜疑;確定。〈1/一〉

2.5.1.3　思考謀劃(17:單8〈26/十一〉,雙7〈9/九〉,叁1〈1/一〉,肆1〈1/一〉)

【有心】懷有某種意念或想法。〈2/二〉

【圖₁】謀劃。〈1/一〉

【圖₂】設法對付。〈2/二〉

【思₂】思索;考慮。〈8/三〉

【與₃】對付。〈1/一〉

【念₂】思考;考慮。〈11/一〉

【奈】對付;處置。〈1/一〉

【靜思】沉靜地思考、省察。〈1/一〉

【無如之何】沒有辦法對付。〈1/一〉

【勤心】謂用心苦思。〈2/二〉

【不得不】不得已;無可奈何。〈1/一〉

【三思】再三思考。〈1/一〉

【深念】深深思考。〈1/一〉

【移心】改變心意。〈1/一〉

【量】衡量。〈1/一〉

【不顧】不考慮。〈1/一〉

【謀】圖謀;算計。〈1/一〉

2.5.1.4　專心意念(8:單4〈44/十〉,雙4〈8/五〉)

【用心】使用心力;專心。〈2/二〉

【思₁】懷念;想望。〈16/五〉

【專精】專心一志。〈1/一〉

【念₁】思念;懷念。〈26/三〉

【專心】用心專一。〈3/一〉

【意₂】思念。〈1/一〉

【專一】專心一意。〈2/一〉

【忘】忘記。〈1/一〉

2.5.2　生産經營

2.5.2.1　勞作(76:單47〈163/七十二〉,雙28〈63/三十六〉,肆1〈1/一〉)

【當事】遇事;臨事。〈1/一〉

【作₉】從事某項工作或活動。〈1/一〉

【應₂】應付。〈1/一〉

【從事】致力或參與某事。〈1/一〉

【行₆】做;實施。〈29/七〉

【造₃】作。〈1/一〉

【爲₁】做;干。〈28/四〉

【作₂】製造。〈3/二〉

【修₁】實行;從事某種活動。〈1/一〉

【作₈】工作;勞動。〈1/一〉

【上₇】施加。〈1/一〉

【加₁】施及;加以。〈6/三〉

【施₃】施行。〈1/一〉

【施行₂】實行。〈1/一〉

【以爲₁】作爲;用作。〈6/四〉

【有爲】有作爲。〈1/一〉

【並力】合力;勠力。〈1/一〉

【躬行】親身實行。〈1/一〉

【先行】先實行;先進行。〈1/一〉

【勉力】盡力;努力。〈1/一〉

【勤行】努力實行。〈1/一〉

【勤₁】盡力做;不斷地做。〈13/四〉

【勤₂】爲某人盡力。〈1/一〉

【有勞】有功勞。〈1/一〉

【不勤】不勤勞;不勞苦。〈1/一〉

【不行₁】不施行。〈8/五〉

【修理】整頓。〈1/一〉

【繕治】整理;修補。〈4/一〉

【失時】違誤農時。〈1/一〉

【農耕】耕種土地。〈1/一〉

【田作】耕作。〈6/一〉

【種₃】種植;播種。〈2/一〉

【收₂】收穫。〈9/二〉

【收入】收穫。〈1/一〉

【蚕桑】養蠶種桑。〈1/一〉

【漁獵】捕魚打獵。〈1/一〉

【狩】捕獵。〈1/一〉

【獵】打獵;捕捉禽獸。〈1/一〉

【然火】點火。〈1/一〉

【燒】焚燒;燃燒。〈1/一〉

【焚燒】燒毀;燒掉。〈2/二〉

【煮】燒煮。〈1/一〉

【服牛乘馬】役使牛馬駕車。〈1/一〉

【驅】駕馭;役使。〈1/一〉

【載₁】運載;裝運。〈1/一〉

【負檐】肩挑背負。〈1/一〉

【盛】以器裝物。〈2/一〉

【灌】用水或酒澆在物體上。〈1/一〉

【撓】攪動;拌和。〈1/一〉

【採】采集。〈2/二〉

【折₁】折斷;摘取。〈1/一〉

【選】選擇;挑選。〈1/一〉

【擇₁】挑選。〈2/二〉

【料】別擇;挑選。〈1/一〉

【求₄】選擇;選取。〈1/一〉

【縛】束;捆綁。〈2/一〉

【繫₁】拴縛。〈1/一〉

【縛束】裹扎。〈1/一〉

【懸】系掛。〈2/二〉

【牽】拉;挽。〈15/一〉

【叩】叩擊;碰擊。〈1/一〉

【鍛】打鐵;鍛造。〈1/一〉

【刻₁】雕鏤。〈1/一〉

【分₁】分開;劃分。〈4/四〉

【破₃】剖開;分開。〈3/二〉

【伐₁】砍斫。〈1/一〉

【斬₂】砍斷;砍。〈2/一〉

【穿】鑿通;挖掘。〈3/二〉

【掘】挖。〈2/二〉

【鑿】挖掘;開鑿。〈1/一〉

【決₁】疏通水道。〈1/一〉

【埋】埋藏;掩埋。〈6/一〉

【葬】掩埋屍體。〈1/一〉

【埋葬】掩埋屍體。〈2/一〉

【葬埋】埋葬。〈14/一〉

【歸土】埋葬。〈1/一〉

2.5.2.2 設立備辦(19:單18〈35/二十七〉,雙1〈1/一〉)

【造₂】建立。〈1/一〉

【建₁】建立;創立。〈2/一〉

【建₂】建造。〈1/一〉

【立₂】設置;建立。〈5/四〉

【立₃】制定;訂立。〈1/一〉

【建立】設置;設立。〈1/一〉

【著₂】建立。〈1/一〉

【作₁】興建;建造。〈7/三〉

【置₁】設立;設置。〈2/一〉

【置₂】建造。〈1/一〉

【具₁】備辦。〈1/一〉

【具₂】具有。〈1/一〉

【設₁】設置。〈1/一〉

【設₂】擺設。〈1/一〉

【施₂】設置;安放。〈4/三〉

【署】安排。〈1/一〉

【置₃】安放;安置。〈2/二〉

【布₄】鋪設。〈1/一〉

【張₁】張設;陳設。〈2/二〉

2.5.2.3 理財(15:單7〈10/九〉,雙7〈11/七〉,肆1〈1/一〉)

【營₂】經營。〈2/二〉

【治生】經營家業;謀生計。〈3/一〉

【揲】清點;數。〈1/一〉

【定數】計定數量。〈1/一〉

【計】結算;算清。〈1/一〉

【入₃】收入;收益。〈2/一〉

【借】暫時取用別人的錢物。〈1/一〉

【賈市】買賣;交易。〈1/一〉

【賣】用貨物換錢。〈2/二〉

【買賤賣貴】低價買高價賣。〈1/一〉

【發₄】征發;征調。〈1/一〉

【賦斂】征收財物。〈1/一〉

【聚斂】搜刮財貨。〈1/一〉

【賣官】出賣官位。〈1/一〉

【貨賂₂】賄賂。〈3/一〉

2.5.3 尋求獲取致使[37:單26〈360/六十九〉,雙11〈23/十三〉]

【索】尋求;探索。〈2/二〉

【求索】尋找;搜尋。〈1/一〉

【索求】尋求。〈1/一〉

【求₁】尋找;搜尋。〈3/三〉

【求₃】謀求;追求。〈16/五〉

【取₃】求。〈3/二〉

【追逐】追求;逐取。〈1/一〉

【搜索】尋求;搜查。〈6/二〉

【責₁】索取;求取。〈3/一〉

【責求】要求。〈1/一〉

【請₂】請求;要求。〈3/二〉

【求₂】請求;乞求。〈27/七〉

【乞】求討。〈1/一〉

【致₃(至₄)】求取。〈13/三〉

【强求】强行要求。〈1/一〉

【求福】求取幸福。〈1/一〉

【無名₁】不追求名聲。〈2/二〉

【奪₁】强取。〈2/二〉

【爭】爭奪;奪取。〈1/一〉

【掠】擄掠;奪取。〈1/一〉

【遇₂】得到。〈1/一〉

【求₅】獲得;得到。〈2/二〉

【得₁】獲得;得到。〈55/八〉

【底】引致;獲取。〈1/一〉

【取₁】收受;索取。〈3/二〉

【取₄】招致;遭到。〈3/一〉

【招】招致;惹。〈2/二〉

【召₂】招引;導致。〈1/一〉

【致₂(至₅)】招致。〈2/二〉

【使₃】致使;讓。〈59/七〉

【以₁】使。〈3/二〉

【令₂】使。〈150/八〉

【俾(畀)】使。〈2/一〉

【爲₉】使;致使。〈1/一〉

【使然】使它變得這樣。〈1/一〉

【速禍】招致禍害。〈1/一〉

【無令】不使。〈7/一〉

2.5.4　占有留存[20:單17〈223/四十二〉,雙3〈3/三〉]

【可貴】值得珍視。〈1/一〉

【有₁】擁有;保有。〈70/八〉

【有₂】具有;懷有。〈22/六〉

【將₂】帶領。〈1/一〉

【挾】携帶。〈1/一〉

【携】携帶。〈1/一〉

【附】附帶。〈1/一〉

【畜₂】積蓄;積儲。〈2/一〉

【積】積聚;累積。〈3/二〉

【積聚】積累聚集。〈1/一〉

【留】保存;遺留。〈4/二〉

【伏₁】保持。〈1/一〉

【遺】遺留。〈1/一〉

【孑遺】遺留;殘存。〈1/一〉

【有₃】表示存在。〈107/十〉

【得₃】有;存在。〈1/一〉

【存₂】存在。〈4/二〉

【於₁】在。〈2/二〉

【爲₅】有。〈1/一〉

【錄₃】收藏。〈1/一〉

2.5.5 棄除亡失［40：單31〈216/六十八〉,雙9〈21/十五〉]

【放₂】放下。〈1/一〉

【舍₂】放棄;捨棄。〈3/三〉

【委】舍棄。〈1/一〉

【廢₁】拋棄;廢棄。〈3/二〉

【棄】拋棄。〈3/一〉

【棄捐】拋棄。〈1/一〉

【屏】擯棄。〈1/一〉

【辟】除去;消除。〈3/三〉

【剔】剪除;去除。〈2/一〉

【殺₂】滅;除去。〈1/一〉

【却₂】除;除去。〈7/二〉

【消₁】消失;消除。〈4/四〉

【消₂】除去;使消失。〈4/二〉

【破₂】破除;解除。〈2/一〉

【除】清除;去除。〈21/六〉

【净】除净。〈1/一〉

【滅】除盡;使不存在。〈11/五〉

【蕩₁】蕩滌;清除。〈2/二〉

【度₃】度脱;解除。〈4/四〉

【解₁】免除;解除;消除。〈51/二〉

【解₂】解開;脱下。〈1/一〉

【去₃】去掉;除去。〈7/四〉

【罷】取消。〈1/一〉

【消散】消除。〈1/一〉

【殄滅】滅絶。〈1/一〉

【死敗】死亡和失敗。〈2/一〉

【消亡】滅亡;消失。〈1/一〉

【朽】消散。〈1/一〉

【空₁】空虛;中無所有。〈1/一〉

【虛】空無所有。〈1/一〉

【無₁】没有。〈66/八〉

【非₃】無;没有。〈1/一〉

【無有】没有。〈12/七〉

【靡有】没有。〈1/一〉

【莫有】没有。〈1/一〉

【散₁】亡失;喪失。〈2/二〉

【亡₂】喪失。〈1/一〉

【失₁】失掉;丟失。〈8/三〉

【失₂】錯過。〈1/一〉

【滅亡】不復存在。〈1/一〉

2.6 事物運行{162：單112雙50}

2.6.1 現隱［26：單19〈54/四十一〉,雙7〈8/八〉]

【出₄】出現;顯露。〈9/五〉

【見₄】顯現;顯露。〈4/二〉

【顯】顯揚。〈1/一〉

【垂₃】呈現;顯示。〈1/一〉

【示₁】擺出或指出事物給人看。〈5/四〉

【明₄】表明。〈1/一〉

【垂天】掛在天空。〈1/一〉

【出₇】使出;拿出;取出。〈4/四〉

【露₁】顯露;暴露。〈5/三〉

【發₃】暴露。〈1/一〉

【漏泄】泄露。〈1/一〉

【垂象】顯示徵兆。〈1/一〉

【秘】不公開;難以測知。〈3/二〉

【私₂】暗中;不公開。〈1/一〉

【密】慎密;秘密。〈1/一〉

【覆₁(復₄)】覆蓋。〈6/五〉

【雍₂】遮蓋。〈1/一〉

【潛】隱藏;隱蔽。〈1/一〉

【揜】遮蔽。〈1/一〉

【翳】遮蔽。〈1/一〉

【隱】隱蔽;隱藏。〈2/二〉

【藏】隱藏;潛匿。〈6/四〉

【伏藏₁】隱藏。〈1/一〉

【伏匿】隱藏;躲藏。〈2/二〉

【深藏】隱藏。〈1/一〉

【隱匿】隱藏。〈1/一〉

2.6.2　運行通塞難易［38:單20〈96/四十一〉,雙18〈30/二十五〉］

【自然₂】不經人力自由發展。〈5/四〉

【自₂】自然;當然。〈26/六〉

【開閉】開合。〈1/一〉

【決₂】張開。〈1/一〉

【開₁】開啓;打開。〈8/二〉

【動靜】行動與止息。〈1/一〉

【運₁】挪動。〈1/一〉

【運₂】運轉。〈1/一〉

【施行₁】行動。〈2/一〉

【行₂】行駛。〈2/一〉

【行₃】流動;流通。〈1/一〉

【太和₁】陰陽會合沖和。〈1/一〉

【通₂】沒有阻塞可以通過。〈5/四〉

【通₃】開通;疏通。〈1/一〉

【通₄】連接;連通。〈4/二〉

【開通₁】打通;疏通。〈1/一〉

【通利】通暢;無阻礙。〈1/一〉

【滑利】順暢;無滯礙。〈1/一〉

【四通】謂與四方相通。〈2/一〉

【相通】彼此溝通;連通。〈2/二〉

【徹】貫通。〈2/一〉

【同光】同放光輝。〈1/一〉

【光照】光芒普照。〈1/一〉

【照】光綫照射;照耀。〈1/一〉

【風雨₂】刮風下雨。〈2/二〉

【稽遲】遲延;滯留。〈1/一〉

【稽留】延遲;停留。〈3/二〉

【限】阻隔。〈1/一〉

【雍₁】堵塞;阻擋。〈2/二〉

【塞】堵塞;填塞。〈4/四〉

【閉塞】堵塞。〈1/一〉

【隔塞】阻塞。〈1／一〉

【平₃】平定；平息。〈2／一〉

【不通】阻塞；不通達。〈3／二〉

【易₄】容易。〈4／一〉

【斷₁】截斷；折斷。〈10／一〉

【難₁】困難；不易。〈15／六〉

【斷₂】斷絕；隔絕。〈5／三〉

2.6.3　散布[20：單14〈45／二十六〉，雙6〈15／十二〉]

【下₇】頒布；發布。〈7／三〉

【發₂】傳揚。〈1／一〉

【出₃】發出；發布。〈2／二〉

【布₅】傳播；擴散。〈3／三〉

【放₁】散放；釋放。〈3／三〉

【行₄】流行；流傳。〈12／三〉

【散₂】放；釋放。〈1／一〉

【宣布】散布；傳播。〈2／一〉

【泄₁】發散。〈1／一〉

【分布】散布。〈6／四〉

【流₃】傳布；擴散。〈4／三〉

【布散】散布；傳布。〈2／二〉

【施₁】散布。〈1／一〉

【流行】廣泛傳布；盛行。〈3／三〉

【出₈】脫離；釋放。〈6／一〉

【滿₁】充滿；布滿。〈2／二〉

【揚】掀播。〈1／一〉

【充滿】布滿；填滿。〈1／一〉

【易₂】傳播。〈1／一〉

【充塞】充滿塞足。〈1／一〉

2.6.4　增減變化[19：單13〈93／三十四〉，雙6〈14／十〉]

【增】加多；加添。〈2／一〉

【易₃】陰陽變化消長。〈3／一〉

【益₁】增加。〈3／二〉

【沉浮₁】盛衰消長。〈1／一〉

【滋₂】增長；增加。〈1／一〉

【維新】乃始更新。〈1／一〉

【倍】照原數等加。〈12／二〉

【更立】改立。〈1／一〉

【損₁】減少。〈2／一〉

【變易】變換；變化。〈3／一〉

【變₁】變化；改變。〈10／五〉

【化₃】變化。〈1／一〉

【更₁】改變。〈1／一〉

【變化】形態或本質上產生新的狀況。〈7／五〉

【改更】改變。〈1／一〉

【轉₃】改變。〈1／一〉

【成₃】變成；成為。〈13／八〉

【易₁】改變；更改。〈3／二〉

【為₃】變成。〈41／八〉

2.6.5 起止成毀[39：單32〈107/六十四〉,雙7〈11/十〉]

【權輿】起始。〈1/一〉

【始₁】開始;開端。〈6/三〉

【興₁】興起。〈8/四〉

【起₃】興起。〈4/三〉

【朝₂】初;始。〈1/一〉

【廢₂】停止;中止。〈2/一〉

【盡₂】止;終。〈1/一〉

【止₂】停止;終止。〈13/六〉

【休₁】停止;甘休。〈2/二〉

【停₁】停止。〈3/三〉

【息₃】停止;停息。〈1/一〉

【降₂】停止;罷退。〈1/一〉

【卒₁】終於;最後。〈2/一〉

【竟】終了;完畢。〈1/一〉

【終₂】到底;終究。〈7/一〉

【究】窮盡;終極。〈1/一〉

【絕₁】斷絕;净盡。〈11/四〉

【訖₁】絕止;完畢。〈3/三〉

【訖₂】窮盡。〈1/一〉

【窮₁】盡;完。〈1/一〉

【窮₂】終端;終極。〈2/二〉

【不起】不發動;不發生。〈2/二〉

【不作】不興起;不興盛。〈2/二〉

【不已】不止;繼續不停。〈2/一〉

【成₁】完成;實現;成功。〈10/七〉

【成₅】成全。〈1/一〉

【畢₁】完成;完結。〈13/四〉

【滿₂】完成。〈1/一〉

【終₁】事物的結局。〈1/一〉

【成形】成爲某種形體。〈2/二〉

【敗傷】衰敗;損害。〈1/一〉

【衰₁】衰微;衰亡。〈1/一〉

【破₁】破亡。〈1/一〉

【壞】敗壞。〈1/一〉

【毀】毀壞;破壞。〈1/一〉

【敗】毀壞。〈4/三〉

【崩】倒塌。〈1/一〉

【傾₂】覆亡。〈1/一〉

【傾移】顛覆。〈1/一〉

2.6.6 事物關係[20：單14〈30/二十三〉,雙6〈8/七〉]

【親疏】親緣關係的遠近。〈1/一〉

【近₃】接近;靠近。〈7/六〉

【係₂】關聯;牽涉。〈2/二〉

【相及】相關聯;相牽涉。〈2/一〉

【及₁】涉及;牽連。〈6/三〉

【連₁】連接。〈2/二〉

【連₂】連續。〈2/一〉

【相連】互相連接;彼此關聯。〈2/二〉

【嗣】接續。〈1/一〉

91

【接】接續。〈1／一〉

【係₁】續;接續。〈1／一〉

【續】繼續;接着。〈2／一〉

【延】延長。〈1／一〉

【次₂】排列編次。〈1／一〉

【相推】互相推移。〈1／一〉

【更互】交替;輪流。〈1／一〉

【代】代替。〈1／一〉

【交錯】交叉。〈1／一〉

【俠】從左右相持或相對。〈2／一〉

【間₁】嫌隙;隔閡。〈1／一〉

第三节　性狀及其他〔814：單514 雙294 叁2 肆4〕

3.1　人物性狀｛133：單59 雙74｝

3.1.1　外貌〔12：單4〈4／四〉,雙8〈14／十一〉〕

【人形₁】人的形狀、模樣。〈2／一〉

【無形】不見形體。〈4／四〉

【好₁】容貌美。〈1／一〉

【美₁】美麗。〈1／一〉

【美好】好。〈1／一〉

【色₂】臉色;表情。〈1／一〉

【色₃】容貌。〈1／一〉

【美色】姣美的姿色儀容。〈2／一〉

【女色】女子的美色。〈1／一〉

【翩翩₁】飛行輕快貌。〈2／一〉

【翩翩₃】飄動貌。〈1／一〉

【翩翩₄】風度或文采的優美。〈1／一〉

3.1.2　生理狀態〔15：單8〈12／八〉,雙7〈12／八〉〕

【雌雄】雌性和雄性。〈1／一〉

【尊₂】輩分地位高。〈1／一〉

【老】年歲大。〈2／一〉

【丁壯】強壯;健壯。〈1／一〉

【露₂】羸弱;瘦弱。〈1／一〉

【飢】吃不飽。〈1／一〉

【餓】飢之甚;很想吃東西。〈1／一〉

【饑餓】肚子空想吃東西。〈1／一〉

【飢渴】腹餓口渴。〈3／二〉

【飢寒】飢餓寒冷。〈1／一〉

【勞】疲勞;勞苦。〈4／一〉

【疲】疲乏;困倦。〈1／一〉

【勤₃】勞倦;辛苦。〈1／一〉

【疲勞】勞苦困乏。〈1／一〉

【不倦】不厭倦;不勞累。〈4/一〉

3.1.3　心境[18：單9〈25/十六〉,雙9〈12/十一〉]

【歡心】心情愉快。〈1/一〉

【休休】安樂貌。〈1/一〉

【快】高興;愉快。〈7/三〉

【嚴₁】威嚴。〈1/一〉

【樂₂】快樂;歡樂。〈6/三〉

【嚴₂】嚴厲;嚴格。〈2/二〉

【喜₁】快樂;高興。〈1/一〉

【碻】堅定。〈1/一〉

【安樂】安逸快樂。〈1/一〉

【猶豫】遲疑不決。〈3/二〉

【大樂】極大的快樂。〈2/二〉

【煩₁】煩躁。〈1/一〉

【歡悦】喜悦;歡樂。〈1/一〉

【憍】驕傲;驕矜。〈1/一〉

【愷悌】和樂平易。〈1/一〉

【自驕】傲慢;驕傲。〈1/一〉

【欣欣】喜樂貌。〈1/一〉

【强】强暴;强横。〈5/三〉

3.1.4　心智修養[36：單16〈32/二十二〉,雙20〈47/三十〉]

【神聖】崇高莊嚴不可褻瀆。〈1/一〉

【正₃】合乎法度規律或常情。〈1/一〉

【巍巍】崇高偉大。〈1/一〉

【儼然】嚴肅莊重的樣子。〈2/二〉

【平₂】平允;公正。〈1/一〉

【聖₂】聰明睿智。〈2/一〉

【誠₁】誠實。〈1/一〉

【智】智慧;聰明。〈3/二〉

【精₁】純一;精誠。〈3/一〉

【聰明】謂明察事理。〈4/二〉

【真₅】精誠;誠心實意。〈1/一〉

【清₃】高潔。〈1/一〉

【忠₁】對君上忠誠。〈4/二〉

【仁義】仁愛正義;寬惠正直。〈5/二〉

【忠₂】忠厚。〈4/二〉

【忠孝】忠於君國孝敬父母。〈2/二〉

【仁】仁慈;厚道。〈1/一〉

【忠信】忠誠信實。〈4/三〉

【貞₁】操守堅定。〈1/一〉

【忠貞】忠誠堅貞。〈3/二〉

【貞₂】婦女守一而終的節操。〈4/二〉

【忠直】忠誠正直。〈1/一〉

【利貞】和諧貞正。〈2/二〉

【柔弱】柔和謙順。〈1/一〉

【正₂】正直;正派。〈2/二〉

【勤苦】勤勞刻苦。〈3/二〉

【勤身】努力工作使身體勞苦。〈6/

二〉

【異₂】奇特的;不平常的。〈2/二〉

【奇₁】出人意外;使人不測。〈1/一〉

【大迷】迷惑至極。〈1/一〉

【悶悶】愚昧、渾噩貌。〈2/一〉

【迷惑】使迷糊不清。〈1/一〉

【迷亂】迷惑錯亂。〈1/一〉

【童蒙】幼稚愚昧。〈3/一〉

【狂惑₂】狂妄昏惑。〈1/一〉

【憒憒₁】煩亂。〈3/一〉

3.1.5　真偽善惡[31:單15〈32/二十〉,雙16〈50/二十八〉]

【真偽】真假。〈1/一〉

【曲直】是非;有理無理。〈1/一〉

【善惡】好壞;褒貶。〈8/六〉

【美惡】好壞。〈1/一〉

【真₄】真實。〈4/二〉

【好₂】優良;良好。〈7/三〉

【佳】好;令人滿意。〈1/一〉

【是₁】正確。〈1/一〉

【善₄】妥善;好好地。〈5/三〉

【端正₁】正直不邪。〈1/一〉

【不端】不正派。〈1/一〉

【不平】不公正。〈1/一〉

【不正】不端正;不正當。〈15/三〉

【不純】不純正。〈1/一〉

【濫】虛妄不實。〈1/一〉

【非₁】不對;錯誤。〈1/一〉

【謬】錯誤。〈1/一〉

【濁₃】貪鄙;卑污。〈1/一〉

【凶₂】惡;凶狠。〈3/一〉

【醜】凶;邪惡。〈1/一〉

【毒₃】狠毒。〈1/一〉

【惡₂】凶惡。〈3/一〉

【天殺(天煞)】天性殘酷。〈3/二〉

【惡₄】粗劣;不好。〈1/一〉

【非₂】邪惡。〈1/一〉

【辟邪₁】偏邪不正。〈1/一〉

【邪逆】邪惡逆亂。〈2/二〉

【邪偽₁】邪惡詐偽。〈7/三〉

【逆惡】悖逆凶惡。〈4/一〉

【姦邪₂】奸詐邪惡。〈2/二〉

【奸惡】邪惡。〈1/一〉

3.1.6　富貴貧賤[21:單7〈20/十三〉,雙14〈33/十六〉]

【貴賤】高貴與低賤。〈2/二〉

【高₂】尊貴;貴顯。〈3/二〉

【貴₁】貴重;重要。〈2/一〉

【尊₁】尊貴;高貴。〈6/三〉

【尊高】高貴。〈1/一〉

【尊貴】高貴。〈1/一〉

【榮₂】顯榮;富貴。〈5/四〉

【榮華】榮耀;顯貴。〈1/一〉

【榮富】榮華富貴。〈1/一〉

【富貴】富裕而顯貴。〈12/二〉

【富樂】富裕而安樂。〈1/一〉

【奢泰】奢侈。〈1/一〉

【驕奢】驕橫奢侈。〈2/一〉

【驕恣】驕傲放縱。〈1/一〉

【流俗】平庸粗俗。〈1/一〉

【賤₁】地位低下。〈1/一〉

【卑₁】低微;低賤。〈2/一〉

【鄙】低賤。〈1/一〉

【輕賤】卑下低賤。〈1/一〉

【貧賤】貧苦微賤。〈7/一〉

【貧苦】貧窮困苦。〈1/一〉

3.2　物體性狀{108:單 63 雙 44 肆 1}

3.2.1　外形[15:單 12〈24/十六〉,雙 3〈3/三〉]

【正₁】端正;不斜不歪。〈4/三〉

【中₆】正。〈2/一〉

【大正】中正。〈1/一〉

【齊₁】整齊。〈1/一〉

【平₁】平坦。〈1/一〉

【坦坦】平坦。〈1/一〉

【方₁】方形。〈1/一〉

【三角】三角形。〈1/一〉

【傾₁】傾斜。〈1/一〉

【欹】傾斜。〈1/一〉

【屈₁】彎曲。〈2/二〉

【還₅】旋轉的;迴旋的。〈1/一〉

【利₁】鋒利;銳利。〈2/一〉

【澄】静止。〈7/二〉

【湛】水不流;静止。〈1/一〉

3.2.2　色彩光澤[27:單 15〈77/三十三〉,雙 12〈27/二十三〉]

【色₁】顏色。〈3/三〉

【五色】青赤白黑黃;各種顏色。〈10/七〉

【五彩(五綵)】五色。〈4/四〉

【黑】黑色。〈5/三〉

【白₁】白色。〈11/三〉

【素質】白色質地。〈1/一〉

【皓皓】潔白貌;高潔貌。〈2/一〉

【朱】大紅色。〈1/一〉

【赤】淺朱色。〈28/三〉

【丹】紅色。〈1/一〉

【紅】淺紅色。〈1/一〉

【絳】深紅色。〈4/三〉

【黃】黃色。〈7/三〉

【黃白】淡黃色。〈1/一〉

【玄黃₁】天地的顏色。玄爲天色,黃

爲地色。〈2/二〉

【青黃】青黃色。〈1/一〉

【青】藍色。〈5/三〉

【邪色】邪亂不正之色。〈1/一〉

【光澤】光彩;光華。〈1/一〉

【光₁】光明;明亮。〈3/三〉

【光₂】榮耀;榮寵;光彩。〈2/一〉

【朗₁】明亮。〈3/二〉

【明₁】光明;明亮。〈2/二〉

【融】大明;大亮。〈1/一〉

【天光】日光;天空的光輝。〈2/二〉

【赫赫】顯赫盛大貌。〈1/一〉

【冥冥】昏暗貌。〈1/一〉

3.2.3 音聲[5:單1〈1/一〉,雙4〈5/五〉]

【聲】聲音;聲響。〈1/一〉

【音聲】泛指聲音。〈1/一〉

【揚聲】高聲。〈2/二〉

【鼓音】鼓的聲音。〈1/一〉

【蕭蕭】象聲詞。〈1/一〉

3.2.4 氣味净污[17:單8〈17/十二〉,雙9〈10/九〉]

【氣₂】氣味。〈2/一〉

【息₂】氣息。〈1/一〉

【滋味】味道。〈1/一〉

【五味₁】酸甜苦辣鹹。〈1/一〉

【美₂】滋味甘美可口。〈4/二〉

【香美】味道好。〈1/一〉

【苦₁】五味之一。〈1/一〉

【潔清】清潔。〈1/一〉

【淑淑】清净。〈1/一〉

【清₁】水明澈。〈3/二〉

【清₂】潔净;純潔。〈2/二〉

【清₅】清静。〈1/一〉

【清明】清澈明朗。〈1/一〉

【清微₁】清和。〈1/一〉

【清净₂】清潔純净。〈1/一〉

【清虛】清净虛無。〈2/一〉

【穢】污濁;骯髒。〈3/二〉

3.2.5 觸感[3:單1〈1/一〉,雙2〈3/三〉]

【焦枯(燋枯)】乾枯。〈2/二〉

【寒暑】冷和熱。〈1/一〉

【寒】冷。〈1/一〉

3.2.6 盛衰整缺 [25:單 16〈39/二十四〉,雙 9〈15/十二〉]

【大一】極大而囊括一切。〈1/一〉

【弊】衰落。〈1/一〉

【強弱】強大與弱小。〈4/二〉

【世衰】世代衰微。〈1/一〉

【昌】興盛;昌盛。〈1/一〉

【苦₃】困擾;困辱。〈5/一〉

【隆】盛;興盛。〈1/一〉

【困】窘迫;處在困境。〈2/一〉

【茂】昌盛;豐碩。〈1/一〉

【極₃】疲困。〈1/一〉

【王₃】旺盛;興旺。〈1/一〉

【綿綿】微細;微弱。〈2/一〉

【張₂】壯大;盛大。〈1/一〉

【微₃】微弱。〈1/一〉

【熾盛】興旺;繁盛。〈1/一〉

【單】竭盡。〈1/一〉

【如雲】形容盛多。〈1/一〉

【盡₁】竭盡;完。〈12/六〉

【成₄】肥壯。〈1/一〉

【竭】乾涸。〈2/二〉

【倒錯】顛倒錯亂。〈2/二〉

【備₁】完備;齊備。〈7/三〉

【錯】錯亂;雜亂。〈1/一〉

【不備】不完備。〈1/一〉

【縱橫₁】雜亂貌。〈2/二〉

3.2.7 質地 [16:單 10〈15/十四〉,雙 5〈17/八〉,肆 1〈1/一〉]

【堅₁】牢固。〈3/二〉

【微妙】精微深奧。〈1/一〉

【堅固₁】結實;牢固。〈1/一〉

【窈窈冥冥】微妙精深貌。〈1/一〉

【安₄】安穩;穩固。〈1/一〉

【重₁】重要;緊要。〈2/二〉

【剛強₁】堅強。〈1/一〉

【專₁】純一。〈1/一〉

【金玉】比喻珍貴和美好。〈1/一〉

【雜】駁雜;不精純。〈1/一〉

【自然₁】天然;非人爲的。〈13/四〉

【濁₁】液體渾濁。〈1/一〉

【妙】精微;奧妙。〈2/二〉

【爛】腐爛;腐敗。〈1/一〉

【微₂】精深;奧妙。〈2/二〉

【空₂】白白地。〈1/一〉

3.3　類屬{68：單51雙16叁1}

3.3.1　等次位序[35：單30〈481/九十〉，雙4〈10/五〉，叁1〈2/一〉]

【第】用於數字前表次序。〈186/三〉

【甲乙₂】次第;等級。〈1/一〉

【上₂】等第高或品質良好。〈3/二〉

【下₂】等級低。〈13/七〉

【以下】表示位置、品第、級別、數量等在某一點之下。〈3/二〉

【初₁】起始;開端。〈3/二〉

【先₁】謂時間或次序在前。〈22/八〉

【前₁】正面的或位次在頭裏。〈7/五〉

【次₁】叙事時的後項。〈19/二〉

【然後】接着某種動作或情況。〈5/一〉

【末】終;最後。〈4/三〉

【支干】天干地支。〈1/一〉

【甲₂】天干第一位。〈19/三〉

【乙₁】天干第二位。〈8/二〉

【丙】天干第三位。〈8/二〉

【丁₁】天干第四位。〈9/三〉

【戊】天干第五位。〈8/二〉

【己₂】天干第六位。〈7/二〉

【庚】天干第七位。〈8/二〉

【辛】干支第八位。〈8/二〉

【壬】天干第九位。〈15/四〉

【癸】天干第十位。〈12/四〉

【十二辰】即十二地支。〈2/一〉

【子₅】地支第一位。〈15/三〉

【丑】地支第二位。〈8/二〉

【寅】地支第三位。〈9/二〉

【卯】地支第四位。〈8/二〉

【辰₂】地支第五位。〈17/四〉

【巳】地支第六位。〈12/四〉

【午】地支第七位。〈9/三〉

【未₁】地支第八位。〈8/二〉

【申₂】地支第九位。〈10/三〉

【酉】地支第十位。〈8/二〉

【戌】地支第十一位。〈10/二〉

【亥】地支的第十二位。〈8/三〉

3.3.2　比似類同差異[33：單21〈92/四十四〉，雙12〈18/十三〉]

【象】類似;好像。〈1/一〉

【如₂】像;如同。〈38/八〉

【若₁】如;像。〈4/三〉

【猶】如同;好比。〈3/二〉

【譬如】比如。〈4/二〉

【齊₂】相同;一樣。〈1/一〉

【等₁】同;與……相同。〈1/一〉

【同₁】相同;一樣。〈15/六〉

【無異】沒有差別。〈1/一〉

【及₂】比得上。〈2/一〉

【別₂】差別;不同。〈2/一〉

【差₁】差別;不同。〈1/一〉

【異₁】不相同。〈2/二〉

【不同₁】不相同;不一樣。〈1/一〉

【不然₁】不如此;不是這樣。〈2/一〉

【不一】不專一。〈1/一〉

【相反】事物的兩個方面互相對立或互相排斥。〈1/一〉

【奇異】奇特;特別。〈1/一〉

【不群】不平凡;高於同輩。〈1/一〉

【無過】沒有超過。〈2/一〉

【超₂】超越。〈1/一〉

【先₂】超越;居前。〈8/四〉

【逾】超過;勝過。〈1/一〉

【甚₃】超過;勝過。〈1/一〉

【過度₁】超越常度。〈1/一〉

【出₆】高出;超出。〈1/一〉

【過₃】超過;超越。〈4/四〉

【相₃】相差。〈1/一〉

【不如】比不上。〈2/一〉

【考校】考察比較。〈1/一〉

【類₁】種類。〈2/二〉

【例】等;類。〈2/一〉

【屬₂】種類。〈1/一〉

3.4 數量{99:單73 雙24 肆2}

3.4.1 表量單位[27:單27〈977/六十〉]

【紀₁】若干年數循環一次。〈1/一〉

【世₁】父子相承爲世。〈4/三〉

【年₁】時間單位。〈27/七〉

【年₄】歲。計算年齡。〈4/三〉

【歲₁】年;一年爲一歲。〈5/二〉

【歲₂】表示年齡的單位。〈11/二〉

【旬】記時單位,十天。〈6/一〉

【月₂】記時單位。〈19/三〉

【日₄】一個月內的某一天。〈82/三〉

【里₂】長度單位。〈3/二〉

【丈】長度單位。〈13/三〉

【尺】長度單位。〈14/三〉

【寸】長度單位。〈6/一〉

【分₅】長度單位。〈1/一〉

【畝】地積單位。〈1/一〉

【斛】容量單位。〈3/二〉

【斗₁】容量單位。〈1/一〉

【升】容量單位。〈1/一〉

【兩₂】重量單位。〈1/一〉

【雙】計量兩個一組的事物。〈2/二〉

【人₄】稱量人或鬼神。〈747/七〉

【名₁₀】量詞。計人。〈1/一〉

【衆₃】量詞。計人。〈15/二〉

【金₂】計算貨幣的單位。〈1/一〉

【重₅】量詞。層;道。〈5/三〉　　　　【過₆】量詞。遍;次。〈2/二〉

【帀】量詞。周;圈。〈1/一〉

3.4.2　定數[22:單 19〈3592/一百十六〉,雙 3〈3/三〉]

【半₁】二分之一。〈2/二〉　　　　　　【十】數詞。〈811/九〉

【一₁】數詞。〈693/九〉　　　　　　　【百₁】數詞。〈601/七〉

【二₁】數詞。〈630/九〉　　　　　　　【千₁】數詞。〈81/七〉

【兩₁】數詞。〈6/四〉　　　　　　　　【萬₁】數詞。〈89/七〉

【三₁】數詞。〈162/九〉　　　　　　　【億】數詞。〈3/二〉

【四】數詞。〈77/七〉　　　　　　　　【三三₁】三乘以三;九。〈1/一〉

【五】數詞。〈165/八〉　　　　　　　　【八八】八乘以八;六十四。〈1/一〉

【六】數詞。〈69/七〉　　　　　　　　【餘₂】表示整數後的尾數。〈5/三〉

【七】數詞。〈70/八〉　　　　　　　　【再】兩次;第二次。〈2/二〉

【八】數詞。〈53/七〉　　　　　　　　【重₃】兩個。〈1/一〉

【九】數詞。〈72/八〉　　　　　　　　【九重】九層。〈1/一〉

3.4.3　不定數和少量[15:單 7〈25/十七〉,雙 7〈9/八〉,肆 1〈1/一〉]

【數₁】數目;數量。〈3/三〉　　　　　【寡】少。〈2/一〉

【數₂】年數;歲數。〈2/一〉　　　　　【千無一人】形容人數極少。〈1/一〉

【數₃】表示不定的少數。〈7/四〉　　　【無幾】沒有多少;不多。〈1/一〉

【幾】若干;多少。〈6/三〉　　　　　　【一二】一兩個。表示少數。〈1/一〉

【多少】數量的大小。〈1/一〉　　　　　【三四】三個或四個左右。〈2/二〉

【若干】多少。用指不定量。〈1/一〉　　【三五₁】表示不多。〈2/一〉

【希】少;罕有。〈1/一〉　　　　　　　【五六】約舉之數。〈1/一〉

【少₁】數量小;不多。〈4/四〉

3.4.4　大量[21:單 10〈145/三十九〉,雙 10〈35/十六〉,肆 1〈2/二〉]

【多₁】數量大。〈19/六〉　　　　　　【衆₂】多。〈8/五〉

【群₂】衆;許多。〈4/三〉

【諸₁】衆;各個。〈64/七〉

【充斥】衆多。〈1/一〉

【足₂】足够;充足。〈2/二〉

【三₂】多次;再三。〈1/一〉

【三₃】表示多。〈3/二〉

【百₂】概數。言其多。〈5/四〉

【千₂】表示多。〈12/五〉

【萬₂】極言其多。〈27/四〉

【百倍】形容倍數極高。〈3/一〉

【百萬】形容數目極大。〈8/三〉

【千萬】形容數目極大。〈5/三〉

【千億】極言其多。〈3/一〉

【萬數】形容數目巨大。〈1/一〉

【萬億】形容數目巨大。〈1/一〉

【億萬】極言其多。〈8/二〉

【無量】極言其多。〈3/一〉

【不可勝數】極言其多。〈2/二〉

【萬端】形容極多而紛繁。〈2/二〉

3.4.5　頻次[14:單10〈45/二十一〉,雙4〈6/五〉]

【徑】直接;一直。〈1/一〉

【直₃】徑直;直接。〈1/一〉

【比至】及至;到。〈1/一〉

【乃至】以至;甚至。〈1/一〉

【及₃】來得及。〈2/二〉

【逮至】及至;等到。〈1/一〉

【不及】趕不上;來不及。〈3/二〉

【長₃】常常;經常。〈2/二〉

【常₁】經常;常常。〈17/五〉

【恒₁】經常;常常。〈9/三〉

【勤₄】次數多;經常。〈2/二〉

【屢】多次;常常。〈1/一〉

【數₄】屢次。〈3/二〉

【每】每次;常常。〈7/二〉

3.5　時間{131:單55 雙74 叁1 肆1}

3.5.1　久暫[28:單14〈89/三十九〉,雙13〈16/十四〉,肆1〈1/一〉]

【萬年】萬歲;長壽。〈2/一〉

【千歲】形容時間久長。〈1/一〉

【久₁】時間長。〈9/三〉

【久₂】耐久;持久。〈7/三〉

【永】永久;永遠。〈3/三〉

【長₂】長久。〈7/四〉

【尚₁】久;遠。〈1/一〉

【日久】時日長。〈1/一〉

【遠₂】漫長;時間久。〈1/一〉

【長久₁】時間很長;持久。〈1/一〉

【良久】很久。〈1/一〉

【不久】不能長久。〈1/一〉

【近₂】歷時短;距今不遠。〈2/一〉

【宿昔】比喻短時間之內。〈1/一〉

【立₅】立刻。〈13/四〉

【便】即;就。〈25/八〉

【須臾】片刻;短時間。〈2/一〉

【一日】短暫;一時。〈1/一〉

【一時】暫時;一會兒。〈2/二〉

【一₂】表示動作一次或短暫。〈6/四〉

【奄忽】疾速;倏忽。〈1/一〉

【忽忽】倏忽;急速貌。〈1/一〉

【忽然】突然。〈1/一〉

【卒₂】突然。〈1/一〉

【迅】迅速;快。〈1/一〉

【速】迅速;快。〈4/三〉

【急₃】疾速。〈9/二〉

【日行千里】形容速度極快。〈1/一〉

3.5.2　定指時間

3.5.2.1　時點時段(62：單 21〈120/五十〉,雙 40〈70/五十六〉,叁 1〈3/二〉)

【百歲】百年。指長時間。〈2/一〉

【百世】久遠的歲月。〈1/一〉

【世世】累世;代代。〈2/二〉

【世₂】世代;累代。〈1/一〉

【世₃】時代。〈10/四〉

【歲月】年月。泛指時間。〈1/一〉

【年歲】年月;時代。〈1/一〉

【時₁】時候;時間。〈29/七〉

【時₃】當時;那時。〈2/一〉

【時₅】時代;時世。〈1/一〉

【時₆】按時;有時。〈5/三〉

【時世】時代。〈1/一〉

【日₅】光陰;時間。〈1/一〉

【日₆】日子;日期。〈16/三〉

【日₇】泛指某一時間。〈5/二〉

【三代】三個朝代。〈3/三〉

【夏】朝代名。〈1/一〉

【商】朝代名。〈1/一〉

【周₂】朝代名。〈4/三〉

【季世】末代;衰敗時期。〈1/一〉

【末世】朝代的衰亡時期。〈3/二〉

【生時】活著的時候;生前。〈1/一〉

【終身】一生;終竟此身。〈1/一〉

【元年】帝王年號的第一年。〈5/二〉

【明年】次年;今年的下一年。〈1/一〉

【四時₁】四季。〈2/二〉

【甲乙₁】指春季。〈1/一〉

【正月】一年的第一個月。〈8/五〉

【孟春】春季的第一個月。〈1/一〉

【立春】二十四節氣之一。〈1/一〉

【歲終】年底。〈1/一〉

【月節】朔日;初一。〈3/一〉

【月朔】新月初生日;初一。〈1/一〉

【日₂】一晝夜。〈20/五〉

【十二時】一晝夜;一日。〈3/二〉

【四時₂】一日的朝晝夕夜。〈1/一〉

【晝夜】白日和黑夜。〈3/三〉

【晨暮】早晨和傍晚。〈1/一〉

【旦夕】早晨和傍晚。〈1/一〉

【朝夕】整天;時時。〈1/一〉

【朝暮】整天;時時。〈1/一〉

【平旦】清晨。〈2/一〉

【晨】天亮;日出時。〈1/一〉

【朝₁】早晨。〈2/二〉

【日中】正午。〈6/三〉

【黃昏】日落天色未黑時。〈1/一〉

【日夕】傍晚。〈1/一〉

【暮₁】日落時;傍晚。〈2/二〉

【暮₂】夜。〈2/一〉

【夜】從天黑到天亮的時間。〈3/二〉

【夜半】半夜。〈1/一〉

【元辰】良辰;吉辰。〈1/一〉

【何時】什麼時候。〈1/一〉

【此時】這時候。〈1/一〉

【從今】從現在起。〈1/一〉

【從此】從此時或此地起。〈1/一〉

【期】預定的時間。〈8/三〉

【以時₁】按一定的時間。〈1/一〉

【日₃】每天;一天一天地。〈4/四〉

【日日】每天。〈2/二〉

【月₃】每月。〈2/二〉

【日月₂】每天每月。〈2/二〉

3.5.2.2 始末(15:單9〈49/二十六〉,雙6〈22/十二〉)

【終始】事物演變的全過程。〈1/一〉

【新故】新與舊。〈3/二〉

【舊】原來;本來。〈1/一〉

【新】初次出現的。〈2/一〉

【前₂】較早的或過去的。〈6/四〉

【早】在一定時間以前。〈1/一〉

【已(以₇)】已經。〈13/六〉

【既₁】副詞。已經;即。〈9/四〉

【既₂】連詞。既然。〈1/一〉

【以來】從過去某時到現在。〈11/三〉

【至今】直到現在。〈2/二〉

【之後】在某個時間的後面。〈4/三〉

【後₁】時間較遲或較晚。〈15/七〉

【後₂】動作或事情完成之後。〈1/一〉

【終已】最終;最後。〈1/一〉

3.5.3 相對時間

3.5.3.1 過去(11:單5〈17/十〉,雙6〈7/六〉)

【上古】遠古。〈1/一〉

【下世】近世。〈1/一〉

【古】久遠;古老。〈2/一〉

【昔】從前;過去。〈6/三〉

【既往】以往;過去。〈1/一〉

【往日】昔日;從前。〈1/一〉

【昔日】往日;從前。〈1/一〉

【先日】日前;從前。〈2/一〉

【故$_4$】副詞。本;本來。〈2/一〉

【初$_4$】方才;剛剛。〈2/一〉

【始$_2$】才;剛。〈5/四〉

3.5.3.2 現在(8:單2〈38/十一〉,雙6〈39/十五〉)

【今日$_1$】本日;今天。〈27/四〉

【今日$_2$】目前;現在。〈4/三〉

【今時】現在;此時。〈2/二〉

【今世】現代;當代。〈4/四〉

【今】現在。〈35/八〉

【方$_3$】方才;正在。〈3/三〉

【當今】現在;目前。〈1/一〉

【於是$_1$】當時;其時。〈1/一〉

3.5.3.3 將來(7:單4〈30/十三〉,雙3〈10/六〉)

【後$_3$】後世。〈1/一〉

【後世】某一時代以後的時代。〈5/三〉

【一旦】有朝一日。〈4/二〉

【以後】比現在或某一時間晚。〈1/一〉

【將$_5$】副詞。就要;將要。〈5/四〉

【行$_9$】副詞。將;將要。〈1/一〉

【當$_3$】副詞。將;將要。〈23/七〉

3.6 範圍程度{173:單127 雙46}

3.6.1 空間[39:單23〈121/五十七〉,雙16〈32/二十二〉]

【去$_2$】距離;相距。〈4/三〉

【相去】相距;相差。〈3/二〉

【遙】距離遠。〈1/一〉

【遠$_1$】遙遠;距離長。〈7/二〉

【萬里】形容極遠的距離。〈6/一〉

【千里】路途遠或面積廣。〈8/五〉

【窈冥$_1$】深遠渺茫貌。〈1/一〉

【窈冥$_2$】遙空;極遠處。〈1/一〉

【冥₁】隱蔽;幽深。〈1/一〉

【窈】深遠;幽深。〈1/一〉

【長₁】兩端之間距離大。〈20/四〉

【深₁】從水面到水底距離大。〈1/一〉

【深₂】上下或外內間距離大。〈1/一〉

【深₃】上下、內外間的距離。〈2/一〉

【萬丈】形容很長很高或很深。〈1/一〉

【短】兩端距離小。〈2/二〉

【近₁】距離小。〈1/一〉

【廣₃】寬度。〈4/二〉

【弘】大;廣。〈2/一〉

【弘大】廣大;巨大。〈2/一〉

【蕩蕩】廣大博大貌。〈1/一〉

【湯湯】水流盛大貌。〈1/一〉

【浩浩】廣大無際貌。〈1/一〉

【高大】又高又大。〈1/一〉

【大小₁】大與小。〈1/一〉

【大₁】形體超過比較對象。〈11/三〉

【皇】大。〈1/一〉

【小】形體不及比較的對象。〈6/四〉

【微₁】小;細;少。〈3/二〉

【細微】細小。〈1/一〉

【無間₁】極微小處。〈2/二〉

【上下₁】高處和低處。〈1/一〉

【上₉】在物體的表面。〈9/四〉

【上₁₀】名詞後表處所範圍。〈19/六〉

【下₁】位置在低處。〈4/三〉

【前後】事物的前邊和後邊。〈1/一〉

【後₄】與前、上相對的方位。〈4/二〉

【間₂】中間;兩者的關係。〈14/八〉

【繞】圍繞;環繞。〈3/三〉

3.6.2　遍及[36:單24〈223/七十四〉,雙12〈39/二十六〉]

【莫不】無不;全都。〈4/四〉

【無不】沒有不;全是。〈11/五〉

【無₂】不論。〈1/一〉

【凡】所有;凡是。〈11/三〉

【畢₂】統統;全部。〈1/一〉

【盡₃】全部;整個。〈3/三〉

【悉】盡;全。〈9/四〉

【咸₁】皆;都。〈1/一〉

【並】普遍;全都。〈3/三〉

【都₂】表示總括。〈5/二〉

【兼】並;都。〈1/一〉

【各₂】皆。〈9/五〉

【共₁】皆;共同;一起。〈16/八〉

【皆₁】都;全。〈81/八〉

【皆₂】偕;一同。〈1/一〉

【具₃】盡;完全。〈4/三〉

【俱₁】偕同;在一起。〈4/三〉

【俱₂】全部;都。〈5/四〉

【同₂】共;共一個。〈2/二〉

【同₃】共同;一起。〈4/四〉

【相₁】交互;互相;共同。〈44/六〉

【共同】一同。〈1/一〉

【共相】互相。〈2/二〉

【又₂】表幾種情況性質并存。〈3/二〉

【周₁】遍;遍及。〈2/二〉

【一₄】一旦;一經;一概。〈10/四〉

【壹】皆;一概;一律。〈1/一〉

【一切₁】一概;一律。〈2/二〉

【多₂】多數;大都。〈2/二〉

【備具】齊備。〈1/一〉

【無極₁】無窮盡;無邊際。〈4/三〉

【無期】無窮盡。〈1/一〉

【無窮】無盡;無限。〈8/三〉

【無外】無窮;無所不包。〈2/二〉

【無涯】無窮盡;無邊際。〈2/一〉

【無方】沒有方向處所的限制。〈1/一〉

3.6.3　接續[48:單38〈579/一百三十三〉,雙10〈18/十三〉]

【稍稍】漸次;逐漸。〈1/一〉

【復₂】又;更;再。〈45/六〉

【又₁】表示重複或繼續。〈34/六〉

【又₃】表示意思上更進一層。〈1/一〉

【更₂】再;更加;反而。〈9/五〉

【反覆】重複;再三。〈1/一〉

【遂₂】於是;就。〈4/三〉

【即₂】便;就。〈27/九〉

【然₂】然後;才。表承接。〈1/一〉

【亦】也;也是;又。〈32/七〉

【則₄】表前後兩事時間很近。〈2/一〉

【重₄】表示動作行爲重複。〈8/六〉

【因₃】就;於是。〈4/二〉

【猶₂】還;仍。〈1/一〉

【在₃】由於;取決於。〈5/一〉

【在於】取決於。〈1/一〉

【以致】表示由於上文所説的情況,引出了下文的結果。〈3/一〉

【及₅】和。〈28/六〉

【與₆(舉₆)】和。〈9/六〉

【於₁₀】與;和。〈1/一〉

【若₃】然後。〈1/一〉

【故₅】却;乃。〈1/一〉

【乃₃】於是。〈15/六〉

【而乃】表示承接。然後。〈1/一〉

【輒】承接連詞。則。〈4/二〉

【且₃】而且;並且。表遞進。〈1/一〉

【反₃】反而。〈6/二〉

【然₃】但是;然而。表轉折。〈4/二〉

【而】表示並列、轉折、承接等關係,或連接狀語於動詞。〈85/八〉

【不然₂】相當於"否則"。〈1/一〉

【以₆】表承接、轉折、因果、假設等關係。〈58/七〉

【用₃】同"以",連接狀語。〈1/一〉

【如₄】表示假設或承接關係。〈7/四〉

【其₆】如果;假如。〈1/一〉

【若₂】假如;如果。〈58/八〉

【爲₁₁】如果。〈1/一〉

【則₅】表承接或因果。〈31/五〉

【是₄】表示因果關係。〈2/一〉

【是故】因此;所以。〈1/一〉

【是以】因此;所以。〈2/二〉

【於是₂】因此。〈6/三〉

【故₆】所以;因此;則。〈64/十〉

【雖】表示讓步或假設關係。〈22/六〉

【雖然】即使如此。〈1/一〉

【且₂】姑且;暫且。〈2/一〉

【尚₂】且;尚且。〈1/一〉

【不₂】用在句末表示選擇問。〈2/一〉

【有₅】用於整數與零數之間。〈1/一〉

3.6.4　限制[20:單14〈110/三十一〉,雙6〈8/八〉]

【固₁】專固;專門。〈2/一〉

【各₁】各個;各自。〈43/八〉

【各自】各人自己。〈2/二〉

【身₃】親自。〈2/一〉

【親₂】親自;躬親。〈1/一〉

【但₁】只;僅。〈20/四〉

【唯(惟₁)】獨;只有。〈20/四〉

【獨₁】單獨;獨自。〈2/二〉

【獨₂】僅僅;唯獨。〈2/二〉

【唯有】只有。〈1/一〉

【直₂】特;但;只不過。〈1/一〉

【正₆】正好;恰好。〈1/一〉

【外₃】以外。〈1/一〉

【餘₁】其餘的;其他的。〈3/三〉

【無它₁】沒有別的。〈1/一〉

【無復₂】不再有;沒有。〈1/一〉

【一₃】另一。〈11/一〉

【不但】不只是。〈1/一〉

【非但】不僅;何況。〈2/二〉

【分₇】整體或全數中的部分。〈1/一〉

3.6.5　揣測強調否定[15:單15〈469/四十一〉]

【豈₁】難道。〈10/三〉

【豈₂】表示估計、推測。〈2/一〉

【曾】豈;難道。〈1/一〉

【其₅】豈;難道。〈1/一〉

【或₂】或許;也許;又。〈3/一〉

【則₃】加強肯定語氣。〈3/一〉

【誠₂】真正;確實。〈1/一〉

【未₂】不曾;尚未。〈14/六〉

【真₇】實在;的確。〈1/一〉

【未₃】不。〈6/三〉

【乃₁】就是;原來是;才。〈7/五〉

【無₃】表示否定;不。〈7/四〉

【乃₂】竟然。〈1/一〉

【莫₂】表勸戒。不要;不可。〈4/三〉

【不₁】表否定。〈408/九〉

3.6.6　程度〔14:單12〈30/二十四〉,雙2〈3/二〉〕

【極₁】達到頂點、最高限度。〈2/二〉

【甚₁】厲害;嚴重。〈2/二〉

【最】某種屬性超過同類。〈4/三〉

【甚₂】很;極。〈3/二〉

【至₃】極;最。〈3/二〉

【大₂】大小的程度。〈4/二〉

【無上】至高;無出其上。〈2/一〉

【大₃】表示程度深。〈2/二〉

【益₃】更加;逐漸。〈2/二〉

【中₅】中等。〈2/二〉

【侈】過分;超過限度。〈1/一〉

【淺薄】膚淺。〈1/一〉

【深₄】深重;嚴重。〈2/二〉

【少₃】稍;略。〈3/二〉

3.7　結構關係｛51:單50 雙1｝

3.7.1　介引〔25:單25〈416/八十八〉〕

【於₂】從;自。〈9/三〉

【爲₂】介詞。被。〈8/四〉

【於₃】在。〈45/九〉

【爲₁₀】猶於。在。〈1/一〉

【於₄(于₂)】到。〈6/三〉

【爲₁₃】給;替;爲了。〈80/七〉

【於₅】向。〈6/四〉

【與₄】同;跟。〈57/八〉

【於₆】對;對於。〈3/三〉

【與₅】於;在。〈1/一〉

【於₇】表示比較。〈3/二〉

【與₇】給。〈3/三〉

【於₈】被。表示被動。〈2/二〉

【以₃】根據;拿;把。〈89/八〉

【於₉】給。〈4/一〉

【以₄】在;於。〈12/四〉

【于₁】引進動作的對象。〈1/一〉

【及₄】跟;同。〈2/一〉

【乎₂】相當介詞"於"。〈1/一〉

【從₅】介紹動作行爲發生的處所、時間、對象等。〈20/五〉

【諸₂】相當於"於"。〈2/一〉

【由₂】由於;因爲。〈5/二〉

【自₃】由;從。〈13/五〉

【在₄】表示動作行爲的處所、時間、範

圍或事物存在的位置,或與事物的性
質、狀態有關的方面。〈40/九〉

【當₄】相當於"在"。〈3/二〉

3.7.2　助語[26:單25〈1357/九十八〉,雙1〈1/一〉]

【夫₂】用於句首,表發端。〈6/五〉

【則₆】用於句中無實義。〈1/一〉

【也】語氣詞。〈107/八〉

【矣】語氣詞。〈16/五〉

【耳₂】語氣詞。〈21/三〉

【爾₃】語氣詞。〈5/三〉

【而已】語氣詞。猶罷了。〈1/一〉

【焉₂】語氣詞。表停頓。〈6/三〉

【乎₁】語氣詞。〈17/五〉

【哉】語氣詞。〈6/二〉

【耶】語氣詞。表反詰。〈3/一〉

【邪₄】語氣詞。表反詰。〈1/一〉

【爲₁₂】在句末與"何""奚"等配合表
疑問或反詰。〈1/一〉

【歟(與₈)】表示疑問反詰語氣。〈4/
一〉

【者₁】用在謂詞後指代人或事物。

〈197/十〉

【者₂】用在數詞後指代上文所説的幾
種人或幾件事物。〈1/一〉

【者₃】用於名詞後,標明停頓並引出
下文,常表示判斷。〈17/三〉

【者₄】用在句末,表示疑問。〈3/三〉

【者₆】語氣詞。表提頓。〈205/三〉

【之₃】助詞。聯結定中。〈578/十〉

【之₄】助詞。聯結主謂。〈22/六〉

【之₅】調整音節或表示提頓。〈5/
三〉

【所₂】助詞。〈106/十〉

【見₃】用在動詞前面表被動。〈6/
三〉

【有₄】動詞詞頭。〈2/二〉

【等₂】表示列舉未盡。〈21/五〉

3.8　稱代指示{51:單36雙15}

3.8.1　人物指稱[23:單21〈873/九十六〉,雙2〈12/五〉]

【我₁】説話人自稱。〈17/八〉

【吾₁】説話人自稱。〈112/九〉

【爾₁】交談中稱對話人。〈1/一〉

【汝₁】交談中稱對話人。〈40/七〉

【子₄】尊稱對話人。〈77/五〉

【君₂】尊稱對話人。〈2/二〉

【之₂】稱交談之外的人。〈347／十〉

【自₁】自己；親自。〈58／八〉

【彼₁】稱交談之外的人。〈1／一〉

【人₂】別人；他人。〈89／八〉

【其₁】稱交談之外的人。〈21／七〉

【他人】別人。〈5／四〉

【其₂】交談之外的人領有。〈64／八〉

【彼₂】別人。〈2／一〉

【我₂】自己。〈4／三〉

【或₁】不確定的人或事物。〈5／二〉

【己₁】自身；自己。〈18／五〉

【莫₁】沒有誰；沒有什麼。〈4／三〉

【身₂】自身；自己。〈5／四〉

【甲₃】虛構或不明言的人。〈4／二〉

【己身】自己。〈7／一〉

【乙₂】虛構或不明言第二人。〈1／一〉

【躬】親自；親身。〈1／一〉

3.8.2　指示事物［13：單11〈120／三十五〉,雙2〈12／六〉］

【此₁】這；這個。〈73／九〉

【他₁】別的；另外的。〈9／四〉

【此₂】此時；此地。〈3／三〉

【他₂】指另外的人或事物。〈1／一〉

【是₂】此；這；這裏。〈8／四〉

【然₁】如此；這樣。〈5／二〉

【斯】此。〈3／二〉

【爾₂】這個；如此；這樣。〈5／二〉

【其₃】表近指或遠指。〈9／五〉

【如此】這樣。〈11／五〉

【其₄】其中的；當中的。〈1／一〉

【如是】像這樣。〈1／一〉

【焉₁】相當於"之""此"。〈3／二〉

3.8.3　疑問指代［15：單4〈28／十一〉,雙11〈29／十五〉］

【誰】不明確的人。〈12／六〉

【奈何₁】怎麼樣；怎麼辦。〈3／一〉

【何₁】什麼。〈9／二〉

【奈何₂】怎麼；爲何。〈2／二〉

【何₂】怎麼；哪裏。表反問。〈6／二〉

【如何】怎麼；爲什麼。〈1／一〉

【何所】什麼。〈4／一〉

【何不】爲什麼不。表反問。〈6／三〉

【安₆】怎麼；豈。〈1／一〉

【豈不】難道不是。〈3／一〉

【何以₁】用什麼；怎麼。〈2／一〉

【豈可】怎麼可以。表反詰。〈3／二〉

【何以₂】爲什麼。〈1／一〉

【何由】從什麼途徑。〈1／一〉

【何如】如何；怎麼樣。〈3／一〉

第二章 早期天師道文獻的兩漢詞彙舊質

　　兩漢的詞彙舊質包括先秦產生的舊詞在兩漢產生新義而沿用於魏晋,及兩漢產生的新詞沿用於魏晋兩類,以下分別用【 】和〚 〛標示二者。用加號連接的各統計數中,前一數字爲【 】中詞目的數量,後一數字爲〚 〛中的詞目數量,兩項相加爲各部分的總數,總數之後分別列出兩類詞彙成分的單音與複音詞的數量,並用〈 〉列出它們的使用率和分布率之和。一、二級標題後的統計數字只列出單音與複音詞的總數,不列分項統計數。

第一节　名物〔123 + 412 = 535:單 52 雙 474 叁 7 肆 2〕

1.1　人物神靈{46 + 126 = 172:單 18 雙 152 叁 2}

1.1.1　親緣關係

1.1.1.1　親屬(1 + 6 = 7:單 1 + 0〈1 + 0/一 + 0〉,雙 0 + 6〈0 + 9/0 + 六〉)

〚姑翁〛丈夫的父母。〈1/一〉　　　　　〚貴子〛日後顯貴的子嗣。〈3/一〉

〚母女〛母親與女兒。〈1/一〉　　　　　〚後代〛後裔;子孫。〈1/一〉

【壻】夫婿。〈1/一〉　　　　　　　　　〚末嗣〛後世子孫。〈2/一〉

〚兒女〛子女。〈1/一〉

1.1.1.2　家庭族類(2 + 8 = 10:雙 2 + 8〈3 + 12/二 + 九〉)

【人家₂】民家。〈2/一〉　　　　　　　【門户₂】家庭。〈1/一〉

〚民户〛民家。〈4/二〉　　　　　　　　〚家口〛家中人口。〈1/一〉

〖外家〗母親和妻子的娘家。〈1/一〉

〖種姓〗宗族。〈1/一〉

〖部落〗由血緣相近的宗族、氏族結合成的集體。〈1/一〉

〖胡兒〗胡人。〈2/一〉

〖羌胡〗西北部的少數民族。〈1/一〉

〖秦人〗秦朝的人。〈1/一〉

1.1.2　社會關係

1.1.2.1　主從等次($6 + 18 = 24$：單 $2 + 0\langle 2 + 0/二 + 0\rangle$，雙 $4 + 18\langle 23 + 43/八 + 二十二\rangle$)

【王$_2$】皇帝對臣屬的最高封爵。〈1/一〉

【上官】長官。〈1/一〉

【主者】主管人。〈17/四〉

〖強臣〗擅權的大臣。〈1/一〉

〖牧守〗州郡的長官。〈1/一〉

〖縣官$_1$〗縣的長官。〈1/一〉

〖司官〗主管官員。〈2/一〉

〖關令〗古代司關的官員。〈1/一〉

〖市長〗管理市場的官吏。〈1/一〉

〖功曹〗官名。〈6/二〉

〖掾屬〗佐治的官吏。〈1/一〉

〖掾吏〗佐治的官吏。〈1/一〉

〖考吏〗負責監察的官吏。〈6/一〉

〖從官〗君王的隨從、近臣。〈5/一〉

〖導從〗帝王、貴族、官僚出行時，前驅者稱導，後隨者稱從。〈1/一〉

【赤子$_2$】百姓；人民。〈3/二〉

〖孤貧〗孤苦貧寒的人。〈1/一〉

〖孤弱〗孤兒或孤苦無依的人。〈1/一〉

【豪傑】社會上有勢力的人。〈2/一〉

【豪強】地方上有權勢的人。〈3/二〉

【權強】倚仗權勢作惡的人。〈1/一〉

〖本主〗原主。〈2/一〉

〖奴婢〗喪失自由無償爲主人勞作的人。〈8/三〉

【僮】僮僕；奴僕。〈1/一〉

1.1.2.2　友伴敵對($1 + 4 = 5$：單 $0 + 2\langle 0 + 10/0 + 四\rangle$，雙 $1 + 2\langle 1 + 4/一 + 二\rangle$)

〖侶〗同伴；伴侶。〈1/一〉

【舊人】故人。〈1/一〉

〖輩〗同一類群的人。〈9/三〉

〖此輩〗這班；這班人。〈3/一〉

〖群輩〗朋輩。〈1/一〉

1.1.3 生理特點 [1 + 9 = 10：雙 1 + 9〈1 + 16／一 + 十一〉]

〖女人〗成年女子。〈6／二〉　　　　〖老壯〗老年和壯年。〈1／一〉

〖尊老〗年高的長輩。〈1／一〉　　　　〖童男〗男孩。〈1／一〉

〖師尊〗老師尊長。〈1／一〉　　　　　〖童女（僮女）〗幼女。〈3／二〉

〖白髮〗老年人。〈1／一〉　　　　　　〖病家〗病人和病人的家屬。〈1／一〉

〖老公〗老年男子。〈1／一〉　　　　　【亡人】已死的人。〈1／一〉

1.1.4 才質品性 [3 + 11 = 14：雙 3 + 10〈3 + 31／三 + 十三〉，叁 0 + 1〈0 + 1／0 + 一〉]

〖諸賢〗眾賢能的人。〈3／一〉　　　　〖剛強$_2$〗強暴的人。〈1／一〉

〖清賢〗清賢的人。〈2／二〉　　　　　〖道俗人〗出家人與俗之人。〈1／一〉

〖忠賢〗忠誠賢明的人。〈1／一〉　　　〖俗人〗未出家的俗人。〈9／三〉

〖後學〗後進的學者。〈11／一〉　　　 〖愚子〗愚人。〈1／一〉

【末學$_1$】淺薄的學者。〈1／一〉　　 〖佞邪〗奸邪之人。〈1／一〉

〖骨相〗具有成仙骨相的人。〈1／一〉　【邪偽$_2$】邪惡詐偽的人。〈1／一〉

〖柱梁〗擔負重任的人。〈1／一〉　　　〖惡民〗奸惡逆亂之人。〈1／一〉

1.1.5 行爲職業 [5 + 7 = 12：單 2 + 0〈32 + 0／九 + 0〉，雙 3 + 6〈32 + 31／九 + 十二〉，叁 0 + 1〈0 + 1／0 + 一〉]

〖帝王師〗帝王的老師。〈1／一〉　　　【學者】學道修行的人。〈6／二〉

〖本師〗祖師。〈1／一〉　　　　　　　〖營陣〗軍伍。〈1／一〉

【師$_2$】傳播道教的人。〈31／八〉　　 〖軍兵〗兵卒。〈1／一〉

【道人】傳播道教的人。〈10／一〉　　 〖吏兵〗官兵。〈16／五〉

【弟子】宗教信徒自稱。〈16／六〉　　 〖兵馬〗士兵和軍馬；軍隊。〈11／三〉

【生$_7$】弟子；學生。〈1／一〉　　　 〖奸盜〗奸人盜賊。〈1／一〉

1.1.6　人物統稱[2＋0＝2：雙2＋0〈9＋0/三＋0〉]

【人民₂】人類。〈2/二〉　　　　　【男女₂】百姓。〈7/一〉

1.1.7　神靈精氣

1.1.7.1　天帝神仙(7＋31＝38：單2＋1〈15＋2/四＋2〉,雙5＋30〈11＋122/七＋四十九〉)

【天皇₁】天帝。〈1/一〉

【玉皇】道教稱呼天帝。〈1/一〉

【八皇】八方天神。〈1/一〉

【四靈】掌四方的神。〈3/一〉

【君₃】神祇官號。〈11/三〉

【尊神】尊貴之神。〈1/一〉

【天官₂】仙官。〈4/三〉

【靈官₁】仙官。〈1/一〉

【真官】仙官。〈2/一〉

【真₃】仙人。〈4/一〉

【真君】道教對神仙的尊稱。〈2/一〉

【真神】真仙大神;神靈。〈2/二〉

【真仙】仙人。〈4/三〉

【仙₁】神仙。〈2/二〉

【仙人】神仙。〈5/三〉

【仙官】有尊位的神仙。〈10/三〉

【神仙】能力超凡長生不老的人。〈24/六〉

【神真】神靈。〈3/二〉

【神師】神官;仙官。〈1/一〉

【靈神】神靈。〈1/一〉

【百靈】各種神靈。〈2/一〉

【萬神】衆神。〈10/四〉

【衆仙】群仙;衆多仙人。〈1/一〉

【衆真】群仙。〈3/一〉

【北斗₂】北斗神。〈3/一〉

【太歲₂】太歲之神。〈1/一〉

【神將】神靈官將。〈1/一〉

【神兵】天兵。〈1/一〉

【天丁】天兵。〈1/一〉

【侍郎】中下層仙官。〈2/一〉

【侍女】侍奉仙君的仙女。〈1/一〉

【素女】傳説中古代神女。〈7/一〉

【地祇】地神。〈2/二〉

【土公】土地神。〈16/二〉

【邪神】邪惡的神。〈2/二〉

【凶神】凶惡的神。〈12/一〉

【身神】身中的神。〈1/一〉

【心神₂】主管内心思想的神。〈1/一〉

1.1.7.2　精靈鬼怪(7 + 14 = 21：雙 7 + 14〈11 + 36/十一 + 二十三〉)

【神鬼】神靈鬼怪。〈3/三〉

【魂神】魂靈。〈4/二〉

【鬼怪】鬼與妖怪。〈1/一〉

【精魅】妖精鬼怪。〈6/一〉

【精邪】妖邪精怪。〈2/二〉

【百鬼】各種鬼怪。〈9/五〉

【百怪】多種怪異。〈2/二〉

【衆邪】各種邪怪。〈2/二〉

【有物】鬼魅精怪。〈1/一〉

【魍魎】傳說中的山川精怪。〈2/二〉

【遊光】遊移不定的精怪。〈1/一〉

【老精】精怪。〈1/一〉

【群精】衆精怪。〈1/一〉

【五精₂】金木水火土五行精怪。〈1/一〉

【兵將】鬼兵鬼將。〈1/一〉

【三尸】人體內的三個精怪,於庚申日向天帝呈奏人的過惡。〈1/一〉

【三蟲】同"三尸"。〈1/一〉

【茻屍】遊蕩害人的鬼怪。〈2/一〉

【魔邪】妖孽。〈1/一〉

【惡鬼】行凶的鬼。〈3/二〉

【凶惡】邪鬼惡神。〈2/二〉

1.1.7.3　氣(4 + 8 = 12：雙 4 + 8〈8 + 24/四 + 十三〉)

【道氣】支配萬物的氣。〈11/四〉

【真氣₂】天地間純正之氣。〈1/一〉

【神炁₂】精神氣息。〈1/一〉

【微氣】精微的氣。〈2/二〉

【水炁】雲氣；水上的霧氣。〈5/一〉

【黃炁】黃色的雲氣。〈2/一〉

【青氣(青炁)】青色的雲氣。〈2/一〉

【清濁】清氣與濁氣。〈3/一〉

【火炁】物體燃燒發的熱氣。〈1/一〉

【害氣】邪氣；有害的氣。〈1/一〉

【祅氣】凶邪的氣。〈1/一〉

【瘴炁】南方山林濕熱致病的氣。〈2/二〉

1.1.8　人物姓氏[7 + 10 = 17：單 7 + 1〈8 + 1/七 + 一〉,雙 0 + 9〈0 + 12/0 + 十〉]

【天皇₂】傳說遠古三皇之首。〈1/一〉

【李君】太上老君的人間化身。〈1/一〉

【翁仲】傳說秦始皇兼天下有長人見於臨洮,仿其形鑄成金人。〈1/一〉

【韓終】秦時求仙方士。〈1/一〉

【張良】西漢開國將領。〈1/一〉

115

〖黃生〗西漢道家代表人物。〈1/一〉

〖漢安〗東漢安帝劉祜。〈2/一〉

〖干吉〗或作于吉,是文獻記載中傳授神書《太平經》的人。〈3/二〉

〖張角〗太平道創始人。〈1/一〉

〖角₅〗張角。〈1/一〉

【車₂】姓。〈2/一〉

【既₃】姓。〈1/一〉

【堅₂】姓。〈1/一〉

【角₄】姓。〈1/一〉

【精₃】姓。〈1/一〉

【夒】姓。〈1/一〉

【玄】姓。〈1/一〉

1.2　肢體壽命{5＋11＝16:單3雙13}

1.2.1　頭部五官[0＋1＝1:雙0＋1〈0＋2/0＋一〉]

〖眼目〗眼睛。〈2/一〉

1.2.2　肢體內臟[3＋9＝12:單1＋1〈1＋1/一＋一〉,雙2＋8〈5＋9/二＋八〉]

〖形身〗身體;形體。〈1/一〉

【人形₃】人的軀體。〈2/一〉

【上下₄】人體的上下身。〈3/一〉

〖身首〗軀幹和頭顱。〈1/一〉

〖死尸〗死人的遺體。〈1/一〉

〖半身〗全身的一半。〈1/一〉

〖皮〗皮膚。〈1/一〉

〖九孔〗七竅和尿道肛門。〈1/一〉

【五內】五臟。〈2/一〉

〖腹腸〗肚腸;肚子。〈1/一〉

【胎₂】孕育幼體的部位。〈1/一〉

〖丹田〗人體兩眉間爲上丹田,心下爲中丹田,臍下爲下丹田。〈1/一〉

1.2.3　壽命[2＋1＝3:單1＋0〈2＋0/一＋0〉,雙1＋1〈1＋5/一＋四〉]

【筭₂】壽命。〈2/一〉

【人命₂】人的壽命。〈1/一〉

【年命】壽命。〈5/四〉

1.3 動植諸物{18＋91＝109：單19 雙88 叁2}

1.3.1 萬物禽獸昆蟲［2＋17＝19：單0＋1〈0＋1/0＋一〉，雙2＋16〈5＋20/三＋二十〉］

〖含氣₂〗生物。〈1/一〉

【眾生】人以外的各種動物。〈2/一〉

〖萬獸〗各種野獸。〈1/一〉

〖毒獸〗惡獸；猛獸。〈1/一〉

〖蚖蛇〗土虺蛇。泛指毒蛇。〈1/一〉

【辟邪₂】傳說中的神獸。〈3/二〉

〖天鹿〗傳說中靈獸名。〈1/一〉

〖白虎〗四靈之一。〈3/三〉

〖驛馬〗驛站供應的馬。〈2/二〉

〖胡馬〗産於西北地區的馬。〈1/一〉

〖驢〗家畜名。〈1/一〉

〖狐貉〗狐與貉。〈1/一〉

〖老鼠〗鼠的通稱。〈1/一〉

〖眾禽〗諸鳥；普通的鳥。〈1/一〉

〖白鷺〗鷺的一種。〈1/一〉

〖毛衣〗禽鳥的羽毛。〈1/一〉

〖蟲蟻〗蟲豸。〈1/一〉

〖蟲毒〗有毒的蟲。〈1/一〉

〖飛蜂〗飛舞的蜂類。〈2/二〉

1.3.2 植物藥物飯食［0＋17＝17：單0＋3〈0＋3/0＋三〉，雙0＋14〈0＋15/0＋十四〉］

〖草花〗花和草。〈1/一〉

〖草穢〗叢生的雜草。〈1/一〉

〖花〗種子植物的繁殖器官。〈1/一〉

〖顆〗粒狀物。〈1/一〉

〖食物〗吃的東西。〈1/一〉

〖大蒜〗多年生宿根草本植物。〈1/一〉

〖蕉〗蕉麻。〈1/一〉

〖鳳腦〗一種服之成仙的植物。〈1/一〉

〖芝草〗靈芝。〈1/一〉

〖穀糧〗穀物；糧食。〈1/一〉

〖穀米(谷米)〗糧食。〈2/一〉

〖米穀〗糧食。〈1/一〉

〖五辛〗五種辛味的蔬菜。〈1/一〉

〖神藥〗神奇的藥。〈1/一〉

〖仙藥〗神仙所制的藥。〈1/一〉

〖流霞〗天上神仙的飲料。〈1/一〉

〖穀帛〗穀物與布帛；衣食。〈1/一〉

117

1.3.3 服裝織物[2＋12＝14：單0＋2〈0＋12/0＋二〉,雙2＋10〈2＋13/二＋十一〉]

〚白素〛白色的生絹。〈1/一〉

〚絲綿〛作衣絮被絮的蠶絲。〈3/二〉

〚綿絹〛泛指絲織品。〈1/一〉

〚錦綺〛有花紋的絲織品。〈1/一〉

〚雲錦〛雲紋圖案的絲織品。〈1/一〉

〚紋〛絲織品上織繡的花紋。〈1/一〉

【服飾】衣服和裝飾。〈1/一〉

〚天冠〛寶冠;帝王戴的冠冕。〈2/一〉

〚幘〛古代包扎髮髻的巾。〈11/二〉

〚手巾〛拭面或揩手用的巾。〈1/一〉

〚黃巾〛黃色的布巾。〈1/一〉

【單衣】禮服。〈1/一〉

〚綺衣〛文繒製作的衣服。〈1/一〉

〚毛裘〛獸皮製作的衣服。〈1/一〉

1.3.4 器物工具[3＋15＝18：單2＋2〈6＋2/二＋二〉,雙1＋13〈3＋13/一＋十三〉]

〚華蓋〛華貴的傘蓋。〈1/一〉

【案】几桌。〈5/一〉

〚柈〛盤子。〈1/一〉

〚釜竈〛鍋竈。〈1/一〉

〚刀圭〛中藥的量器名。〈1/一〉

〚印綬〛印信和系印信的絲帶。〈1/一〉

〚玉符〛玉制的信物。〈1/一〉

〚玉璽〛皇帝的玉印。〈1/一〉

〚紙〛紙張。〈1/一〉

〚大網〛極大的網。〈1/一〉

〚刀兵〛兵器。〈1/一〉

〚刀劍〛刀和劍。〈1/一〉

【桮】棍棒。〈1/一〉

〚鋒鋌〛銳器的刃口和尖端。〈1/一〉

〚鐵鎖〛鐵環勾連成的刑具。〈3/一〉

〚鋃鐺〛鐵鎖鏈。〈1/一〉

〚銅器〛銅質器物。〈1/一〉

〚銅人〛銅鑄的人像。〈1/一〉

1.3.5 文書典籍[8＋21＝29：單7＋1〈20＋1/十＋一〉,雙1＋18〈1＋32/一＋二十三〉,叄0＋2〈0＋2/0＋二〉]

〚寶經〛道教典籍經書。〈1/一〉

【神文】道教經文。〈1/一〉

〚經書〛道教典籍。〈1/一〉

〚靈書〛仙書。〈1/一〉

〖靈章〗道教的經典符籙。〈1／一〉

〖真經〗道教的經書。〈3／二〉

〖真文〗道教的經文符籙。〈5／一〉

【書₄】道教的經書符籙。〈1／一〉

【文₂】道教文書條文。〈10／三〉

〖本經〗據以進行傳解的經書。〈1／一〉

〖譜〗按照事物類別或系統編成的表册、書籍。〈1／一〉

〖録籍〗記載生死禍福的簿籍。〈1／一〉

〖生籍〗登録活人簿籍。〈1／一〉

〖死籍〗登録人死期的册籍。〈2／一〉

〖文書₂〗記録官職戒律的簿籍。〈7／四〉

〖文書₁〗公文;案牘。〈1／一〉

【表₃】用於陳請謝賀的奏章。〈1／一〉

【狀₃】向上級陳述的文書。〈1／一〉

【祝₂】祝文。〈1／一〉

〖書疏〗奏疏;信札。〈1／一〉

〖詞訟〗訴狀。〈1／一〉

〖明文〗明確的文字記載。〈1／一〉

〖七言〗七言詩。〈1／一〉

【卷】全書的一部分。〈5／二〉

【字₁】文字。〈1／一〉

〖朱書〗用朱墨書寫的文字。〈2／二〉

〖河雒〗河圖雒書的簡稱。〈1／一〉

〖五千文〗指《道德經》。〈1／一〉

〖太平經〗道教經典。〈1／一〉

1.3.6　財利金屬[3＋6＝9：單1＋0〈3＋0／二＋0〉，雙2＋6〈9＋8／三＋七〉]

〖財色〗資財與女色。〈1／一〉

〖錢物〗錢財貨物。〈3／二〉

【人物】別人的財物。〈8／二〉

〖見錢〗現錢。〈1／一〉

〖玉瑰〗華美的玉石。〈1／一〉

【黃金₁】銅。〈1／一〉

〖紫玉〗紫色寶玉。〈1／一〉

【户賦】家庭賦税。〈1／一〉

【信₃】酬謝或取信於人或神的禮品。〈3／二〉

1.3.7　廢棄物[0＋3＝3：雙0＋3〈0＋4／0＋三〉]

〖朽石〗無用之物。〈1／一〉

〖塵穢〗灰塵和污垢。〈1／一〉

〖月水〗月經。〈2／一〉

119

1.4 自然環境{29+83＝112：單7 雙102 叄1 肆2}

1.4.1 建築道路[7+21＝28：單2+0⟨2+0/二+0⟩，雙5+21⟨10+42/十+二十六⟩]

〖天庭〗天帝的宮廷。⟨2/二⟩

【中庭】庭院。⟨4/四⟩

〖紫庭〗天庭。⟨1/一⟩

〖籬落〗籬笆。⟨1/一⟩

〖上清₁〗三清境之一。⟨4/一⟩

〖宮堂〗宮殿。⟨1/一⟩

〖大極〗天宮仙界。⟨1/一⟩

〖玉闕〗華麗的宮闕。⟨3/二⟩

【玄宮】仙人居住的宮殿。⟨1/一⟩

〖瓊宮〗華麗的宮殿。⟨3/一⟩

〖居家₂〗住宅；民房。⟨1/一⟩

【營₃】營寨。⟨1/一⟩

〖居宅〗住宅。⟨3/二⟩

〖土城〗土築的城。⟨1/一⟩

〖舍宅〗住宅。⟨1/一⟩

〖天路〗天上的路。⟨1/一⟩

〖宅舍〗住宅；宅子。⟨11/二⟩

〖山道〗山路。⟨1/一⟩

【家居】家宅。⟨2/二⟩

【道中】路上。⟨2/二⟩

〖舍屋〗房屋。⟨1/一⟩

〖道上〗途中。⟨2/二⟩

〖室舍₁〗房屋；住所。⟨1/一⟩

【衝₁】交通要道。⟨1/一⟩

〖室宅〗房舍住宅。⟨1/一⟩

〖浮橋〗在並列的船、筏上鋪板造成的橋。⟨1/一⟩

【中室】室中。⟨1/一⟩

〖冥室〗黑暗無光之室。⟨1/一⟩

1.4.2 方位處所[6+5＝11：單1+0⟨4+0/三+0⟩，雙5+4⟨9+7/六+五⟩，肆0+1⟨0+1/0+一⟩]

〖十方〗東南西北四維上下。⟨4/二⟩

【邊】旁邊；附近。⟨4/三⟩

〖六方〗天地四方。⟨1/一⟩

〖上方〗前面。⟨1/一⟩

【東西】四方。⟨2/二⟩

〖目前₂〗跟前。⟨1/一⟩

〖四面八方〗周圍各處。⟨1/一⟩

【起居】居址；住地。⟨1/一⟩

【萬方】天下各處。⟨2/一⟩

【方外】邊遠地區。⟨1/一⟩

【中外】裏外。⟨3/一⟩

1.4.3 國土疆界地名[5+19=24:單0+1〈0+3/0+二〉,雙5+17〈9+21/七+十八〉,叁0+1〈0+1/0+一〉]

【天地₂】天下。〈1/一〉

【六合】天下。〈2/一〉

〚三界〛人神世界。〈1/一〉

〚下方〛下界;人間。〈1/一〉

【九土】九州。〈1/一〉

〚國土〛國家的領土。〈1/一〉

〚秦〛漢時西域諸國稱中國。〈3/二〉

〚齊土〛齊國管控的地區。〈1/一〉

【人間₁】民間。〈4/三〉

〚州郡〛州和郡的合稱。〈1/一〉

〚都市〛都城中的集市。〈2/一〉

〚市里〛街市里巷。〈1/一〉

〚軍營〛軍隊駐扎處。〈1/一〉

〚本鄉〛故鄉。〈1/一〉

〚西關〛關隘名。指函谷關。〈1/一〉

【南陽】行政區劃地名。〈1/一〉

【長安】行政區劃地名。〈1/一〉

【廣漢】行政區劃地名。〈1/一〉

【華陰】行政區劃地名。〈1/一〉

〚瑯琊〛行政區劃地名。〈4/二〉

〚臨邛縣〛行政區劃地名。〈1/一〉

〚日南〛行政區劃地名。〈1/一〉

〚蜀郡〛行政區劃地名。〈1/一〉

〚三河〛黃河中游水脉。〈1/一〉

1.4.4 地理氣象[2+14=16:單1+1〈1+1/一+一〉,雙1+12〈2+14/一+十二〉,肆0+1〈0+1/0+一〉]

〚靈嶽〛神靈依憑的山嶽。〈1/一〉

〚巉石〛高大的石塊。〈1/一〉

〚孔穴〛穴洞。〈1/一〉

〚野田〛田野。〈1/一〉

【源流】水的本源和支流。〈2/一〉

〚流₄〛江河的流水。〈1/一〉

〚長流〛長長的流水。〈2/一〉

〚細流〛小溪;小水流。〈2/一〉

〚温泉〛溫度高於氣溫的泉水。〈1/一〉

〚陂湖〛湖澤。〈1/一〉

〚波池〛池塘。〈1/一〉

〚氣候〛雲氣等變化。〈1/一〉

〚煙雲〛煙靄雲霧。〈1/一〉

〚紫雲〛紫色雲。〈1/一〉

〚冬雷夏霜〛冬天打雷,夏季降霜。爲災異之象。〈1/一〉

〚晴〛晴朗。〈1/一〉

1.4.5 天文 [8 + 23 = 31：單 1 + 0〈4 + 0/二 + 0〉，雙 7 + 23〈21 + 52/十二 + 三十〉]

〖溟涬〗天地未成前混沌樣子。〈1/一〉

〖混沌〗傳說中世界開闢前元氣未分、模糊一團的狀態。〈3/二〉

〖太易〗原始混沌的狀態。〈2/一〉

〖太素₁〗最原始的物質。〈4/一〉

〖二儀〗天地。〈1/一〉

【玄黄₂】天地。〈1/一〉

〖諸天〗天界；天空。〈3/二〉

〖八朗〗八方天空。〈1/一〉

〖九靈₁〗九天。〈3/一〉

〖雲間〗天上。〈1/一〉

〖三靈〗日、月、星。〈3/二〉

【日辰₁】日月星辰。〈1/一〉

【三五₂】三辰五星。〈7/四〉

〖星月〗星星和月亮。〈1/一〉

〖天日〗太陽。〈1/一〉

【朝陽】初升的太陽。〈1/一〉

〖星宿〗指列星。〈2/一〉

〖虛危〗二十八宿中斗牛女虛危室壁七宿，對應玄武的星宿。〈1/一〉

〖角亢〗角宿與亢宿的並稱。〈1/一〉

【七星】指北斗星。〈4/二〉

〖斗樞〗北斗。〈1/一〉

〖魁罡〗指斗魁与天罡二星。〈5/二〉

〖火星〗星名。即熒惑。〈1/一〉

〖三台〗星名。〈9/三〉

〖天關〗星名，北辰。〈1/一〉

〖彗孛〗彗星和孛星。舊謂彗孛出現是災禍或戰爭的預兆。〈2/一〉

〖運度〗日月星辰運行的躔度。〈1/一〉

【天門₂】西北間（乾）爲天門。〈5/二〉

〖地户〗地的門户，在東南。〈4/二〉

【鬼門】東北間（艮）爲鬼門。〈2/一〉

〖星〗星體異變隕落等現象。〈4/二〉

1.4.6 八卦五行 [1 + 1 = 2：雙 1 + 1〈1 + 1/一 + 一〉]

【太陰】純陰。〈1/一〉

〖火行〗火德。五行中屬火。〈1/一〉

1.5　智能意念｛9 + 29 = 38：雙 38｝

1.5.1　話語音樂[0 + 7 = 7：雙 0 + 7〈0 + 8/0 + 八〉]

〖辭語〗文辭；言辭。〈1/一〉

〖靈訓〗神靈教誨告誡的話。〈1/一〉

〖祕言〗神秘的話語。〈2/二〉

〖邪言〗邪惡的言。〈1/一〉

〖醜聲〗惡聲；傷害人的話。〈1/一〉

〖惡語〗無禮、中傷的語言。〈1/一〉

〖伎樂〗音樂舞蹈。〈1/一〉

1.5.2　性情欲念[3 + 8 = 11：雙 3 + 8〈8 + 11/四 + 九〉]

〖執性〗秉性。〈1/一〉

〖素性〗本性。〈1/一〉

〖持心〗處事態度。〈2/二〉

【心腸】心地。〈3/二〉

【心腹$_2$】心地；內心。〈4/一〉

〖丹心〗赤誠的心。〈1/一〉

【本心】本意；原來的心願。〈1/一〉

〖憍氣〗驕傲的氣勢、態度。〈1/一〉

【利色】私利與情欲。〈1/一〉

【利欲】對私利的欲望。〈1/一〉

〖貪欲〗貪得無厭的欲望。〈3/一〉

1.5.3　聲望力量[0 + 3 = 3：雙 0 + 3〈0 + 5/0 + 四〉]

〖公名〗社會上的名聲。〈1/一〉

〖精思$_1$〗精力和思慮。〈1/一〉

〖心神$_1$〗心思精力。〈3/二〉

1.5.4　要旨緣由[1 + 5 = 6：雙 1 + 5〈1 + 13/一 + 八〉]

〖口訣〗口頭傳授的道法秘術。〈4/三〉

〖明訣〗聖明的道經訣語。〈1/一〉

〖真言〗要言秘語。〈1/一〉

〖真道〗真理。常指宗教教義。〈4/二〉

【大義】要義；要旨。〈1/一〉

〖道元〗世間萬物化生的根源。〈3/一〉

1.5.5 方法途徑[5+6=11∶雙5+6〈10+6/八+六〉]

〖妙法〗奧妙的法術、道法。〈1/一〉

【道法₁】道教的法術。〈4/四〉

〖真法〗道法。〈1/一〉

【太玄₁】玄而又玄;極玄。〈1/一〉

【方術】泛指天文、醫學、神仙術、房中術等。〈1/一〉

〖要法〗重要關鍵的方法。〈1/一〉

【神方₂】仙方;驗方。〈3/一〉

【邪道】旁門左道。〈1/一〉

【蠱道】蠱術。〈1/一〉

【大略】大的謀略。〈1/一〉

【權詐】權謀詐術。〈1/一〉

1.6 社會事物{16+72=88∶單5 雙81 叁2}

1.6.1 名稱機構職銜[2+12=14∶單2+0〈3+0/二+0〉,雙0+12〈0+26/0+十七〉]

〖總名〗總的名稱。〈1/一〉

【名₈】名義。〈1/一〉

〖五姓〗術士按宮、商、角、徵、羽將姓氏分五類。〈1/一〉

〖別名〗正名以外的名字。〈1/一〉

〖生名〗天界记录的活人名字。〈2/二〉

〖所部〗管轄的部門。〈1/一〉

〖諸職〗各個職位、官職。〈4/一〉

〖郡府〗郡守的官署。〈1/一〉

【亭】鄉以下里以上的行政機構。〈2/一〉

〖亭傳(停傳)〗供旅客和傳遞公文的人歇宿的處所。〈2/二〉

〖官獄〗官府的牢獄。〈1/一〉

【天曹】天界的官署。〈9/四〉

【天獄】天上的監獄。〈1/一〉

【鑊湯】传说地狱酷刑之一。〈2/一〉

1.6.2 事務情實[2+12=14∶雙2+12〈2+22/二+十四〉]

〖世道〗社會道德風尚。〈1/一〉

〖俗事〗世俗的事。〈1/一〉

〖萬機〗日常的紛繁政務。〈1/一〉

【緩急】危急的事。〈1/一〉

〖陰私〗隱秘不可告人的事。〈2/二〉

〖禁忌₁〗忌諱;避忌的事物。〈9/二〉

〖光怪〗神奇怪異的現象。〈2/一〉

〖嫌疑〗被懷疑有某種可能性。〈1/一〉

〖穢累〗俗事牽累。〈1/一〉

〖便宜〗機會。〈1/一〉　　　　　〖爲行〗行爲。〈1/一〉

〖行狀〗履歷;事蹟。〈1/一〉　　　〖外行〗行爲表現。〈1/一〉

〖蹤迹〗行蹤。〈1/一〉

1.6.3　功業福德[1+9=10:雙1+9〈1+10/一+十〉]

〖大効〗巨大的效果;功效。〈1/一〉　〖禄命〗禄食命運。〈1/一〉

【成功】成就的功業。〈1/一〉　　　〖世利〗世間的利禄。〈1/一〉

〖功過〗功績與過錯。〈2/二〉　　　〖恩福〗恩情福澤。〈1/一〉

〖百行₁〗各種品行。〈1/一〉　　　〖天恩〗上天的恩賜。〈1/一〉

〖後善〗後來的善行。〈1/一〉　　　〖聖恩〗帝王的恩寵。〈1/一〉

1.6.4　過失罪行[1+4=5:雙1+4〈2+5/二+四〉]

【長短₃】短處;錯誤之處。〈2/二〉　〖災責〗罪責。〈1/一〉

〖違失₁〗處事失當;過失。〈1/一〉　〖罪名〗罪行。〈2/一〉

〖惡行〗罪惡的品行。〈1/一〉

1.6.5　吉凶災異[5+21=26:單1+0〈8+0/三+0〉,雙4+19〈13+33/五+二十五〉,叁0+2〈0+3/0+二〉]

【善₁】符合道教教義的事物。〈8/三〉　〖凶邪〗邪惡。〈1/一〉

〖福報〗福德報應。〈1/一〉　　　　〖凶殃〗災禍。〈2/二〉

〖福德〗福分和德行。〈1/一〉　　　〖厄難〗禍難。〈2/二〉

〖福利〗幸福和利益。〈1/一〉　　　〖横禍〗意外的災禍。〈1/一〉

〖福慶〗幸福。〈1/一〉　　　　　　〖禍變〗災禍變故。〈2/一〉

【無它₂(無他)】無恙;無害。〈9/一〉　〖刑害〗災害;禍害。〈3/一〉

【災害₂】禍害;損害。〈2/二〉　　　〖咎殃〗災禍。〈2/二〉

【妨害】因命相、時辰、方位等凶象而　〖災厄〗災禍;苦難。〈3/三〉

對人造成的災厄。〈1/一〉　　　　〖災怪〗災殃變怪。〈2/一〉

〖凶禍〗災禍。〈1/一〉　　　　　　〖災疾〗災害。〈1/一〉

　　　　　　　　　　　　　　　　〖災異〗自然災害或異常現象。〈1/

125

一〉

〈2/一〉

〖三災〗水、火、刀兵。〈3/二〉

〖百六〗參"陽九"。〈3/一〉

〖陽九〗道家稱天厄爲陽九,地虧爲
百六。三千三百年爲小陽九、小百
六。九千九百年爲大陽九、大百六。

〖大陽九〗參"陽九"。〈2/一〉

〖大百六〗參"陽九"。〈1/一〉

【死事】引起死亡的事。〈1/一〉

1.6.6　天命典制［5＋14＝19:單1＋1〈5＋3/三＋二〉,雙4＋13
〈23＋20/六＋十四〉］

〖命運〗天命運數。〈1/一〉

〖科〗法式;規制。〈3/二〉

〖大運₁〗天命;上天的旨意。〈1/一〉

〖道戒〗道教戒律。〈1/一〉

【天時】天命。〈1/一〉

【法常】法度;綱常。〈1/一〉

【運₃】世運;國運。〈5/三〉

【禁忌₂】禁令戒條。〈4/二〉

〖運會〗時運際會;時勢。〈1/一〉

【天禁】上天的禁忌。〈2/一〉

〖玄符〗上天顯示的瑞徵。〈1/一〉

〖舊事〗以前的典章制度。〈3/一〉

〖報應〗古人認爲自然界的變化是對
人事治亂的反應或預示。〈2/一〉

〖舊儀〗原來的規章科儀。〈1/一〉

【官事】官司。〈18/二〉

【三五₃】三正五行。天、地、人各懷五
行,故曰三五。〈2/一〉

【文墨】刑律判狀。〈2/二〉

〖鞭杖〗古代刑罰之一。〈1/一〉

〖六紀〗六種倫常關係。〈1/一〉

第二節　行爲［214＋486＝700:單140雙543叁3肆13陸1］

2.1　有生行爲｛13＋55＝68:單10雙54叁3肆1｝

2.1.1　生命過程

2.1.1.1　婚戀生育(4＋12＝16:單1＋0〈1＋0/一＋0〉,雙3＋10〈4＋14/
三＋十二〉,叁0＋2〈0＋2/0＋二〉)

〖妻娶〗娶妻;婚配。〈1/一〉

〖房室〗房事;性生活。〈1/一〉

【交接】交配;性交。〈2/一〉

〖産乳〗分娩。〈1/一〉

【相接】男女交媾。〈1/一〉

〖産生〗生育;分娩。〈2/二〉

〖合陰陽〗男女交媾。〈1/一〉

〖成生〗養育;生成。〈2/二〉

〖交陰陽〗交媾。〈1/一〉

【成₂】養育。〈1/一〉

〖淫通〗男女私通;通姦。〈2/一〉

〖養育₁〗供給生長所需。〈1/一〉

〖增息〗繁衍。〈2/一〉

【奉己】奉養自己。〈1/一〉

〖懷姙〗懷孕。〈1/一〉

〖熟成〗成熟。〈1/一〉

2.1.1.2　生存衰亡(1 + 18 = 19:雙 1 + 17〈1 + 25/一 + 二十一〉,肆 0 + 1〈0 + 1/0 + 一〉)

【生活₂】使活命。〈1/一〉

〖喪命〗死亡;非正常死亡。〈1/一〉

〖保命〗保養年命。〈3/二〉

〖命終〗生命終止。指死亡。〈1/一〉

〖久生〗長生不老。〈1/一〉

〖壽終〗自然死亡。〈2/二〉

〖久活〗長壽。〈1/一〉

〖寄死〗死在所依附的人家中。〈1/一〉

〖命長〗壽命長久。〈1/一〉

〖增年〗加壽;延長壽命。〈2/一〉

〖客死〗死於他鄉異國。〈3/二〉

〖得壽〗延年益壽。〈1/一〉

〖市死〗在鬧市處死。〈1/一〉

〖還年不老〗永葆青春。〈1/一〉

〖賊死〗殺害致死。〈1/一〉

〖死沒〗死亡。〈1/一〉

〖斬死〗斬首或腰斬而死。〈1/一〉

〖沒命〗喪身;死亡。〈2/二〉

〖橫夭〗意外地早死。〈2/一〉

2.1.2　疾病治療

2.1.2.1　疾病生理(6 + 20 = 26:單 4 + 2〈9 + 2/五 + 2〉,雙 2 + 17〈2 + 27/二 + 二十〉,叄 0 + 1〈0 + 1/0 + 一〉)

〖萬病〗各種疾病。〈1/一〉

〖時病〗時疫;流行病。〈1/一〉

〖雜病〗中醫指内科多種疾病。〈1/一〉

〖疫氣〗疫病。〈1/一〉

【注₃】傳染性的慢性病。〈5/二〉

〖痾〗疾病。〈1/一〉

〖注病〗傳染疾病。〈1/一〉

〖病痛〗疾病。〈3/一〉

〖作病〗發生疾病;致病。〈2/二〉

【得₆】患；生(病)。〈2/一〉

〖惡瘡〗惡性的瘡癤。〈2/二〉

〖吐逆〗謂嘔吐而氣逆。〈1/一〉

【不隨】四肢不靈活。〈1/一〉

〖黃疸病〗皮膚、黏膜和眼球的鞏膜呈現黃色的病症。〈1/一〉

〖風痺〗因風寒濕侵襲而引起的肢節疼痛或麻木的病症。〈2/一〉

【鼠₂】鼠病；淋巴腺結核病。〈1/一〉

〖痿黃〗痿痺發黃。〈1/一〉

【渴₂】病名。消渴病。〈1/一〉

〖狂易〗狂亂；精神失常。〈4/一〉

【赤白】經血帶赤色、白色。〈1/一〉

〖痛處〗感到疼痛的地方。〈1/一〉

〖火逆〗一種病症。〈1/一〉

〖疼痛〗痛。〈2/一〉

〖癖〗中醫指兩脅間的積塊。〈1/一〉

〖篤病〗病勢沉重。〈2/二〉

〖瘡癰〗腫瘍；潰瘍。〈1/一〉

2.1.2.2　醫治康復(2 + 5 = 7：單 2 + 1〈2 + 44/二 + 三〉,雙 0 + 4〈0 + 7/0 + 五〉)

〖醫治〗治療。〈3/二〉

〖差₂〗病癒。〈44/三〉

〖療治〗醫治；治療。〈1/一〉

〖差愈〗病癒。〈2/一〉

【復₁】恢復；康復。〈1/一〉

〖除愈〗痊癒。〈1/一〉

【還₂】恢復；還復。〈1/一〉

2.2　五官肢體行爲{60 + 121 = 181：單 36 雙 141 肆 3 陸 1}

2.2.1　口部行爲

2.2.1.1　食飲享用(0 + 4 = 4：單 0 + 1〈0 + 3/0 + 二〉,雙 0 + 3〈0 + 3/0 + 三〉)

〖噉〗食；吃。〈3/二〉

〖獨食〗飲食不與他人分享。〈1/一〉

〖噉食〗食；吞食。〈1/一〉

〖吐出〗東西從口中吐出來。〈1/一〉

2.2.1.2　呼喚使令(0 + 2 = 2：單 0 + 2〈0 + 3/0 + 二〉)

〖喚₁〗呼叫。〈1/一〉

〖喚₂〗召請；招之使來。〈2/一〉

2.2.1.3　言論告白(8 + 15 = 23：單 5 + 0〈12 + 0/八 + 0〉,雙 3 + 15〈6 + 16/四 + 十五〉)

〖語默〗說話或沉默。〈1/一〉

【語₄】說話。〈3/二〉

〖口言〗説話。〈1/一〉

【是非】褒貶;評論。〈1/一〉

【發₅】表達;説出。〈1/一〉

【輕重】褒貶。〈3/一〉

〖上奏〗向君主進言;上書。〈1/一〉

〖變鬭〗言語争辯;争論。〈2/一〉

〖啓告〗啓奏;告知。〈1/一〉

〖狂語〗張狂;狂亂的言語。〈1/一〉

【白₂】稟報。〈5/三〉

【妄言】胡説;隨便説説。〈2/二〉

【言₅】呈報。〈2/一〉

〖妄語〗撒謊;胡説。〈1/一〉

〖陳説〗陳述叙説。〈1/一〉

〖告誓〗起誓;宣誓。〈1/一〉

〖具白〗詳細説明。〈1/一〉

【責₃】詰問。〈1/一〉

〖條列〗分條列舉。〈1/一〉

〖應答〗對答。〈1/一〉

〖條狀〗列舉情狀。〈1/一〉

〖狂歌〗縱情歌詠。〈1/一〉

〖口語〗言論或議論。〈1/一〉

　　2.2.1.4　歎譽罵詈(3 + 7 = 10:單 1 + 1〈1 + 1/一 + 一〉,雙 2 + 6〈36 + 17/六 + 九〉)

〖感歎〗有所感觸而歎息。〈1/一〉

【毀傷₂】詆毀中傷。〈2/一〉

〖呼嗟〗呼號哀歎。〈2/一〉

〖訾毀〗非議詆毀。〈2/二〉

【伐₃】批評;抨撃。〈1/一〉

【口舌】言語引起糾紛。〈34/五〉

〖咒₁〗詛咒。〈1/一〉

【中傷₂】誣衊别人使受損害。〈1/一〉

〖咒詛〗咒駡。〈10/三〉

〖謗訕〗譏謗譏刺。〈1/一〉

　　2.2.1.5　宣教誦讀(5 + 7 = 12:單 3 + 1〈24 + 1/九 + 一〉,雙 2 + 6〈2 + 15/二 + 八〉)

【教₁】傳授知識技能。〈20/六〉

〖勸戒〗勉勵告戒。〈1/一〉

【諭】教導;教誨。〈1/一〉

〖善戒〗勸善告誡。〈1/一〉

【敕】古時自上告下之詞。〈3/二〉

〖相聞〗互通信息。〈1/一〉

〖教勑〗教誡。〈1/一〉

〖妖惑〗以妖言煽惑。〈3/三〉

〖教命〗上對下的告諭。〈1/一〉

〖囑〗叮囑。〈1/一〉

〖教戒〗教導和訓戒。〈8/一〉

〖誦詠〗誦讀吟詠。〈1/一〉

129

2.2.2　首目耳鼻行爲(4 + 7 = 11 : 單 2 + 0〈2 + 0／二 + 0〉,雙 2 + 6〈3 + 7／二 + 六〉,陸 0 + 1〈0 + 1／0 + 一〉)

【含笑】面帶笑容。〈1／一〉

【觀視】觀看;觀察。〈1／一〉

【啼吟】呻吟哭泣。〈1／一〉

【闚看】暗中察看。〈1／一〉

【百聞不如一見】聽說多次不及看到一次。〈1／一〉

【歷觀】逐一地看。〈2／一〉

【自見】自然可見。〈2／一〉

【張目】瞪大眼睛。憤怒貌。〈1／一〉

【塞耳】有意不聽。〈1／一〉

【看】觀察。〈1／一〉

【息₁】呼吸。〈1／一〉

2.2.3　肢體行爲

2.2.3.1　手部行爲(7 + 7 = 14 : 單 7 + 0〈9 + 0／九 + 0〉,雙 0 + 7〈0 + 8／0 + 八〉)

【擬₁】指向。〈1／一〉

【寫】書寫。〈2／二〉

【摘】用手指采下。〈1／一〉

【序】叙寫。〈1／一〉

【團】搓揉成球形。〈1／一〉

【造₄】編寫。〈1／一〉

【掩目】遮蔽眼睛阻止目光。〈1／一〉

【條₁】逐一登錄。〈2／二〉

【搏頰】打嘴巴。〈2／二〉

【記錄₁】載錄;記載。〈1／一〉

【披雲】撥開雲層。〈1／一〉

【疏記】分條記載。〈1／一〉

【彈射】用彈丸射擊。〈1／一〉

【撰集】編集。〈1／一〉

2.2.3.2　脚部和軀體行爲(3 + 7 = 10 : 單 0 + 1〈0 + 2／0 + 二〉,雙 3 + 5〈3 + 17／三 + 八〉,肆 0 + 1〈0 + 1／0 + 一〉)

【踏(蹋)】踩;踐踏。〈2／二〉

【叩頭】伏身跪拜以頭叩地。〈7／六〉

【住立】站立;停立。〈1／一〉

【開張】張開;舒展。〈1／一〉

【禹步】道士作法的步法。〈7／一〉

【轉向】轉身改變朝向。〈1／一〉

【俯仰】行動舉止。〈1／一〉

【乘龍】騎龍。〈1／一〉

【坐列】坐在店鋪内。〈1／一〉

【虎步龍驤】舉動威武貌。〈1／一〉

2.2.4　軀體位移

2.2.4.1　離去(1 + 5 = 6：雙 1 + 5〈3 + 7／一 + 六〉)

〖去離〗離開。〈1／一〉　　　　　〖迴避〗躲開。〈1／一〉

【別離】分離；使分離。〈3／一〉　　〖流移〗流亡遷移。〈1／一〉

〖遠離〗遠遠地離開。〈3／二〉　　　〖藏竄〗藏匿逃竄。〈1／一〉

2.2.4.2　前往(3 + 0 = 3：單 3 + 0〈4 + 0／四 + 0〉)

【向$_2$】去；前往。〈2／二〉　　　　【趨】趨向。〈1／一〉

【奔】投向。〈1／一〉

2.2.4.3　來歸(0 + 2 = 2：雙 0 + 2〈0 + 2／0 + 二〉)

〖來還〗歸來；回來。〈1／一〉　　　〖迴轉〗迴旋；旋轉。〈1／一〉

2.2.4.4　上下(3 + 1 = 4：單 1 + 0〈2 + 0／二 + 0〉,雙 2 + 1〈5 + 1／三 + 一〉)

【昇$_1$】登上。〈2／二〉　　　　　　【上天】升天；登天。〈4／二〉

【上昇】登上；升上。〈1／一〉　　　【昇天】升於天界。〈1／一〉

2.2.4.5　經歷(2 + 0 = 2：單 2 + 0〈3 + 0／二 + 0〉)

【度$_2$】過江湖。〈2／一〉　　　　　【掃】掠過。〈1／一〉

2.2.4.6　移動(0 + 6 = 6：雙 0 + 5〈0 + 10／0 + 七〉,肆 0 + 1〈0 + 1／0 + 一〉)

〖行來〗往來；出入。〈2／一〉　　　〖乘雲駕龍〗在空中運行。〈1／一〉

〖往還$_1$〗往返；來回。〈1／一〉　　〖飛行〗人或禽類在空中運動。〈4／

〖前却〗進退。〈1／一〉　　　　　　二〉

〖按行(案行)〗巡行。〈2／二〉

2.2.5　生活行爲

2.2.5.1　起居(1 + 8 = 9：單 1 + 0〈2 + 0／二 + 0〉,雙 0 + 8〈0 + 11／九〉)

【住$_2$】居住。〈2／二〉　　　　　　〖舉動〗舉止；行動。〈2／一〉

〖行客〗行旅；客居。〈1／一〉　　　〖止宿〗住宿。〈1／一〉

〖居家$_1$〗閒居在家。〈1／一〉　　　〖朝起〗早起。〈1／一〉

【卧起】寢卧起身;日常生活。〈1/　　　【卧息】睡覺;休息。〈3/二〉
一〉

　　　　　　　　　　　　　　　　　　【夢寐】睡夢。〈1/一〉

　　2.2.5.2　衣飾衛生(2＋3＝5:單1＋0〈2＋0/一＋0〉,雙1＋3〈1＋5/一＋
三〉)

【著₅】穿;戴。〈2/一〉　　　　　　　　【盥洗】洗手洗面。〈1/一〉

【蔽形】遮掩身體。〈1/一〉　　　　　　【洗濯】洗滌。〈1/一〉

【披髮】精神失常外貌不整。〈3/一〉

　　2.2.5.3　遊戲(1＋3＝4:雙1＋3〈2＋3/二＋三〉)

【遊戲】遨遊;遊逛。〈2/二〉　　　　　　【遊逸】遊樂。〈1/一〉

【遊宴】遊樂。〈1/一〉　　　　　　　　【射獵】打獵。〈1/一〉

　　2.2.5.4　修養信仰(17＋37＝54:單3＋1〈12＋1/八＋一〉,雙14＋35〈27
＋61/十七＋四十二〉,肆0＋1〈0＋3/0＋二〉)

【開心】開通思想;啓發智慧。〈3/　　　【執意】堅持自己的意見。〈1/一〉
二〉

　　　　　　　　　　　　　　　　　　【守一】專一精思以通神。〈2/一〉

【啓悟】啓發使覺悟。〈1/一〉　　　　　【精進】專一思想,深入不止。〈7/

【好道】喜好歸心大道。〈1/一〉　　　　一〉

【受道】信奉稟受大道。〈2/二〉　　　　【清身】清身潔已。〈2/二〉

【通道】信奉大道。〈2/一〉　　　　　　【慕₂】仿效。〈1/一〉

【樂道】喜歡修道。〈1/一〉　　　　　　【正心】使人心歸向於正。〈2/二〉

【學道】學習道行。〈2/二〉　　　　　　【修善】以善自勉;行善。〈7/二〉

【修₂】修行;行善積德。〈7/五〉　　　　【善積】累積善行。〈1/一〉

【行道₂】修道。〈3/二〉　　　　　　　【積行】累積善行。〈1/一〉

【思道】存思大道。〈4/一〉　　　　　　【建德】建立功業德行。〈1/一〉

【順道】順從大道、道義。〈1/一〉　　　【順俗】順隨時俗。〈1/一〉

【守道】守護遵行大道法則。〈4/一〉　　【改往修來】改邪歸正。〈3/二〉

【遵教】遵守教導。〈1/一〉　　　　　　【改心】轉變思想、態度。〈1/一〉

【自守₂】自堅其操守。〈1/一〉　　　　　【齋】誦經拜懺禱祀求福。〈4/二〉

【執守】持守;堅持。〈1/一〉　　　　　【清齋】祭祀典禮前潔身靜心。〈2/

132

一〉

〖含氣₁〗含藏元氣。〈1/一〉

〖還精〗保持元氣的修煉之術。〈1/
一〉

〖斷穀〗神仙家導引之術。〈1/一〉

〖服氣〗道家養生延年之術。〈1/一〉

〖服食〗服用丹藥。〈1/一〉

〖輕身〗使身體輕健而能輕舉。〈1/
一〉

〖通神〗本領極大、才能非凡。〈1/
一〉

〖仙₂〗成仙。〈1/一〉

〖昇仙〗得道成仙。〈3/一〉

〖飛仙〗飛升成仙。〈1/一〉

〖度身〗濟度自身,脫離生死。〈2/

一〉

【登天】成仙。〈1/一〉

〖升度〗昇僊;度化。〈2/一〉

〖屍解〗道徒遺其形骸仙去。〈3/二〉

〖祠祀〗祭祀。〈1/一〉

〖血祀〗殺牲取血祭祀。〈1/一〉

〖上章〗道士上表求神。〈1/一〉

〖祈請〗向神禱告請求。〈1/一〉

〖請福〗祈求天神降福。〈2/二〉

〖卜問〗占卜以問事。〈1/一〉

〖卜相〗占卜看相以斷吉凶。〈1/一〉

【占事】占卜。〈1/一〉

〖道俗〗出家和世俗。〈3/二〉

【無神】不存在神明。〈2/一〉

2.3　心理感受{15＋45＝60:單8雙49肆3}

2.3.1　適意安寧[1＋12＝13:雙1＋10〈1＋14/一＋十三〉,肆0＋2〈0＋2/0＋二〉]

〖喜慶〗歡喜慶幸。〈1/一〉

〖喜悅〗愉快;高興。〈2/二〉

〖如意〗符合心意。〈3/二〉

〖如願〗符合願望。〈1/一〉

〖相宜〗合適。〈2/二〉

〖得宜〗得其所宜;適當。〈1/一〉

【自得】自己感到舒適滿意。〈1/一〉

〖各有所在〗都有適當的位置。〈1/

一〉

〖安神〗心神安定。〈1/一〉

〖安心定意〗靜心;集中思想。〈1/
一〉

〖交泰〗天地之氣和祥通泰。〈1/一〉

〖平定〗平息。〈1/一〉

〖蕭清〗社會安定,法紀嚴明。〈1/
一〉

133

2.3.2 悔愧悲苦[4 + 9 = 13:單 3 + 0〈3 + 0/三 + 0〉,雙 1 + 9〈1 + 11/一 + 十〉]

【恨₂】遺憾。〈1/一〉

〖慮〗憂慮;擔心。〈1/一〉

〖憂怖〗憂愁害怕。〈1/一〉

〖憂念〗憂慮。〈1/一〉

〖悲淚〗悲泣。〈1/一〉

〖可傷〗可悲;可憐。〈2/二〉

〖病苦〗疾苦;痛苦。〈2/一〉

〖可痛〗令人痛心。〈1/一〉

〖傷悼〗哀傷。〈1/一〉

【枉】冤屈。〈1/一〉

【恥辱】侮辱。〈1/一〉

〖惶怖〗恐懼。〈1/一〉

〖驚怛〗恐嚇;嚇唬。〈1/一〉

2.3.3 怨怒憎忌[0 + 5 = 5:雙 0 + 5〈0 + 16/0 + 五〉]

〖怨仇〗怨恨;仇恨。〈10/一〉

〖怨望〗怨恨;心懷不滿。〈3/一〉

〖離怨〗因怨恨產生背離之心。〈1/

一〉

〖怨枉〗冤枉。〈1/一〉

〖憤激〗憤怒激動。〈1/一〉

2.3.4 控制放縱[3 + 10 = 13:雙 3 + 9〈6 + 12/三 + 九〉,肆 0 + 1〈0 + 1/0 + 一〉]

【約束】限制;管束。〈1/一〉

〖傲慢〗驕傲怠慢。〈2/一〉

〖發舒〗放縱。〈1/一〉

〖盈溢〗放縱;無所顧忌。〈2/一〉

〖放情〗縱情。〈1/一〉

【不謹】行爲放蕩。〈4/一〉

【無狀】不像話;行爲不端。〈1/一〉

〖任心〗隨心所欲。〈1/一〉

〖任意〗隨心所欲。〈1/一〉

〖隨意〗任情適意;隨便。〈2/一〉

〖喜怒無常〗情緒變化無定。〈1/一〉

〖聽恣〗聽任;任憑。〈1/一〉

〖妄自〗私自;胡亂。〈1/一〉

2.3.5 欲求[3 + 6 = 9:單 2 + 0〈3 + 0/三 + 0〉,雙 1 + 6〈1 + 7/一 + 七〉]

【想】希望;想要。〈2/二〉

【幸₂】希望;期望。〈1/一〉

【求生】尋求長生。〈1/一〉

【僥倖】意外成功或免災。〈1/一〉

〖愛色〗喜愛女色。〈1/一〉

〖貪惜〗貪吝。〈2/二〉

〖苟貪〗貪求。〈1/一〉

〖規圖〗謀求。〈1/一〉

〖乞丐〗乞求;請求。〈1/一〉

2.3.6　能願[4＋3＝7:單2＋1〈8＋1/六＋一〉,雙2＋2〈5＋12/三＋七〉]

【可$_1$】應當;應該。〈1/一〉

〖要當〗自當;應當。〈4/三〉

〖自當〗自然應當。〈8/四〉

【須$_2$】需要。〈7/五〉

【不當】不該。〈1/一〉

【不足】不值得;不必。〈4/二〉

〖叵〗不可。〈1/一〉

2.4　人際行爲{61＋163＝224:單41 雙181 肆2}

2.4.1　慈愛尊奉親近[9＋13＝22:單7＋0〈11＋0/十＋0〉,雙2＋13〈2＋24/二＋十九〉]

【奇$_2$】賞識;看重。〈1/一〉

〖愛惜〗愛護珍惜。〈1/一〉

〖披懷〗誠心相待。〈1/一〉

【寬】寬大對待。〈1/一〉

【愍】憐憫;哀憐。〈1/一〉

〖憐愍〗哀憐;同情。〈1/一〉

〖省念〗關照;關懷。〈1/一〉

【和合$_1$】調和。〈1/一〉

〖吊問(弔問)〗弔祭死者,慰問家屬。〈2/二〉

〖恭慕〗恭敬仰慕。〈1/一〉

〖阿諛〗迎合諂媚。〈1/一〉

〖奉行〗遵照實行。〈8/四〉

〖尊奉〗尊崇敬仰。〈1/一〉

〖報效〗酬謝;回報。〈2/二〉

〖奉迎〗恭迎;接待。〈2/一〉

〖伏聽〗謂恭順地聽從。〈1/一〉

【垂$_2$】表示對方行爲的敬詞。〈2/二〉

【伏$_2$】表示自己行爲的敬詞。〈1/一〉

〖伏惟〗下對上的敬詞。〈2/二〉

【蒙】敬詞。承蒙。〈4/三〉

【忝】用作謙詞。〈1/一〉

【再拜$_2$】書信首末的敬詞。〈1/一〉

135

2.4.2 佑助保護[3 + 14 = 17：單 2 + 0〈13 + 0/六 + 0〉，雙 1 + 14〈5 + 36/三 + 十五〉]

〖休₂〗蔭庇。〈1/一〉

〖挾輔〗輔佐。〈1/一〉

〖翼贊〗輔佐。〈1/一〉

〖輔正〗輔佐匡正。〈1/一〉

〖扶將〗扶持。〈1/一〉

〖扶助〗扶持幫助。〈1/一〉

〖扶送〗護送。〈1/一〉

〖解釋〗解救。〈1/一〉

【護】救助；保護。〈12/五〉

〖救護〗救助保護。〈1/一〉

〖救命〗援救垂死者。〈1/一〉

〖備衛〗守衛；防衛。〈1/一〉

〖侍衛〗侍從護衛。〈14/二〉

〖衛護〗捍衛保護。〈1/一〉

【營衛】護衛。〈5/三〉

〖營護〗保護；救護。〈10/一〉

〖擁護〗保護。〈1/一〉

2.4.3 會聚追隨[7 + 14 = 21：單 6 + 0〈61 + 0/十 + 0〉，雙 1 + 14〈2 + 25/二 + 十六〉]

【請₃】召；延請。〈55/四〉

【謁】拜見。〈2/二〉

〖上謁〗通名進見尊長。〈1/一〉

〖謁見〗進見地位輩分高的人。〈1/一〉

〖謁請〗拜謁告求。〈9/一〉

〖上詣〗上告；造訪。〈1/一〉

【相將】相偕；相共。〈2/二〉

〖合會〗聚合；聚集。〈4/三〉

〖會合〗聚集。〈1/一〉

〖聚會〗聚集；會合。〈1/一〉

〖聚集〗會合；集中。〈1/一〉

〖結黨〗結成黨羽。〈1/一〉

【結₁】凝聚。〈1/一〉

【鬱】凝聚。〈1/一〉

〖凝成〗凝聚成爲。〈1/一〉

〖合成〗幾個部分合併成整體。〈1/一〉

〖合精〗精氣相通、交融。〈1/一〉

【預₁】參與。〈1/一〉

【厠₂】雜置；參與。〈1/一〉

〖屈節〗降低身分相從。〈1/一〉

〖侍從〗隨侍帝王或尊長左右。〈1/一〉

2.4.4　施受傳遞[5+10=15：單3+0〈3+0/三+0〉,雙2+10〈2 +13/二+十一〉]

【垂₁】施與;賜予。〈1/一〉　　　　【受罪】遭受折磨。〈1/一〉

【相付】傳授。〈1/一〉　　　　　　【遇禍】遭遇禍患。〈1/一〉

【口授】口頭傳授。〈1/一〉　　　　【遇災】遭遇災難。〈1/一〉

【承用】接受;采用。〈1/一〉　　　　【送還】歸還。〈1/一〉

【蒙恩】受恩惠。〈2/二〉　　　　　【過₂】傳遞。〈1/一〉

【沐浴₂】蒙受。〈1/一〉　　　　　 【送₃】輸送;遞送。〈1/一〉

【臨危】面臨危難。〈3/一〉　　　　【投書】投交書信。〈1/一〉

【受災】遭受災害。〈1/一〉

2.4.5　輕鄙背欺[0+17=17：雙0+16〈0+25/十九〉,肆0+1〈0 +1/0+一〉]

【輕忽】輕視忽略。〈1/一〉　　　　【違失₂】違背。〈1/一〉

【輕易】輕視簡慢。〈2/一〉　　　　【違犯】違背和觸犯。〈5/三〉

【輕慢】對人不尊重。〈4/二〉　　　【違背】違反;不遵守。〈1/一〉

【侮蔑】輕慢;輕蔑。〈1/一〉　　　 【反叛】背叛;叛變。〈1/一〉

【調戲】戲弄;嘲謔。〈2/一〉　　　【虛言無實】說假話。〈1/一〉

【可笑】好笑。〈1/一〉　　　　　　【稱詐】詐偽欺騙。〈1/一〉

【猜疑】懷疑;起疑心。〈1/一〉　　【欺殆】欺詐。〈1/一〉

【別居】各立門户。〈1/一〉　　　　【欺罔】欺騙蒙蔽。〈1/一〉

【違戾】違背。〈1/一〉

2.4.6　敵對衝突[7+21-28：單4+0〈4+0/四+0〉,雙3+21〈3 +28/三+二十五〉]

【爭進】攀比競進。〈1/一〉　　　　【觸犯】冒犯。〈1/一〉

【持₃】挾制。〈1/一〉　　　　　　 【變動】變亂;動亂。〈1/一〉

【侵₂】冒犯。〈1/一〉　　　　　　 【擾亂】騷擾;打亂。〈1/一〉

〖濁亂〗攪擾使之混亂。〈1/一〉

〖干亂〗干預擾亂。〈2/二〉

〖姦亂〗擾亂。〈1/一〉

〖生分〗乖戾。〈1/一〉

〖威懾〗以聲勢威力使人屈服。〈1/一〉

〖威制〗用威力或暴力壓服。〈2/一〉

〖爭勢〗爭奪權勢、勢力。〈1/一〉

【劫₁】搶奪;强取。〈1/一〉

〖洿辱〗污辱。〈1/一〉

〖淩人〗以勢壓人。〈1/一〉

〖厭固〗鎮服抑制。〈2/二〉

〖摧藏〗摧傷;挫傷。〈1/一〉

〖犯暴〗傷害;損害。〈1/一〉

〖傷損〗損傷。〈1/一〉

〖摧傷〗損傷;挫傷。〈1/一〉

〖賊病〗傷害;禍害。〈1/一〉

〖犯害〗侵害。〈2/一〉

〖耗病〗禍害。〈1/一〉

〖耗亂〗禍害;禍亂。〈2/二〉

【亂₃】危害;禍害。〈1/一〉

〖中傷₁〗受傷;受害。〈3/二〉

〖討伐〗征伐;征討。〈1/一〉

2.4.7　社會治理

2.4.7.1　任職管理(12＋23＝35:單8＋2〈12＋5/十＋四〉,雙4＋21〈7＋37/六＋二十六〉)

【部₁】總領;統率。〈2/一〉

【攝₁】統率;管轄。〈3/二〉

【養士】搜羅、供養賢才。〈1/一〉

〖推擇〗推舉選拔。〈1/一〉

〖署置〗部署設置;選用官吏。〈2/二〉

〖補〗選員補充官職缺位。〈4/三〉

【銜命】接受使命。〈2/二〉

【一出】出來任事。〈3/二〉

〖仕宦〗出仕;爲官。〈1/一〉

〖在事〗居官任事。〈1/一〉

〖高遷〗比喻人升官。〈1/一〉

【荷】承擔。〈1/一〉

【任₁】勝任。〈1/一〉

〖黜退〗貶黜。〈1/一〉

【退₂】罷黜。〈1/一〉

〖封邑〗帝王賜給臣下領地。〈1/一〉

〖制御〗統治;控制。〈4/三〉

〖把持〗控制。〈1/一〉

〖總領〗統領;統管。〈1/一〉

〖封掌〗掌管;統領。〈2/一〉

〖執伏〗統御制服。〈1/一〉

〖典治〗掌管治理。〈6/一〉

〖致理〗治理;管理。〈1/一〉

【不理】不治理。〈1/一〉

【預₂】干預;過問。〈1/一〉　　〖監臨〗監督。〈2/一〉

〖出教〗發布教令。〈2/二〉　　【責₂】責令;督促。〈1/一〉

〖宣化〗傳布君命,教化百姓。〈3/二〉　　【催】催促。〈1/一〉

〖勸進〗鼓勵促進。〈3/一〉　　【命₂】差遣;使令。〈2/二〉

〖興化〗振興教化。〈1/一〉　　〖驅使〗差遣;役使。〈1/一〉

　　　　　　　　　　　　　　　　〖僕役〗奴役。〈1/一〉

2.4.7.2　請求約定(1 + 3 = 4:單 1 + 0〈1 + 0/一 + 0〉,雙 0 + 3〈0 + 3/0 + 三〉)

〖請求〗以私事相求。〈1/一〉　　〖克期〗約定日期。〈1/一〉

【克】限定;約定。〈1/一〉　　〖誓盟〗立誓訂盟。〈1/一〉

2.4.7.3　依順(2 + 8 = 10:雙 2 + 8〈2 + 13/二 + 十一〉)

【沉浮₂】趨時隨俗。〈1/一〉　　〖從化〗歸化;歸順。〈1/一〉

〖相習〗沿襲。〈1/一〉　　【歸誠】歸順;投誠。〈1/一〉

〖來附〗依附;附着。〈2/二〉　　〖歸命〗歸順;投誠。〈1/一〉

〖趣向〗嚮往;趨附。〈2/一〉　　〖降伏〗降服;制伏。〈2/二〉

〖賓伏〗歸順;服從。〈3/二〉　　〖稱臣〗臣服。〈1/一〉

2.4.7.4　防禁(0 + 5 = 5:雙 0 + 5〈0 + 6/0 + 五〉)

〖預防〗事先防備。〈2/一〉　　〖相禁〗制約;約束。〈1/一〉

〖隄防〗管束;防備。〈1/一〉　　〖制止〗阻止。〈1/一〉

〖檢押〗矯正;約束。〈1/一〉

2.4.7.5　過惡懲貸(15 + 35 = 50:單 8 + 0〈31 + 0/十二 + 0〉,雙 7 + 34〈13 + 88/八 + 四十五〉,肆 1〈0 + 1/0 + 一〉)

【犯法】違反戒律。〈1/一〉　　〖惡逆〗奸惡逆亂。〈8/三〉

【縱橫₂】肆意橫行無所顧忌。〈4/二〉　　〖作害〗爲害。〈3/二〉

　　　　　　　　　　　　　　　　〖抄盜〗劫掠。〈1/一〉

【橫行】胡作非爲。〈1/一〉　　〖盜取〗竊取;掠奪。〈1/一〉

【作惡】爲非作歹。〈1/一〉　　〖劫盜〗從事搶劫活動。〈2/一〉

〖犯事〗做犯法的事。〈1/一〉　　〖劫掠〗搶劫;掠奪。〈8/一〉

〖監察〗監督察看。〈3/二〉

【榜】杖擊鞭打。〈2/一〉

〖司察〗督察。〈1/一〉

【考】拷打;懲罰。〈17/三〉

〖陰察〗暗中監察。〈1/一〉

〖考掠〗拷打。〈1/一〉

〖考察〗監察懲治。〈1/一〉

〖考煞〗拷問擊殺。〈2/一〉

【牽引】株連;連累。〈1/一〉

〖考治〗拷問。〈2/一〉

〖殃及〗連累。〈4/三〉

〖考問〗考查詢問。〈1/一〉

【送₂】送交官府查辦。〈2/二〉

〖推問〗審問。〈1/一〉

〖逐捕〗追捕。〈5/一〉

〖受辭〗聽取供詞。〈1/一〉

〖追捕〗追查搜捕。〈1/一〉

【結₃】判決;治罪。〈3/一〉

【録₄】拘捕。〈3/一〉

〖誅除〗誅滅。〈3/三〉

【囚繫】拘禁;拘押。〈4/一〉

〖誅斬〗誅殺;斬殺。〈1/一〉

〖攝録〗拘捕。〈1/一〉

〖被誅〗遭殺戮。〈1/一〉

〖收捕〗逮捕;拘捕。〈20/二〉

〖打殺〗打死。〈1/一〉

〖收考〗拘捕拷問。〈1/一〉

〖露尸〗尸體不加掩埋。〈1/一〉

〖收戮〗拘捕;殺戮。〈1/一〉

【首】首過;悔過。〈2/二〉

〖收攝〗收捕。〈4/二〉

〖棄市〗死刑。〈1/一〉

〖收治₁〗收捕懲治。〈3/二〉

〖首過〗自己承認交代過失。〈1/一〉

〖治罪〗依法給犯罪人懲處。〈1/一〉

【贖₂】救贖。〈1/一〉

〖禁錮〗監禁;關押。〈1/一〉

〖賞善罰惡〗獎賞善人善事,懲罰惡

【鉗】以鐵器鉗束頸項手足。〈1/一〉

人惡事。〈1/一〉

2.5　役物行爲{38＋62＝100:單26雙70肆4}

2.5.1　解知辨識

2.5.1.1　解知(2＋1＝3:雙2＋1〈3＋1/三＋一〉)

【自知₂】自然知曉。〈1/一〉

【不解】不懂;不理解。〈2/二〉

〖識音〗熟悉瞭解音律。〈1/一〉

2.5.1.2　稱名判定(2＋3＝5:單1＋0〈271＋0/一＋0〉,雙1＋3〈1＋4/一＋三〉)

【名₂】名字叫做。〈271/一〉

【自號】自稱。〈1/一〉

【核實】審核查實。〈1/一〉

【推論】推究;以……來衡量。〈2/一〉

【定立】樹立;確立。〈1/一〉

2.5.1.3　思考謀劃(2＋5＝7:單1＋0〈1＋0/一＋0〉,雙1＋4〈2＋6/一＋五〉,肆0＋1〈0＋1/0＋一〉)

【思念₁】考慮;思考。〈2/一〉

【精思₂】精心思考。〈2/二〉

【苦念】盡心思索。〈1/一〉

【治₄】攻讀;研究。〈1/一〉

【謀議】謀劃;計議。〈2/一〉

【迴心】改變心意。〈1/一〉

【迫不得已】不得不如此。〈1/一〉

2.5.1.4　專心憶念(4＋3＝7:單2＋0〈16＋0/五＋0〉,雙2＋3〈3＋3/三＋三〉)

【一心】專心;一心一意。〈2/二〉

【專₂】一意;完全。〈10/三〉

【精心】用心;專心。〈1/一〉

【專念】專心一志。〈1/一〉

【懷₁】心中存有。〈6/二〉

【思想】想念;懷念。〈1/一〉

【念念】深深思念。〈1/一〉

2.5.2　生產經營

2.5.2.1　勞作(7＋23＝30:單5＋2〈8＋2/五＋二〉,雙2＋20〈2＋32/二＋二十三〉,肆0＋1〈0＋1/0＋一〉)

【苦身】勞苦其軀體。〈1/一〉

【努力】勉力;盡力。〈1/一〉

【勤勤】勤苦;努力不倦。〈1/一〉

【無所不爲】什麼事都做。〈1/一〉

【施用】施行;實行。〈1/一〉

【整理】整頓;使有條理。〈1/一〉

【補治】修補整治。〈1/一〉

【驂駕】駕御。〈4/二〉

【移轉】轉移。〈1/一〉

【佃】耕作;開墾。〈1/一〉

【種作】耕作。〈1/一〉

【田種₁】耕種。〈3/一〉

【田蠶】種田養蠶。〈3/三〉

【種植】栽種培植。〈1/一〉

〚採取〛采集。〈1/一〉

〚漁捕〛捕撈。〈2/一〉

〚起土〛挖土;動工建設。〈1/一〉

〚起屋〛建造房屋。〈1/一〉

〚築治〛興建;修築治理。〈1/一〉

【蓋₂】建造。〈1/一〉

【起₅】興建;建造。〈1/一〉

【治₂】修建;修繕。〈2/一〉

〚造作〛制造;制作。〈1/一〉

〚架〛架設;構築。〈1/一〉

【銷】加熱使金屬變成液態。〈1/一〉

【封】封緘;裹扎。〈3/一〉

〚發掘〛把埋藏的東西挖出來。〈1/一〉

〚發喪〛辦理喪事。〈1/一〉

〚埋藏〛掩埋屍體。〈1/一〉

〚葬送〛掩埋死者、出殯等事。〈5/一〉

2.5.2.2　設立備辦(3＋2＝5:單2＋1〈11＋1/五＋一〉,雙1＋1〈1＋1/一＋一〉)

【開₃】設置;設立。〈3/二〉

【著₄】放置;安放。〈8/三〉

〚部署〛安排;布置。〈1/一〉

〚編〛收列;列入。〈1/一〉

【開門】開設講席。〈1/一〉

2.5.2.3　理財(0＋5＝5:雙0＋3〈0＋5/0＋五〉,肆0＋2〈0＋2/0＋二〉)

〚市買〛買;交易。〈1/一〉

〚販賣〛買進貨物加價賣出。〈3/三〉

〚傾城量金〛不惜重價。〈1/一〉

〚趣利〛追逐財利。〈1/一〉

〚因公行私〛借公家名義謀私利。〈1/一〉

2.5.3　尋求獲取致使(6＋7＝13:單4＋0〈6＋0/五＋0〉,雙2＋7〈3＋12/二＋八〉)

【向₄】追求;追逐。〈1/一〉

【馳騁】奔競;追逐。〈2/一〉

〚求乞〛請求;乞求。〈1/一〉

〚求請〛乞求;請求。〈6/二〉

〚考求〛考察尋求。〈1/一〉

〚募求〛募集尋求。〈1/一〉

【引₂】引用;徵引。〈1/一〉

【受₃】得到;得。〈2/一〉

【得當】獲得適當的機會。〈1/一〉

【致₄】造成;導致。〈2/二〉

【致來】招引;招致。〈1/一〉

【致使】導致;使得。〈1/一〉

〚令使〛使。〈1/一〉

2.5.4　占有留存(3 + 1 = 4：單 3 + 0〈15 + 0/八 + 0〉，雙 0 + 1〈0 + 1/0 + 一〉)

〖持₄〗携帶。〈12/五〉　　　　　〖齎持〗携帶；携持。〈1/一〉

〖齎〗携帶。〈1/一〉　　　　　　〖住₁〗停留；留。〈2/二〉

2.5.5　棄除亡失(9 + 12 = 21：單 5 + 0〈10 + 0/十 + 0〉，雙 4 + 12〈16 + 43/六 + 二十一〉)

〖棄背〗抛棄；離棄。〈1/一〉　　　〖消除〗除去；使不存在。〈6/二〉

〖復₃〗消除。〈1/一〉　　　　　　〖消滅₂〗除掉。〈13/二〉

〖脱₂〗解除。〈1/一〉　　　　　　〖清₄〗清洗。〈1/一〉

〖斷絶〗除去；削除。〈11/二〉　　〖掃除₂〗廓清；蕩滌。〈1/一〉

〖除去〗去掉。〈3/二〉　　　　　　〖厭〗以迷信的方法,鎮服或驅避可

〖除滅〗消滅。〈2/二〉　　　　　　能出現的災禍。〈3/三〉

〖解除〗去掉；消除。〈3/一〉　　　〖辟除〗袪除；禳除。〈1/一〉

〖解脱〗解除；解開。〈4/三〉　　　〖過₄〗度脱；度過。〈4/四〉

〖絶斷〗斷除；解除。〈2/一〉　　　〖度厄〗禳除厄難。〈2/一〉

〖滅除〗消除；使不存在。〈1/一〉　〖禳災〗禳除災禍。〈1/一〉

〖驅除〗排除；趕走。〈7/五〉　　　〖消災〗消除災禍。〈1/一〉

2.6　事物運行{27 + 40 = 67：單 19 雙 48}

2.6.1　現隱[2 + 7 = 9：單 2 + 2〈2 + 2/二 + 二〉，雙 0 + 5〈0 + 7/0 + 六〉]

〖發露〗揭露。〈1/一〉　　　　　　〖祕₁〗隱藏；保守秘密。〈1/一〉

〖没₄〗沉入；陷入。〈1/一〉　　　　〖祕₂〗神秘。〈1/一〉

〖消滅₁〗消失。〈3/二〉　　　　　〖幽微〗隱微。〈1/一〉

〖隱藏〗躲避；躲藏。〈1/一〉　　　〖淵玄〗深邃；深奧。〈1/一〉

〖蓋₁〗遮蓋；覆蓋。〈1/一〉

2.6.2　運行通塞難易［9 + 10 = 19：單 4 + 2〈4 + 2/四 + 二〉，雙 5 + 8〈8 + 8/六 + 八〉］

【天歷】自然的運行。〈1/一〉

【運周】迴環運轉。〈1/一〉

【傳行】流傳通行。〈1/一〉

【迴₂】旋轉。〈1/一〉

【垂至】即將來臨。〈1/一〉

【揚光】發出光輝。〈1/一〉

【映】照;照耀。〈1/一〉

【洞】洞達;通達。〈1/一〉

【洞達】暢通無阻。〈1/一〉

【和適】調和。〈1/一〉

【失度】失去常規。〈4/二〉

【失正】失去常規。〈1/一〉

【屈₂】壓抑;屈抑。〈1/一〉

【陷入】謂落在不利的境地。〈1/一〉

【劇】艱難。〈1/一〉

【礙】限止;阻擋。〈1/一〉

【杜塞】堵塞;屏絕。〈1/一〉

【鬱積】蓄積;積聚。〈1/一〉

【稽滯】拖延;延誤。〈1/一〉

2.6.3　散布［1 + 9 = 10：雙 1 + 9〈1 + 16/一 + 十一〉］

【施行₃】傳布。〈1/一〉

【布行】施行;布散。〈3/二〉

【列布】分布。〈2/一〉

【羅列】分布;排列。〈2/二〉

【成行】排成行列。〈1/一〉

【竟天】直至天邊;滿天。〈3/一〉

【盈路】遍布道路。〈1/一〉

【放毒】散布疾疫禍害。〈1/一〉

【行病】散布疾病。〈2/一〉

【行疫】散布疾病。〈1/一〉

2.6.4　增減變化［2 + 5 = 7：單 1 + 0〈1 + 0/一 + 0〉，雙 1 + 5〈1 + 5/一 + 五〉］

【廣₁】補充。〈1/一〉

【形變】改變原來的形態。〈1/一〉

【變改】改變。〈1/一〉

【改變】事物產生顯著的差別。〈1/一〉

【改易】改動;變更。〈1/一〉

【更改】改變;改動。〈1/一〉

【翻然】迅速轉變貌。〈1/一〉

2.6.5　起止成毀[9+5＝14：單5+0〈11+0/五+0〉,雙4+5〈4+7/四+七〉]

【起₆】開始。〈1/一〉　　　　　　　【没₅】毀壞;毀滅。〈2/一〉

【來₃】開始。〈1/一〉　　　　　　　【破碎】毀滅;破滅。〈1/一〉

【開闢】宇宙的開始。〈1/一〉　　　　【敗亂】敗壞。〈1/一〉

【了₁】完畢;結束。〈2/一〉　　　　　〖毀敗〗毀壞。〈2/二〉

〖窮已〗窮盡;終了。〈1/一〉　　　　〖破壞〗摧毀;毀壞。〈2/二〉

〖立成〗立刻完成。〈1/一〉　　　　　【薄】人心世道綱紀等衰微。〈5/一〉

【完全】保全。〈1/一〉　　　　　　　〖消盡〗用盡無餘。〈1/一〉

2.6.6　事物關係[4+4＝8：單3+0〈18+0/八+0〉,雙1+4〈1+26/一+十〉]

【嚮應】對外界變化迅速反應。〈1/一〉　〖相混〗互相混同。〈1/一〉

【相₂】一方對另一方施爲。〈13/五〉　〖包含〗包容含有。〈1/一〉

【轉₂】輾轉。〈2/一〉　　　　　　　〖囊括〗包羅。〈1/一〉

〖更相〗相繼;相互。〈23/七〉　　　　【出₉】出自;來源於。〈3/二〉

第三节　性狀及其他[111+156＝267：單58　雙203　肆6]

3.1　人物性狀{12+53＝65：單2　雙61　肆2}

3.1.1　外貌[2+4＝6：雙2+4〈2+4/二+四〉]

【形像】容貌。〈1/一〉　　　　　　　〖交好〗姣好;容貌美麗。〈1/一〉

〖真形〗本來的形象。〈1/一〉　　　　【廣長】體形高大。〈1/一〉

〖裸形〗裸體。〈1/一〉　　　　　　　〖嚴振〗莊敬貌。〈1/一〉

3.1.2 生理狀態[1＋2＝3：單1＋0〈1＋0/一＋0〉，雙0＋2〈0＋2/0＋二〉]

〖丁₂〗壯盛；强壯。〈1/一〉　　　　　〖輕便〗輕健；輕捷。〈1/一〉
〖肥健〗肥碩健壯。〈1/一〉

3.1.3 心境[2＋9＝11：雙2＋8〈2＋10/二＋十〉，肆0＋1〈0＋1/0＋一〉]

〖嚴切〗嚴峻；嚴厲。〈1/一〉　　　　　〖困頓〗艱難窘迫。〈1/一〉
〖堅固₂〗堅定。〈1/一〉　　　　　　　　〖急急〗急忙；抓緊。〈2/二〉
〖輕躁〗輕率浮躁。〈1/一〉　　　　　　　〖切急〗緊急。〈1/一〉
〖恍惚〗迷茫；心神不寧。〈1/一〉　　　　〖切切〗急迫。〈1/一〉
〖心迷意惑〗心意迷亂。〈1/一〉　　　　　〖冗散〗閑散；無固定職守。〈1/一〉
〖轗軻〗困頓；不得志。〈2/二〉

3.1.4 心智修養[5＋20＝25：雙5＋19〈8＋28/六＋二十三〉，肆0＋1〈0＋1/0＋一〉]

〖聖明〗清明；明智。〈1/一〉　　　　　　〖謙讓〗謙虛退讓。〈1/一〉
〖平正〗公平正直。〈1/一〉　　　　　　　〖精勤（精懃）〗專心勤勉。〈6/四〉
〖清公〗清平公正。〈1/一〉　　　　　　　〖精專〗精純專一。〈2/二〉
〖清潔〗清白；潔淨無塵。〈2/一〉　　　　〖勉自〗努力。〈2/一〉
〖清儉〗清廉儉樸。〈1/一〉　　　　　　　〖明正〗清明端正。〈1/一〉
〖清正〗廉潔公正；清白正直。〈3/一〉　　〖不明₁〗不賢明。〈1/一〉
　　　　　　　　　　　　　　　　　　　〖偏頗〗偏向一方；不公平。〈1/一〉
〖貞潔〗純正高潔。〈1/一〉　　　　　　　〖以曲爲直〗是非顛倒。〈1/一〉
〖貞孝〗志節堅貞，性行孝悌。〈1/一〉　　〖懈惰〗懈怠；懶惰。〈1/一〉
〖順下〗和順謙下。〈1/一〉　　　　　　　〖憒憒₂〗昏庸；糊塗。〈3/二〉
　　　　　　　　　　　　　　　　　　　〖闇塞〗愚昧蔽塞。〈1/一〉
〖謙卑〗謙虛；不自高自大。〈1/一〉　　　〖憧愚〗愚昧。〈1/一〉

〖頑愚〗頑劣愚鈍。〈1/一〉　　　　　〖愚淺〗愚昧淺陋。〈1/一〉

〖愚癡〗愚昧癡呆。〈1/一〉

3.1.5　真僞善惡[2+15=17：單1+0〈1+0/一+0〉,雙1+15〈1+22/一+十七〉]

【真₆】正。與副、邪相對。〈1/一〉　　　【不直】不正直。〈1/一〉

〖浮華〗講究表面；不務實際。〈1/一〉　　〖姦非〗邪惡不法。〈3/一〉

　　　　　　　　　　　　　　　　　　　〖傾邪〗爲人邪僻不正。〈1/一〉

〖浮薄〗輕薄；不樸實。〈1/一〉　　　　〖邪傾〗邪亂；邪惡不正。〈1/一〉

〖浮僞〗虛僞。〈1/一〉　　　　　　　　〖袄邪〗妖邪怪異。〈1/一〉

〖暴酷〗暴虐殘酷。〈1/一〉　　　　　　〖邪俗〗平庸凶邪。〈1/一〉

〖貪狠〗貪婪凶暴。〈1/一〉　　　　　　〖邪淫〗邪惡縱逸。〈2/一〉

〖陰賊〗陰狠殘忍。〈1/一〉　　　　　　〖輕淫〗行爲輕浮淫蕩。〈4/二〉

〖凶逆〗凶惡悖逆。〈2/二〉　　　　　　〖錯謬〗錯亂；錯誤。〈1/一〉

3.1.6　富貴貧賤[0+3=3：雙0+3〈0+3/0+三〉]

〖榮顯〗榮華顯貴。〈1/一〉　　　　　　〖薄命〗命運不好；福分差。〈1/一〉

〖獨貴〗非同一般的顯貴。〈1/一〉

3.2　物體性狀{19+37=56：單11 雙45}

3.2.1　外形[1+1=2：雙1+1〈1+2/一+一〉]

【正方】方正。〈1/一〉　　　　　　　　〖長短₁〗長度。〈2/一〉

3.2.2　色彩光澤[5+13=18：單3+0〈11+0/三+0〉,雙2+13〈2+13/二+十三〉]

〖毛色〗牲畜皮毛的顏色。〈1/一〉　　　【烏₂】黑色。〈4/一〉

〖正白〗純白。〈1/一〉　　　　　　　　【煌煌】顯耀；盛美。〈1/一〉

〖朱藍〗朱色和藍色。〈1/一〉　　　　　【靈光】神異的光輝。〈1/一〉

〖金光₁〗金黄色的光輝。〈1/一〉　　〖華光〗光華;美麗的光彩。〈1/一〉

〖斑斑〗色彩鮮明貌。〈1/一〉　　〖火光₁〗火的光芒。〈1/一〉

〖流景〗閃耀的光彩。〈1/一〉　　〖正明〗光明。〈1/一〉

〖奇彩〗絢麗的色彩。〈1/一〉　　【晏₁(宴)】晴朗。〈6/一〉

〖光景〗光輝;光亮。〈1/一〉　　〖清晏〗清净明朗。〈1/一〉

〖光炁〗光輝;光彩。〈1/一〉　　【瞑】昏暗。〈1/一〉

3.2.3　音聲[2+4=6:單1+0〈1+0/一+0〉,雙1+4〈2+4/一+四〉]

【響】泛指聲音。〈1/一〉　　〖喑噁〗發怒聲。〈1/一〉

〖瀺灂〗水流聲。〈1/一〉　　〖喑喑〗不成語言的發聲。〈1/一〉

〖清音〗清越的聲音。〈1/一〉　　〖凶凶〗喧擾貌;騷動不安。〈2/一〉

3.2.4　氣味净污[1+4=5:單1+1〈3+1/二+一〉,雙0+3〈0+5/0+四〉]

〖臭香₁〗氣味。〈1/一〉　　【濁₂】髒;不乾净。〈3/二〉

〖甜〗像糖或蜜的味道。〈1/一〉　　〖穢濁〗污濁;骯髒。〈2/二〉

〖甘香〗香甜。〈2/一〉

3.2.5　觸感[0+2=2:雙0+2〈0+2/0+二〉]

〖温暖〗暖和。〈1/一〉　　〖枯竭〗乾涸。〈1/一〉

3.2.6　盛衰整缺[8+9=17:單3+0〈3+0/三+0〉,雙5+9〈5+12/五+十一〉]

【虧盈】缺損與盈滿。〈1/一〉　　【踴躍】活躍;氣勢宏大。〈1/一〉

【浮沉₁】喻升降盛衰得失。〈1/一〉　　【滿₄】特指月圓。〈1/一〉

【蒙蒙】盛貌。〈1/一〉　　【飽滿】充足。〈1/一〉

【興隆】興旺隆盛。〈1/一〉　　【森然】衆多貌。〈1/一〉

【茂好】繁茂;豐碩。〈1/一〉　　【落驛】稀疏貌。〈1/一〉

〖狼藉〗縱橫散亂貌。〈2/二〉　　　〖擾攘〗混亂;騷亂。〈1/一〉

〖錯亂〗雜亂無序;失却常態。〈3/二〉　　〖虛空₁〗空虛。〈1/一〉

〖缺〗虧缺。〈1/一〉

〖混濁〗混亂。〈1/一〉　　　　　　　〖少₂〗缺少。〈1/一〉

　　3.2.7　質地[2+4=6:單2+0〈2+0/二+0〉,雙0+4〈0+4/0+四〉]

〖堅剛〗堅硬。〈1/一〉　　　　　　　〖急₂〗要緊;重要。〈1/一〉

〖裂〗破碎。〈1/一〉　　　　　　　　〖至要〗緊要;極其重要。〈1/一〉

〖重濁〗濃重渾濁。〈1/一〉　　　　　〖至真〗最爲真正。〈1/一〉

3.3　類屬{4+6=10:單1;雙9}

3.3.1　等次位序[1+4=5:雙1+4〈1+4/一+四〉]

〖長短₂〗高和下;優和劣。〈1/一〉　　申、庚戌。〈1/一〉

〖帝世〗帝王的世系。〈1/一〉　　　　〖六壬〗指壬子、壬寅、壬辰、壬午、壬

〖第一〗程度最深;最重要。〈1/一〉　　申、壬戌。〈1/一〉

〖六庚〗指庚子、庚寅、庚辰、庚午、庚

3.3.2　比似類同差異[3+2=5:單1+0〈1+0/一+0〉,雙2+2〈2+2/二+二〉]

〖部₃〗門類;類別。〈1/一〉　　　　　〖絕世〗冠絕當世。〈1/一〉

〖翕然〗一致貌。〈1/一〉　　　　　　〖非常〗不同尋常。〈1/一〉

〖絕殊〗特殊;突出。〈1/一〉

3.4　數量{8+9=17:單6雙10肆1}

3.4.1　表量單位[6+0=6:單6+0〈17+0/十+0〉]

〖盤〗量詞。〈1/一〉　　　　　　　　〖條₂〗計量文書中的分項。〈1/一〉

【種₂】量詞。表示類別。〈2/二〉 　　【通₉】量詞。同"遍"。〈6/二〉

【通₇】計量文章、書信。〈4/二〉 　　【下₄】量詞。表動作次數。〈3/二〉

3.4.2　定數[0 + 1 = 1：雙 0 + 1〈0 + 1/0 + 一〉]

〖三六〗指十八。〈1/一〉

3.4.3　不定數和少量[0 + 3 = 3：雙 0 + 2〈0 + 2/0 + 二〉，肆 0 + 1〈0 + 1/0 + 一〉]

〖少有〗罕見。〈1/一〉 　　　　〖兩三〗表不多的數量。〈1/一〉

〖萬無一人〗形容人數極少。〈1/一〉

3.4.4　大量[1 + 4 = 5：雙 1 + 4〈2 + 5/二 + 五〉]

【紛紛】衆多貌。〈2/二〉 　　　　【百端】多種多樣。〈2/二〉

〖萬千〗形容數量很多。〈1/一〉 　　〖填坑〗形容(死者)量多。〈1/一〉

〖萬萬〗指極大的數目。〈1/一〉

3.4.5　頻次[1 + 1 = 2：雙 1 + 1〈1 + 1/一 + 一〉]

【往往₁】常常。〈1/一〉 　　　　〖復重〗多次；反復。〈1/一〉

3.5　時間{25 + 29 = 54：單 12 雙 39 肆 3}

3.5.1　久暫[4 + 6 = 10：雙 4 + 6〈6 + 10/五 + 八〉]

〖千年〗時間久遠。〈3/一〉 　　　〖積日〗累日；連日。〈1/一〉

〖千載〗千年。形容歲月長久。〈1/一〉 　　〖漏刻〗頃刻。〈1/一〉

〖深遠〗時間久長。〈1/一〉 　　　〖應時〗隨時；即刻。〈2/二〉

〖來久〗長久；很久。〈2/二〉 　　　〖短促〗時間短暫。〈1/一〉

〖延長〗綿延久長。〈2/二〉 　　　〖以時₂〗及時；即時。〈2/一〉

3.5.2　定指時間

3.5.2.1　時點時段(15 + 15 = 30：單 7 + 0〈22 + 0/十四 + 0〉,雙 8 + 14〈14 + 23/十二 + 十五〉,肆 0 + 1〈0 + 1/0 + 一〉)

〖太始〗天地開闢萬物形成時。〈2/一〉

〖下古〗古代的後期。〈3/一〉

【漢】朝代名。〈1/一〉

〖赤漢〗漢朝。五行家認爲漢以火德王,火色赤,故稱。〈1/一〉

〖漢國〗即漢。〈2/一〉

〖漢世〗即漢。〈1/一〉

〖西漢〗朝代名。〈1/一〉

〖建安〗東漢末年獻帝年號,公元 196 年至公元 220 年。〈1/一〉

【年$_2$】年代。〈11/四〉

〖一生〗一輩子。〈1/一〉

【比年】近年。〈1/一〉

〖月建〗舊曆每月所建之辰。〈4/二〉

〖二十四氣〗二十四節氣。〈1/一〉

【八節】立春、立夏、立秋、立冬、春分、夏至、秋分、冬至。〈1/一〉

〖今月〗本月。〈1/一〉

〖中時〗午時。〈1/一〉

〖人定〗夜深人静時。〈2/一〉

〖晨夜$_1$〗清晨黑夜。〈1/一〉

〖晨夜$_2$〗整天。〈2/一〉

【比】副詞。近日;近來。〈1/一〉

【白日$_2$】白晝;白天。〈3/二〉

【已去】以後;之後。〈2/二〉

【自後】從此以後。〈1/一〉

【斷$_5$】時限。〈1/一〉

【中$_2$】一個時期内或其中間。〈6/五〉

【中$_8$】中途。〈1/一〉

【隨時$_2$】任何時候。〈4/三〉

【會$_2$】時機。〈1/一〉

【際會】機遇。〈1/一〉

【及時】把握時機;抓緊時間。〈1/一〉

3.5.2.2　始末(0 + 2 = 2：肆 0 + 2〈0 + 2/0 + 二〉)

〖從古以來〗從古至今。〈1/一〉

〖從古至今〗一直以來。〈1/一〉

3.5.3　相對時間

3.5.3.1　過去(3 + 4 = 7：單 2 + 1〈2 + 3/二 + 一〉，雙 1 + 3〈1 + 3/一 + 三〉)

【頃】往昔。〈1/一〉　　　　　　〖平常〗往常。〈1/一〉

【往者】過去；從前。〈1/一〉　　　【適】剛才；方才。〈1/一〉

〖昔時〗從前。〈1/一〉　　　　　　【纔】方始；剛剛。〈3/一〉

〖頃年〗近年。〈1/一〉

3.5.3.2　現在(0 + 2 = 2：雙 0 + 2〈0 + 2/0 + 二〉)

〖目前₁〗當前；現在。〈1/一〉　　　〖目下〗目前；近來。〈1/一〉

3.5.3.3　將來(3 + 0 = 3：單 2 + 0〈4 + 0/四 + 0〉，雙 1 + 0〈1 + 0/一 + 0〉)

【臨₃】正當；將要。〈2/二〉　　　　【欲₃】將要。〈2/二〉

【將來】未來。〈1/一〉

3.6　範圍程度{30 + 14 = 44：單 18 雙 26}

3.6.1　空間[4 + 4 = 8：單 2 + 0〈12 + 0/七 + 0〉，雙 2 + 4〈2 + 4/二 + 四〉]

【下₃】在名詞後表示處所。〈11/六〉　【深長】水流深而遼遠。〈1/一〉

【冥₂】高遠。〈1/一〉　　　　　　　【無際】猶無邊；無涯。〈1/一〉

〖長遠₁〗遼遠。〈1/一〉　　　　　　〖汪汪〗深廣貌；廣闊貌。〈1/一〉

〖攸長〗長遠。〈1/一〉　　　　　　　〖千尋〗形容極高或極長。〈1/一〉

3.6.2　遍及[9 + 3 = 12：單 5 + 0〈6 + 0/五 + 0〉，雙 4 + 3〈11 + 5/七 + 四〉]

【初₃】全。〈1/一〉　　　　　　　　〖皆悉〗盡；全都。〈1/一〉

【全】副詞。都；全都。〈2/二〉　　　〖悉皆〗全都。〈1/一〉

【所有】全部。〈1/一〉　　　　　　　【一切₂】所有；任何。〈7/四〉

【一切₃】全部事物。〈2/一〉　　　　【廣₂】普遍。〈1/一〉

【種種】各種各樣;一切。〈1/一〉　　【都₁】總;總共。〈1/一〉

【齊₃】一齊;都。〈1/一〉　　　　　　〖自相〗相互。〈3/二〉

3.6.3　接續[6＋3＝9:單4＋0〈22＋0/十一＋0〉,雙2＋3〈5＋5/二＋三〉]

【漸】逐漸。〈2/二〉　　　　　　　　【所以₂】表示因果關係。〈4/一〉

【無復₁】不再;不會再次。〈1/一〉　　〖遂乃〗於是;就。〈1/一〉

【并₂】並且。〈4/三〉　　　　　　　　〖爾乃〗這才;於是。〈3/一〉

【或₃】表示選擇或列舉。〈15/五〉　　〖尚復〗尚且;還。〈1/一〉

【因₄】因爲;由於。〈1/一〉

3.6.4　限制[4＋4＝8:單3＋0〈5＋0/五＋0〉,雙1＋4〈2＋9/一＋八〉]

【別₄】各自。〈2/二〉　　　　　　　〖各各₂〗個個;每一個。〈1/一〉

【分₂】分頭;各自。〈1/一〉　　　　　〖但₂〗只管;儘管。〈2/二〉

【分別₂】分頭;各自。〈2/一〉　　　　〖但當〗只要;只須。〈5/四〉

〖各各₁〗各自。〈2/二〉　　　　　　〖何但〗豈止。〈1/一〉

3.6.5　揣測强調否定[3＋0＝3:單1＋0〈1＋0/一＋0〉,雙2＋0〈3＋0/三＋0〉]

【殊】竟;竟然。〈1/一〉　　　　　　【勿得】不要;不准。〈2/二〉

【自然₃】當然。〈1/一〉

3.6.6　程度[4＋0＝4:單3＋0〈6＋0/五＋0〉,雙1＋0〈2＋0/二＋0〉]

【惡₆】嚴重。〈1/一〉　　　　　　　【深₅】極力;非常。〈4/三〉

【激】猛烈;激蕩。〈1/一〉　　　　　【不勝】非常;十分。〈2/二〉

3.7　結構關係{6 + 0 = 6　單 5 雙 1}

3.7.1　介引[4 + 0 = 4:單 3 + 0〈4 + 0/四 + 0〉,雙 1 + 0〈2 + 0/一 + 0〉]

【以$_5$】介紹身份或資格。〈1/一〉　　【將$_6$】介詞。把。〈2/二〉

【自從】表示時間的起點。〈2/一〉　　【坐$_4$】因爲;由於。〈1/一〉

3.7.2　助語[2 + 0 = 2:單 2 + 0〈5 + 0/三 + 0〉]

【何$_3$】副詞。表示感歎。〈1/一〉　　　　　二〉

【者$_5$】表命令曉示祈使語氣。〈4/

3.8　稱代指示{7 + 8 = 15:單 3 雙 12}

3.8.1　人物指稱[5 + 3 = 8:單 3 + 0〈95 + 0/八 + 0〉,雙 2 + 3〈3 + 20/三 + 四〉]

【餘$_3$】同"余"。第一人稱。〈1/一〉　　【一身】自身;自己。〈2/二〉

【臣$_2$】對君長自稱。〈15/三〉　　　　　【某】不明説的人或事物。〈79/四〉

【下愚】謙詞。用作自稱。〈1/一〉　　　　【某甲】稱人的無定代詞。〈1/一〉

〖汝曹〗你們。〈18/二〉　　　　　　　　〖王甲〗稱人的無定代詞。〈1/一〉

3.8.2　疑問指代[2 + 5 = 7:雙 2 + 5〈3 + 6/二 + 五〉]

〖阿誰〗誰;何人。〈1/一〉　　　　　　　【何用】反問語氣,表示不用。〈1/

【何得】怎能;怎會。〈2/一〉　　　　　　一〉

〖何當〗怎能。〈1/一〉　　　　　　　　　〖何異〗反問語氣,表示相同。〈2/

〖何苦〗反問語氣,表不值得。〈1/　　　　一〉

一〉　　　　　　　　　　　　　　　　　〖何緣〗怎麼;爲什麼。〈1/一〉

第三章　早期天師道文獻的一般詞彙新質

　　早期天師道文獻中的一般詞彙新質包括兩類,新詞和新義。新詞是指産生於魏晋時期的詞語,新義是指産生於先秦或兩漢,在魏晋時期産生義變的詞語。以下對早期天師道文獻中的詞彙新質分別陳述。各詞目中,凡屬先秦産生的詞在魏晋出現新義的,用"【　】＊"標示;兩漢産生的詞在魏晋出現新義的,用"〖　〗＊"標示;魏晋産生的新詞,用"〖　〗＊"標示。各詞釋義從簡,並附一書證以資説明。各標題後括號中的數字,等號前分別爲【　】＊、〖　〗＊、〖　〗＊中各詞目的統計,用加號連接,等號後爲三者的合計數。合計數後用冒號列出各項中單音複音以及使用率和分布率等情况。一、二級標題後的統計數字只列出總數,不列分項統計數。

　　另外,早期天師道文獻中還有大量産生於魏晋、用於某一特定人物的專名,這類專名指稱對象没有普遍性,有别於一般詞彙,因而本書另行討論。

第一节　名物〔131＋105＋669＝905:單49雙735三56四56五6六3〕

1.1　人物神靈{56＋36＋274＝366:單17雙271三36四37五4六1}

1.1.1　親緣關係

1.1.1.1　親屬(4＋2＋8＝14:單1＋0＋0〈1＋0＋0/一＋0＋0〉,雙3＋2＋8〈4＋3＋10/三＋二＋八〉)

【先代】＊前代;前輩。〈1/一〉破殺之旡,悉以斬殺之,并收某家宅中五殘

六賊,十二祅惑,男女非羣,先代咎殃。(28/368c)

【神父】*祖先。〈1/一〉佩者不得妄傳,傳非其人,不依年限,輕泄寶文,身被風刀之考,没命鬼官,殃及七玄神父,運蒙山之石,塞九源之河。(28/410a)

【老人₂】*上了年紀的父母。〈1/一〉六者,不得輕慢老人,罵詈親戚,夫妻咒詛,自相煞害,毒心造凶,不孝五逆,天奪人筭一百八十。(18/244c)

【翁姑】*公婆。〈1/一〉有若姐鬼妬神,醜宿惡星,拘刑鬼天,懸尸六害,肌骨刑禍,不宜翁姑夫子者,主收之。(28/552b)

【家親】*已故的親人。〈2/一〉天野道三,地野道五,非主人家親不得住。(28/369b)

【母子】*母親和孩子。〈2/一〉陽炁君,官將一百二十人,治經室,主保女子産解易,兒時出,母子無它留難。(28/546c)

【妻夫】*夫妻。〈1/一〉玄來君一人,官將一百二十人,治富女室,主天下男女嫁娶,令妻夫致二萬歲,延年。(28/552a)

【郎】*年輕男子;丈夫。〈1/一〉聽敵君,官將一百二十人,治平害室,主爲郎差女性受命,令懷妊無它,主之。(28/546c)

【妻奴】*妻子和兒女。〈1/一〉專作民戶,修農鍛私,以養妻奴。(18/238b)

【故婦】*已去世的妻子。〈2/一〉若故婦致來注病生人,請大皓大典者吏收攝故婦,致魂魄,檢押死人某,不得令還賊病生人。(28/539c)

【七玄】*七代子孫,泛指後代。〈2/一〉佩者犯禁,玉童所奏,身被冥拷,殃及七玄。今故抄出,以示後學佩者習焉。(28/409c)

【適主】*喪主;主持喪事的嫡長子。〈1/一〉九地君,官將一百二十人,治茂里室,主收天下萬民葬埋,收勑十二月建十二月墓鬼,解求適主葬埋已訖,續得疾病,塚中有訟,連禍鄉邑者。(28/550a)

【血親】*具有血緣關係的親屬。〈1/一〉都官君,官將一百二十人,治太陰室,主收某家中星死血親之鬼,耗亂人者,斷絶之。(28/539b)

【中宗】*男系血親。〈1/一〉中宗外親,前亡後死,男女復連。(28/368c)

1.1.1.2　家庭族類(0+0+4＝4:單0+0+1〈0+0+1/0+0+一〉,雙0+0+2〈0+0+2/0+0+二/〉,叁0+0+1〈0+0+1/0+0+一〉)

〖連藉〗*整個家族。〈1/一〉計天君,官將一百二十人,治六丁室,主收連藉傷寒,思炁歷亂。(28/542a)

〖户户〗*每户。〈1/一〉但當户户自相化以忠孝,父慈子孝,夫信婦貞。(18/237c)

〖傖〗*六朝時南人對北人的蔑稱。〈1/一〉黄帝結土爲象,放於廣野,三百年中,五色變化,能言能語,各在一方,故有傖秦互夷蠻差之類也。(28/407a)

〖胡夷人〗*胡人和夷人;華夏族之外的各族人。〈1/一〉災兵大厄庚子年,念子命運與此堅,方外故州胡夷人,交頸腫領惡逆民,化生風毒身奉天。(18/248a)

1.1.2　社會關係

1.1.2.1　主從等次(0+2+10＝12:雙0+2+8〈0+2+9/0+二+九〉,叁0+0+2〈0+0+2/0+0+二〉)

〖世相〗*丞相。〈1/一〉德應人主,先爲世相,此甲子爲斷。(32/593b)

〖相卿〗*執政的大臣。〈1/一〉名顯遠殊世有榮,子孫昌隆輔相卿。(28/373a)

〖閑官〗*没有具體職掌的官。〈1/一〉奉及諸閑官無文書之職,皆當隨時坐起,名荷天官,常處神明之坐,以憍世俗。(18/237b)

〖下曹〗*下屬職官。〈1/一〉國三老白兔君,官將一百二十人,治駱城宫,主治中鬼亂,考召帥[師]罪過不正,神爲帥[師]督下曹,分別官吏兵,解帥[師]罪禍。(28/536c)

〖分司〗*下屬的主管官吏。〈1/一〉伏惟太上布維新之令,開覆育之恩,敕下真官,分司降鑒,使煙雲暫息於三界,風雨無施於四冥。(18/295b)

〖吏生〗*吏兵吏員。〈1/一〉求利百福君,并合屬將吏生王道炁一合下,主民人百病,求欲皆得。(28/554c)

〖使從〗*隨從者。〈1/一〉赤車使者在門亭,左右使從道門旁。(28/373a)

〖監伺吏〗* 負責監察的官吏。〈1/一〉邪與正,如賊盜惡人見監伺吏,藏竄無住立處,豈可犯尊,其氣自然不通。(18/234a)

〖監作〗* 負責監督制作的官吏。〈1/一〉太陰君官將、九地君將、某君將等各二人,官將一百二十人,請舉工監作一合下,主監臨葬送。(28/549c)

〖獄君〗* 掌管監獄的官吏。〈2/二〉但求百官江河大神,龍王鬼帥,藏在雲間,叩頭搏頰,求自披陳,不聽理訴,收付獄君,銅枷鐵鎖,鉗其喉咽。(28/367b)

〖獄注吏〗* 掌管監獄記錄等事務的官吏。〈1/一〉文書監察君,官將一百二十人,治九天諸室,主天下獄注吏,諸獄屬之。(28/555a)

〖醫吏〗* 負責療治疾病的官吏。〈1/一〉重勑某身治病功曹,爲所請官將醫吏,共案行某身,從頭至足,治肺察㐫,六脉浮沉。(28/539a)

1.1.2.2　友伴敵對(4 + 2 + 0 = 6:雙 4 + 2 + 0〈5 + 2 + 0/五 + 二 + 0〉)

【同道】* 同行的人。〈1/一〉憎惡同道,妬賢嫉才,驕恣自大,禁止百姓,當來從我,我道最正,彼非真也。皆不當爾,故來相語。(18/218c)

【同法】* 信仰相同的人。〈2/二〉欲隨情請福,以爲惠施,道終不從,鬼不爲使,毀敗正法耳,反受咎。當同志相求,同法相好。(18/234b)

【同義】* 同具義氣者。〈1/一〉若有同義遇難,疾病相救,緩急相卹,不得以智欺愚,乘威詐稱,假託鬼神,恐嚇厄人。(18/234b)

〖舍客〗* 過客。〈1/一〉日月君一人,官將一百二十人,治陰陽室,主收天下男女嫁娶舍客,主利合男女,竟年壽。(28/552a)

〖異端〗* 自居正統的人稱異己者。〈1/一〉心懷惡行,姤妬異端,俱作死事,淫泆好色,馳務榮祿,輕孤易貧,强弱相凌。(28/369a)

〖凶黨〗* 凶邪的朋黨。〈1/一〉法應去者,各自遠迸,制應留者,却其凶黨,更相約束,不犯善人。(18/251a)

1.1.3　生理特點[3 + 1 + 7 = 11:單 0 + 1 + 0〈0 + 1 + 0/0 + 一 + 0〉,雙 3 + 0 + 6〈4 + 0 + 6/三 + 0 + 六〉,叄 0 + 0 + 1〈0 + 0 + 2/0 + 0 + 一〉]

〖師老〗* 尊老;長者。〈1/一〉太上真言:師老太一,今故以元年正月七日

奉行,從者千人之中有王長、趙昇二人可以道炁化度,令畢得長生大義。(18/249a)

【丈人₂】* 長輩。〈1/一〉比至神祇盡根元,家親丈人但莫前,授吾神咒爾莫前。(28/367c)

〖强丁〗* 壯丁。〈1/一〉朝降暮反結罪名,部落强丁至死傾。(28/371c)

【男女子】* 男人和女人。由"男子""女子"縮略而成。〈2/一〉天鼓君,官將一百二十人,治大素室,主治男女子喑聾,主治之。(28/544a)

【陰陽₃】* 男女。〈2/一〉十者,不得傳道童女,因入生門,傷神犯氣,逆惡无道,身死无後,不得反男爲女,陰陽倒錯,天奪筭三百。(18/245a)

〖女性〗* 婦女。〈1/一〉聽敵君,官將一百二十人,治平害室,主爲郎差女性受命,令懷姃無它,主之。(28/546c)

【乳母】* 哺乳期的婦女。〈1/一〉嬰兒乳母吏,主乳某胎兒,使調暢交好。(28/546c)

〖故殲〗* 已死亡殮葬的人。〈1/一〉若家故殲不寧,夢惡錯亂,魂魄不守,請收神土明君,官將一百二十人治之。(28/535b)

〖胎兒〗* 母體内的幼體。〈1/一〉嬰兒乳母吏,主乳某胎兒,使調暢交好。(28/546c)

〖牙〗* 同"芽"。胎兒。〈1/一〉營守某家,保護男女若牙身中,除去死籍,更迎生名,捕死者。(28/544c)

〖脭卵〗* 孕育中的生命。〈1/一〉脭卵半傷結死名,穀如金玉斷之粮。(28/373c)

1.1.4　才質品性[2+5+17=24;雙2+5+16〈3+10+36/三+七+二十〉,叄0+0+1〈0+0+1/0+0+一〉]

【真一】* 保持本性自然無爲的人。〈1/一〉今出太玄九光萬稱生符,以簡料真一,甄別種人。(32/593c)

〖龍胎〗* 超凡脫俗的人。〈1/一〉陰陽中經無人明,唯有龍胎師度形。(28/372a)

【志士】* 守志隱逸的人。〈2/二〉若有清賢志士死者,生時未見此符,追授

死人,至太平之世,死尸更生,與聖君同出。(32/594a)

〖元者〗*优异者。〈1/一〉故出女青鬼律書,傳行天下樂何如?有智自來謁真儒,元者自去太山居。(18/248c)

〖道長〗*對道士的敬稱。〈1/一〉赤門赫赫誰能當,賢人君子字道長。(28/373b)

〖勳人〗*有功勞之人。〈1/一〉男女祭酒,一切生民,急相核實,搜索忠賢,恭慕道德,按名列言,自然者寡,督屬宜勤。若能改過,即爲勳人。(18/249c)

〖骨分〗*具有成仙骨相天分的人。〈2/一〉今故出衆書八靈真錄相付,宜加精勤,授於骨分,使爲聖主,除袄存種,反正三天。(28/408c)

〖善男〗*信奉道教的男子。〈1/一〉世人不持戒律,死有重罪,無益魂神。善男善女,明奉行之。(18/219a)

〖善女〗*信奉道教的女子。〈1/一〉例見"善男"。

〖種民〗*道教終末論裏,能逃脱世末劫災成爲劫後太平之世後聖帝君的子民。〈18/五〉新故民户,見世知變,便能改心爲善,行仁義,則善矣,可見太平,度脱厄難之中,爲後世種民。(18/236c)

〖種人〗*種民。〈6/三〉至太平之時,聖君自當簡料隨德,分敕天下億鬼兵將百毒,皆衛護種人,使至太平之世,舉家完全。(32/593c)

〖人種〗*種民。〈2/一〉走氣八極周復還,觀視百姓夷胡秦。不見人種但尸民,從心恣意勞精神。(18/238a)

〖種生〗*即種民。〈1/一〉不求吾道經教名,那得度災爲種生。(28/371c)

〖尸民〗*道教指災厄到來時無法逃脱之人,與"種民"相對。〈1/一〉走氣八極周復還,觀視百姓夷胡秦。不見人種但尸民,從心恣意勞精神。(18/238b)

〖尸人〗*同"尸民"。〈1/一〉五藏虛空爲尸人,命不可贖屬地官。身爲鬼伍入黃泉,思而改悔從吾言。(18/238b)

〖愚俗〗*愚昧庸俗的人。〈1/一〉雖初快心,後自當悔之深遠,非愚俗所能明知。(18/232c)

〖群俗〗*世俗的人們。〈1/一〉然世人多愚,好尚浮僞,遊身恣欲於群俗之間,須臾之樂,以快腹目,終不能苦身勤念奉道。(18/235a)

〖奸師〗＊邪教的法師。〈1／一〉如此之人,自爲剛强,抄賣婦女以爲嬖妾,上有五六,下有三四,車馬衣裘,富貴奢泰,任情恣意,無所窮之,雞行鳴趨,不避老少,但行祅惑,責領奸師,更相厭固。(28/369a)

〖邪師〗＊旁門左道的傳教師。〈1／一〉治收邪師。(28/547c)

〖陰家〗＊陰邪的人。〈1／一〉太上告後聖君曰:凡受三天正法,不得妄與陰家共牀坐起,及外炁不同之人共著衣服及同被卧息。(28/409b)

〖逆人₁〗＊行爲違背常理的人。〈1／一〉明堂絳室君,官將一百二十人,治城宮室,主祭酒心傷萬端,還壽延年,管度世神仙,逆人不行。(28/538b)

〖逆人₂〗＊叛逆的人。〈2／一〉三哭君,官將一百二十人,治玄都宮,主捕天下逆人。(28/555c)

〖五濁子〗＊有五種惡濁行爲的人。〈1／一〉結芒太霞館,流眄無窮齡。神映通幽關,鍊胎反初形。撫哀五濁子,命同浮朝生。(28/407c)

〖小豎〗＊品行下劣的人。〈1／一〉姦臣小豎,不知天命逆順,强爲妖妄,造者,輒凶及於子孫。(18/237c)

1.1.5　行爲職業[9＋3＋33＝45:單1＋0＋1〈1＋0＋1／一＋0＋一〉,雙8＋3＋19〈94＋8＋22／二十＋六＋二十〉,叁0＋0＋8〈0＋0＋11／0＋0＋十〉,肆0＋0＋5〈0＋0＋5／0＋0＋五〉]

〖道主〗＊道教的始祖。〈1／一〉臣以奸惡,故列表上奏,歸命太上三天道主,惟願太上勅下天曹,請下吏兵六甲將軍六丁之神,依咒斬殺野道之氣。(28/369b)

〖道尊〗＊道教的始祖。〈1／一〉道尊巍巍,何求於人？(18/234a)

【三師】＊天師張陵、嗣師張衡、系師張魯合稱。〈4／三〉天歷運度隨時清,三師出教給吏兵。守宅將軍繞舍營,辟斥故氣却邪精。(28/373a)

【天師】＊早期道教的最高統領者。〈40／五〉太上大道不忍見之,二年七月七日日中時,下此鬼律八卷,紀天下鬼神姓名,吉凶之術,以勅天師張道陵,使勅鬼神,不得妄轉東西南北。(18/239c)

〖正一真人〗＊天師張道陵的稱號。〈1／一〉正一真人告諸祭酒弟子,若能受吾是經,有急頭痛目眩寒熱不調,常讀此經,魔魅破碎,不敢當吾咒也。(28/

370a)

〖嗣師〗* 天師道第二代天師張衡。〈1/一〉臣重啓太上大道君，太上老君，太上丈人，天師、嗣師、系師等三師，文書事門下君將吏兵，六質、六直、六端、六慇二十四君等。(28/369a)

〖系師〗* 指天師道第三代天師張魯。〈1/一〉例見"嗣師"。

〖係天師〗* 系師。〈2/一〉太玄都正一平炁係天師某治某炁祭酒赤天三五步綱元命真人臣某等，奉爲大道弟子某，修建某齋幾日幾夜，祈恩謝過，請福禳災。(18/297a)

〖師君〗* 天師道第三代天師張魯。〈1/一〉聊亂止[正]氣無人分，師君一出誅盡群。爾乃太平見真君，有福過度爲種人。(28/372b)

〖國師〗* 被國君奉爲師傅的宗教徒。〈1/一〉是吾順天奉時，以國師命武帝行天下，死者填坑。(18/237c)

〖山神師〗* 修道高行的道師。〈1/一〉蓋天君，官將一百二十人，治道門室，主請山神師入名山，道却神，可在致山道，玉女素女主之。(28/541c)

〖經師〗* 負責傳授經籍的道師。〈1/一〉太上告後聖君曰：凡詣經師受文，師當北向告誓，付度弟子。(28/408a)

〖師主〗* 傳道的師傅。〈1/一〉十一者，不得以赤炁妄傳俗人，口手胸心更相交接，委道自叛，師主无法，天奪筭三百。(18/245b)

〖法師〗* 降妖驅邪的道士。〈1/一〉法師行至天門少立，存思四靈訖，便誦禹步咒：乾尊曜靈，坤順内營，二儀交泰，要合利貞。(18/296a)

〖籍師〗* 掌管經籍符箓的道師。〈1/一〉天倚國君五人，治五辰室，主籍師五精守中神，還精美色丁莊[壯]。(28/541c)

〖治官〗* 早期天師道行政單位"治"的管理者。〈1/一〉臣雖不材，竊慕玄化，忝佩法籙，叨稱治官，所歷山川，敢忘報效？(18/295b)

【祭酒】* 早期五斗米道的官職名稱。〈45/七〉第一百五十三戒者，每人呼汝爲祭酒，汝顧畏人，勿自輕躁，爲百姓所笑。(18/221a)

〖治頭祭酒〗* 早期天師道各治的首領。〈1/一〉教謝二十四治五氣、中氣、領神四部行氣、左右監神、治頭祭酒、別治主者、男女老壯散治民。(18/238b)

〖別治主者〗* 其他治的首領。〈1/一〉例見"治頭祭酒"。

〖道士〗*道教徒。〈6/四〉生者及祭酒道士,宣化有功,功過相贖,民若不用,故有宣化之心,可自改往修來,專一養性,可度天三災九厄。(18/245c)

〖男官〗*男道士。〈1/一〉男官女官有別名,聰明主者鍊人形。若有明解來求生,開心同化首凝誠。(28/373c)

〖女官〗*女道士。〈2/二〉例見"男官"。

〖男女官〗*男女道士。〈2/二〉諸職男女官,昔所拜署,今在無幾。(18/237b)

〖男女民〗*男女道民。〈1/一〉今故下教作七言,謝諸祭酒男女民。(18/238a)

【生民₃】*道民;普通道衆。〈1/一〉男女祭酒,一切生民,急相核實,搜索忠賢,恭慕道德,按名列言,自然者寡,督屬宜勤。(18/249c)

【生者】*道民。〈1/一〉生者及祭酒道士,宣化有功,功過相贖,民若不用,故有宣化之心,可自改往修來,專一養性,可度天三災九厄。(18/245 c)

〖男女生〗*初入道受官籙的男女。〈1/一〉後有道男女生,見吾祕經,知鬼姓名,皆吉。(18/239c)

〖散治民〗*不任職的各治道民。〈1/一〉教謝二十四治五氣、中氣、領神四部行氣、左右監神、治頭祭酒、別治主者、男女老壯散治民。(18/238b)

〖新故民〗*新舊道民。〈2/二〉冗散祭酒新故民,素性闇塞不識真。(28/373c)

〖故民〗*原漢中地區的道民。〈1/一〉故民渾濁日久,雖聞神仙之語、長生之言,心迷意惑,更懷不信。(18/236c)

【臣₃】*道教弟子。〈1/一〉怒吾師鬼咎吾臣,呼行選種不精勤。太平垂至事當分,條牒姓名言太清。(28/373a)

【學士】*學習道術的人。〈1/一〉右三十六鬼,皆遊行世間,乘人衰隙,伺候有惡,助佐凶殃,造作禍害,改形易象,隨便陵人。學士知之,立功建德,啓告太上,一切收治。(18/252b)

【末學₂】*後學。〈1/一〉三真超無際,俯仰太帝堂,稟承三天制,驅洗六天凶,正立無塵穢,洞究太真章,以救承唐世,啓悟末學子。(28/407c)

〖巫師〗*以祈禱、卜筮、星占並用藥物爲人求福、却災、治病的人。〈1/一〉

右二鬼是古死人敗塚或巫師不正道士之鬼,鬼害人百行,子知其名,鬼自伏住,不敢動。(18/246b)

【千師萬醫】*各種從事教化和治病的人。〈1/一〉地上千師萬醫鬼。(18/252a)

【估】*行商;商人。〈1/一〉都市監察考召君,官將吏兵一合主天下萬民百估治生,令得,主之。(28/554c)

【賈生】*商人。這裏引申爲欺詐不誠的人。〈1/一〉六天群祆,靡有不平,太一促運,真道當行,九天有命,收攝賈生,周天徧地,莫有所停。(28/409a)

【禮頭主】*承頭送禮的人。〈1/一〉第七十六戒者,不得爲世俗人作禮頭主。(18/220a)

【蠱女】*養蠱的婦女。〈1/一〉右一鬼,主害人田蠱,蠱女鬼夫。(18/247b)

【舉工】*力役。〈1/一〉太陰君官將、九地君將、某君將等各二人,官將一百二十人,請舉工監作一合下,主監臨葬送。(28/549c)

【厄人】*受苦難之人。〈2/一〉若有同義遇難,疾病相救,緩急相卹,不得以智欺愚,乘威詐稱,假託鬼神,恐嚇厄人。(18/234b)

【兵人】*士兵。〈1/一〉第一百十五戒者,不得與兵人爲侶。(18/220b)

【兵賊】*士兵盜賊。〈2/一〉第十七戒者,不得妄與兵賊爲親。(18/219b)

【逃亡₂】*逃亡的人。〈1/一〉上曆逆清玄君百萬人,收地上盜賊,逐捕逃亡,全不得脫。(28/538b)

【千賊萬盜】*所有的盜賊。〈1/一〉日月大兵十萬人,絳衣,主陰陽,爲漢國辟捕千賊萬盜,主收之。(28/538b)

1.1.6 人物統稱[2+1+4=7:雙2+1+3〈2+1+5/二+一+三〉,肆0+0+1〈0+0+5/0+0+一〉]

【三元】*人。〈1/一〉道上、三[二]玄、四玄[三元]、四始、甲子諸官君、三十六官君、亭傳客舍瑩[營]署注鬼,主行來出入。(28/554c)

【中才】*人。人處天地之中,故謂之"中才"。〈1/一〉人爲中才,法地則天,動靜以時,通而不爭,利而无害,故能神仙。(18/249c)

【萬兆】*天下百姓萬民。〈1/一〉君受號爲上清金闕後聖帝君,上昇上清,中遊大極,下治十天,封掌萬兆及諸天河海神山地源,陰察群靈。(28/408c)

【民子】*人民;百姓。〈3/一〉察姦君一人,官將一百二十人,治名山室,主祭酒犯録,飲酒食肉,民子淫盜,解之。(28/540b)

【男女老壯】*不同年齡性別的人;所有的人。〈5/一〉諸新故民户,男女老壯,自今正元二年正月七日已去,其能壯事守善,能如要言,臣忠子孝,夫信婦貞,兄敬弟順,内無二心,便可爲善,得種民矣。(18/237a)

【餘人】*存留下的人。〈1/一〉日月冥冥恐无光,五穀不生逆鬼行,是庚子歲約不亡,若有餘人如飛蜂。(18/248b)

【人形₂】*人的蹤迹;(没有)人。〈1/一〉不承權輿至死傾,日南瘴氣草不生。飛鳥不過没人形,遠嫌避害可長生。(28/373b)

1.1.7 神靈精氣

1.1.7.1　天帝神仙(11 + 7 + 76 = 94:雙 11 + 5 + 51〈38 + 6 + 505/十六 + 五 + 六十一〉,叁 0 + 1 + 9〈0 + 5 + 10/0 + 一 + 十〉,肆 0 + 1 + 12〈0 + 2 + 12/0 + 一 + 十二〉,伍 0 + 0 + 3〈0 + 0 + 7/0 + 0 + 四〉,陸 0 + 0 + 1〈0 + 0 + 1/0 + 0 + 一〉)

【太王】*天帝。〈1/一〉遠兵士,太王主元,一九三氣,丈人九氣,父母太一使我收煞,汝急出來。(18/247b)

【聖皇】*天帝。〈1/一〉太一促運,真道當行,九天有命,收攝賈生,周天徧地,莫有所停,聖皇顯蓋,控駕紫庭,推校十方,列奏玉清。(28/409a)

【聖君】*太平之世統治世間的仙君。〈8/二〉若有清賢志士死者,生時未見此符,追授死人,至太平之世,死尸更生,與聖君同出。(32/594a)

【神仙君】*神君。〈1/一〉大限未足子勤身,改心易腸道真人,師受口訣以見賢,佩吾券契一爲先,得見太平神仙君。(18/248a)

【丈六軀】*本指佛的化身,道教借指道教聖君。〈1/一〉白日高飛入天堂,千年出一丈六軀。五嶽四瀆出九州,合成海水不復流。(18/248c)

【衆官】*諸仙官。〈1/一〉其是壬辰癸巳前得吾九光萬稱符者,皆在種人

之例,壬辰癸巳後受符無復及也,眾官集紫府,仙官還天曹,復不得受人也。(32/594b)

【明真】*仙人神靈。〈1/一〉請奉微禮,上獻眾真,願蒙垂降,下納丹心,使某體清氣朗,威制十方,千邪萬祅,悉皆執伏,得與神通,九年周竟,當又上煩明真。(28/408c)

【神陰】*神靈;神仙。〈1/一〉天之皇,清明長遠,上多神陰。(18/247b)

【眾靈】*諸神。〈1/一〉三一有百人,萬稱九光有一人;三一有千人,萬稱九光有十人爾。形影天下眾靈,共祕此符,故使希見。(32/594b)

【九真】*九天真仙。〈2/一〉九真者,九天之清炁,凝成九宮之位也。(28/406c)

【靈真】*真仙。〈1/一〉咒曰:五行所運,火木水土金,我佩剛劍,禁敕鬼神,二十八宿,隨吾指陳,北斗七星,挾輔靈真,周流萬方,百福同臻。(18/295c)

【真靈】*真人;神仙。〈5/一〉謹以上聞,乞丐正真,賜降真靈,威御十方,攝制萬精,嘯咤立到,舉響徹冥,得承八景,奉迎聖君。(28/408a)

【真儔】*仙人。〈1/一〉有智自來謁真儔,元者自去太山居。(18/248c)

【正真₂】*真靈;仙人。〈2/二〉謹以上聞,乞丐正真,賜降真靈,威御十方,攝制萬精,嘯咤立到,舉響徹冥,得承八景,奉迎聖君。(28/408a)

【上真】*真仙。〈4/一〉天清在上,微道遐幽,三正理運,六炁沉消,上真靈籙,攝御萬祅,獻禮五靈,以蒙納招,封還靈嶽,當使我身,與嶽同休。(28/408c)

【中真】*仙人之中處於中間等級的。〈1/一〉上真、中真、下真生於極上清微之天,清微之天是始炁之澄也。(28/406c)

【下真】*等級低的仙人。〈1/一〉例見"中真"。

【仙聖】*對神仙的尊稱。〈1/一〉諸賢仙聖,皆從百八十戒得道。道無形,從師得成,道不可度,師不可輕。(18/221c)

【仙靈】*神仙。〈1/一〉以灌餘物上,如此三祭,太上剋遣真人授子元君之號,五嶽仙靈衛子之身也。(28/408c)

【仙道人】*得道成仙的人。〈1/一〉天下男女合如雲,會於太一仙道人。

（18/248c）

【上仙】*天上的神仙。〈3/一〉若有骨炁係真，便爲不死，得補上仙，有不純之行，死歸土也。（28/407a）

〖天仙〗*天上神仙。〈1/一〉上請天仙兵馬九億萬衆，地仙兵馬九億萬衆。（18/297a）

〖地仙〗*住在人間的仙人。〈3/三〉太平之日，飛舉上天。子只復不飛，壽終不死，便爲地仙，得見太平。（18/245c）

【丈人₃】*老年仙人。〈1/一〉遠兵士，太王主元，一九三氣，丈人九氣，父母太一使我收煞，汝急出來。（18/247b）

〖神男〗*男性神仙。〈4/二〉神男玉女侍在邊，扶助男女成萬神。（28/372c）

〖素男〗*男性神仙。〈3/二〉素男玉女，衣服元炁玄炁玄黃，周旋而遊生門，晝夜與日月同光，下統地祇，上應北辰。（28/367b）

〖玄男〗*男性神仙。〈3/一〉供食君，將一百二十人，治天禄宮，主爲萬民蚕健食，解好中神男神女，玉男玉女，素男素女，玄男玄女養蚕。（28/540b）

〖玉男〗*男性神仙。〈2/一〉例見"玄男"。

〖玄女〗*仙女。〈5/一〉例見"玄男"。

〖仙童（仙僮）〗*仙人前執役的童子。〈1/一〉白骨縱橫鬼暗噫，喻呵不止奈何餘？仙童玉女依神居，望見斯輩當何如？（18/248c）

〖金童〗*仙人的侍童。〈1/一〉此文秘於太上靈都之宮，刻以紫玉爲簡，黃金爲文，付五老上真、仙都左公，封以紫蘂玉笈，盛以雲錦之囊，天妃侍香，玉華執巾，衛以金童各三百人。（28/407b）

〖玉童〗*仙童。〈12/一〉太上當遣玉童玉女各十人，侍衛己身。（28/408a）

〖天翁〗*天公。〈1/一〉九炁君，官將一百二十人，治七徹室，主收天下身稱天翁從民求飲食之鬼。（28/548c）

〖八帝〗*八方天帝。〈2/一〉八帝者，皆受自然之胤，得爲帝號。（28/407a）

〖九公〗*掌管天界九座宮殿的九位神仙。〈2/一〉奈何此世思九公，母能

167

養子恩意同。無偏無黨可相從,靈禽辟邪除群凶。(28/372b)

【天綱₂】* 天綱之神。〈2/一〉北斗主煞,南斗注生。煞是天綱,生是三台,自如人身,上應天地,法之日月。(18/242b)

【左監祭酒】* 天界仙官。〈1/一〉太上大君,大[天]之尊神,左監祭酒,天之真人。(28/367b)

【六質】* 太上大君的六位佐臣。〈1/一〉重啓太上大道君,太上老君,太上丈人,天師、嗣師、系師等三師,文書事門下君將吏兵,六質、六直、六端、六愨二十四君等。(28/369a)

【六直】* 太上大君的六位佐臣。〈1/一〉例見"六質"。

【六端】* 太上大君的六位佐臣。〈1/一〉例見"六質"。

【六愨】* 太上大君的六位佐臣。〈1/一〉例見"六質"。

【監真使者】* 天界的官名。〈1/一〉奉請九微八道上皇、九華帝玄黃女、九靈之官、監真使者。(28/408b)

【赤車使者】* 天界的官名。〈1/一〉赤車使者在門亭,左右使從道門旁。通事書佐處中央,中元之君攝紀綱。(28/373a)

【通事書佐】* 天界的官名。〈1/一〉例見"赤車使者"。

【中元之君】* 天界的官名。〈1/一〉例見"赤車使者"。

【精君】* 天獄長官。〈1/一〉青倉君一人,官將一百二十人,治豆行室,主罷厭官怨仇刑禍,令各解散消亡不作。天諸室主天獄精君、執事吏、諸獄君屬之。(28/555a)

【執事吏】* 天獄官吏。〈1/一〉例見"精君"。

【三將軍】* 三位鎮邪神將。〈2/二〉先存思本師在西,次存思三將軍。(18/295b)

【靈司】* 神靈司官。〈1/一〉瞑目內思己身吐炁,炁化爲火光,精流竟天,鬱冥焚燒,四方天下山林草木土地靈司人民,悉令蕩盡。(28/409a)

【左右官】* 君长身邊的仙官。〈1/一〉頻元君吏功曹左右官各五人,官將一百二十人,主解諸考謫,令室宅安穩。(28/551c)

【司馬】* 中層仙官,是俗世職官在道教中的反映。〈1/一〉頭上有仙人,足下有玉女,手中三將軍,十指爲司馬。(28/368a)

【大夫】*中層仙官。〈4/一〉又請北方黑帝大夫君吏五十人。(28/537b)

〖君吏〗*下層仙官。〈7/一〉五部大夫君吏、七部天官將一合來下,主爲回化官事。(28/537c)

〖二千石₁〗*中層仙官。原指郡守。〈5/一〉太黃太極君,符下女青詔書地下二千石泰山二十四獄,主收塚墓之鬼。(28/550c)

〖刺史從事〗*中下層仙官。原指州郡屬官。〈2/一〉謁請刺史從事千二百人,各官將五人,兵士十萬人,主收某家宅中五方瘟疫炁剔人之鬼。(28/368b)

〖官從〗*隨從仙官。〈1/一〉遣十二仙乘飛龍,官從二十四人、十二玉女,周旋天下,考校州郡里域,求清貞慈孝忠信朴實之人以充種民。(32/593b)

〖官將〗*天將。〈407/二〉左慧右喜君,官將一百二十人,主爲某斷絕屯里中道俗百姓口舌,無令近我身。(28/537b)

〖屬將〗*仙界的部屬官將。〈1/一〉求利百福君,并合屬將吏生王道炁一合下,主民人百病,求欲皆得。(28/554c)

〖六甲〗*天帝驅使的陽神;道士可用符籙召請驅使。〈5/三〉中官君,將一百二十人,治陽春室,主收天下六丁六甲之鬼責民血食之鬼。(28/548b)

〖六丁₁〗*天帝役使的陰神;道士可用符籙召請驅使。〈4/二〉頭戴華蓋,足躡魁罡。左扶六甲,右扶六丁。前有黃神,後有越章。(28/367c)

〖千二百官〗*管理世間各種事務的一千二百個仙官。〈1/一〉千二百官逆之鬼。(18/252a)

〖考官〗*負責考察監督的仙官。〈1/一〉考官日日門至户達,視看人心,若有厄急,懸命漏刻,但正心向道,把九光萬稱符,至尊救度人也。(32/594a)

〖官醫〗*仙醫。〈1/一〉天醫、官醫、太醫、五官治病醫吏各十二人,一合下詣某處,入某身中五臟六腑,十二宮室,布流一百二十關節,行神布炁,典治痛處。(28/539a)

〖天醫〗*天界的仙醫。〈1/一〉例見"官醫"。

〖太醫〗*宮廷醫生。〈1/一〉例見"官醫"。

〖五官治病醫吏〗*爲官府服務的醫士。〈1/一〉例見"官醫"。

〖三天₂〗*可自由出入人身體的鬼神。〈1/一〉近見三天入人身,解脱網羅拜老君,安心定意行至仙,長短須已勿半身。(18/248a)

〖中神〗* 心神。〈2/一〉天倚邦君五人,治五辰室,主師守中神,願美色好,老更丁,一日。(28/541c)

〖左右監神〗* 在人身邊監督的神靈。〈1/一〉教謝二十四治五氣、中氣、領神四部行氣、左右監神、治頭祭酒、別治主者、男女老壯散治民。(18/238b)

〖熒惑吏〗* 火星仙官。〈1/一〉又請太白兵星熒惑吏一合下,收死時煞炁消滅,絕復連,葬死送,收塚訟。(28/539c)

〖星社〗* 星氣社神。〈1/一〉無上太衡兵士十萬人,主解星社來作祟病者,捉敕社神,解放生魂還附之身中,不得拘攝,永相去離。(28/544b)

【三官】* 天官、地官、水官三帝的合稱。〈11/五〉當斯之時,明此符真,雖受職,治黃老大要紫黃金剛,不見九光萬稱之符,不免三官驅除,死没黃泉,不得過土户。(32/594a)

〖三官帝〗* 天官、地官、水官的合稱。〈1/一〉右五鬼,三官帝常遣司察人罪鬼,恒在人間,不可得見。(18/240b)

〖天地水三官〗* 天官、地官、水官的合稱。〈3/二〉天願白候將軍,兵士十萬人,主收自稱天地水三官,萬道逆殺鬼,考問人,不得從民求飲食。(28/548c)

【天官$_1$】* 三官之一。〈1/一〉咒曰:吾召百神,百神既集即當遊,帶日挾月行九州,十六神將爲吾使,天官地官水官同其休。(18/295c)

〖地官$_2$〗* 神名。〈1/一〉例見"天官$_1$"。

【水官】* 三官之一。〈1/一〉例見"天官$_1$"。

〖水帝〗* 主管水府的神仙。〈2/一〉名主人宫中小玄明君,官將一百二十人,主攝河伯吕公子,三十六水帝,十二溪女。(28/557a)

〖溪女〗* 掌管山間水溪的女性神仙。〈1/一〉名主人宫中小玄明君,官將一百二十人,主攝河伯吕公子,三十六水帝,十二溪女。(28/557a)

〖龍王〗* 統領水族的神。〈1/一〉但求百官江河大神,龍王鬼帥,藏在雲間,叩頭搏頰,求自披陳,不聽理訴,收付獄君,銅枷鐵鎖,鉗其喉咽。(28/367b)

〖太歲將軍〗* 主凶殺的神。〈1/一〉北都君,官將一百二十人,主收太歲將軍飲食之鬼。(28/548b)

〖大歲將軍〗* 主凶殺的神。〈1/一〉玄天君,官將一百二十人,治北都室,主收大歲將軍從民求飲食者。(28/548b)

〖太歲大將軍〗* 主凶殺的神。〈3/一〉陽方君,官將一百二十人,治天門室,主收天下諸墓功太歲大將軍,太玄真符攝下女青詔書,主之。(28/550b)

〖河龍七獄吏〗* 主凶殺的神。〈1/一〉始陽平君,官將一百二十人,治七俗室,主收河龍七獄吏宅殺鬼。(28/551c)

〖解五部將〗* 神名。〈1/一〉玄都君一人,官將一百二十人,治北都室,主收天下解五部將,移徙故炁。(28/551b)

〖北時司命〗* 神名。〈1/一〉赤王君,官將一百二十人,治天北室,主收北時司命從民取食鬼者。(28/548c)

〖水土公〗* 水神和土神。〈1/一〉安玄君,官將一百二十人,治丙午室,主收捕天下水土公之鬼。(28/551a)

〖稷社〗* 古代帝王、諸侯所祭的土神和穀神。〈1/一〉四野五野七野都平君,城、山川、祇、稷社召傴亢。(28/540c)

〖社竈〗* 宅院中土地神和竈神。〈3/二〉或録人形像,召人名諱,長付社竈,波也[池]泉水,無不痛[通]處,香美齋餅,求於司命。(28/369a)

〖伏龍〗* 竈神。〈1/一〉無上監炁君,兵十萬衆,主收竈伏龍形德殃注竈祭耗虚鬼。(28/551a)

〖城神〗* 守護城池的神靈。〈1/一〉四野七野九野都平君,城神山川社稷神君,護某稻木穀令熟美好,無令損害,辟斥蟲鼠,歲冬入增倍,以爲効信。(28/553c)

〖門丞〗* 掌管門户的官。〈1/一〉縛汝置水,煑汝鑊湯。三日一笞,五日一榜。門丞捉縛,玉女拷掠。(28/367c)

〖門伯户丞〗* 掌管門户的神靈。〈1/一〉右二鬼是門伯户丞,白日爲神福室,暮作鬼。(18/246c)

〖姦神〗* 姦邪的神靈。〈1/一〉吾今當出召神君,久藏不見十億年,但捕血祀諸姦神。(28/367b)

1.1.7.2　精靈鬼怪(5 + 5 + 79 = 89：單 2 + 0 + 0〈2 + 0 + 0/二 + 0 + 0〉，雙 3 + 5 + 58〈52 + 6 + 103/五 + 五 + 七十〉，叁 0 + 0 + 5〈0 + 0 + 5/0 + 0 + 五〉，肆 0 + 0 + 16〈0 + 0 + 22/0 + 0 + 十六〉)

【魂精】*魂魄。〈1/一〉須至太平之世，魂精還其故形，白骨更起，血氣更流。始經宿昔之間，暮卧朝起，化示世情。(32/594a)

【三魂七魄】*對魂魄的總稱。〈2/一〉玉女素曆千二百人，衣赤衣，主致長生承差，具録某身三魂七魄，不得遠離某，主長生，疾病差除。(28/538c)

【生魂】*活人的魂魄。〈1/一〉無上太衡兵士十萬人，主解星社來作祟病者，捉勅社神，解放生魂還附之身中，不得拘攝，永相去離。(28/544b)

【清靈】*精怪。〈1/一〉地官玉女千二百人，衣五彩衣，戴通天冠，主收地忝、吐精、沐制、刑禍、口舌、清靈六種。(28/556a)

【温竈靈】*散布瘟疫説人壞話的鬼魅。〈1/一〉漢明地黄皇君，官將一百二十人，治理室黄門，主收天下自稱温竈靈之鬼。(28/551a)

【閑客】*外來爲害的鬼。〈1/一〉治雲中閑客鬼。(28/546c)

【群祅】*各種危害人的精怪。〈1/一〉六天群祅，靡有不平，太一促運，真道當行，九天有命，收攝賈生，周天徧地，莫有所停。(28/409a)

【衆祅】*各種危害人的精怪。〈1/一〉而使己身不明，爲衆祅所乘，轗軻之日，不得愧吾此文，學者慎之。(28/409b)

【萬精】*各種精怪。〈2/一〉每以本命之日，或太歲之日，以白素朱書文一通，謁所屬嶽，封埋之，以制五嶽萬精之忝。(28/408b)

【衆鬼】*各種鬼怪。〈1/一〉年初章奏，列名斷之，衆鬼畏懾，悉自逃亡。不告者，一如律令。(18/252b)

【百毒】*各種鬼怪邪毒之物。〈2/一〉至太平之時，聖君自當簡料隨德，分敕天下億鬼兵將百毒，皆衛護種人，使至太平之世，舉家完全。(32/593c)

【百精】*各種精怪。〈3/三〉九土齊功，兵馬列陣於壇場之内，門户之傍，井竈之間，花果之下，所有伏屍故氣，土木百精。(18/297a)

【百魅】*各種鬼魅。〈1/一〉如此三通，百魅立到，前後諸神扶送天綱，催切諸鬼相考，无有漏脱。(18/244b)

【萬鬼】＊衆鬼。〈1/一〉上清除六天之文三天正法,後聖君受太上清虛小有天王撰集上仙真籙,總名爲六天文三天上真正法,以捕萬鬼,收束衆邪。(28/410a)

【萬祆】＊各種妖邪。〈1/一〉上真靈籙,攝御萬祆,獻禮五靈,以蒙納招,封還靈嶽,當使我身,與嶽同休。(28/408c)

【萬炁】＊各種邪氣鬼怪。〈1/一〉無上四開君兵士十萬人,主收破萬炁十二逆之鬼。(28/548b)

【五蠱六勠】＊各種鬼魅精怪。〈1/一〉赤沙君,官將一百二十人,治南昌室,主收天下五蠱六勠之鬼百二十凶吹入宅舍,利之。(28/551c)

【五蠱六魖】＊指各種鬼魅精怪。〈1/一〉赤沙君,官將一百二十人,治靈昌室,主收自稱五蠱六魖之鬼,一鬼二吹,耗害宅舍,上利之道。(28/535c)

【五虛六耗】＊各種禍祟災殃的精怪。〈1/一〉留殃妖魅,寄鬼姤妬,五虛六耗,十二注詛,野道夢寤顚倒,縣官口舌,皆自消滅。(28/368c)

【千鬼萬神】＊各種鬼神。〈1/一〉監察内外下官故炁,血食之鬼,祆惑之神,衆精百邪,千鬼萬神荓屍,土精土毒。(28/368c)

【千邪萬祆】＊指各種妖邪之物。〈1/一〉請奉微禮,上獻衆真,願蒙垂降,下納丹心,使某體清氣朗,威制十方,千邪萬祆,悉皆執伏,得與神通。(28/408c)

【千殃萬魅】＊各種災殃鬼魅。〈1/一〉千殃萬魅鬼。(18/252a)

【萬魅百精】＊指各種精怪。〈1/一〉朱都主,官將一百二十人,治蘆陽室,主天下萬魅百精災某身者,收邪鬼等病者,爲某摧滅之。(28/546c)

【衆精百邪】＊指各種精邪鬼怪。〈3/一〉衆精百邪不得妄前。(28/367b)

【六精】＊指六天妖氣精怪。〈1/一〉其辭曰:九天洞元紀,化生無方炁,三靈澄玄景,六精順運逝,丹霞翳空洞。(28/407c)

【六炁】＊指六天妖氣鬼怪。〈1/一〉天清在上,微道遐幽,三正理運,六炁沉消,上真靈籙,攝御萬祆,獻禮五靈,以蒙納招。(28/408c)

【精毒】＊精怪。〈1/一〉山夷君,官將一百二十人,治令倉室,主收蚖蛇毒蠱,山中萬獸,虎狼精毒炁殺,消滅之。(28/544c)

【精怪】＊妖魔鬼怪。〈2/一〉三炁陽無元君,官將一百二十人,治黄靈室,

主收精怪之精。(28/544b)

【精鬼祟】*害人的鬼物。〈1/一〉解厄君,官將一百二十人,主爲解除年命之上刑厄,姐星妬鬼,精鬼祟殺害過度衰厄。(28/538b)

【精祟】*鬼怪。〈4/二〉天師曰:五寅五卯斬殺野道,五辰五巳斬殺野道妻子,五午五未斬殺野道祅魅精祟。(28/369c)

【精妖】*精怪;妖怪。〈1/一〉辟斥故炁,飲食鬼賊,精妖疾疫,使殺兵寒災散,與人相遠離。(28/539a)

【精魁】*星宿所化之精怪。〈1/一〉兵星太白君十萬人,主收捕精魁祟災害之家,恐作文字不可知,召窮奇,使噉怪鬼,消除之。(28/535c)

【邪精】*凶邪精怪。〈7/三〉天歷運度隨時清,三師出教給吏兵。守宅將軍繞舍營,辟斥故氣却邪精。(28/373a)

【惡精】*邪惡的精怪。〈1/一〉三風隨惡精痊留病,主治之。(28/547b)

【妖精】*妖怪精靈之類。〈1/一〉明郎君一人,官將一百二十人,治安莊室,主收天下自稱妖精爲毒害諸精。(28/543a)

【鬼精】*鬼怪;精怪。〈1/一〉破逆君,官將一百二十人,治漢仙室,主收萬民洲墓狂殃之鬼精。(28/550b)

【鬼炁】*鬼怪;精怪。〈2/二〉安炁君,官將一百二十人,治安丹宮,主隱治宅中鬼炁逆亂,分別功賞,令神還,令道明。(28/535c)

【鬼祟】*鬼怪。〈2/一〉天玄君,官將一百二十人,治少陽室,主收却塚墓鬼祟病主人者。(28/539b)

【鬼蠱】*鬼魅。〈1/一〉右十二日溫鬼,各各直其日,從十二時支干上來疾病民人。日月鬼蠱並順劉元達等毒害五方,不行道戒,皆受其殃。(18/251a)

【鬼賊】*鬼怪。〈13/四〉此符青龍主東,白虎主西,朱雀主南,玄武主北,中央黃驎,辟除鬼賊,急急如律令。(18/246c)

【鬼殺(鬼煞)】*死後致人傷病死亡的魂魄。〈4/二〉無上平天君,兵士十萬人,主收天下一百二十人殃注鬼殺在人身中者,消滅之。(28/544c)

【殃殺】*致人傷病死亡的鬼怪。〈3/二〉萬福君,官將一百二十人,主保萬民遠行萬里,道路滑利,却死來生,轉禍爲福,收除殃殺,往還無它。(28/541a)

【殃怪】*致殃禍的精怪。〈2/一〉天昌君,黃衣兵十萬人,主爲收除宅中一

百二十人殃怪,中外殢殃十二刑殺之鬼來作惡夢怪病者,除之。(28/547b)

【怪鬼】*妖怪;精怪。〈1/一〉兵星太白君十萬人,主收捕精魁祟災害之家,恐作文字不可知,召窮奇,使噉怪鬼,消除之。(28/535c)

【魔魅】*魔鬼。〈1/一〉正一真人告諸祭酒弟子,若能受吾是經,有急頭痛目眩寒熱不調,常讀此經,魔魅破碎,不敢當吾咒也。(28/370a)

【魃魈】*一种鬼魅。〈1/一〉故死之鬼。喪車之鬼。魃魈之鬼。(18/251c)

【小魅】*小鬼;蔑称精怪。〈1/一〉大道勑華爲我使,叱咄,急殺百傷小魅,何狠粹。(18/247b)

【妖魅】*指妖魔鬼怪之類。〈1/一〉破邪故炁,留殃妖魅,寄鬼姤妬,五虛六耗,十二注詛,野道夢寤顛倒,縣官口舌,皆自消滅。(28/368c)

【祅魅】*指妖魔鬼怪之類。〈3/一〉勑誥太山府,并及行使者,收捕姦邪鬼,祅魅耗亂者,及時誅邪僞,露尸於道左,御史上天曹,今以奏得下。(28/368a)

【邪魅】*作祟害人的鬼怪。〈3/一〉天師稽首:敢承先王之道,制民勑鬼,今當以盟威正一之氣、女青鬼律,役使天下邪魅妖殢,助道興化。(18/246b)

【邪靈】*凶邪的靈怪。〈1/一〉口授異訣過災殃,念世愚子不知生。何當合會隨邪靈,太一來下條姓名。恐子一身不久停,發願不死從吾經。(18/249a)

【祅惑】*妖邪的精怪。〈4/一〉收某家宅中五殘六賊,十二祅惑,男女非殢,先代咎殃。(28/368c)

【妖殢】*妖邪鬼怪。〈1/一〉天師稽首:敢承先王之道,制民勑鬼,今當以盟威正一之氣、女青鬼律,役使天下邪魅妖殢,助道興化。(18/246b)

【非殢】*邪惡的鬼怪。〈1/一〉并收某家宅中五殘六賊,十二祅惑,男女非殢,先代咎殃。(28/368c)

【炁殺】*致人傷病死亡的邪氣。〈1/一〉山夷君,官將一百二十人,治令倉室,主收蚖蛇毒蟲,山中萬獸,虎狼精毒炁殺,消滅之。(28/544c)

【野道】*異教的神靈。〈48/二〉惟願太上勑下天曹,請下吏兵六甲將軍六丁之神,依咒斬殺野道之氣,誅邪滅僞。(28/369b)

【陰₂】*鬼怪。〈1/一〉天田君,官將一百二十人,下收捕陰,差了,貤市二十隨輕重。(28/549b)

【惡₅】*邪惡鬼祟。〈1/一〉夜行恐逢惡,可服其鬼名,鬼不敢當。(18/242b)

【伏屍】*依附屍體作祟的鬼怪。〈2/二〉所有伏屍故氣,土木百精,猫鬼野道,生人厭蠱,爲害鬼賊,於道不順者,收付魁罡之下。(18/297a)

〖拘刑鬼天〗*傷害人的鬼神。〈1/一〉有若姤鬼妬神,醜宿惡星,拘刑鬼天,懸尸六害,肌骨刑禍,不宜翁姑夫子者,主收之。(28/552b)

〖姤鬼妬神〗*嫉妒害人的鬼神。〈2/一〉例見"拘刑鬼天"。

〖姤星妬鬼〗*嫉妒害人的星宿鬼怪。〈1/一〉解厄君,官將一百二十人,主爲解除年命之上刑厄,姤星妬鬼,精鬼祟殺害過度衰厄。(28/538b)

〖天正鬼〗*鬼名。〈1/一〉天正鬼迭臥(迭,大結切)。地正鬼枡木(枡,音琴)。右二鬼是宅中死煞守鬼,常住人堂屋梁上,夜主傷害人雞犬六畜。(18/246b)

〖地正鬼〗*鬼名。〈1/一〉例见"天正鬼"。

〖土玉鬼〗*鬼名。〈1/一〉自稱皇天上帝土玉鬼。(18/252a)

〖人精〗*人所化的精怪。〈1/一〉無上百福君,兵千二百人,主收諸人思作諸禍變口舌烝人精,主之。(28/556a)

〖蛇魅〗*蛇鬼精怪。〈1/一〉自後天皇元年以來,轉生百巧,不信大道,五方逆殺,疫氣漸興,虎狼萬獸,受氣長大,百蟲蛇魅,與日滋甚。(18/239c)

〖銅金錢精〗*金錢精怪。〈1/一〉右二鬼,人家宅中有銅金錢精,主作於此鬼。鬼或變化作人形,居宅不安,呼之即去。(18/246c)

〖髮光〗*附在頭髮的精怪。〈1/一〉血光金光,火光水光,木光衣光髮光,舍宅門戶開閉音聲之怪,甑叫釜鳴金鐵之精……藏在宅中不肯去者,伏惟太上勑下天曹,應咒斬殺之。(28/368c)

〖木光〗*樹木精怪。〈1/一〉例見"髮光"。

〖水光〗*水中精怪。〈1/一〉例見"髮光"。

〖血光〗*血中精怪。〈1/一〉例見"髮光"。

〖衣光〗*衣服精怪。〈1/一〉例見"髮光"。

〖火光₂〗*火之精怪。〈1/一〉例見"髮光"。

〖金光₂〗*金屬精怪。〈1/一〉例見"髮光"。

〖鬼王〗*傳説鬼世界的王。〈1/一〉吾爲天地除萬殃,變身人間作鬼王。(28/367c)

〖鬼帥〗*鬼的頭目。〈1/一〉但求百官江河大神,龍王鬼帥,藏在雲間,叩頭搏頰,求自披陳,不聽理訴,收付獄君,銅枷鐵鎖,鉗其喉咽,衆邪惶怖,不敢妄前。(28/367b)

〖鬼兵〗*陰間的兵卒。〈1/一〉六天之治,於此而興,故太上大道君給以鬼兵,使於三代之中,驅除惡人。(28/407a)

〖鬼主〗*衆鬼的首領。〈6/一〉右五方鬼主,諸欲著名生録爲種民者,按此文書,隨病呼之,知領鬼姓名,病即差矣。(18/250a)

〖五主〗*五方鬼主。〈1/一〉今遣五主,各領萬鬼,分布天下,誅除凶惡,被誅不得稱狂[枉],察之不得妄救。(18/250a)

〖鬼官〗*管理死者魂魄的官吏。〈1/一〉佩者不得妄傳,傳非其人,不依年限,輕泄寶文,身被風刀之考,没命鬼官,殃及七玄神父。(28/410a)

〖鬼伍〗*與鬼同伴;鬼中一員。〈1/一〉五藏虛空爲尸人,命不可贖屬地官。身爲鬼伍入黄泉,思而改悔從吾言。(18/238b)

〖寒鬼〗*薄情的鬼。〈1/一〉天下人民各頑愚,見世憒憒不知憂,寒鬼入來與子遊,太白流横長六朱,老公道上更相扶。(18/248a)

〖下鬼〗*受苦難的鬼。〈1/一〉佩書不經陰氒,陰氒濁殗,則身受殃,大罪,身後爲下鬼。(28/410a)

〖丘丞〗*依附丘墓的精怪。〈1/一〉丘丞鬼名地令。(18/251b)

〖丘丞墓伯〗*依附墳墓的精怪。〈2/二〉太素太始君五人,官將一百二十人,一合下符攝地[補:下]二千石女青詔書丘丞墓伯十二塚鬼。(28/550c)

〖丘丞墓相〗*依附墳墓的精怪。〈1/二〉左都侯君,官將一百二十人,治太清元室,主收天下兵塚鬼,絕墓丘丞墓相、塚中二千石爲祟病人者。(28/549c)

〖墓伯〗*依附墳墓的精怪。〈2/二〉右郡候君,官將吏一百二十人,治泰玄室,主收丘墓之鬼,絕墓神兵、墓伯、塚中二千石爲民作精祟。(28/539c)

〖墓卿石祆〗*依附墳墓的精怪。〈2/一〉地畜靈,官將一百二十人,治廣靈

177

室,主收塚堄墓卿石袄鬼。(28/550a)

1.1.7.3　氣(15+5+16=36:單5+0+0〈45+0+0/十四+0+0〉,雙10+5+10〈26+12+26/十二+七+十七〉,叄0+0+4〈0+0+9/0+0+四〉,肆0+0+1〈0+0+2/0+0+一〉,伍0+0+1〈0+0+1/0+0+一〉))

【太真】*原始混沌之氣。〈1/一〉太上云:六天事設,資於太真,求九經陽九百六之數,還治三天。(28/407a)

【天炁(天氣)】*天之陰陽元氣。〈4/三〉青童君曰:黃帝生民,使天炁憤激,三五失正,故以六天之炁,使誅除惡民。(28/407a)

【三氣₂(三炁)】*天地化生之初的玄氣、元氣和始氣。〈5/二〉道生天,天生地,地生人,皆三氣而生。(18/235c)

【九玄炁】*指天地化生之初的九天之氣。〈2/一〉微乎九玄炁,洞源三清滓,靈化隨運生,淵響徹高擬,六覺啟玄關,未悟方乃始。(28/407c)

【九炁】*九天之氣。〈5/一〉青童君曰:時未有歲月,九炁既存,一炁相去九萬九千九百九十里,一里爲一歲也。(28/406c)

【太玄元始炁】*玄妙的萬物起始之道氣。〈1/一〉无上太和君、官將,九宮十二營衛,諸天虛空,大小一切百姓,有病苦者告諸弟子大一太玄元始炁三十萬億諸國祭酒。(28/370a)

【玄元始氣】*玄氣、元氣、始氣的合稱。〈2/一〉道以漢安元年五月一日,於蜀郡臨邛縣渠停赤石城造出正一盟威之道,與天地券要,立二十四治,分布玄元始氣治民。(18/236b)

【玄炁】*道教指宇宙產生之初的"三氣"(玄氣,元氣,始氣)之一。〈2/二〉下有三真,生於第三大赤天,大赤天是玄炁之澄也。(28/406c)

【始炁】*道教指化生宇宙的"三氣"(玄氣、元氣、始氣)之一。〈2/一〉九天真王與元始天王,俱生始炁之先,天光未朗,鬱積未澄。(28/406c)

【氣₆(炁₃)】*道;道氣。〈19/六〉天師稽首:敢承先王之道,制民勑鬼,今當以盟威正一之氣、女青鬼律,役使天下邪魅妖殄,助道興化。(18/246b)

【中和氣】*天地中調和之氣。〈1/一〉故輕清者即上爲天,重濁者即下爲地,中和氣者爲人。故天地合精,萬物化生。(34/463a)

【王道炁】* 王氣。〈1/一〉求利百福君,并合屬將吏生王道炁一合下,主民人百病,求欲皆得。(28/554c)

【精真炁】* 精粹純真之氣。〈5/一〉謹請北方黑童君,身長五千萬丈,從官五千萬人,乘北方辰星之精真炁,浮空而來,降臨壇所,行神布炁,搜索邪精,漂蕩鬼賊,有罪無赦。(18/296c)

【三微】* 三正初始之氣。〈1/一〉採取芝英成萬神,服食三微飲神丹。壽命無窮與天連,遊戲無極八重間。(28/374a)

【靈₁】* 靈氣;精氣。〈1/一〉天陽地激,三五及靈,流光極崖,竟天鬱冥,自下無外,悉還無形,六天群祅,靡有不平,太一促運,真道當行。(28/409a)

【九氣】* 出入人身九竅之氣。〈3/二〉九氣通則五藏安,五藏安則六府定,六府定則神明,神明則親道。(18/235c)

【中氣】* 居中之氣。〈1/一〉教謝二十四治五氣、中氣、領神四部行氣、左右監神、治頭祭酒、別治主者、男女老壯散治民。(18/238b)

【舍炁】* 反映房舍災祥的氣。〈2/一〉四明君,官將吏一百二十人,主勑祭酒治舍炁不安穩,主禁考訟鬼之不正逆炁,解訟者考炁,分別清濁。(28/536c)

【元炁₂】* 人體所具有的自然純淨之氣。〈1/一〉二十者,不得思神不報,因行生氣,取降元炁,貪淫愛色,手足不離,彌日竟夕,如此无道。(18/245b)

【生氣(生炁)】* 男女陰陽和合之氣。〈4/一〉例見"元炁₂"。

【三三₂】* 人體九竅所通之氣。〈1/一〉三三者不離,故能與天地變易。(18/235c)

【三氣₁】* 上中下三丹田之氣。〈2/一〉八極之內有九城,九宮之內應天經。三氣五氣令身生,七九去災除殃丁。(28/373a)

【元陽】* 人體陽氣的根本。〈1/一〉赤門赫赫誰能當,賢人君子字道長。防災除害思元陽,氣流溢布身華光。(28/373b)

【强炁】* 人體內過盛的火氣。〈1/一〉地八節君,官將一百二十人,治大丹室,主治女身爛喉腫各强炁之病。(28/545a)

【疾炁】* 導致疾病的氣。〈1/一〉逆煞之鬼,流布人間,誑作百病,五逆疾炁,寒熱頭痛。(18/242a)

【氣₇(炁₄)】* 可致吉祥或災殃的神靈精怪。〈22/五〉時欲從急驛馬通,千

里相逐如飛蜂。毒害之氣難可衝,道路隔塞絕不通。(28/372b)

【土炁】*土中精氣。〈4/一〉考召考官吏,主收解宅內四面土炁,破射妨害,殺炁消滅,身無宅[它]胎姓安穩。(28/547a)

【吹₂】*邪氣。〈2/一〉元炁君,官將一百二十人,治室舍,主收天下萬民宅舍及吹,解諸橫禍之鬼。(28/536a)

〖沴氣〗*災害不祥之氣。〈1/一〉下古世薄,多愚淺,但愛色之樂,淫於邪僞,以成耳目,淫溢女色,精神勃亂,貪惜貨賂,沴氣發上,自生百病。(18/236a)

〖陰炁〗*陰邪不净之氣。〈2/一〉佩書不經陰炁,陰炁濁殗,則身受殃,大罪,身後爲下鬼。(28/410a)

【伏炁】*一種害人的氣。〈1/一〉爐火玉女千二百人,赤衣,主收一百二十竈鬼中伏炁。(28/551a)

〖故氣(故炁)〗*鬼神混濁死亡之氣。〈11/六〉天歷運度隨時清,三師出教給吏兵。守宅將軍繞舍營,辟斥故氣却邪精。(28/373a)

【殺氣(殺炁、煞炁)】*凶邪災殃之氣。〈5/二〉至今三天恚怒,殺氣縱橫,五星失度,太白揚光,變風冬雷,彗孛低昂。(18/237a)

〖毒炁₂〗*災氣。〈1/一〉右九蠱之鬼,行諸惡毒妖媚,蠱亂天下,與五温鬼太黃奴等共行毒炁也。(18/250c)

【餘氣】*殘餘的煙氣。〈2/一〉譬如炊熟,火下以滅,甑中餘氣未盡,勢安得久?(18/233b)

【香】*香料燃燒産生的煙氣。〈1/一〉流旗繞香,玉籥虛唱,神林激音,萬響揚聲,洞暢九元。(28/407b)

1.1.8 人物姓氏[1 +3 +20 =24:單1 +4 +0〈1 +7 +0/一 +四 +0〉,雙0 +3 +11〈0 +3 +19/0 +三 +十二〉,參0 +0 +4〈0 +0 +5/0 +0 +四〉,肆0 +0 +1〈0 +0 +1/0 +0 +一〉]

【尹】*尹喜,又稱關令尹。〈1/一〉太上老君前與尹相吾臨孟津河上,告吾天有常運,大期行交,先不治。(32/593a)

〖秦始〗*秦始皇。〈1/一〉夏商周三代,轉見世利,秦始五霸,更相尅害。

（18/236a）

【漢始皇】＊漢代開國君王劉邦。〈1/一〉吾以漢安元年五月一日,從漢始皇帝王神氣受道,以五斗米爲信,欲令可仙之士皆得升度。（18/238b）

【黃石】＊黃石公。秦漢時人,曾授張良兵書。〈1/一〉秦人不得真道,五霸世衰,赤漢承天,道佐代亂,出黃石之書以授張良。（18/236b）

【山中黃】＊黃石公。〈1/一〉身生吾羽飛雲行,上謁老君山中黃。遊觀南嶽宿閑房,仙人王喬共遨翔。（28/373b）

【武帝】＊魏武帝曹操。〈1/一〉是吾順天奉時,以國師命武帝行天下,死者填坑。（18/237c）

【干帛】＊干吉、帛和。〈1/一〉今瑯邪有木蘭樹,干帛二君所治處也。（18/218b）

【干君】＊干吉。〈5/一〉老君至瑯邪授道與干君,干君受道法,遂以得道,拜爲真人,又傳《太平經》一百七十卷,甲乙十部。（18/218b）

【帛君】＊帛和。〈1/一〉後帛君篤病,從干君授道護病,病得除差,遂復得道,拜爲真人。（18/218b）

【張道陵】＊東漢末年天師道的創始人。〈2/一〉言鬼者何? 人但畏鬼不信道,故老君授與張道陵爲天師,至尊至神,而乃爲人之師。（18/236b）

【趙昇】＊天師張道陵的弟子,後得道成仙。〈3/二〉太上遣仙官乘鶴鹿來迎,昇天翠羽登騎輕翔,英、稚二生攀龍俱舉,趙昇侍從。（32/593c）

【趙生】＊趙昇。〈1/一〉顧呼趙生。（32/593c）

【昇₂】＊趙昇。〈4/一〉吾不忍先經土户,白日昇天,當須神丹,便與昇、長避世隱居,採精石髓玉瑰羅珠鳳腦芝英,奇異絕殊,隨四時能合。（32/593c）

【趙大夫】＊趙昇。〈1/一〉天師告趙大夫曰:"吾欲告子口訣。"（32/593a）

【王長】＊天師張道陵的弟子。〈1/一〉師老太一,今故以元年正月七日奉行,從者千人之中有王長、趙昇二人可以道炁化度,令畢得長生大義。（18/249a）

【長₆】＊王長。〈1/一〉例見"昇₂"。

【英】＊天師張道陵的弟子王英。〈1/一〉太上遣仙官乘鶴鹿來迎,昇天翠羽登騎輕翔,英、稚二生攀龍俱舉,趙昇侍從。（32/593c）

181

〖稚〗* 天師張道陵的弟子王稚。〈1/一〉例見"英"。

〖楊公〗* 人名。〈1/一〉故有楊公十五奉道,六十未報,修身不倦,至年八十,功滿行著,福報無量。(18/235a)

〖木子三台〗* 人名的拆字,即李治。〈1/一〉誰正此道有姓名,木子三台常與并。約在大會天下平,五行列布金木生,火水父母土爲營。(18/248c)

〖口弓〗* "弘"的拆字隱語,即李弘。〈1/一〉隨時轉運西漢中,木子爲姓諱口弓。居在蜀郡成都宮,赤名之域出凌陰。(28/372a)

〖凌陰〗* "陵"的拆字隱語,即張陵。〈3/一〉例見"口弓"。

〖木子〗* "李"的拆字隱語。〈1/一〉例見"口弓"。

〖弓長〗* "張"的拆字隱語。〈1/一〉弓長合世建天中,乘三使六萬神崇。實列三師有姓名,二十四治氣當成。(28/372a)

1.2 肢體壽命{1+3+16=20:雙18肆2}

1.2.1 頭部五官[0+0+5=5:雙0+0+4〈0+0+4/0+0+四〉,肆0+0+1〈0+0+1/0+0+一〉]

〖目寶〗* 瞳孔。〈1/一〉百玄玉女二百人,持神方良藥,主治男子目寶之病。(28/543c)

〖八木〗* 口。口爲呼吸出入之道,一呼爲陽爲伸,主生,象八木。〈1/一〉垂枝布葉陰覆陽,四海來會爲柱梁。勸化男女善相將,接息八木氣當王。(28/373a)

〖牙齒〗* 人類和某些動物口腔內外的、具一定形態的高度鈣化的堅硬組織。〈1/一〉吾知汝姓名,北海大神謂衛狀,身長三丈,頭長三尺,黃金爲牙齒,如曲鑿,面廣三尺,額頸正白,朝食三千,暮噉八百。(28/369c)

〖音喉〗* 喉嚨。〈1/一〉白玄解激君一人,官將一百二十人,治陰明室,主治女晨夜音喉翁惡赤,治之。(28/545a)

〖三環角結〗* 一種髮式。〈1/一〉周天玉女千二百人,赤衣,三環角結,主男女百病竄鬼所爲。(28/544b)

1.2.2　肢體内臟［1 + 1 + 9 = 11：雙 1 + 1 + 8〈1 + 1 + 8/一 + 一 + 八〉,肆 0 + 0 + 1〈0 + 0 + 1/ 0 + 0 + 一〉]

【初形】*本初的形體。〈1/一〉結芒太霞館,流昐無窮齡,神映通幽關,鍊胎反初形,撫哀五濁子,命同浮朝生。(28/407c)

【空尸】*無靈魂的軀體。〈1/一〉毀慢形神,恥辱真文,令貴[真]靈遠逝,空尸獨在。犯此之禁,奪筭,削退陟真之爵。學者慎之。(28/409b)

【强尸】*死尸。〈1/一〉貪淫愛色心斷亂,强尸縱横令人歎。不能清己呼天怨,吾道清潔選種民。(28/372c)

【五體】*四肢及頭。〈1/一〉天地陰陽人爲先,五體骨節皆有神,樂人長生俱飛仙。(18/248c)

【背脊】*背部。〈1/一〉言生君,官將一百二十人,治安樂室,主天下雲中一百二十神三十六,主病某心腹背脊四肢骨節戴眼吐沫口禁驚瘈之鬼。(28/546c)

【十二宮室】*内臟各部分。〈1/一〉天醫、官醫、太醫、五官治病醫吏各十二人,一合下詣某處,入某身中五臟六腑十二宮室,布流一百二十關節,行神布炁,典治痛處。(28/539a)

【心府】*心。〈1/一〉扶清後部司馬和夏君八十四人,官將一百二十人,主心府。(28/547c)

【中丹】*丹田。〈1/一〉凌陰之室在中丹,内外相遇無甾難。(28/373a)

【陰陽₄】*男女生殖器。〈1/一〉天官五行三五七九君,官將一百二十人,主治男女陰陽閉塞不通,利腫痛生瘡,主治之。(28/546b)

【生門₂】*女陰。〈1/一〉十者,不得傳道童女,因入生門,傷神犯氣,逆惡无道,身死无後,不得反男爲女,陰陽倒錯,天奪筭三百。(18/245a)

【陰門】*陰户。〈1/一〉赤師君一人,官將一百二十人,主治女子陰門中下血,絕子,帶下十一[二],時病,主治之。(28/548a)

1.2.3　壽命［0 + 2 + 2 = 4：雙 0 + 2 + 2〈0 + 2 + 3/0 + 二 + 三〉]

【生門₁】*生命之門。〈2/二〉素男玉女,衣服元炁玄炁玄黄,周旋而遊生

門,晝夜與日月同光,下統地祇,上應北辰。(28/367b)

【血性】*鮮血和生命。〈1/一〉大小皆來至此間,餘有胡鬼億萬千,食人血性逆毛遷,今來入國汝何緣?(18/248b)

【本命₂】*本應具有的天然壽命。〈1/一〉南昌君,官將一百二十人,治列庫室,歷犯周旋八紀之中,脫下死籍,還著本命,消滅三蟲,伏長生不老,八十歲更爲十五童。(28/538b)

【終年】*天年。〈1/一〉善人惡人,富貴貧賤,各自謂壽命終年,誰欲先窮者?人人所不樂也。(18/234c)

1.3　動植諸物{22 + 24 + 131 = 177:單 8 雙 159 三 8 肆 1 伍 1}

1.3.1　萬物禽獸昆蟲[2 + 4 + 22 = 28:雙 2 + 4 + 20〈2 + 6 + 33/二 + 五 + 二十二〉,肆 0 + 0 + 1〈0 + 0 + 1/0 + 0 + 一〉,伍 0 + 0 + 1〈0 + 0 + 1/0 + 0 + 一〉]

【蟲畜】*泛指牲畜。〈2/一〉黑小騏君,官將一百二十人,赤靈君主天下牛馬六畜疫病之鬼,收三十六精祟,欲畜養生馬豬牛,烈[列]色數,啓百蟲畜收王相[補:君]官將,一合來下,令其蕃息。(28/554a)

【蟄藏】*蟄伏的動物。〈1/一〉第九十五戒者,不得冬天發掘地蟄藏。(18/220b)

【逆毛】*逆行害人的獸類。〈1/一〉大小皆來至此間,餘有胡鬼億萬千,食人血性逆毛遷,今來入國汝何緣?(18/248b)

【水族】*水生動物的統稱。〈1/一〉水却君一人,官將一百二十人,治河龍室,主天下萬民汙池沼渚一切水族,捕十二目精鬼怪,營護部界。(28/554b)

【黃驎】*傳說中的瑞獸麒麟。〈1/一〉此符青龍主東,白虎主西,朱雀主南,玄武主北,中央黃驎,辟除鬼賊,急急如律令。(18/246c)

【九龍】*傳說中神仙駕御的神獸。〈3/二〉真氣來附成萬神,與天相保昇崑崙。驂駕九龍行如雲,鬱鬱之童至遼東。(28/372b)

【六龍】*神仙車駕,原指天子車駕。〈1/一〉遊於五嶽乘紫雲,驂駕六龍會天門。門有害氣不敢前,十往十死初不還。(28/373a)

【巨虯】*巨龍。〈1/一〉飛龍毒獸,備衛靈關,巨虯千尋,奮爪廣庭,流光八朗,煥赫玉清。(28/407b)

【躍龍】*飛龍。〈1/一〉太上遣仙官乘鶴鹿來迎,昇天翠羽登騎輕翔,英稚二生攀龍俱舉,趙昇侍從,俱至無極之崖,青雲之中,躍龍跼躑,徘徊天路。(32/593c)

【蛟龍】*四靈之一,青龍。〈1/一〉左從百二十蛟龍,右從百二十猛虎,前導百二十朱雀,後從百二十玄武,頭上有五彩華蓋,足履魁罡。(28/367b)

【蛇虺】*蛇類。〈1/一〉吾欲不就事,上官命嚴,命放六天故氣、三官百鬼,以大兵大病虎狼蛇虺百毒驅除天下。(32/593a)

【蟒蛇】*一種無毒的大蛇。〈1/一〉蟒蛇之鎧兼欲前,邪逆妄害鐵鎖連,捉頭三斬烹汝身,窮奇辟邪縱橫吞。(28/367c)

【蛇蚖】*毒蛇。〈2/一〉先生君一人,官將一百二十人,治神水室,主爲萬民醫治蛇蚖五毒精殺,不得行。(28/545a)

【老虎】*虎的通稱。〈1/一〉北玄君一人,官將一百二十人,治皇宮,主收龍蛇精老虎精,主之。(28/543a)

【白獸】*白虎。〈1/一〉西方白獸,上應觜參,英英素質,肅肅清音,威懾衆獸,嘯動山林,來侍吾右。(18/295c)

【猛虎】*四靈之一,白虎。〈1/一〉左從百二十蛟龍,右從百二十猛虎,前導百二十朱雀,後從百二十玄武,頭上有五彩華蓋,足履魁罡。(28/367b)

【蟲鼠】*老鼠等危害莊稼的動物昆蟲。〈8/一〉三炁陽元君,官將一百二十人,治黃雲室,主收蟲鼠犯暴之傷田種。(28/553c)

【生鼠】*活老鼠。〈1/一〉以此觀之,故諺言:死人不如生鼠。(18/238a)

【靈禽】*珍禽,神鳥。〈1/一〉奈何此世思九公,母能養子恩意同。無偏無黨可相從,靈禽辟邪除群凶。(28/372b)

【勾星】*鈎星。神話傳說中姑獲鳥的別名。〈1/一〉東海大睦塗君,官將一百二十人,主收勾星狐狢之精,并收瘒。(28/535c)

【梟鳥】*貓頭鷹一類的鳥。〈1/一〉前死之鬼,後死之鬼,應時咒殺之鬼,及諸百怪,梟鳥鴟鵲,百鳥妄鳴,狗嘷作怪。(28/368c)

【鴟鵲】*鴉鳥和喜鵲。〈1/一〉例見"梟鳥"。

【蟲兒】＊泛指小蟲。〈1/一〉九野君，官將一百二十人，治地盡宮，主萬民
田作求利，蟲兒不害，鹿走，得百倍。（28/540c）

【天蜂】＊蜂類昆蟲。〈1/一〉天蜂、青蠅、蟲蛇、野獸、狐狸、六畜五毒之炁，
藏在宅中不肯去者，伏惟太上勑下天曹，應咒斬殺之，如玄都鬼律。（28/368c）

【蟲獠】＊害蟲。〈1/一〉蠻夷鬼，忌誕鬼，蟲獠鬼，精神鬼，百蟲鬼。（28/
370b）

【自天父母蚕】＊蠶种。〈1/一〉山澤君，官將一百二十人，治陰陽室，主天
下崖蚕自天父母蚕。（28/553b）

【鋒蜂蚢召】＊各种螫人的毒蟲。〈1/一〉廣老君一人，官將一百二十人，治
倉室，主收天下鋒蜂蚢召之鬼，主治百精。（28/543a）

【五毒】＊五種毒蟲。〈5/三〉先生君一人，官將一百二十人，治神水室，主
爲萬民醫治蛇蚖五毒精，殺不得行。（28/545a）

1.3.2　植物藥物飲食[2＋6＋17＝25；單2＋0＋0〈3＋0＋0/二＋0
＋0〉，雙0＋6＋14〈0＋8＋15/0＋七＋十五〉，叁0＋0＋3〈0＋0＋三/0
＋0＋三〉]

【神林】＊天界中的樹林。〈1/一〉懸於旌蓋，流旗繞香，玉籟虛唱，神林激
音，萬響揚聲，洞暢九元。（28/407b）

【老樹】＊枯樹。〈1/一〉老君曰："人生雖有壽萬年者，若不持戒律，與老樹
朽石何異？"（18/218c）

【花果】＊花草果樹。〈1/一〉井竈之間，花果之下，所有伏屍故氣，土木百
精，猫鬼野道，生人厭蠱，爲害鬼賊，於道不順者，收付魁罡之下。（18/297a）

【鐶剛】＊仙樹。高三四尺，其實如鐶，故名環剛樹，一名太極隱芝。〈1/
一〉衆吹雲歌，麟舞鳳鳴，激給玉虛，瓊振三清，設流霞之醴、鐶剛之果，雜案紛
落，流眄太冥。（28/407b）

【木蘭樹】＊香木名。〈1/一〉今瑯琊有木蘭樹，干帛二君所治處也。（18/
218b）

【猥樹】＊形狀扭曲的大樹。〈1/一〉猥樹之鬼，名連不智。（18/243a）

【木榴】＊树木枝幹隆起的塊狀物。〈1/一〉木榴之鬼，名鳴㖞。（18/243a）

【田種₂】*莊稼。〈1/一〉三炁陽元君,官將一百二十人,治黃雲室,主收蟲鼠犯暴之傷田種。(28/553c)

【苗稼】*田禾;莊稼。〈1/一〉天田君,官將一百二十人,治北門室,主民人種作苗稼,辟却蟲鼠,令好,有倍利。(28/553c)

【斗米】*少量的米。〈1/一〉多佩籙職,自稱真人,賣術自榮,妖惑愚人,貪尺帛十錢斗米,聚斂人物,求目下之安。(32/593b)

【紫蘂】*紫色花朵。〈1/一〉此文秘於太上靈都之宮,刻以紫玉爲簡,黃金爲文,付五老上真、仙都左公,封以紫蘂玉笈,盛以雲錦之囊。(28/407b)

【子₆】*植物的種子、果實。〈2/一〉白蚕君,主保五穀苗莖滋好,結子成實,收入萬倍。(28/540c)

【馬穀】*喂馬的穀物。〈1/一〉五田外田九野都平君,自營歲終田作五穀,今爲俗有異,詭[貤]馬谷[穀]一斛,以爲勑[劾]信。(28/540c)

【粮精】*糧食。〈1/一〉王域行厨君,官將一百二十人,治王門室,主令師制炁,不食不飢,可入名山,不用粮精廣神也。(28/541c)

【羶】*肉類食物。〈1/一〉第一百七十四戒者,見羶不食。(18/221c)

【厨食】*飯食;飯菜。〈1/一〉仙官昌樂君一人,官將一百二十人,治地威室,主收天下百姓作厨食,護之。(28/552b)

【厚食】*豐厚的食物。〈1/一〉受職者皆濫對天地氣候,理三官文書,事身厚食。(18/237b)

【行厨】*所携帶的酒食。〈2/二〉宜預防之過災殃,得見太平昇仙房。乘雲駕龍到南陽,飲食行厨布腹腸。(28/372a)

【齋餅】*供奉神靈的餅類食物。〈1/一〉責領奸師,更相厭固,或録人形像,召人名諱,長付社竈,波也[池]泉水,無不痛[通]處,香美齋餅,求於司命。(28/369a)

【九藥】*各種丹藥。〈1/一〉飲食九藥辟穀糧,名山可處石室堂。前臨源流道里長,混沌相隨到海陽。(28/374a)

【千日丹】*千日煉成之丹藥。〈1/一〉千日丹成,各服刀圭,身變五色,毛羽立生,體融金光。(32/593c)

187

【神丹】＊道教所煉的成仙靈藥。〈3/二〉採取芝英成萬神,服食三微飲神丹。壽命無窮與天連,遊戲無極八重間。(28/374a)

【精石髓】＊石鐘乳。〈1/一〉吾不忍先經土戶,白日昇天,當須神丹,便與昇、長避世隱居,採精石髓玉瑰羅珠鳳腦芝英,奇異絕殊,隨四時能合。(32/593c)

【毒烋₁】＊毒力。〈1/一〉主收某身中五毒之鬼,虫蛇嚙人,毒入腹中,毒烋不行,令差之。(28/545a)

【蛇毒】＊蛇分泌的毒液。〈1/一〉天上白蛇君三十九人,收萬民爲蛇毒之鬼所中,便得烋不行。(28/545a)

1.3.3 服裝織物[0＋1＋6＝7：單0＋0＋1〈0＋0＋1/0＋0＋一〉,雙0＋0＋4〈0＋0＋5/0＋0＋四〉,叁0＋1＋1〈0＋1＋1/0＋一＋一〉]

【通天冠】＊一種神仙戴的帽子。原指皇帝戴的帽子。〈1/一〉地官玉女千二百人,衣五彩衣,戴通天冠,主收地烋吐精,沐制刑禍口舌。(28/556a)

【巾帽】＊頭巾帽子。〈1/一〉太上告後聖君曰:凡受三天正法,佩帶真文,出入三光及冥旰卧息,不得露頭,不著巾帽及脫衣露形。(28/409b)

【三縫冠】＊一種帽子。〈1/一〉還與真人共語言,心中真人來上天。絳黃單衣三縫冠,佩天玉符跪吾前。(18/238b)

【屐履】＊泛指鞋子。〈2/一〉太上告後聖君曰:凡受三天正法,佩帶真文,恒當沐浴盥洗爲急,每令屐履衣服盛潔,不使污穢。(28/409a)

【壁帳】＊帳幔。〈1/一〉造功立宅,架屋立柱,築治園墟,修營家宅,破壞舍屋,移轉井竈,動促門戶,補治籬落,縛束壁帳,穿井掘窖,填補塞孔。(28/368c)

【繗】＊絲。〈1/一〉朱青繗三十尺爲要信,青布四十三尺爲密誓,金鐶五雙爲指天大誓。(28/410a)

【飛青】＊服飾車蓋等上面繪制的青雲紋。〈1/一〉如是後聖金闕帝君、上相青童君,皆月三告,清齋,時乘碧霞九靈流景雲輿、飛青羽蓋,從桑林千真,上諸太上靈都之宮,朝啓真父,遊宴玉庭。(28/407b)

1.3.4 器物工具[5＋2＋42＝49：單0＋1＋1〈0＋1＋1/0＋一＋
一〉,雙5＋1＋38〈5＋1＋39/五＋一＋三十八〉,叁0＋0＋3〈0＋0＋3/0
＋0＋三〉]

〖金銀器〗*指貴重的飲食器皿。〈1/一〉不得以金銀器食。(18/219a)

〖水椀〗*盛水的碗。〈1/一〉次左手執水椀,咒曰:江河淮海非臣水,五龍
吐出清天地,大帝服之三萬年,今日吾將净袄氣。急急如律令。(18/296a)

〖坩坑〗*燒鑄金屬陶器的坩鍋窰爐。〈1/一〉坩坑鬼,名父雉。(18/243b)

〖崖蚕〗*蠶簇。〈1/一〉山澤君,官將一百二十人,治陰陽室,主天下崖蚕
自天父母蚕。(28/553b)

〖簿〗*蠶簾,一種用竹篾等編成的養蠶器具。〈1/一〉神男玄女主採桑餧,
玄女主簿,素女主蠶,黄白分明。(28/553b)

〖曲鑿〗*彎曲的鑿子。〈1/一〉吾知汝姓名,北海大神謂衜狀,身長三丈,
頭長三尺,黄金爲牙齒,如曲鑿。(28/369c)

〖五斧〗*各類斧子。〈1/一〉五斧之鬼,名兀生。(18/244a)

【網羅】*束縛。〈1/一〉近見三天入人身,解脱網羅拜老君,安心定意行至
仙,長短須已勿半身。(18/248a)

【天羅】*天網。〈1/一〉克以今日今時齊到此處,蓋屋三重繞壇三帀,上張
天羅,下布地網。(18/297a)

〖地網〗*神靈張設在地面的網羅。〈1/一〉例見"天羅"。

〖鐵鈎〗*釣魚的鐵鈎。〈1/一〉道不理者,鐵鈎其分,持天丁甲六千鐵杖打
殺,無令得脱。(28/549b)

〖墣石〗*磚塊石頭。〈1/一〉墣石之鬼,名月遡。(18/243a)

〖樗木〗*椽木。〈1/一〉樗木之鬼,名汝遠。(18/243a)

〖柱木〗*木柱。〈1/一〉柱木之鬼,名文羅,一名元羅。(18/244a)

〖巨炭〗*大塊的木炭。〈1/一〉脆巨炭紙筆等。(28/546b)

〖香火〗*香燭。〈1/一〉當以本命或太歲之日夜半,於別室,人民寂絶,露
於中庭,施坐北向,用五案安著五方,案一香火,案一手巾覆於案上。(28/
408b)

189

〖玉笈〗* 玉飾的書箱。〈1/一〉此文秘於太上靈都之宮,刻以紫玉爲簡,黃金爲文,付五老上真、仙都左公,封以紫蘂玉笈,盛以雲錦之囊。(28/407b)

〖桃刺〗* 寫有紅色符籙、用以驅鬼避邪的桃木板。〈1/一〉厭用桃刺,長尺二,朱書,又懸門户上,勅法如左。(18/246c)

〖印章〗* 圖章。道教法物,具有驅魔降妖之用。〈1/一〉上呼玉女,收捕非殃。登天左契,佩帶印章。(28/367c)

〖黃神〗* 道教印章名。〈1/一〉頭戴華蓋,足躡魁罡。左扶六甲,右扶六丁。前有黃神,後有越章。(28/367c)

〖越章〗* 道教印章名。〈1/一〉例見"黃神"。

〖笙簧〗* 由密集而長短不一竹管制成的樂器。〈1/一〉笙簧鬼,名讝。(18/243b)

〖玉籟〗* 玉制管樂器;仙界的樂器。〈1/一〉懸於旌蓋,流旗繞香,玉籟虛唱,神林激音,萬響揚聲,洞暢九元。(28/407b)

〖雲璈〗* 一種琴。〈1/一〉末乃自引雲璈之琴,撫而彈之,玉音粲麗,徹響太霄,而歌神鳳之章、九靈之曲。(28/407c)

〖兵鋒〗* 兵器的鋭利部分;武器。〈1/一〉國家不和,君臣相詐,强弱相陵,夷狄侵境,兵鋒交錯,天下擾攘,民不安居。(18/232a)

〖刀仗〗* 刀和杖;兵器總稱。〈1/一〉第六十二戒者,不得帶刀仗。(18/219c)

〖剛劍〗* 用鋼鐵鑄造的劍。〈1/一〉咒曰:五行所運,火木水土金,我佩剛劍,禁救鬼神。(18/295c)

〖戟甼〗* 古代的長兵器。〈1/一〉戟甼之鬼,名耳禽。(18/243b)

〖槍棘〗* 槍與戟;武器。〈1/一〉不得施槍棘著道中。(18/220b)

〖礧磨〗* 刑具。〈1/一〉天師曰:吾爲天地除萬殃,變身人間作鬼王,身長丈六頭面方,銅牙鐵齒銜鋒鋩,手持礧磨戴鑊湯。(28/367c)

〖銅枷〗* 銅質枷鎖。〈1/一〉但求百官江河大神,龍王鬼帥,藏在雲間,叩頭搏頰,求自披陳,不聽理訴,收付獄君,銅枷鐵鎖,鉗其喉咽。(28/367b)

〖騎乘〗* 車馬。〈1/一〉騎乘鬼、車駕鬼、山鬼、神鬼、土鬼、山頭鬼、水中鬼、據梁鬼、道中鬼、羌胡鬼、蠻夷鬼。(28/370b)

【翠羽】*神仙所乘車駕。〈1/一〉太上遣仙官乘鶴鹿來迎,昇天翠羽登騎輕翔,英稚二生攀龍俱翠,趙昇侍從,俱至無極之崖,青雲之中。(32/593c)

【九龍彎】*龍駕的車。〈1/一〉策御九龍彎,上朝玉皇庭,太虛九玄炁,法化沉三靈,高會玄晨闕,躬命元始精。(28/407c)

【龍彎】*龍駕的車。〈1/一〉有心齊冥契,拔脱三塗苦,颷然控龍彎,藹沫上清館,豈覺有餘滯。(28/407c)

【羽駕】*傳説以鸞鶴駕的車。〈1/一〉五嶽靈官恒當營衛,出入遊行,授其自然之樂,雲輿羽駕,迎子之身。(28/408b)

【雲輿】*神仙以雲爲車,故稱。〈2/一〉時乘碧霞九靈流景雲輿、飛青羽蓋,從桑林千真,上諸太上靈都之宮,朝啓真父,遊宴玉庭。(28/407b)

【紫輦】*紫色的車子;神仙的車駕。〈1/一〉太和玄老,乘青雲紫輦,華蓋玉女車輪,水精爲輿,金銀爲厢,驂駕九龍,光照諸天,絳紫毛裘,混混沌沌,晃晃昱昱,震動驚人。(28/367b)

【元子車】*車子。〈1/一〉元子車鬼,名如賢子(又馬車牛之鬼)。(18/243b)

【顯蓋】*華麗的車駕。〈1/一〉太一促運,真道當行,九天有命,收攝賈生,周天徧地,莫有所停,聖皇顯蓋,控駕紫庭,推校十方,列奏玉清。(28/409a)

【朴梂】*車轅。〈1/一〉)朴梂之鬼,名天賜,一名兵車。(18/243c)

【厢】*車厢。〈1/一〉太和玄老,乘青雲紫輦,華蓋玉女車輪,水精爲輿,金銀爲厢,驂駕九龍,光照諸天,絳紫毛裘,混混沌沌,晃晃昱昱,震動驚人。(28/367b)

【旌蓋】*旌旗和車蓋。〈1/一〉飛龍毒獸,備衛靈關,巨虯千尋,奮爪廣庭,流光八朗,焕赫玉清,懸於旌蓋,流旗繞香。(28/407b)

【傘蓋】*古代一種長柄圓頂的傘狀儀仗物。〈1/一〉傘蓋鬼,名晏。(18/243b)

【麾幢】*官員儀仗中的旗幟。〈1/一〉麾幢鬼,名託。(18/243b)

【流旗】*飄動的旗子。〈1/一〉龍毒獸,備衛靈關,巨虯千尋,奮爪廣庭,流光八朗,焕赫玉清,懸於旌蓋,流旗繞香。(28/407b)

【水船】*船。〈1/一〉北面昌盲君一人,官將一百二十人,治北水室,主水

船人賦買重量,大斗賣利,詐誕都市,不中考之。(28/541a)

〖櫓棹〗＊划船的工具。〈1/一〉水之東流無息休,翩翩揚舟隨風流。櫓櫂相催行如浮,轉相過度無稽留。(28/373b)

【土木】＊墳墓和棺材。〈1/一〉所有伏屍故氣,土木百精,猫鬼野道,生人厭蠱,爲害鬼賊,於道不順者,收付魁罡之下,入地萬丈,無動無作。(18/297a)

1.3.5　文書典籍[9＋9＋34＝52:單2＋1＋0〈26＋1＋0/六＋一＋0〉,雙7＋8＋34〈9＋8＋35/九＋八＋三十四〉]

〖天經〗＊天上的經文。〈1/一〉八極之内有九城,九宮之内應天經。三氣五氣令身生,七九去災除殃丁。(28/373a)

〖大書〗＊記載世間至理要言的書籍。〈1/一〉又云:大道張天下之大効,大書陳天下之大略,大人以爲足。(34/462c)

〖書經〗＊經書典籍。〈1/一〉條名上簿過度生,不得雍過塞人情。主者明順思書經,若有不法結罪名。(28/373c)

〖官符〗＊官府下行的文書。〈1/一〉奉道之家,或遇災異、疾病、死喪、官符、口舌,以致不利,何以然也?(18/233c)

〖教案〗＊教導的文書。〈1/一〉除死著生詣太清,文字教案令分明。遷故迎新給所請,有功增録護群生。(28/373c)

〖道經〗＊道教的經典。〈1/一〉萬萬之紀合神靈,託愚作癡不言聲,以守三一從道經,千炁不失事見明。(18/248b)

〖靈文〗＊道教經文。〈1/一〉於是諸祭酒衆等,仰歎靈文,欽承法訓,志願奉持,稽首而退。(28/370b)

〖清文〗＊清正的道教經文。〈1/一〉甲申大水蕩沃穢濁,仙官乘龍,日不進寸,不見種人,但見佩黄老職治之人與三官百鬼,文墨紛紛,更相毀鄙,濁亂清文。(32/593b)

〖真書〗＊道教的經書。〈1/一〉上告後聖君曰:諸有骨分,名書東華,録字上清,得佩真書衆籙,即給玉童玉女侍衞己身,記功明善,糺禁漏泄。(28/409c)

〖籙₁〗＊道教秘文。〈1/一〉上告後聖君曰:諸有骨分,名書東華,録字上

清,得佩真書眾籙,即給玉童玉女侍衛己身,記功明善,糺禁漏泄。(28/409c)

【真籙】*道教的經書符籙。〈1/一〉清虛小有天王撰集上仙真籙,總名爲六天文三天上真正法,以捕萬鬼,收束眾邪。(28/410a)

【圖書】*道教經籍符籙。〈1/一〉天下男女,汝曹自可按吾圖書視鬼等名,施吾太玄之下符,上三天生炁,三五七九之生,以與天民,天民死而更生。(18/242a)

【符】*符書;符籙。〈25/五〉律曰:人身有疾病厄急,可令主者施符呼名,鬼煞名,用制鬼法。(18/244a)

【官契】*道教書契、符信。〈1/一〉師曰:"太上有吾,吾有汝,然官契至要,難可具宣,道重理妙,不可妄傳。"(32/593a)

【寶文】*道教經書符籙。〈1/一〉佩者不得妄傳,傳非其人,不依年限,輕泄寶文,身被風刀之考,没命鬼官。(28/410a)

【仙券】*道教經籍。〈1/一〉奉之如法,必登上清,八皇以此爲祕仙券。有者太陰書名玉簡。(28/410a)

【祕經】*神秘的道經。〈1/一〉後有道男女生,見吾祕經,知鬼姓名,皆吉。(18/239c)

【祕符】*神秘的符籙。〈1/一〉此是聖人心口中祕言、祕符平常不忍出也,今事促,不得不空囊傾心也。(32/594b)

【符經】*符籙經籍。〈1/一〉求得奉迎聖君於上清宮,加恒誦詠靈章及符經一過,如此九年,靈垂告感,太上自當遣太極真人降子寢房也。(28/408a)

【經符】*道經符籙。〈1/一〉又用絳紋三尺,請經符著案上,以菓一盤,棗一升,著一槃中,北向再拜,叩齒十二通。(28/408b)

【符籙】*道教所傳秘密文書符和籙的統稱。〈1/一〉條名上白太上君,賜與符籙護身形。思如呼之恒隨人,敬如侍之與相親。(28/372b)

【券契₂】*符信;符籙。〈2/二〉大限未足子勤身,改心易腸道真人,師受口訣以見賢,佩吾券契一爲先,得見太平神仙君。(18/248a)

【符章】*符籙。〈1/一〉志士學道,方術厭禳,符章禁斷,乃保利貞。(18/251c)

【咒章】*咒語符籙。〈1/一〉一月三榜六咒章,募求百鬼勤豪强,得便斬殺

除凶殃,吾持神咒誰敢當,急去千里勿當殃。急急如律令。(28/367c)

〖靈籙〗*道教經籍符籙。〈2/一〉上真靈籙,攝御萬祅,獻禮五靈,以蒙納招,封還靈嶽,當使我身,與嶽同休。(28/408c)

〖符真〗*真符;具有法力的符籙。〈1/一〉明此符真,雖受職,治黃老大要紫黃金剛,不見九光萬稱之符,不免三官驅除,死没黃泉,不得過土户。(32/594a)

〖飛符〗*符籙。〈1/一〉天師勑,邪中是聞律,鬼莫不伏聽。飛符連天,一元三靈,此天師自咒身中神鬼要法。(18/247b)

〖下符〗*下達俗間的符籙。〈1/一〉汝曹自可按吾圖書視鬼等名,施吾太玄之下符,上三天生祅,三五七九之生,以與天民,天民死而更生。(18/242a)

〖生符〗*生命之符。〈1/一〉師事老子合生符,歷觀帝世知沉浮。有道君子心不憂,蕩蕩滌滌如長流。(28/372c)

〖法籙〗*驅鬼壓邪的丹書、符咒。〈1/一〉臣雖不材,竊慕玄化,忝佩法籙,叨稱治官,所歷山川,敢忘報效?(18/295b)

〖令符〗*能驅令鬼神的符信。〈1/一〉九江北玄君,官將一百二十人,治河天宫,主天下祅,出風雷令符,興雲,日中下雨。(28/556c)

〖簿録〗*簿籍。道教認爲人的生死禍福等皆載於仙官簿籍。〈1/一〉分符券契律令名,誅符伐廟有常刑。老君正法道自明,仙官簿録隨所請。(28/372a)

【右契】*天界記録生存者的籍簿。〈1/一〉吏兵上詣天曹,白人罪過,過積罪成,左契除生,右契著死,禍小者罪身,罪多者殃及子孫。(18/233a)

【左契】*天界記録死亡者的籍簿。〈2/二〉例見"右契"。

〖上清₂〗*上清仙録。〈1/一〉上告後聖君曰:諸有骨分,名書東華,録字上清,得佩真書衆籙,即給玉童玉女侍衛己身,記功明善,糺禁漏泄。(28/409c)

【大簿】*仙録籍簿。〈1/一〉自此大簿既定,不須受籍。(32/593b)

【玉簡】*仙録簿籍。〈1/一〉有者太陰書名玉簡。(28/410a)

【玉曆】*仙録籍簿。〈1/一〉功勞行狀與集并,玉曆之中有生名。(28/373a)

〖文字₁〗*記録人過失的内容。〈1/一〉除死著生詣太清,文字教案令分

明。遷故迎新給所請,有功增録護群生。(28/373c)

【生録】*記録活人姓名的簿籍。〈1/一〉右五方鬼主,諸欲著名生録爲種民者,按此文書,隨病呼之,知領鬼姓名,病即差矣。(18/250a)

【死名】*將死者的名籍。〈1/一〉民困於役不農耕,種植失時花無榮。脆卵半傷結死名,穀如金玉斷之粮。(28/373c)

【黑籍】*受懲罰的壞人名册。〈1/一〉中犯不正,名曰奸淫,三官皆録爲奸盜。身入三塗、名編黑籍,太玄紫簿,未得一人。(32/593b)

【章奏】*呈送天廷的文書。〈1/一〉年初章奏,列名斷之,衆鬼畏懾,悉自逃亡。不告者,一如律令。(18/252b)

【投祭】*別處送來供祭的文書。〈1/一〉於是太上與後聖九玄、上相青童君,共序三天正法,除六天之文,施用寶訣、祝説、投祭法度,以付二君,使教後學應爲真人者,以制六天,收戮群凶。(28/408a)

【投文】*別處送來的經典或文書。〈1/一〉男授投文,不祭;女受當祭相授,齋三日或七日。又於齋内奉有經之師好金十兩,爲通神之信。(28/410a)

【短紙】*便箋;隨手記録的紙條。〈1/一〉汝曹學善,夫根本不承經言,邪邪相教,就僞棄真。吾昔皆録短紙,雜説邪文,悉令消之。(18/237a)

【訟詞】*訴訟的辭章。〈1/一〉欲求訟詞理訴,欲求男女命長。(28/368b)

【經言】*經籍的内容。〈1/一〉汝曹學善,夫根本不承經言,邪邪相教,就僞棄真。(18/237a)

【章₂】*文章的段或篇。〈1/一〉於是各引所承,造上皇之章,以爲寶經,秘於玉清之宫,以度後學得真之人。(28/407a)

【中篇】*分篇的書籍或文章中居中的一篇。〈1/一〉太上告後聖君曰:此五條,出《四極明科》第十一篇中篇。(28/409c)

【文字₂】*道教的符籙文字。〈1/一〉兵星太白君十萬人,主收捕精魁祟災害之家,恐作文字不可知,召窮奇,使噉怪鬼,消除之。(28/535c)

【草書】*書寫潦草的字。〈1/一〉第十一戒者,不得作草書與人。(18/219a)

1.3.6　財利金屬[4＋2＋9＝15:雙4＋2＋9〈4＋2＋10/四＋二＋九〉]

【身寶】*隨身之寶。〈1/一〉故聖人知氣之所在,以爲身寶。(34/462c)

【水精】*水晶。無色透明的結晶石英。〈1/一〉太和玄老,乘青雲紫輦,華蓋玉女車輪,水精爲輿,金銀爲廂,駗駕九龍,光照諸天。(28/367b)

〖羅珠〗*一種珍珠。〈1/一〉吾不忍先經土戶,白日昇天,當須神丹,便與昇、長避世隱居,採精石髓玉瑰羅珠鳳腦芝英,奇異絕殊,隨四時能合。(32/593c)

〖好金〗*質地好的金子。〈1/一〉男授投文,不祭;女受,當祭相授,齋三日或七日。又於齋內奉有經之師好金十兩,爲通神之信。(28/410a)

〖銀銅〗*貨幣錢財。〈1/一〉七子五侯爲國之光,將相掾屬,侯封不少,銀銅數千,父死子係,弟亡兄榮,沐浴聖恩。(18/237c)

〖色利〗*美色利益。〈2/一〉若見色利,以戒掩目。(18/234c)

〖禮敬〗*表敬謝的禮物。〈1/一〉第一百五十六戒者,無事不得妄多受人禮敬。(18/221b)

〖効信$_2$〗*進獻的信物。〈1/一〉五田外田九野都平君,自營歲終田作五穀,今爲俗有異,詭[貤]馬谷[穀]一斛,以爲勅[効]信。(28/540c)

【信義】*爲表誠心敬獻的物品。〈1/一〉不顧大命將至,三官條狀,受贓貤不恥,名曰劫盜之物,信義不送,亦同其罪。(32/593b)

〖禮略〗*禮物。〈1/一〉不得妄假舉人物以爲禮略。(18/220c)

【私寶】*私有的財物。〈1/一〉七者,不得受道不知輕慢,傳非其人,貪財受利,取人自益,借物不還,以爲私寶,天奪筭一千八百。(18/245a)

【要信】*結盟的信物。〈1/一〉朱青繒三十尺爲要信,青布四十三尺爲密誓,金鐶五雙爲指天大誓。(28/410a)

〖貤物〗*事神求福的信物。〈1/一〉得之隨意,則信爲鬼立功貤物而已,亦不用多。(18/233c)

〖贓貤〗*用不正當手段獲取的財物。〈1/一〉不顧大命將至,三官條狀,受贓貤不恥,名曰劫盜之物,信義不送,亦同其罪。(32/593b)

【十錢】*數量很少的錢財。〈1/一〉多佩籙職,自稱真人,賣術自榮,妖惑愚人,貪尺帛十錢斗米,聚斂人物,求目下之安。(32/593b)

1.3.7　廢棄物[0 + 0 + 1 = 1:雙0 + 0 + 1〈0 + 0 + 1/0 + 0 + 一〉]

〖濁混〗*混濁之物。〈1/一〉青童君曰:時未有歲月,九炁既存,一炁相去

九萬九千九百九十里,一里爲一歲也。清炁高澄,濁混下布。(28/406c)

1.4　自然環境{20 + 16 + 114 = 150:單 9 雙 129 叁 5 肆 5 伍 1 陸 1}

1.4.1　建築道路[5 + 8 + 32 = 45:單 2 + 0 + 1⟨4 + 0 + 1/二 + 0 + 一⟩,雙 3 + 8 + 29⟨4 + 14 + 56/三 + 九 + 三十一⟩,肆 0 + 0 + 1⟨0 + 0 + 1/0 + 0 + 一⟩,陸 0 + 0 + 1⟨0 + 0 + 1/0 + 0 + 一⟩]

〖九宮十二營衛〗* 天界諸宮殿。⟨1/一⟩无上太和君、官將,九宮十二營衛,諸天虛空,大小一切百姓,有病苦者告諸弟子大一太玄元始炁三十萬億諸國祭酒。(28/370a)

〖九宮〗* 天界的九座宮殿。⟨2/二⟩八極之内有九城,九宮之内應天經。三氣五氣令身生,七九去災除殃丁。(28/373a)

〖九城〗* 天界的九座城。⟨1/一⟩例見"九宮"。

【九室₁】* 天界的九座城。⟨1/一⟩牽三復牽七,希仰入九室。披衿就靈訓,誼然萬事畢。(18/239a)

〖九都〗* 天界的九座城。⟨2/一⟩解脱羅網六翻舒,唳天高飛詣九都。九都之要誰能舒,仙人王喬處石廬。(28/372c)

〖玉殿〗* 天界神仙的宮殿。⟨2/一⟩太上大道君時與九玄聖君、上相青童君,共登瓊宮玉殿之内,侍女衆真千億萬人。(28/407b)

〖紫殿〗* 天上的仙宮。⟨1/一⟩金門玉闕,瓊宮紫殿羅列。(28/409a)

〖天宮〗* 天帝、神仙居住的宮殿。⟨1/一⟩天西辰君一人,赤衣裳兵士十萬人,主收考召正炁所主天宮時,頓治功曹左右。(28/536c)

〖玉虛〗* 仙宮。⟨1/一⟩衆吹雲歌,麟舞鳳鳴,激給玉虛,瓊振三清,設流霞之醴、鑌剛之果,雜案紛落,流眄太冥。(28/407b)

〖石廬〗* 石室。神仙居住的洞府。⟨1/一⟩解脱羅網六翻舒,唳天高飛詣九都。九都之要誰能舒,仙人王喬處石廬。(28/372c)

【治₆】* 道家居住的祠廟。⟨1/一⟩五帝主者傳祕言,三五七九道炁尊,治在清微崑崙山。(18/248a)

【壇】* 道教舉行祈禱法事的場所。⟨3/一⟩克以今日今時齊到此處,蓋屋

三重繞壇三帀,上張天羅,下布地網。(18/297a)

【壇場】*道教舉行祈禱法事的場所。〈2/一〉九土齊功,兵馬列陣於壇場之内,門户之傍,井竈之間,花果之下。(18/297a)

【壇所】*道教舉行祈禱法事的場所。〈5/一〉謹請北方黑童君,身長五千萬丈,從官五千萬人,乘北方辰星之精真炁,浮空而來,降臨壇所。(18/296c)

【金樓】*華麗的樓房。〈2/一〉芝草蒙蒙覆宮堂,金樓玉闕俠兩傍。銅人翁仲坐相望,俠守公門嚴如霜。(28/373b)

【離樓】*高樓。〈1/一〉八重離樓屈復伸,九重之裏窈無人。混沌之氣誰能分,演散陰陽舒道元。(28/374a)

【宮舍】*房舍;房屋。〈1/一〉伏屍鬼、疰死鬼、淫死鬼、老死鬼、宮舍鬼、停傳鬼、軍營鬼、獄死鬼、市死鬼、驚人鬼。(28/370a)

【宮第】*宮殿房舍。〈1/一〉黃素元君者,則黃老中央君之母;紫素元君者,則左无英君之母也,虛結空胎,憑炁而生也。各置宮第,便有上清營衛之官。(28/406c)

【舍營】*宅舍。〈1/一〉天歷運度隨時清,三師出教給吏兵。守宅將軍繞舍營,辟斥故氣却邪精。(28/373a)

【家宅】*家庭住宅。〈14/三〉右二鬼,人家宅中有銅金錢精,主作於此鬼。鬼或變化作人形,居宅不安,呼之即去。(18/246c)

【堂屋】*正屋。〈1/一〉右二鬼是宅中死煞守鬼,常住人堂屋梁上,夜主傷害人雞犬六畜。(18/246b)

【寢房】*臥室。〈1/一〉求得奉迎聖君於上清宮,加恒誦詠靈章及符經一過,如此九年,靈垂告感,太上自當遣太極真人降子寢房也。(28/408a)

【方丈】*道長的居室。〈1/一〉仙官激炁君,官將一百二十人,治四川室,主收百功禁忌之鬼,治起土方丈舍東西傍,主之。(28/551a)

【別室】*静室。〈2/一〉寫經,將一通盛以別室,朝夕燒香禮拜神文,太上當遣玉童玉女各十人,侍衛己身。(28/408a)

【閑房】*道士用於修煉的閒静之室。〈1/一〉身生吾羽飛雲行,上謁老君山中黃。遊觀南嶽宿閑房,仙人王喬共遨翔。(28/373b)

【静舍】*道士奉經修道的場所。〈1/一〉若男女不曉書疏者,專心好道,可

請明者,聽誦經戒,會在静舍若堂上,掃除、燒香、澡浣潔清,男女別坐,儼然正體,安神精思明聽。(18/234b)

〖園墟〗*庭園。〈1/一〉造功立宅,架屋立柱,築治園墟,修營家宅,破壞舍屋,移轉井竈,動促門户,補治籬落,縛束壁帳,穿井掘窖,填補塞孔。(28/368c)

〖金門〗*金飾的大門。〈1/一〉率天以下,莫不歸宗於虛無,金門玉闕,瓊宮紫殿羅列,及己身俱在空虛之中、清炁之内。(28/409a)

〖津門〗*在渡口設置的關門。〈1/一〉浮橋翩翩在水巔,過度萬姓無留難。條牒姓名詣津門,宜名詐稱送司官。推問情實盡其元,人心歸情還本根。(28/372c)

〖道門〗*道路的門户。〈1/一〉赤車使者在門亭,左右使從道門旁。通事書佐處中央,中元之君攝紀綱。(28/373a)

〖圊厠〗*厠所。〈1/一〉圊厠之鬼,名頃天。(18/243b)

〖店〗*商店。〈1/一〉驛駱門監市君,官將一百二十人,治天市室,主收天下害鬼考治生殃,屠沽酒開店賣與百姓貧民,私行輕秤少升,詐誕欺人。(28/541a)

〖營鎮〗*營寨。〈1/一〉天匠君,官將一百二十人,治垂室,主作營鎮,收十二時役使,主四百功禁忌之鬼。(28/550c)

〖圩莒〗*集鎮村落。〈1/一〉圩莒鬼,名赫子,一名入徵。(18/243b)

〖靈林〗*墓林。〈1/一〉宅中靈林古瘞之鬼。(18/252a)

〖三丘五墓〗*各種墳墓。〈1/一〉謁請素車白馬君五人,兵士十萬人,主收某家宅中三丘五墓之鬼。(28/368a)

〖五墓〗*各類墳墓。〈2/一〉無上高蒼君,兵十萬,主收先祖五墓之鬼來著子孫者,主之。(28/550c)

〖十墓〗*各類墳墓。〈1/一〉素車白馬君,兵士十萬人,主收十墓鬼將軍,比考之。(28/550b)

〖墓塚〗*墳墓。〈2/一〉大言官君,將一百二十人,治安渠室,主收天下萬民葬埋之後,死人不安、疾病生人者墓塚之鬼。(28/539c)

〖室墓〗*墳墓。〈1/一〉漢明玄君,官將一百二十人,治五俗室,主收室墓

鬼。（28/549c）

【塚墓（冢墓）】*墳墓。〈6/一〉營星君，官將一百二十人，治越宮，主爲天下萬民追逐安穩塚墓。（28/536b）

【塚堠】*墓塚。〈1/一〉地畜靈，官將一百二十人，治廣靈室，主收塚堠墓卿石袄鬼。（28/550a）

【古瘞】*古墓。〈1/一〉宅中靈林古瘞之鬼。（18/252a）

【土戶】*墳墓；道人尸解升仙處。〈5/一〉不見九光萬稱之符，不免三官驅除，死沒黃泉，不得過土戶。（32/594a）

【故行】*故道。〈1/一〉河伯河水使者十二人，從事小郵驛馬故行，主收捕塚墓男女之殃殄。（28/550b）

1.4.2　方位處所[1+3+11＝15：雙1+3+11〈0+3+16/0+三+十四〉]

【十天】*猶言衆天（十方之天）。〈1/一〉君受號爲上清金闕後聖帝君，上昇上清，中遊大極，下治十天，封掌萬兆及諸天河海神山地源，陰察群靈。（28/408c）

【周圓】*周圍；範圍。〈1/一〉至尊高而無上，周圓無表裏，囊括天地，制御衆神，生育萬物。（18/234a）

【天中】*天下之中。〈2/二〉弓長合世建天中，乘三使六萬神崇。實列三師有姓名，二十四治氣當成。（28/372a）

【黃庭₁】*中央。〈2/二〉塵垢之衣以蔽形，心在太一詠誦經。白日修善暮守生，被髮而行在黃庭。（18/249a）

【水巔】*水面之上。〈1/一〉少有明解應吾文，南到淮揚經孟津。浮橋翩翩在水巔，過度萬姓無留難。（28/372c）

【海陽】*海的陽面，海的北邊或東邊。〈2/一〉居東煙浪生海陽，海水不流須風揚。無有涯岸東西相，不逆細流故深長。（28/372a）

【壁角】*牆壁的角落。〈2/一〉右三鬼是人屋中四壁角中鬼，主人夫妻无道，不順陰陽，此鬼白直符，直符白奏事，除人生籍。（18/246c）

【闇中】*黑暗之中。〈1/一〉不煞鬼者，夕夕闇中喚之，鬼伏住不害人。

(18/247a)

〖背向〗*背後。〈1/一〉不得纔有小智,稱名自大,輕忽愚人,更相毀訾,背向妄論,指摘賢者。(18/234b)

〖屏處〗*背後。〈1/一〉第三十四戒者,不得面譽人、屏處論人惡。(18/219b)

〖通處〗*通達之處。〈1/一〉責領奸師,更相厭固,或錄人形像,召人名諱,長付社竈,波也[池]泉水,無不痛[通]處,香美齋餅,求於司命。(28/369a)

〖故州〗*古老的地方。〈1/一〉災兵大厄庚子年,念子命運與此堅,方外故州胡夷人,交頸腫領惡逆民,化生風毒身奉天。(18/248a)

〖中華〗*中原。〈1/一〉賢者隱匿,國無忠臣,亡義違仁,法令不行。更相欺詐,致使寇賊充斥,洿辱中華。(18/249c)

【東夷】*東方邊遠地區。〈1/一〉聖人前敕三陽比筭,南至大江,北至北濱,東至東夷,西至濛汜。(32/593b)

〖北濱〗*北部海邊,極北之處。〈1/一〉聖人前敕三陽比筭,南至大江,北至北濱,東至東夷,西至濛汜。(32/593b)

1.4.3　國土疆界地名[5＋1＋25＝31:單2＋0＋0〈10＋0＋0/五＋0＋0〉,雙3＋1＋17〈4＋1＋25/三＋一＋二十一〉,叄0＋0＋5〈0＋0＋5/0＋0＋五〉,肆0＋0＋2〈0＋0＋6/0＋0＋四〉,伍0＋0＋1〈0＋0＋1/0＋0＋一〉]

〖四冥(四溟)〗*四海;天下。〈2/一〉東方青龍,角亢之精,吐雲鬱炁,唫雷發聲,飛翔八極,周遊四冥,來立吾左。(18/295c)

【陰陽$_5$】*人間和陰間。〈2/一〉七政君,官將一百二十人,治陽室,主天下陰陽官吏病稽留,令差,主治之。(28/545c)

〖世間〗*人世間;世界上。〈4/三〉右三十六鬼,皆遊行世間,乘人衰隙,伺候有惡,助佐凶殃,造作禍害,改形易象,隨便陵人。(18/252a)

【人間$_2$】*人之間。〈1/一〉第九十三戒者,不得預人間論議曲直事。(18/220b)

【九地$_1$】*九泉;地下。〈1/一〉既蒙道祐,可得昇仙,壽終之後不入九地下

牢之苦。非但祭酒,復其萬民。(18/218c)

〖九幽〗*陰間。〈1/一〉一二祭酒,死入九幽之下,不足痛也,吾但念萬民痛耳。(18/218c)

〖泉壤〗*九泉;地下。〈1/一〉當爾之時,枉暴者衆,銜痛泉壤,善惡不分,莫不可言天帀地盈,都停二十四萬人爲種民,先得道神仙者不在其例。(32/593a)

〖淮揚〗*行政區劃名,指揚州。〈1/一〉少有明解應吾文,南到淮揚經孟津。浮橋翩翩在水巔,過度萬姓無留難。(28/372c)

〖建鄴城〗*即建鄴,今南京地區。〈1/一〉稽滯不去必沉浮,傷子無知益人憂。南度江海建鄴城,故時大樂子孫榮。(28/373b)

〖義國〗*漢中政教合一的天師道政權。〈1/一〉至義國殞顛流移,死者以萬爲數,傷人心志。自從流徙以來,分布天下,道乃往往救汝曹之命。(18/236b)

【治₇】*道教政教合一的組織。〈9/四〉從建安、黃初元年以來,諸主者祭酒,人人稱教,各作一治,不復按舊道法,爲得爾不?(18/238c)

〖二十四治〗*早期天師道二十四個傳教區域。〈5/三〉太上開化,不以吾輕賤小人,受吾真法爲百鬼主者,使開二十四治以應二十四氣。(32/593a)

〖本治〗*本轄區。〈1/一〉天下散民中有孝順忠信者,可書六十日鬼名,著烏囊貯之,常以正月一日日中時,以身詣師家受之,係著左右臂,以此行來,鬼不敢干,天下太平,送還本治。(18/242b)

〖陽平〗*陽平治。是二十四治的中心。〈2/二〉太平真君復能明,整理文書應鵠鳴。二十四治會陽平,主者齋籍户言名。(28/373b)

〖鹿堂〗*鹿堂治。〈1/一〉令汝輩按吾陽平、鹿堂、鶴鳴教行之。(18/238c)

〖鶴鳴〗*鶴鳴治。鶴鳴山,在今四川省大邑縣境内。〈1/一〉例見"鹿堂"。

〖鵠鳴〗*鶴鳴治。〈1/一〉太平真君復能明,整理文書應鵠鳴。二十四治會陽平,主者齋籍户言名。(28/373b)

〖渠停赤石城〗*鶴鳴山。〈1/一〉道以漢安元年五月一日,於蜀郡臨邛縣渠停赤石城造出正一盟威之道與天地券要,立二十四治,分布玄元始氣治民。

(18/236b)

〖雲臺治】* 二十四治之一。〈1/一〉至壬午年正月七日中時,於雲臺治閉房,昇叩頭千下。(32/593a)

〖里域】* 地方行政組織里的範圍。〈3/二〉遣十二仙乘飛龍,官從二十四人、十二玉女,周旋天下,考校州郡里域,求清貞慈孝忠信朴實之人以充種民。(32/593b)

〖屯里】* 村莊;村落。〈1/一〉左慧右喜君,官將一百二十人,主爲某斷絶屯里中道俗百姓口舌,無令近我身。(28/537b)

【户$_2$】* 每户。〈1/一〉太平真君復能明,整理文書應鵠鳴。二十四治會陽平,主者齎籍户言名。除死著生詣太清,文字教案令分明。(28/373b)

〖禁地】* 禁止常人出入的地方。〈1/一〉肝心獨活舍如死,金容城中有白雉。世之所希人所視,禁地之物不可底。(28/372c)

〖成都宫】* 老君的變身李弘在蜀郡的住所。〈1/一〉木子爲姓諱口弓,居在蜀郡成都宫。赤名之域出淩陰,弓長合世建天中。(28/372a)

〖華陰堂】* 地名。昆侖山水流所出之處。〈1/一〉汪汪巨海百谷王,百川傾流水湯湯。源出崑崙華陰堂,陰氣踴躍難可當。(28/372a)

〖金容城】* 地名。〈1/一〉肝心獨活舍如死,金容城中有白雉。世之所希人所視,禁地之物不可底。(28/372c)

〖沃焦】* 古代傳説中東海南部的大石山。〈2/一〉百川之水歸海中,海水瀺灂志無窮。無窮之東有沃焦,沃焦所受無不消。(28/372c)

〖山都】* 山名。〈1/一〉山都之鬼,名天王。(18/243a)

〖盖山】* 山名。〈1/一〉盖山之鬼,名柱佳乩。(18/243a)

〖江河淮海】* 泛指所有河流。〈1/一〉次左手執水椀,咒曰:江河淮海非臣水,五龍吐出清天地,大帝服之三萬年,今日吾將净袄氣。急急如律令。(18/296a)

〖漢明】* 漢江。〈1/一〉漢明之鬼,名咸甍。(18/243a)

1.4.4　地理氣象[3 + 0 + 23 = 26:單 1 + 0 + 1〈1 + 0 + 1/一 + 0 + 一〉,雙 2 + 0 + 22〈2 + 0 + 22/二 + 0 + 二十二〉]

【九地$_2$】* 遍地,大地。〈1/一〉北方玄武,太陰化生,虚危表質,龜蛇合形,

盤游九地,統攝百靈,來從吾後。(18/295c)

〖幽河〗*地下河流;冥間的河流。〈1/一〉吾入幽河止泉元,大道坦坦莫不聞。養士天下皆稱臣,弟子再拜請所問。(28/372a)

〖四始〗*地。〈1/一〉道上、三[二]玄、四玄[三元]、四始、甲子諸官君、三十六官君、亭傳客舍,塋[營]署注鬼,主行來出入,有取至。(28/554c)

〖山頭〗*山的上部;山頂。〈1/一〉騎乘鬼,車駕鬼,山鬼,神鬼,土鬼,山頭鬼,水中鬼,據梁鬼,道中鬼,羌胡鬼,蠻夷鬼。(28/370b)

〖神壟〗*高丘。〈1/一〉神壟大山依神居,自見元化不安廬。束手真實不發舒,超王之教故可胥。(18/248b)

〖土珪〗*土堆。〈1/一〉土珪之鬼,名客臾。(18/243a)

〖崖石〗*山石。〈1/一〉山秦皇老君一人,官將一百二十人,治地室,主天下崖石之精,主之。(28/543a)

〖石舀〗*山石下凹处。〈1/一〉石舀之鬼,名水連。(18/243a)

〖涯岸〗*水邊高岸。〈1/一〉例見"海陽"。

【雨泉】*泛指天上地上的各種水。〈1/一〉海日玉女千二百人,衣赤衣,持雲烝雨泉,下風雨,制宴。(28/556c)

〖泉元〗*泉水的發端處。〈1/一〉吾入幽河止泉元,大道坦坦莫不聞。養士天下皆稱臣,弟子再拜請所問。(28/372a)

〖九源〗*水源衆多的河流。〈1/一〉輕泄寶文,身被風刀之考,没命鬼官,殃及七玄神父,運蒙山之石,塞九源之河。深慎奉行。(28/410a)

〖淵池〗*水池。〈1/一〉第三十六戒者,不得以毒藥投淵池及江海中。(18/219b)

〖沼城〗*窪地。〈1/一〉負土躡水啼吟行,百川之流奔沼城。真來之衝難可當,火失其明日無光。(28/373c)

〖五洿〗*各种积水的洼地。〈1/一〉五洿之鬼,名截道子。(18/242c)

〖溟$_1$〗*海。〈1/一〉變散形身作浮雲,浮雲翩翩還入山。結氣谷口爲甘泉,事會之溟家無言。神男玉女侍在邊,扶助男女成萬神。(28/372c)

〖海江〗*江和海。〈1/一〉道出微妙入玄宫,綿邈攸長難可窮。譬如百川入海江,不逆細流致其深。(28/374a)

【空流】＊乾涸的河流。〈1/一〉空流之鬼,名活耔。(18/243a)

【煙浪】＊煙波。〈1/一〉例見"海陽"。

【變風】＊陰陽失衡導致的異常之風。〈1/一〉至今三天恚怒,殺氣縱橫,五星失度,太白揚光,變風冬雷,彗孛低昂。(18/237a)

【顛風】＊暴風;狂風。〈1/一〉動雷發電迴天光,星辰失度月慘黃,顛風泄地日收光。(28/367c)

【碧霞】＊青色的雲霞。〈1/一〉時乘碧霞九靈流景雲輿、飛青羽蓋,從桑林千真,上諸太上靈都之宮,朝啓真父,遊宴玉庭。(28/407b)

【丹霞】＊紅霞。〈1/一〉九天洞元紀,化生無方炁,三靈澄玄景,六精順運逝,丹霞翳空洞。(28/407c)

【天雷】＊雷電〈1/一〉靈臺宮中漢明君,官將一百二十人,主攝天雷炁。(28/557a)

【流冥】＊茫茫黑暗。〈1/一〉九天真王與元始天王,俱生始炁之先,天光未朗,鬱積未澄,溟滓無涯,混沌太虛,浩汗流冥,七千餘劫,玄景始分。(28/406c)

【陰₁】＊陰影。〈1/一〉垂枝布葉陰覆陽,四海來會爲柱梁。勸化男女善相將,接息八木氣當王。(28/373a)

1.4.5　天文[5＋4＋22＝31:單1＋0＋1〈1＋0＋1/一＋0＋一〉,雙4＋4＋19〈4＋5＋19/四＋五＋十九〉,肆0＋0＋2〈0＋0＋3/0＋0＋二〉]

【空洞】＊道教指化生元氣的太虛之境。〈1/一〉九天洞元紀,化生無方炁,三靈澄玄景,六精順運逝,丹霞翳空洞,三真超無際。(28/407c)

【元化】＊造化;天地。〈1/一〉神墰大山依神居,自見元化不安廬。束手真實不發舒,超王之教故可胥。(18/248b)

【方圓】＊天地間。〈1/一〉道之弘大,方圓無外。(18/232b)

【二玄】＊天。〈1/一〉道上、三[二]玄、四玄[三元]、四始、甲子諸官君、三十六官君、亭傳客舍,瑩[營]署注鬼,主行來出入,有取至。(28/554c)

【空虛】＊天空。〈1/一〉率天以下,莫不歸宗於虛無,金門玉闕,瓊宮紫殿

羅列,及己身俱在空虛之中、清氛之内。(28/409a)

【虛空₂】* 天空;空中。〈1/一〉无上太和君、官將,九宮十二營衛,諸天虛空,大小一切百姓,有病苦者告諸弟子大一太玄元始氛三十萬億諸國祭酒。(28/370a)

〖空玄〗* 天空;空中。〈1/一〉三天正法,以九天真王、元始天王,受氛之初,於空玄之中所授,到六天立治之法,授於太上。(28/407b)

〖太冥〗* 太空;天空。〈1/一〉衆吹雲歌,麟舞鳳鳴,激給玉虛,瓊振三清,設流霞之醴、鐶剛之果,雜案紛落,流盻太冥。(28/407b)

〖率天〗* 普天;整個天空。〈1/一〉率天以下,莫不歸宗於虛無,金門玉闕,瓊宮紫殿羅列,及己身俱在空虛之中、清氛之内。(28/409a)

〖天清〗* 清天。〈1/一〉天清在上,微道遐幽,三正理運,六氛沉消,上真靈籙,攝御萬祅,獻禮五靈,以蒙納招,封還靈嶽,當使我身,與嶽同休。(28/408c)

〖旻蒼〗* 蒼天,上蒼。〈1/一〉昊天旻蒼,今日禹步,上應天綱,鬼神賓伏,下辟不祥,所求如願,應時靈光。急急如律令。(18/296b)

〖碧落〗* 天空;青天。〈1/一〉故碧落有災祥之變,令人則之,黃籙有拯拔之科,令人修之。(18/295b)

〖碧霄〗* 青天。〈1/一〉南方朱雀,衆禽之長,丹穴化生,碧霄流響,奇彩五色,神儀六象,來導吾前。(18/295c)

〖太霄〗* 天空極高處。〈1/一〉末乃自引雲璩之琴,撫而彈之,玉音粲麗,徹響太霄,而歌神鳳之章、九靈之曲。(28/407c)

〖星文〗* 星象。〈1/一〉第七十八戒者,不得干知星文卜相天時。(18/220a)

〖星罡〗* 星斗。〈1/一〉便殺劍後,便右旋身,出斗,避踏星罡。(18/297a)

〖剛〗* 天綱。〈1/一〉次視劍五行咒曰:五行相推,剛最持威,六紀輔我,三台辟非,天迴地轉,陰陽開闢,長生度世,日月同暉。次提劍擬地。(18/297a)

〖太白兵星〗* 太白星。古星象家認爲太白主殺伐,故多喻兵戎。〈1/一〉又請太白兵星熒惑吏一合下,收死時煞氛消滅,絕復連,葬死送,收塚訟。(28/539c)

【觜參】* 白虎所對應二十八星宿中奎、婁、胃、昂、畢、觜、參的縮減形式。〈1/一〉西方白獸,上應觜參,英英素質,蕭蕭清音,威懾衆獸,嘯動山林,來侍吾右。(18/295c)

【五靈】* 金、木、水、火、土五星。〈2/二〉不得露行三光,不得犯五靈七政,(18/249a)

【五斗】* 即五星。〈1/一〉北斗三台招搖大鬼,姓伴名玩。西斗三台鬼,姓車名球。南斗三台鬼,姓溟名温夫。中斗三台鬼,姓王名咸。東斗三台鬼,姓角名車。右五斗煞鬼名姓,主煞人。(18/240a)

【東斗】* 五星之一,指東方木星。〈1/一〉例見"五斗"。

【西斗】* 五斗之一,即西方太白金星。〈1/一〉例見"五斗"。

【南斗₂】* 南方熒惑星(火星)。〈1/一〉例見"五斗"。

【中斗】* 指五星中的中央鎮星(土星)。〈1/一〉例見"五斗"。

【熒星】* 古指火星。因隱現不定,令人迷惑,故名。〈1/一〉大小熒星戰鬭兵龐咄律君,反君逆解兵衣鐵復刃下,營護民人縣官口舌。(28/555b)

【天罡】* 星名。〈1/一〉殺戮百草葉枯黄,孟春正月合天罡。迴轉斗樞隨朝陽,養育群生壽命長。(28/374a)

【醜宿惡星】* 致凶邪災殃的星宿。〈2/一〉北平君,官將一百二十人,治群城室,主解天下嫁娶不宜姑翁,生命在天年歲星逆鬼之中,各有姐鬼姑神,醜宿惡星,懸尸六害,胞形骨消,不宜子孫者,下此神保護之,使命長相宜。(28/552c)

【靈關】* 仙界的關門。〈1/一〉飛龍毒獸,備衛靈關,巨虯千尋,奮爪廣庭,流光八朗,焕赫玉清。(28/407b)

【門】* 天門。〈1/一〉遊於五嶽乘紫雲,驂駕六龍會天門。門有害氣不敢前,十往十死初不還。(28/373a)

【人門】* 西南間(坤)爲人門。〈1/一〉天門地户,人門鬼門,衛我者誰?(18/296b)

1.4.6　八卦五行[1＋0＋1＝2:雙1＋0＋1〈1＋0＋1/一＋0＋一〉]

【二五】* 陰陽與五行。〈1/一〉天聰明,自我民聰明。中五正則二五定,亦

從人爲嚮應耳。(18/237a)

〖中五〗*五行行中的土運。〈1/一〉例見"二五"。

1.5 智能意念{9+6+47=62:單4雙51叁5肆2}

1.5.1 話語音樂[0+2+9=11:雙0+2+8〈0+2+20/0+二+八〉,肆0+0+1〈0+0+1/0+0+一〉]

〖祝説〗*祝禱之文辭。〈1/一〉歌畢,於是太上與後聖九玄、上相青童君,共序三天正法,除六天之文,施用寶訣、祝説、投祭法度,以付二君,使教後學應爲真人者,以制六天,收戮群凶。(28/408a)

〖神呪〗*祈神消災的咒語。〈13/一〉一月三榜六咒章,募求百鬼勤豪强,得便斬殺除凶殃,吾持神咒誰敢當,急去千里勿當殃。急急如律令。(28/367c)

〖和言〗*温和的言辭。〈1/一〉破逆君,將一百二十人,治漢仙室,主百姓男女病精魅中刑犯易,披髮狂走還格,因稱神鬼語,稱和言,皆主之。(28/542c)

〖特説〗*新異的説法。〈1/一〉自從太和五年以來,諸職各各自置,置不復由吾氣——真氣領神選舉,或聽決氣,信内人影夢,或以所奏,或迫不得已,不按舊儀,承信特説。(18/237b)

〖口説〗*可能引起糾紛的言語。〈1/一〉若某欲見口説者,又請太陰君吏十二人,爲某收捕魂,令文墨不舉,口舌不起。(28/537c)

〖義言〗*假言;虛言。〈1/一〉世欲變改無忠良,忠臣孝子深隱藏。不預世事託佯狂,姦臣賊子志飛揚。義言自陳傒紀綱,執正立權舒中腸。(28/373c)

〖鬼語〗*虛妄邪亂的話語。〈1/一〉八者,不得鬬爭言語,因醉淫色,假託大道,妄言鬼語,要結男女,飲酒食寅[宍],天奪筭三百。(18/245a)

〖雜説邪文〗*雜亂不正的言辭。〈1/一〉汝曹學善,夫根本不承經言,邪邪相教,就僞棄真。吾昔皆録短紙雜説邪文,悉令消之。(18/237a)

〖雲歌〗*響徹雲霄的歌聲。〈1/一〉玉籟虛唱,神林激音,萬響揚聲,洞暢九元,衆吹雲歌,麟舞鳳鳴,激給玉虛,瓊振三清。(28/407b)

【神鳳】* 樂曲。〈1/一〉末乃自引雲璈之琴,撫而彈之,玉音粲麗,徹響太霄,而歌神鳳之章、九靈之曲。(28/407c)

【九靈₂】* 仙曲。〈1/一〉例見"神鳳"。

1.5.2　性情欲念[4+1+21=26:單2+0+0〈3+0+0/二+0+0〉,雙2+1+19〈3+2+26/二+一+二十二〉,叁0+0+2〈0+0+2/0+0+二〉]

【情性】* 性格。〈2/一〉雖知道尊而欲奉之,其情性施行,與俗不別,邪僞不除,欲以邪僞干亂真正,終不可也。(18/233c)

【情念】* 情感念頭。〈1/一〉除去淫妒,喜怒情念,常和同腹目,助國壯命。(18/237c)

【神思】* 精神;心緒。〈1/一〉五藏六府有君臣,積在微微爲真人。神思愁慘不能眠,遊戲百姓五藏間。(18/238b)

【中₉】* 内心。〈1/一〉不顧大命將至,三官條狀,受贓賕不恥,名曰劫盜之物,信義不送,亦同其罪;中犯不正,名曰奸淫,三官皆録爲奸盜。(32/593b)

【中腸】* 内心。〈1/一〉義言自陳俅紀綱,執正立權舒中腸。群寮困頓失義方,士卒百上困狼當。(28/373c)

【心口中】* 内心。〈1/一〉此是聖人心口中祕言、祕符,平常不忍出也,今事促,不得不空囊傾心也。(32/594b)

【内實】* 内心;内在。〈1/一〉外行,不可不愚;内實,不可不明;語言,不可不慎。(18/232b)

【念₃】* 念頭;想法。〈2/一〉勿妄華言,傾邪不端,遊心他念,玩墮睡寐,勞體自疲,虛苦無益。(18/234b)

【大意】* 大志。〈1/一〉第一百四十五戒者,當有大意秉志,不得雜犯,負違三尊教命。(18/221a)

【心趣】* 思想;志趣。〈1/一〉遣侍郎一人度世,玉女一人隨此符,不慈不孝不忠不貞不誠不信之人脫得見吾此符,侍郎玉女迷塞其心,不使得受。應合之人,神開其心趣,得見勤苦求請。(32/594b)

【福願】* 幸福的願望。〈1/一〉欲得福願,要當勤身精進,晨暮清净燒香,

坐起念之,不廢所願,福無不應。(18/233c)

〖世情〗*世俗之情。〈1/一〉須至太平之世,魂精還其故形,白骨更起,血氣更流。始經宿昔之間,暮卧朝起,化示世情。(32/594a)

〖五難〗*有礙養生之道的五種情欲。〈2/一〉心罪宜詳除,勉力可爲則。既得過五難,衆願咸可得。(18/239a)

〖愛欲〗*情愛和貪欲。〈4/一〉雖不能及中德,修下德,治身世間,斷絕愛欲,反俗所爲,則與道合。(18/232c)

〖慈愍心〗*仁慈憐憫之心。〈1/一〉河伯勑水吏,主爲捕獵人主慈愍心,棄釣焚網。(28/554a)

〖慈心〗*慈悲之心。〈1/一〉太治官請主厚君吏一合下,收捕故㡀飲食之鬼,漁捕射獵,各各慈心,不相侵害。(28/554a)

〖毒心〗*狠毒之心。〈2/二〉六者,不得輕慢老人,罵詈親戚,夫妻咒詛,自相煞害,毒心造凶,不孝五逆,天奪人筭一百八十。(18/245a)

〖惡腸〗*邪惡的心腸。〈1/一〉朝暮清凈,斷絕貪心,棄利去欲,改更惡腸,憐貧愛老,好施出讓。(18/237c)

〖妄想〗*不切實際或非分的想法。〈1/一〉若好生樂道,無老壯,端心正意,助國扶命,善惡神明具自知之,不可復爲妄想。(18/237b)

〖邪念〗*不正當的念頭。〈1/一〉不得淫泆不止,志意邪念,勞神損精,魂魄不守,則痛害人。(18/232c)

〖心罪〗*內心的罪惡。〈1/一〉心罪宜詳除,勉力可爲則。既得過五難,衆願咸可得。(18/239a)

〖淫妬〗*淫邪嫉妒。〈1/一〉朝暮清凈,斷絕貪心,棄利去欲,改更惡腸,憐貧愛老,好施出讓。除去淫妬,喜怒情念,常和同腹目,助國壯命。(18/237c)

〖淫情〗*淫亂之情。〈2/二〉讁被赭衣在身形,沐頭剔鬚爲信盟。絕其妻妾禁殺生,若能從化過其名。日中一食讀真經,不得欺殆貪淫情。(28/371c)

〖色欲〗*性欲;男女間的情愛。〈3/二〉與道相守建功名,莫貪財利色慾情。貞潔守節志當清,爾乃過度見太平。(28/373b)

〖煩欲〗*繁雜的貪慾。〈1/一〉善惡異名列狀言,吾有司官在人間。當驅治之至死傾,上多煩欲無忠貞。(28/373c)

〖影夢〗*無根據的想象虛構。〈1/一〉自從太和五年以來,諸職各各自置,置不復由吾氣——真氣領神選舉,或聽決氣,信內人影夢,或以所奏,或迫不得已,不按舊儀,承信特説。(18/237b)

1.5.3　聲望力量[1＋0＋4＝5:單1＋0＋0〈1＋0＋0/一＋0＋0〉,雙0＋0＋3〈0＋0＋3/0＋0＋三〉,叁0＋0＋1〈0＋0＋1/0＋0＋一〉]

〖聖力〗*神聖的功效、威力。〈1/一〉當誦是經,咒鬼名字,病即除差,所向皆通,此經功德,聖力難量。(28/370b)

〖心分〗*心意情分。〈1/一〉子有心分,來入吾炁,自當思行仁義,六合守忠,專一養性,以道爲家,不得負違。(18/249a)

【分₆】*才分;天分。〈1/一〉恨無自然分,纏綿流俗間。仰意歸長生,庶得廁群賢。(18/239b)

〖骨間分〗*天資天分。〈1/一〉牽三復牽六,年往不可逐。雖無骨間分,訓之故宜勗。(18/239a)

〖骨炁〗*天資天分。〈1/一〉若有骨炁係真,便爲不死,得補上仙,有不純之行,死歸土也。(28/407a)

1.5.4　要旨緣由[2＋1＋8＝11:單0＋1＋0〈0＋6＋0/0＋二＋0〉,雙2＋0＋6〈4＋0＋6/三＋0＋六〉,叁0＋0＋1〈0＋0＋1/0＋0＋一〉,肆0＋0＋1〈0＋0＋1/0＋0＋一〉]

〖寶訣〗*道教的秘訣。〈1/一〉於是太上與後聖九玄、上相青童君,共序三天正法,除六天之文,施用寶訣、祝説、投祭法度,以付二君。(28/408a)

〖真訣〗*道教的秘訣。〈1/一〉於是帝君、上相青童君,奉受真訣,稽首而還。(28/408a)

〖真要訣〗*道教的秘訣。〈1/一〉二十二者,不得妄以經書授與俗人,道人父母名諱,泄漏真要訣語俗人,天奪算三百。(18/245b)

〖異訣〗*神奇的訣語。〈1/一〉上啓太上道姓名,一出玄都入太清。口授異訣過災殃,念世愚子不知生。(18/249a)

〖咒₂〗*施行法術時的一種口訣。〈6/二〉臣以奸惡,故列表上奏,歸命太

上三天道主,惟願太上勅下天曹,請下吏兵六甲將軍六丁之神,依咒斬殺野道之氣,誅邪滅僞。(28/369b)

〖道極數詘〗*道數的根本奧義。〈1/一〉道極數詘,天有三五,子自不知,何得言道不神?(18/245c)

〖華根〗*修道的根本。〈1/一〉養育肢體生華根,根生固久應自然。自然之氣出崑崙,山北絶苦有溫泉。(28/374a)

〖根元〗*根本;根源。〈1/一〉比至神祀盡根元,家親丈人但莫前,授吾神咒爾莫前。(28/367c)

〖真統〗*真仙的統緒。〈1/一〉某生值季世,去上玄遠,稟承真統,得受三天正法除六天之文,不勝喜慶。(28/408a)

【無事】*無端;沒有緣故。〈3/二〉無事自勤苦,不如任心恣意以快。(18/237a)

【邪因】*邪亂的因由。〈1/一〉老毒君,官將一百二十人,治赤白室,主收千二邪因及逆不正之祟鬼。(28/547b)

1.5.5　方法途徑[2+2+5=9:雙2+2+4〈3+3+4/二+二+四〉,叁0+0+1〈0+0+1/0+0+一〉]

〖手法〗*方法技巧。〈1/一〉五千王君,官將一百二十人,治九水室,主萬民田作手法。(28/540c)

〖不死道〗*長生不老之道。〈1/一〉第一百四十九戒者,當勤服氣斷穀,爲不死道。(18/221a)

〖三一$_2$〗*道教守泥丸、絳宮、丹田求長生的法術。〈2/一〉三一有百人,萬稱九光有一人;三一有千人,萬稱九光有十人爾。(32/594b)

【神方$_1$】*神奇的方術。〈1/一〉天師曰:吾上太山謁見黃老君,教吾殺鬼,語我神方。(28/367c)

【一法】*另外的法術。〈2/一〉四者,不得傳宣惡語,道說他人,妄作一法,不信天道,虛言無實,天奪籌千二百。(18/244c)

〖外炁〗*異教的道法。〈1/一〉凡受三天正法,不得妄與陰家共牀坐起,及外炁不同之人共著衣服及同被臥息,屨履之屬,更相交關。(28/409b)

〖鬼法〗*鬼神信仰的法術。〈1/一〉呪訟,鬼法所爲,主之。(28/539c)

〖妖妄〗*妖術;旁門左道。〈1/一〉姦臣小竪,不知天命逆順,强爲妖妄,造者,輒凶及於子孫。(18/237c)

〖僞伎〗*邪僞的技藝。〈1/一〉而愚人或欲捨真就僞,僞伎卒効,登時或能有利,利不久也。(18/232b)

1.6　社會事物{23＋20＋87＝130:單11 雙107 叁2 肆9 陸1}

1.6.1　名稱機構職銜[4＋3＋16＝23:單2＋0＋0〈5＋0＋0/二＋0＋0〉,雙2＋3＋13〈2＋5＋23/二＋四＋十七〉,肆0＋0＋3〈0＋0＋5/0＋0＋四〉]

〖三尊〗*道教指道尊、經尊、真人尊。〈1/一〉第一百四十五戒者,當有大意秉志,不得雜犯,負違三尊教命。(18/221a)

〖帝號〗*天神的稱號。〈1/一〉八帝者,皆受自然之胤,得爲帝號,非後學之任也。(28/407a)

〖真名₁〗*真正的名字。〈3/一〉此遭凶遇死者千萬,有人而鬼不已。今記其真名,使人知之。(18/244a)

〖真名₂〗*真神的名稱。〈1/一〉老君變化無極中,出處幽微黄房宫。鍊形淑淑虚無同,光景布行八極中。真名一出會九公,道理長遠樂無窮。(28/371c)

【諱】*敬稱生者的名字。〈1/一〉隨時轉運西漢中,木子爲姓諱口弓。居在蜀郡成都宫,赤名之域出凌陰。(28/372a)

〖諱字〗*避稱其字號。相當於"某某"。〈1/一〉若有官獄水火之災,亦讀此經,宅中有鬼亦讀此經,元君諱字當讀是經。(28/370a)

〖名諱〗*尊長的名字。〈3/三〉二十二者,不得妄以經書授與俗人,道人父母名諱,泄漏真要訣語俗人,天奪筭三百。(18/245b)

〖職治〗*職位;官職。〈3/二〉或一治重官,或職治空決。受職者皆濫對天地氣候,理三官文書,事身厚食。(18/237b)

〖署宫〗*官署,辦公之處。〈1/一〉田作種種,當啓所部署宫,四野五野七

野都平君,城、山川、祇、稷社召儡亢。(28/540c)

〖營署〗*營舍官署。〈1/一〉道上、三[二]玄、四玄[三元]、四始、甲子諸官君、三十六官君,亭傳客舍瑩[營]署注鬼,主行來出入,有取至。(28/554c)

【下牢】*地下的牢獄,指受苦難之處。〈1/一〉既蒙道祐,可得昇仙,壽終之後,不入九地下牢之苦。非但祭酒,復其萬民。(18/218c)

【名位】*道階,道位。〈1/一〉次劍水相向,稱名位:泰玄都正一平炁係天師某治某炁祭酒赤天三五步綱元命真人臣某。(18/296a)

〖法位〗*道階;道位。〈1/一〉即再啓事,次重稱法位:太玄都正一平炁係天師某治某炁祭酒,赤天三五步綱元命真人臣某等,奉爲大道弟子某,修建某齋幾日幾夜,祈恩謝過,請福禳災。(18/296c – 297a)

〖真爵〗*真仙爵位。〈1/一〉太上告後聖君曰:凡受三天正法,不得妄與陰家共牀坐起,及外炁不同之人共著衣服及同被卧息,屐履之屬,更相交關,犯者減筭,退削真爵,學者慎之。(28/409b)

〖職錄〗*道教團體的職位。〈2/一〉太上開化,不以吾輕賤小人,受吾真法爲百鬼主者,使開二十四治以應二十四氣,置署職錄,以化邪俗之人,黃老赤錄以修長生,吾言大道永畢。(32/593a)

〖錄職〗*表示職位的標志。〈1/一〉多佩錄職,自稱真人,賣術自榮,妖惑愚人,貪尺帛十錢斗米,聚斂人物,求目下之安。(32/593b)

【官屬】*官位隸屬。〈1/一〉南鄉三老鬼,俗五道鬼,姓車名匡,主諸死人錄籍,考計生人罪,皆向之。此鬼在太山西北角,亦有官屬,太山有召一還。(18/240a)

〖空缺〗*缺額;空着的職位。〈1/一〉自從太和五年以來,諸職各各自置,置不復由吾氣——真氣領神選舉,或聽決氣,信內人影夢,或以所奏,或迫不得已,不按舊儀,承信特説,或一治重官,或職治空決[缺]。(18/237b)

【部$_2$】*部分。〈4/一〉驛騎門監市君,官將一百二十人,治天市室,主天下諸部惡鬼,考治生坐列屠沽開廬作酒者,百姓貪民侈利,輕秤小斗,詐諉欺人,從民飲食者,考之。(28/554b)

〖正一〗*正一道。〈6/三〉第一百四十四戒者,當迴向正一,勿得習俗事。(18/221a)

〖正一盟威〗＊正一道。謂正一不二,聖明威嚴之道。〈2/二〉道以漢安元年五月一日,於蜀郡臨邛縣渠停赤石城造出正一盟威之道,與天地券要,立二十四治,分布玄元始氣治民。(18/236b)

〖盟威正一〗＊正一道。〈1/一〉天師稽首:敢承先王之道,制民勑鬼,今當以盟威正一之氣、女青鬼律,役使天下邪魅妖祥,助道興化。(18/246b)

〖正一平炁〗＊天師道。〈2/一〉次劍水相向,稱名位:泰玄都正一平炁係天師某治某炁祭酒赤天三五步綱元命真人臣某。(18/296a)

1.6.2　事務情實[2＋3＋6＝11:雙2＋3＋5〈2＋6＋5/二＋三＋五〉,叁0＋0＋1〈0＋0＋1/0＋0＋一〉]

〖百行₂〗＊各種做法。〈1/一〉右二鬼是古死人敗塚或巫師不正道士之鬼,鬼害人百行,子知其名,鬼自伏住,不敢動。(18/246b)

【所關】＊所關涉到的事物。〈1/一〉君受號爲上清金闕後聖帝君,上昇上清,中遊大極,下治十天,封掌萬兆及諸天河海神山地源,陰察群靈,皆總領所關,勤搜上真,輔正三天,滅除凶惡。(28/408c)

〖西事〗＊西邊的事情;某一件事。〈1/一〉養生之法氣相從,和順上下無災衝。人多不解妄説空,西事未訖折復東。(28/372c)

〖軍國事〗＊統軍治國之事。〈1/一〉第十六戒者,不得求知軍國事及占吉凶。(18/219a)

〖紫機〗＊重要事務。〈1/一〉道出元炁從老經,合景内外神真形,羅縷紫機上天庭,遠望八極登太清。(18/248c)

〖群行〗＊各種行爲。〈1/一〉男女老壯不相呵整,爲爾愦愦,群行混濁。(18/238c)

〖衰隙〗＊疏於防備的間隙。〈1/一〉右三十六鬼,皆遊行世間,乘人衰隙,伺候有惡,助佐凶殃,造作禍害,改形易象,隨便陵人。(18/252a)

【百巧】＊各種虛僞欺詐行爲。〈1/一〉自後天皇元年以來,轉生百巧,不信大道,五方逆殺,疫氣漸興,虎狼萬獸,受氣長大,百蟲蛇魅,與日滋甚。(18/239c)

〖顯報〗＊顯明的報應。〈1/一〉祭酒領録,條列上天,有勞顯報,位登神仙。

（18/249c）

【効信₁】＊驗證；證明。〈4/一〉城神山川社稷神君,護某稻禾穀令熟美好,無令損害,辟斥蟲鼠,歲冬入增倍,以爲効信。（28/553c）

【真實】＊真正；符合道教真諦的事物。〈1/一〉神堲大山依神居,自見元化不安廬。束手真實不發舒,超王之教故可脅。（18/248b）

1.6.3　功業福德[0＋0＋2＝2；雙0＋0＋2〈0＋0＋2/0＋0＋二〉]

【諸善】＊各種善德善行。〈1/一〉奉道但當積修功德,謙讓行仁義,柔弱行諸善,清正無爲,初雖勤苦,終以受福,不與俗同。（18/235b）

【千善】＊各種善行。〈1/一〉道人百行當備,千善當著。（18/235b）

1.6.4　過失罪行[0＋1＋0＝1；雙0＋1＋0〈0＋2＋0/0＋一＋0〉]

【五逆₁】＊泛指各種逆倫之罪。〈2/一〉六者,不得輕慢老人,罵詈親戚,夫妻咒詛,自相煞害,毒心造凶,不孝五逆,天奪人筭一百八十。（18/245a）

1.6.5　吉凶災異[1＋3＋30＝34；單0＋0＋1〈0＋0＋2/0＋0＋二〉,雙1＋3＋25〈1＋6＋34/一＋五＋二十七〉,肆0＋0＋4〈0＋0＋5/0＋0＋四〉]

【破邪】＊凶邪。〈1/一〉破邪故炁,留殃妖魅,寄鬼姡姡,五虛六耗,十二注詛,野道夢寱顛倒,縣官口舌,皆自消滅。（28/368c）

【妖媚】＊妖邪禍亂。〈1/一〉右九蠱之鬼,行諸惡毒妖媚,蠱亂天下,與五溫鬼太黃奴等共行毒炁也。（18/250c）

【鬼災炁怪】＊各種鬼怪災害。〈1/一〉天玄君,官將一百二十人,治安關室,主萬民舍不可居,利宅。收諸鬼災炁怪,主之,利宅。（28/551b）

【懸尸六害】＊遊蕩害人的鬼怪引起的災殃禍害。〈2/一〉北平君,官將一百二十人,治群城室,主解天下嫁娶不宜姑翁,生命在天年歲星逆鬼之中,各有鬼姡神,醜宿惡星,懸尸六害,胞形骨消,不宜子孫者,下此神保護之,使命長相宜。（28/552c）

【祟害】＊鬼神造成的災害。〈1/一〉赤天食炁君,官將一百二十人,主收家

惡鬼爲祟害者。(28/535b)

【鼠耗】*鼠害。〈1/一〉無野君,官將一百二十人,治地盡室,主萬民佃求利,無蟲,鼠耗不害,收得百倍。(28/552c)

【三殺】*三種殺害。〈1/一〉都星君一人,官將一百二十人,治青蓋室,主解星死,斷絕復連,制三殺災滅咎殃,不得復連生人。(28/539b)

【三塗(三途)】*火途、血途、刀途。〈2/二〉有心齊冥契,拔脱三塗苦,颯然控龍彎,藹沫上清館,豈覺有餘滯。(28/407c)

【萬殃】*各種災殃。〈1/一〉天師曰:吾爲天地除萬殃,變身人間作鬼王。(28/367c)

【三災九厄】*各種災厄。〈1/一〉生者及祭酒道士,宣化有功,功過相贖,民若不用,故有宣化之心,可自改往修來,專一養性,可度天三災九厄。(18/245c)

【五殘六賊】*毀敗喪亡之災禍。〈1/一〉收某家宅中五殘六賊,十二袄惑,男女非祥,先代咎殃。(28/368c)

【劫₂】*劫難。〈2/二〉無上太衡兵士十萬人,主解星社來作祟病者,捉勑社神,解放生魂還附之身中,不得拘攝,永相去離。分別鬼祟,絕斷耗害,除劫,須散之。(28/544b)

【衰耗】*災害。〈1/一〉天陽君一人,天休君五人,官將一百二十人,治扶君泉室,主收宅中衰耗不利牛馬六畜,下此神保護,令盛好,不復死亡。(28/551c)

【虛耗】*損耗。〈3/二〉帝君,官將一百二十人,治靈明絳匱宅,主收天下萬民舍虛耗。(28/551c)

【厄急】*急難;災難。〈2/二〉考官日日門至户達,視看人心,若有厄急,懸命漏刻,但正心向道,把九光萬稱符,至尊救度人也。(32/594a)

【大厄】*大難;災厄。〈2/一〉除辟大厄却災患,少知三五以治身。長行七九真炁分,太平度世爲種民。(18/248c)

【急厄】*危急厄難。〈1/一〉而自謂屬道,遇災急厄,病痛著身,雖望道擁護,道不救也,精邪惡鬼卒所侵害,道不爲攝却。(18/234a)

【刑謫】*災害。〈1/一〉秦關得明君,官將一百一十人,治少室,主收天下

自稱刑謫[讁]之鬼。(28/550b)

〖留殃〗* 長久的殃禍。〈1/一〉破邪故炁,留殃妖魅,寄鬼媢妬,五虚六耗,十二注詛,野道夢寤顛倒,縣官口舌,皆自消滅。(28/368c)

〖尸殃〗* 災害;禍患。〈1/一〉某死生注清濁之炁,破殺尸殃之恩,得老稚正法髡笞五百,斬殺有罪,死合平復連更相牽引。(28/544c)

〖非殃〗* 凶邪災殃。〈1/一〉吾上太山謁見黄老君,教吾殺鬼,語我神方。上呼玉女,收捕非殃。登天左契,佩帶印章。(28/367c)

〖殃丁〗* 禍根。〈2/一〉三氣五氣令身生,七九去災除殃丁。(28/373a)

〖殃患〗* 災殃禍患。〈1/一〉自然之氣出崑崙,山北絶苦有温泉。療治萬病除殃患,犯罪之人更福原。(28/374a)

〖殃注〗* 死者帶來的接連不斷的殃禍。〈5/二〉無上平天君,兵士十萬人,主收天下一百二十人殃注鬼殺在人身中者,消滅之。(28/544c)

〖殃殍〗* 災殃。〈1/一〉河伯河水使者十二人,從事小郵驛馬故行,主收捕塚墓男女之殃殍。(28/550b)

〖殍殃〗* 災禍。〈3/一〉天昌君,黄衣兵十萬人,主爲收除宅中一百二十人殃怪,中外殍殃十二刑殺之鬼來作惡夢怪病者,除之。(28/547b)

〖狂殍〗* 狂邪,災殃。〈1/一〉破逆君,官將一百二十人,治漢仙室,主收萬民洲墓狂殍之鬼精。(28/550b)

〖外殍〗* 外部災殃禍患。〈1/一〉鬼神有外殍鬼,思想鬼,癃殘鬼,魍魎鬼,熒惑鬼,遊逸鎮厭鬼。(28/370a)

〖惡難〗* 厄難;災難。〈1/一〉當勤避惡難,勿貪禄苟榮。(18/221a)

〖衰厄〗* 災難;衰亡。〈1/一〉解厄君,官將一百二十人,主爲解除年命之上刑厄,媢星妬鬼,精鬼祟殺害過度衰厄。(28/538b)

〖刑厄〗* 災難。〈1/一〉例見"衰厄"。

〖土謫〗* 因動土引起的殃禍。〈1/一〉九天君,官將一百二十人,治地里室,收天下萬民葬埋,收勑十二月建墓鬼,解土謫。(28/550a)

〖注詛〗* 相連不斷的詛咒殃害。〈1/一〉破邪故炁,留殃妖魅,寄鬼媢妬,五虚六耗,十二注詛,野道夢寤顛倒,縣官口舌,皆自消滅。(28/368c)

〖死次〗* 死地。〈1/一〉誅殃君,官將一百二十人,治倉明堂,主爲某收斷

死次,還流逆殺殃咎復連生人者,斷絕之。(28/539c)

1.6.6　天命典制[16＋10＋33＝59:單8＋0＋0〈224＋0＋0/十二＋0＋0〉,雙8＋10＋29〈20＋30＋33/十二＋十三＋三十〉,叁0＋0＋1〈0＋0＋1/0＋0＋一〉,肆0＋0＋2〈0＋0＋2/0＋0＋二〉,陸0＋0＋1〈0＋0＋1/0＋0＋一〉]

〖一元〗*化生天地萬物的道。〈1/一〉天師勑,邪中是聞律,鬼莫不伏聽。飛符連天,一元三靈,此天師自咒身中神鬼要法。(18/247b)

【真₂】*道家探究與追求的自然之道。〈2/一〉和民抱朴守素貞,許由洗耳於河濱。清潔有素絕不群,枕石漱流静思真。(28/374a)

〖道德₁〗*道教所宣導的大道與德行。〈5/三〉人生雖有壽萬年,不持戒律,與瓦石何異? 寧一旦持戒終身,爲道德之人而死,不犯惡而生。(18/219a)

〖真正〗*真道;神道。〈6/一〉違背真正,不從教戒,但念愛欲、富貴榮禄、色利財寶、飲酒食肉,恣心快意,驕奢盈溢,豈復念道乎。(18/234b)

〖真氣₃〗*真道。〈2/一〉十六者,不得逃遁父母,遊行四方,位立真氣,自相收合,天奪筭三百二十。(18/245b)

〖無上玄老太上〗*大道。〈1/一〉道出自然,先天地生,號無上玄老太上。(18/235a)

〖法化〗*大道;自然。〈1/一〉九玄帝君又稱名而歌曰:策御九龍轡,上朝玉皇庭,太虚九玄炁,法化沉三靈,高會玄晨闕,躬命元始精。(28/407c)

〖本父母〗*真道父母;大道。〈1/一〉今九天俱立,使六天出治,隨世分布,三道治正轉亂,不能中正三五之氣,上三天恚怒無本父母臨正,使太上老君絕世,更立正一盟威之道。(32/593a)

〖正法₂〗*道法。〈1/一〉欲隨情請福,以爲惠施,道終不從,鬼不爲使,毁敗正法耳,反受咎。(18/234b)

〖三道₁〗*指天道、地道、人道。〈3/一〉夫二炁離合,理物有期,陽九布炁,百六決災,三道虧盈,迴運而生,期訖壬辰癸巳之年。(28/407a)

〖三道₂〗*指無爲大道、佛道、清越大道。〈1/一〉今九天俱立,使六天出治,隨世分布,三道治正轉亂,不能中正三五之氣,上三天恚怒無本父母臨正,

使太上老君絶世,更立正一盟威之道。(32/593a)

〖常運〗*恒常的興衰運度。〈1/一〉太上老君前與尹相吾臨孟津河上,告吾天有常運,大期行交,先不治。(32/593a)

〖道運〗*大道的運度。〈1/一〉亂不可久,狼子宜除,道運應興,太平期近,今當驅除,留善種人。(18/249c)

〖大運$_2$〗*大的時代變革。〈2/一〉以太平爲期,汝且還料理治中,普告清信男女諸弟子忠貞者,大運已促勤,以忠信爲務,勿貪財色。(32/593c)

〖玄命〗*天命;上天的運度。〈1/一〉玄命太清誰知之,今世之人多愚癡。七九數盡鬼賊來,何不防閑自修理。(28/372b)

【歷$_3$】*歷數,氣數。〈1/一〉魏氏承天驅除,歷使其然,載在《河雒》,懸象垂天。(18/237c)

〖符命〗*上天預示的符兆。〈7/二〉左右宜春君,官將一百二十人,治陰陽室,主收天下人民嫁娶時鬼,爲人作精祟者,稱符命相尅,主之。(28/552a)

【注$_2$(主$_4$)】*命運預先決定。〈3/一〉北斗主煞,南斗注生。煞是天綱,生是三台,自如人身,上應天地,法之日月。(18/242b)

〖冥契〗*天機;天意。〈1/一〉稟承三天制,驅洗六天凶,正立無塵穢,洞究太真章,以救承唐世,啓悟末學子,有心齊冥契,拔脱三塗苦,颷然控龍彎,藹沫上清館,豈覺有餘滯。(28/407c)

〖運劫〗*世運的劫數。〈1/一〉臣某稽首再拜上言,今世微薄,運劫欲盡,人民凶逆,相習來久,外陽爲善,内懷豺狼。(28/369a)

〖赤門〗*顯赫的門庭,指道門。〈1/一〉赤門赫赫誰能當,賢人君子字道長。防災除害思元陽,氣流溢布身華光。(28/373b)

〖玄化〗*大道的教化。〈1/一〉臣雖不材,竊慕玄化,忝佩法籙,叨稱治官,所歷山川,敢忘報效?(18/295b)

〖玄關〗*入道的法門。〈1/一〉微乎九玄炁,洞源三清滓,靈化隨運生,淵響徹高擬,六覺啓玄關,未悟方乃始。(28/407c)

〖幽關〗*入道的法門。〈1/一〉結芒太霞館,流眄無窮齡,神映通幽關,鍊胎反初形,撫哀五濁子,命同浮朝生。(28/407c)

〖三一$_1$〗*道家語。指由精、神、氣三者混而爲一之道。〈1/一〉萬萬之紀

合神靈,託愚作癡不言聲,以守三一從道經,千炁不失事見明。(18/248b)

【師道】*大道;天師之道。〈1/一〉男女老壯不相呵整,爲爾憒憒,群行混濁,委託師道。(18/238c)

【太玄₂】*深奧玄妙的道理。〈1/一〉汝曹自可按吾圖書視鬼等名,施吾太玄之下符,上三天生炁,三五七九之生,以與天民,天民死而更生。(18/242a)

【清政】*清明的政治。〈1/一〉昔日開門教之爲善,而反不相聽,從今吾避世,以汝付魏,清政道治,千里獨行,虎狼伏匿,卧不閉門。(18/237c)

【魯道蕩蕩】*喻指政治清明。〈1/一〉根深固久物自然,自然之氣出虛無。魯道蕩蕩合與俱,賴得赤子相接扶。(28/372c)

【縣官₂】*官司。〈9/三〉又請收刑檢刑逆吏一百一十人,主爲某斷絕縣官,惡人謀議,口舌牢獄,當爲平集消滅之。(28/536b)

【天赦】*天的赦令。〈1/一〉次提劍擬地,視之咒曰:天赦煌煌,地赦正方,禹步所至,百鬼伏藏。急急如律令。(18/297a)

【地赦】*地之赦令。〈1/一〉例見"天赦"。

【經教】*經書教誡。〈2/二〉第五十六戒者,不得輕慢經教。(18/219c)

【法₁】*法律;道教的經戒法規。〈6/三〉變發坐逆罰貪夫,威令世畏法禁拘。有道之士心無憂,蕩蕩滌滌處長流。(28/373b)

【道法₂】*道教的法制、法度。〈2/一〉從建安、黃初元年以來,諸主者祭酒,人人稱教,各作一治,不復按舊道法,爲得爾不?(18/238c)

【正典】*正法。〈1/一〉和氣君,官將一百二十人,治旦寄室,收諸祭酒譴考相及代[伐]者,正典直殺之。(28/540a)

【法節】*法令制度。〈1/一〉愚人淺薄,適有榮顯,便驕奢盈溢,施行過度,恣心快意,不慎法節。(18/233b)

【法訓】*道法的訓誡、教導。〈1/一〉於是諸祭酒衆等,仰歎靈文,欽承法訓,志願奉持,稽首而退。(28/370b)

【非法】*邪亂不正的思想學説。〈1/一〉諸賢者所以反覆相解,恐人説習非法來久,躬行犯惡,然後得罪,不能發悟,或懷怨望,其過益深。(18/232a)

【戒】*戒律;防非止惡的規範。〈198/二〉第八十八戒者,不得自舉己物,以爲好。(18/220a)

【律】*戒律。〈9/二〉第六十二戒者,不得帶刀仗,若在軍中不從此律。(18/219c)

【律令】*戒律。原指法令。〈5/三〉一者,不得自東自西自南自北出入去來,去无所關,還无所白,任意從心,皆負律令,除筭三十二。(18/244c)

〖法戒〗*科法戒律。〈1/一〉爲人若不能與法戒相應,身心又無功德,欲求天福,難矣。(18/232b)

〖經戒〗*經教戒律。〈1/一〉若男女不曉書疏者,專心好道,可請明者,聽誦經戒,會在静舍若堂上,掃除、燒香、澡浣潔清,男女別坐,儼然正體,安神精思明聽。(18/234b)

〖戒律〗*宗教徒的行爲規範。〈3/一〉人生雖有壽萬年,不持戒律,與瓦石何異? 寧一旦持戒終身,爲道德之人而死,不犯惡而生。(18/219a)

〖要律〗*重要的戒律。〈1/一〉右長存要律百八十戒。(18/221c)

〖道律〗*道教科律。〈1/一〉道律禁忌,天師曰:視天下男女,日用不忠,行善不報,災害日興,天考鬼賊,五毒流行,皆生於不信。(18/244c)

〖道科〗*道教科律。〈1/一〉鬼若濫誤,謬加善人,主者解釋,祐而護之,鬼若不去,嚴加收治。賞善罰惡,明遵道科。(18/250a)

〖科法〗*法令;宗教戒律。〈1/一〉泄閉不從科條者,七世獲考,如四極科法。(28/410a)

〖科條〗*科戒條文。〈1/一〉泄閉不從科條者,七世獲考,如四極科法。(28/410a)

〖科文〗*戒律條文。〈2/一〉制節行道,謹慎科文,目不妄視,口不妄言,心不妄念,足不妄遊,親善遠惡,與體自然,故不重教,幸復可思之。(18/246a)

〖禁戒重律〗*極爲嚴格的戒律。〈1/一〉今吾以諸賢故,念萬民之命,故受王甲禁戒重律。(18/219a)

【華】*貴重的事物;重要的教令。〈1/一〉大道勑華爲我使。叱咄,急殺百傷小魅,何狼粹。(18/247b)

〖祕教〗*神秘的教化。〈1/一〉背向異辭,言語不同,轉相説姤,不恤鬼神,以憂天道,令氣錯亂,罪坐在阿誰? 各言祕教,推論舊事,吾不能復忍汝輩也,欲持汝輩應文書,頗知與不? (18/238c)

〖鬼教〗* 崇信鬼神的教化。〈1/一〉不得淫色違慢,不得言炁不明,不得兩心不正,不得妄傳鬼教,得露行三光,不得犯五靈七政。(18/249a)

〖法事〗* 宗教法會、儀式。〈1/一〉以今太歲某月朔某日辰,謹於某州某縣鄉里領行法事,道士若干人,謹爲大道弟子某,爲某事修建某齋幾日幾夜,禳災却禍,請福祈恩,建立壇場,依科關奏。(18/295b)

〖黃籙〗* 道家潔齋之法。〈1/一〉故碧落有災祥之變,令人則之,黃籙有拯拔之科,令人修之。(18/295b)

〖竈祭〗* 祀灶。爲五祀之一。〈1/一〉無上監炁君,兵十萬衆,主收竈伏龍形德殃注竈祭耗虛鬼。(28/551a)

【俗₃】* 宗教謂塵世間爲俗,與出家相對。〈4/一〉道人與俗相去遠矣。何以言之? 道人清正,名上屬天;俗人穢濁,死屬地官,豈不遠乎。(18/235b)

第二节　行爲〔167 + 74 + 782 = 1023:單 87 雙 719 叁 17 肆 194 伍 5 陸 1〕

2.1　有生行爲{16 + 9 + 114 = 139:單 7 雙 86 叁 12 肆 30 伍 4}

2.1.1　生命過程

2.1.1.1　婚戀生育(9 + 2 + 15 = 26:單 3 + 0 + 0〈5 + 0 + 0/三 + 0 + 0〉,雙 5 + 2 + 8〈11 + 2 + 15/七 + 二 + 九〉,肆 1 + 0 + 7〈1 + 0 + 15/一 + 0 + 八〉)

【娉(聘)】* 嫁娶,婚配。〈3/一〉天陵君,官將一百二十人,治五衡室,主萬民嫁娶娉合時,合[令]有貴子,主之。(28/552b)

【陰陽₆】* 男女交合。〈4/二〉西入胡授以道法,其禁至重,無陰陽之施,不殺生飲食。(18/236a)

〖口手智心〗* 男女對面相偶。〈1/一〉十一者,不得以赤炁妄傳俗人,口手智心更相交接,委道自叛,師主无法,天奪算三百。(18/245b)

【一心兩口】* 男女交媾時的情狀。〈1/一〉天下男女合如雲,會於太一仙道人。三日不摩徊復還,一心兩口上應天。(18/248c)

【行氣】＊行房中黄赤之氣。〈1/一〉不得行道之日,貪色淫心,行氣有長,自解不已,私共約誓,因生不孝,姦心五内,無道之子,天奪筭三萬。(18/245b)

【黄赤】＊房中術。"黄赤"爲"日月"代稱,又暗指"男女"。〈2/二〉吾親在事,尚復如此,後世當以黄赤相傳以爲常事,不可分别。(32/593b)

【赤炁₂】＊黄赤房中術。〈1/一〉十一者,不得以赤炁妄傳俗人,口手矕心更相交接,委道自叛,師主无法,天奪筭三百。(18/245b)

〖三五七九〗＊房中術。三五七九皆爲陽數,指與女子性交時,遇此四數即深入其中。〈9/二〉天師曰:天下男女,已知三五七九長生大道,子不依吾法,行惡婬亂,恐子死没惡人之先,幸復告想可勤之。(18/246a)

【三五₄】＊三五七九。〈3/一〉除辟大厄却災患,少知三五以治身。長行七九真炁分,太平度世爲種民。(18/248c)

〖七九〗＊三五七九。〈4/二〉八極之内有九城,九宫之内應天經。三氣五氣令身生,七九去災除殃丁。(28/373a)

【秋收冬藏】＊秋冬節慎房事。〈1/一〉賢者思之解其情,緘入縷出氣自明。施寫有法隨時生,秋收冬藏入黄庭。(28/371c)

〖奸好〗＊姦淫。〈4/一〉東西太白君,官將一百二十人,治九天乾宫,主天下郡縣鄉亭里域萬民劫掠奸好謀殺戾便罪,考察之。(28/555c)

〖反男爲女〗＊把男人當作女人。〈1/一〉十者,不得傳道童女,因入生門,傷神犯氣,逆惡无道,身死无後;不得反男爲女,陰陽倒錯,天奪筭三百。(18/245a)

〖虚結空胎〗＊未經交配孕育。〈1/一〉紫素元君者,則左无英君之母也,虚結空胎,憑炁而生也。(28/406c)

〖胎姙〗＊懷孕;身孕。〈2/一〉考召考官吏,主收解宅内四面土炁,破射妨害,殺炁消滅,身無宅[它]胎姙安穩。(28/547a)

〖安胎〗＊安穩胎孕。〈1/一〉欲求訟詞理訴,欲求男女命長,欲求保宜子孫,欲求婦女安胎。(28/368b)

〖日月成滿〗＊胎兒足月。〈1/一〉護胎吏主護某胎成,日月成滿,堅固受炁。(28/547a)

〖落去〗＊使落去;墮胎。〈1/一〉第十三戒者,不得以藥落去子。(18/

219a)

【臨産】*將要分娩。〈1／一〉右二鬼女臨産鬼,女子産生時呼此鬼名,即不害人。鬼長三寸三分,上下烏衣。(18/247a)

【下$_8$】*産子。〈1／一〉期文君,官將一百二十人,治小仙室,主女子産乳難,子橫胎中,病風面,以時下之。(28/547a)

【産解】*分娩;生育。〈1／一〉陽炁君,官將一百二十人,治經室,主保女子産解易,兒時出,母子無它留難。(28/546c)

【絶子】*無法生育;斷絶子嗣。〈1／一〉赤師君一人,官將一百二十人,主治女子陰門中下血,絶子,帶下十一[二],時病,主治之。(28/548a)

【垂枝布葉】*枝葉生長。〈1／一〉垂枝布葉陰覆陽,四海來會爲柱梁。勸化男女善相將,接息八木氣當王。(28/373a)

【結$_2$】*植物長出果實或種子。〈1／一〉白蚕君,主保五穀苗莖滋好,結子成實,收入萬倍。(28/540c)

【吐精】*生出精怪。〈1／一〉地官玉女千二百人,衣五彩衣,戴通天冠,主收地炁吐精,沐制刑禍口舌。(28/556a)

【養育$_2$】*調養;保養。〈1／一〉混沌之氣誰能分,演散陰陽舒道元。養育肢體生華根,根生固久應自然。(28/374a)

2.1.1.2　生存衰亡(1＋1＋21＝23:雙1＋1＋9〈1＋1＋31/一＋一＋十〉,肆0＋0＋12〈0＋0＋14/0＋0＋十二〉)

【生年】*活着;生存。〈1／一〉諸賢者,人之所大願,以生年爲貴;人之所大惡,以死終爲賤,豈不然乎!(18/233b)

【盡壽】*享盡天年。〈1／一〉按戒:爲惡者,乃不盡壽而橫夭也。(18/232c)

【長生不老】*長久生存。〈1／一〉南昌君,官將一百二十人,治列庫室,歷犯周旋八紀之中,脱下死籍,還著本命,消滅三蟲,伏長生不老,八十歲更爲十五童。(28/538b)

【久視長生】*長久生存。〈1／一〉賢者何不修善,久視長生乎!(18/232c)

【久世長生】*長久生存。〈1／一〉念子不得久世長生,吾受太上教勅嚴切,今以示天民,令知禁忌,不犯鬼神靈書《女青玄都鬼律令》。(18/244c)

〖長生延命〗﹡生命久長。〈1/一〉素女千二百人,主致長生延命,疾病,具録魂魄,無令遠人,身精人安。(28/538c)

〖得壽遐亡〗﹡延年益壽。〈1/一〉既得吾國之光,赤子不傷,身重金累紫,得壽遐亡。(18/237c)

〖還壽延年〗﹡延長壽命。〈1/一〉明堂絳室君,官將一百二十人,治城宮室,主祭酒心傷萬端,還壽延年,管度世神仙,逆人不行。(28/538b)

〖却死來生〗﹡消除死亡,獲得生存。〈3/一〉無上化不君,兵士十萬人,收一百二斗注鬼殺厼,却死來生,主之。(28/544c)

〖暮臥朝起〗﹡指人起死回生。〈1/一〉須至太平之世,魂精還其故形,白骨更起,血氣更流。始經宿昔之間,暮臥朝起,化示世情。(32/594a)

〖死而更生〗﹡死而復生。〈1/一〉天下男女,汝曹自可按吾圖書視鬼等名,施吾太玄之下符,上三天生厼,三五七九之生,以與天民,天民死而更生。(18/242a)

〖沉生〗﹡水中生存。〈1/一〉草木根生,去地而死。魚鼈沉生,去水而死。人以形生,去氣而死。(34/462c)

〖減筭〗﹡削減壽命。〈1/一〉凡受三天正法,不得妄與陰家共牀坐起,及外厼不同之人共著衣服及同被臥息,屨履之屬,更相交關,犯者減筭。(28/409b)

〖除筭〗﹡削減壽命。〈1/一〉一者,不得自東自西自南自北出入去來,去无所關,還无所白,任意從心,皆負律令,除筭三十二。(18/244c)

〖奪筭〗﹡削減壽命。〈21/二〉毀慢形神,恥辱真文,令貴[真]靈遠逝,空尸獨在。犯此之禁,奪筭,削退陟真之爵。學者慎之。(28/409b)

〖垂困〗﹡生命垂危;接近死亡。〈1/一〉若病肌內消盡,性命垂困,當請天官揚秩君,官一百二十人、君吏一百二十人合治之。(28/535b)

【懸命】﹡生命垂危。〈1/一〉考官日日門至户達,視看人心,若有厄急,懸命漏刻,但正心向道,把九光萬稱符,至尊救度人也。(32/594a)

〖命在日夕〗﹡形容生命危殆。〈1/一〉不自知慮,命在日夕,凶鬼來守。(18/242a)

〖大限〗﹡壽數;死期。〈1/一〉大限未足子勤身,改心易腸道真人。(18/248a)

〔死傾〕*死亡。〈3／一〉朝降暮反結罪名,部落强丁至死傾。叩頭來前索求生,老君執意欲不聽。(28/371c)

〔注死〕*患傳染病而死。〈1／一〉無辜之鬼,客死之鬼,兵死之鬼,星死之鬼,注死之鬼。(28/368c)

〔前亡後死〕*前後死亡相連不斷。〈1／一〉中宗外親,前亡後死,男女復連,無辜之鬼,客死之鬼,藏在宅中不肯去者,伏惟太上勑下天曹,應咒斬殺之。(28/368c)

〔死者如崩〕*形容死亡的人很多。〈1／一〉道復作《五千文》,由神仙之要,其禁轉切急,指勑治身養生之要、神仙之説,付關令尹喜,略至而世多愚,心復悶悶,死者如崩,萬無有全。(18/236a)

2.1.2　疾病治療

2.1.2.1　疾病生理(6＋5＋71＝82:單2＋0＋2〈3＋0＋5／二＋0＋二〉,雙4＋4＋44〈4＋5＋73／五＋四＋四十八〉,叁0＋1＋11〈0＋1＋12／0＋一＋十一〉,肆0＋0＋10〈0＋0＋11／0＋0＋十〉,伍0＋0＋4〈0＋0＋5／0＋0＋四〉)

【大病】*嚴重的疾疫。〈1／一〉吾欲不就事,上官命嚴,命放六天故氣、三官百鬼,以大兵大病虎狼蛇虺百毒驅除天下。(32/593a)

〔惡毒〕*嚴重的疾疫。〈2／一〉北方黑炁鬼主,姓鍾,名士季,領萬鬼,行惡毒霍亂、心腹絞痛之病。(18/250a)

〔急病〕*指突然發作、來勢凶猛的疾病。〈1／一〉右續令天三人,即千舸治急病攻心欲絶,主治之。(28/547c)

〔急疾〕*突然發作的疾病。〈1／一〉問人鬼呼喚人鬼,傷人鬼,嗔恚鬼,急疾鬼,行病放毒鬼,五瘟鬼,剔人鬼,有急咒之,鬼自摧滅。(28/370a)

【有急】*有疾病。〈1／一〉若文書拘攝,當爲決放之。若事天官,時見省理之。兆民有急,以時差愈。(28/538c)

〔歲病〕*連年患病。〈1／一〉地申君一人,官將一百二十人,治燧宮,主天下萬民開塚户,啼哭言窘[害],令厭有歲病。(28/540a)

〔羸嬰〕*衰病纏身。〈1／一〉八卦玄天君,官將一百二十人,主收一百二十刑固之鬼,全被呪詛病,積日不差,羸嬰著狀思道者復不差。(28/549b)

227

〖羸病〗*衰弱羸瘦之病。〈1/一〉天官陰陽狄君,官將一百二十人,速尒吏左右七十一人,主治羸[羸]病。(28/547c)

〖癃殘〗*衰老病弱,肢體殘廢。〈1/一〉鬼神有外殍鬼,思想鬼,癃殘鬼,魍魎鬼,熒惑鎮厭鬼,遊逸鎮厭鬼。(28/370a)

〖胞形骨消〗*形體消瘦。〈1/一〉北平君,官將一百二十人,治群城室,主解天下嫁娶不宜姑翁,生命在天年歲星逆鬼之中,各有姤鬼妬神,醜宿惡星,懸尸六害,胞形骨消,不宜子孫者,下此神保護之,使命長相宜。(28/552c)

〖肌骨刑禍〗*形體消瘦。〈1/一〉請素白玄明[補:君],官將一百二十人,治部城室,主解天下女子嫁娶,生命在天年歲星逆鬼之中,有若姤鬼妬神,醜宿惡星,拘刑鬼天,懸尸六害,肌骨刑禍,不宜翁姑夫子者,主收之。(28/552b)

【格】*病狀。〈2/一〉夫玄君瑩,官將一百二十人,治含威室,生渴[主治]男女消渴羸格,治之。(28/547a)

〖連添收骨〗*一種病狀。〈1/一〉白玄宅冘君五人,官將一百二十人,治太真室,主治女子十歲落病,連添收骨,治之差。(28/545c)

【攻心】*因突然事故引起的神志昏迷或生命危險。〈1/一〉右續令天三人,即千舫治急病攻心欲絕,主治之。(28/547c)

〖目病〗*眼睛疾病。〈3/一〉注變君,官將一百二十人,治高夏室,主治目病,主治之。(28/543c)

〖目竇海出瞖〗*白內障。〈1/一〉舟明君一人,官將一百二十人,治孔次室,主治目竇海出督[瞖]十歲之病,可治之。(28/543b)

〖目海生瞖〗*白內障。〈2/一〉大明君一人,官將一百二十人,治明堂,治男子目海生督[瞖]十歲之病,治之。(28/543c)

〖口禁〗*口緊閉。〈1/一〉言生君,官將一百二十人,治安樂室,主天下雲中一百二十神三十六,主病某心腹背脊四肢骨節戴眼吐沫口禁驚掣之鬼,收除之。(28/546c)

〖絕音〗*無法説話;喪失説話能力。〈1/一〉咽喉翁天市大夫君一人,官將一百二十人,治成室,主治萬民復連傷寒,絕音不能語。(28/542a)

〖翁舌病〗*舌頭紅腫的一種病症。〈1/一〉侯君一人,官將一百二十人,治井室,主治女子翁舌病,主之。(28/545b)

【舌强】*指舌頭僵硬,伸縮不利。〈4/一〉地八節君,官將一百二十人,主治女子咽喉腫痛,舌强炁結,主之。(28/544a)

【五逆₂】*五臟逆亂。〈1/一〉逆煞之鬼,流布人間,誑作百病,五逆疾炁,寒熱頭痛,或腹内結堅,吐逆短炁,五内脹滿,目視顛倒,口唵,手足孿縮。(18/242a)

【吐病】*嘔吐病。〈2/一〉蓋化司侯君三祖九和,主人吐病,令差。(28/546a)

【吸咄】*病名。〈3/一〉地官五行君,官將一百二十人,治太室,主吸咄不能飲食,匡義腹中痛,令立差。(28/546b)

【咄吸】*病名。同“吸咄”。〈1/一〉地五行君,官將一百二十人,治木室,主治女子同帶下癖、淋露、咄吸,並主治之。(28/547c)

【吸吐】*病名。同“吸咄”。〈1/一〉天五行平君,官將一百二十人,治丘平室,主治男過下淺癖、淋露、吸吐,主治之。(28/547c)

【吐沫】*口吐白沫。〈1/一〉言生君,官將一百二十人,治安樂室,主天下雲中一百二十神三十六,主病某心腹背脊四肢骨節戴眼吐沫口禁驚掣之鬼,收除之。(28/546c)

【激滿】*腫脹。〈1/一〉封離君十二人,主男女心腹痛,臍下便拘急激滿。帶下十二[補:病]之鬼,主之也。(28/546b)

【連曆】*接連遭逢氣脈不暢之痛。〈1/一〉天倉君一人,官將一百二十人,治天溜室,主天師連曆,當下此神,兆民病不欲[愈]者,醫治之。(28/549b)

【痛炁曆】*氣脈不暢引發疼痛。〈1/一〉天地强亂君一人,官將一百二十人,治正室,主爲師復連痛炁曆禁錮之鬼。(28/546a)

【百脈病】*人身中經脈疾病。〈1/一〉八風周害君,吏一百二十人,主治君病一目,治男子百脈病。(28/546a)

【鼠漏】*一種病症。人體産生瘻管而流出血膿等分泌物。〈2/一〉地覆君,官將一百二十人,治九候室,主治男子頸瘤癭顆下血鼠漏,主治之。(28/545b)

【淋露】*中醫名詞。指傷於霧露之邪而致頭沈胸悶,昏昏不清,肢體重滯,上言懶動,或身發寒熱者。〈6/一〉地五行君,官將一百二十人,治木室,主

治女子同帶下癖、淋露、咄吸，並主治之。(28/547c)

〖淋露病〗* 參“淋露”。〈1/一〉九天九丈人兵士各十萬人，主治地留室，主男女十歲淋露病，下此神，收察中牢獄。(28/547c)

〖厭赤陽〗* 病名。〈1/一〉嬰兒君一人，官將一百二十人，治河倉室，王[主]小兒厭赤陽，常淋露三年，主治之。(28/547a)

〖厭赤陽黄〗* 病名。〈1/一〉男陽君一人，官將一百二十人，治河倉室，主小兒厭赤陽黄，常淋露三年，主治之。(28/547a)

〖過下淺癖〗* 病名。〈1/一〉天五行平君，官將一百二十人，治丘平室，主治男過下淺癖、淋露、吸吐，主治之。(28/547c)

〖帶下十二病〗* 人身腰帶以下器官的病症。〈2/一〉封離君十二人，主男女心腹痛，臍下便拘急激滿。帶下十二[補:病]之鬼，主之也。(28/546b)

〖十二病〗* 帶下十二病。〈1/一〉天傾君，官將一百二十人，治五炁室，主治女子下赤白，晝夜不止，十二病絶嗣。(28/546b)

〖疘〗* 病名，脱肛。〈1/一〉疘死鬼，淫死鬼，老死鬼，宫舍鬼，停傳鬼，軍營鬼，獄死鬼，市死鬼，驚人鬼。(28/370a)

〖扶湅〗* 病名。〈1/一〉天靈天童君一人，官將一百二十人，治高平中室，主扶湅。(28/547a)

〖瘤疽〗* 毒瘡腫瘤。〈1/一〉地天冢君，官將一百二十人，治九漢室，主治女子得瘤疽下血，主治之。(28/545a)

〖瘤癰〗* 腫瘤性皮膚化膿炎症。〈1/一〉地覆君，官將一百二十人，治九候室，主治男子頸瘤癰顆下血鼠漏，主治之。(28/545b)

〖翁癰脆水病〗* 癰瘸浮腫。〈1/一〉省炁君，官將一百二十人，治七靈，治萬民翁癰脆水病，主之。(28/545a)

〖腫癰〗* 癰疽膿腫。〈1/一〉治腫癰鼠漏。(28/545a)

〖翁〗* 癰。〈4/一〉九天九病君，官將一百二十人，治下塚室，主治男子喉翁舌强，主治之。(28/545a)

【癃】* 腫。〈1/一〉百吉君，官將一百二十人，治項安君[宫]，主治之齒瘡，敕[頰]咽中癃，治之。(28/544a)

〖幘微露之踵〗* 病名。〈1/一〉督金君，官將一百二十人，治盧黄室，治男

女幘微露之踵,主治之。(28/547b)

〖浮風〗*中醫名詞。指皮膚紅腫搔癢的一種疾病。〈1/一〉玉女君,官將一百二十人,治長命室,主二十四炁,主典治某身癩病毒蟲,浮風取苦,災患除。(28/539a)

〖癩病〗*一種惡瘡,頑癬性疾病。〈3/一〉赤丙子仁君,官將一百二十人,治又傷室,主天下玉女布行丹田之炁,主治萬蟲癩病毒蟲,消除之。(28/539a)

〖風毒〗*與所居處潮濕低下有關的致病因素。〈2/二〉災兵大厄庚子年,念子命運與此堅,方外故州胡夷人,交頸腫領惡逆民,化生風毒身奉天。(18/248a)

〖三風〗*指癘毒侵襲腎經而致腳底潰爛、耳鳴者。爲癘風症之一。〈1/一〉東明大夫君,治天帝室,三風隨惡精痓留病,主治之。(28/547b)

〖風面〗*人面部中風。〈1/一〉期文君,官將一百二十人,治小仙室,主女子産乳難,子橫胎中,病風面,以時下之。(28/547a)

〖腰膝病〗*腰部膝蓋關節病症。〈1/一〉頸無禮君,功曹五人,官將一百二十人,主治男女腰膝病,治之。(28/546a)

〖驚瘈〗*因驚風引起的抽搐。〈1/一〉言生君,官將一百二十人,治安樂室,主天下雲中一百二十神三十六,主病某心腹背脊四肢骨節戴眼吐沫口禁驚瘈之鬼,收除之。(28/546c)

〖攣縮〗*蜷曲。〈1/一〉逆煞之鬼,流布人間,誑作百病,五逆疾炁,寒熱頭痛,或腹內結堅,吐逆短炁,五內脹滿,目視顛倒,口唵,手足攣縮。(18/242a)

〖死肌〗*肌肉麻木活動不靈。〈1/一〉赤舌君,官將一百二十人,治上俗室,主治女子大風,治死飢[肌],令差。(28/545b)

〖死肌病〗*肌肉麻木活動不靈。〈2/一〉四明君一人,官將一百二十人,治下食室,主治男女死飢[肌]病,主治之。(28/547a)

〖瘻跛〗*腿腳失去機能而癱。〈1/一〉起炁君五人,官將一百二十人,治安平安[宮],主治人瘻跛偏枯,主治之。(28/545b)

〖瘧病〗*瘧疾。〈3/一〉倉母君五人,官將一百二十人,主治男子瘧病之鬼作沉重,主令消滅之。(28/545c)

〖祟病〗*鬼神所害之病。〈1/一〉無上太衡兵士十萬人,主解星社來作祟

病者,捉勑社神,解放生魂還附之身中,不得拘攝,永相去離。分別鬼祟,絶斷耗害,除劫,須散之。(28/544b)

【注炁】*傳染性疾病。注者,住也,言其病連滯停住,死又注易傍人也。〈2/二〉西方白炁鬼主,姓趙,名公明,領萬鬼,行注炁之病。(18/250a)

【水火湯注】*注病。水注、火注和湯注的合稱。〈1/一〉無上天君,兵士十萬人,收某家中水火湯注乙石二十刑殺之鬼,却死未[來]生,復連殃注之炁,消滅之。(28/539b)

【斗注】*星斗邪氣所致之病。〈1/一〉無上化不君,兵士十萬人,收一百二斗注鬼殺炁,却死來生,主之。(28/544c)

【惡注】*邪惡的注氣。〈1/一〉火逆惡注鬼。(18/252a)

【得炁】*中邪毒之氣;感染。〈1/一〉天上白蛇君三十九人,收萬民爲蛇毒之鬼所中,便得炁不行。(28/545a)

【得屬】*感染;傳染疾病。屬,指疾病的聯接性特徵。〈1/一〉討天君,官將一百二十人,治六丁室,主收疾病時瘟毒之鬼,若在船上得屬者,傷寒連病相易五瘟之鬼。(28/542b)

【注易】*指疾病接連不斷;傳染。〈1/一〉石仙君,將一百二十人,治天下萬民家中外亡强狅之鬼,厭絶注鬼爲人精祟者,轉相注易後生人疾病者死,主斷絶之。(28/539b)

【瘟病】*各種急性熱病。〈1/一〉振夫大兵十萬人,赤幘天冠,主收天下自稱五色瘟病之鬼。(28/542b)

【瘟毒】*瘟疫。〈1/一〉討天君,官將一百二十人,治六丁室,主收疾病時瘟毒之鬼,若在船上得屬者,傷寒連病相易五瘟之鬼。(28/542b)

【瘟疫炁】*瘟疫病。〈1/一〉謁請刺史從事千二百人,各官將五人,兵士十萬人,主收某家宅中五方瘟疫炁剔人之鬼。(28/368b)

【五瘟】*天下各种瘟疫。〈9/二〉問人鬼,呼唤人鬼,傷人鬼,嗔恚鬼,急疾鬼,行病放毒鬼,五瘟鬼,剔人鬼,有急咒之,鬼自摧滅。(28/370a)

【雲中病】*風病。〈1/一〉地灰榮感五人,官將一百二十人,治太上中室,主治某身所苦雲中病,滅之。(28/546c)

【雲中₂】*雲中病。〈1/一〉剛强吏兵,主典治雲中所病之鬼,主爲某身收

掠除十二時鬼,消除之。(28/546c)

〖驚病〗*受驚嚇引起的精神行動失常類疾病。〈1/一〉太陰君一人,官將一百二十人,治蘭室,主治男女驚病之鬼。(28/546a)

〖犯易〗*精神失常。〈1/一〉破逆君,將一百二十人,治漢仙室,主百姓男女病精魅中刑犯易,披髮狂走還格,因稱神鬼語,稱和言,皆主之。(28/542c)

〖九狂心膈〗*精神錯亂。〈1/一〉扶清太一公華蓋君二十四[補:人],官將一百二十人,治三侯室,九狂心膈。(28/547c)

〖癲癇(顛癇)〗*突發的暫時性大腦機能紊亂。俗稱羊癲瘋或羊癲風。〈2/二〉右三鬼是世中癲癇煞人之鬼,其赤衣服,烏冠幘,主收人魂。(18/247a)

〖顛狂癇病〗*癲癇。〈1/一〉天門大營君,官將一百二十人,治太上室,治男女顛狂癇病,主之。(28/543b)

〖雉癇顛病〗*五癲之一。因此病發作時病人聲音與雞相似而得名。〈1/一〉地門君天營五人,官將一百二十人,主治女子雉癇顛病。(28/543b)

〖馬癇病〗*六畜癇之一。即馬癲。〈1/一〉土陽君一人,官將一百二十人,治閬空,主收捐天殺馬癇病之鬼,主治之。(28/543b)

〖顛狂病〗*言語、行爲失常的精神病。〈1/一〉地黃君,官將一百二十人,治女顛狂病,狂言之,貺絹穀。(28/543a)

2.1.2.2　醫治康復(0+1+7=8:雙0+1+7〈0+1+13/0+一+九〉)

〖收治₂〗*接收治療。〈1/一〉地城伐吏五人,官將一百二十人,治難室,主收治某里五瘟傷寒,女子復連疾病。(28/542a)

〖匡義〗*救治。〈2/一〉地官五行君,官將一百二十人,治太室,主吸咄不能飲食,匡義腹中痛,令立差。(28/546b)

〖消定〗*消除;治愈。〈1/一〉五佷君,官將一百二十人,治久病淋露,當骨消定痛水邪,滅百病痛。(28/545c)

〖差除〗*病癒。〈1/一〉玉女素曆千二百人,衣赤衣,主致長生承差,具録某身三魂七魄,不得遠離某,主長生,疾病差除。(28/538c)

〖差了〗*病癒。〈1/一〉天田君,官將一百二十人,下收捕陰,差了,貺市二十隨輕重。(28/549b)

【差去】* 病癒。〈1/一〉南上君,官將一百二十人,治食果室,主開主[生]門,蓋[益]人壽,長令短,三日差去,非痊不得病人瞀瞀。(28/547b)

【除差】* 病癒。〈6/三〉當誦是經,咒鬼名字,病即除差,所向皆通。(28/370b)

【復差】* 病癒。〈1/一〉素赤君五人,官將一百二十人,治赤虛室,主治男女百病所苦,造逆[道]思過改愆,復差。(28/549a)

2.2　五官肢體行爲{46+19+184=249:單26雙165叄4肆54}

2.2.1　口部行爲

2.2.1.1　食飲享用(0+0+4=4:單0+0+1〈0+0+12/0+0+一〉,雙0+0+2〈0+0+3/0+0+二〉,肆0+0+1〈0+0+1/0+0+一〉)

【腹目】* 食欲色欲等感官享受。〈2/一〉然世人多愚,好尚浮僞,遊身恣欲於群俗之間,須臾之樂,以快腹目,終不能苦身勤念奉道。(18/235a)

【鹿食牛飲】* 形容生活儉樸,飲食簡單。〈1/一〉第一百四十二戒者,當念清儉法,慕清賢鹿食牛飲。(18/221a)

【殘齧】* 破壞啃咬。〈1/一〉第一百三十一戒者,不得以手團食殘齧衆肴。(18/220c)

【噀】* 含在口中而噴出。〈12/一〉次提劍擬地,視之咒曰:天赦煌煌,地赦正方,禹步所至,百鬼伏藏。急急如律令。攝,噀水。(18/297a)

2.2.1.2　呼喚使令(1+0+6=7:單1+0+0〈1+0+0/一+0+0〉,雙0+0+3〈0+0+3/0+0+三〉,肆0+0+3〈0+0+3/0+0+三〉)

【喝】* 喊叫。〈1/一〉次禹步至東南角,噀水,喝攝,面南請赤童君。(18/296b)

【嘯吒】* 呼喚。〈1/一〉謹以上聞,乞丐正真,賜降真靈,威御十方,攝制萬精,嘯吒立到,舉響徹冥,得承八景,奉迎聖君。(28/408a)

【呼喚】* 呼叫;喊叫。〈1/一〉問人鬼,呼喚人鬼,傷人鬼,嗔恚鬼,急疾鬼,行病放毒鬼,五瘟鬼,剔人鬼,有急咒之,鬼自摧滅。(28/370a)

【呼天震地】* 呼喊天地,使不得安寧。〈1/一〉不得情性暴怒,心忿口泄,

揚聲罵詈,誓盟呪詛,呼天震地,驚神駭鬼。(18/232c)

〖呼天引地〗*呼天喊地。〈1/一〉不得犯男女神靈,不得呼天引地。不得祠祭故炁,不得指鬼呼神。(18/249a)

〖指鬼呼神〗*呼喊鬼神。〈1/一〉例見"呼天引地"。

〖唳天〗*鳥在天空中鳴叫。〈1/一〉解脫羅網六翮舒,唳天高飛詣九都。九都之要誰能舒,仙人王喬處石廬。(28/372c)

2.2.1.3　言論告白(3+4+21=28:單1+0+0〈2+0+1/二+0+一〉,雙2+4+14〈3+5+17/三+四+十六〉,叁0+0+1〈0+0+1/0+0+一〉,肆0+0+5〈0+0+5/0+0+五〉)

〖言聲〗*作聲;吭聲。〈1/一〉黃赤大要守長生,上部太紫人數并。萬萬之紀合神靈,託愚作癡不言聲,以守三一從道經,千炁不失事見明。(18/248b)

〖言道〗*談論;説。〈1/一〉二者,不得呼天无神,言道師旨,敗刑亂政,自言己是,道人言非,皆負鬼律,天奪筭一十三。(18/244c)

〖垂告〗*尊長告知卑下。〈1/一〉入室燒香,祈請真靈,求得奉迎聖君於上清宮,加恒誦詠靈章及符經一過,如此九年,靈垂告感,太上自當遣太極真人降子寢房也。(28/408a)

〖羅縷〗*枚舉陳述。〈1/一〉道出元炁從老經,合景内外神真形,羅縷紫機上天庭,遠望八極登太清。(18/248c)

〖披陳〗*表白;陳述。〈1/一〉但求百官江河大神,龍王鬼帥,藏在雲間,叩頭搏頰,求自披陳,不聽理訴,收付獄君,銅枷鐵鎖,鉗其喉咽,衆邪惶怖,不敢妄前。(28/367b)

〖空囊傾心〗*和盤託出;全部告知。〈1/一〉此是聖人心口中祕言、祕符平常不忍出也,今事促,不得不空囊傾心也。(32/594b)

【説₂】*評議;評論。〈2/二〉第三十三戒者,不得説人父母本末善惡。(18/219b)

〖道説〗*評論;議論。〈2/一〉四者,不得傳宣惡語,道説他人,妄作一法,不信天道,虛言無實,天奪筭千二百。(18/244c)

〖評論〗*批評議論。〈3/二〉十五者,不得同法相姐,更相道説,不信三五,評論天氣長短,天奪筭八百二十三。(18/245b)

【指摘】*挑剔。〈1/一〉不得纔有小智,稱名自大,輕忽愚人,更相毀告,背向妄論,指摘賢者。(18/234b)

【藏善出惡】*揭短。〈1/一〉十八者,不得干知人事,宣布他家,藏善出惡,姦人婦女,謀圖人壻,逆戾三光,陰賊咒詛。(18/245b)

【自是非他】*肯定自己,指責他人。〈1/一〉專作民户,修農鍛私,以養妻奴。自是非他,欲得功名,榮身富己,苟貪錢財,室家不和,娇姤爲先。(18/238b)

【鬭爭】*争辯。〈1/一〉八者,不得鬭争言語,因醉淫色,假託大道,妄言鬼語,要結男女,飲酒食寅[宍],天奪筭三百。(18/245a)

【啓事】*陳述事情。多用於下對上。〈1/一〉即再啓事,次重稱法位:太玄都正一平炁係天師某治某炁祭酒,赤天三五步綱元命真人臣某等,奉爲大道弟子某,修建某齋幾日幾夜,祈恩謝過,請福禳災。(18/296c)

【開啓】*稟告。〈1/一〉若欲所求乞修身念道,室家大小,和同心意,掃除燒香,清净嚴潔,然具白開啓,説其所欲,道之降伏,何所不消。(18/233c)

【上聞】*稟告。〈2/二〉謹以上聞,乞丐正真,賜降真靈,威御十方,攝制萬精,嘯咤立到,舉響徹冥,得承八景,奉迎聖君。畢。(28/408a)

【關奏】*稟告。〈1/一〉以今太歲某月朔某日辰,謹於某州某縣鄉里領行法事,道士若干人,謹爲大道弟子某,爲某事修建某齋幾日幾夜,禳災却禍,請福祈恩,建立壇場,依科關奏。(18/295b)

【上啓】*上奏;稟告。〈2/二〉上啓太上道姓名,一出玄都入太清。口授異訣過災殃,念世愚子不知生。(18/249a)

【列奏】*條列上奏。〈1/一〉九天有命,收攝賈生,周天徧地,莫有所停,聖皇顯蓋,控駕紫庭,推校十方,列奏玉清。(28/409a)

【啓傳】*啓奏;傳奏。〈1/一〉伏惟太上布維新之令,開覆育之恩,敕下真官,分司降鑒,使煙雲暫息於三界,風雨無施於四冥,懺謝必聞,啓傳無間。(18/295c)

【唵】*吐字不清。〈1/一〉逆煞之鬼,流布人間,誑作百病,五逆疾炁,寒熱頭痛,或腹內結堅,吐逆短炁,五内脹滿,目視顛倒,口唵,手足孿縮。(18/242a)

【咤言】* 驚奇大聲説。〈1/一〉第一百五十一戒者,每飲食從一邊起,勿勤咤言美惡。(18/221a)

【説空】* 無根據地任意而談。〈1/一〉養生之法氣相從,和順上下無災衝。人多不解妄説空,西事未訖折復東。(28/372c)

【妄言綺語】* 説虛妄不實的言語。〈1/一〉第二十三戒者,不得妄言綺語,隔戾嫉妬。(18/219b)

【袄言妄語】* 妄言;胡説。〈1/一〉殄窮天下剋異民,袄言妄語自爲神,訾毀道炁姤妬賢,皆是妖惑蠱道神,但行邪僞別正真,天師銜命化善人。(28/367b)

【弄口舌】* 搬弄言語引起誤會或糾紛。〈1/一〉不得多言弄口舌。(18/220b)

【兩舌】* 搬弄是非;挑撥離間。〈1/一〉五者,不得傳虛,兩舌妄語,喜怒无常,專行逆煞,不慎陰陽,天奪筭百三十二。(18/244c)

【虛唱】* 清虛悠揚地歌唱。〈1/一〉懸於旌蓋,流旗繞香,玉籟虛唱,神林激音,萬響揚聲,洞暢九元。(28/407b)

2.2.1.4　歎譽罵詈(3 + 1 + 8 = 12:雙 3 + 1 + 4〈3 + 1 + 4/三 + 一 + 四〉,肆 0 + 0 + 4〈0 + 0 + 5/0 + 0 + 四〉)

【聲譽】* 讚揚;稱頌。〈1/一〉第一百七十一戒者,人爲己聲譽勿喜,爲己毀辱,亦不得嗔。(18/221c)

【稱名₂】* 宣揚自己。〈1/一〉不得纔有小智,稱名自大,輕忽愚人,更相毀呰,背向妄論,指摘賢者。(18/234b)

【自舉】* 自譽。〈1/一〉第八十八戒者,不得自舉己物,以爲好。(18/220a)

【説道】* 議論指責。〈1/一〉自是非他,欲得功名,榮身富己,苟貪錢財,室家不和,嫉妬爲先,男女老壯更相説道,轉相誹謗,溢口盈路。(18/238c)

【忌罵】* 懷恨而罵,大罵。〈1/一〉北闕九夷君,官將一百二十人,治天戴寶,主收市里傷寒病疾,吏民披髮狂足,忌罵,言錯亂。(28/542b)

【心忿口泄】* 内心憤懑,口中宣泄。〈1/一〉不得情性暴怒,心忿口泄,揚聲罵詈,誓盟呪詛,呼天震地,驚神駭鬼,數犯不改,積怨在内,傷損五藏。(18/

232c）

【自詛索死】*用自己的死亡來發誓賭咒。〈1/一〉不知官禁爲忌，不知君父爲尊，罵詈溢口，自詛索死，發露陰私，反迷不順，淫於骨肉，罵天詈地，無底無對，舉刃自守，故天遂其殃，自受其患。（18/233a）

【罵天詈地】*辱罵天地。〈1/一〉例見"自詛索死"。

【非真毀賢】*指責詆毀真仙賢人。〈2/一〉察惡君，官將一百二十人，治高平室，主收地上道俗人萬民，狂語泄道，非真毀賢，主之。（28/537a）

【嘲毀】*嘲弄詆毀。〈1/一〉第八十四戒者，不得與世俗人共相群黨，更相嘲毀。（18/220a）

【侵謗】*毀謗。〈1/一〉第一百六十八戒者，人侵謗汝，汝但當自修啓大道，勿憂怖，以損精神。（18/221b）

【說姐】*因忌妒而詆謗他人。〈1/一〉背向異辭，言語不同，轉相說姐，不恤鬼神，以憂天道，令氣錯亂，罪坐在阿誰？（18/238c）

2.2.1.5　宣教誦讀(0＋4＋15＝19：單0＋1＋0〈0＋24＋0/0＋四＋0〉，雙0＋3＋14〈0＋3＋16/0＋三＋十五〉，肆0＋0＋1〈0＋0＋1/0＋0＋一〉)

【設教施戒】*施行教戒。〈1/一〉天師設教施戒，奉道明訣，上德者神仙，中德者倍壽，下德者增年，不橫夭也。（18/232c）

【傳宣】*傳達宣布。〈1/一〉四者，不得傳宣惡語，道說他人，妄作一法，不信天道，虛言無實，天奪筭千二百。（18/244c）

【傳虛】*假傳別人的話語。〈1/一〉五者，不得傳虛，兩舌妄語，喜怒无常，專行逆煞，不慎陰陽，天奪筭百三十二。（18/244c）

【勸化】*宣傳教義，使人感悟向善。〈2/二〉老君太上轉相督，欲令汝曹人人用意，勤心努力，復自一勸，爲道盡節，勸化百姓。（18/238c）

【開化】*開導教化。〈1/一〉太上開化，不以吾輕賤小人，受吾真法爲百鬼主者，使開二十四治以應二十四氣，置署職錄，以化邪俗之人。（32/593a）

【化示】*教化引導。〈1/一〉須至太平之世，魂精還其故形，白骨更起，血氣更流。始經宿昔之間，暮卧朝起，化示世情。（32/594a）

【化看】*觀察導化。〈1/一〉使吾先授職錄，化看人情，後授黃老赤錄，分別善人以補種民仙官。（32/593b）

〖普告〗*廣爲告示。〈1/一〉以太平爲期,汝且還料理治中,普告清信男女諸弟子,忠貞者大運已促勤,以忠信爲務,勿貪財色。(32/593c)

〖勑誥〗*告誡。〈1/一〉勑誥太山府,并及行使者,收捕姦邪鬼,祅魅耗亂者,及時誅邪僞,露尸於道左,御史上天曹,今以奏得下。(28/368a)

〖指勑〗*指導告誡。〈1/一〉道復作《五千文》,由神仙之要,其禁轉切急,指勑治身養生之要、神仙之説,付關令尹喜。(18/236a)

〖旨教〗*指示;告諭。〈1/一〉天師曰:吾受太上旨教,禁忌甚重,汝男女憒憒,生來至今,不知禁制,自作一法,與天相違。(18/245b)

〖相解〗*相勸解。〈1/一〉諸賢者所以反覆相解,恐人説習非法來久,躬行犯惡,然後得罪,不能發悟,或懷怨望,其過益深。(18/232a)

〖訓喻〗*解説闡發。〈1/一〉《妙真》自吾所作,《黄庭》三靈七言皆訓喻本經,爲《道德》之光華。(18/237a)

〖演散〗*推演闡發。〈1/一〉八重離樓屈復伸,九重之裏窈無人。混沌之氣誰能分,演散陰陽舒道元。(28/374a)

〖咒₃〗*按照咒語内容念誦、禱告。〈24/四〉次左手執水椀,咒曰:江河淮海非臣水,五龍吐出清天地,大帝服之三萬年,今日吾將净祅氣。(18/296a)

〖咒願〗*祝禱;祝願。〈1/一〉第一百五十四戒者,每得萬人食,常咒願,令主人得福、一切飽滿。(18/221a)

〖呪訟〗*咒語禱告。〈1/一〉呪訟,鬼法所爲,主之。(28/539c)

〖咒殺〗*用咒語消除。〈2/一〉咒殺犇屍,破邪故炁,留殃妖魅,寄鬼妎妒,五虚六耗,十二注詛,野道夢寐顛倒,縣官口舌,皆自消滅。(28/368c)

〖詠誦〗*誦讀;吟誦。〈1/一〉塵垢之衣以蔽形,心在太一詠誦經。白日修善暮守生,被髮而行在黄庭。(18/249a)

2.2.2 耳目鼻首行爲[2+0+9=11:單1+0+0〈2+0+0/一+0+0〉,雙1+0+8〈1+0+9/一+0+八〉,肆0+0+1〈0+0+1/0+0+一〉]

〖奮頭〗*昂頭。〈1/一〉西到廣漢歷長城,長安城中胡馬鳴。奮頭銜勒人民驚,民驚奔走空土城。(28/373b)

〖笑喜〗* 喜悦而笑。〈2/一〉南鐘六星君五人,官將一百二十人,治仙合君[宫],主收百姓口舌,一百二十人,變剋,令民人同心笑喜。(28/537b)

〖六覺〗* 指眼、耳、鼻、舌、身、意的感知。〈1/一〉其辭曰:微乎九玄炁,洞源三清滓,靈化隨運生,淵響徹高擬,六覺啓玄關,未悟方乃始。(28/407c)

〖視看〗* 察看,觀察。〈1/一〉考官日日門至户達,視看人心,若有厄急,懸命漏刻,但正心向道,把九光萬稱符,至尊救度人也。(32/594a)

〖眼見〗* 眼看;目睹。〈1/一〉氣將欲急,遠不過一年、二年、三年之中,當令汝曹聞知,當令汝輩眼見,可不慎之。(18/238c)

〖精視〗* 清晰看到。〈1/一〉明鏡君,官將一百二十人,治關陽室,主兩目睡[眸]子,精視萬里,目見形影,知吉凶。(28/543c)

〖目視〗* 看事物的目光。〈1/一〉逆煞之鬼,流布人間,誑作百病,五逆疾炁,寒熱頭痛,或腹内結堅,吐逆短炁,五内脹滿,目視顛倒,口唵,手足彎縮。(18/242a)

〖發讀〗* 拆開閲讀。〈1/一〉第一百三戒者,不得妄發讀人書。(18/220b)

【善聽】* 仔細聽。〈1/一〉汝當善聽,記録心中,當爲後世作法則,勑諸男女祭酒,令改往行,從今之善。(18/218c)

【引$_3$】* 鼻子吸氣。〈2/一〉九天有命,收攝買生,周天徧地,莫有所停,聖皇顯蓋,控駕紫庭,推校十方,列奏玉清。畢,引五方炁,嚥之,方引九炁,止。(28/409a)

〖鍼入縷出〗* 氣息的出入如針綫。形容氣息細微。〈1/一〉賢者思之解其情,鍼入縷出氣自明。施寫有法隨時生,秋收冬藏入黄庭。(28/371c)

2.2.3 肢體行爲

2.2.3.1 手部行爲(8+1+14=23:單8+0+1〈11+0+1/九+0+一〉,雙0+1+10〈0+1+11/0+一+十〉,肆0+0+3〈0+0+3/0+0+三〉)

〖束手〗* 拱手不作爲。〈1/一〉神壟大山依神居,自見元化不安廬。束手真實不發舒,超王之教故可胥。(18/248b)

〖垂手〗* 手下垂。〈1/一〉次存思報應畢,又存四靈畢,便過壇簡與他人,次垂手握固召四靈。(18/295c)

【掌手】*拍手。〈1／一〉子知名,人定時於門户左右呼其名,三掌手,反首持兩三過,此鬼即止,不敢作害。(18/247a)

【收₃】*收攏。〈1／一〉次收兩手捧心,二足丁字立。(18/295c)

【奮爪】*揮動爪子。〈1／一〉飛龍毒獸,備衛靈關,巨虯千尋,奮爪廣庭,流光八朗,焕赫玉清。(28/407b)

【請₅】*拿;取。敬稱所取的事物。〈1／一〉又用絳紋三尺,請經符著案上,以菓一盤,棗一升,著一枡中,北向再拜,叩齒十二通。(28/408b)

【捉把】*觸摸;把握。〈1／一〉功曹令束縛,送到魁罡下,徘徊三台間,五星皆捉把,浮遊華蓋宮,徑過閶闔下。(28/368a)

【擲】*投;拋。〈1／一〉第七戒者,不得以食物擲火中。(18/219a)

【係著】*綁縛。〈1／一〉天下散民中有孝順忠信者,可書六十日鬼名,著烏囊貯之,常以正月一日日中時,以身詣師家受之,係著左右臂。(18/242b)

【彈琴鼓弦】*彈奏琴弦,演奏音樂。〈1／一〉乘雲駕龍到南陽,飲食行厨布腹腸。彈琴鼓弦舉樂觴,要當解音別宮商,角徵所生同室堂。(28/372a)

【勒₂】*書寫。〈1／一〉勒鬼真名,主者明加切正,使天下道氣宣布,邪逆賓伏,子知鬼名姓,鬼自趨走,不敢害人,子常念之勿違犯矣。(18/246b)

【作₄】*為寫,書寫。〈2／二〉第十一戒者,不得作草書與人。(18/219a)

【籴】*著録;登記。〈1／一〉太上告後聖君曰:凡有骨相,名籴東華,得佩三天正法太上衆文靈籙。(28/408b)

【上₄】*登載。〈3／一〉不欲尸解者,當合神丹,故須九光萬稱生符,不得此符,不得名上太玄生簿。(32/594a)

【注₁】*記載;登記。〈1／一〉已逆注十萬人名上太玄紫簿,餘十四萬人於三代之中索之。(32/593b)

【領録】*記録。〈1／一〉帝王牧守,長吏百僚,若信吾言,舉善而教,不能則勸,流刑行仁。祭酒領録,條列上天,有勞顯報,位登神仙。(18/249c)

【注上】*登載;記録。〈1／一〉太上救十二仙官遊行天下,見有佩吾萬稱九光符者,便以種民定數,注上太玄玉籙,壹無所復問。(32/593c)

【條牒】*逐條記録於簿册(名册)。〈2／一〉條牒姓名詣津門,宜名詐稱送司官。推問情實盡其元,人心歸情還本根。(28/372c)

241

〖按名列言〗*按各人的名字,記錄他們的話。〈1/一〉男女祭酒,一切生民,急相核實,搜索忠賢,恭慕道德,按名列言,自然者寡,督屬宜勤。(18/249c)

〖條名上簿〗*把姓名著錄於籍簿之上。〈1/一〉條名上簿過度生,不得壅過塞人情。主者明順思書經,若有不法結罪名。(28/373c)

〖增録〗*增添於簿籍之上。〈1/一〉除死著生詣太清,文字教案令分明。遷故迎新給所請,有功增録護群生。(28/373c)

〖抄出〗*抄寫傳世。〈1/一〉今故抄出,以示後學佩者習焉。(28/409c)

【殺₃】*用武器作出砍殺的動作。〈1/一〉便殺劍後,便右旋身,出斗,避踏星罡。畢,就事行道。(18/297a)

2.2.3.2　脚部和軀體行爲(2+0+10=12:單1+0+0〈1+0+0/一+0+0〉,雙1+0+6〈1+0+9/一+0+六〉,叁0+0+1〈0+0+1/0+0+一〉,肆0+0+3〈0+0+4/0+0+三〉)

【步】*踏。〈1/一〉步七星,背建向破,旋身入斗中,衣斗,履斗。(18/296c)

〖踏躡〗*踩踏。〈1/一〉吾水非常之水,五龍五星真氣之水,吾劍非凡之劍,九鍊堅剛,七星挾傍,踏躡北斗,跨踞魁罡。(18/296a)

〖入步〗*邁步。〈1/一〉兵馬浩亂不可言,念子一旦與相連,入步不進屈輒申,子若不信庚子年,自當思吾今日言。(18/248b)

〖三才步〗*道士做法事時的一種步法。〈1/一〉次三才步就劍水,右手執劍。(18/295c)

〖步綱〗*道教齋醮時踏在醮壇上設置的罡星斗宿之上。〈2/一〉太玄都正一平炁係天師某治某炁祭酒赤天三五步綱元命真人臣某等,奉爲大道弟子某,修建某齋幾日幾夜,祈恩謝過,請福禳災。(18/297a)

〖披髮奔走〗*因精神失常而披頭散髮四處奔走。〈1/一〉天樂君五人,官將一百二十人,治五水室,主收治女子狂易披髮奔走。(28/542c)

〖披髮狂走〗*因精神失常而披頭散髮四處奔走。〈2/一〉破逆君,將一百二十人,治漢仙室,主百姓男女病精魅中刑犯易,披髮狂走還格,因稱神鬼語,

稱和言,皆主之。(28/542c)

【被髮呼走】*因精神失常而披頭散髮呼叫奔走。〈1/一〉天樂君,官將一百二十人,治五九室,主治女子狂易被髮呼走之病。(28/543b)

【折足】*停住脚步。〈1/一〉若願想財寶,放情愛欲,以戒挫心;若趣向姦非,意欲惡事,以戒折足。(18/234c)

【伏住】*趴下不動。〈3/一〉右二鬼是古死人敗塚或巫師不正道士之鬼,鬼害人百行,子知其名,鬼自伏住,不敢動。(18/246b)

【平坐】*端正嚴整而坐。〈1/一〉恒當沐浴清齋,入室燒香,書真文靈籙五通,安著所住室內五方,己身正在中央,平坐北向,叩左齒三十六通。(28/408c)

【跨踞】*騎乘;乘坐。〈1/一〉吾水非常之水,五龍五星真氣之水,吾劍非凡之劍,九鍊堅剛,七星挾傍,踏躡北斗,跨踞魁罡。(18/296a)

2.2.4　軀體位移

2.2.4.1　離去(2 + 1 + 3 = 6:單 1 + 0 + 0〈2 + 0 + 0/一 + 0 + 0〉,雙 1 + 1 + 3〈1 + 1 + 3/一 + 一 + 三〉)

【叛$_2$】*叛逃;逃遁。〈2/一〉九會君,官將一百二十人,治還室,主從九天考召吏,收叛民戶,主來。(28/541b)

【趨走】*逃跑。〈1/一〉勒鬼真名,主者明加切正,使天下道氣宣布,邪逆賓伏,子知鬼名姓,鬼自趨走,不敢害人,子常念之勿違犯矣。(18/246b)

【漏脫】*脫逃;逃亡。〈1/一〉太一使我煞萬鬼,鬼去神至急急。如此三通,百魅立到,前後諸神扶送天綱,催切諸鬼相考,无有漏脫。(18/244b)

【遠迸】*遠離逃奔。〈1/一〉法應去者,各自遠迸,制應留者,却其凶黨,更相約束,不犯善人。(18/251a)

【退然】*退却。〈1/一〉道至寬弘,恣隨人耳,唯賢者明焉,念念精進,追之恐不及,愚者忽忽退然,去之恐不遠:此賢愚不同也。(18/233c)

【南度】*南遷。〈1/一〉稽滯不去必沉浮,傷子無知益人憂。南度江海建鄴城,故時大樂子孫榮。(28/373b)

2.2.4.2 前往(0+0+1=1:雙0+0+1〈0+0+1/0+0+一〉)

〖詣詣〗*造訪;前往。〈1/一〉滋母、温室新婦等各二十四人合下,詣詣某蠶室中温暖之保護,令滋好同,收絲萬倍,無有傷之。(28/540b)

2.2.4.3 來歸(0+1+5=6:雙0+1+5〈0+1+10/0+一+六〉)

〖出來〗*從裏面到外面來。〈2/二〉遠兵士,太王主元,一九三氣,丈人九氣,父母太一使我收煞,汝急出來。(18/247b)

〖入來〗*來到;進來。〈1/一〉天下人民各頑愚,見世憒憒不知憂,寒鬼入來與子遊,太白流橫長六朱。(18/248a)

〖降臨〗*自空而來。〈5/一〉謹請北方黑童君,身長五千萬丈,從官五千萬人,乘北方辰星之精真焉,浮空而來,降臨壇所,行神布焉,搜索邪精。(18/296c)

〖奄至〗*驟然降臨。〈1/一〉持心猶豫無所從,大災奄至路不通。汝欲避世華陰東,遊上高山望海水。(28/372c)

〖往還₂〗*回來;回歸。〈1/一〉十一者,不得露合陰陽,觸犯三光,因酒往還,承威相接,天奪[補:籌]三百。(18/245a)

〖還附〗*回歸;歸附。〈1/一〉無上太衡兵士十萬人,主解星社來作祟病者,捉勑社神,解放生魂還附之身中,不得拘攝,永相去離。(28/544b)

2.2.4.4 上下(1+0+0=1:單1+0+0〈2+0+0/二+0+0〉)

【沉₁】*降落,墜落。〈2/二〉策御九龍轡,上朝玉皇庭,太虛九玄焉,法化沉三靈,高會玄晨闕,躬命元始精。(28/407c)

2.2.4.5 移動(5+0+7=12:單1+0+0〈1+0+0/一+0+0〉,雙4+0+5〈4+0+11/四+0+五〉,肆0+0+2〈0+0+6/0+0+三〉)

【舉遷】*搬遷;移徙。〈1/一〉諸繕治君,將吏兵各一合下,在鄉里中監察,助某起治事,訖三日,一時無他,言舉遷。(28/551c)

〖出入去來〗*進進出出。〈1/一〉一者,不得自東自西自南自北出入去來,去无所關,還无所白,任意從心,皆負律令,除籌三十二。(18/244c)

〖行來出入〗*往來出入。〈5/二〉若水行見者,呼河紛,其亦作水鬼,易形

爲鳥形,明如烏大,子煞之,勿告人,三年,人行來出入山海,永無所畏。(18/244b)

〖遊走〗*巡行。〈1/一〉北斗中有太白星,三角浩浩象人形。遊走天下化不平,有知者悟愚者驚。(18/248c)

【雲行】*乘雲而行。〈1/一〉身生吾羽飛雲行,上謁老君山中黃。遊觀南嶽宿閑房,仙人王喬共遨翔。(28/373b)

【走氣】*馭氣而行。〈1/一〉若有改變垂象先,太平之基不能眠。是令轗軻不可言,發言出教心意煩。走氣八極周復還,觀視百姓夷胡秦。(18/238a)

〖浮空〗*淩空;乘空。〈5/一〉謹請北方黑童君,身長五千萬丈,從官五千萬人,乘北方辰星之精真炁,浮空而來,降臨壇所。(18/296c)

〖遨翔〗*飛翔。〈1/一〉身生吾羽飛雲行,上謁老君山中黃。遊觀南嶽宿閑房,仙人王喬共遨翔。(28/373b)

〖輕翔〗*輕快地飛翔。〈1/一〉太上遣仙官乘鶴鹿來迎,昇天翠羽登騎輕翔,英稚二生攀龍俱舉,趙昇侍從,俱至無極之崖,青雲之中。(32/593c)

【遊行₂】*在水中游動。〈1/一〉天網恢羅,人處其中,如大網捕魚,魚爲遊行網中,豈知表有網也,牽網便得,放網乃脱。(18/232b)

〖過度₂〗*通過船或橋等工具轉移。〈3/一〉水之東流無息休,翩翩揚舟隨風流。櫓櫂相催行如浮,轉相過度無稽留。(28/373b)

【折₂】*反轉;改變方向。〈1/一〉養生之法氣相從,和順上下無災衝。人多不解妄説空,西事未訖折復東。(28/372c)

2.2.5　生活行爲

2.2.5.1　起居(3 + 1 + 10 = 14:單 2 + 0 + 0〈2 + 0 + 0/二 + 0 + 0〉,雙 1 + 1 + 7〈1 + 1 + 8/一 + 一 + 七〉,肆 0 + 0 + 3〈0 + 0 + 3/0 + 0 + 三〉)

〖坐起寐臥〗*日常行爲活動。〈1/一〉財寶色欲,陷目之錐,害身之災,賢者遠之,愚者樂之。賢者坐起寐臥,舉動行止,深用自戒。(18/233b)

〖行止〗*一舉一動。〈2/一〉唯道人執志,故能以戒自檢,行止舉動,愛欲之間,守戒不違,心無邪傾。(18/234c)

〖枕石漱流〗*枕山石,漱澗流。喻指隱居山林的生活。〈1/一〉和民抱朴

245

守素貞,許由洗耳於河濱。清潔有素絕不群,枕石漱流静思真。(28/374a)

【著₆】*居住。〈1/一〉若久病著家,請須臾君,官將二十人,令治之。(28/535b)

〖出處〗*處在;居住。〈1/一〉老君變化無極中,出處幽微黃房宮。鍊形淑淑虛無同,光景布行八極中。(28/371c)

【投₂】*投宿。〈1/一〉第一百七十九戒者,行無居家可投,便止宿樹木巖石間,諷誦百八十戒,神自營衛汝三重,兵賊鬼虎不敢近汝。(18/221c)

〖別岐〗*分開居住。〈1/一〉第一百三十九戒者,不得帶女人入山,皆,應別岐異室。(18/221a)

【正體】*端正形體。〈1/一〉若男女不曉書疏者,專心好道,可請明者,聽誦經戒,會在静舍若堂上,掃除、燒香、澡浣潔清,男女別坐,儼然正體,安神精思明聽。(18/234b)

〖定坐〗*安心而坐。〈1/一〉可正安意定坐,吾恐大道澆季,萬民喪命。(18/218c)

〖眠寐〗*睡覺;休息。〈1/一〉如遇寒暑,欲得易處;如作極,欲得休息;如疲勞,欲眠寐。(18/235a)

〖還正〗*恢復正常生活。〈1/一〉河北紀浴水周開逆吏,送人役屯還正,主收口舌誹謗。(28/556b)

〖止頓〗*居留;住宿。〈1/一〉大傅君,官將一百二十人,治西平室,主收某家符廣鬼賊上[止]頓人家作狀,主責求飲食作害者。(28/548b)

〖投止〗*投奔託足;投宿。〈1/一〉第一百四十三戒者,當慎所投止,先行視之,勿所驚觸。(18/221a)

〖無動無作〗*没有動静。〈1/一〉所有伏屍故氣,土木百精,猫鬼野道,生人厭蠱,爲害鬼賊,於道不順者,收付魁罡之下,入地萬丈,無動無作。(18/297a)

2.2.5.2 衣飾衛生(2+2+5=9:單1+0+0〈2+0+0/二+0+0〉,雙1+2+2〈1+4+2/一+三+二〉,肆0+0+3〈0+0+3/0+0+三〉)

【衣₃】*披;裹扎。〈2/二〉步七星,背建向破,旋身入斗中,衣斗,履斗。存天官兵馬日月星宿神仙,五嶽四瀆兵馬各九億萬衆,森然在目前。(18/296c)

【衣服₂】*穿；穿着。〈1/一〉素男玉女,衣服元炁玄炁玄黃,周旋而遊生門,晝夜與日月同光,下統地祇,上應北辰。(28/367b)

〖交頸腫領〗*異族的風俗裝束。〈1/一〉災兵大厄庚子年,念子命運與此堅,方外故州胡夷人,交頸腫領惡逆民,化生風毒身奉天。(18/248a)

〖佩帶〗*身上携帶。〈3/二〉太上告後聖君曰:凡受三天正法,佩帶真文,恒當沐浴盥洗爲急,每令屐履衣服盛潔,不使污穢。(28/409a)

〖露形〗*裸露身體。〈1/一〉太上告後聖君曰:凡受三天正法,佩帶真文,出入三光及冥旰卧息,不得露頭,不著巾帽及脱衣露形。(28/409b)

〖髡頭剔鬚〗*剃去頭髮鬍鬚。〈1/一〉胡人叩頭數萬,負鏡照天,髡頭剔鬚,願信真人,於是真道興焉,非但爲胡不爲秦。(18/236a)

〖沐頭剔鬚〗*剃除鬚髮。這裏是指和尚的形象。〈1/一〉謫被赭衣在身形,沐頭剔鬚爲信盟。絶其妻娶禁殺生,若能從化過其名。(28/371c)

〖澡浣〗*洗澡;沐浴。〈1/一〉若男女不曉書疏者,專心好道,可請明者,聽誦經戒,會在静舍若堂上,掃除、燒香、澡浣潔清,男女别坐,儼然正體,安神精思明聽。(18/234b)

〖便溺〗*排泄屎尿。〈1/一〉不得便溺生草上及人所食之水。(18/220b)

2.2.5.3　遊戲(2＋0＋2＝4:單1＋0＋0〈10＋0＋0/六＋0＋0〉,雙1＋0＋1〈1＋0＋1/一＋0＋一〉,肆0＋0＋1〈0＋0＋1/0＋0＋一〉)

【行₅】*出遊。〈10/六〉第一百七十九戒者,行無居家可投,便止宿樹木巗石間,諷誦百八十戒,神自營衛汝三重,兵賊鬼虎不敢近汝。(18/221c)

【周遊】*遍遊。〈1/一〉東方青龍,角亢之精,吐雲鬱炁,啌雷發聲,飛翔八極,周遊四冥,來立吾左。(18/295c)

〖歷犯〗*往來;遊歷。〈1/一〉南昌君,官將一百二十人,治列庫室,歷犯周旋八紀之中,脱下死籍,還著本命。(28/538b)

〖輕行妄遊〗*隨意出遊。〈1/一〉第九十六戒者,不得輕行妄遊,日月馳騁。(18/220b)

2.2.5.4　修養信仰（12＋4＋64＝80：單 3＋0＋0〈5＋0＋0/五＋0＋0〉，雙 9＋4＋38〈15＋5＋70/十二＋五＋四十一〉，叄 0＋0＋2〈0＋0＋3/0＋0＋二〉，肆 0＋0＋24〈0＋0＋25/0＋0＋二十五〉）

〖順運〗*順從運度。〈1/一〉其辭曰：九天洞元紀，化生無方兂，三靈澄玄景，六精順運逝，丹霞翳空洞。（28/407c）

〖順天奉時〗*順從天時。〈1/一〉魏氏承天驅除，歷使其然，載在《河雒》，懸象垂天。是吾順天奉時，以國師命武帝行天下，死者填坑。（18/237c）

〖法地則天〗*效法天地。〈1/一〉人爲中才，法地則天，動静以時，通而不爭，利而无害，故能神仙。（18/249c）

【案法】*遵行道法。〈1/一〉真靈恒肅，萬神衛形，案法修行，六天之凶，自然而退，亦不干子之正矣。（28/409b）

【奉法】*奉持道法。〈2/一〉人皆能奉法不倦，何但保命，乃有延年無窮之福。（18/234c）

【如法】*順從道法。〈1/一〉念道奉真，欲得度身，如念此諸所欲，勉身如法不倦，獲無災殃、禍害、病痛、憂患，何願不得，何福不應也。（18/235a）

〖如律〗*按道法從事；遵循戒律。〈1/一〉萬鬼不干，千神賓伏，奉行如律，不得妄傳非其人，傳非其人，災流七世，勿怨道咎師。（18/239c）

【同化】*共同接受教化。〈1/一〉男官女官有別名，聰明主者錬人形。若有明解來求生，開心同化首凝誠。（28/373c）

〖念道奉真〗*信奉真道。〈1/一〉念道奉真，欲得度身，如念此諸所欲，勉身如法不倦，獲無災殃、禍害、病痛、憂患，何願不得，何福不應也。（18/235a）

〖信真任道〗*信從真道。〈1/一〉得吾此符，但當修行潔己，慈孝忠貞，精誠自守，信真任道。（32/594a）

〖奉道〗*侍奉大道；修道。〈19/二〉某奉道行身，修真種德，而爲惡人甲，遂吏［使］某等所見增疾。（28/537c）

〖護法〗*守護道法。〈1/一〉第一百六十六戒者，世人惡多善少，勿悒悒，道自護法。（18/221b）

〖端心正意〗*端正心志。〈1/一〉種民難中亦當助其力，若好生樂道，無老壯，端心正意，助國扶命，善惡神明具自知之。（18/237b）

【善行₂】* 專心修行。〈1/一〉善行精勤,思念長生,不犯三官,則爲種民,當受真經也。(28/407a)

【治心】* 修養身心。〈1/一〉治心其猶水乎?壅之則止,通之則行,決之西則西,東則東。人心不可不杜塞,如水不可不隄防也。(34/463a)

【治志】* 秉志;堅持志向。〈1/一〉奉道精進,要當勤身,守之當久,治志當堅,精進專念,莫有不先勞後報,度身神仙。(18/235a)

〖守窮〗* 處在窮困境地而不作改變。〈1/一〉此吉凶禍福,從窈冥中來,禍災,非富貴者求請而可避,非貧賤者守窮而故罰。(18/233b)

〖秉志〗* 持志。〈1/一〉第一百四十五戒者,當有大意秉志,不得雜犯,負違三尊教命。(18/221a)

〖習効〗* 學習;效仿。〈1/一〉得之隨意,則信爲鬼立功貤物而已,亦不用多,而欲習効俗人,背道求請,事事反矣。(18/233c)

〖自習〗* 親自學習。〈1/一〉第三十戒者,不得自習伎樂。(18/219b)

〖念行〗* 惦念德行、品行。〈1/一〉諸賢者欲得保身念行,家居安完,皆去先日所犯過惡,進修後善。(18/234b)

〖自檢〗* 自我檢點約束。〈1/一〉唯道人執志,故能以戒自檢,行止舉動,愛欲之間,守戒不違,心無邪傾。(18/234c)

〖守生〗* 修持自身;養生。〈1/一〉塵垢之衣以蔽形,心在太一詠誦經。白日修善暮守生,被髮而行在黃庭。(18/249a)

〖清己〗* 以清廉之德要求自己。〈1/一〉貪淫愛色心斷亂,强尸縱橫令人欻。不能清己呼天怨,吾道清潔選種民。(28/372c)

〖凝誠〗* 懷有誠心。〈1/一〉男官女官有別名,聰明主者鍊人形。若有明解來求生,開心同化首凝誠。(28/373c)

〖關念〗* 摒除雜念。〈1/一〉治身關念,守戒不廢,乃得度世。道人賢者,可勤行焉。(18/235c)

〖棄利去欲〗* 摒棄利益和欲望。〈1/一〉朝暮清净,斷絕貪心,棄利去欲,改更惡腸,憐貧愛老,好施出讓。(18/237c)

〖遠嫌避害〗* 避開嫌疑傷害。〈1/一〉不承權輿至死傾,日南瘴氣草不生。飛鳥不過没人形,遠嫌避害可長生。(28/373b)

【事清】*奉齋。〈1/一〉故民諸職男女,汝曹輩莊事修身潔己,念師奉道。世薄乃爾,夫婦父子室家相守當能久? 而不能相承事清、貞孝、順道、敬師、禮鬼、從神乎!(18/236c)

【持戒】*遵行戒律。〈3/一〉老君曰:"人生雖有壽萬年,不持戒律,與瓦石何異? 寧一旦持戒終身,爲道德之人而死,不犯惡而生。"(18/219a)

【如戒】*遵行戒律。〈1/一〉若能如戒精進不倦,室家受福,天曹吏兵,自來護人,終已無有災患病痛也。(18/234c)

【守戒】*遵守教戒。〈2/一〉治身關念,守戒不廢,乃得度世。道人賢者,可勤行焉。(18/235c)

【禮拜】*信教者向神靈等行禮致敬。〈2/二〉寫經,將一通盛以別室,朝夕燒香禮拜神文,太上當遣玉童玉女各十人,侍衛己身。(28/408a)

【心拜】*内思之法,在心中禮拜,不屈形。〈1/一〉弟子受文畢,當還東向九拜,亦可心拜。(28/408a)

【鍊】*修煉;陶冶。〈1/一〉男官女官有別名,聰明主者鍊人形。若有明解來求生,開心同化首凝誠。(28/373c)

【澡煉】*修煉。〈1/一〉臣等澡鍊形炁,棲心静神,克期奉行,敢不上聞。(18/295b)

【十鍊九轉】*反復修煉。〈1/一〉人生滿百二十,要當還土户。十鍊九轉名上太玄紫簿者,命終亦經土户,魂魄即登紫府,侍衛聖君。(32/594a)

【閉房】*於静室之中静思修煉。〈1/一〉至壬午年正月七日中時,於雲臺治閉房,昇叩頭千下。(32/593a)

【同氣(同炁)】*和合元氣。〈2/二〉同氣合音舒道元,道之綿綿誰能遵。十室之邑無中人,令吾道氣屈不伸。(28/373a)

【閉炁】*用特殊的呼吸方法達到養生的目的。〈1/一〉便右迴,轉向天門,閉炁二十四通,通息,還向地户。(18/244a)

【制炁】*調養元氣;辟穀食氣。〈1/一〉王域行厨君,官將一百二十人,治王門室,主令師制炁,不食不飢,可入名山,不用粮精廣神也。(28/541c)

【致谷食炁】*摒棄穀物服食元氣。〈1/一〉金倉君,官將一百二十人,治神皇室,主致谷食炁,可入名山,不飢渴,同炁至仙官。(28/541c)

〖叩齒〗*齒相叩擊,道家所行的祝告儀式之一。〈3/一〉又用絳紋三尺,請經符著案上,以菓一盤,棗一升,著一桮中,北向再拜,叩齒十二通。(28/408b)

〖練形〗*方士修煉形體,以求超脫成仙。〈1/一〉持戒而死,滅度練形,上備天官,尸解昇仙。(18/219a)

〖鍊形〗*修煉自身形體。〈1/一〉老君變化無極中,出處幽微黃房宮。鍊形淑淑虛無同,光景布行八極中。(28/371c)

〖鍊胎〗*修煉形體。〈1/一〉結芒太霞館,流眄無窮齡,神映通幽關,鍊胎反初形,撫哀五濁子,命同浮朝生。(28/407c)

〖修真種德〗*修持培養德行。〈1/一〉某奉道行身,修真種德,而爲惡人甲,遂吏[使]某等所見增疾。(28/537c)

〖積修〗*不斷地修行。〈1/一〉奉道但當積修功德,謙讓行仁義,柔弱行諸善,清正無爲,初雖勤苦,終以受福,不與俗同。(18/235b)

〖進修〗*增進修持。〈1/一〉諸賢者欲得保身念行,家居安完,皆去先日所犯過惡,進修後善。(18/234b)

〖善積行著〗*積累善行,德行顯著。〈1/一〉道人亦知諸所欲爲快,以戒制情,故不犯惡,善積行著,與道法相應,受福無極。(18/235b)

【得道】*達到修道要求;成仙。〈5/三〉後帛君篤病,從干君授道護病,病得除差,遂復得道,拜爲真人。(18/218b)

【度₁】*道教指脫俗成仙。〈3/三〉陰陽中經無人明,唯有龍胎師度形。白髮翩翩遊天庭,羽翼開張毛衣成。(28/372a)

〖脫度〗*超度;通過修行擺脫人生苦難升入仙界。〈1/一〉大道妙不遠,弘之當由人。忠信成一氣,可得脫度身。(18/239a)

〖滅度〗*滅煩惱度苦海;通過修行獲得解脫死亡後脫升入天界。〈1/一〉持戒而死,滅度練形,上備天官,尸解昇仙。(18/219a)

〖得真〗*成仙。〈1/一〉於是各引所承,造上皇之章,以爲寶經,秘於玉清之宮,以度後學得真之人。(28/407a)

【飛₂】*飛騰上天而成仙。〈1/一〉太平之日,飛舉上天。子只復不飛,壽終不死,便爲地仙,得見太平。(18/245c)

〖白日高飛〗*白晝飛升成仙。〈1/一〉白日高飛入天堂,千年出一丈六軀。

五嶽四瀆出九州,合成海水不復流。(18/248c)

〖白日昇天〗*白晝飛升天界成仙。〈2/二〉天師曰:欲行道法,欲治身修行,欲救療病苦,欲求年命延長,欲求過度災厄,欲求白日昇天。(28/368b)

〖飛舉〗*升天成仙。〈1/一〉太平之日,飛舉上天。子只復不飛,壽終不死,便爲地仙,得見太平。(18/245c)

〖飛昇仙〗*飛升成仙。〈2/一〉浮雲翩翩還入山,亦無孔穴入無間。細微之事難可言,若解微者飛昇仙。(28/372b)

〖昇仙房〗*升天宮;成仙。〈1/一〉宜預防之過災殃,得見太平昇仙房。乘雲駕龍到南陽,飲食行厨布腹腸。(28/372a)

〖陟真〗*登仙;成仙。〈3/一〉真靈遠離,凶邪所乘,便有毀敗。學者宜明慎之,有犯此禁,太極領仙退削子陟真之爵。(28/409a)

〖仙化〗*成仙。〈1/一〉子依吾圖局,不犯三忘,如可仙化,民一千不知道父母真名,故爲俗人。(18/245c)

〖祭禱〗*祭祀請禱。〈2/一〉若願欲者,實不用金帛貨賂,不用人事求請,不用酒肉祭禱,直歸心於道,無爲而自得。(18/233c)

〖配天享地〗*在祭祀天地時配祭祖先。〈1/一〉配天享地,永寧肅清。應感玄黃,上衣下裳,震離坎兌,翼贊扶將,乾坤艮巽,虎步龍驤。(18/296a)

〖禮鬼〗*尊崇鬼物。〈1/一〉故民諸職男女,汝曹輩莊事修身潔己,念師奉道。世薄乃爾,夫婦父子室家相守當能久? 而不能相承事清、貞孝、順道、敬師、禮鬼、從神乎!(18/236c)

〖燒香〗*舊俗禮拜神佛的一種儀式。〈7/三〉若男女不曉書疏者,專心好道,可請明者,聽誦經戒,會在静舍若堂上,掃除、燒香、澡浣潔清,男女別坐,儼然正體,安神精思明聽。(18/234b)

〖侍香〗*掌管上香。〈1/一〉此文秘於太上靈都之宮,刻以紫玉爲簡,黃金爲文,付五老上真、仙都左公,封以紫蘂玉笈,盛以雲錦之囊,天妃侍香,玉華執巾,衛以金童各三百人。(28/407b)

〖敕壇〗*道士用符咒儀式等净法壇。〈1/一〉夫敕壇先辦水、劍,安地户上,具壇簡,行道就劍、水所,先存思本師在西,次存思三將軍,次存思有一真官絳衣乘斗而至。(18/295b)

〖驚神駭鬼〗*驚擾鬼神。〈1/一〉不得情性暴怒,心忿口泄,揚聲罵詈,誓盟呪詛,呼天震地,驚神駭鬼,數犯不改,積怨在内,傷損五藏。(18/232c)

〖亂真〗*擾亂正直。〈1/一〉第二十一戒者,不得輕慢弟子,邪寵以亂真。(18/219b)

〖入俗勝真〗*接受世俗觀念擾亂真性。〈1/一〉不得入俗勝真,不得行來出入以急有厄呼嗟鬼神。(18/249a)

〖指僞名真〗*把非道教的事物當作道教事物。〈1/一〉祭酒無狀,故俾挾深藏,於今常存,使今世末學之人,好尚浮説,指僞名真,此皆犯天禁。(18/237a)

〖持真入僞〗*奉持道教却按邪教行事。〈1/一〉三者,不得持真入僞,姦亂聖明,飲酒食宍,呼嗟无道,奪筭千三百。(18/244c)

〖捨真就僞〗*捨棄道教接受邪教。〈1/一〉而愚人或欲捨真就僞,僞伎卒効,登時或能有利,利不久也。(18/232b)

〖就僞棄真〗*捨棄道教接受邪教。〈1/一〉汝曹學善,夫根本不承經言,邪邪相教,就僞棄真。(18/237a)

〖恊僞背真〗*相信邪教,背棄道教。〈1/一〉道之清虚,不受此輩,神明遠之,邪鬼侵之。或有恊僞背真,禱鬼求請,天網恢恢,其罰未行耳。(18/233b)

〖行逆劫真〗*行悖亂之事,脅迫正直之人。〈1/一〉實地君一人,官將一百二十人,治文宫,主收考地上獸之精,諸道行逆劫真强病之。(28/542c)

〖傷神犯氣〗*損傷精神元氣。〈1/一〉十者,不得傳道童女,因入生門,傷神犯氣,逆惡无道,身死无後,不得反男爲女,陰陽倒錯,天奪筭三百。(18/245a)

〖臨危惜命〗*面臨危難時才愛惜生命。〈1/一〉國君雖有無極之寶,臨危惜命,傾城量金,求生乞活,豈復可得!(18/233c)

2.3　心理感受{8＋3＋53＝64:單2 雙42 肆20}

2.3.1　感知[0＋0＋1＝1:雙0＋0＋1〈0＋0＋1/0＋0＋一〉]

〖尅心〗*銘刻在心。〈1/一〉而惡人憧愚,殊不能尅心改悔,歸誠於道,方

更背戾,呼道不神,雖不口言,心内怨望。(18/234a)

2.3.2　適意安寧[2+1+4=7:雙2+1+1〈2+9+1/二+二+一〉,肆0+0+3〈0+0+3/0+0+三〉]

【休息₂】*安定;平定。〈1/一〉察惡君,官將一百二十人,治高平室,收捕郡府某姐妬讒人,毁傷不止者,破諸謀議,衆心休息。(28/536b)

【端正₂】*安穩;平安。〈1/一〉護胎吏,主護某胎成,日月成滿,堅固受炁。萬産醫吏,輔易某身,使差速易,母子端正,度脱無他。(28/547a)

〖安穩〗*平安;安好。〈9/二〉欲求宅舍安穩,欲求田壘如意,欲求販賣得利,欲求奴婢成行,欲求仕宦高遷。(28/368b)

〖棲心静神〗*安寧心神。〈1/一〉臣等澡鍊形炁,棲心静神,克期奉行。(18/295b)

〖神定體安〗*身心安寧。〈1/一〉善積合道,神定體安,喜怒不忿於心,惡言不發於口,醜聲不聞於耳,邪色不視於目,貪欲不專於意。(18/232a)

〖各得其性〗*各自得到適宜的環境。〈1/一〉主人九河大漁君,官將一百二十人,治玄谷室,主萬民汙池,使四面魚鱉各得其性,不爲精害人。(28/554a)

〖安完〗*安穩保全。〈1/一〉諸賢者欲得保身念行,家居安完,皆去先日所犯過惡,進修後善。(18/234b)

2.3.3　悔愧悲苦[0+0+6=6:雙0+0+5〈0+0+5/0+0+五〉,肆0+0+1〈0+0+1/0+0+一〉]

〖心傷〗*傷心。〈1/一〉明堂絳室君,官將一百二十人,治城宮室,主祭酒心傷萬端,還壽延年,管度世神仙,逆人不行。(28/538b)

〖心愁意苦〗*心意愁苦。〈1/一〉人民相視色責黄,心愁意苦劇遭喪。思亂之世無紀綱,君貪臣濁失法常。(28/373c)

〖銜痛〗*心懷悲痛。〈1/一〉當爾之時,枉暴者衆,銜痛泉壤,善惡不分,莫不可言天市地盈,都停二十四萬人爲種民,先得道神仙者不在其例。(32/593a)

〖虛苦〗* 白白地痛苦。〈1/一〉勿妄華言,傾邪不端,遊心他念,玩墮睡寐,勞體自疲,虛苦無益。(18/234c)

〖愁慘〗* 淒慘。〈1/一〉五藏六府有君臣,積在微微爲真人。神思愁慘不能眠,遊戲百姓五藏間。還與真人共語言,心中真人來上天。(18/238b)

〖畏懾〗* 畏懼。〈1/一〉年初章奏,列名斷之,衆鬼畏懾,悉自逃亡。(18/252b)

2.3.4　怨怒憎忌[1+0+6=7：雙1+0+5〈2+0+8/一+0+八〉,肆0+0+1〈0+0+1/0+0+一〉]

【喜怒】* 偏義複詞,偏在"怒"。〈2/一〉善積合道,神定體安,喜怒不忿於心,惡言不發於口,醜聲不聞於耳,邪色不視於目,貪欲不專於意。(18/232a)

〖瞋恚(嗔恚)〗* 忿怒怨恨。〈3/三〉又奉道者身中有天曹吏兵,數犯瞋恚,其神不守。(18/233a)

〖嫌恨〗* 怨恨。〈1/一〉第二十九戒者,不得持人長短,更相嫌恨。(18/219b)

〖憎戾〗* 憎恨,違逆。〈1/一〉晨被刑禱,病呪詛,與人相憎戾、相姤妬,有二心,分居異處,校計不同,首以除差。(28/549b)

〖忿錯〗* 憤恨交錯。〈1/一〉室家不和,父不慈愛,子無孝心,大小忿錯,更相怨望,積怨含毒,鬼亂神錯,家致敗傷。(18/232a)

〖患厭〗* 憎惡厭煩。〈1/一〉第一百六十五戒者,天有災變,水旱不調,勿得患厭。(18/221b)

〖妬賢嫉才〗* 嫉妒賢能之人。〈1/一〉憎惡同道,妬賢嫉才,驕恣自大。(18/218c)

〖姤賴〗* 忌恨。〈1/一〉不得佞毒含害,姤賴於人,專懷惡心。(18/233a)

2.3.5　控制放縱[1+1+20=22：雙1+1+10〈3+1+11/二+一+十一〉,肆0+0+10〈0+0+11/0+0+十〉]

〖節慎〗* 節制;慎重。〈1/一〉節慎陰陽保愛神,五藏六府有君臣。(18/238b)

〖捉心〗*節制内心欲望。〈1/一〉受任主者當令勤,盡當守一修長存,勿得任意唯捉心,不行三五唯邪淫,言天大道而不禁。(18/248a)

〖挫心〗*抑制欲望。〈1/一〉若願想財寶,放情愛欲,以戒挫心。(18/234c)

〖隱意定志〗*安穩情感意志。〈1/一〉請周天八極君,左右陰陽明決吏十二人,下并某身,隱意定志。(28/541b)

〖自大〗*自尊大;自負。〈2/二〉憎惡同道,妬賢嫉才,驕恣自大。(18/218c)

【自爲】*自大。〈3/二〉天封大兵士十萬人,黃衣,收龍蛇之精,狂歌自爲之神,主者。(28/543a)

〖雞行鳴趨〗*行爲傲慢。〈1/一〉雞行鳴趨,不避老少,但行祆惑。(28/369a)

〖擅己自用〗*獨斷專行。〈1/一〉諸男女祭酒,託老君尊位,貪財好色,擅己自用,更相是非,各謂我心正,言彼非真,利於供養,欲人奉己。(18/218c)

〖無防〗*沒有節制。〈1/一〉不得穢身荒濁,飲酒迷亂,變易常性,狂悖無防。(18/233a)

〖恣隨〗*任隨;聽任。〈1/一〉道至寬弘,恣隨人耳,唯賢者明焉,念念精進,追之恐不及,愚者忽忽退然,去之恐不遠:此賢愚不同也。(18/233c)

〖亂縱〗*隨意;任意。〈1/一〉第七十戒者,不得亂縱行遊。(18/220a)

〖指南作北〗*混淆真相,肆意而爲。〈1/一〉十七者,不得滅天所生,妄煞走獸,彈射飛鳥,指南作北,任心所從,不依鬼律,天奪筭三千。(18/245b)

〖從心恣意〗*恣意而爲。〈1/一〉走氣八極周復還,觀視百姓夷胡秦。不見人種但尸民,從心恣意勞精神。(18/238b)

〖任情恣意〗*恣意而爲。〈1/一〉任情恣意,無所窮之。(28/369a)

〖任心恣意〗*隨心所欲。〈1/一〉無事自勤苦,不如任心恣意以快。(18/237a)

〖任意從心〗*隨心所欲。〈1/一〉一者,不得自東自西自南自北出入去來,去无所關,還无所白,任意從心,皆負律令,除筭三十二。(18/244c)

〖恣心快意〗*隨心所欲。〈2/一〉不從教戒,但念愛欲、富貴榮禄、色利財

寶、飲酒食肉,恣心快意,驕奢盈溢,豈復念道乎。(18/234b)

〖恣意快心〗*隨心所欲。〈1/一〉殺害無辜,恣意快心,寡福之人,悉逢其苦。(18/251c)

〖貪縱〗*貪婪放縱。〈1/一〉而故悶悶,日一日,月一月,歲一歲,貪縱口腹,放恣耳目,不信道,死者萬數,可不痛哉!(18/236b)

〖遊身〗*放縱自身。〈1/一〉然世人多愚,好尚浮偽,遊身恣欲於群俗之間,須臾之樂,以快腹目,終不能苦身勤念奉道。(18/235a)

〖穢身〗*濁亂自身。〈1/一〉不得穢身荒濁,飲酒迷亂,變易常性,狂悖無防。(18/233a)

〖亂志〗*擾亂意念心志。〈1/一〉賢者貧賤,不須強求富貴,勞人精思,廢人所存,傲慢亂志,使人不壽。(18/233c)

2.3.6　欲求[4+1+15＝20:單2+0+0〈3+0+0/二+0+0〉,雙2+1+10〈2+1+13/二+一+十〉,肆0+0+5〈0+0+7/0+0+六〉]

【存₁】*嚮往。〈1/一〉而人見富貴者,心欲願之,志欲存之,勞心苦志,得之不弘。(18/233c)

〖志願〗*期望;願意。〈1/一〉於是諸祭酒衆等,仰歎靈文,欽承法訓,志願奉持,稽首而退。(28/370b)

〖發願〗*許下願心。〈1/一〉何當合會隨邪靈,太一來下條姓名。恐子一身不久停,發願不死從吾經。(18/249a)

〖請願〗*祝願;祈求。〈1/一〉第一百五十二戒者,每燒香當爲萬姓請願,令天下太平,勿但爲己。(18/221a)

〖祈恩〗*祈求恩澤。〈1/一〉太玄都正一平炁係天師某治某炁祭酒,赤天三五步綱元命真人臣某等,奉爲大道弟子某,修建某齋幾日幾夜,祈恩謝過,請福禳災。(18/297a)

【思念₂】*思慮追求。〈1/一〉善行精勤,思念長生,不犯三官,則爲種民,當受真經也。(28/407a)

〖願想〗*想望;渴望。〈2/一〉若聞好惡之言,以戒塞耳;若食甘香之美,以戒杜口;若願想財寶,放情愛欲,以戒挫心。(18/234c)

〖希仰〗*希望;期盼。〈2/一〉牽三復牽四,妙法冥中秘。希仰神靈降,一心莫有二。(18/239a)

〖仰意〗*希望;期望。〈1/一〉恨無自然分,纏綿流俗間。仰意歸長生,庶得厠群賢。(18/239b)

【幸₁】*幸虧;幸而。〈2/一〉子唯行惡逆,不行忠孝,恐子年命不自保,念子可傷,幸復重囑丁寧甚也。(18/245c)

〖陰祝〗*心中默默祝禱。〈1/一〉弟子受文畢,當還東向九拜,亦可心拜,陰祝曰:上啓九天真王、元始天王、太上大道君,某生值季世,去上玄遠,稟承真統,得受三天正法除六天之文,不勝喜慶。(28/408a)

〖好尚〗*愛好推崇。〈2/一〉然世人多愚,好尚浮偽,遊身恣欲於群俗之間,須臾之樂,以快腹目,終不能苦身勤念奉道。(18/235a)

〖樂富棄貧〗*嫌貧愛富。〈1/一〉不得私情貪狠,敬貴恥賤,樂富棄貧,託望憍氣,愛憎二心。(18/234b)

〖貪戀〗*十分留戀。〈1/一〉第一百六戒者,不得貪戀居家。(18/220b)

〖貪榮〗*貪圖榮華。〈1/一〉下古世薄,時俗使然,競相高上,貪榮富貴,仁義不行,權詐爲智。(18/233b)

【貪淫】*貪財好色。〈1/一〉金樓之臺望華山,山上真人授我經。教我學道身當清,慎勿貪淫没汝形。(28/371c)

〖貪禄苟榮〗*貪圖榮禄。〈1/一〉第一百四十八戒者,當勤避惡難,勿貪禄苟榮。(18/221a)

〖貪財受利〗*貪戀錢財利益。〈1/一〉七者,不得受道不知輕慢,傳非其人,貪財受利,取人自益,借物不還,以爲私寶,天奪算一千八百。(18/245a)

〖貪色淫心〗*好色。〈1/一〉十九者,不得行道之日,貪色淫心,行氣有長,自解不已,私共約誓,因生不孝,姦心五内,無道之子,天奪算三萬。(18/245b)

〖貪淫愛色〗*好色。〈3/二〉二十者,不得思神不報,因行生氣,取降元炁,貪淫愛色,手足不離,彌日竟夕,如此无道,天奪算三百四十二。(18/245b)

2.4　人際行爲{49＋23＋245＝317:單 19 雙 251 肆 45 伍 1 陸 1}

2.4.1　慈愛尊奉親近[6＋1＋13＝20:單 2＋0＋0〈6＋0＋0/二＋0＋0〉,雙 4＋1＋10〈4＋1＋11/四＋一＋十〉,肆 0＋0＋3〈0＋0＋3/0＋0＋三〉]

【念₄】*顧念;哀憐。〈5/一〉念子不得久世長生,吾受太上教勅嚴切,今以示天民,令知禁忌,不犯鬼神靈書《女青玄都鬼律令》。(18/244c)

【顧畏】*顧惜敬重。〈1/一〉第一百五十三戒者,每人呼汝爲祭酒,汝顧畏人,勿自輕躁,爲百姓所笑。(18/221a)

〖撫哀〗*同情哀憫。〈2/一〉結芒太霞館,流眄無窮齡,神映通幽關,鍊胎反初形,撫哀五濁子,命同浮朝生。(28/407c)

〖哀卹〗*憐憫撫慰。〈1/一〉第八十三戒者,不得馳騁世俗,吊問死喪,宜密哀卹之。(18/220a)

〖愛念〗*憐惜關懷。〈1/一〉太上憐愍百姓,愛念善人,甚若赤子。(32/593c)

〖憐貧愛老〗*愛憐體恤貧窮衰老的人。〈1/一〉朝暮清净,斷絶貪心,棄利去欲,改更惡腸,憐貧愛老,好施出讓。(18/237c)

〖親依〗*親近。〈1/一〉第一百五十七戒者,入國必先問賢人善士,當親依之。(18/221b)

【無間₂】*沒有隔閡;關係極密。〈1/一〉伏惟太上布維新之令,開覆育之恩,敕下真官,分司降鑒,使煙雲暫息於三界,風雨無施於四冥,懺謝必聞,啓傳無間。(18/295c)

〖合音〗*心相融通。〈1/一〉同氣合音舒道元,道之綿綿誰能遵。十室之邑無中人,令吾道氣屈不伸。(28/373a)

〖手足不離〗*親密共處。〈1/一〉二十者,不得思神不報,因行生氣,取降元炁,貪淫愛色,手足不離,彌日竟夕。(18/245b)

〖上朝〗*朝拜,朝見。〈1/一〉策御九龍轡,上朝玉皇庭,太虛九玄炁,法化沉三靈,高會玄晨闕,躬命元始精。(28/407c)

259

【尊天敬神】*尊敬上天和神靈。〈1/一〉念今日之善,尊天敬神,愛生行道,念爲真正,道即愛子,子不念道,道即遠子,卒近災害。(18/236c)

【敬師】*敬重師長。〈1/一〉故民諸職男女,汝曹輩莊事修身潔己,念師奉道。世薄乃爾,夫婦父子室家相守當能久?而不能相承事清、貞孝、順道、敬師、禮鬼、從神乎!(18/236c)

【奉敬】*真誠地奉行。〈1/一〉道人賢者,奉敬教戒,精專勤身,先苦後報,其福應也。(18/234c)

【奉請】*恭請。〈1/一〉奉請九微八道上皇、九華帝玄黄女、九靈之官、監真使者,稱名某甲,昔受衆書八靈真籙九年。(28/408b)

【勤請】*勤於侍奉求請。〈1/一〉道至寬弘,恣隨人耳,唯賢者明焉,念念精進,追之恐不及,愚者忽忽退然,去之恐不遠:此賢愚不同也,學者勉自勤請。(18/233c)

【侍給】*侍奉;侍侯。〈1/一〉金晨玉童三千人,西華玉女三千人,侍給三元夫人也,在洞房宫。(28/406c)

【私通】*私自交往。〈1/一〉三五之年,子自當見天下不信真朶者及笑還、與鬼私通。(18/242a)

【不報】*沒有回報。〈1/一〉二十者,不得思神不報,因行生氣,取降元朶,貪淫愛色,手足不離,彌日竟夕,如此无道,天奪筭三百四十二。(18/245b)

【叨】*猶忝。表示承受之意。謙詞。〈1/一〉臣雖不材,竊慕玄化,忝佩法籙,叨稱治官,所歷山川,敢忘報效?(18/295b)

2.4.2 佑助保護[2＋0＋23＝25:單1＋0＋0〈1＋0＋0/一＋0＋0〉,雙1＋0＋20〈1＋0＋20/一＋0＋二十〉,肆0＋0＋3〈0＋0＋3/0＋0＋三〉]

【覆₂】*保護;庇護。〈1/一〉是以道朶不覆,故放天災於九州之内,白骨千里,雖好者,百不遺一。(28/369a)

【係養】*維繫養護。〈1/一〉大道者,包囊天地,係養群生,御萬機者也。(18/235c)

【保愛】*保養愛護。〈1/一〉節慎陰陽保愛神,五藏六府有君臣。(18/

238b)

〖保宜〗*保護使有利。〈1/一〉欲求保宜子孫,欲求婦女安胎。(28/368b)

〖扶命〗*輔佐王命。〈1/一〉某受道宣化,得當助國治民,佐天行化,扶命,養善伐惡等,長短欲見傷善。(28/537c)

〖恊輔〗*協助輔佐。〈1/一〉搖天動地無上九炁君兵馬恊輔十方衆,及四面真官注炁君與同心兵士,所同如意,無令毀傷。(28/556c)

〖輔匡〗*匡正輔助。〈1/一〉迴轉斗樞隨朝陽,養育群生壽命長。與天相保神聖將,韓終范蠡相輔匡。(28/374a)

〖輔易〗*輔助;幫助。〈1/一〉萬産醫吏,輔易某身,使差速易,母子端正,度脱無他。(28/547a)

〖助國扶命〗*輔佐國家時世。〈1/一〉種民難中亦當助其力,若好生樂道,無老壯,端心正意,助國扶命,善惡神明具自知之。(18/237b)

〖助國壯命〗*輔佐國家時世。〈1/一〉朝暮清净,斷絶貪心,棄利去欲,改更惡腸,憐貧愛老,好施出讓。除去淫妒,喜怒情念,常和同腹目,助國壯命。(18/237c)

〖憂濟〗*操心救助。〈1/一〉吾昔勤勤憂濟汝曹之命,欲令見太平耳。(18/237b)

〖拯拔〗*從困境中拯救或解脱。〈1/一〉故碧落有災祥之變,令人則之,黃籙有拯拔之科,令人修之。(18/295b)

〖度世₂〗*超度世人。〈1/一〉遣侍郎一人度世,玉女一人隨此符,不慈不孝不忠不貞不誠不信之人脱得見吾此符,侍郎玉女迷塞其心,不使得受。(32/594b)

〖化度〗*感化救度衆生,使達樂土。〈1/一〉今故以元年正月七日奉行,從者千人之中有王長、趙昇二人可以道炁化度,令畢得長生大義。(18/249a)

〖救度〗*救助衆生脱離苦難。〈1/一〉考官日日門至户達,視看人心,若有厄急,懸命漏刻,但正心向道,把九光萬稱符,至尊救度人也。(32/594a)

〖廣化〗*普遍度化。〈1/一〉吾前授汝助人救命,憂念萬民,拜署男女祭酒,廣化愚人,分布弟子,使上感天心,下動地祇,當令王者歡心。(18/218b)

〖廣度〗*普遍度化。〈1/一〉第一百八十戒者,行戒不犯,犯即能悔,改往

修來,勸人奉受。念戒不念惡,廣度一切。(18/221c)

【苦言利行】*逆耳之言利於行動做事。〈1/一〉苦言利行不相欺,與己一別會何時。道俗不同善自思,丘山草穢難可治。(28/372b)

【將送】*護送。〈1/一〉主遠千里君,[補:萬]里將[補:軍]一合下,主將送天下萬民遠行,營護無令它憂。(28/555a)

【接扶】*扶持;幫助。〈1/一〉魯道蕩蕩合與俱,賴得赤子相接扶。(28/372c)

【助佐】*幫助;支持。〈1/一〉右三十六鬼,皆遊行世間,乘人衰隙,伺候有惡,助佐凶殃,造作禍害,改形易象,隨便陵人。(18/252a)

【挾傍】*依傍;輔佐。〈1/一〉吾水非常之水,五龍五星真氣之水,吾劍非凡之劍,九鍊堅剛,七星挾傍,踏躡北斗,跨踞魁罡。(18/296a)

【營守】*守護;保護。〈1/一〉都官從事老對殺君各有種數千人不[下],營守某家保護男女,若牙身中除去死籍,更迎生名,捕死者。(28/544c)

【私飾】*偏袒。〈1/一〉人无尊卑,不遵貴賤,唯惡爲真,不得私飾所舉糸錯不直之人,此者坐之,无望久活。(18/249c)

【邪寵】*偏私。〈1/一〉第二十一戒者,不得輕慢弟子,邪寵以亂真。(18/219b)

2.4.3　會聚追隨[3 + 4 + 13 = 20:雙 3 + 4 + 11〈3 + 4 + 11/三 + 四 + 十一〉,肆 0 + 0 + 2〈0 + 0 + 2/0 + 0 + 二〉]

【周合】*集合;會合。〈1/一〉九者,不得遊行東西,周合男女,消災不解,因成邪亂,天奪筭萬三千,死,殃流七世。(18/245a)

【翕習】*會聚。〈1/一〉罪至,不自責先日過,反呼奉道無益,怨咎皇天,猶豫前却,移心他念,群輩翕習,妖惑萬端,結黨連群,導趣邪偽,陷入姦非,愚人無知,爲行如此,去道遠矣。(18/232b)

【集并】*聚合。〈1/一〉功勞行狀與集并,玉曆之中有生名。(28/373a)

【逆見】*迎見。〈1/一〉子行,勿以金錢著身,其有光炁,鬼逆見之,避。(18/244b)

【值逢】*遇到;碰到。〈1/一〉念子一旦不值逢,未至此年當死亡。(18/

248b）

【攜襟】*偕同；一起。〈1/一〉靈化隨運生，淵響徹高擬，六覺啓玄關，未悟方乃始，攜襟玉皇庭，披究太虛理，紫輝朗玄臺，流映無窮已。（28/407c）

【玄凝】*凝聚；會聚。〈1/一〉九天真王、元始天王，皆生於九炁之中，炁結而成形焉。九炁玄凝成九天圖也。（28/406c）

【結氣】*雲氣凝結。〈1/一〉變散形身作浮雲，浮雲翩翩還入山。結氣谷口爲甘泉，事會之溟家無言。（28/372c）

【結堅】*鬱結。〈1/一〉逆煞之鬼，流布人間，誑作百病，五逆疾炁，寒熱頭痛，或腹内結堅，吐逆短炁，五内脹滿，目視顛倒。（18/242a）

【事會】*形體會合，指變散的形身又凝聚成形。〈1/一〉變散形身作浮雲，浮雲翩翩還入山。結氣谷口爲甘泉，事會之溟家無言。（28/372c）

【混籍】*混合交融。〈1/一〉天地混籍氣如烟，四時五行轉相因。（18/238a）

【混一】*混合爲一；統一。〈1/一〉道出自然，先天地生，號無上玄老太上，三炁混一，爲無上正真之道也。（18/235a）

【一氣】*融合爲一；一體。〈1/一〉大道妙不遠，弘之當由人。忠信成一氣，可得脱度身。（18/239a）

【包囊】*囊括。〈1/一〉大道者，包囊天地，係養群生，御萬機者也。（18/235c）

【納招】*招引接納。〈1/一〉三正理運，六炁沉消，上真靈籙，攝御萬袄，獻禮五靈，以蒙納招，封還靈嶽，當使我身，與嶽同休。（28/408c）

【交連】*交通；勾結。〈1/一〉熒惑太白變作人，專作苟語小兒邊，走作邪僞相交連，撲子喉咽不得吞。（18/248a）

【結黨連群】*結爲黨羽。〈1/一〉群輩翕習，妖惑萬端，結黨連群，導趣邪僞，陷入姦非，愚人無知，爲行如此，去道遠矣。（18/232b）

【帶日挾月】*日月相隨。〈1/一〉吾召百神，百神既集即當遊，帶日挾月行九州，十六神將爲吾使，天官地官水官同其休。（18/295c）

【附影】*緊隨；依從。〈1/一〉欲令男女，憎他愛己，迴心附影，以爲歡悦，隨時祭祀，遂成野道，雖利目前，殃考在後。（28/369a）

【纏綿】*糾纏。〈1／一〉恨無自然分,纏綿流俗間。仰意歸長生,庶得厠群賢。(18/239b)

2.4.4　施受傳遞[4＋1＋23＝28:單1＋0＋1〈1＋0＋3／一＋0＋一〉,雙3＋1＋19〈3＋1＋23／三＋一＋二十〉,肆0＋0＋3〈0＋0＋3／0＋0＋三〉]

【獻禮】*敬獻禮品。〈1／一〉上真靈錄,攝御萬祅,獻禮五靈,以蒙納招。(28/408c)

【貤】*以財物施贈道士。〈3／一〉地黃君,官將一百二十人,治女顛狂病,狂言之,貤絹穀。(28/543a)

【貤市】*向道師或神靈獻納物品。〈1／一〉天田君,官將一百二十人,下收捕陰差了,貤市二十隨輕重。(28/549b)

【酌祭】*酒肉祭祀。〈1／一〉初化氣微,聽得飲食陰陽,化寬至於父母兄弟、酌祭之神。(18/236a)

【溉】*提供飲食。〈1／一〉天奉君,官將一百二十人,治天倉室,主師行,不持精[粮]用,萬民未[來]溉。(28/554c)

【溉食】*用酒食供祭神靈。〈1／一〉受南奉君,官將一百二十人,治天倉室,主令師出來不用衣粮,萬民自來溉食之。(28/554c)

【出讓】*拿好處給別人。〈1／一〉朝暮清净,斷絕貪心,棄利去欲,改更惡腸,憐貧愛老,好施出讓。(18/237c)

【割給】*分給。〈1／一〉太上之制,煞鬼生民,大道正法,割給吏兵,如臣所上,佐臣討伐,立時消滅,如玄都鬼律,急急如律令。(28/369b)

【降致】*給予。〈1／一〉人皆能奉法不倦,何但保命,乃有延年無窮之福。此非富貴者貨賂求請所能得通也,亦非酒肉祭禱鬼神所降致也。(18/234c)

【施寫】*宣泄。〈1／一〉賢者思之解其情,鍼入縷出氣自明。施寫有法隨時生,秋收冬藏入黃庭。(28/371c)

【付度】*移交;交代。〈1／一〉凡詣經師受文,師當北向告誓,付度弟子。(28/408a)

【傳道】*傳授道法。〈1／一〉十者,不得傳道童女,因入生門,傷神犯氣。

（18/245a）

〖決氣〗*傳道。〈2/一〉自從流徙以來，分布天下，道乃往往救汝曹之命，或決氣相語，或有故臣令相端正，而復不信，甚可哀哉。（18/236c）

〖分氣〗*散布大道；傳道。〈1/一〉道使末嗣分氣治民漢中四十餘年。（18/236b）

〖授氣〗*传授大道。〈1/一〉道傷民命一去難還，故使天授氣治民，曰新出老君。（18/236b）

〖盟授〗*結盟發誓而傳。〈1/一〉子勑後人，推擇忠良清貞一心者，依科盟授，千金勿示也。（32/594b）

〖追授〗*死後授予某種封贈、榮譽。〈1/一〉若有清賢志士死者，生時未見此符，追授死人，至太平之世，死尸更生，與聖君同出。（32/594a）

〖父死子係〗*官職爵位父子相傳。〈1/一〉七子五侯，爲國之光，將相掾屬，侯封不少，銀銅數千，父死子係，弟亡兄榮，沐浴聖恩。（18/237c）

〖交關〗*交換共用。〈1/一〉凡受三天正法，不得妄與陰家共牀坐起，及外氶不同之人共著衣服及同被卧息，屐履之屬，更相交關，犯者減筭。（28/409b）

〖往來₂〗*傳遞。〈1/一〉第九十一戒者，不得爲人往來惡言。（18/220a）

〖承信〗*相信；接受。〈1/一〉自從太和五年以來，諸職各各自置，置不復由吾氣——真氣領神選舉，或聽決氣，信內人影夢，或以所奏，或迫不得已，不按舊儀，承信特說。（18/237b）

〖奉受〗*接受。〈2/二〉第一百八十戒者，行戒不犯，犯即能悔，改往修來，勸人奉受。念戒不念惡，廣度一切。吾拜神真，神真成汝。（18/221c）

〖稟承〗*承受；聽命。〈2/一〉上啓九天真王、元始天王、太上大道君，某生值季世，去上玄遠，稟承真統，得受三天正法除六天之文，不勝喜慶。（28/408a）

〖胤承〗*繼承。〈1/一〉太上大道君者，乃衆真之帝，位高氶清，號爲太上，皆氶胤承真，積級受號，非始天有一太上者也。（28/407a）

〖遭喪〗*遭遇喪亂。〈1/一〉人民相視色責黄，心愁意苦劇遭喪。（28/373c）

〖逢災遇害〗*遭逢災害。〈1/一〉語聞災責，已［己］如逢災遇害。（18/

237b）

【遭凶遇死】*遭遇禍患死亡。〈1/一〉此遭凶遇死者千萬,有人而鬼不已。（18/244a）

【中刑】*受到傷害。〈2/一〉破逆君,將一百二十人,治漢仙室,主百姓男女病精魅中刑犯易,披髮狂走還格,因稱神鬼語,稱和言,皆主之。（28/542c）

2.4.5　輕鄙背欺［3＋1＋17＝21:單2＋0＋0〈3＋0＋0/二＋0＋0〉,雙1＋1＋15〈2＋3＋19/一＋一＋十七〉,肆0＋0＋2〈0＋0＋2/0＋0＋二〉]

【輕孤易貧】*輕視孤弱貧窮的人。〈1/一〉心懷惡行,妬妒異端,俱作死事,淫泆好色,馳務榮祿,輕孤易貧,強弱相凌。（28/369a）

【敬貴恥賤】*勢利。〈1/一〉不得私情貪狠,敬貴恥賤,樂富棄貧,託望憍氣,愛憎二心。（18/234b）

【鄙辱】*輕蔑羞辱。〈1/一〉宅中光怪之鬼,宅中虛耗之鬼,宅中鄙辱離怨之鬼,宅冢訟逮之鬼。（18/252a）

【毀鄙】*詆毀鄙視。〈1/一〉仙官乘龍,日不進寸,不見種人,但見佩黃老職治之人與三官百鬼,文墨紛紛,更相毀鄙,濁亂清文。（32/593b）

【毀慢】*傷損輕慢。〈1/一〉佩帶真文,出入三光及冥昕卧息,不得露頭,不著巾帽及脱衣露形,毀慢形神,恥辱真文,令貴[真]靈遠逝,空尸獨在。（28/409b）

【脱落】*輕慢;疏闊。〈1/一〉牽三復牽五,道士出蓬户。脱落形骸中,淵玄誰能覩。（18/239a）

【不同₂】*不和。〈2/一〉晨被刑禱,病呪詛,與人相憎戾、相妬妒,有二心,分居異處,校計不同,首以除差。（28/549b）

【返逆】*反叛悖逆。〈3/一〉越上君,官將一百二十人,治陽明宮,收吏民返逆,誹謗道法,欲令鬥者,主收之。（28/556b）

【伐逆】*違逆。〈1/一〉末世廢道,急競爲身,不順天地,伐逆師尊,尊卑不別,上下乖離,善惡不分。（18/249c）

【負違】*違背。〈2/二〉以奉行世世相傳。子有心分,來入吾炁,自當思行

仁義,六合守忠,專一養性,以道爲家,不得負違。(18/249a)

〖逆戾〗＊違背。〈1/一〉十八者,不得干知人事,宣布他家,藏善出惡,姦人婦女,謀圖人壻,逆戾三光,陰賊咒詛,不孝五逆。(18/245b)

〖反迷〗＊因迷惑而悖逆。〈1/一〉罵詈溢口,自詛索死,發露陰私,反迷不順,淫於骨肉,罵天詈地,無底無對,舉刃自守,故天遂其殃,自受其患。(18/233a)

〖違慢〗＊違抗怠慢。〈1/一〉不得淫色違慢,不得言炁不明。(18/249a)

【糶】＊假稱。〈2/一〉無上無土君五人,官將一百二十人,主捕收天下衆老之精、糶神兵稱官誤號者,又請上千師萬釁聖鬼殺消除之。(28/549a)

【外₂】＊表面上;假裝。〈1/一〉臣某稽首再拜上言,今世微薄,運劫欲盡,人民凶逆,相習來久,外陽爲善,内懷豺狼。(28/369a)

〖詭託〗＊僞託;假借名義。〈1/一〉律曰:天道以鬼助神施炁,人畏鬼,不畏神,詭託名於彼,自號其位。(18/242a)

〖假託〗＊僞託。〈2/二〉不得以智欺愚,乘威詐稱,假託鬼神,恐嚇厄人。(18/234b)

〖委託〗＊假託。〈1/一〉爲爾憒憒,群行混濁,委託師道。(18/238c)

〖誘枉〗＊誘騙。〈1/一〉第一百四戒者,不得誘枉良人爲奴婢。(18/220b)

〖詐誕〗＊欺騙。〈3/一〉驛駱門監市君……主收天下害鬼考治生殃,屠沽酒開店賣與百姓貧民,私行輕秤少升,詐誕欺人,主之。(28/541a)

〖詐誑〗＊欺騙。〈1/一〉驛騎門監市君……主天下諸部惡鬼,考治生坐列屠沽開廬作酒者,百姓貪民佽利,輕秤小斗,詐誑欺人,從民飲食者,考之。(28/554b)

2.4.6 敵對衝突[2＋2＋37＝41:雙2＋2＋31〈2＋3＋45/二＋二＋二十三〉,肆0＋0＋6〈0＋0＋6/0＋0＋六〉]

〖逼犯〗＊冒犯。〈1/一〉十二者,不得一人氣生,一人氣死,逼犯真人,天奪筭三十三。(18/245a)

〖逢忤〗＊觸犯。〈1/一〉逋禱鬼,斬死鬼,絞死鬼,逢忤鬼,自刺鬼,恐人鬼,強死鬼,兩頭鬼……一切大小百精諸鬼,皆不得耗病某家男女之身。(28/

370b）

【競貪】＊争相貪圖。〈1／一〉汝曹輩復不知道之根本，真僞所出，但競貪高世，更相貴賤，違道叛德。（18／236b）

【競相高上】＊争相追逐高的地位。〈1／一〉下古世薄，時俗使然，競相高上，貪榮富貴，仁義不行，權詐爲智。（18／233b）

【相尅】＊謂一方對另一方有妨害。〈3／二〉道以沖和爲德，以不和相尅。是以天地合和，萬物萌生，華英熟成；國家合和，天下太平，萬姓安寧。（18／232a）

【尅制】＊制服；克制。〈1／一〉天處君，官將一百二十人，治五衛室，主萬民嫁娶娉合，尅制四時鬼，合符命，令有貴子。（28／552a）

【變尅】＊平息争端。〈1／一〉南鐘六星君五人，官將一百二十人，治仙合君[宮]，主收百姓口舌，一百二十人，變尅，令民人同心笑喜。（28／537b）

【壓伏】＊用强力制伏。〈2／一〉清倉君，官將一百二十人，治巨門室，主壓伏官事怨仇刑害，止之。（28／536a）

【鎮厭】＊鎮服；驅避妖禍。〈1／一〉鬼神有外殃鬼，思想鬼，癃殘鬼，魍魎鬼，熒惑鬼，遊逸鎮厭鬼。（28／370a）

【驚觸】＊驚動觸犯。〈1／一〉第一百四十三戒者，當慎所投止，先行視之，勿所驚觸。（18／221a）

【恐人】＊恫嚇、嚇唬人。〈1／一〉逋禱鬼，斬死鬼，絞死鬼，逢忤鬼，自刺鬼，恐人鬼，强死鬼，兩頭鬼。（28／370b）

【恐嚇】＊以要挾的話或手段威脅人。〈1／一〉若有同義遇難，疾病相救，緩急相卹，不得以智欺愚，乘威詐稱，假託鬼神，恐嚇厄人。（18／234b）

【聊亂】＊撩亂。〈1／一〉江水枯竭人民單，鬼賊遊行在民間。聊亂止[正]氣無人分，師君一出誅盡群。（28／372b）

【蠱亂】＊迷亂；擾亂。〈1／一〉右九蠱之鬼，行諸惡毒妖媚，蠱亂天下，與五温鬼太黄奴等共行毒炁也。（18／250c）

【苦撓】＊困擾。〈1／一〉有諸高大廣長鬼神苦撓天下，暴酷百姓，鬼神行病，鬼神行疫，鬼神行炁。（28／370a）

【掠亂】＊掠奪擾亂。〈1／一〉摇天動地君、九炁君，兵五十萬衆，生[主]收

地人［上］逆人盜賊相掠亂者。（28/555c）

【交争】*争鬥禍亂。〈1/一〉今三災之世，交争方興，太平在金馬之末，年歲尚爾，世非賢人所處。（32/593c）

〖鬼亂神錯〗*鬼神混亂。〈1/一〉室家不和，父不慈愛，子無孝心，大小忿錯，更相怨望，積怨含毒，鬼亂神錯，家致敗傷。（18/232a）

〖掠使〗*擄掠驅使。〈1/一〉掠取他民户賦，斂索其錢物，掠使百姓。（18/238b）

〖伐耗〗*損害。〈1/一〉仙官玄女、神女、玉女、素女、玄男、神女及諸君丈人官將，各一百二十人，蚕室，主蚕吏營衛，令去蟲鼠令蚕伐耗。（28/553b）

〖耗害〗*損害；危害。〈5/一〉赤沙君，官將一百二十人，治靈昌室，主收自稱五蟲六魅之鬼，一鬼二吹，耗害宅舍，上利之道。（28/535c）

〖損害〗*傷害；使蒙受損失。〈1/一〉城神山川社稷神君，護某稻禾穀令熟美好，無令損害，辟斥蟲鼠，歲冬入增倍，以爲効信。（28/553c）

〖痛害〗*損害；傷害。〈1/一〉志意邪念，勞神損精，魂魄不守，則痛害人。（18/232c）

〖妄害〗*肆意傷害。〈1/一〉蟒蛇之鎧兼欲前，邪逆妄害鐵鎖連。（28/367c）

〖尅害〗*殘害。〈1/一〉夏商周三代，轉見世利，秦始五霸，更相尅害。（18/236a）

〖破殺〗*破壞殺害。〈4/二〉謁請廣司君五人，兵士十萬人，主收某家宅中十二月建破殺之鬼。（28/368b）

【自殺】*親自動手殺傷生命。〈1/一〉第三十九戒者，不得自殺。（18/219b）

〖時殺〗*在固定時辰出現的災禍。〈1/一〉二部君，官將吏主爲辟斥歲殺月殺日殺時殺，葬送斬草。（28/549c）

〖日殺〗*每日的殃禍。〈1/一〉例見"時殺"。

〖月殺〗*每月中的災害。〈1/一〉例見"時殺"。

〖歲殺〗*一年中的災害。〈1/一〉例見"時殺"。

〖宅殺〗*宅中殃禍災害。〈2/一〉始陽平君，官將一百二十人，治七俗室，

主收河龍七獄吏宅殺鬼。(28/551c)

〖刑宅〗*危害宅舍。〈1/一〉仙官計平君,官將一百二十人,治赤水室,主收宅殺自稱刑宅破鬼。(28/551c)

〖塚訟〗*因生前不平而在死後擾害人。〈4/一〉大言君,官將一百二十人,治母渠室,主收天下萬民葬埋後有疾、塚訟之鬼,主之。(28/550a)

〖災衝〗*相忌相克。〈1/一〉養生之法氣相從,和順上下無災衝。(28/372b)

〖刑固〗*詛咒禁固。〈1/一〉八卦玄天君,官將一百二十人,主收一百二十刑固之鬼,全被呪詛病,積日不差,羸嬰著狀思道者復不差。(28/549b)

〖刑禱〗*禱告詛咒。〈2/一〉述炁君,官將一百二十人,治素室,主病者中刑犯萬國被禱閉固,犯易主刑禱。(28/549b)

〖履險導刃〗*履險蹈刃,指面臨巨大的危險。〈1/一〉背戒向利不自專者,忽然復動,輒有履險導刃之厄,大命傾矣。(18/233a)

〖十有九傷〗*十個之中有九個受到傷害。形容受傷害的數量之多。〈1/一〉萬民流散,荼毒飢寒,被死者半,十有九傷,豈不痛哉!(18/249c)

〖十往十死〗*凡是前往的都死亡。形容極其危險。〈1/一〉遊於五嶽乘紫雲,驂駕六龍會天門。門有害氣不敢前,十往十死初不還。(28/373a)

〖萬無有全〗*全部不能保全。〈1/一〉死者如崩,萬無有全。(18/236a)

2.4.7　社會治理

2.4.7.1　任職管理(12 + 5 + 40 = 57:單 7 + 0 + 0〈8 + 0 + 0/七 + 0 + 0〉,雙 5 + 4 + 23〈6 + 4 + 28/六 + 四 + 二十四〉,肆 0 + 0 + 16〈0 + 0 + 16/0 + 0 + 十六〉,伍 0 + 1 + 0〈0 + 18 + 0/0 + 三 + 0〉,陸 0 + 0 + 1〈0 + 0 + 1/0 + 0 + 一〉)

〖興治〗*興起統治。〈1/一〉至黃帝興治,太上以付後學帝君、上相青童君、西域王君,使付諸為真人者,以六天之炁,由三天之法,得者神仙。(28/407b)

〖施炁〗*推行大道教化。〈1/一〉律曰:天道以鬼助神施炁,人畏鬼,不畏神,詭託名於彼,自號其位。(18/242a)

〖拜署〗*拜除;任命。〈2/二〉吾前授汝助人救命,憂念萬民,拜署男女祭

酒,廣化愚人,分布弟子,使上感天心,下動地祇,當令王者歡心。(18/218b)

〖補用〗*選用。仙位有缺,選員補充。〈1/一〉若能勤心,精注三官,佐天除凶,太平之世,太上自當科校其中,隨勤補用,以充真仙。(28/409a)

〖剋遣〗*限定日期派遣。〈2/一〉便埋文,令深九尺,如此二十七年,合三埋之,太上剋遣四極真人來迎子身於上清宮也。(28/408b)

〖積級受號〗*累積升級獲得封號。〈1/一〉太上大道君者,乃衆真之帝,位高炁清,號爲太上,皆炁胤承真,積級受號,非始天有一太上者也。(28/407a)

〖侯封〗*封侯。〈1/一〉七子五侯,爲國之光,將相掾屬,侯封不少,銀銅數千,父死子係,弟亡兄榮,沐浴聖恩。(18/237c)

〖即位〗*登仙官職位。〈1/一〉顧呼趙生:"吾今即位,衆事敬積。料生別死,大運期近,不得中還。"(32/593c)

〖就事〗*就職;履行職責。〈2/二〉太上開化,不以吾輕賤小人,受吾真法爲百鬼主者……吾欲不就事,上官命嚴。(32/593a)

〖執正立權〗*執掌權力。〈1/一〉義言自陳佚紀綱,執正立權舒中腸。(28/373c)

〖削退〗*削除;罷黜。〈2/一〉毀慢形神,恥辱真文,令貴[真]靈遠逝,空尸獨在。犯此之禁,奪筭,削退陟真之爵。學者慎之。(28/409b)

〖理運〗*治理世運。〈1/一〉天清在上,微道退幽,三正理運,六炁沉消,上真靈錄,攝御萬祅,獻禮五靈,以蒙納招,封還靈嶽,當使我身,與嶽同休。(28/408c)

〖正統〗*統領;統率。〈1/一〉三天清遵父母大神今躬臨正統,理三天上治,使李君下牧萬民。(32/593a)

〖指陳〗*指揮。〈1/一〉咒曰:五行所運,火木水土金,我佩剛劍,禁敕鬼神,二十八宿,隨吾指陳,北斗七星,挾輔靈真,周流萬方,百福同臻。(18/295c)

〖攝御〗*總攬。〈2/一〉上真靈錄,攝御萬祅,獻禮五靈,以蒙納招,封還靈嶽,當使我身,與嶽同休。(28/408c)

〖攝制〗*統攝控制。〈1/一〉謹以上聞,乞丐正真,賜降真靈,威御十方,攝制萬精,嘯咤立到,舉響徹冥,得承八景,奉迎聖君。畢。(28/408a)

〖統攝〗＊統領；總轄。〈1/一〉北方玄武，太陰化生，虛危表質，龜蛇合形，盤游九地，統攝百靈，來從吾後。(18/295c)

〖臨正〗＊統治管理。〈1/一〉上三天恚怒無本父母臨正，使太上老君絕世，更立正一盟威之道。(32/593a)

〖威御〗＊控制；統治。〈1/一〉謹以上聞，乞丐正真，賜降真靈，威御十方，攝制萬精，嘯咤立到，舉響徹冥，得承八景，奉迎聖君。畢。(28/408a)

【督₂】＊統領；督率。〈1/一〉國三老白兔君，官將一百二十人，治駱城宮，主治中鬼亂，考召帥[師]罪過不正，神為帥[師]督下曹，分別官吏兵，解帥[師]罪禍。(28/536c)

【帶₂】＊率領；引。〈1/一〉第一百三十九戒者，不得帶女人入山，皆應別岐異室。(18/221a)

【直₁】＊當值；值勤。〈2/一〉天有六十日，日有一神，神直一日，日有千鬼，飛行不可禁止。(18/239c)

【行使】＊執行。〈1/一〉勑誥太山府，并及行使者，收捕姦邪鬼，祅魅耗亂者，及時誅邪偽，露尸於道左，御史上天曹，今以奏得下。(28/368a)

【中正】＊治理；糾正。〈1/一〉今九天俱立，使六天出治，隨世分布，三道治正轉亂，不能中正三五之氣。(32/593a)

〖沐制〗＊整治。〈1/一〉地官玉女千二百人，衣五彩衣，戴通天冠，主收地炁吐精，沐制刑禍口舌。(28/556a)

〖隱治〗＊安穩治理。〈1/一〉安炁君，官將一百二十人，治安丹宮，主隱治宅中鬼炁逆亂，分別功賞，令神還，令道明。(28/535c)

〖省理〗＊視察審理。〈1/一〉若文書拘攝，當為決放之。若事天官，時見省理之。(28/538c)

【置署】＊部署設置。〈1/一〉太上開化，不以吾輕賤小人，受吾真法為百鬼主者，使開二十四治以應二十四氣，置署職籙，以化邪俗之人。(32/593a)

〖料理〗＊安排；處理。〈1/一〉以太平為期，汝且還料理治中，普告清信男女諸弟子，忠貞者大運已促勤，以忠信為務，勿貪財色。(32/593c)

〖平集〗＊平定。〈1/一〉北一官左童君，官將二百二十人，又請收刑檢刑逆吏一百一十人，主為某斷絕縣官，惡人謀議，口舌牢獄，當為平集消滅之。(28/

536b）

【威平】*用威力平定。〈1/一〉太上告後聖君曰:凡受三天正法,收束羣靈,威平六天,當先令己身清静,儼然明正,不犯衆禁。(28/409b)

【督₁】*督促;催促。〈1/一〉語汝曹輩,老君太上轉相督,欲令汝曹人人用意,勤心努力,復自一勸,爲道盡節,勸化百姓。(18/238c)

【促₂】*催促;促進。〈1/一〉太一促運,真道當行,九天有命,收攝賈生,周天徧地,莫有所停。(28/409a)

【催切】*督促。〈1/一〉如此三通,百魅立到,前後諸神扶送天綱,催切諸鬼相考,无有漏脱。(18/244b)

【督屬】*督率策勵;督導勉勵。〈1/一〉男女祭酒,一切生民,急相核實,搜索忠賢,恭慕道德,按名列言,自然者寡,督屬宜勤。(18/249c)

【躬臨】*親臨。〈1/一〉三天清遵父母大神今躬臨正統,理三天上治,使李君下牧萬民。(32/593a)

【領行】*帶領做某事。〈1/一〉謹於某州某縣鄉里,領行法事。謹爲大道弟子某,爲某事修建某齋幾日幾夜。(18/295b)

【牒】*發文;行文。〈1/一〉今牒中國諸姓字,依名殺之。(28/370a)

【垂₄】*頒布。〈1/一〉大道垂律,女青所傳。三五七九,長生之本。(18/249a)

【攝下】*頒布;發布。〈1/一〉陽方君,官將一百二十人,治天門室,主收天下諸墓功太歲大將軍,太玄真符攝下女青詔書,主之。(28/550b)

【直煞】*掌管殺戮。〈2/一〉右甲子六十日直煞逆鬼六十人,人身无異,赤毛無衣,有耳无目,飛行千里,其身三,凶逆不孝,煞害天民,人隨日憶知其名,鬼不敢近人。(18/241c)

【佐天行化】*佐助上天推行教化。〈1/一〉某受道宣化,得當助國治民,佐天行化,扶命,養善伐惡等,長短欲見傷善。(28/537c)

【急急如律令】*道教咒語或符籙文字用以勒令鬼神按符令執行。〈18/三〉此符青龍主東,白虎主西,朱雀主南,玄武主北,中央黄驎,辟除鬼賊,急急如律令。(18/246c)

【乘三使六】*乘三天正氣,驅除六天故氣(鬼神)。〈1/一〉弓長合世建天

273

中,乘三使六萬神崇。真列三師有姓名,二十四治氣當成。(28/372a)

〖領神四部行氣〗*領四方之氣於二十四治行氣。〈1/一〉教謝二十四治五氣、中氣、領神四部行氣、左右監神、治頭祭酒、別治主者、男女老壯散治民。(18/238b)

〖料生別死〗*區別處理生者和死者。〈1/一〉顧呼趙生:"吾今即位,衆事敬積。料生別死,大運期近,不得中還。"(32/593c)

〖除死著生〗*在簿籍上除去死者,著錄生者。〈1/一〉除死著生詣太清,文字教案令分明。遷故迎新給所請,有功增録護群生。(28/373c)

〖遷故迎新〗*在生死禍福的簿籍上注銷舊的記錄新的。〈1/一〉例見"除死著生"。

〖除祆存種〗*鏟除凶邪,存留種民。〈1/一〉今故出衆書八靈真籙相付,宜加精勤,授於骨分,使爲聖主,除祆存種,反正三天。(28/408c)

〖養善伐惡〗*養護善者,處罰惡人。〈1/一〉某受道宣化,得當助國治民,佐天行化,扶命,養善伐惡等,長短欲見傷善。(28/537c)

〖誅惡養善〗*誅除惡人,養護善者。〈1/一〉五衡君,官將一百二十人,治玉女室,主有功之吏,誅惡養善,主之。(28/537b)

〖誅邪滅僞〗*誅除邪僞。〈1/一〉惟願太上勑下天曹,請下吏兵六甲將軍六丁之神,依咒斬殺野道之氣,誅邪滅僞。(28/369b)

〖流刑行仁〗*去除刑罰,推行仁政。〈1/一〉帝王牧守,長吏百僚,若信吾言,舉善而教,不能則勸,流刑行仁。(18/249c)

〖麟舞鳳鳴〗*麒麟起舞,鳳凰鳴叫。歡樂祥和景象。〈1/一〉衆吹雲歌,麟舞鳳鳴,激給玉虛,瓊振三清。(28/407b)

〖六合如一〗*天下如同一體;天下大同。〈1/一〉男孝女貞,君禮臣忠,六合如一,無有患害。(18/239c)

〖卧不閉門〗*夜裏睡覺不需關門。形容社會治安狀況好。〈1/一〉昔日開門教之爲善,而反不相聽,從今吾避世,以汝付魏,清政道治,千里獨行,虎狼伏匿,卧不閉門。(18/237c)

〖治正轉亂〗*安定平静的局面變得混亂。〈1/一〉今九天俱立,使六天出治,隨世分布,三道治正轉亂,不能中正三五之氣。(32/593a)

2.4.7.2　請求約定(0＋0＋8＝8：雙0＋0＋6〈0＋0＋6/0＋0＋六〉,肆0＋0＋2〈0＋0＋2/0＋0＋二〉)

〖求申〗*請求延長。〈1/一〉太上憐愍百姓,愛念善人,甚若赤子。且上期急促,太上求申至壬辰、癸巳,爲料種民應備事急。(32/593c)

〖券要〗*契約。〈1/一〉道以漢安元年五月一日,於蜀郡臨邛縣渠停赤石城造出正一盟威之道,與天地券要,立二十四治,分布玄元始氣治民。(18/236b)

〖密誓〗*秘密的盟約。〈1/一〉朱青繒三十尺爲要信,青布四十三尺爲密誓,金鐶五雙爲指天大誓。(28/410a)

〖指天大誓〗*以天爲證的約誓、誓言。〈1/一〉例見"密誓"。

〖分符〗*剖符。〈1/一〉眞列三師有姓名,二十四治氣當成。分符券契律令名,誅符伐廟有常刑。老君正法道自明,仙官簿録隨所請。(28/372a)

〖同意合心〗*同心;齊心。〈1/一〉南鍾六星君五人,官將一百二十人,治仙石室,主收百姓逆吏口舌,使萬民同意合心。(28/537b)

〖齊功〗*同心協力去做。〈1/一〉九土齊功,兵馬列陣於壇場之內。(18/297a)

〖通同〗*串通;勾結。〈1/一〉不得兩心不正,不得妄傳鬼教,不得露行三光,不得犯五靈七政,不得與鬼通同,不得干亂神祇。(18/249a)

2.4.7.3　依順(6＋1＋8＝15：單3＋0＋0〈3＋0＋0/三＋0＋0〉,雙3＋1＋8〈3＋1＋9/三＋一＋八〉)

〖迴向〗*轉向;歸心。〈1/一〉第一百四十四戒者,當迴向正一,勿得習俗事。(18/221a)

【應₅】*按照;依照。〈1/一〉天蜂、青蠅、蟲蛇、野獸、狐狸、六畜五毒之魖,藏在宅中不肯去者,伏惟太上勅下天曹,應咒斬殺之。(28/368c)

【一如】*完全按照。〈1/一〉年初章奏,列名斷之,衆鬼畏懾,悉自逃亡。不告者,一如律令。(18/252b)

【憑】*依託。〈1/一〉白素元君者,則右白元君之母;黃素元君者,則黃老中央君之母;紫素元君者,則左无英君之母也,虛結空胎,憑炁而生也。(28/

406c)

〖合世〗*順應時勢。〈1/一〉弓長合世建天中,乘三使六萬神崇。實列三師有姓名,二十四治氣當成。(28/372a)

〖從神〗*順隨神靈。〈1/一〉故民諸職男女,汝曹輩莊事修身潔己,念師奉道。世薄乃爾,夫婦父子室家相守當能久?而不能相承事清、貞孝、順道、敬師、禮鬼、從神乎!(18/236c)

〖從用〗*遵從;遵行。〈2/一〉子已知道,及未知者,見吾鬼律新故科文,皆可從用,三五七九之日,慎行生炁。(18/245c)

〖導趣〗*趨向;投向。〈1/一〉群輩翕習,妖惑萬端,結黨連群,導趣邪偽,陷入姦非、愚人無知,爲行如此,去道遠矣。(18/232b)

〖精注〗*真誠傾心歸附。〈1/一〉若能勤心,精注三官,佐天除凶,太平之世,太上自當科校其中,隨勤補用,以充真仙。(28/409a)

〖弭伏〗*馴伏;順服。〈1/一〉日中一食讀真經,不得欺殆貪淫情。若有犯法滅汝形,胡兒弭伏道氣隆。(28/372a)

〖伏恩〗*因恩而伏。〈1/一〉若某欲見口説者,又請太陰君吏十二人,爲某收捕魂,令文墨不舉,口舌不起,四方縣官衆崇伏恩,主治。(28/537c)

〖隨便〗*隨其所宜;乘勢。〈1/一〉右三十六鬼,皆遊行世間,乘人衰隙,伺候有惡,助佐凶殃,造作禍害,改形易象,隨便陵人。(18/252b)

【任₂】*聽憑,任憑。〈1/一〉大道不禁,天師不勅,放縱天下,凶凶相逐,唯任殺中民,死者千億。(18/239c)

【聽決】*聽憑。〈1/一〉自從太和五年以來,諸職各各自置,置不復由吾氣——真氣領神選舉,或聽決氣,信內人影夢,或以所奏,或迫不得已,不按舊儀,承信特説。(18/237b)

【歸宗】*歸屬;屬於。〈1/一〉率天以下,莫不歸宗於虛無,金門玉闕,瓊宮紫殿羅列,及己身俱在空虛之中、清炁之內。(28/409a)

2.4.7.4　防禁(3+0+7=10:單1+0+0〈1+0+0/一+0+0〉,雙2+0+7〈2+0+7/二+0+七〉)

〖屯住〗*駐守。〈1/一〉今爲別請十部都曹、正炁中郎、刺史從事、素車白馬君、北城詔命君、天上督逆君、廣司君、太玄老君、太和之炁一千二百人,各將

軍五人,屯住某家中庭,兵刃外向。(28/368c)

〖應備〗*應對;防備。〈1/一〉且上期急促,太上求申至壬辰、癸巳,爲料種民應備事急,今出太玄九光萬稱生符,以簡料真一,甄別種人。(32/593c)

〖制節〗*謹慎。〈1/一〉天師曰:制節行道,謹慎科文,目不妄視,口不妄言,心不妄念,足不妄遊,親善遠惡,與體自然,故不重教,幸復可思之。(18/246a)

〖羅網₂〗*束縛;約束。〈1/一〉子之長生出子心,三五七九一爲親。唯炁大正爲種民,解脫羅網具身神。(18/248c)

〖繫絶〗*受拘束不能活動。〈1/一〉九天候君,官將一百二十人,治下塚室,治男子喉翁舌强繫絶,主治之。(28/545b)

〖節禁〗*管束;制止。〈1/一〉周玉君,將一百二十人,治地理宮,主致一百二十生炁神,衣赤幘,節禁人三魂七魄不棄人身,保命延年,長八百歲。(28/538c)

〖斷₃〗*戒除;禁絶。〈1/一〉第一百七十六戒者,能斷衆生六畜之肉爲第一,不然則犯戒。(18/221c)

〖閉固〗*禁止。〈1/一〉述炁君,官將一百二十人,治素室,主病者中刑犯萬國被禱閉固,犯易主刑禱。(28/549b)

〖禁斷〗*禁止。〈1/一〉志士學道,方術厭禳,符章禁斷,乃保利貞。(18/251c)

〖禁敕〗*警告。〈1/一〉五行所運,火木水土金,我佩剛劍,禁敕鬼神。(18/295c)

2.4.7.5　過惡懲貸(8 + 8 + 56 = 72:單 1 + 0 + 0〈1 + 0 + 0/一 + 0 + 0〉,雙 7 + 8 + 48〈10 + 17 + 57/九 + 九 + 四十九〉,肆 0 + 0 + 8〈0 + 0 + 9/0 + 0 + 八〉)

〖逆道〗*違背事理、大道。〈1/一〉逆道醜賊鬼。(18/252a)

〖叛道〗*悖逆背叛大道。〈2/二〉叛道者,所以不即受罰,大道含弘,愛惜人命,聽恣其意,隨其所欲。(18/232b)

〖背道〗*違背道教教規。〈1/一〉而欲習効俗人,背道求請,事事反矣。(18/233c)

〖形德〗*破壞德行。〈1/一〉無上監炁君,兵十萬衆,主收寵伏龍形德殃注

277

竈祭耗虚鬼。(28/551a)

〖犯戒〗*違犯戒律。〈1/一〉第一百七十六戒者,能斷衆生六畜之肉爲第一,不然則犯戒。(18/221c)

〖敗刑亂政〗*擾亂禁令法度。〈1/一〉二者,不得呼天无神,言道師旨,敗刑亂政,自言己是,道人言非,皆負鬼律,天奪筭一十三。(18/244c)

〖違道叛德〗*違背道德。〈1/一〉汝曹輩復不知道之根本,真僞所出,但競貪高世,更相貴賤,違道叛德。(18/236b)

〖亡義違仁〗*背棄仁義。〈1/一〉賢者隱匿,國無忠臣,亡義違仁,法令不行。(18/249c)

〖專作〗*假借名義擅自行事。〈3/一〉掠取他民戶賦,斂索其錢物,掠使百姓。專作民戶,修農鍛私,以養妻奴。(18/238b)

〖劫抄〗*掠奪。〈4/一〉萬姓君,官將一百二十人,治和仙室,主萬民心腸不正,盜賊掠取劫抄,主收之。(28/538a)

〖抄賣〗*掠奪賣買。〈1/一〉如此之人,自爲剛强,抄賣婦女以爲嬖妾,上有五六,下有三四,車馬衣裘,富貴奢泰。(28/369a)

〖淫盜〗*姦淫偷盜。〈2/一〉察姦君一人,官將一百二十人,治名山室,主祭酒犯録,飲酒食肉,民子淫盜,解之。(28/540b)

【行炁】*散布凶邪之氣。〈1/一〉有諸高大廣長鬼神苦撓天下,暴酷百姓,鬼神行病,鬼神行疫,鬼神行炁。(28/370a)

〖行凶〗*行凶邪之事。〈1/一〉高麾大鼓五湖將軍及甲逆鱗兵士四十萬衆,生[主]收捕故炁逆鬼行凶者。(28/548a)

〖決災〗*散布災厄。〈1/一〉夫二炁離合,理物有期,陽九布炁,百六決災,三道虧盈,迴運而生,期訖壬辰癸巳之年。(28/407a)

〖造凶〗*造作殃禍。〈1/一〉六者,不得輕慢老人,罵詈親戚,夫妻咒詛,自相煞害,毒心造凶,不孝五逆,天奪人筭一百八十。(18/245a)

〖凶吹〗*鬼怪吹陰氣爲害。〈1/一〉赤沙君,官將一百二十人,治南昌室,主收天下五蠱六魅之鬼百二十凶吹入宅舍,利之。(28/551c)

【疾病₂】*使患疾病;禍害。〈2/二〉大言官君,將一百二十人,治安渠室,主收天下萬民葬埋之後,死人不安、疾病生人者墓塚之鬼。(28/539c)

【殺生】* 殺害生靈。〈2/二〉謫被赭衣在身形,沐頭剔鬚爲信盟。絕其妻娶禁殺生,若能從化過其名。(28/371c)

〖厭蠱〗* 以巫術致災禍於人。〈1/一〉所有伏屍故氣,土木百精,猫鬼野道,生人厭蠱,爲害鬼賊,於道不順者,收付魁罡之下。(18/297a)

〖作怪〗* 制造怪異之事。〈1/一〉前死之鬼,後死之鬼,應時咒殺之鬼,及諸百怪,梟鳥鴞鵲,百鳥妄鳴,狗噑作怪。(28/368c)

〖濫誤〗* 妄自爲害。〈1/一〉鬼若濫誤,謬加善人,主者解釋,祐而護之,鬼若不去,嚴加收治。(18/250a)

〖過積結罪〗* 小過錯累積成重大罪行。〈1/一〉然惡人過積結罪,罪滿作病,病成至死,不自知。(18/234c)

〖過積罪成〗* 小過錯累積成重大罪行。〈1/一〉吏兵上詣天曹,白人罪過,過積罪成,左契除生,右契著死,禍小者罪身,罪多者殃及子孫。(18/233a)

〖過積罪滿〗* 小過錯累積成重大罪行。〈1/一〉惡人爲惡不止,自有司神記其惡事,過積罪滿,執殺者自罰之,道終不殺也。(18/232c)

〖理訴〗* 申訴;控告。〈2/一〉但求百官江河大神,龍王鬼帥,藏在雲間,叩頭搏頰,求自披陳,不聽理訴,收付獄君,銅枷鐵鎖,鉗其喉咽。(28/367b)

〖訟考〗* 訴訟;糾舉。〈1/一〉四明君五人,官將一百二十人,勑祭酒治舍炁不安穩,主禁不正炁,解法[訟]考,分別清濁正炁。(28/540a)

〖考訟〗* 控告。〈1/一〉四明君,官將吏一百二十人,主勑祭酒治舍炁不安穩,主禁考訟鬼之不正逆炁,解訟者考炁,分別清濁。(28/536c)

〖訟逮〗* 控告、捉拿。〈1/一〉宅冢訟逮之鬼。(18/252a)

【捉₁】* 擒拿;追捕。〈1/一〉無上太衡兵士十萬人,主解星社來作祟病者,捉勑社神,解放生魂還附之身中,不得拘攝,永相去離。(28/544b)

【收束】* 逮捕;拘捕。〈2/一〉上清除六天之文三天正法,後聖君受太上,清虛小有天王撰集上仙真籙,總名爲六天文三天上真正法,以捕萬鬼,收束衆邪。(28/410a)

【收付】* 謂拘捕罪犯,交付案辦。〈2/二〉但求百官江河大神,龍王鬼帥,藏在雲間,叩頭搏頰,求自披陳,不聽理訴,收付獄君。(28/367b)

【收解】* 收押。〈1/一〉考召考官吏,收解宅內四面土公。(28/535c)

〖收捐〗*收捕驅除。〈2/一〉石明君,官將一百二十人,治執治室,主誅除符病飲食精魅之鬼,爲某收捐邪鬼,主立解除之。(28/546c)

〖收掠〗*收捕拷打。〈1/一〉剛強吏兵主典治雲中所病之鬼,主爲某身收掠除十二時鬼,消除之。(28/546c)

〖收却〗*收捕;除去。〈1/一〉無上方蒼君,兵士十萬人,主收却先祖五墓之鬼未[來]病子孫者,分別生死之炁,斷絕耗害,主之。(28/539b)

〖禁拘〗*拘捕,逮捕。〈1/一〉變發坐逆罰貪夫,威令世畏法禁拘。(28/373b)

〖拘攝〗*拘拿。〈2/一〉無上太衡兵士十萬人,主解星社來作祟病者,捉勑社神,解放生魂還附之身中,不得拘攝,永相去離。(28/544b)

〖攝却〗*拘捕,消除。〈1/一〉諸此人輩,雖係名奉道,冀道當祐,道不受也。而自謂屬道,遇災急厄,病痛著身,雖望道擁護,道不救也,精邪惡鬼卒所侵害,道不爲攝却。(18/234a)

〖捕收〗*逮捕,收捕。〈1/一〉無上無土君五人,官將一百二十人,主捕收天下臬老之精、羅神兵稱官誤號者,又請上千師萬聻聖鬼殺消除之。(28/549a)

〖辟捕〗*驅除逮捕。〈1/一〉日月大兵十萬人,絳衣,主陰陽,爲漢國辟捕千賊萬盜,主收之。(28/538b)

〖捉縛〗*捉捕;捆綁。〈1/一〉縛汝置水,煑汝鑊湯。三日一笞,五日一榜。門丞捉縛,玉女拷掠。(28/367c)

〖拷楚〗*拷打。〈1/一〉不見九光萬稱之符,不免三官驅除,死没黃泉,不得過土户。骨肉灰腐,魂魄付三官拷楚,荼毒難言。(32/594a)

〖拷掠〗*鞭打。多指刑訊。〈1/一〉縛汝置水,煑汝鑊湯。三日一笞,五日一榜。門丞捉縛,玉女拷掠。(28/367c)

〖鞭打〗*用鞭子打。〈1/一〉第一百二十九戒者,不得妄鞭打六畜。(18/220c)

〖冥拷〗*陰司的拷打。〈1/一〉此五條,出《四極明科》第十一篇中篇,有玉童侍衛,佩者犯禁,玉童所奏,身被冥拷,殃及七玄。(28/409c)

〖推治〗*審問。〈1/一〉老君太上,推論舊事,攝綱舉網,前欲推治,諸受任

主者、職治祭酒,十人之中誅其三四名,還天曹,考掠治罪,汝輩慎之。(18/238c)

〖對問〗＊受審問。〈1/一〉高天百萬丈鬼,百鬼中皇姓,係天六方鬼之主,住在太山東南角道水中,諸死人所歸,鬼亦上天對問考罰,月一上。(18/239c)

〖考召〗＊拷問,審問。〈7/一〉國三考白兔君,官將一百二十人,治駱城室,治中鬼亂,考召師罪過,下此神爲師馬天下切,分別官吏兵,解罪師過。(28/540b)

〖相考〗＊相考罰。〈1/一〉如此三通,百魅立到,前後諸神扶送天綱,催切諸鬼相考,无有漏脱。(18/244b)

〖考罰〗＊拷問處罰。〈1/一〉高天百萬丈鬼,百鬼中皇姓,係天六方鬼之主,住在太山東南角道水中,諸死人所歸,鬼亦上天對問考罰,月一上。(18/239c)

〖考計〗＊查考審核。〈1/一〉南鄉三老鬼,俗五道鬼,姓車名匿,主諸死人録籍,考計生人罪,皆向之。(18/240a)

〖檢校〗＊查考審核。〈1/一〉聖君自當簡料隨德,分敕天下億鬼兵將百毒,皆衛護種人,使至太平之世,舉家完全。如有毀傷,檢校所得即斬。(32/593c)

〖罪坐〗＊歸罪。〈1/一〉背向異辭,言語不同,轉相説姁,不恤鬼神,以憂天道,令氣錯亂,罪坐在阿誰?(18/238c)

〖考責〗＊考罰;處罰。〈1/一〉天罡大五丁君,兵百萬人,主收符破廟,多怨坐席血食逆鬼,考責藏,不得令脱。(28/548c)

〖比考〗＊糾察;考罰。〈1/一〉素車白馬君,兵士十萬人,主收十墓鬼將軍,比考之。(28/550b)

〖譴考〗＊貶謫傳考。〈2/一〉和炁君,官將一百二十人,治具寄宮,主收諸祭酒譴考相及伐者,正炁君殺之。(28/536c)

〖天考〗＊上天的考罰。〈1/一〉無事自勤苦,不如任心恣意以快。汝不須爲天考,不須輕易官法也。化以太平,人當助天爲太平之行。(18/237a)

〖三考〗＊水、火、刀兵三災的考罰。〈1/一〉招來禍害三考前,同屬道氣不蒙恩。不能悔咎上呼怨,敕吾主者精斷彈。(28/373c)

〖殃考〗＊殃禍考罰。〈1/一〉欲令男女,憎他愛己,迴心附影,以爲歡悦,隨

時祭祀,遂成野道,雖利目前,殃考在後。(28/369a)

【考謫】*行爲不愼而引來的災禍。〈1/一〉頻元君吏功曹左右官各五人,官將一百二十人,主解諸考謫,令室宅安穩。(28/551c)

【謫破】*行爲不愼而引來的災禍。〈1/一〉解患君,官將一百二十人,治倉室,令主爲人民解宅滴[謫]破不止者,安利家居。(28/551c)

【風刀】*人生時有過,臨死"四大"解體,體內有風鼓動,如刀刺身。〈1/一〉佩者不得妄傳,傳非其人,不依年限,輕泄寶文,身被風刀之考,没命鬼官,殃及七玄神父,運蒙山之石,塞九源之河。深愼奉行。(28/410a)

【切正】*糾正。〈1/一〉勒鬼眞名,主者明加切正,使天下道氣宣布,邪逆竄伏,子知鬼名姓,鬼自趨走,不敢害人,子常念之勿違犯矣。(18/246b)

【呵整】*斥責糾正。〈1/一〉男女老壯不相呵整,爲爾憒憒,群行混濁。(18/238c)

【解去】*釋放。〈1/一〉冠帶君,官將一百二十人,治五明室,主解萬民犯事繫在牢獄,下屯神,令繫者易得解去。(28/555a)

【解放】*釋放。〈1/一〉無上太衡兵士十萬人,主解星社來作祟病者,捉勑社神,解放生魂還附之身中,不得拘攝,永相去離。(28/544b)

【決放】*釋放。〈1/一〉若命在墓塚中,當爲開而遣之。若禄命盡者,當爲增之。若文書拘攝,當爲決放之。(28/538c)

【悔咎】*追悔前非。〈1/一〉招來禍害三考前,同屬道氣不蒙恩。不能悔咎上呼怨,勑吾主者精斷彈。(28/373c)

【懺謝】*懺悔。〈1/一〉伏惟太上布維新之令,開覆育之恩,敕下眞官,分司降鑒,使煙雲暫息於三界,風雨無施於四冥,懺謝必聞,啓傳無間。(18/295c)

【思過改愆】*反省過錯。〈1/一〉素赤君五人,官將一百二十人,治赤虛室,主治男女百病所苦,造逆[道]思過改愆,復差。(28/549a)

【改心易腸】*變更原來的想法和態度。〈2/一〉子不知道,何得言炁不明?百聞不如一見,子何不自改心易腸,入吾生炁,得爲眞人?(18/245c)

2.5　役物行爲{28＋13＋122＝163：單22 雙108 叁1 肆32}

2.5.1　解知辨識

2.5.1.1　解知(0＋2＋14＝16：雙0＋2＋10〈0＋4＋11/0＋三＋十一〉，肆0＋0＋4〈0＋0＋4/0＋0＋四〉)

〖明解〗*明達;對事理認識透徹。〈2/一〉男官女官有別名,聰明主者鍊人形。若有明解來求生,開心同化首凝誠。(28/373c)

〖曉易〗*明白。〈1/一〉故《易》有太極,太極謂太易。太易者,大曉易,無有先之者,謂皓皓白氣也。(34/463a)

〖知悉〗*知曉。〈1/一〉奉及諸閑官無文書之職,皆當隨時坐起,名荷天官,常處神明之坐,以憍世俗。非忠臣孝子之道,曾不知悉。(18/237b)

〖開解〗*瞭解。〈1/一〉三氣當備愛子形,不行三五七九生。那得過度見太平,陰陽中經事難明。時有開解能思精,出陽入陰至玄冥。(28/373a)

〖解音〗*熟悉音律。〈1/一〉彈琴鼓弦舉樂觴,要當解音別宮商。角徵所生同室堂。(28/372a)

〖發悟〗*啓發使領悟。〈1/一〉諸賢者所以反覆相解,恐人説習非法來久,躬行犯惡,然後得罪,不能發悟,或懷怨望,其過益深。(18/232a)

〖披究〗*分析研究。〈1/一〉攜襟玉皇庭,披究太虛理,紫輝朗玄臺,流映無窮已,人劫有終數,百六翻然起,神娱不極齡,撫衰俊生子。(28/407c)

〖識真〗*識別真相。〈2/二〉秦人不得真道,五霸世衰,赤漢承天,道佐代亂,出黄石之書以授張良。道亦形變,誰能識真?(18/236b)

〖洞究〗*通達;窮盡。〈1/一〉三真超無際,俯仰太帝堂,稟承三天制,驅洗六天凶,正立無塵穢,洞究太真章,以救承唐世,啓悟末學子。(28/407c)

〖干知〗*干預打聽。〈2/二〉不得干知人事,宣布他家,藏善出惡。(18/245b)

〖求知〗*打聽;探知。〈1/一〉第十六戒者,不得求知軍國事及占吉凶。(18/219a)

〖逆知〗*料知。〈1/一〉天帝常司過鬼,姓遥反,名班子,日暝人定時,下聽

人口語,逆知心神,還啓考煞。(18/240c)

【出陽入陰】*參悟自然陰陽。〈1/一〉那得過度見太平,陰陽中經事難明。時有開解能思精,出陽入陰至玄冥。(28/373a)

【見世知變】*根據時代做出變通。〈1/一〉新故民户,見世知變,便能改心爲善,行仁義,則善矣,可見太平,度脱厄難之中,爲後世種民。(18/236c)

【見一知萬】*根據一點推知相關各種事物。〈1/一〉道不欲指形而名之,賢者見一知萬,譬如識音者。道在一身之中,豈在他人乎。(18/237a)

【攝綱舉網】*抓住要點掌握全面。〈1/一〉老君太上,推論舊事,攝綱舉網,前欲推治,諸受任主者、職治祭酒,十人之中誅其三四名。(18/238c)

2.5.1.2　稱名判定(2 +0 +7 =9:單2 +0 +0〈2 +0 +0/二 +0 +0〉,雙0 +0 +6〈0 +0 +7/0 +0 + 六〉,肆0 +0 +1〈0 +0 +1/0 +0 + 一〉)

【身稱】*自稱;號稱。〈2/一〉九炁君,官將一百二十人,治七徹室,主收天下身稱天翁,從民求飲食之鬼。(28/548c)

【稱官諱號】*自命官號。〈1/一〉無上無土君五人,官將一百二十人,主捕收天下衆老之精、羅神兵稱官諱號者,又請上千師萬聾聖鬼殺消除之。(28/549a)

【係$_3$】*是。〈1/一〉高天百萬丈鬼,百鬼中皇姓,係天六方鬼之主,住在太山東南角道水中,諸死人所歸,鬼亦上天對問考罰,月一上。(18/239c)

【判】*區別。〈1/一〉計期盡承唐之年,金氏御世,丁亥之末、壬辰之歲。善惡當明,吉凶都判也。(28/407a)

【甄別】*鑒別,區別。〈1/一〉今出太玄九光萬稱生符,以簡料真一,甄別種人。(32/593c)

【紀別】*記錄辨別。〈1/一〉皇天初生,唯神爲尊,今世憒憒,邪亂紛紛,不見真神,唯鬼亂人。今當紀別鬼名,定立三五神以治鬼。(18/242c)

【斷彈】*判斷裁決。〈1/一〉招來禍害三考前,同屬道氣不蒙恩。不能悔咎上呼怨,敕吾主者精斷彈。善惡異名列狀言,吾有司官在人間。(28/373c)

【科校】*稽核。〈1/一〉若能勤心,精注三官,佐天除凶,太平之世,太上自當科校其中,隨勤補用,以充真仙。(28/409a)

【推校】*推求考校。〈1/一〉聖皇顯蓋,控駕紫庭,推校十方,列奏玉清。

(28/409a)

2.5.1.3　思考謀劃(1＋1＋2＝4：單1＋0＋0〈1＋0＋0/一＋0＋0〉,雙0＋1＋2〈0＋1＋2/0＋一＋二〉)

〖校計〗*計較。〈1/一〉晨被刑禱,病呪詛,與人相憎戾、相媢妒,有二心,分居異處,校計不同,首以除差。(28/549b)

【筭₁】*計謀;謀畫。〈1/一〉右二十四鬼,放縱下羅截四方,充塞六合,擅筭五行,更相署置。(18/251b)

〖謀合〗*謀劃。〈1/一〉第一百三十七戒者,不得爲人謀合私利。(18/221a)

〖謀圖〗*謀取。〈1/一〉十八者,不得干知人事,宣布他家,藏善出惡,姦人婦女,謀圖人壻。(18/245b)

2.5.1.4　專心意念(4＋2＋7＝13：單1＋0＋1〈3＋0＋1/二＋0＋一〉,雙3＋2＋5〈3＋3＋9/三＋三＋五〉,肆0＋0＋1〈0＋0＋1/0＋0＋一〉)

【用意】*使用心力;專心。〈1/一〉決氣下教,語汝曹輩,老君太上轉相督,欲令汝曹人人用意,勤心努力,復自一勸,爲道盡節,勸化百姓。(18/238c)

【志意】*專心;傾心。〈1/一〉不得淫泆不止,志意邪念,勞神損精,魂魄不守,則痛害人。(18/232c)

【自專】*專一心志。〈1/一〉背戒向利不自專者,忽然復動,輒有履險導刃之厄,大命傾矣。(18/233a)

〖誌〗*記憶。〈1/一〉七子五侯爲國之光,將相掾屬,侯封不少,銀銅數千,父死子係,弟亡兄榮,沐浴聖恩。汝輩豈誌德知真所從來乎? (18/237c)

〖記録₂〗*記憶。〈1/一〉汝當善聽,記録心中,當爲後世作法則,勑諸男女祭酒,令改往行,從今之善。(18/218c)

〖憶知〗*記住;記憶。〈1/一〉右甲子六十日直煞逆鬼六十人,人身无異,赤毛無衣,有耳无目,飛行千里,其身三,凶逆不孝,煞害天民,人隨日憶知其名,鬼不敢近人。(18/241c)

〖感存〗*思念。〈1/一〉人不能感存道恩,精勤修善,雖不能及中德之行,下德當備也。(18/234a)

285

【存₃】＊存想，在腦中想象神怪形象。〈3/二〉右二鬼是女人月水之精鬼，常貪陰陽血味，女子月水來，日夕存之，呼名，鬼不敢害人。鬼長三尺，上下青衣。(18/247a)

〖存念〗＊存思。〈2/二〉魚得水而生，失水而死，道去人虚，何望久生也，要在精進存念。(18/234b)

〖存思〗＊在腦中想象神靈等。〈5/一〉次法師行至天門少立，存思四靈訖，便誦禹步咒：乾尊曜靈，坤順内營，二儀交泰，要合利貞。(18/296a)

〖内思〗＊存思。〈1/一〉瞑目内思己身吐炁，炁化爲火光，精流竟天，鬱冥焚燒，四方天下山林草木土地靈司人民，悉令蕩盡，竟天冥然，無復孑遺。(28/409a)

〖存道〗＊存思大道。〈1/一〉行善精懃，存道遵教，能知名，皆共降伏。(18/251a)

〖思神念真〗＊存思神靈。〈1/一〉臣等不勝慊切之至，專思神念真，伏待報應。(18/295c)

2.5.2　生産經營

2.5.2.1　勞作(7＋3＋25＝35：單5＋1＋0〈7＋0＋1/五＋0＋一〉，雙2＋2＋19〈2＋2＋19/二＋二＋十九〉，叁0＋0＋1〈0＋0＋1/0＋0＋一〉，肆0＋0＋5〈0＋0＋5/0＋0＋五〉)

〖作役〗＊勞作；勞役。〈1/一〉亦無水火爲難，亦無貧賤見逆，亦無豪强相奪，亦無富貴争進，亦無作役負檐之苦，何不壯事專精，奉道勤身乎！(18/235b)

〖殷勤〗＊勤奮。〈1/一〉人能修行執守教戒，善積行者，功德自輔，身與天通，福流子孫。賢者所樂，愚者所不聞，學者勉自殷勤。(18/232c)

〖勉身〗＊努力。〈1/一〉念道奉真，欲得度身，如念此諸所欲，勉身如法不倦，獲無災殃、禍害、病痛、憂患，何願不得，何福不應也。(18/235a)

【驅逐】＊驅使；驅遣。〈1/一〉吾爲天地師，驅逐如風雨，左手執青龍，右手據白虎，肙前有朱雀，背上有玄武，頭上有仙人，足下有玉女，手中三將軍，十指爲司馬，功曹令束縛，送到魁罡下，徘徊三台間。(28/368a)

286

〖負土躡水〗*背土涉水。形容艱難行事。〈1/一〉負土躡水啼吟行,百川之流奔沼城。真來之衝難可當,火失其明日無光。(28/373c)

〖策御〗*駕馭。〈1/一〉九玄帝君又稱名而歌曰:策御九龍彎,上朝玉皇庭,太虛九玄炁,法化沉三靈,高會玄晨闕,躬命元始精。(28/407c)

〖控駕〗*駕馭。〈1/一〉太一促運,真道當行,九天有命,收攝賈生,周天徧地,莫有所停,聖皇顯蓋,控駕紫庭,推校十方,列奏玉清。(28/409a)

〖走馬馳車〗*馳騁車馬。〈1/一〉第一百三十戒者,不得無故走馬馳車。(18/220c)

〖揚舟〗*揚帆行舟。〈1/一〉水之東流無息休,翩翩揚舟隨風流。櫓櫂相催行如浮,轉相過度無稽留。(28/373b)

【下₆】*播種。〈1/一〉地林君五人,官將一百二十人,治四相室,主治民人田種,下谷倍得。(28/553c)

【大得】*大豐收。〈1/一〉馬姑來我宅中,使蠶大得千萬倍次。田畝汝收千億斛,恩天中上下天地中上止。(18/247b)

〖養畜〗*畜養。〈1/一〉養畜七六,營肥健蕃息,無有折傷。(28/537c)

〖捕獵〗*捕捉(魚獸)。〈1/一〉河伯勑水吏,主爲捕獵人主慈愍心,棄釣焚網。(28/554a)

〖籠罩〗*用網羅捕獵。〈1/一〉第九十八戒者,不得籠罩鳥獸。(18/220b)

〖探巢破卵〗*從鳥巢中獲取鳥蛋。〈1/一〉不得妄上樹探巢破卵。(18/220b)

〖修營〗*修建。〈1/一〉造功立宅,架屋立柱,築治園墟,修營家宅,破壞舍屋,移轉井竈,動促門戶,補治籬落,縛束壁帳,穿井掘窖,填補塞孔。(28/368c)

〖架起〗*構築。〈1/一〉都邑大神君,官將一百二十人,治其却室,主收天下萬姓娶移徙,架起宅舍,繕治蓋屋,制正月食禁忌之鬼。(28/551b)

〖動促〗*移動;變改。〈1/一〉架屋立柱,築治園墟,修營家宅,破壞舍屋,移轉井竈,動促門戶,補治籬落,縛束壁帳,穿井掘窖,填補塞孔。(28/368c)

〖填補〗*填平修補。〈1/一〉例見“動促”。

【色₄】*着色。〈1/一〉右二鬼,人家作屋,不契柱色鼻,朝成立見,星月有

287

靈神,主煞人爲邪。子知其名,鬼不害人。(18/246c)

【合₅】*配制。〈2/一〉不欲尸解者,當合神丹,故須九光萬稱生符,不得此符,不得名上太玄生簿。(32/594a)

【投₁】*投放。〈2/一〉第三十六戒者,不得以毒藥投淵池及江海中。(18/219b)

〖結土爲象〗*用泥土造出人的形象。〈1/一〉黃帝結土爲象,放於廣野,三百年中,五色變化,能言能語,各在一方,故有傖秦互夷蠻差之類也。(28/407a)

〖澆〗*淋;灑。〈1/一〉人惡向汝,汝重以善往,善之禳惡,猶水澆火。(18/221b)

〖燒敗〗*燒毀。〈1/一〉第六戒者,不得妄燒敗一錢已上物。(18/219a)

〖炊熟〗*煮食物。〈1/一〉譬如炊熟,火下以滅,甑中餘氣未盡,勢安得久?(18/233b)

【貯】*盛;把東西放在器具裹。〈1/一〉天下散民中有孝順忠信者,可書六十日鬼名,著烏囊貯之。(18/242b)

〖九鍊〗*反復多次鍛煉。〈1/一〉吾水非常之水,五龍五星真氣之水,吾劍非凡之劍,九鍊堅剛,七星挾傍,踏躍北斗,跨踞魁罡。(18/296a)

〖煉藥〗*煉制丹藥。〈1/一〉東明大夫君五人,官將一百二十人,治天帝宮,主操持煉藥治男女,當使服之。(28/538c)

〖棄釣焚網〗*毀棄捕獵工具。〈1/一〉河伯勑水吏,主爲捕獵人主慈愍心,棄釣焚網。(28/554a)

〖開決〗*掘開堤岸。〈1/一〉第一百三十四戒者,不得妄開決陂湖。(18/220c)

〖出喪〗*出殯。〈1/一〉九地君,官將一百二十人,治地理宮,爲萬民出喪葬埋,收正月至十二月建墓鬼,葬埋以續疾病。(28/539c)

〖投埋〗*掩埋。〈1/一〉不得將書字之物自投埋於厠前。(18/220b)

〖葬死送〗*葬埋死者。〈1/一〉又請太白兵星熒惑吏一合下,收死時煞炁消滅,絕復連,葬死送,收塚訟。(28/539c)

〖藏埋〗*隱藏掩埋。〈1/一〉第一百七戒者,不得藏埋器物。(18/220b)

2.5.2.2　設立備辦(3＋1＋5＝9：單2＋0＋0〈3＋0＋0/三＋0＋0〉,雙1＋1＋4〈1＋2＋5/一＋一＋四〉,肆0＋0＋1〈0＋0＋1/0＋0＋一〉)

【置立】*創造。〈1/一〉於是各引所承,造上皇之章,以爲寶經,秘於玉清之宮,以度後學得真之人。逮至黃帝,置立生民。(28/407a)

〖造出〗*創立使出世。〈1/一〉道以漢安元年五月一日,於蜀郡臨邛縣渠停赤石城造出正一盟威之道,與天地券要。(18/236b)

〖修建〗*設置;設立。〈2/一〉謹爲大道弟子某,爲某事修建某齋幾日幾夜,禳災却禍,請福祈恩,建立壇場,依科關奏。(18/295b)

【辦】*置辦;籌措。〈2/二〉叩頭搏頰,求自披陳,不聽理訴,收付獄君,銅枷鐵鎖,鉗其喉咽,衆邪惶怖,不敢妄前。勅辦行厨,賜吾真神。(28/367b)

〖圖局〗*安排規定。〈1/一〉子依吾圖局,不犯三炁,如可仙化,民一千不知道父母真名,故爲俗人。(18/245c)

【安₅】*安放;安置。〈1/一〉夫敕壇先辦水、劍,安地户上,具壇簡,行道就劍、水所,先存思本師在西,次存思三將軍,次存思有一真官絳衣乘斗而至。(18/295b)

〖安著〗*安放;安置。〈2/一〉恒當沐浴清齋,入室燒香,書真文靈籙五通,安著所住室内五方,己身正在中央,平坐北向,叩左齒三十六通。(28/408c)

〖實列〗*安置設立。〈1/一〉弓長合世建天中,乘三使六萬神崇。實列三師有姓名,二十四治氣當成。(28/372a)

〖雜案紛落〗*擺設豐盛。〈1/一〉衆吹雲歌,麟舞鳳鳴,激給玉虛,瓊振三清,設流霞之醴、鐶剛之果,雜案紛落,流眄太冥。(28/407b)

2.5.2.3　理財(0＋1＋12＝13：雙0＋1＋3〈0＋1＋3/0＋一＋三〉,肆0＋0＋9〈0＋0＋9/0＋0＋九〉)

〖招財求利〗*求取錢財利益。〈1/一〉無上萬福君,吏二十八人,求五利,金銀、布帛、綿絹、穀米、錢物,所思者至,所索者皆得,主治招財求利。(28/541a)

〖大觓賣利〗*通過大斗進小斗出獲利。〈1/一〉北面昌盲君一人,官將一百二十人,治北水室,主水船人賦買重量,大觓賣利,詐誕都市,不中考之。

289

(28/541a)

〖輕秤少升〗*缺斤少兩。〈1/一〉駱門監市君……主收天下害鬼考治生殃,屠沽酒開店賣與百姓貧民,私行輕秤少升,詐誕欺人,主之。(28/541a)

〖輕秤小斗〗*缺斤少兩。〈1/一〉驛騎門監市君……考治生坐列屠沽開廬作酒者,百姓貪民侈利,輕秤小斗,詐誕欺人,從民飲食者,考之。(28/554b)

〖小秤小斗〗*缺斤少兩。〈1/一〉天市君,官將一百二十人,治珮室,主治天下諸市召考官稱詐小秤小斗,不正入,勑市長,致理民,主之。(28/554b)

〖重金小斗〗*價錢貴缺斤兩。〈1/一〉地面昌上君……主天民乘舟車販賣,賤交貴貨,重金小斗,固不利人,詐誕都市,不中之人。(28/554b)

〖賤交貴貨〗*低價收購,高價賣出。〈1/一〉例見"重金小斗"。

〖賦買重量〗*買賣中增重摻假。〈1/一〉北面昌盲君一人,官將一百二十人,治北水室,主水船人賦買重量,大斛賣利,詐誕都市,不中考之。(28/541a)

〖取人自益〗*索取他人之物使自己受益。〈1/一〉不得受道不知輕慢,傳非其人,貪財受利,取人自益,借物不還,以為私寶,天奪筭一千八百。(18/245a)

〖賣術〗*以醫卜星相等方術賺錢。〈1/一〉多佩籙職,自稱真人,賣術自榮,妖惑愚人,貪尺帛十錢斗米,聚斂人物,求目下之安。(32/593b)

〖斂索〗*搜刮索取。〈1/一〉掠取他民戶賦,斂索其錢物,掠使百姓。(18/238b)

〖假舉〗*借貸。〈1/一〉不得妄假舉人物以為禮賂。(18/220c)

〖保賃〗*擔保。〈1/一〉不得為人保賃券契賣田宅奴婢之事。(18/220c)

2.5.3　尋求獲取致使[4+3+11=18:單4+0+0〈25+0+0/七+0+0〉,雙0+3+7〈0+4+9/0+三+七〉,肆0+0+4〈0+0+4/0+0+四〉]

【搜】*尋求;找出。〈1/一〉太上告後聖九玄帝君曰:君受號為上清金闕後聖帝君,上昇上清,中遊大極,下治十天,封掌萬兆及諸天河海神山地源,陰察群靈,皆總領所關,勤搜上真,輔正三天,滅除凶惡。(28/408c)

【趣求】*尋求。〈1/一〉第一百二十八戒者,不得趣求密謀之書讀之。

（18/220c）

【請福祈恩】*請求天神垂降福氣和恩澤。〈1/一〉謹爲大道弟子某,爲某事修建某齋幾日幾夜,禳災却禍,請福祈恩,建立壇場,依科關奏。（18/295b）

【求生乞活】*尋求長生。〈1/一〉國君雖有無極之寶,臨危惜命,傾城量金,求生乞活,豈復可得！（18/233c）

【百福同臻】*所有幸福同時獲得。〈1/一〉我佩剛劍,禁勅鬼神,二十八宿,隨吾指陳,北斗七星,挾輔靈真,周流萬方,百福同臻。（18/295c）

【希望】*圖謀得到。〈2/一〉第五十二戒者,不得希望人物。（18/219c）

【橫求】*強行索求。〈1/一〉第七十三戒者,不得橫求人物。（18/220a）

【邪求】*用不正當手段謀求。〈1/一〉第九戒者,不得邪求一切人物。（18/219a）

【馳務】*追逐;追求。〈1/一〉心懷惡行,姐妬異端,俱作死事,淫泆好色,馳務榮禄,輕孤易貧,強弱相凌。（28/369a）

【叛本逐末】*違背根本,只抓細枝末節。〈1/一〉第一百四十戒者,不得叛本逐末。（18/221a）

【擇₂】*挑剔。〈1/一〉第九十戒者,不得擇人飲食爲好惡。（18/220a）

【簡料】*考察選擇。〈3/一〉且上期急促,太上求申至壬辰、癸巳,爲料種民應備事急,今出太玄九光萬稱生符,以簡料真一,甄別種人。（32/593c）

【選索】*挑選。〈1/一〉吾從太上老君周行八極,按行民間,選索種民。（18/238b）

【選種】*挑選種民。〈1/一〉呼行選種不精勤,太平垂至事當分。條牒姓名言太清,功勞行狀與集并。（28/373a）

【指謫】*摘要。〈1/一〉後道氣當布四海,轉生西關,由以太平不備,悉當須明師口訣,指謫爲符命。（18/236a）

【落】*落得;得到某種結果。〈2/一〉白玄宅兖君五人,官將一百二十人,治太真室,主治女子十歲落病,連添收骨,治之差。（28/545c）

【招來】*招致。〈1/一〉招來禍害三考前,同屬道氣不蒙恩。不能悔咎上呼怨,勅吾主者精斷彈。（28/373c）

【作₁₀】*引起。〈21/四〉逆煞之鬼,流布人間,詃作百病,五逆疾兖,寒熱頭

痛,或腹内結堅,吐逆短炁,五内脹滿,目視顛倒,口唵,手足攣縮。(18/242a)

2.5.4　占有留存[3＋0＋4＝7：單3＋0＋0〈5＋0＋0／四＋0＋0〉,雙1＋0＋3〈1＋0＋3／一＋0＋三〉]

【有素】* 本來具有,原有。〈1/一〉和民抱朴守素貞,許由洗耳於河濱。清潔有素絕不群,枕石漱流静思真。(28/374a)

【停₂】* 留存;生存。〈2/二〉當爾之時,枉暴者衆,衙痛泉壤,善惡不分,莫不可言天市地盈,都停二十四萬人爲種民,先得道神仙者不在其例。(32/593a)

【注₄】* 停留,停駐。〈2/一〉某死生注清濁之炁,破殺尸殃之恩,得老稚正法髡笞五百,斬殺有罪。(28/544c)

【收₄】* 消散;消失。〈1/一〉動雷發電迴天光,星辰失度月慘黄,顛風泄地日收光。(28/367c)

〖留停〗* 停留。〈1/一〉南山白虎將吏,主收除宅内群鼠犯害,驅離無令留停。(28/544b)

〖餘滯〗* 遺留;滯留。〈1/一〉有心齊冥契,拔脱三塗苦,飄然控龍轡,藹沫上清館,豈覺有餘滯。(28/407c)

〖敬積〗* 累積衆多。〈1/一〉吾今即位,衆事敬積,料生别死,大運期近,不得中還。(32/593c)

2.5.5　棄除亡失[4＋0＋35＝39：單2＋0＋0〈2＋0＋0／二＋0＋0〉,雙2＋0＋28〈5＋0＋48／二＋0＋三十五〉,肆0＋0＋7〈0＋0＋7／0＋0＋七〉]

【解散】* 解除;解決。〈4/一〉官席君,官將一百二十人,治巨門室,主爲某解除官事,因繫牢獄,令解散出。(28/536a)

〖逆解〗* 迎解。〈1/一〉大小熒星戰鬥兵龐咄律君,反君逆解兵衣鐵復刃下,營護民人縣官口舌。(28/555b)

〖除辟〗* 除去;消除。〈1/一〉除辟大厄却災患,少知三五以治身。長行七九真炁分,太平度世爲種民。(18/248c)

292

〖破射〗＊破除；消除。〈1/一〉考召考官吏,主收解宅內四面土炁,破射妨害,殺炁消滅,身無宅[它]胎姓安穩。(28/547a)

〖却減〗＊消除；除去。〈1/一〉承天大兵十萬人,赤幘丹衣,主及百姓更相劫掠,男女陰陽悖亂,却減之。(28/538b)

〖收除〗＊消除；除去。〈6/二〉萬福君,官將一百二十人,主保萬民遠行萬里,道路滑利,却死來生,轉禍爲福,收除殃殺,往還無它。(28/541a)

〖收制〗＊消除；斷絕。〈1/一〉八門君一人,官將一百二十人,治太皇室,主壓收制官事怨仇刑害,止之。(28/536a)

〖回化〗＊化解。〈1/一〉五部大夫君吏、七部天官將一合來下,主爲回化官事。(28/537c)

〖脫下〗＊擺脫；去除。〈1/一〉南昌君,官將一百二十人,治列庫室,歷犯周旋八紀之中,脫下死籍,還著本命,消滅三蟲,伏長生不老。(28/538b)

【滌除】＊清洗。〈1/一〉重勑某身治病功曹,爲所請官將醫吏,共案行某身,從頭至足,治肺察炁,六脉浮沉——沉處爲安,浮處爲散——滌除五臟、安穩六腑。(28/539a)

〖洗蕩〗＊滌除；去除。〈1/一〉上告萬神,記別我名,洗蕩千祅,後昇玉清。(28/408b)

〖蕩沃〗＊蕩除；沖洗。〈1/一〉自此大簿既定,不須受籍,甲申大水蕩沃穢濁。(32/593b)

〖罷厭〗＊抑制;解除。〈1/一〉青倉君一人,官將一百二十人,治豆行室,主罷厭官[補:事]怨仇刑禍,令各解散消亡,不作。(28/555a)

〖退削〗＊退除;削除。〈2/一〉凡受三天正法,不得妄與陰家共牀坐起,及外炁不同之人共著衣服及同被臥息,屐履之屬,更相交關,犯者減筭,退削真爵,學者慎之。(28/409b)

〖驅離〗＊驅除;驅趕。〈1/一〉南山白虎將吏,主收除宅內群鼠犯害,驅離無令留停。(28/544b)

〖驅洗〗＊驅除;解除。〈1/一〉三真超無際,俯仰太帝堂,稟承三天制,驅洗六天凶,正立無塵穢,洞究太真章,以救承唐世,啓悟末學子。(28/407c)

〖制解〗＊解除,斷絕。〈1/一〉仙官玉女千二百人,主喚天生炁吐精,能制

解官事。(28/555b)

〖辟斥〗*驅除;斥逐。〈6/二〉天歷運度隨時清,三師出教給吏兵。守宅將軍繞舍營,辟斥故氣却邪精。(28/373a)

〖辟却〗*驅除;消除。〈1/一〉天田君,官將一百二十人,治北門室,主民人種作苗稼,辟却蟲鼠,令好,有倍利。(28/553c)

〖漂蕩〗*蕩除;鐉除。〈1/一〉謹請北方黑童君,身長五千萬丈,從官五千萬人,乘北方辰星之精真炁,浮空而來,降臨壇所,行神布炁,搜索邪精,漂蕩鬼賊,有罪無赦,攝,噀水。(18/296c)

〖拔脱〗*拔除解脱。〈1/一〉有心齊冥契,拔脱三塗苦。(28/407c)

〖過度₃〗*度過;度脱。〈7/四〉欲行道法,欲治身修行,欲救療病苦,欲求年命延長,欲求過度災厄,欲求白日昇天。(28/368b)

〖厭絶〗*抑制斷絶。〈1/一〉石仙君……治天下萬民家中外亡强猁之鬼,厭絶注鬼爲人精祟者,轉相注易後生人疾病者死,主斷絶之。(28/539b)

〖摧滅〗*摧毀消滅。〈2/二〉朱都主,官將一百二十人,治蘆陽室,主天下萬魅百精災某身者,收邪鬼等病者,爲某摧滅之。(28/546c)

〖得度〗*度過。〈1/一〉三災運已促,宜早去利欲。中情漸堅固,災厄便得度。(18/239a)

〖收符破廟〗*收回符命廢毀廟宇。〈1/一〉天罡大五丁君,兵百萬人,主收符破廟,多怨坐席血食逆鬼,考責藏,不得令脱。(28/548c)

〖誅符伐廟〗*收回符命廢毀廟宇。〈1/一〉分符券契律令名,誅符伐廟有常刑。老君正法道自明,仙官簿録隨所請。(28/372a)

【禳】*除去邪惡或災異。〈1/一〉第一百六十九戒者,人惡向汝,汝重以善往,善之禳惡,猶水澆火。(18/221b)

〖辟非〗*避邪;驅邪。〈1/一〉次視劍五行咒曰:五行相推,剛最持威,六紀輔我,三台辟非,天迴地轉,陰陽開闔,長生度世,日月同暉。(18/297a)

〖避邪〗*驅除邪祟。〈1/一〉吾持神咒速出,去江海中,有窮奇共避邪,將咸池食野道肉,噉野道皮,汝不急去,死乃至,天帥神咒,急急如律令。(28/369b)

〖度脱〗*解除危險災難。〈3/二〉護胎吏,主護某胎成,日月成滿,堅固受

怎。萬産醫吏，輔易某身，使差速易，母子端正，度脫無他。（28/547a）

〖去災〗* 去除災殃。〈1/一〉八極之內有九城，九宮之內應天經。三氣五氣令身生，七九去災除殃丁。（28/373a）

〖除害止惡〗* 去除災害邪惡。〈1/一〉諸賢者欲除害止惡，當勤奉教戒，戒不可違。（18/232c）

〖除災去害〗* 去除災害。〈1/一〉武夷來福在中庭，除災去害道日明。名顯遠殊世有榮，子孫昌隆輔相卿。（28/373a）

〖防災除害〗* 預防消除災害。〈1/一〉赤門赫赫誰能當，賢人君子字道長。防災除害思元陽，氣流溢布身華光。（28/373b）

〖脫災免害〗* 免除災害。〈1/一〉此輩不莊事，變易心腸，巽濡日月，冀脫災免害，萬不一脫。（18/234a）

〖禳災却禍〗* 禳除災禍。〈1/一〉謹爲大道弟子某，爲某事修建某齋幾日幾夜，禳災却禍，請福祈恩，建立壇場，依科關奏。（18/295b）

〖厭禳〗* 謂以巫術祈禱鬼神除災降福，或致災禍於人，或降伏某物。〈1/一〉志士學道，方術厭禳，符章禁斷，乃保利貞。（18/251c）

【沒₃】* 無；沒有。〈1/一〉不承權輿至死傾，日南瘴氣草不生。飛鳥不過沒人形，遠嫌避害可長生。（28/373b）

2.6　事物運行｛20 + 7 + 64 = 91：單 11 雙 67 肆 13｝

2.6.1　現隱［4 + 1 + 8 = 13：單 3 + 0 + 0〈3 + 0 + 0/三 + 0 + 0〉，雙 1 + 1 + 8〈1 + 1 + 8/一 + 一 + 八〉］

【主₃】* 預兆；體現。〈1/一〉右二鬼，人家宅中有銅金錢精，主作於此鬼。鬼或變化作人形，居宅不安，呼之即去。（18/246c）

〖形影₂〗* 顯露迹象；提示。〈1/一〉三一有百人，萬稱九光有一人；三一有千人，萬稱九光有十人爾。形影天下衆靈，共祕此符，故使希見。（32/594b）

〖轉生〗* 轉輾出現。〈1/一〉初化氣微，聽得飲食陰陽，化寬至於父母兄弟、酚祭之神。後道氣當布四海，轉生西關，由以太平不備，悉當須明師口訣，指謫爲符命。（18/236a）

【生₆】*升起。〈1/一〉居東煙浪生海陽,海水不流須風揚。(28/372a)

【没₂】*沉下;沉落。〈1/一〉天下萬民,無有長存。人生有死,物成有敗,日出則没,月滿則缺,從古至今,誰能長存者?唯道德可久耳。(18/218c)

【陋露】*淺陋地顯露。〈1/一〉冗散祭酒新故民,素性闇塞不識真。論説道元狂惑人,口舌陋露俗人間。(28/373c)

【著狀】*外形顯露。〈1/一〉八卦玄天君,官將一百二十人,主收一百二十刑固之鬼,全被呪詛病,積日不差,羸嬰著狀,思道者復不差。(28/549b)

【輕泄】*輕忽泄露。〈1/一〉佩者不得妄傳,傳非其人,不依年限,輕泄寶文,身被風刀之考,没命鬼官,殃及七玄神父。(28/410a)

【泄漏】*泄露(機密、秘密)。〈1/一〉不得妄以經書授與俗人,道人父母名諱,泄漏真要訣語俗人,天奪筭三百。(18/245b)

【泄閉】*泄露秘密。〈1/一〉於齋内奉有經之師好金十兩,爲通神之信。泄閉不從科條者,七世獲考,如四極科法。(28/410a)

【文世】*掩飾;遮蓋。〈1/一〉天渴者萬二千金,爲祭酒男女吏兵,文世其罪過,即受此神。(28/549a)

【隱秘】*隱藏。〈1/一〉自見天下男女,從太始以來,鬼黠不信吾真,故隱秘斯經,而死者不可勝數,念之傷悼。(18/242a)

【遮藏】*遮蔽掩藏,使不外露。〈1/一〉忌誕鬼,蟲獠鬼,精神鬼,百蟲鬼,井竈池澤鬼,萬道鬼,遮藏鬼,不神鬼,詐稱鬼。(28/370b)

2.6.2　運行通塞難易[5+1+21=27:單2+0+0〈2+0+0/二+0+0〉,雙3+1+16〈4+3+16/三+二+十六〉,肆0+0+5〈0+0+5/0+0+五〉]

【擬₂】*傳;度。〈1/一〉其辭曰:微乎九玄炁,洞源三清滓,靈化隨運生,淵響徹高擬,六覺啓玄關,未悟方乃始。(28/407c)

【迴運】*世運回轉。〈1/一〉夫二炁離合,理物有期,陽九布炁,百六決災,三道虧盈,迴運而生,期訖壬辰癸巳之年。(28/407a)

【内營】*内部營運。〈1/一〉次法師行至天門少立,存思四靈訖,便誦禹步咒:乾尊曜靈,坤順内營,二儀交泰,要合利貞。(18/296a)

〖出有入無〗*出入於有無之中。〈1/一〉得佩元始天王真書,出有入無,又給玉童玉女各十二人,侍衛佩者身。(28/409c)

〖道然〗*自然,本然。〈1/一〉道然無爲,故能長存。(18/232c)

〖動雷發電〗*發出雷電。〈1/一〉吾爲天地除萬殃,變身人間作鬼王,身長丈六頭面方,銅牙鐵齒衙鋒鋌,手持磨磨戴鑊湯,動雷發電迴天光。(28/367c)

〖風驟雷舉〗*刮風打雷。〈1/一〉風驟雷舉,雨沸雲奔,一合來下。(18/297a)

〖天陽地激〗*天地震蕩。〈1/一〉天陽地激,三五及靈,流光極崖,竟天鬱冥,自下無外,悉還無形。六天群祆,靡有不平,太一促運,真道當行。(28/409a)

〖雨沸雲奔〗*雲雨奔騰。〈1/一〉風驟雷舉,雨沸雲奔,一合來下。(18/297a)

〖西傾〗*太陽西下。〈1/一〉大期將盡,金馬甲子日既西傾,我立不停,德應人主,先爲世相,此甲子爲斷。(32/593b)

【流光】*光芒照耀散布。〈2/一〉飛龍毒獸,備衛靈關,巨虯千尋,奮爪廣庭,流光八朗,煥赫玉清。(28/407b)

【自明】*自然明暢。〈1/一〉賢者思之解其情,鍼入縷出氣自明。施寫有法隨時生,秋收冬藏入黃庭。(28/371c)

〖合景〗*光景相合。〈1/一〉道出元炁從老經,合景内外神真形,羅縷紫機上天庭,遠望八極登太清。(18/248c)

〖結芒〗*凝聚光芒。〈1/一〉結芒太霞館,流眄無窮齡,神映通幽關,鍊胎反初形,撫哀五濁子,命同浮朝生。(28/407c)

〖流映〗*照映;照耀。〈1/一〉攜襟玉皇庭,披究太虛理,紫輝朗玄臺,流映無窮已,大劫有終數,百六翻然起,神娛不極齡,撫哀後牛子。(28/407c)

〖流橫〗*橫向運行。〈1/一〉天下人民各頑愚,見世憒憒不知憂,寒鬼入來與子遊,太白流橫長六朱。(18/248a)

〖傾流〗*流淌。〈1/一〉汪汪巨海百谷王,百川傾流水湯湯。源出崑崙華陰堂,陰氣踴躍難可當。(28/372a)

〖輪運〗*像車輪那樣循環運轉。〈1/一〉九炁玄凝成九天圖也。日月星辰

於是而明,皆輪運周於九天之境也。(28/406c)

【開通₂】* 道路暢通。〈1/一〉犯籙可用移徙吏,主營護某家男女釜竈六畜移徙出宅,開通無它,却十二辰禁忌。(28/540b)

〖洞源〗* 洞徹。〈1/一〉其辭曰:微乎九玄炁,洞源三清滓,靈化隨運生,淵響徹高擬,六覺啓玄關,未悟方乃始。(28/407c)

〖速易〗* 順暢。〈1/一〉萬産醫吏,輔易某身,使差速易,母子端正,度脱無他。(28/547a)

〖失輔〗* 偏離運行軌道,往往預示災異的産生。〈1/一〉逆氣干天,故令五星失度,彗孛上掃,火星失輔,强臣分争,群姦相將,百有餘年。(18/237b)

【横】* 横陳。〈1/一〉期文君,官將一百二十人,治小仙室,主女子産乳難,子横胎中,病風面,以時下之。(28/547a)

〖留難〗* 阻礙。〈3/二〉少有明解應吾文,南到淮揚經孟津。浮橋翩翩在水巔,過度萬姓無留難。(28/372c)

〖羅截〗* 阻攔;阻擋。〈1/一〉右二十四鬼,放縱下羅截四方,充塞六合,擅筭五行,更相署置,官府列陣,出入導從兵馬權强,殺害無辜。(18/251b)

〖屈滯〗* 道路阻隔。〈1/一〉開通屈滯到故鄉,處所安樂命延長。歷觀五帝治漢中,大樹翁翁布名張。(28/373a)

〖阻遏〗* 阻止。〈1/一〉造功吏一合來下,營護發喪處,道路不得阻遏。(28/550a)

2.6.3　散布[2 + 3 + 12 = 17:單 1 + 0 + 0〈5 + 0 + 0/四 + 0 + 0〉,雙 1 + 3 + 9〈2 + 3 + 11/二 + 三 + 十〉,肆 0 + 0 + 3〈0 + 0 + 9/0 + 0 + 四〉]

【列】* 羅列。〈5/四〉年初章奏,列名斷之,衆鬼畏懾,悉自逃亡。不告者,一如律令。(18/252b)

〖洞暢〗* 通達;布散。〈1/一〉玉籥虛唱,神林激音,萬響揚聲,洞暢九元,衆吹雲歌,麟舞鳳鳴,激給玉虛,瓊振三清。(28/407b)

〖布流〗* 散布流通。〈1/一〉天醫、官醫、太醫、五官治病醫吏各十二人,一合下詣某處,入某身中五臟六腑,十二宮室,布流一百二十關節,行神布炁,典治痛處。(28/539a)

〖流布〗*流行;散布。〈1/一〉逆煞之鬼,流布人間,誆作百病。(18/242a)

〖還流〗*環繞;流布。〈1/一〉誅殃君,官將一百二十人,治倉明堂,主爲某收斷死次,還流逆殺殃咎復連生人者,斷絕之。(28/539c)

〖走作〗*散布。〈2/一〉天師曰:天下男女,見善戒之文,不能從用,唯欲從其所欲,教人行非,走作口舌,專作鬼教老小。(18/245c)

〖精流〗*光芒流布。〈1/一〉瞑目内思己身吐炁,炁化爲火光,精流竟天,鬱冥焚燒,四方天下山林草木土地靈司人民,悉令蕩盡。(28/409a)

〖溢布〗*流溢散布。〈1/一〉防災除害思元陽,氣流溢布身華光。(28/373b)

【布氣(布炁)】*布散陰陽之氣。〈2/二〉夫二炁離合,理物有期,陽九布炁,百六決災,三道虧盈,迴運而生,期訖壬辰癸巳之年。(28/407a)

〖生炁吐精〗*布散發出精氣。〈2/一〉仙官玉女千二百人,主喚天生炁吐精,能制殃禍,口舌災禍不生。(28/537b)

〖行神布炁〗*布散陰陽調和之氣。〈6/二〉謹請北方黑童君,身長五千萬丈,從官五千萬人,乘北方辰星之精真炁,浮空而來,降臨壇所,行神布炁,搜索邪精,漂蕩鬼賊,有罪無赦。(18/296c)

〖天帀地盈〗*充滿天地之間。〈1/一〉當爾之時,枉暴者衆,銜痛泉壤,善惡不分,莫不可言天帀地盈,都停二十四萬人爲種民,先得道神仙者不在其例。(32/593a)

〖充盛〗*布滿。〈1/一〉道大而無形,隱而無名,其在天地外者窈冥,其在天地中者充盛。故天地之間,盡道焉。(34/462c)

〖連天〗*滿天。〈1/一〉天師勑,邪中是聞律,鬼莫不伏聽。飛符連天,一元三靈,此天師自咒身中神鬼要法。(18/247b)

〖列陣〗*布列陣勢。〈2/二〉右二十四鬼,放縱下羅截四方,充塞六合,擅箄五行,更相署置,官府列陣,出入導從兵馬權强,殺害無辜。(18/251b)

〖徹響〗*指聲音傳播高遠。〈1/一〉末乃自引雲璈之琴,撫而彈之,玉音粲麗,徹響太霄,而歌神鳳之章、九靈之曲。(28/407c)

〖流響〗*傳播響聲。〈1/一〉南方朱雀,衆禽之長,丹穴化生,碧霄流響,奇彩五色,神儀六象,來導吾前。(18/295c)

2.6.4　增減變化[2＋0＋9＝11：單1＋0＋0〈6＋0＋0/三＋0＋0〉，雙1＋0＋7〈1＋0＋8/一＋0＋七〉，肆0＋0＋2〈0＋0＋2/0＋0＋二〉]

〖增疾〗＊加重。〈2/一〉若有逆吏夢人縣官口舌，所見增疾者，啓所在監察考召三師二十四君將吏。（28/537c）

〖倍次〗＊照原數相加。〈1/一〉馬姑來我宅中，使蠶大得千萬倍次。田畝汝收千億斛，恩天中上下天地中上止。（18/247b）

【作₇】＊變成；成爲。〈6/三〉右二鬼，人家宅中有銅金錢精，主作於此鬼。鬼或變化作人形，居宅不安，呼之即去。（18/246c）

【變作】＊變成；改變爲。〈1/一〉熒惑太白變作人，專作苟語小兒邊，走作邪偽相交連，撲子喉咽不得吞。（18/248a）

〖變散〗＊變化分散。〈1/一〉變散形身作浮雲，浮雲翩翩還入山。結氣谷口爲甘泉，事會之溟家無言。（28/372c）

〖靈化〗＊神異的變化。〈1/一〉微乎九玄冘，洞源三清淬，靈化隨運生，淵響徹高擬，六覺啓玄關，未悟方乃始。（28/407c）

〖天迴地轉〗＊天地巨變。〈1/一〉次視劍五行咒曰：五行相推，剛最持威，六紀輔我，三台辟非，天迴地轉，陰陽開闢，長生度世，日月同暉。（18/297a）

〖改形易象〗＊改變面貌形體。〈1/一〉右三十六鬼，皆遊行世間，乘人衰隙，伺候有惡，助佐凶殃，造作禍害，改形易象，隨便陵人。（18/252b）

〖演明〗＊變得光明；傳播明晰。〈1/一〉太上告後聖君曰：凡受三天正法，當爲三天立效，佐時除凶，使正道演明，六天殄滅也。（28/408c）

〖巽濡〗＊浸染。〈1/一〉此輩不莊事，變易心腸，巽濡日月，冀脫災免害，萬不一脫。（18/234a）

〖激給〗＊激蕩。〈1/一〉衆吹雲歌，麟舞鳳鳴，激給玉虛，瓊振三清。（28/407b）

2.6.5　起止成毀[4＋2＋11＝17：單1＋0＋0 1＋0＋0/一＋0＋0〉，雙3＋2＋8〈3＋2＋9/三＋二＋八〉，肆0＋0＋3〈0＋0＋3/0＋0＋三〉]

〖初化〗＊變化之始。〈1/一〉初化氣微，聽得飲食陰陽，化寬至於父母兄

弟、酌祭之神。(18/236a)

〖息休〗*停止。〈1/一〉水之東流無息休,翩翩揚舟隨風流。櫓櫂相催行如浮,轉相過度無稽留。(28/373b)

〖周竟〗*終了;結束。〈1/一〉請奉微禮,上獻衆真,願蒙垂降,下納丹心,使某體清氣朗,威制十方,千邪萬祅,悉皆執伏,得與神通,九年周竟,當又上煩明真。願畢。如此都畢。(28/408c)

【不舉】*不産生。〈1/一〉若某欲見口説者,又請太陰君吏十二人,爲某收捕魂,令文墨不舉,口舌不起,四方縣官衆祟伏恩,主治。(28/537c)

【不行₂】*不發作。〈1/一〉主收某身中五毒之鬼,虫蛇嚙人,毒入腹中,毒炁不行,令差之。(28/545a)

【上₅】*用在動詞後,表動作結果。〈1/一〉持心猶豫無所從,大災奄至路不通。汝欲避世華陰東,遊上高山望海水。(28/372c)

〖立效〗*立功。〈1/一〉太上告後聖君曰:凡受三天正法,當爲三天立效,佐時除凶,使正道演明,六天殄滅也。(28/408c)

【微薄】*衰微澆薄。〈1/一〉臣某稽首再拜上言,今世微薄,運劫欲盡,人民凶逆,相習來久,外陽爲善,内懷豺狼。(28/369a)

〖沉消〗*沉淪消散。〈1/一〉天清在上,微道遐幽,三正理運,六炁沉消,上真靈錄,攝御萬祅。(28/408c)

〖折傷〗*減損;損害。〈1/一〉養畜七六,營肥健蕃息,無有折傷。(28/537c)

〖破墮〗*破壞;損壞。〈2/一〉救欺君一人,官將一百二十人,治倉明室,主治百姓破墮不利,救護之。(28/547b)

〖破隳〗*破壞;毀壞。〈1/一〉救欺君,官將一百二十人,治倉明室,主收百姓破隳居宅,不利奴婢六畜,主收護之。(28/551b)

〖崩山裂石〗*山石倒塌斷裂。〈1/一〉草木焦枯樹摧藏,崩山裂石斷河梁,車載鐵鎖棓銀[銀]鐺。(28/367c)

〖破貴亡賤〗*使富貴者破落、貧賤者滅亡。〈1/一〉北始道元君,官將一百二十人,治靈明室,主治萬民破貴亡賤,有不利者,主之。(28/552a)

〖破門滅户〗*門户滅絕。〈1/一〉食人兒女,盡以及身,破門滅户,殃及後

301

代。(28/369a)

〖顛殞〗*覆滅。〈1/一〉道乃世世爲帝王師,而王者不能尊奉,至傾移顛殞之患,臨危濟厄,萬無一存。(18/236a)

〖殞顛〗*滅亡;覆滅。〈1/一〉至義國殞顛流移,死者以萬爲數,傷人心志。(18/236b)

2.6.6　事物關係[3 + 0 + 3 = 6:單 2 + 0 + 1〈8 + 0 + 1/四 + 0 + 一〉,雙 1 + 0 + 2〈1 + 0 + 12/一 + 0 + 三〉]

〖應₄〗*對應。〈7/三〉太上開化,不以吾輕賤小人,受吾真法爲百鬼主者,使開二十四治以應二十四氣。(32/593a)

〖合₆〗*連同,連帶。〈1/一〉右五方温鬼兄弟七人,合祖父母、父母十一,形能飛,隨月行毒,以誅惡人。(18/250b)

〖相因〗*相關;相互依託。〈1/二〉天地混籍氣如烟,四時五行轉相因。天地合會無人民,星辰倒錯爲人先。(18/238a)

〖着〗*指使接觸别的事物或附在别的事物上。〈1/一〉主君,官將一百二十人,治玄胎星,主收捕某身中携病之鬼,着床卧來爲精屯,稽留不差者。(28/545c)

〖伏連〗*連續不斷。〈1/一〉三厼慰愈君五人,官將一百二十人,都星君,官將一百二十人,斷家鬼伏連。(28/535b)

〖復連〗*連續不斷。〈11/二〉地城伐吏五人,官將一百二十人,治難室,主收治某里五瘟傷寒,女子復連疾病。(28/542a)

第三节　性狀及其他[54 + 23 + 197 = 274:
單 26 雙 201 叁 11 肆 36]

3.1　人物性狀{11 + 5 + 64 = 80:單 3 雙 59 肆 18}

3.1.1　外貌(3 + 0 + 6 = 9:單 0 + 0 + 1〈0 + 0 + 1/0 + 0 + 一〉,雙 3 + 0 + 5〈3 + 0 + 5/三 + 0 + 五〉)

〖人容〗*人的儀度規範。〈1/一〉姦臣賊子入地衝,爾乃太平氣清公。真

君當出別人容,三五七九內外同。(28/372b)

〖表質〗*外在形象。〈1/一〉北方玄武,太陰化生,虛危表質,龜蛇合形,盤游九地,統攝百靈,來從吾後。(18/295c)

【鬱鬱】*美好貌。〈1/一〉駿駕九龍行如雲,鬱鬱之童至遼東。時欲從急驛馬通,千里相逐如飛蜂。(28/372b)

【長大】*生長變得高大。〈1/一〉自後天皇元年以來,轉生百巧,不信大道,五方逆殺,疫氣漸興,虎狼萬獸,受氣長大,百蟲蛇魅,與日滋甚。(18/239c)

〖哇〗*口不正。〈1/一〉哇鬼,伏屍鬼,疟死鬼,淫死鬼,老死鬼,宮舍鬼,停傳鬼,軍營鬼,獄死鬼,市死鬼,驚人鬼。(28/370a)

〖狼當〗*困窘頹喪的樣子。〈1/一〉義言自陳俠紀綱,執正立權舒中腸。群寮困頓失義方,士卒百上困狼當。(28/373c)

〖六象〗*形象多樣。〈1/一〉南方朱雀,眾禽之長,丹穴化生,碧霄流響,奇彩五色,神儀六象,來導吾前。(18/295c)

〖神儀〗*神奇的儀態。〈1/一〉例見"六象"。

【翩翩₂】*行動輕疾貌。〈1/一〉水之東流無息休,翩翩揚舟隨風流。櫓櫂相催行如浮,轉相過度無稽留。(28/373b)

3.1.2　生理狀態[2+1+10=13:單1+0+0〈1+0+0/一+0+0〉,雙1+1+5〈1+1+5/一+1+五〉,肆0+0+5〈0+0+5/0+0+五〉]

【暗】*視力差。〈1/一〉日出浩汗不可視,令人目暗犯過罪。(28/372c)

〖銅牙鐵齒〗*牙齒像鋼鐵一樣堅硬。〈1/一〉身長丈六頭面方,銅牙鐵齒銜鋒鋋,手持礜磨戴鑊湯。(28/367c)

〖健食〗*胃口大,食欲好。〈1/一〉供食君,將一百二十人,治天禄宫,主爲萬民蚕健食,解好中神男神女,玉男玉女,素男素女,玄男玄女養蚕。(28/540b)

〖調暢〗*調和舒暢。〈1/一〉嬰兒乳母吏,主乳某胎兒,使調暢交好。(28/546c)

【身精人安】*身心安泰。〈1/一〉素女千二百人,主致長生延命,疾病,具錄魂魄,無令遠人,身精人安。(28/538c)

【好盛】*健康;健壯。〈1/一〉天陽君一人,官將一百二十人,治夬君肉室,主萬民宅中不利牛馬,保護之,令好盛不死。(28/538a)

【盛好】*健康;健壯。〈1/一〉天休君五人,官將一百二十人,治扶君泉室,主收宅中衰耗不利牛馬六畜,下此神保護,令盛好,不復死亡。(28/551c)

【顛倒】*迷糊錯倒。〈1/一〉逆煞之鬼,流布人間,誑作百病,五逆疾疢,寒熱頭痛,或腹内結堅,吐逆短疢,五内脹滿,目視顛倒,口唵,手足攣縮。(18/242a)

【狂忽】*神志不清。〈1/一〉北城九夷君,官將一百二十人,治滿室,主收船車傷寒相連,歷疾病狂忽,喉壅身災。(28/542b)

【夢寱顛倒】*分不清夢幻與現實;精神恍惚。〈1/一〉破邪故疢,留殃妖魅,寄鬼姤妬,五虛六耗,十二注詛,野道夢寱顛倒,縣官口舌,皆自消滅。(28/368c)

【勞體】*勞累身體。〈1/一〉勿妄華言,傾邪不端,遊心他念,玩墮睡寐,勞體自疲,虛苦無益。(18/234c)

【勞神損精】*勞損精神。〈1/一〉不得淫泆不止,志意邪念,勞神損精,魂魄不守,則痛害人。(18/232c)

【勞心苦志】*費盡心思。〈1/一〉而人見富貴者,心欲願之,志欲存之,勞心苦志,得之不弘。(18/233c)

3.1.3　心境[1+2+7=10:雙1+2+6〈1+2+8/一+二+六〉,肆0+0+1〈0+0+1/0+0+一〉]

【安意】*靜心。〈1/一〉可正安意定坐,吾恐大道澆季,萬民喪命。(18/218c)

【沖和】*淡泊平和。〈1/一〉道以沖和爲德,以不和相尅。(18/232a)

【遊心】*改變心意;用心不專。〈1/一〉勿妄華言,傾邪不端,遊心他念,玩墮睡寐,勞體自疲,虛苦無益。(18/234b)

【踟躕】*猶豫不決貌。〈1/一〉太上遣仙官乘鶴鹿來迎,昇天翠羽登騎輕

翔,英稚二生攀龍俱舉,趙昇侍從,俱至無極之崖,青雲之中,躍龍跚躇,徘徊天路。(32/593c)

〖憒悶〗*煩悶。〈2/一〉子日一日,憒悶憒悶,不信不忠,唯行无道,不見太平,念子自衰,吾當何苦?(18/245c)

〖斷亂〗*迷亂;迷惑。〈1/一〉貪淫愛色心斷亂,强尸縱橫令人歎。不能清己呼天怨,吾道清潔選種民。(28/372c)

〖愚冥〗*愚蠢蒙昧。〈2/一〉當勸進愚冥者,愚冥者不能承用,無如之何,以道人常欲有好心,善施惠故也,天道授福。(18/234c)

〖荒濁〗*昏亂。〈1/一〉不得穢身荒濁,飲酒迷亂,變易常性,狂悖無防。(18/233a)

〖迷塞〗*迷惑遮蔽。〈1/一〉遣侍郎一人度世,玉女一人隨此符,不慈不孝不忠不貞不誠不信之人脱得見吾此符,侍郎玉女迷塞其心,不使得受。(32/594b)

〖託愚作癡〗*假裝愚癡。〈1/一〉萬萬之紀合神靈,託愚作癡不言聲,以守三一從道經,千炁不失事見明。(18/248b)

3.1.4　心智修養[1+0+17=18:雙1+0+16〈1+0+23/一+0+十八〉,肆0+0+1〈0+0+1/0+0+一〉]

〖慊切〗*誠心,懇切。〈1/一〉臣等不勝慊切之至,專思神念真,伏待報應。(18/295c)

〖真誠〗*真實誠懇。〈1/一〉窈窈冥冥氣合并,老君變化易身形。出在胡中作真經,胡兒反叛無真誠。(28/371c)

〖貞鏡照天〗*非常誠信。〈1/一〉胡人叩頭數萬,貞鏡照天,髡頭剔鬚,願信真人,於是真道興焉,非但爲胡不爲秦。(18/236a)

〖朴實〗*淳樸誠實。〈1/一〉遣十二仙乘飛龍,官從二十四人、十二玉女,周旋天下,考校州郡里域,求清貞慈孝忠信朴實之人以充種民。(32/593b)

〖清貞〗*清白堅貞。〈2/一〉例見"朴實"。

〖清信〗*純潔誠實。〈1/一〉以太平爲期,汝且還料理治中,普告清信男女諸弟子,忠貞者大運已促勤,以忠信爲務,勿貪財色。(32/593c)

【清忠】＊清正忠誠。〈1/一〉好學之士慕清忠,謙卑順下志在心。(28/374a)

【素貞】＊質樸正直。〈1/一〉和民抱朴守素貞,許由洗耳於河濱。清潔有素絕不群,枕石漱流静思真。(28/374a)

【莊事(壯事)】＊處事莊重。〈6/二〉諸賢者奉道,莊事勤身,當如飢渴,欲得飲食。(18/235a)

【名巧】＊技藝高超。〈1/一〉汝欲入門依魯班,天下名巧吾語言。(28/373a)

【渾濁】＊昏亂;不清醒。〈1/一〉故民渾濁日久,雖聞神仙之語、長生之言,心迷意惑,更懷不信。(18/236c)

【背戾】＊悖謬;相反。〈1/一〉而惡人憧愚,殊不能尅心改悔,歸誠於道,方更背戾,呼道不神,雖不口言,心内怨望。(18/234a)

【隔戾(鬲戾)】＊性格乖張。〈2/二〉不得妄言綺語,隔戾嫉妒。(18/219b)

【了戾】＊性格乖張。〈1/一〉執性了戾,心腸不改,没命之後,悔復何及。(18/234a)

【戾便】＊背戾詭辯。〈1/一〉東西太白君,官將一百二十人,治九天乾宫,主天下郡縣鄉亭里域萬民劫掠奸好謀殺戾便罪,考察之。(28/555c)

【鬼黠】＊機靈狡詐。〈1/一〉自見天下男女,從太始以來,鬼黠不信吾真,故隱秘斯經,而死者不可勝數,念之傷悼。(18/242a)

【詭黠】＊詭詐狡黠。〈1/一〉昔漢嗣末世,豪傑縱橫,强弱相陵,人民詭黠,男女輕淫,政不能濟,家不相禁,抄盗城市,怨枉小人。(18/237b)

【玩墮】＊懶散。〈1/一〉勿妄華言,傾邪不端,遊心他念,玩墮睡寐,勞體自疲,虛苦無益。(18/234b)

3.1.5　真僞善惡[4＋2＋21＝27:單1＋0＋0〈1＋0＋0/一＋0＋0〉,雙3＋2＋13〈5＋2＋20/三＋二＋十五〉,肆0＋0＋8〈0＋0＋8/0＋0＋八〉]

【好惡₂】＊偏義複詞,偏在"好"。〈2/一〉目專視利色,耳聽言之好惡,鼻悦

於甘香之氣,口貪五味之美,心專縱恣所欲。(18/235b)

【合道】*符合道教教義。〈1/一〉善積合道,神定體安。(18/232a)

【功滿行著】*功高德著。〈1/一〉故有楊公十五奉道,六十未報,修身不倦,至年八十,功滿行著,福報無量。(18/235a)

【背面異辭】*人前背後言辭不一。〈1/一〉但欲作惡,不念行慈,背面異辭,共相規圖,萬人之中,無有一人欲求生道者乎!(28/369a)

【背向異辭】*同"背面異辭"。〈1/一〉背向異辭,言語不同,轉相説姐,不恤鬼神,以憂天道,令氣錯亂,罪坐在阿誰?(18/238c)

【口是心非】*心口不一。〈1/一〉祭酒主者、男女老壯,各爾憒憒,與俗無別,口是心非,人頭蟲心,房室不節,縱恣淫情。(18/238c)

【外是内非】*心口不一。〈1/一〉君臣爭勢,父子不親,夫婦相姐,兄弟生分,因公行私,男女輕淫,違失天地,敗亂五常,外是内非,亂道紀綱。(18/237a)

【朝降暮反】*反覆無常。〈1/一〉朝降暮反結罪名,部落强丁至死傾。叩頭來前索求生,老君執意欲不聽。(28/371c)

【反是爲非】*顛倒是非。〈1/一〉汝曹輩乃至爾難教,叵與共語,反是爲非,以曲爲直,千載之會,當奈汝曹何。(18/238b)

【人頭蟲心】*人面獸心。〈1/一〉祭酒主者、男女老壯,各爾憒憒,與俗無別,口是心非,人頭蟲心,房室不節,縱恣淫情。(18/238c)

【中惡】*内心不良。〈1/一〉國三老白巽君一人,官將一百二十人,治駱威室,主治中惡犯考召吏,罪功過分別斷,主解考召。(28/537a)

【含毒】*心懷怨恨。〈1/一〉室家不和,父不慈愛,子無孝心,大小忿錯,更相怨望,積怨含毒,鬼亂神錯,家致敗傷。(18/232a)

【含害】*懷有害人之心。〈1/一〉不得侫毒含害,姐賴於人,專懷惡心。(18/233a)

【醜逆】*醜惡悖逆。〈1/一〉律曰:天地初生,元氣施行,萬神布氣,無有醜逆祅邪不正之鬼。(18/239c)

【逆殺(逆煞)】*逆亂;禍亂。〈6/二〉天願白候將軍,兵士十萬人,主收自稱天地水三官,萬道逆殺鬼,考問人,不得從民求飲食。(28/548c)

【逆淫】* 違逆邪亂。〈1/一〉無上萬官君,兵士十萬人,收地上逆淫注炁,消滅。(28/544c)

【佞毒】* 奸邪;狠毒。〈1/一〉三不得佞毒含害,姤賴於人,專懷惡心。(18/233a)

【迴狂】* 邪僻放蕩。〈1/一〉天貴黑衣兵士十萬衆,生[主]立收一百二十人時鬼,嫁娶迴狂言語。(28/552b)

【奸淫】* 奸邪。〈1/一〉不顧大命將至,三官條狀,受贓詭不恥,名曰劫盜之物,信義不送,亦同其罪;中犯不正,名曰奸淫,三官皆録爲奸盜。身入三塗、名編黑籍,太玄紫簿,未得一人。(32/593b)

【枉暴】* 違法殘暴。〈1/一〉當爾之時,枉暴者衆,銜痛泉壤,善惡不分,莫不可言天帀地盈,都停二十四萬人爲種民,先得道神仙者不在其例。(32/593a)

【强絶】* 强横。〈1/一〉請魁魁吏一合下,主收某身中之呪詛盟要、惡逆之鬼,强絶之魂魄。(28/549b)

【强殍】* 强暴凶惡。〈3/二〉天昌君,黃衣兵士十萬人,主收捕某宅中一百二十人殃怪,中外强殍十二刑殺來作病者,消除之。(28/535c)

【正戾】* 極其暴戾。〈1/一〉百姓君一人,官將一百二十人,治和山宫,主天下民人心腹正戾,盜取劫抄奸好,主之。(28/555c)

【不明₂】* 不清明。〈2/一〉不得淫色違慢,不得言炁不明。(18/249a)

【耗₂】* 禍亂;禍祟。〈1/一〉赤玄君,官將一百二十人,治少陽室,主收天下諸墓耗鬼。(28/550b)

【忌誕】* 荒誕。〈1/一〉羌胡鬼,蠻夷鬼,忌誕鬼,蟲獠鬼。(28/370b)

【廣狡】* 淫亂。〈1/一〉有長鬼短鬼,大鬼小鬼,廣狡鬼,夢寐鬼。(28/370b)

3.1.6　富貴貧賤[0+0+3=3:肆0+0+3〈0+0+5/0+0+三〉]

【榮身富己】* 使自身榮耀顯貴。〈1/一〉自是非他,欲得功名,榮身富己,苟貪錢財,室家不和,妬姤爲先。(18/238b)

【重金累紫】* 榮華富貴。〈1/一〉既得吾國之光,赤子不傷,身重金累紫,

得壽退亡。（18/237c）

〖至尊至神〗*最爲神聖崇高。〈3/一〉言鬼者何？人但畏鬼不信道，故老君授與張道陵爲天師，至尊至神，而乃爲人之師。（18/236b）

3.2　物體性狀{12 +9 +53 =74：單4 雙63 叄1 肆6}

3.2.1　外形[0 +1 +4 =5：雙0 +1 +3〈0 +1 +3/0 +一 +三〉，肆0 +0 +1〈0 +0 +1/0 +0 +一〉]

〖恢羅〗*寬闊廣大，包容衆物。〈1/一〉天網恢羅，人處其中，如大網捕魚，魚爲遊行網中，豈知表有網也，牽網便得，放網乃脫。（18/232b）

〖無形無像〗*没有形體狀貌。〈1/一〉大道者，包囊天地，係養群生，御萬機者也。無形無像，混混沌沌，自然生百千萬種，非人所能名。（18/235c）

〖丁字〗*如漢字"丁"的形狀。〈1/一〉次收兩手捧心，二足丁字立。（18/295c）

〖麋碎〗*粉碎。〈1/一〉一切大小百精諸鬼，皆不得耗病某家男女之身，鬼不隨咒，各頭破作十分，身首麋碎。（28/370b）

〖微微〗*細微；幽微之處。〈1/一〉可得升度爲仙人，節慎陰陽保愛神。五藏六府有君臣，積在微微爲真人。（18/238b）

3.2.2　色彩光澤[4 +3 +13 =20：雙4 +3 +11〈4 +4 +12/四 +三 +十一〉，肆0 +0 +2〈0 +0 +3/0 +0 +三〉]

【綵色】*各種顏色。〈1/一〉今重下律令，天下鬼神姓名，衣服綵色、長短。（18/242a）

【分明₂】*明亮。〈1/一〉神男玄女主採桑餧，玄女主簿，素女主璽，黄白分明。（28/553b）

【曜靈】*光芒照耀。〈1/一〉次法師行至天門少立，存思四靈訖，便誦禹步咒：乾尊曜靈，坤順内營，二儀交泰，要合利貞。（18/296a）

【光華】*光芒；光彩。〈1/一〉《妙真》自吾所作，《黄庭》三靈七言皆訓喻本經，爲《道德》之光華。（18/237a）

〖玄景〗*光明。〈2/一〉九天真王與元始天王,俱生始炁之先,天光未朗,鬱積未澄,溟涬無涯,混沌太虛,浩汗流冥,七千餘劫,玄景始分。(28/406c)

【英英】*光彩鮮明的樣子。〈1/一〉西方白獸,上應觜參,英英素質,蕭蕭清音,威懾衆獸,嘯動山林,來侍吾右。(18/295c)

〖八景〗*道教語,謂八采之景色。〈1/一〉謹以上聞,乞丐正真,賜降真靈,威御十方,攝制萬精,嘯吒立到,舉響徹冥,得承八景,奉迎聖君。(28/408a)

〖慘黃〗*淡黃色。〈1/一〉動雷發電迴天光,星辰失度月慘黃。(28/367c)

〖枯黃〗*乾枯發黃。〈1/一〉深林邃谷多毒霜,殺戮百草葉枯黃。(28/374a)

〖絳黃〗*紅黃色。〈1/一〉還與真人共語言,心中真人來上天。絳黃單衣三縫冠,佩天玉符跪吾前。(18/238b)

〖絳紫〗*紫紅色。〈1/一〉天師曰:太和玄老,乘青雲紫輦,華蓋玉女車輪,水精爲輿,金銀爲廂,驂駕九龍,光照諸天,絳紫毛裘,混混沌沌,晃晃昱昱,震動驚人。(28/367b)

〖朱青〗*青紅色。〈1/一〉朱青繒三十尺爲要信,青布四十三尺爲密誓,金鐶五雙爲指天大誓。(28/410a)

〖焕赫〗*光亮顯赫。〈1/一〉飛龍毒獸,備衛靈關,巨虺千尋,奮爪廣庭,流光八朗,焕赫玉清。(28/407b)

〖藹沫〗*明亮輝煌。〈1/一〉有心齊冥契,拔脱三塗苦,颷然控龍轡,藹沫上清館,豈覺有餘滯。(28/407c)

〖晃晃昱昱〗*明亮的樣子。〈1/一〉水精爲輿,金銀爲廂,驂駕九龍,光照諸天,絳紫毛裘,混混沌沌,晃晃昱昱,震動驚人。(28/367b)

〖徽日〗*强烈的太陽光。〈1/一〉陽天君,主治男女徽日之痛。(28/543b)

〖紫輝〗*紫光;祥光。〈1/一〉攜襟玉皇庭,披究太虛理,紫輝朗玄臺,流映無窮已,大劫有終數,百六翻然起,神娛不極齡,撫哀後生子。(28/407c)

〖混混沌沌〗*模糊一片,不分明。〈2/二〉無形無像,混混沌沌。(18/235c)

〖鬱冥〗*幽暗。〈2/一〉瞑目内思己身吐炁,炁化爲火光,精流竟天,鬱冥焚燒,四方天下山林草木土地靈司人民,悉令蕩盡,竟天冥然,無復孑遺。(28/

409a）

〖冥然〗*昏暗不明。〈1/一〉例見"鬱冥"。

3.2.3　音聲[1＋0＋10＝11：雙1＋0＋8〈1＋0＋9/一＋0＋八〉,叁0＋0＋1〈0＋0＋1/0＋0＋一〉,肆0＋0＋1〈0＋0＋1/0＋0＋一〉]

〖萬響〗*各種音樂聲響。〈1/一〉流旗繞香,玉籟虛唱,神林激音,萬響揚聲,洞暢九元。（28/407b）

〖玉音〗*清越優雅的聲音。〈1/一〉末乃自引雲璈之琴,撫而彈之,玉音粲麗,徹響太霄,而歌神鳳之章、九靈之曲。（28/407c）

〖高厲聲〗*大聲。〈1/一〉第一百二十六戒者,不得高厲聲,每含笑。（18/221c）

〖甌叫釜鳴〗*甌釜等器物發出怪異的聲響。〈1/一〉血光金光,火光水光,木光衣光髮光,舍宅門户開閉音聲之怪,甌叫釜鳴金鐵之精。（28/368c）

〖瓊振〗*如擊打玉石發出的清越優雅的聲音。〈1/一〉衆吹雲歌,麟舞鳳鳴,激給玉虛,瓊振三清,設流霞之醴、鐶剛之果,雜案紛落,流盼太冥。（28/407b）

〖粲麗〗*聲音悦耳動聽。〈1/一〉末乃自引雲璈之琴,撫而彈之,玉音粲麗,徹響太霄,而歌神鳳之章、九靈之曲。（28/407c）

〖諠然〗*聲大而雜。〈1/一〉牽三復牽七,希仰入九室。披衿就靈訓,諠然萬事畢。（18/239a）

〖喻啊〗*雜亂的聲音。〈1/一〉白骨縱横鬼暗噁,喻啊不止奈何餘？（18/248c）

〖淵響〗*深沉的聲響。〈1/一〉其辭曰：微乎九玄炁,洞源三清滓,靈化隨運生,淵響徹高擬,六覺啓玄關,未悟方乃始。（28/407c）

〖叱叱〗*象聲詞。〈2/一〉三咒言：天一女青煞鬼萬千,太一九炁收邪神鬼,死至道求无極,叱叱。（18/244a）

〖寂絶〗*安静;寂静。〈1/一〉當以本命或太歲之日夜半,於別室,人民寂絶,露於中庭,施坐北向,用五案安著五方。（28/408b）

3.2.4　氣味净污[2+1+6=9：單1+0+0〈1+0+0/一+0+0〉，雙1+1+6〈1+1+7/一+一+六〉]

【朗₂】*清新。〈1/一〉請奉微禮,上獻衆真,願蒙垂降,下納丹心,使某體清氣朗,威制十方,千邪萬祅,悉皆執伏。(28/408c)

〖盛潔〗*干净整潔。〈1/一〉太上告後聖君曰:凡受三天正法,佩帶真文,恒當沐浴盥洗爲急,每令屐履衣服盛潔,不使污穢。(28/409a)

〖嚴潔〗*整肅潔净。〈1/一〉若欲所求乞修身念道,室家大小,和同心意,掃除燒香,清净嚴潔,然具白開啓,説其所欲,道之降伏,何所不消。(18/233c)

〖臭香₂〗*芳香。〈1/一〉目不視所好,耳不外聽邪惡之言,鼻不通臭香之氣,口不樂滋味之美,心不想可欲之快,足不趨惡事爲非,此道人所行。(18/235b)

〖血味〗*血的氣息。〈1/一〉右二鬼是女人月水之精鬼,常貪陰陽血味,女子月水來,日夕存之,呼名,鬼不敢害人。(18/247a)

〖穢污〗*不潔;骯髒。〈2/一〉第一百戒者,不得以穢污之物投井中。(18/220b)

【污穢】*污濁;不清潔。〈1/一〉太上告後聖君曰:凡受三天正法,佩帶真文,恒當沐浴盥洗爲急,每令屐履衣服盛潔,不使污穢。(28/409a)

〖殗穢〗*污濁;不潔。〈1/一〉太上告後聖君曰:凡受三天正法,不得妄入殗穢,哭泣悲淚,弔問死喪,犯者奪削退陟真之爵。(28/409b)

〖濁殗〗*污濁,不净。〈1/一〉佩書不經陰厾,陰厾濁殗,則身受殃。(28/410a)

3.2.5　觸感[0+1+1=2：雙0+1+1〈0+1+1/0+一+一〉]

〖溫寒〗*氣候的熱冷,引申爲世情冷暖。〈1/一〉父子爲虎因時營,觀世浮沉發公名。時世浩擾氣不寧,溫寒不適在人形。(28/373b)

〖乾陸〗*乾枯。〈1/一〉天地不和,陰陽失度,冬雷夏霜,水旱不調,萬物乾陸,華葉燋枯。(18/232a)

3.2.6　盛衰整缺[2＋2＋16＝20：單2＋0＋0〈3＋0＋0/三＋0＋0〉,雙0＋2＋14〈0＋2＋19/0＋二＋十五〉,肆0＋0＋2〈0＋0＋3/0＋0＋三〉]

【興₂】*流行;興盛。〈2/二〉自後天皇元年以來,轉生百巧,不信大道,五方逆殺,疫氣漸興,虎狼萬獸,受氣長大,百蟲蛇魅,與日滋甚。(18/239c)

〖昌隆〗*興旺發達。〈1/一〉武夷來福在中庭,除災去害道日明。名顯遠殊世有榮,子孫昌隆輔相卿。(28/373a)

〖蕩蕩滌滌〗*浩浩蕩蕩。〈2/一〉師事老子合生符,歷觀帝世知沉浮。有道君子心不憂,蕩蕩滌滌如長流。(28/372c)

〖浩汗〗*氣勢盛大。〈2/二〉日出浩汗不可視,令人目暗犯過罪。(28/372c)

〖鬱勃〗*形容氣勢旺盛或充滿生機。〈1/一〉洞達無涯,火炁都消,清炁鬱勃,上則無天,下則無地。(28/409a)

〖翁翁〗*草木茂盛貌。〈1/一〉歷觀五帝治漢中,大樹翁翁布名張。(28/373a)

〖秀好〗*繁茂。〈2/一〉五穀君,官將一百二十人,治大水室,主令田五色禾苗秀好,令少草,一畝得百斛。(28/552c)

〖滋好〗*茂盛,長勢好。〈4/一〉五穀君,官將　百二十人,治大水宮,主萬民五穀,草易理,苗莖滋好,收深猪熊疾蟲蝗群精,消之,收穀百倍。(28/540c)

〖昌利〗*興盛。〈1/一〉昌利之鬼,名堪坋。(18/243a)

【鬭】*紛亂。〈1/一〉越上君,官將一百二十人,治陽明宮,收吏民返逆,誹謗道法,欲令鬭者,主收之。(28/556b)

〖擾擾如羊〗*紛雜煩亂的面貌。〈1/一〉今已去天下之擾擾如羊,四方兵病惡氣流行。(18/236c)

〖浩擾〗*浩繁混亂。〈1/一〉父子爲虎因時營,觀世浮沉發公名。時世浩擾氣不寧,溫寒不適在人形。(28/373b)

〖浩亂〗*大亂;紛亂。〈1/一〉兵馬浩亂不可言,念子一旦與相連入步不進

屈輒申,子若不信庚子年,自當思吾今日言。(18/248b)

〖歷亂〗*紛亂,雜亂。〈1/一〉計天君,官將一百二十人,治六丁室,主收連藉傷寒,思枭歷亂。(28/542a)

〖糹錯〗*錯亂。〈1/一〉人无尊卑,不遵貴賤,唯惡爲真,不得私飾,所舉糹錯不直之人,此者坐之,无望久活。(18/249c)

〖迣亂〗*混乱无序。〈1/一〉迣亂之鬼,名趣,一名歎發。(18/244a)

〖狼粹〗*瑣碎雜亂。〈1/一〉大道勅華爲我使。叱咄,急殺百傷小魅,何狼粹。(18/247b)

〖殄窮〗*窘困疲敝。〈1/一〉殄窮天下剋異民,祅言妄語自爲神。(28/367b)

〖减减〗*微弱不足。〈1/一〉海水不流湛如漿,源流减减無人當。(28/374a)

〖耗虛〗*空竭。〈1/一〉無上監枭君,兵十萬衆,主收竈伏龍形德殃注竈祭耗虛鬼。(28/551a)

3.2.7　質地[3＋1＋3＝7：單1＋0＋0〈2＋0＋0/二＋0＋0〉,雙2＋1＋3〈3＋1＋3/二＋一＋三〉]

【質】*質地;物質。〈2/二〉乃有太初。初者,氣之始也。有太始。太始者,形之始也。有太素,太素者,質之始也。(34/463a)

〖金貴〗*珍貴;貴重。〈1/一〉饑餓搏頰輒叩頭,米穀金貴不可求。(18/248a)

【至重】*極爲嚴格。〈1/一〉西入胡授以道法,其禁至重,無陰陽之施,不殺生飲食。(18/236a)

〖輕清〗*輕而清澈。〈1/一〉故輕清者即上爲天,重濁者即下爲地,中和氣者爲人。故天地合精,萬物化生。(34/463a)

〖固久〗*穩固長久。〈2/一〉根深固久物自然,自然之氣出虛無。(28/372c)

〖長遠₂〗*深刻;深遠。〈1/一〉真名一出會九公,道理長遠樂無窮。(28/371c)

〖灰腐〗*碎裂腐爛。〈1/一〉不見九光萬稱之符,不免三官驅除,死没黄泉,不得過土户。骨肉灰腐,魂魄付三官拷楚,荼毒難言。(32/594a)

3.3　類屬{4+2+11=17:單1雙15肆1}

3.3.1　等次位序[2+0+6=8:雙2+0+6〈54+0+7/八+0+六〉]

【高下】*高低。〈1/一〉補治籬落,縳束壁帳,穿井掘窖,填補塞孔,高下之功,立成之功,破殺之尬,悉以斬殺之。(28/368c)

【太上】*至高無上。有時指道君。〈53/七〉伏惟太上布維新之令,開覆育之恩,敕下真官,分司降鑒,使煙雲暫息於三界,風雨無施於四冥。(18/295b)

〖極上〗*最上;無上。〈1/一〉上真、中真、下真生於極上清微之天。(28/406c)

〖上利〗*最好的。〈1/一〉赤沙君,官將一百二十人,治靈昌室,主收自稱五蠱六魅之鬼,一鬼二吹,耗害宅舍,上利之道。(28/535c)

〖已上〗*表示品第、數量、級別、位置等在某一點之上。〈2/一〉第六戒者,不得妄燒敗一錢已上物。(18/219a)

〖中上〗*中等偏上。〈1/一〉馬姑來我宅中,使蠶大得千萬倍次。田畝汝收千億斛,恩天中,上下天地中上止。(18/247b)

〖元紀〗*原始的開端。〈1/一〉九天洞元紀,化生無方尬。(28/407c)

〖元始〗*最初的,起始的。〈1/一〉九玄帝君又稱名而歌曰:策御九龍轡,上朝玉皇庭,太虛九玄尬,法化沉三靈,高會玄晨闕,躬命元始精。(28/407c)

3.3.2　比似類同差異[2+2+5=9:單1+0+0〈1+0+0/一+0+0〉,雙1+2+4〈1+2+4/一+二+四〉,肆0+0+1〈0+0+1/0+0+一〉]

【玄同】*相一致;混同。〈1/一〉南鐘天星君五人,官將各一百二十人,治石仙室,主收攝百姓縣官口舌,吏民惡逆之者,令心玄同。(28/555b)

〖應合〗*符合。〈1/一〉不慈不孝不忠不貞不誠不信之人脱得見吾此符,侍郎玉女迷塞其心,不使得受。應合之人,神開其心趣,得見勤苦求請。(32/

315

594b）

〖一契〗* 全部相合。〈1/一〉皆同一契心合并,義各如一道引經。（18/248b）

〖等數〗* 相同的數量。〈1/一〉上古以來已三萬六千餘年,如有三萬六千神與鬼等數。（18/239c）

〖正真₁〗* 名副其實的。〈1/一〉道出自然,先天地生,號無上玄老太上,三炁混一,爲無上正真之道也。（18/235a）

〖毫分不差〗* 没有絲毫差誤。〈1/一〉有不用心,憚勞迴避,不肯著名奉行善者,即還惡人,陷於驅除。直符疏記,毫分不差。百姓樂善,得爲善人。（18/249c）

【互】* 差別;不同。〈1/一〉黃帝結土爲象,放於廣野,三百年中,五色變化,能言能語,各在一方,故有僧秦互夷蠻差之類也。（28/407a）

〖外客〗* 外來。〈1/一〉此鬼不敢害人,宅中應有福德之家,此鬼主護人,外客殃煞不敢過宅中。（18/246b）

〖非凡〗* 不平凡,不尋常。〈1/一〉吾水非常之水,五龍五星真氣之水,吾劍非凡之劍,九鍊堅剛,七星挾傍,踏躡北斗,跨踞魁罡。（18/296a）

3.4　數量{3+0+6=9:單2雙3叁4}

3.4.1　表量單位[1+0+0=1:單1+0+0〈1+0+0/一+0+0〉]

【通₈】* 量詞。成套的衣物。〈1/一〉第一百六十三戒者,男女衣不得過畜三通。（18/221b）

3.4.2　定數[1+0+0=1:雙1+0+0〈1+0+0/一+0+0〉]

【丈六】* 一丈六。〈1/一〉天師曰:吾爲天地除萬殃,變身人間作鬼王,身長丈六頭面方,銅牙鐵齒銜鋒鋌,手持礦磨戴鑊湯。（28/367c）

3.4.3　不定數和少量[0+0+2=2:雙0+0+2〈0+0+2/0+0+二〉]

〖七六〗* 若干。〈1/一〉養畜七六,營肥健蕃息,無有折傷。（28/537c）

【頭數】*動物的數目。〈1/一〉凡畜養牛馬驢騾等,列毛色頭數,啓百蟲畜收王相君,將吏一合來下主者。(28/537c)

3.4.4　大量[1+0+4=5:單1+0+0〈1+0+0/一+0+0〉,叄0+0+4〈0+0+4/0+0+四〉]

【百千萬】*形容數目巨大。〈1/一〉無形無像,混混沌沌,自然生百千萬種,非人所能名。(18/235c)

【千萬億】*形容數量極大。〈1/一〉而自頃以來,吾遥從千萬億里觀之,諸男女祭酒,託老君尊位,貪財好色,擅己自用,更相是非。(18/218b)

【千億萬】*表示數目巨大。〈1/一〉太上大道君時與九玄聖君、上相青童君,共登瓊宮玉殿之内,侍女衆真千億萬人。(28/407b)

【億萬千】*形容數量多。〈1/一〉大小皆來至此間,餘有胡鬼億萬千,食人血性逆毛遷,今來入國汝何緣?(18/248b)

【百₃】*上百次地重複。〈1/一〉人聞鬼存無神,百其語言,故制陰陽,清身和心,無有邪淫,可以制鬼御天下,三萬六千餘神,皆爲子使。(18/242a)

3.5　時間{11+5+45=61:單6雙43叄6肆6}

3.5.1　久暫[3+2+12=17:單3+0+0〈4+0+0/四+0+0〉,雙0+2+5〈0+2+5/0+二+五〉,叄0+0+3〈0+0+4/0+0+四〉,肆0+0+4〈0+0+4/0+0+四〉]

【遠殊】*久遠;長遠。〈1/一〉名顯遠殊世有榮,子孫昌隆輔相卿。(28/373a)

【玄遠】*久遠。〈1/一〉上啓九天真王、元始天王、太上大道君,某生值季世,去上玄遠,稟承真統,得受三天正法除六天之文,不勝喜慶。(28/408a)

【日月同暉】*與日月同在;永存。〈1/一〉五行相推,剛最持威,六紀輔我,三台辟非,天迴地轉,陰陽開闢,長生度世,日月同暉。(18/297a)

【彌日竟夕】*整日整夜。〈1/一〉二十者,不得思神不報,因行生氣,取降元炁,貪淫愛色,手足不離,彌日竟夕,如此无道,天奪筭三百四十二。(18/

245b）

〖旦來暮去〗*一天一天地過去。〈1/一〉天道蕩蕩信自有,旦來暮去天地久。以日爲夫月爲妻,天氣交接等何如?（18/248b）

〖日一日〗*日復一日。〈2/二〉子日一日,憒悶憒悶,不信不忠,唯行无道,不見太平,念子自衰,吾當何苦?（18/245c）

〖月一月〗*月復一月。〈1/一〉而故悶悶,日一日,月一月,歲一歲,貪縱口腹,放恣耳目,不信道,死者萬數,可不痛哉!（18/236b）

〖歲一歲〗*年復一年。〈1/一〉例見"月一月"。

〖日不進寸〗*行進緩慢。〈1/一〉仙官乘龍,日不進寸,不見種人,但見佩黃老職治之人與三官百鬼,文墨紛紛,更相毀鄙,濁亂清文。（32/593b）

【促₁】*急;緊迫。〈2/二〉此是聖人心口中祕言、祕符平常不忍出也,今事促,不得不空囊傾心也。（32/594b）

〖促勤〗*迫近。〈1/一〉以太平爲期,汝且還料理治中,普告清信男女諸弟子忠貞者,大運已促勤,以忠信爲務,勿貪財色。（32/593c）

〖飈然〗*驟然。〈1/一〉啓悟末學子,有心齊冥契,拔脫三塗苦,飈然控龍轡,藹沬上清館,豈覺有餘滯。（28/407c）

〖立時〗*立刻。〈1/一〉太上之制,煞鬼生民,大道正法,割給吏兵,如臣所上,佐臣討伐,立時消滅,如玄都鬼律,急急如律令。（28/369b）

〖急促〗*時間倉促。〈1/一〉且上期急促,太上求申至壬辰、癸巳,爲料種民應備事急,今出太玄九光萬稱生符,以簡料真一,甄別種人。（32/593c）

〖瞬間〗*形容極短促的時間。〈1/一〉把持樞機,驅使百鬼,先天而生,長守無窮,人處其間,年命奄忽,如眼目視瞬間耳。（18/234a）

【浮₃】*暫時的。〈1/一〉結芒太霞館,流眄無窮齡,神映通幽關,鍊胎反初形,撫哀五濁子,命同浮朝生。（28/407c）

【暫】*暫時。〈1/一〉伏惟太上布維新之令,開覆育之恩,敕下真官,分司降鑒,使煙雲暫息於三界,風雨無施於四冥,懺謝必聞,啓傳無間。（18/295c）

3.5.2 定指時間

3.5.2.1　時點時段($6+2+27=35$：單$3+0+0\langle3+0=0/三+0+0\rangle$，雙$3+2+23\langle3+5+26/三+三+二十三\rangle$，叁$0+0+3\langle0+0+3/0+0+三\rangle$，肆$0+0+1\langle0+0+1/0+0+一\rangle$）)

【年限】* 規定的或作爲一般標準的年數。〈1/一〉佩者不得妄傳,傳非其人,不依年限,輕泄寶文,身被風刀之考,没命鬼官,殃及七玄神父。(28/410a)

【上期】* 上天規定的期限。〈1/一〉且上期急促,太上求申至壬辰、癸巳,爲料種民應備事急,今出太玄九光萬稱生符,以簡料真一,甄別種人。(32/593c)

【承唐】* 道教末世論中承接唐堯之世的災難之年。〈2/一〉太上云:六天事設,資於太真,求九經陽九百六之數,還治三天,計期盡承唐之年,金氏御世,丁亥之末、壬辰之歲。善惡當明,吉凶都判也。(28/407a)

【承唐世】* 同"承唐"。〈1/一〉三真超無際,俯仰太帝堂,稟承三天制,驅洗六天凶,正立無塵穢,洞究太真章,以救承唐世,啓悟末學子。(28/407c)

【小陽九】* 道教認爲每三千三百年一次的天災之年。〈1/一〉小陽九、小百六,皆三千三百年,六天受號,至周已三經大陽九之數,善惡猶未都平。(28/407a)

【小百六】* 道教認爲每三千三百年一次的地厄之年。〈1/一〉例見"小陽九"。

【大劫】* 天地一成一毁的時間。〈1/一〉攜襟玉皇庭,披究太虚理,紫輝朗玄臺,流映無窮已,大劫有終數,百六翻然起。(28/407c)

【澆季】* 道德風俗浮薄的末世。〈1/一〉老君曰:"可正安意定坐,吾恐大道澆季,萬民喪命。"(18/218c)

【赤名之域】* 漢朝。漢主火德,故謂之赤名。〈1/一〉隨時轉運西漢中,木子爲姓諱口弓。居在蜀郡成都宫,赤名之域出凌陰。(28/372a)

【魏】* 三国時期的曹魏政權。〈1/一〉昔日開門教之爲善,而反不相聽,從今吾避世,以汝付魏,清政道治,千里獨行,虎狼伏匿,卧不閉門。(18/237c)

【魏氏】* 三國曹魏政權。〈1/一〉魏氏承天驅除,歷使其然,載在《河雒》,

懸象垂天。(18/237b)

【黃初】*魏文帝曹丕的年號,公元 220—226 年。〈1/一〉從建安、黃初元年以來,諸主者祭酒,人人稱教,各作一治,不復按舊道法,爲得爾不?(18/238c)

【太和₂】*魏明帝曹叡的年號,公元 227—233 年。〈1/一〉自從太和五年以來,諸職各各自置,置不復由吾氣——真氣領神選舉。(18/237b)

【正元】*魏高贵乡公曹髦的年號,公元 254—256 年。〈1/一〉諸新故民户,男女老壯,自今正元二年正月七日已去,其能壯事守善,能如要言,臣忠子孝,夫信婦貞,兄敬弟順,内無二心,便可爲善,得種民矣。(18/237a)

【金馬】*晋朝。〈2/一〉今三之世,交争方興,太平在金馬之末,年歲尚爾,世非賢人所處。(32/593c)

【大期】*天下災患厄難之期。〈2/一〉太上老君前與尹相吾臨孟津河上,告吾天有常運,大期行交,先不治。(32/593a)

【年₃】*歲月;時間。〈1/一〉牽三復牽六,年往不可逐。雖無骨間分,訓之故宜勖。(18/239a)

【交₂】*指某一時期或時刻的到來。〈1/一〉太上老君前與尹相吾臨孟津河上,告吾天有常運,大期行交,先不治。(32/593a)

【年初】*指一年的開頭。〈1/一〉年初章奏,列名斷之,衆鬼畏懼,悉自逃亡。不告者,一如律令。(18/252b)

【冬天】*冬季。〈1/一〉第九十五戒者,不得冬天發掘地蟄藏。(18/220b)

【歲冬】*冬季。〈1/一〉城神山川社稷神君,護某稻禾穀令熟美好,無令損害,辟斥蟲鼠,歲冬入增倍,以爲効信。(28/553c)

【日辰₂】*日期時辰。〈1/一〉以今太歲某月朔某日辰,謹於某州某縣鄉里領行法事。(18/295b)

【昊時】*白天。〈1/一〉法應去者,各自遠迸,制應留者,却其凶黨,更相約束,不犯善人。昊時病人之鬼名文通。(18/251a)

【午時】*上午十一點到下午一點;中午前後。〈1/一〉東方青帝無名煞鬼,姓元名谷玄,從東方甲乙君使令,以甲乙日辰日午時煞也。(18/240b)

【冥旰】*夜晚,晚上。〈1/一〉太上告後聖君曰:凡受三天正法,佩帶真文,

出入三光及冥旰卧息，不得露頭，不著巾帽及脱衣露形。(28/409b)

【日瞑】*夜晚。〈1/一〉天帝常司過鬼，姓遐反，名班子，日瞑人定時，下聽人口語，逆知心神，還啓考煞。(18/240c)

【夕夕】*每晚。〈2/一〉子知其名，夕夕三呼之，鬼知人不可干，不過七日九日，鬼自死。(18/247a)

【本命₁】*人生年干支。〈3/二〉太上告後聖君曰：凡有骨相，名糸東華，得佩三天正法太上衆文靈錄，九年，每以本命之日，或太歲之日，以白素朱書文一通，謁所屬嶽，封埋之，以制五嶽萬精之炁。(28/408b)

【六乙】*指乙丑、乙卯、乙巳、乙未、乙酉、乙亥。〈1/一〉天師曰：今日六乙，野道急出，六丙六丁，野道自刑，六戊六己，野道不起，六庚六辛，野道不神，六壬六癸，野道自死。(28/369b)

【六丙】*指丙子、丙寅、丙辰、丙午、丙申、丙戌。〈1/一〉例見"六乙"。

【六丁₂】*指丁卯、丁巳、丁未、丁酉、丁亥、丁丑。〈1/一〉例見"六乙"。

【六戊】*指戊子、戊寅、戊辰、戊午、戊申、戊戌。〈1/一〉例見"六乙"。

【六己】*指己丑、己卯、己巳、己未、己酉、己亥。〈1/一〉例見"六乙"。

【六辛】*指辛丑、辛卯、辛巳、辛未、辛酉、辛亥。〈1/一〉例見"六乙"。

【六癸】*指癸丑、癸卯、癸巳、癸未、癸酉、癸亥。〈1/一〉例見"六乙"。

3.5.2.2　始末(0＋1＋4＝5；雙0＋1＋3〈0＋1＋3/0＋一＋三〉，肆0＋0＋1〈0＋0＋1/0＋0＋一〉)

【從來至今】*從古至今；一直以來。〈1/一〉三官主者擇種民，取合炁者萬八千，從來至今有幾人？(18/248a)

【生來】*從小時候起；從來。〈1/一〉汝男女憒憒，生來至今，不知禁制，自作一法，與天相違，考至主者，天奪子筭訖，恐將可痛，不見太平。(18/245c)

【從爾】*從那時；從此。〈1/一〉語聞災責，已[己]如逢災遇害，如反怨，妄言奉道無益，此乃有罪三千，從爾如已[己]也。(18/237b)

【後身】*死後。〈1/一〉子不念道，道即遠子，卒近災害，慎無復悔，悔當苦在後身。(18/236c)

【終數】*最終的日期、期限。〈1/一〉攜襟玉皇庭，披究太虛理，紫輝朗玄

臺,流映無窮已,大劫有終數,百六翻然起,神娛不極齡,撫哀後生子。(28/407c)

3.5.3 相對時間

3.5.3.1 過去(1+0+0=1:雙1+0+0〈1+0+0/一+0+0〉)

【已往】*以前。〈1/一〉故重丁寧,皆宜用心,轉相勸進,除去已往之惡,修今來之善。(18/232a)

3.5.3.2 現在(0+0+2=2:雙0+0+2〈0+0+3/0+0+二〉)

〖登時〗*當時。〈1/一〉而愚人或欲捨真就偽,偽伎卒効,登時或能有利,利不久也。(18/232b)

〖今來〗*當今,如今。〈2/一〉昔時爲道,以備今來耳,未至太平而死,子孫當蒙天恩。(18/236c)

3.5.3.3 將來(1+0+0=1:雙1+0+0〈1+0+0/一+0+0〉)

【身後】*死後。〈1/一〉佩書不經陰氶,陰氶濁殗,則身受殃,大罪,身後爲下鬼。(28/410a)

3.6 範圍程度{11+1+15=27:單9雙13肆5}

3.6.1 空間[0+0+3=3:雙0+0+3〈0+0+3/0+0+三〉]

〖綿邈〗*遼遠。〈1/一〉道出微妙入玄宮,綿邈攸長難可窮。(28/374a)

〖遐幽〗*悠遠;深遠。〈1/一〉呪曰:天清在上,微道遐幽,三正理運,六氶沉消,上真靈錄,攝御萬祅,獻禮五靈,以蒙納招。(28/408c)

〖粉米〗*極微小。〈1/一〉纔有粉米之異,欲使人賢之。(18/238a)

3.6.2 遍及[3+0+7=10:單2+0+0〈2+0+0/二+0+0〉,雙1+0+2〈1+0+10/一+0+四〉,肆0+0+5〈0+0+5/0+0+五〉]

〖周天徧地〗*滿天滿地,遍及天地。〈1/一〉六天群祅,靡有不平,太一促運,真道當行,九天有命,收攝賈生,周天徧地,莫有所停。(28/409a)

〖萬不一脱〗*没有遺漏。〈1/一〉此輩不莊事,變易心腸,巽濡日月,冀脱災免害,萬不一脱。(18/234a)

〖萬無一存〗*全部不能存留。〈1/一〉道乃世世爲帝王師,而王者不能尊奉,至傾移顛殞之患,危臨濟厄,萬無一存。(18/236a)

〖無底無對〗*没有限制或顧忌。〈1/一〉不知官禁爲忌,不知君父爲尊,罵詈溢口,自詛索死,發露陰私,反迷不順,淫於骨肉,罵天詈地,無底無對,舉刃自守,故天遂其殃,自受其患。(18/233a)

〖溢口〗*滿口。〈2/一〉例見"無底無對"。

〖門至户達〗*到達每家每户。〈1/一〉考官日日門至户達,視看人心,若有厄急,懸命漏刻,但正心向道,把九光萬稱符,至尊救度人也。(32/594a)

〖轉相〗*遞相;互相。〈8/三〉故重丁寧,皆宜用心,轉相勸進,除去已往之惡,修今來之善。(18/232a)

【了₂】*完全;皆。〈1/一〉吾從太上老君周行八極,按行民間,選索種民,了不可得。(18/238b)

【合₇】*共計。〈1/一〉便埋文,令深九尺,如此二十七年,合三埋之,太上剋遣四極真人來迎子身於上清宮也。(28/408b)

【不極】*無窮。〈1/一〉攜襟玉皇庭,披究太虛理,紫輝朗玄臺,流映無窮已,大劫有終數,百六翻然起,神娛不極齡,撫哀後生子。(28/407c)

3.6.3　接續[2+0+4=6:單2+0+0〈5+0+0/三+0+0〉,雙0+0+4〈0+0+4/0+0+四〉]

〖非不〗*若不。〈1/一〉種民在天見母親,不信大道念可言。非不慈孝道不存,一旦如此豈可言。何不少學得神仙,太平過度爲真人。(18/248b)

〖方更〗*副詞。反而,更加。〈1/一〉而惡人憧愚,殊不能剋心改悔,歸誠於道,方更背戾,呼道不神,雖不口言,心内怨望。(18/234a)

〖方乃〗*副詞。才。〈1/一〉微乎九玄炁,洞源三清滓,靈化隨運生,淵響徹高擬,六覺啟玄關,未悟方乃始。(28/407c)

〖脱得〗*即使。〈1/一〉遣侍郎一人度世,玉女一人隨此符,不慈不孝不忠不貞不誠不信之人脱得見吾此符,侍郎玉女迷塞其心,不使得受。(32/594b)

【轉₄】* 副詞。漸漸;更加。〈4/二〉自後天皇元年以來,轉生百巧,不信大道,五方逆殺,疫氣漸興,虎狼萬獸,受氣長大,百蟲蛇魅,與日滋甚。(18/239c)

【但₃】* 只是;但是。表示轉折。〈1/一〉未至聖君垂出,不復經土户,自然得壽萬八千歲,但聖君當簡料其中,各有所在爾。(32/594b)

3.6.4 限制[2+0+1=3:單1+0+1〈1+0+1/一+0+一〉,雙1+0+0〈1+0+0/一+0+0〉]

【絶₃】* 獨特,獨一無二。〈1/一〉和民抱朴守素貞,許由洗耳於河濱。清潔有素絶不群,枕石漱流静思真。(28/374a)

【正當】* 恰好。〈1/一〉汝曹薄命,正當與此相遇。雖然,吉人無咎。(18/236c)

〖只〗* 副詞。僅;僅僅。〈1/一〉太平之日,飛舉上天。子只復不飛,壽終不死,便爲地仙,得見太平。(18/245c)

3.6.5 揣測强調否定[3+0+0=3:單2+0+0〈3+0+0/二+0+0〉,雙1+0+0〈4+0+0/一+0+0〉]

【約₂】* 大略;大約。〈1/一〉世間不明吾言,子看後世萬人受道者,約無一人得佩此符者。今以付子,是吾極耳。(32/594b)

【不用₂】* 不必;無須。〈4/一〉若願欲者,實不用金帛貨賂,不用人事求請,不用酒肉祭禱,直歸心於道,無爲而自得。(18/233c)

【頗】* 與句末"不""無""否"等配合,表示疑問。〈2/一〉各言祕教,推論舊事,吾不能復忍汝輩也,欲持汝輩應文書,頗知與不? (18/238c)

3.6.6 程度[1+1+0=2:單1+0+0〈1+0+0/一+0+0〉,雙0+1+0〈0+1+0/0+一+0〉]

〖沉重〗* 嚴重。〈1/一〉倉母君五人,官將一百二十人,主治男子瘧病之鬼作沉重,主令消滅之。(28/545c)

【滿₃】*達到期限。〈1/一〉夫天生萬物,皆有終始,老子隨時改易,皆應大運,人生滿百二十,要當還土户。(32/594a)

3.7 介引[1＋0＋0＝1:單1＋0＋0〈1＋0＋0/一＋0＋0〉]

【向₃】*介詞。對;與。表示動作的對象。〈3/一〉第一百十三戒者,不得向他鬼神禮拜。(18/220b)

3.8 稱代指示{1＋1＋3＝5:雙5}

3.8.1 人物指稱[0＋1＋1＝2:雙0＋1＋1〈0＋1＋8/0＋一＋一〉]

〖汝輩〗*你們。〈8/一〉老君太上,推論舊事,攝綱舉網,前欲推治,諸受任主者、職治祭酒,十人之中誅其三四名,還天曹,考掠治罪,汝輩慎之。(18/238c)

〖身心〗*自身。〈1/一〉爲人若不能與法戒相應,身心又無功德,欲求天福,難矣。(18/232b)

3.8.2 疑問指代[1＋0＋2＝3:雙1＋0＋2〈1＋0＋4/一＋0＋二〉]

【何物】*什麼。〈1/一〉呪曰:石未子,石未子,太一使汝爲我使。何物逆鬼,令速出,速出。(18/247b)

【可不】*豈不;難道不。〈2/一〉而故悶悶,日一日,月一月,歲一歲,貪縱口腹,放恣耳目,不信道,死者萬數,可不痛哉!(18/236b)

〖那得〗*怎得;怎會;怎能。〈2/一〉不求吾道經教名,那得度災爲種生。(28/371c)

第四章　早期天師道文獻中反映道教世界的專名

在早期天師道文獻中涉及了大量的專名,其中部分在社會上已經通行,不具備專門的道教色彩,可以不必特別注意,因此我們在上文中把它們跟一般詞彙成分放在一起作了討論。但道經中多數專名專指道教世界中的某一事物,並且往往具有明顯的虛擬性,與反映客觀真實世界事物的一般通用詞彙成分差異較大,帶有濃厚的道教色彩,反映某些道教的思想觀念和發展歷程,對於深入研究道教有特殊的意義,因此,有必要作一單獨的陳述。

第一节　仙界｛3 + 1 + 26 = 30｝

道教的空間世界,包括人間和仙境兩個部分。其中現實的凡俗世界就是人間,而仙境則是天帝神仙活動的地方,也是俗間凡人經過修煉,脱胎換骨、飛升成仙後居住的地方。道經在叙述天帝神靈活動的時候,經常提到神仙活動的各種居所,展現了多姿多彩的仙境。

1.1　天界〔3 + 1 + 10 = 14：貳 10〈7 + 1 + 39／三 + 一 + 十〉叁 3〈0 + 0 + 6／0 + 0 + 五〉柒 1〈0 + 0 + 1／0 + 0 + 一〉〕

【九元】* 九天。〈1／一〉玉籟虚唱,神林激音,萬響揚聲,洞暢九元。(28/407b)

【九天圖】* 九天分布的圖景。〈1／一〉九天真王、元始天王,皆生於九炁之中,炁結而成形焉,九炁玄凝成九天圖也。(28/406c)

【太清玄元上三天】* 太上所住場所。〈1／一〉太清玄元上三天太上律勑天地水三官主者。(18/242c)

326

〖上三天〗*九天的最上部分。〈3/三〉天下男女,汝曹自可按吾圖書視鬼等名,施吾太玄之下符,上三天生炁,三五七九之生,以與天民。(18/242a)

〖三天₁〗*道教稱清微天、禹餘天、大赤天爲三天,即上三天。〈11/四〉道弘大,包含天地,變化萬神,微布散在八極之外,内潛毫毛之中,成生萬物,制御三天,統三萬六千神。(18/235a)

【清微₂】*道教三天之一。即清微天。〈2/一〉上真、中真、下真生於極上清微之天。(28/406c)

〖禹餘〗*道教"三天"之一。〈2/一〉次中三真生於禹餘之天,禹餘之天是元炁之澄也。(28/406c)

〖大赤天〗*道教"三天"之一。〈2/一〉下有三真,生於第三大赤天,大赤天是玄炁之澄也。(28/406c)

【赤天】*"大赤天"的簡稱。〈2/一〉次劍水相向,稱名位:泰玄都正一平炁係天師某治某炁祭酒赤天三五步綱元命真人臣某。(18/296a)

〖六天〗*九天中的中下部分。〈20/二〉此九天之祝,九天真王以授太上,太上授後聖,令恒修行,攝御六天,威制萬靈。(28/409a)

〖三清〗*道教所指玉清、上清、太清三清境。〈2/一〉其辭曰:微乎九玄炁,洞源三清淬,靈化隨運生,淵響徹高擬,六覺啓玄關,未悟方乃始。(28/407c)

〖玉清〗*道教三清境之一,爲元始天尊所居。〈4/一〉於是各引所承,造上皇之章,以爲寶經,秘於玉清之宮,以度後學得真之人。(28/407a)

【太清₃】*道德天尊居地。泛指仙境。〈3/一〉除死著生詣太清,文字教案令分明。遷故迎新給所請,有功增録護群生。(28/373c)

〖蒙山〗*道教虛構的山名,多用來指懲罰人運石塞河之山。〈1/一〉佩者不得妄傳,傳非其人,不依年限,輕泄寶文,身被風刀之考,没命鬼官,殃及七玄神父,運蒙山之石,塞九源之河。深慎奉行。(28/410a)

1.2　建築〔0 +0 +16 = 16:貳 6〈0 +0 +8/0 +0 +六〉叁 10〈0 +0 +13/0 +0 +十〉〕

〖玉皇庭〗*天帝居處的宮庭。〈2/一〉攜襟玉皇庭,披究太虛理,紫輝朗玄臺,流映無窮已,大劫有終數,百六翻然起,神娱不極齡,撫哀後生子。(28/407c)

【玉庭】＊玉皇庭。〈1/一〉如是後聖金闕帝君、上相青童君，皆月三告，清齋，時乘碧霞九靈流景雲輿、飛青羽蓋，從桑林千真，上諸太上靈都之宮，朝啓真父，遊宴玉庭。(28/407b)

【太帝堂】＊天帝所居之處。〈1/一〉三真超無際，俯仰太帝堂，稟承三天制，驅洗六天凶，正立無塵穢，洞究太真章，以救承唐世，啓悟末學子。(28/407c)

【天堂】＊太帝堂。〈1/一〉白日高飛入天堂，千年出一丈六軀。(18/248c)

【上清館】＊天界仙館名。〈1/一〉有心齊冥契，拔脱三塗苦，颷然控龍彎，藹沫上清館，豈覺有餘滯。(28/407c)

【上清宮】＊天界仙館名。〈2/一〉求得奉迎聖君於上清宮，加恒誦詠靈章及符經一過，如此九年，靈垂告感，太上自當遣太極真人降子寢房也。(28/408a)

【太霞館】＊神仙居所名。〈1/一〉結芒太霞館，流眄無窮齡，神映通幽關，鍊胎反初形，撫哀五濁子，命同浮朝生。(28/407c)

【華蓋宮】＊神仙居住的宮殿。〈1/一〉功曹令束縛，送到魁罡下，徘徊三台間，五星皆捉把，浮遊華蓋宮，徑過閶闔下。(28/368a)

【黃房宮】＊神仙居住的宮殿。〈1/一〉老君變化無極中，出處幽微黃房宮。鍊形淑淑虛無同，光景布行八極中。(28/371c)

【洞房宮】＊仙宮名。〈1/一〉金晨玉童三千人，西華玉女三千人，侍給三元夫人也，在洞房宮。(28/406c)

【玄晨闕】＊仙人所居之宮闕。〈1/一〉策御九龍彎，上朝玉皇庭，太虛九玄炁，法化沉三靈，高會玄晨闕，躬命元始精。(28/407c)

【靈都】＊仙宮名。〈2/一〉此文秘於太上靈都之宮，刻以紫玉爲簡，黃金爲文，付五老上真、仙伯左公，封以紫蘂玉笈，盛以雲錦之囊。(28/407b)

【玄都】＊傳説中神仙居處。〈1/一〉上啓太上道姓名，一出玄都入太清。口授異訣過災殃，念世愚子不知生。(18/249a)

【太玄都】＊即"玄都"。〈2/一〉太玄都正一平炁係天師某治某炁祭酒，赤天三五步綱元命真人臣某等，奉爲大道弟子某，修建某齋幾日幾夜。(18/296c)

〖紫府〗* 道教稱仙人所居。〈2/一〉十鍊九轉名上太玄紫簿者,命終亦經土户,魂魄即登紫府,侍衛聖君。(32/594a)

〖玄臺〗* 天帝藏書臺。〈1/一〉攜襟玉皇庭,披究太虚理,紫輝朗玄臺,流映無窮已,大劫有終數,百六翻然起,神娱不極齡,撫哀後生子。(28/407c)

第二节　道教神系{13＋6＋940＝959}

道教教義認爲,世上除了人和天界的神仙,還有各種精靈鬼怪。其中,代表正義和公正的天界神靈管理着整個世界,懲惡揚善,佑護衆生,而精靈鬼怪對人的日常生活形成影響,干擾人的正常生活。因此,道教的神靈,不僅有着自身的管理結構和傳承系統,他們還分工職掌許多涉及人的事物,以及影響人的生活的精靈鬼怪,由此出現了大量的專名,以下根據他們的身份和職掌分類陳述,陳述以神靈名稱爲主,部分治所名稱與人物名稱密切相關,爲避免累贅,同條或附加列出。

2.1　天庭君吏〔3＋0＋66＝69:壹 1〈5＋0＋0/二＋0＋0〉貳 12〈3＋0＋27/三＋0＋十三〉叁 11〈0＋0＋32/0＋0＋十二〉肆 29〈0＋0＋68/0＋0＋四十三〉伍 4〈0＋0＋15/0＋0＋五〉陸 6〈0＋0＋6/0＋0＋六〉柒 1〈0＋0＋1/0＋0＋一〉捌 4〈0＋0＋4/0＋0＋四〉玖 1〈0＋0＋1/0＋0＋一〉〕

〖九天真王〗* 神名。〈8/一〉九天真王與元始天王,俱生始炁之先。(28/406c)

〖元始天王〗* 神名。〈6/一〉例見"九天真王"。

〖三天玉皇〗* 神名。〈1/一〉三天九微玄都太真靈籙,出於九天真王,以傳太上及三天玉皇,元始天王以授西王母、靈飛太真太上丈人,以授衆仙得道真人。此文秘於太上靈都之宫,刻以紫玉爲簡,黄金爲文,付五老上真、仙都左公,封以紫蘂玉笈,盛以雲錦之囊,天妃侍香,玉華執巾,衛以金童各三百人。如是後聖金闕帝君、上相青童君,皆月三告,清齋,時乘碧霞九靈流景雲輿、飛

青羽蓋,從桑林千真,上諸太上靈都之宮,朝啓真父,遊宴玉庭。(28/407b)

【靈飛太真太上丈人】*神名。〈1/一〉例見"三天玉皇"。

【太上丈人】*靈飛太真太上丈人。〈1/一〉重啓太上大道君,太上老君,太上丈人,天師、嗣師、系師等三師。(28/369a)

【五老上真仙都左公】*神名。〈1/一〉例見"三天玉皇"。

【真父】*太上大道君。〈1/一〉例見"三天玉皇"。

【太上大道君】*神名。〈7/二〉太上大道君者,乃衆真之帝,位高炁清,號爲太上,皆炁胤承真,積級受號,非始天有一太上者也,得受太上之號,便爲萬神之主也。(28/407a)

【太上大道】*太上大道君。〈1/一〉太上大道不忍見之,二年七月七日日中時,下此鬼律八卷。(18/239c)

【太上大君】*太上大道君。〈1/一〉太上大君,大[天]之尊神。(28/367b)

【太上老君】*神名。〈5/四〉吾從太上老君周行八極,按行民間。(18/238b)

【老君太上】*太上老君。〈2/一〉老君太上,推論舊事,攝綱舉網。(18/238c)

【老君】*太上老君。〈18/四〉幽王時,老君教胡,還,當入漢中。(18/218b)

【太上君】*太上老君。〈1/一〉有福過度爲種人,條名上白太上君。(28/372b)

【道₆】*太上老君。〈5/二〉道以漢安元年五月一日,於蜀郡臨邛縣渠停赤石城造出正一盟威之道,與天地券要,立二十四治,分布玄元始氣治民。(18/236b)

【至尊】*太上老君尊稱。〈1/一〉考官日日門至户達,視看人心,若有厄急,懸命漏刻,但正心向道,把九光萬稱符,至尊救度人也。(32/594a)

【三天清遵父母大神】*神名。〈1/一〉三天清遵父母大神今躬臨正統,理三天上治,使李君下牧萬民。(32/593a)

【上清金闕後聖帝君】*神名。〈1/一〉太上告後聖九玄帝君曰:君受號爲

330

上清金闕後聖帝君,上昇上清,中遊大極,下治十天。(28/408c)

　　〖後聖九玄帝君〗*上清金闕後聖帝君。〈1/一〉例見“上清金闕後聖帝君”。

　　〖後聖金闕帝君〗*上清金闕後聖帝君。〈1/一〉如是後聖金闕帝君、上相青童君,皆月三告。(28/407b)

　　〖金氏〗*上清金闕後聖帝君。〈1/一〉計期盡承唐之年,金氏御世,丁亥之末、壬辰之歲。善惡當明,吉凶都判也。(28/407a)

　　〖後聖九玄道君〗*上清金闕後聖帝君。〈1/一〉後聖九玄道君,請問太上不應之期。(28/407a)

　　〖後聖九玄〗*上清金闕後聖帝君。〈1/一〉於是太上與後聖九玄、上相青童君,共序三天正法。(28/408a)

　　〖後聖君〗*上清金闕後聖帝君。〈12/一〉太上告後聖君曰:凡詣經師受文,師當北向告誓,付度弟子。(28/408a)

　　〖九玄聖君〗*上清金闕後聖帝君。〈2/一〉太上大道君時與九玄聖君、上相青童君,共登瓊宮玉殿之內。(28/407b)

　　〖九玄帝君〗*上清金闕後聖帝君。〈1/一〉於是太上歌畢,九玄帝君又稱名而歌。(28/407c)

　　〖帝君〗*上清金闕後聖帝君。〈1/一〉於是帝君、上相青童君,奉受真訣,稽首而還。(28/408a)

　　〖後聖〗*上清金闕後聖帝君。〈1/一〉此九天之祝,九天真王以授太上,太上授後聖,令恒修行,攝御六大。(28/409a)

　　【元君】*上清金闕後聖帝君。〈2/二〉太上剋遣真人授子元君之號,五嶽仙靈衛子之身也。(28/408c)

　　〖後學帝君〗*上清金闕後聖帝君。〈1/一〉三天正法,以九天真王、元始天王,受炁之初,於空玄之中所授,到六天立治之法,授於太上。至黃帝興治,太上以付後學帝君、上相青童君、西域王君,使付諸爲真人者,以六天之炁,由三天之法,得者神仙。(28/407b)

　　〖西域王君〗*神名。〈1/一〉例見“後學帝君”。

　　〖上相青童君〗*青童君。〈6/一〉例見“後學帝君”。

　　〖青童君〗*神名。〈7/二〉謹請東方青童君,身長九千萬丈,從官九千萬

人。(18/296b)

〖赤童君〗*神名。〈2/一〉謹請南方赤童君,身長三千萬丈,從官三千萬人。(18/296b)

〖白童君〗*神名。〈2/一〉謹請西方白童君,身長七千萬丈,從官七千萬人。(18/296b)

〖黑童君〗*神名。〈2/一〉謹請北方黑童君,身長五千萬丈,從官五千萬人。(18/296c)

〖黃童君〗*神名。〈2/一〉謹請中央黃童君,身長一十二萬丈,從官一十二萬人。(18/296c)

〖东方青帝〗*神名。〈4/三〉謹請東方青帝青龍銜符帶劍入吾水中。(18/296a)

〖南方赤帝〗*神名。〈4/三〉謹請南方赤帝赤龍銜符帶劍入吾水中。(18/296a)

〖西方白帝〗*神名。〈4/三〉謹請西方白帝白龍銜符帶劍入吾水中。(18/296a)

〖北方黑帝〗*神名。〈4/三〉謹請北方黑帝黑龍銜符帶劍入吾水中。(18/296a)

〖中央黃帝〗*神名。〈9/五〉謹請中央黃帝黃龍銜符帶劍入吾水中。(18/296a)

〖太和玄老〗*神名。〈1/一〉太和玄老,乘青雲紫輦,華蓋玉女車輪,水精爲輿,金銀爲廂,驂駕九龍,光照諸天。(28/367b)

〖清虛小有天王〗*神名。〈1/一〉清虛小有天王曰:凡受眾文三天九微玄都太真陰陽靈籙,恒當精心苦念,入室燒香,祈請真靈,求得奉迎聖君於上清宮。(28/410a)

〖太平真君〗*神名。〈1/一〉貞潔守節志當清,爾乃過度見太平。太平真君復能明,整理文書應鵠鳴。(28/373b)

〖太極真人〗*神名。〈1/一〉如此九年,靈垂告感,太上自當遣太極真人降子寢房也。(28/408a)

〖四極真人〗*神名。〈1/一〉太上剋遣四極真人來迎子身於上清宮也。

(28/408b)

〖九微八道上皇〗*神名。〈1/一〉奉請九微八道上皇、九華帝玄黃女、九靈之官、監真使者。(28/408b)

〖三元夫人〗*白素元君、黃素元君、紫素元君。〈2/一〉三元夫人,從炁而生,以天爲父,以炁爲母,故號太素三元君。此各以炁自然之孕子也。生於三元君,皆女子之號,各置宮第。(28/406c)

〖太素三元君〗*三元夫人。〈1/一〉例見"三元夫人"。

〖三元君〗*三元夫人。〈1/一〉例見"三元夫人"。

〖白素元君〗*女神名。〈1/一〉白素元君者,則右白元君之母;黃素元君者,則黃老中央君之母;紫素元君者,則左无英君之母也,虛結空胎,憑炁而生也。(28/406c)

〖黃素元君〗*女神名。〈1/一〉例見"白素元君"。

〖紫素元君〗*女神名。〈1/一〉例見"白素元君"。

〖右白元君〗*女神名。〈1/一〉例見"白素元君"。

〖黃老中央君〗*女神名。〈1/一〉例見"白素元君"。

〖左无英君〗*女神名。〈1/一〉例見"白素元君"。

〖西王母〗*女神名。〈1/一〉元始天王以授西王母、靈飛太真太上丈人。(28/407b)

〖九華帝玄黃女〗*女神名。〈1/一〉奉請九微八道上皇、九華帝玄黃女、九靈之官、監真使者。(28/408b)

〖天妃〗*仙女。〈1/一〉天妃侍香,玉華執巾,衛以金童各三百人。(28/407b)

〖玉華〗*女神名。〈1/一〉天妃侍香,玉華執巾。(28/407b)

〖西華〗*仙署名。〈1/一〉金晨玉童三千人,西華玉女三千人,侍給三元夫人也,在洞房宮。(28/406c)

〖金晨〗*仙署名。〈1/一〉例見"西華"。

〖太平君〗*〈1/一〉〖北朔室〗*〈1/一〉太平君,官將一百二十人,治北朔室。(28/548b)

〖搖天動地无上九炁君〗*神名。〈1/一〉啓將軍戰,故遣吏請人庫二十萬

人衆,及搖天動地無上九炁君兵馬恊輔十方衆,及四面真官注炁君與同心兵士,所同如意,無令毀傷。(28/556c)

【四面真官注炁君】*神名。〈1/一〉例見"搖天動地無上九炁君"。

【人庫】*神兵。〈1/一〉例見"搖天動地無上九炁君"。

【同心兵士】*神兵。〈1/一〉例見"搖天動地無上九炁君"。

2.2 職司諸君〔10 + 6 + 874 = 890〕

早期天師道經中,有大量的神靈掌管世間各種與人直接或間接相關的事務,保護佑助民衆不受侵擾,平安地生活生產。以下以他們職掌的事務爲題,分類討論。

2.2.1 司天氣[0 + 0 + 26 = 26:貳 1〈0 + 0 + 1/0 + 0 + 一〉叁 10〈0 + 0 + 10/0 + 0 + 十〉肆 7〈0 + 0 + 7/0 + 0 + 七〉伍 6〈0 + 0 + 9/0 + 0 + 六〉陸 2〈0 + 0 + 2/0 + 0 + 二〉]

【漢明君】*〈1/一〉【靈臺宮】*〈1/一〉靈臺宮中漢明君,官將一百二十人,主攝天雷炁。(28/557a)

【九江北玄君】*〈3/一〉【天河宮】*〈1/一〉天河宮中九江北玄君,官將一百二十人,主下水炁風雷,合符沉雲,日中下雨。(28/557a)

【河天宮】*〈1/一〉九江北玄君,官將一百二十人,治河天宮,主天下炁,出風雷令符,興雲,日中下雨。(28/556c)

【中丙宮】*〈1/一〉九江北玄君,官將一百二十人,治中丙宮,青節霖雨,請晏,主之。(28/557b)

【九江九海玄君】*〈1/一〉【河宮】*〈1/一〉九江九海玄君,官將各一百二十人,[補:治]河宮,主水炁風雨合符,[補:興]雲,日中下雨,以爲効信,[補:興]雲下雨,主風雨。(28/557a)

【四洲九江君】*〈1/一〉【太山宮】*〈3/一〉四洲九江君五人,官將一百二十人,治太山宮,主起雲雨水炁。(28/557a)

【四水九谷君】*〈2/一〉太山宮中四水九谷君,官將一百二十人,收水炁諸河伯水帝子三十六人,下雨。太山宮中四水九谷君,官將一百二十人,主起炁

水炁。(28/557a)

〖小玄明君〗*〈1/一〉〖名主人宮〗*〈1/一〉名主人宮中小玄明君,官將一百二十人,主攝河伯呂公子,三十六水帝,十二溪女,九江[補:水帝],河平侯,作掾吏,部水鬼,興雲下雨。(28/557a)

〖九江水帝〗*〈1/一〉例見"小玄明君"。

〖河平侯〗*〈1/一〉例見"小玄明君"。

〖天公明正炁君〗*〈1/一〉〖中天宮〗*〈1/一〉天公明正炁君,官將一百二十人,治中天宮,主炁水風雷合符,迅雲下日,大雨。(28/556c)

〖天翁正炁君〗*〈1/一〉〖內中宮〗*〈1/一〉天翁正炁君,官將一百二十人,治內中宮,主月節上[止]霖雨,晏三日爲始,効信,主之。(28/557b)

〖天公正炁君〗*〈1/一〉〖食明宮〗*〈1/一〉天公正炁君一人,官將一百二十人,治食明宮,主月節霖露雨水清晏,黃昏白日請天皇。(28/557b)

〖河上真人君〗*〈1/一〉〖北大理宮〗*〈1/一〉河上真人君,官將一百二十人,治北大理宮,主爲天下吏民縣官致晏雨。(28/557a)

〖海日玉女〗*〈1/一〉海日玉女千二百人,衣赤衣,持雲炁雨泉,下風雨,制晏。(28/556c)

〖湖中玉女〗*〈1/一〉湖中玉女千二百人,衣赤衣,持雲炁水泉,下風雨,制晏。(28/557a)

〖江上玉女〗*〈1/一〉江上玉女千二百人,衣白衣,持天炁,主捕九雷精,霖雨致晏。(28/557b)

2.2.2　司居行安康[0+0+51=51;貳2〈0+0+2/0+0+二〉叁31〈0+0+37/0+0+三十一〉肆12〈0+0+12/0+0+十二〉伍6〈0+0+6/0+0+六〉]

〖天公君〗*〈1/一〉天公君一人,衛郎三萬九千人,刑生,可以此世過厄千歲。(28/538b)

〖衛郎〗*〈1/一〉例見"天公君"。

〖解厄君〗*〈1/一〉解厄君,官將一百二十人,主爲解除年命之上刑厄,姤星妒鬼,精鬼祟殺害,過度衰厄。(28/538b)

〖明堂絳室君〗＊〈1/一〉〖城宮室〗＊〈1/一〉明堂絳室君,官將一百二十人,治城宮室,主祭酒心傷萬端,還壽延年,管度世神仙,逆人不行。(28/538b)

〖壽命君〗＊〈1/一〉〖安昌室〗＊〈1/一〉壽命君,官將一百二十人,治安昌室,主爲天下萬民致壽命,延此度厄不衰。(28/538b)

〖青城壽曆〗＊〈1/一〉青城壽曆十二人,赤綺衣,主爲師長生一百二十年,方入名山。(28/541c)

〖南昌君〗＊〈1/一〉〖列庫室〗＊〈1/一〉南昌君,官將一百二十人,治列庫室,歷犯周旋八紀之中,脫下死籍,還著本命,消滅三蟲,伏長生不老,八十歲更爲十五童。(28/538b)

〖天倚邦君〗＊〈1/一〉〖五辰室〗＊〈2/一〉天倚邦君五人,治五辰室,主師守中神,願美色好,老更丁,一日。(28/541c)

〖天倚國君〗＊〈1/一〉天倚國君五人,治五辰室,主籍師五精守中神,還精美色丁莊[壯]。(28/541c)

〖天功君〗＊〈1/一〉天功君左右王侯各二十四吏,治男女色美,主治之。(28/547c)

〖左右王侯〗＊〈1/一〉例見"天功君"。

〖周玉君〗＊〈1/一〉〖地理宮〗＊〈2/一〉周玉君,將一百二十人,治地理宮,主致一百二十生烝神,衣赤幘,節禁人三魂七魄不棄人身,保命延年,長八百歲。(28/538c)

〖生烝神〗＊〈1/一〉例見"周玉君"。

〖南上君〗＊〈2/一〉〖食果室〗＊〈1/一〉南上君,官將一百二十人,治食果室,主開主[生]門,蓋[益]人壽,長令短,三日差去,非痊不得病人胷脅。(28/547b)

〖倉果室〗＊〈1/一〉南上君,官將一百二十人,治倉果室,開天門,益人壽命,病者得愈,殃禍者消滅之。(28/538b)

〖華景君〗＊〈1/一〉〖白玄室〗＊〈1/一〉華景君,官將一百二十人,治白玄室,主師入山精思面七曰[日]念面色土水上無,還年不老,陰陽烝備之。(28/541c)

〖武夷〗＊〈1/一〉辟斥故氣却邪精,武夷來福在中庭。(28/373a)

〖玉女素曆〗*〈1/一〉玉女素曆千二百人，衣赤衣，主致長生承差，具録（某）身三魂七魄，不得遠離（某），主長生，疾病差除。（28/538c）

〖釀泉君〗*〈1/一〉〖白玉室〗*〈1/一〉釀泉君，官將一百二十人，治白玉室，主飲食賀慶，和合神炁，之主[主之]。（28/552a）

〖仙官昌樂君〗*〈1/一〉〖地威室〗*〈1/一〉仙官昌樂君一人，官將一百二十人，治地威室，主收天下百姓作厨食，護之。（28/552b）

〖泰謂飽吏〗*〈1/一〉泰謂飽吏左右五人，官將一百二十人，主制三尸，令人不飢渴，長生。（28/541c）

〖王域行厨君〗*〈1/一〉〖王門室〗*〈1/一〉王域行厨君，官將一百二十人，治王門室，主令師制炁，不食不飢，可入名山，不用粮精廣神也。（28/541c）

〖金倉君〗*〈1/一〉〖神皇室〗*〈1/一〉金倉君，官將一百二十人，治神皇室，主致谷[穀]食炁，可入名山，不飢渴，同炁至仙官。（28/541c）

〖甲子諸官君〗*〈1/一〉道上三[二]玄、四玄[三元]、四始、甲子諸官君、三十六官君，亭傳客舍瑩[營]署注鬼，主行來出入，有取至。（28/554c）

〖三十六官君〗*〈1/一〉例見"甲子諸官君"。

〖萬里君〗*〈3/一〉〖引炁室〗*〈2/一〉萬里君五人，官將一百二十人，治引炁室，主止[正]一及萬民遠行，不逢禍害，以自營護乃行。（28/554c）

〖萬福君〗*〈1/一〉萬福君，官將一百二十人，主保萬民遠行萬里，道路滑利，却死來生，轉禍爲福，收除殃殺，往還無它，思所意所所從心。（28/541a）

〖萬里將軍〗*〈1/一〉主遠千里君，[補：萬]里將[補：軍]一合下，主將送天下萬民遠行，營護無令它憂。（28/555a）

〖主遠千里君〗*〈1/一〉例見"萬里將軍"。

〖千里君〗*〈1/一〉千里君，官將一百二十人，及佑護將君、萬福丈人等一合下，主營護遠行者。（28/555a）

〖佑護將君〗*〈1/一〉例見"千里君"。

〖萬福丈人〗*〈1/一〉例見"千里君"。

〖明堂玉女〗*〈1/一〉明堂玉女千二百人，衣白衣，主遠民遠行萬里，不逢殃痾難，主之。（28/541a）

〖北馬君〗*〈1/一〉〖室房室〗*〈1/一〉北馬君一人，官將一百二十人，治室

房室,主將帥遠行,不爲惡吏所得,令輕身自行千里。(28/541a)

【諸天馬君】*〈1/一〉〖石房室〗*〈1/一〉諸天馬君一人,官將一百二十人,治石房室,主將帥遠行,不爲吏兵所呵,令人身體輕便,日行千里,不用粮。(28/555a)

【九紀室】*〈1/一〉萬里君五人,官將各一百二十人,治九紀室,主將帥正一遠行,令無獲難禍害,道里四通千里外,營護無它,主之。(28/554c)

【明星玉女】*〈1/一〉明星玉女千二百人,白衣,主將正一遠行萬里,不逢禍害災厄難,主之。(28/554c)

2.2.3 治身體疾病[2 + 3 + 230 = 235]

健康是人們最爲關注的一個話題,對於疾病的原因,古人有許多理解,針對這些認識,構擬了相關的神靈,以解決相關的問題。

2.2.3.1 治百病(0 + 1 + 47 = 48:貳4〈0 + 0 + 4/0 + 0 + 四〉叁25〈0 + 0 + 26/0 + 0 + 二十五〉肆7〈0 + 0 + 7/0 + 0 + 七〉伍8〈0 + 0 + 8/0 + 0 + 八〉陸1〈0 + 0 + 1/0 + 0 + 一〉柒1〈0 + 0 + 1/0 + 0 + 一〉捌1〈0 + 0 + 1/0 + 0 + 一〉玖1〈0 + 0 + 1/0 + 0 + 一〉)

【太上運炁解厄君】*〈1/一〉太上運炁解厄君百萬人。无上太中君三千六百人。无上九帝君三十一萬人。无上太和君官將,九宮十二營衛,諸天虛空,大小一切百姓,有病苦者告諸弟子大一太玄元始炁三十萬億諸國祭酒,今牒中國諸姓字,依名殺之。(28/369c – 370a)

【无上太中君】*〈1/一〉例见"太上運炁解厄君"。

【无上太和君₁】*〈1/一〉例见"太上運炁解厄君"。

【无上九帝君】*〈1/一〉例见"太上運炁解厄君"。

【治病功曹】*〈1/一〉重勑(某)身治病功曹,爲所請官將醫吏,共案行(某)身,從頭至足,治肺察炁,六脉浮沉——沉處爲安,浮處爲散——滌除五臟,安穩六腑。(28/539a)

【白玄炁君】*〈1/一〉〖父王室〗*〈1/一〉白玄炁君一人,官將一百二十人,治父王室,主治大子落病,主治之。(28/547a)

【犯天正亂君】*〈1/一〉〖端正室〗*〈1/一〉犯天正亂君一人,官將一百二十人,治端正室,主師治人之久病不差,炁錯不同,主之。(28/546a)

〖天倉君〗*〈1/一〉〖天溜室〗*〈1/一〉天倉君一人,官將一百二十人,治天溜室,主天師連曆,當下此神,兆民病不欲[愈]者,醫治之。(28/549b)

〖天渴者〗*〈1/一〉白素君五人,官將一百二十人,治和陽室,主治女子百病所苦,告道思道,更改心腹,差。天渴者萬二千金,爲祭酒,男女吏兵,文世其罪過,即受此神。(28/549a)

〖陽先君〗*〈1/一〉〖陽食室〗*〈2/一〉陽先君一人,官將一百二十人,治陽食室,治天下男女百病取在,苦心神,思道即差。(28/549a)

〖陰先君〗*〈1/一〉陰先君一人,官將一百二十人,治陽食室,主治天下女子百病取在,苦心神,思道即差。(28/549b)

〖素赤君〗*〈1/一〉〖赤虛室〗*〈1/一〉素赤君五人,官將一百二十人,治赤虛室,主治男女百病所苦,造逆[道]思過改愍,復差。(28/549a)

〖白素君〗*〈1/一〉〖和陽室〗*〈1/一〉白素君五人,官將一百二十人,治和陽室,主治女子百病所苦,告道思道,更改心腹,差。(28/549a)

〖月玄玉女〗*〈1/一〉山周君一人,官將一百二十人,治始生室,玉女素女五童致仙藥神方,爲小兒,黃衣,即命玉女、月玄玉女千二百人,白衣,持神方,典治男女被病人,差愈。(28/539a)

〖經官素女〗*〈1/一〉經官素女千二百人,同還結忌,主固治男女百病,令差。(28/545c-546a)

〖上清太仙明堂玉女〗*〈1/一〉上清太仙明堂玉女千二百人,主致神藥,一合下典治(某)身中,所苦消滅。(28/539a)

〖求利百福君〗*〈1/一〉求利百福君,并合屬將吏生王道烝一合下,主民人百病,求欲皆得。(28/554c)

〖山周君〗*〈1/一〉〖始生室〗*〈1/一〉山周君一人,官將一百二十人,治始生室,玉女素女五童致仙藥神方,爲小兒,黃衣,即命玉女、月玄玉女千二百人,白衣,持神方,典治男女被病人,差愈。(28/538c)

〖地庆營君〗*〈1/一〉〖上室〗*〈1/一〉地庆營君五人,官將一百二十人,治上室,主治男女百病之鬼,令差。(28/545c)

〖天官揚秩君〗*〈1/一〉若病肌內消盡,性命垂困,當請天官揚秩君官一百二十人、君吏一百二十人合治之。(28/535b)

【須臾君】* 〈1/一〉若久病著家,請須臾君官將二十人,令治之。(28/535b)

【大龍君】* 〈1/一〉【七星室】* 〈1/一〉大龍君一人,官將一百二十人,治七星室,主罷天下卜問醫藥灸刺血,令無不行,主之。(28/538c)

【東明大夫君】* 〈2/一〉【天帝宮】* 〈1/一〉東明大夫君五人,官將一百二十人,治天帝宮,主操持煉藥治男女,當使服之。(28/538c)

【天帝室】* 〈1/一〉東明大夫君,治天帝室,道來宣諱上字,三風隨惡精痓留病,主治之。(28/547b)

【述丕君】* 〈1/一〉【素室】* 〈1/一〉述丕君,官將一百二十人,治素室,主病者中刑犯萬國被禱閉固,犯易主刑禱。(28/549b)

【七政君】* 〈1/一〉【陽室】* 〈1/一〉七政君,官將一百二十人,治陽室,主天下陰陽官吏病稽留,令差,主治之。(28/545c)

【主君】* 〈1/一〉【玄胎星】* 〈1/一〉主君,官將一百二十人,治玄胎星,主收捕某身中携病之鬼,着床卧來為精屯,稽留不差者。(28/545c)

【詳破殍君】* 〈1/一〉【在山室】* 〈1/一〉詳破殍君一人,官將一百二十人,治在山室,主天下男女解此鬼令人病者,愈起。(28/549b)

【八卦玄天君】* 〈1/一〉八卦玄天君,官將一百二十人,主收一百二十刑固之鬼,全被呪詛病,積日不差,羸嬰著狀思道者復不差,請魁魃吏一合下,主收(某)身中之呪詛盟要、惡逆之鬼,強絕之魂魄,道不理者。(28/549b)

【魁魃吏】* 〈1/一〉例見"八卦玄天君"。

【天君陰陽林君】* 〈1/一〉天君陰陽林君,官將吏左右一百二十人,治男子黃疸病。(28/546a)

【倉母君】* 〈1/一〉倉母君五人,官將一百二十人,主治男子瘧病之鬼作沉重,主令消滅之。(28/545c)

【右續令天】* 〈1/一〉右續令天三人,即千舳治急病攻心欲絕,主治之。(28/547c)

【扶清後部司馬和夏君】* 〈1/一〉扶清後部司馬和夏君八十四人,官將一百二十人,主心府。(28/547c)

2.2.3.2　治目病(0＋1＋23＝24:貳5〈0＋1＋5/0＋一＋四〉叁16〈0＋0＋16/十六〉肆1〈0＋0＋1/0＋0＋一〉伍2〈0＋0＋2/0＋0＋二〉)

〖八風周害君〗*〈1/一〉八風周害君,吏一百二十人,主治君病一目,治男子百脉病。(28/546a)

〖明鏡君〗*〈1/一〉〖關陽室〗*〈1/一〉明鏡君,官將一百二十人,治關陽室,主兩目睡[眸]子,精視萬里,目見形影,知吉凶。(28/543c)

〖天明君〗*〈1/一〉〖男室〗*〈1/一〉天明君五人,官將一百二十人,治男室,主治男子左目,生目之目,今[令]差,面目上諸毒,立差。(28/543c)

〖地明君〗*〈1/一〉地明君五人,官將一百二十人,治北室,生男女子左目之目,今[令]差。(28/543c)

〖明君〗*〈1/一〉〖北室〗*〈2/一〉明君五人,官將一百二十人,治北室,主治男女目痛,今[令]差。(28/543c)

〖左右青田君〗*〈1/一〉左右青田君一人,主典治目痛,目痛令三日除差,鬼消滅。(28/543b)

〖注變君〗*〈1/一〉〖高夏室〗*〈1/一〉注變君,官將一百二十人,治高夏室,主治目病,主治之。(28/543c)

〖逆注君〗*〈1/一〉〖右室〗*〈1/一〉逆注君,治右室,目病,令人除差。(28/543c)

〖陽天君〗*〈1/一〉陽天君,主治男女黴日之痛,主治之,除差。(28/543b)

〖舟明君〗*〈1/一〉〖孔次室〗*〈1/一〉舟明君一人,官將一百二十人,治孔次室,主治目寶海出督[瞖],十歲之病,可治之。(28/543b)

〖大明君〗*〈1/一〉大明君一人,官將一百二十人,治明堂,治男子目海生督[瞖]十歲之病,治之。(28/543c)

〖百玄玉女〗*〈1/一〉百玄玉女二百人,持神方良藥,主治男子目寶之病。(28/543c)

〖日月君〗*〈1/一〉〖欣室〗*〈1/一〉日月君,官將一百二十人,治欣室,主治吏民目海生[補:瞖]篤病十成[歲],治之。(28/543c)

〖天厭君〗*〈1/一〉天厭君,黑衣兵士十萬人,主收一百二十人并竈鬼,令人生目[瞖]之目,今[令]立差。(28/543c)

〖天癥君〗*〈1/一〉天癥君,黑衣兵士十萬人,主收一百二十人竈鬼病人目生目[瞖],主治差。(28/543c)

〖天壽君〗*〈1/一〉〖仙貢室〗*〈1/一〉天壽君一人,官將一百二十人,治仙貢室,主治男子聾十歲,主治之。(28/544a)

2.2.3.3　治耳喉病(0+1+23=24:貳4〈0+1+3/0+0+0+一+三〉叁13〈0+0+14 /0+0+十三〉肆3〈0+0+3/0+0+三〉伍3〈0+0+3/0+0+三〉捌1〈0+0+1/0+0+一〉)

〖天尊君〗*〈1/一〉〖仙真〗*〈1/一〉天尊君,官將一百二十人,治仙真,主治男子女耳聾十歲,不聞言語,治之。(28/544a)

〖天鼓君〗*〈1/一〉〖大素室〗*〈1/一〉天鼓君,官將一百二十人,治大素室,主治男女子喑聾,主治之。(28/544a)

〖百舌君〗*〈1/一〉百舌君一人,官將一百二十人,主治喑啞不能言語。領炁吏平定身中,治舌痛。(28/549a)

〖領炁吏〗*〈1/一〉例見"百舌君"。

〖咽喉翁天市大夫君〗*〈1/一〉〖成室〗*〈1/一〉咽喉翁天市大夫君一人,官將一百二十人,治成室,生主治萬民復連傷寒,絕音不能語。(28/542a)

〖白玄解激君〗*〈1/一〉〖陰明室〗*〈1/一〉白玄解激君一人,官將一百二十人,治陰明室,主治女晨夜音喉翁惡赤,治之。(28/545a)

〖北城賊君〗*〈1/一〉北城賊君五人,官將一百二十人,主治熱病亡言語之鬼。(28/542b)

〖九炁蜚舌君〗*〈1/一〉九炁蜚舌君一人,官將一百二十人,主治男女久病咳嗽。(28/549a)

〖九天九病君〗*〈1/一〉〖下塚室〗*〈2/一〉九天九病君,官將一百二十人,治下塚室,主治男子喉翁舌强,主治之。(28/545a)

〖九天候君〗*〈1/一〉九天候君,官將一百二十人,治下塚室,治男子喉翁舌强繫絶,主治之。(28/545b)

〖天九候君〗*〈1/一〉天九候君,官將一百二十人,主治男子咽喉腫痛,舌强炁結,主之。(28/544a)

〖侯君〗*〈1/一〉〖井室〗*〈1/一〉侯君一人,官將一百二十人,治井室,主

治女子翁舌病，主之。(28/545b)

〖九焦君〗*〈1/一〉〖九節宮〗*〈1/一〉九焦君五人，官將一百二十人，治九節宮，主治男女口齒，勑[頰]嚨中痛，今[令]差。(28/544a)

〖百吉君〗*〈1/一〉〖項安宮〗*〈1/一〉百吉君，官將一百二十人，治項安君[宮]，主治之齒瘡，勑[頰]咽中癰，治之。(28/544a)

〖元計君〗*〈1/一〉元計君左右二十四人，主治男女齒，今[令]差。(28/544a)

〖元和君〗*〈1/一〉元和君，官將一百二十人，主治男女口齒頰腫，口中生惡瘡，主治之。(28/544a)

2.2.3.4　治吐逆淋露(2+0+28=30:貳3〈2+0+1/二+0+一〉叁10〈0+0+11/0+0+十〉肆5〈0+0+5/0+0+五〉伍11〈0+0+11/0+0+十一〉柒1〈0+0+1/0+0+一〉)

〖東王陵君〗*〈1/一〉東王陵君五人，官將一百二十人，主治逆炁，令差。(28/547b)

〖扶清東主數君〗*〈1/一〉扶清東主數君，官將一百二十人，主治逆氣，令差。(28/548a)

〖太主星君〗*〈1/一〉太主星君一人，官將一百二十人，主治逆氣，令差。(28/548a)

〖蓋化司侯君〗*〈1/一〉蓋化司侯君三祖九和，主人吐病，令差。(28/546a)

〖蓋地司侯君〗*〈1/一〉蓋地司侯君三祖九和，主解治之吐病之鬼。(28/546a)

〖太衡君〗*〈1/一〉〖凶至室〗*〈1/一〉太衡君五人，官將一百二十人，治凶至室，治男女過地星路吸咄，主治之。(28/547b)

〖天五行平君〗*〈1/一〉〖丘平室〗*〈1/一〉天五行平君，官將一百二十人，治丘平室，主治男過下淺癖、淋露、吸吐，主治之。(28/547c)

〖地五行君〗*〈1/一〉〖木室〗*〈1/一〉地五行君，官將一百二十人，治木室，主治女子同帶下癖、淋露、咄吸，並主治之。(28/547c)

〖天官五行君〗*〈1/一〉〖大比丘平室〗*〈1/一〉天官五行君，官將一百二

十人,治大比丘平室,主男女吸咄不能[補:飲食],匡義腹中痛,令立差。(28/546b)

〖地官五行君〗*〈1/一〉【太室】*〈1/一〉地官五行君,官將一百二十人,治太室,主吸咄不能飲食,匡義腹中痛,令立差。(28/546b)

〖天地强亂君〗*〈1/一〉【正室】*〈1/一〉天地强亂君一人,官將一百二十人,治正室,主爲師復連痛炁,曆禁錮之鬼。(28/546a)

〖九天九丈人〗*〈1/一〉〖地留室〗*〈1/一〉九天九丈人,兵士各十萬人,主治地留室,主男女十歲淋露病,下此神,收察中牢獄。(28/547c)

〖男陽君〗*〈1/一〉〖河倉室〗*〈2/一〉男陽君一人,官將一百二十人,治河倉室,主小兒厭赤陽黃,常淋露三年,主治之。(28/547a)

〖嬰兒君〗*〈1/一〉嬰兒君一人,官將一百二十人,治河倉室,王[主]小兒厭赤陽,常淋露三年,主治之。(28/547a)

〖五佷君〗*〈1/一〉五佷君,官將一百二十人,治久病淋露,當骨消定痛水邪,滅百病痛。(28/545c)

〖九河北海君〗*〈1/一〉〖河元室〗*〈1/一〉九河北海君,官將一百二十人,治河元室,主治男女病小腹之痛,令立差。主水,能前醫所不治者。(28/546b)

〖九向北海君〗*〈1/一〉九向北海君,主治男子病水之鬼,令立差。(28/546a)

〖夫玄君瑩〗*〈1/一〉〖含威室〗*〈1/一〉夫玄君瑩,官將一百二十人,治含威室,生渴[主治]男女消渴羸格,治之。(28/547a)

〖天靈天童君〗*〈1/一〉〖高平中室〗*〈1/一〉天靈天童君一人,官將一百二十人,治高平中室,主扶凍。(28/547a)

2.2.3.5　治瘡癰腫瘤(0＋0＋22＝22:貳2〈0＋0＋2/0＋0＋二〉叁17〈0＋0＋18/十七〉肆2〈0＋0＋4/0＋0＋二〉伍1〈0＋0＋1/0＋0＋一〉)

〖玉女君〗*〈1/一〉〖長命室〗*〈1/一〉玉女君,官將一百二十人,治長命室,主二十四炁,主典治某身癩病毒蟲,浮風取苦,災患除。(28/539a)

〖赤丙子仁君〗*〈1/一〉〖又傷室〗*〈1/一〉赤丙子仁君,官將一百二十人,治又傷室,主天下玉女布行丹田之炁,主治萬蟲癩病毒蟲,消除之。(28/539a)

〖主法君〗*〈1/一〉〖五姓宮〗*〈1/一〉主[王]法君五人,官將一百二十人,

治五姓宮,主治男子面身體生瘡癩,犯十二眚。(28/544b)

〖天覆君〗*〈1/一〉〖周星室〗*〈2/一〉天覆君五人,官將一百二十人,治周星室,主治男子頸翁血,主治之。(28/545a)

〖地覆君〗*〈1/一〉〖九候室〗*〈1/一〉地覆君,官將一百二十人,治九候室,主治男子頸瘤癩顆下血鼠漏,主治之。(28/545b)

〖地天冢君〗*〈1/一〉〖九漢室〗*〈1/一〉地天冢君,官將一百二十人,治九漢室,主治女子得瘤疽下血,主治之。(28/545a)

〖省炁君〗*〈1/一〉〖七靈〗*〈1/一〉省炁君,官將一百二十人,治七靈,治萬民翁癩脆水病,主之。(28/545a)

〖省玉君〗*〈1/一〉〖七令室〗*〈1/一〉省玉君,官將一百二十人,治七令室,主治男女頭脊腫痛生瘡,令差。(28/546b)

〖地八節君〗*〈3/一〉〖大丹室〗*〈1/一〉地八節君,官將一百二十人,治大丹室,主治女身爛喉腫各強炁之病。(28/545a)

〖五星室〗*〈1/一〉地八節君一人,官將一百二十人,治五星室,主治男子手足癩疽,久病不差,魂魄拘繫者。(28/545b)

〖官君〗*〈1/一〉官君五人,官將一百二十人,主治男肩臂手腫,令差。(28/546b)

〖督金君〗*〈1/一〉〖盧黃室〗*〈1/一〉督金君,官將一百二十人,治盧黃室,治男女幘微露之踵,主治之。(28/547b)

2.2.3.6　治風痹羸弱(0＋0＋19＝19:叁14〈0＋0＋17/0＋0＋十四〉肆2〈0＋0＋2/0＋0＋二〉伍2〈0＋0＋2/0＋0＋二〉陸1〈0＋0＋1/0＋0＋一〉)

〖魄天君〗*〈1/一〉魄天君五人,官將一百二十人,主治男女病關節,令差。(28/546a)

〖頸無禮君〗*〈1/一〉頸無禮君,功曹五人,官將一百二十人,主治男女腰膝病,治之。(28/546a)

〖按摩君〗*〈1/一〉〖陽明室〗*〈1/一〉按摩君一人,官將一百二十人,治陽明室,主治男女四肢疼痛,主治之。(28/546a)

〖交路君〗*〈1/一〉交路君五人,官將一百二十人,主男女苦雨肌上炁風痹,兩脚上不隨,疼痛不能行步。(28/545b)

〖起地君〗*〈1/一〉〖上三千室〗*〈1/一〉起地君五人,官將一百二十人,治上三千室,主治女子四肢偏枯痿黄,令差。(28/545b)

〖赤舌君〗*〈1/一〉赤舌君,官將一百二十人,治上俗室,主治女子大風,治死飢[肌],令差。(28/545b)

〖黑炁溫水君〗*〈1/一〉黑炁溫水君,官將一百二十人,主治女子大風死飢[肌]病,主治之。(28/545b)

〖天官陰陽狄君〗*〈1/一〉天官陰陽狄君官將一百二十人,速炁吏左右七十一人,主治嬴病。(28/547c)

〖速炁吏〗*〈1/一〉速炁吏左右七十一人,主治嬴病。(28/547c)

〖起炁君〗*〈1/一〉〖安平宫〗*〈1/一〉起炁君五人,官將一百二十人,治安平安[宮],主治人痿跛偏枯,主治之。(28/545b)

〖四明君〗*〈3/一〉〖下食室〗*〈1/一〉四明君一人,官將一百二十人,治下食室,主治男女死飢[肌]病,主治之。(28/547a)

〖白玄宅炁君〗*〈1/一〉〖太真室〗*〈1/一〉白玄宅炁君五人,官將一百二十人,治太真室,主治女子十歲落病,連添收骨,治之差。(28/545c)

〖天水君〗*〈1/一〉〖上俗室〗*〈2/一〉天水君五人,官將一百二十人,治上俗室,主治女子大風病邪,主之。(28/545b)

2.2.3.7 治傷寒瘟病(0 + 0 + 20 = 20:貳3〈0 + 0 + 4/0 + 0 + 三〉叁7〈0 + 0 + 8/0 + 0 + 七〉肆4〈0 + 0 + 4/0 + 0 + 四〉伍6〈0 + 0 + 7/0 + 0 + 六〉)

〖北城九夷君〗*〈1/一〉〖滿室〗*〈1/一〉北城九夷君,官將一百二十人,治滿室,主收船車傷寒相連,歷疾病狂忽,喉壅身災。(28/542b)

〖運炁解厄君〗*〈1/一〉運炁解厄君,兵士十萬,辟斥五瘟傷寒,功時破殺之鬼。(28/542a)

〖五瘟都炁〗*〈1/一〉五瘟都炁,兵士四十萬人,主收惡炁五瘟傷寒鬼殺之炁。(28/542a)

〖百神炁君〗*〈1/一〉百神炁君一人,官將一百二十人,治難室,主收天下五瘟傷寒鬼病人者。(28/542b)

〖北黑大機君〗*〈1/一〉〖大行室〗*〈1/一〉北黑大機君五人,官將一百二十人,治大行室,主收五瘟傷寒時熱之病。(28/542b)

〖地官督烝君〗*〈1/一〉〖上文室〗*〈1/一〉地官督烝君五人,官將一百二十人,治上文室,市中五瘟傷寒,男子疾病。(28/542a)

〖地城伐吏〗*〈1/一〉〖難室〗*〈2/一〉地城伐吏五人,官將一百二十人,治難室,主收治某里五瘟傷寒,女子復連疾病。(28/542a)

〖討天君〗*〈1/一〉〖六丁室〗*〈2/一〉討天君,官將一百二十人,治六丁室,主收疾病時瘟毒之鬼,若在船上得屬者,傷寒連病相易五瘟之鬼。(28/542b)

〖計天君〗*〈1/一〉計天君,官將一百二十人,治六丁室,主收連藉傷寒,思烝歷亂。(28/542a)

〖振夫大兵〗*〈1/一〉振夫大兵十萬人,赤幘天冠,主收天下自稱五色瘟病之鬼。(28/542a)

〖北闕九夷君〗*〈2/一〉〖大苗室〗*〈1/一〉北闕九夷君五人,官將一百二十人,治大苗室,主收里中傷寒狼藉,吏民被狂惑。(28/542a)

〖天戴寶〗*〈1/一〉北闕九夷君,官將一百二十人,治天戴寶,主收市里傷寒病疾,吏民披髮狂足,忌罵,言錯亂。(28/542b)

〖北里太皇君〗*〈1/一〉〖行室〗*〈1/一〉北里太皇君五人,官將一百二十人,治行室,主收里中傷寒披髮。(28/542a)

2.2.3.8　治驚狂(0 + 0 + 27 = 27:貳2〈0 + 0 + 2/0 + 0 + 二〉叁18〈0 + 0 + 24/0 + 0 + 十八〉肆4〈0 + 0 + 4/0 + 0 + 四〉伍2〈0 + 0 + 2/0 + 0 + 二〉捌1〈0 + 0 + 1/0 + 0 + 一〉)

〖太陰君〗*〈3/一〉〖蘭室〗*〈1/一〉太陰君一人,官將一百二十人,治蘭室,主治男女驚病之鬼。(28/546a)

〖地星營星〗*〈1/一〉〖上靈室〗*〈1/一〉地星營星,官將一百二十人,治上靈室,主治驚狂之鬼。(28/543b)

〖扶清太一公華蓋君〗*〈1/一〉〖三侯室〗*〈1/一〉扶清太一公華蓋君二十四[補:人],官將一百二十人,治三侯室,九狂心膈。(28/547c)

〖破逆君〗*〈2/一〉〖漢仙室〗*〈2/一〉破逆君,將一百二十人,治漢仙室,主百姓男女病精魅中刑犯易、披髮狂走還格,因稱神鬼語,稱和言,皆主之。(28/542c)

【非門君】＊〈1/一〉〖安樂室〗＊〈2/一〉非門君一人,官將一百二十人,治安樂室,收捕天下八節十二辰,能治顛病之鬼。(28/543b)

【天門大營君】＊〈1/一〉〖太上室〗＊〈1/一〉天門大營君,官將一百二十人,治太上室,治男女顛狂癇病,主之。(28/543b)

【天玄關閉君】＊〈1/一〉〖星機宮〗＊〈1/一〉天玄關閉君一人,官將一百二十人,治星機宮,主男女狂易之論。(28/543b)

【天地精君】＊〈1/一〉〖苗林宮〗＊〈1/一〉天地精君,官將一百二十人,苗林宮,收治男女披髮狂易之病,主之。(28/542c)

【天樂君】＊〈2/一〉〖五水室〗＊〈1/一〉天樂君五人,官將一百二十人,治五水室,主收治女子狂易披髮奔走。(28/542c)

【五九室】＊〈1/一〉天樂君,官將一百二十人,治五九室,主治女子狂易被髮呼走之病。(28/543b)

【地黃君】＊〈1/一〉地黃君,官將一百二十人,治女顛狂病,狂言之。(28/543a)

【地門君】＊〈1/一〉地門君天營五人,官將一百二十人,主治女子雉癇顛病。(28/543b)

【土陽君】＊〈1/一〉〖闒空〗＊〈1/一〉土陽君一人,官將一百二十人,治闒空,主收捐天殺馬癇病之鬼,主治之。(28/543b)

【言生君】＊〈1/一〉言生君,官將一百二十人,治安樂室,主天下雲中一百二十神三十六,主病(某)心腹背脊四肢骨節戴眼吐沫口禁驚掣之鬼,收除之。(28/546b-c)

【嬰向君】＊〈1/一〉嬰向君二十人,主收食雲中閉,一切消滅。(28/546c)

【地灰榮感】＊〈1/一〉〖太上中室〗＊〈1/一〉地灰榮感五人,官將一百二十人,治太上中室,主治某身所苦雲中病,滅之。(28/546c)

2.2.3.9　治帶下孕產(0＋0＋21＝21:貳1〈0＋0＋1/0＋0＋一〉叁11〈0＋0＋11/0＋0＋十一〉肆5〈0＋0＋5/0＋0＋五〉伍3〈0＋0＋3/0＋0＋三〉玖1〈0＋0＋1/0＋0＋一〉)

【封離君】＊〈1/一〉封離君十二人,主男女心腹痛,臍下便拘急激滿。帶下十二之鬼,主之也。(28/546b)

〖赤師君〗*〈1/一〉赤師君一人,官將一百二十人,主治女子陰門中下血,絕子,帶下十一時病,主治之。(28/548a)

〖九河君〗*〈1/一〉九河君官將一百二十人,主治男女大小便不通,主治之。(28/546b)

〖天傾君〗*〈1/一〉〖五炁室〗*〈1/一〉天傾君,官將一百二十人,治五炁室,主治女子下赤白,晝夜不止,十二病,絕嗣。(28/546b)

〖聽敵君〗*〈1/一〉〖平害室〗*〈1/一〉聽敵君,官將一百二十人,治平害室,主爲郎差女性受命,令懷妊無它,主之。(28/546c)

〖天官五行三五七九君〗*〈1/一〉天官五行三五七九君,官將一百二十人,主治男女陰陽閉塞不通,利腫痛生瘡,主治之。(28/546b)

〖護胎吏〗*〈1/一〉護胎吏,主護(某)胎成,日月成滿,堅固受炁。(28/547a)

〖嬰兒乳母吏〗*〈1/一〉嬰兒乳母吏,主乳(某)胎兒,使調暢交好。(28/546c)

〖期文君〗*〈1/一〉〖小仙室〗*〈1/一〉期文君,官將一百二十人,治小仙室,主女子産乳難,子橫胎中,病風面,以時下之。(28/547a)

〖萬産醫吏〗*〈1/一〉萬産醫吏,輔易(某)身,使差速易,母子端正,度脱無他。(28/547a)

〖陽炁君〗*〈1/一〉〖經室〗*〈1/　〉陽炁君,官將·百二十人,治經室,主保女子産解易,兒時出,母子無它留難。(28/546c)

〖十部都曹〗*〈1/一〉欲求保宜子孫,欲求婦女安胎,今爲別請十部都曹、正炁中郎、刺史從事、素車白馬君、北城詔命君、天上督逆君、廣司君、太玄老君、太和之炁一千二百人,各將軍五人,屯住(某)家中庭。(28/368b)

〖正炁中郎〗*〈1/一〉例見“十部都曹”。

〖北城詔命君〗*〈1/一〉例見“十部都曹”。

〖天上督逆君〗*〈1/一〉例見“十部都曹”。

〖太玄老君〗*〈1/一〉例見“十部都曹”。

〖太和之炁〗*〈1/一〉例見“十部都曹”。

2.2.4　司婚姻家庭(1+0+51=52:貳6〈1+0+6/一+0+五〉叁31〈0+0+37/0+0+三十一〉肆3〈0+0+3/0+0+三〉伍8〈0+0+9/0+0+八〉陸2〈0+0+2/0+0+二〉柒2〈0+0+2/0+0+二〉)

〖中室敢健吏】*〈1/一〉〖陰陽嫁娶吏】*〈1/一〉【九室$_2$】*〈1/一〉中室敢健吏左右陰陽嫁娶吏千二百人,主收捕九室炁,主嫁娶。(28/552b)

〖玄來君】*〈1/一〉〖富女室】*〈1/一〉玄來君一人,官將一百二十人,治富女室,主天下男女嫁娶,令妻夫致二萬歲,延年。嫁娶吏一合下,主萬民嫁娶,監臨營衛,使其安穩。(28/552a)

〖嫁娶吏】*〈1/一〉例見"玄來君"。

〖天大夫君】*〈1/一〉〖五行室】*〈1/一〉天大夫君,官將一百二十人,治五行室,主收萬民嫁娶聘令[合]制。使得倍收。(28/552c)

〖九倉君】*〈1/一〉〖目還室】*〈1/一〉九倉君,官將一百二十人,治目還室,主收天下嫁娶飲食合會生成,和合男女,符命年壽。(28/552b)

〖左右宣奉君】*〈1/一〉〖陽歸室】*〈1/一〉左右宣奉君,官將一百二十人,治陽歸室,主天下萬民嫁娶時鬼,主之。(28/552b)

〖赤靈君】*〈2/一〉〖激室】*〈1/一〉赤靈君,官將一百二十人,治激室,主治天下萬民嫁娶時鬼,主之。(28/552b)

〖左右宜春君】*〈2/一〉〖正陽室】*〈1/一〉左右宜春君,官將一百二十人,治正陽室,主收天下嫁娶時鬼,爲人作精,符命相尅,[補:主]之。(28/552a)

〖陰陽室】*〈5/一〉左右宜春君,官將一百二十人,治陰陽室,主收天下人民嫁娶時鬼,爲人作精祟者,稱符命相尅,主之。(28/552a)

〖清廉考召征伐君】*〈1/一〉清廉考召征伐君吏,主收嫁娶時之禁忌媚固娟妬之鬼。(28/553c)

〖九炁玄機君】*〈1/一〉〖中庭室】*〈1/一〉九炁玄機君,官將一百二十人,治中庭室,主收移徙嫁娶時鬼病人者,主之。(28/552a)

〖天貴黑衣兵士】*〈1/一〉天貴黑衣兵士十萬衆生,立收一百二十人時鬼,嫁娶迴狂言語。(28/552b)

〖歌樂君】*〈1/一〉歌樂君一人,官將一百二十人,治陰陽室,主收天下萬

民嫁娶飲食合會賓客成生,和合男女,皆令喜笑,符命益傳。(28/552a)

〖石都侯君〗*〈1/一〉石都侯君,官將一百二十人,治陰陽室。(28/535c)

〖天處君〗*〈1/一〉〖五衛室〗*〈1/一〉天處君,官將一百二十人,治五衛室,主萬民嫁娶娉合,尅制四時鬼,合符命,令有貴子。(28/552a)

〖天陵君〗*〈1/一〉〖五衡室〗*〈1/一〉天陵君,官將一百二十人,治五衡室,主萬民嫁娶娉合時,合[令]有貴子,主之。(28/552b)

〖歌唱君〗*〈1/一〉〖衡室〗*〈1/一〉歌唱君一人,官將一百二十人,治衡室,主萬民嫁娶會合得宜,令有男女。(28/552b)

〖山澤君〗*〈1/一〉山澤君,官將一百二十人,治陰陽室,主天下崖蠶自天父母蠶。(28/553b)

〖天竟君〗*〈1/一〉〖洛臺室〗*〈2/一〉天竟君五人,官將一百二十人,治洛臺室,主解男女違犯天年歲星,不宜夫妻者。(28/553b)

〖地竟君〗*〈1/一〉地竟君五人,官將一百二十人,治洛臺室,主解男女違天年歲星,不宜子者。(28/553b)

〖玉竟君〗*〈1/一〉玉竟君五人,官將一百二十人,治倉室,主男女犯天年歲君逆炁,不宜妻子者。(28/553b)

〖玉曆君〗*〈1/一〉〖九天室〗*〈1/一〉玉曆君,官將一百二十人,治九天室,主解天下男女嫁娶,年命在天年歲星之中,不宜夫妻少子孫者,下此神保護之,使年長相宜。(28/552c)

〖開天元君〗*〈1/一〉〖食室〗*〈1/一〉開天元君五人,官將一百二十人,治食室,主解男女犯歲星,使宜,妻子安穩。(28/553b)

〖請素白玄明君〗*〈1/一〉〖部城室〗*〈1/一〉請素白玄明[補:君],官將一百二十人,治部城室,主解天下女子嫁娶,生命在天年歲星逆鬼之中,有若姐鬼妬神,醜宿惡星,拘刑鬼天,懸尸六害,肌骨刑禍,不宜翁姑夫子者,丰收之。(28/552b)

〖北平君〗*〈1/一〉〖群城室〗*〈1/一〉北平君,官將一百二十人,治群城室,主解天下嫁娶不宜姑翁。(28/552c)

〖禁地君〗*〈1/一〉〖先宮〗*〈1/一〉禁地君五人,官將一百二十人,治先宮,逐女子不謹,殺夫痛人,必不[下]收之,即得。(28/556c)

〖自得姹里官〗*〈1/一〉〖左劉宮〗*〈1/一〉自得姹里官一人,官將一百二十人,治左劉宮,主天下女子不謹,輕遥[淫]逐夫,即得之。(28/556b)

〖星君〗*〈2/一〉〖左列宮〗*〈1/一〉星君,官將一百二十人,治左列宮,主天下女子不謹翼祖,輕淫逐人亡,逐則得之。(28/556b)

〖三祖君天翁祠母〗*〈1/一〉〖消各祖山室〗*〈1/一〉三祖君天翁祠母五人,官將一百二十人,治消各祖山室,主父隨所在。(28/547c)

〖上逐亡人君〗*〈1/一〉〖綱紀宮〗*〈1/一〉上逐亡人君,官將一百二十人,治綱紀宮,主萬民奴婢逃亡,追之,令自得。(28/556c)

2.2.5 社會管理[3+1+175=179]

2.2.5.1 教育監察(0+1+55=56:貳9〈0+1+21/0+一+十〉叁29〈0+0+36/0+0+二十九〉肆6〈0+0+7/0+0+六〉伍4〈0+0+4/0+0+四〉陸4〈0+0+4/0+0+四〉柒2〈0+0+2/0+0+二〉玖1〈0+0+1/0+0+一〉拾貳1〈0+0+1/0+0+一〉)

〖東華〗*仙署名。〈2/一〉上告後聖君曰:諸有骨分,名書東華,録字上清,得佩真書衆籙,即給玉童玉女侍衛己身,記功明善,糺禁漏泄。(28/409c)

〖太極領仙〗*〈1/一〉有犯此禁,太極領仙退削子陟真之爵。(28/409a)

〖司命〗*〈2/二〉香美齋餅,求於司命,欲令男女,憎他愛己。(28/369a)

〖三老〗*〈1/一〉南鄉三老鬼,俗五道鬼,姓車名匠,主諸死人録籍,考計生人罪,皆向之。(18/239c)

〖五道〗*〈1/一〉例見"三老"。

〖奏事〗*〈1/一〉主人夫妻无道,不順陰陽,此鬼白直符,直符白奏事,除人生籍。(18/246c)

〖直符〗*〈12/二〉直符疏記,毫分不差。(18/249c)

〖受南奉君〗*〈1/一〉〖天倉室〗*〈2/一〉受南奉君,官將一百二十人,治天倉室,主令師出來不用衣粮,萬民自來溉食之。(28/554c)

〖天奉君〗*〈1/一〉天奉君,官將一百二十人,治天倉室,主師行不持精[粮]用,萬民未[來]溉。(28/554c)

〖蓋天君〗*〈1/一〉〖道門室〗*〈1/一〉蓋天君,官將一百二十人,治道門

室,主請山神師入名山,道却神,可在致山道,玉女素女主之。(28/541c)

【五經化炁君】*〈1/一〉【九奇室】*〈1/一〉五經化炁君,將一百二十人,治九奇室,主祭酒童蒙,令自受教。(28/541b)

【夫子君】*〈1/一〉【紫微蓋室】*〈1/一〉夫子君,官將一百二十人,治紫微蓋室,主男女官祭酒心腹童蒙,令之化聖,使都却鬼語。(28/541b)

【玉仙君】*〈1/一〉【太素₂】*〈1/一〉玉仙君,官將一百二十人,治太素,主女官祭酒心腹童蒙,令之化聖,使知鬼女。(28/541b)

【五星₂】*〈1/一〉請五星二人,官將一百二十人,下注(某身)。(28/541b)

【周天八極君】*〈1/一〉請周天八極君,左右陰陽明決吏十二人下并(某身),隱意定志。(28/541b)

【左右陰陽明決吏】*〈1/一〉例見"周天八極君"。

【國三老白兔君】*〈1/一〉【駱城宮】*〈1/一〉國三老白兔君,官將一百二十人,治駱城宮,主治中鬼亂,考召帥[師]罪過不正,神爲帥[師]督下曹,分別官吏兵,解帥[師]罪禍。(28/536c)

【國三考白兔君】*〈1/一〉【駱城室】*〈2/一〉國三考白兔君,官將一百二十人,治駱城室,治中鬼亂,考召師罪過,下此神爲師馬天下切,分別官吏兵,解罪師過。(28/540a)

【國三老白巽君】*〈1/一〉【駱威室】*〈1/一〉國三老白巽君一人,官將一百二十人,治駱威室,主治中惡犯考召吏,罪功過分別斷,主解考召。(28/537a)

【國三考白巽君】*〈1/一〉國三考白巽君一人,官將一百二十人,治駱城室,主治中惡犯考吏罪過,分別釋玉解考君。(28/540b)

【分別釋玉解考君】*〈1/一〉例見"國三考白巽君"。

【主行君】*〈1/一〉【平地室】*〈1/一〉主行君,將一百二十人,治平地室,主有功之吏,誅惡養善,常令神還,令道明。(28/537a)

【五衡君】*〈1/一〉【玉女室】*〈1/一〉五衡君,官將一百二十人,治玉女室,主有功之吏誅惡養善,主之。(28/537b)

【畢女君】*〈2/一〉【仙宮室】*〈1/一〉畢女君一人,官將一百二十人,治仙宮室,主解諸祭酒犯録止[上]禁,飲酒食肉,行輕重於民間,姦好淫通之罪,皆

使無他。(28/536c)

〖仙室〗*〈1/一〉畢女君一人,官將一百二十人,治仙室,主解祭酒犯録上禁忌,飲酒食肉,行輕重於民間,姦[補:好]淫通之罪,皆使無它。(28/540b)

〖和炁君〗*〈1/一〉〖具寄宮〗*〈1/一〉和炁君,官將一百二十人,治具寄宮,主收諸祭酒讁考相及伐者,正炁君殺之。(28/536c)

〖正炁君〗*〈1/一〉例見"和炁君"。

〖和氣君〗*〈1/一〉〖旦寄室〗*〈1/一〉和氣君,官將一百二十人,治旦寄室,收諸祭酒讁考相及代[伐]者,正典直殺之。(28/540a)

〖察炁君〗*〈2/一〉〖名山宮〗*〈2/一〉察炁君,治名山宮,主收考諸祭酒飲[補:酒]食肉淫佚者,主祭[察]殺之。(28/540a)

〖察姦君〗*〈2/一〉〖名山室〗*〈1/一〉察姦君一人,官將一百二十人,治名山室,主祭酒犯録,飲酒食肉,民子淫盜,解之。(28/540b)

〖仙名山室〗*〈1/一〉察姦君一人,官將一百二十人,治仙名山室,主祭酒食肉,民子淫盜,解之。(28/537a)

〖文書監察君〗*〈1/一〉〖九天諸室〗*〈1/一〉文書監察君,官將一百二十人,治九天諸室,主天下獄注吏,諸獄屬之。(28/555a)

〖中央天兵士〗*〈1/一〉中央天兵士十萬人,赤幘君,主收捕緒帥行刑,及返逆不正者。(28/547c)

〖三公節日月九考郎候龍使者〗*〈1/一〉三公節日月九考郎候龍使者,六甲父母官將一百二十人,主解天下千二百考吏手書自澄者形。(28/536c)

〖六甲父母〗*〈2/一〉例見"三公節日月九考郎候龍使者"。

〖天還君〗*〈2/一〉天還君,白衣兵士千一萬衆,主收諸考吏,察之。(28/536c)

〖天還室〗*〈1/一〉天還室白衣兵十萬衆生,諸考吏察正之。(28/540a)

〖制天君〗*〈1/一〉〖丈人室〗*〈1/一〉制天君,官將二十人,治丈人室,主祭天官,道鬼號不別,炁曆師祭酒得道,下屯神,分別主之。(28/541c)

〖三云節月九候龍使者〗*〈1/一〉三(云)節月九候龍使者,六甲父母官將各一百二十人,解夭千二百考吏等,書自證者形。和氣君,官將一百二十人,治旦寄室,收諸祭酒讁考相及代者,正典直殺之。(28/540a)

2.2.5.2　司官事刑獄口舌(0＋0＋80＝80：貳1〈0＋0＋1/0＋0＋一〉叁
35〈0＋0＋49/0＋0＋三十五〉肆13〈0＋0＋14/0＋0＋十三〉伍15〈0＋0＋17/0
＋0＋十五〉陸12〈0＋0＋12/0＋0＋十二〉柒1〈0＋0＋1/0＋0＋一〉捌2〈0＋0
＋2/0＋0＋二〉玖1〈0＋0＋1/0＋0＋一〉)

〖斬斧湯父〗*〈1/一〉又請斬斧湯父官將千二百人。又請破市大將軍千二
百人。又請破市大將軍千二百人。又請破獄大將軍千二百人,又請脫擊大將
軍千二百人,又請解患大將軍千二百人,又請散事大將軍千二百人,又請鎮承
大將軍千二百人。五部大夫君吏、七部天官將一合來下,主爲回化官事。(28/
537b)

〖破市大將軍〗*〈1/一〉例見"斬斧湯父"。

〖破獄大將軍〗*〈1/一〉例見"斬斧湯父"。

〖脫擊大將軍〗*〈1/一〉例見"斬斧湯父"。

〖解患大將軍〗*〈1/一〉例見"斬斧湯父"。

〖散事大將軍〗*〈1/一〉例見"斬斧湯父"。

〖鎮承大將軍〗*〈1/一〉例見"斬斧湯父"。

〖尊神斬斧疾湯部君〗*〈1/一〉尊神斬斧疾湯部君,又請顛倒將軍、絕斷將
軍、出囚出魂將軍、收炁出炁將軍、出徙囚繫將軍、收符拾傳將軍合下,速爲解
脫牢獄,效。(28/544c)

〖顛倒將軍〗*〈2/一〉例見"尊神斬斧疾湯部君"。

〖絕斷將軍〗*〈1/一〉例見"尊神斬斧疾湯部君"。

〖出囚出魂將軍〗*〈1/一〉例見"尊神斬斧疾湯部君"。

〖收炁出炁將軍〗*〈1/一〉例見"尊神斬斧疾湯部君"。

〖出徙囚繫將軍〗*〈1/一〉例見"尊神斬斧疾湯部君"。

〖收符拾傳將軍〗*〈1/一〉例見"尊神斬斧疾湯部君"。

〖尊神斬斧或陽部君〗*〈1/一〉尊神斬斧或陽部君,主解囚擊牢獄,令得解
散。顛倒將軍,破木將軍,絕擊將軍,收符檢傳將軍,主脫厄難,囚繫牢獄,令得
解散。(28/555a)

〖破木將軍〗*〈1/一〉例見"尊神斬斧或陽部君"。

〖絕擊將軍〗*〈1/一〉例見"尊神斬斧或陽部君"。

【收符檢傳將軍】*〈1／一〉例見"尊神斬斧或陽部君"。

【官席君】*〈1／一〉〖巨門室〗*〈2／一〉官席君,官將一百二十人,治巨門室,主爲某解除官事,囚繫牢獄,令解散出。(28／536a)

【清倉君】*〈1／一〉清倉君,官將一百二十人,治巨門室,主壓伏官事怨仇刑害,止之。(28／536a)

【北一官左童君】*〈1／一〉北一官左童君,官將二百二十人,又請收刑檢刑逆吏一百一十人,主爲(某)斷絕縣官,惡人謀議,口舌牢獄,當爲平集消滅之。(28／536b)

【收刑檢刑逆吏】*〈1／一〉例見"北一官左童君"。

【冠帶君】*〈2／一〉〖五明室〗*〈2／一〉冠帶君,官將一百二十人,治五明室,主解萬民犯事繫在牢獄,下屯神,令繫者易得解去。(28／555a)

【青倉君】*〈1／一〉〖豆行室〗*〈1／一〉青倉君一人,官將一百二十人,治豆行室,主罷厭官[補:事]怨仇刑禍,令各解散消亡,不作。(28／555a)

【龐咄律君】*〈1／一〉大小熒星戰鬥兵龐咄律君,反君逆解兵衣鐵復刃下,營護民人縣官口舌。(28／555b)

【反君】*〈1／一〉例見"龐咄律君"。

【都星君】*〈4／一〉〖青蓋室〗*〈4／一〉都星君一人,官將一百二十人,治青蓋室,主解官事。(28／555b)

【朔平君】*〈1／一〉高都君、朔平君,官將一百二十人……主和論先亡。(28／535b)。

【四顧君】*〈1／一〉四顧君,官將一百二十人,治青蓋室,主壓伏官怒仇刑害,止之,令甚不到口舌消滅之。(28／536a)

【天願君】*〈1／一〉天願君,官將一百二十人,治青蓋室,主官事怨仇。主人八關君。(28／555b)

【八關君】*〈1／一〉例見"天願君"。

【四願君】*〈1／一〉〖陽蓋室〗*〈1／一〉四願君,官將一百二十人,治陽蓋室,主解官事怨仇,主之。(28／555c)

【八門君】*〈1／一〉〖太皇室〗*〈1／一〉八門君一人,官將一百二十人,治太皇室,主壓收制官事怨仇刑害,止之。(28／536a)

【蜀下室】*〈1／一〉[原文缺]一人,官將一百二十人,治蜀下室,主解吏民

制官事仇怨,刑禍口舌,却召之。(28/555c)

〖無上百福君〗*〈1/一〉無上百福君,兵千二百人,主收諸人思作諸禍變口舌炁人精,主之。(28/556a)

〖仙官玉女〗*〈1/一〉仙官玉女千二百人,主喚天生炁吐精,能制解官事。(28/555b)

〖角周趙女〗*〈1/一〉角周趙女三千七人,披髮,能制官事怨刑禍,止之。(28/536a)

〖魚國玉女〗*〈1/一〉魚國玉女三千六百人,被髮持蟲趍解官事,上千二百刑禍,却止之。(28/555a)

〖地官玉女〗*〈1/一〉地官玉女千二百人,衣五彩衣,戴通天冠,主收地炁、吐精、沐制、刑禍、口舌、清靈六種。(28/556a)

〖城周越女〗*〈1/一〉城周越女兵三十億萬人,主收口舌誹謗。(28/556b)

〖天越女〗*〈1/一〉天越女三十億萬,主收口舌惡逆誹謗。(28/556b)

〖東方大領神父〗*〈1/一〉願請東方大領神父、西方大領神母、南方大領神父、北方大領神母、中央大領神君主領惡人,逆使(某)口舌不語,從此絕。(28/537c)

〖西方大領神母〗*〈1/一〉例見"東方大領神父"。

〖南方大領神父〗*〈1/一〉例見"東方大領神父"。

〖北方大領神母〗*〈1/一〉例見"東方大領神父"。

〖中央大領神君〗*〈1/一〉例見"東方大領神父"。

〖天皇君〗*〈1/一〉〖萬仙室〗*〈1/一〉天皇君五人,官將各一百二十人,治萬仙室,主制百姓口[補:舌]變門[鬥],收正其炁,令萬民同心相見。(28/556a)

〖清靈六鐘太皇君〗*〈1/一〉清靈六鐘太皇君五人,官將一百二十人,治石仙室,主制百姓口舌變鬥,正收其炁,令萬民同心,相見喜悅,善之。(28/537a)

〖南鐘天星君〗*〈1/一〉〖石仙室〗*〈2/一〉南鐘天星君五人,官將各一百二十人,治石仙室,主收攝百姓縣官口舌,吏民惡逆之者,令心玄同。(28/555b)

〖南鎮六星君〗*〈1/一〉〖含光先宫〗*〈1/一〉南鎮六星[補:君],官將一百

357

二十人,治含光先官[宫],主收利百姓口舌萬二十禍變,合萬人,同心笑喜。(28/556a)

〖南鐘六星君〗*〈3/一〉〖仙石室〗*〈1/一〉南鐘六星君五人,官將一百二十人,治仙石室,主收百姓逆吏口舌,使萬民同意合心。(28/537b)

〖仙合宫〗*〈1/一〉南鐘六星君五人,官將一百二十人,治仙合君[宫],主收百姓口舌,一百二十人,變剋,令民人同心笑喜。(28/537b)

〖喜笑朱雀君〗*〈1/一〉〖浴平室〗*〈1/一〉喜笑朱雀君,官將一百二十人,治浴平室,主護萬人,令客飲食營陣,聚衆久令無怨惡者,制止口舌。(28/556a)

〖河北紀浴水周開逆吏〗*〈1/一〉河北紀浴水周開逆吏送人役屯還正,主收口舌誹謗。(28/556b)

〖無上清玄君〗*〈1/一〉無上清玄君,兵百萬衆,主收萬民爲人作口舌呪詛罵詈,蠱人茶毒之鬼。(28/556a)

〖左慧右喜君〗*〈1/一〉左慧右喜君,官將一百二十人,主爲(某)斷絕屯里中道俗百姓口舌,無令近我身。(28/537b)

〖忝上清玄君〗*〈1/一〉忝上清玄君,兵士十萬人,主收天下道俗萬民爲人作口舌、誹謗呪詛罵者,收考之。(28/537a)

〖五經君〗*〈2/一〉〖北上宫〗*〈1/一〉五經君一人,官將一百二十人,治北上宫,主絕口舌,師正一,民子不行口舌誹謗大道,不令人逢禍害,主絕口舌。(28/556a)

〖北上室〗*〈1/一〉五徑[經]君,官將一百二十人,治北上室,爲祭酒某絕斷萬民口舌,不行,令逢殃禍,主之。(28/537a)

〖越上君〗*〈1/一〉〖陽明宫〗*〈1/一〉越上君,官將一百二十人,治陽明宫,收吏民返逆,誹謗道法,欲令鬥者,主收之。(28/556b)

〖剋冠惡君〗*〈1/一〉剋冠惡君,將一百二十人,治高平室,收天下出狂語他忝,非真傷賢,[疑脱:主]之。(28/537a)

〖察惡君〗*〈2/一〉〖高平室〗*〈3/一〉察惡君,官將一百二十人,治高平室,主收地上道俗人萬民,狂語泄道,誹誹真毀賢,主之。(28/537a)

〖辭曹君〗*〈1/一〉〖仙里室〗*〈1/一〉辭曹君,官將一百二十人,治仙里

室,主責疾者辭語,男女大小心化自欺過手罪,差。(28/549a)

〖北始道元君〗*〈1/一〉〖靈明室〗*〈1/一〉北始道元君,官將一百二十人,治靈明室,主治萬民破貴亡賤,有不利者,主之。(28/551c)

2.2.5.3　司劫盜叛逆(3+0+40=43:貳11〈3+0+10/三+0+八〉叁20〈0+0+21/0+0+二十〉肆5〈0+0+7/0+0+五〉伍6〈0+0+8/0+0+六〉陸1〈0+0+1/0+0+一〉)

〖日男〗*〈2/一〉日男千二百人,衣赤衣,主捕天下盜賊怨仇萬民爲惡逆者,主之。(28/555c)

〖月女〗*〈1/一〉月女千二百人,白衣,主收天下女子爲人盜賊劫,收之。(28/538a)

〖東西太白君〗*〈2/一〉〖天乾室〗*〈1/一〉東西太白君,官將一百二十人,治天乾室,主爲天下郡鄉亭里域萬民劫抄盜賊殺之者,察之。(28/538a)

〖九天乾宮〗*〈1/一〉東西太白君,官將一百二十人,治九天乾宮,主天下郡縣鄉亭里域萬民劫掠奸好謀殺戾便罪,考察之。(28/555c)

〖萬姓君〗*〈1/一〉〖和仙室〗*〈1/一〉萬姓君,官將一百二十人,治和仙室,主萬民心腸不正,盜賊掠取劫抄,主收之。(28/538a)

〖西方大將軍〗*〈1/一〉西方大將軍一合下,爲天下萬民逐盜。(28/555c)

〖百姓君〗*〈1/一〉〖和山宮〗*〈1/一〉百姓君一人,官將一百二十人,治和山宮,主天下民人心腹正戾,盜取劫抄奸好,主之。(28/555c)

〖貶君〗*〈1/一〉〖百角室〗*〈1/一〉貶君,官將一百二十人,治百角室,主天下陰陽十二種官將行列返逆,老[考]之。(28/538a)

〖承天大兵〗*〈2/一〉承天大兵十萬人,赤幘丹衣,主及百姓更相劫掠,男女陰陽悖亂,却減之。(28/538a)

〖各逆宮〗*〈1/一〉星君一人,官將一百二十人,治各逆宮,主逐捕天下萬民盜賊不亡,主之。(28/555b)

〖天位君〗*〈1/一〉〖扶宗宮〗*〈1/一〉天位君五人,官將一百二十人,治扶宗君[宮],主人家宅不盜賊劫抄。(28/538a)

〖五陽君〗*〈1/一〉〖門宮〗*〈1/一〉五陽君,官將一百二十人,治門宮,主

男子不翼祖諱,劫盜萬物,罪不正,收之。(28/555c)

〔歲星君〕*〈1/一〉〖耗宅宮〗*〈1/一〉歲星君五人,官將各一百二十人,治耗宅宮,主天下男子不謹,掠人妻,求逐人亡,逐則得之。(28/556b)

〔禁天君〕*〈1/一〉〖南昌室〗*〈2/一〉禁天君五人,官將一百二十人,治南昌室,主逐捕男子劫掠人夫妻,痛人,必令得之。(28/556b)

〔天官₃〕*〈1/一〉〖南宮〗*〈1/一〉天官五人,官將各一百二十人,治南宮,主逐捕男子劫掠人妻,痛,必令自還本主。(28/556c)

〔地君〕*〈1/一〉〖西宮〗*〈1/一〉地君五人,官將一百二十人,治西宮,主逐捕女子劫掠人夫,痛心,令自還本主。(28/555b)

〔林杜君〕*〈1/一〉〖男宮〗*〈1/一〉林杜君五人,官將各一百二十人,治男[補:宮],主劫掠人夫妻,痛,必收子。(28/556b)

〔無上督逆君〕*〈1/一〉無上督逆君兵十萬人,主逐盜賊逃亡,令自來還。(28/556c)

〔上曆逆清玄君〕*〈1/一〉上曆逆清玄君百萬人,收地上盜賊,逐捕逃亡,全不得脫。(28/538b)

〔日月大兵〕*〈2/一〉日月大兵十萬人,絳衣,主陰陽,爲漢國辟捕千賊萬盜,主收之。(28/538b)

〔搖天動地君〕*〈1/一〉搖天動地君,九烝君,兵五十萬衆生,收地人逆人盜賊相掠亂者。(28/555c)

〔捶天動地君〕*〈1/一〉捶天動地君,九天兵士五十萬人衆,主收地上逆盜賊,主之。(28/536b)

〔九天兵士〕*〈1/一〉例見"捶天動地君"。

〔九會君〕*〈1/一〉〖還室〗*〈2/一〉九會君,官將一百二十人,治還室,主從九天考召吏,收叛民户,主來。(28/541b)

〔九天考召吏〕*〈2/一〉例見"九會君"。

〔三哭君〕*〈1/一〉〖玄都宮〗*〈1/一〉三哭君,官將一百二十人,治玄都宮,主捕天下逆人。(28/555c)

〔天林天君〕*〈1/一〉〖百宮〗*〈1/一〉天林天君五人,官將一百二十人,治百宮,收捕亡夫痛人,必令自得。(28/556b)

〖化凭君〗*〈1/一〉〖赤兔赤〗*〈1/一〉化凭君，官將一百二十人，治赤兔赤，收叛民某從使還，得化屬道，不得稽遲，主之。(28/541b)

2.2.6　司生產理財(1 + 0 + 78 = 79：貳 6〈2 + 0 + 5/一 + 0 + 五〉叁 51〈0 + 0 + 58/0 + 0 + 五十一〉肆 6〈0 + 0 + 6/0 + 0 + 六〉伍 7〈0 + 0 + 9/0 + 0 + 七〉陸 2〈0 + 0 + 2/0 + 0 + 二〉柒 4〈0 + 0 + 4/0 + 0 + 四〉玖 3〈0 + 0 + 3/0 + 0 + 三〉)

〖六畜君〗*〈1/一〉【明堂】*〈2/一〉六畜君，官將一百二十人，治明堂，主萬民，主瓜瓠，收子倍得，無有死傷。(28/540c)

〖地畜君〗*〈1/一〉〖四明室〗*〈1/一〉地畜君，官將一百二十人，治四明室，主民人種瓜瓠茂好，倍得。(28/552c)

〖天林君〗*〈1/一〉天林君五人，官將五人，各一百二十人，治民人田種五谷，令倍收。(28/553c)

〖地林君〗*〈1/一〉〖四相室〗*〈1/一〉地林君五人，官將一百二十人，治四相室，主治民人田種，下谷倍得。(28/553c)

〖五千玉君〗*〈1/一〉〖九水室〗*〈2/一〉五千玉君一人，官將一百二十人，治九水室，主民人田作，令苗秀好。(28/553c)

〖五千王君〗*〈1/一〉五千王君，官將一百二十人，治九水室，主萬民田作手法。(28/540c)

〖五穀君〗*〈2/一〉〖大水室〗*〈1/一〉五穀君，官將一百二十人，治大水室，主令田五色禾苗秀好，令少草，一畝得百斛，辟蟲鼠熊兔猪鹿，令不犯害，水旱和適，主之。(28/552c)

〖大水宮〗*〈1/一〉五穀君，官將一百二十人，治大水宮，主萬民五穀，草易理，苗莖滋好，收深猪熊疾蟲蝗群精，消之，收穀百倍。(28/540c)

〖天甲君〗*〈1/一〉〖地户室〗*〈1/一〉天甲君一人，官將一百二十人，治地户室，主民禾谷，令無蟲鼠，主之。(28/552c)

〖天田君〗*〈3/一〉〖地房宮〗*〈1/一〉天田君，官將一百二十人，治地房宮，主萬民種禾，令收大得之。(28/540c)

〖白蚕君〗*〈1/一〉白蚕君，主保五穀苗莖滋好，結子成實，收入萬倍。

（28/540c）

【北門室】*〈1/一〉天田君,官將一百二十人,治北門室,主民人種作苗稼,辟却蟲鼠,令好,有倍利。（28/553c）

【三炁陽元君】*〈1/一〉【黃雲室₁】*〈1/一〉三炁陽元君,官將一百二十人,治黃雲室,主收蟲鼠犯暴之傷田種,所部置田四野七野九野都平君,城神山川社稷神君,護（某）稻禾穀令熟美好,無令損害,辟斥蟲鼠,歲冬入增倍,以爲効信。（28/553c）

【四野七野九野都平君】*〈1/一〉例見"三炁陽元君"。

【四野五野七野都平君】*〈1/一〉田作種種,當啓所部署宮。四野五野七野都平君,城、山川、祇、稷社召俉亢。（28/540c）

【五田外田九野都平君】*〈1/一〉五田外田九野都平君,自營歲終田作五穀,今爲俗有異詭,馬谷［穀］一斛,以爲勑信。（28/540c）

【九野君】*〈1/一〉【地盡宮】*〈1/一〉九野君,官將一百二十人,治地盡宮,主萬民田作求利,蟲兒不害,鹿走,得百倍。（28/540c）

【無野君】*〈1/一〉【地盡室】*〈1/一〉無野君,官將一百二十人,治地盡室,主萬民佃求利,無蟲,鼠耗不害,收得百倍。（28/552c）

【滋母】*〈1/一〉滋母、温室新婦等各二十四人合下,詣詣（某）蚕室中温暖之保護,令滋好同,收絲萬倍,無有傷之。（28/540b）

【温室新婦】*〈1/一〉例見"滋母"。

【馬姑】*〈1/一〉馬姑來我宅中,使蠶大得千萬倍次。（18/247b）

【供食君】*〈1/一〉【天禄宮】*〈1/一〉供食君,將一百二十人,治天禄宮,主爲萬民蚕健食,解好中神男神女,玉男玉女,素男素女,玄男玄女養蚕。（28/540b）

【供養君】*〈1/一〉【天系宮】*〈1/一〉供養君,官將一百二十人,治天系宮,［補:主］萬民男女喜生蚕,令解耗有倍得。（28/553b）

【恭食君】*〈1/一〉【明系室】*〈1/一〉恭食君,官將一百二十人,治明系室,主萬民養蚕卧起,齊光澤滋,出以系［絲］如意。（28/540b）

【天儀君】*〈1/一〉【休宮】*〈1/一〉天儀君,官將一百二十人,治休官［宮］,主爲民某養六畜息,無死,主之。（28/538a）

〖天僕君〗*〈1/一〉〖休行宮〗*〈1/一〉天僕君,官將一百二十人,治休行宮,主萬民養六畜,令日熾盛,不死亡傷主人。(28/554a)

〖秦皇定炁君〗*〈1/一〉〖九地室〗*〈2/一〉秦皇定炁君,官將一百二十人,治九地室,主民人養六畜,不成不茂,令使增息。(28/554a)

〖秦皇太元君〗*〈1/一〉〖地玄宮〗*〈1/一〉秦皇太元君,官將一百二十人,治地玄宮,主民人六畜,令增息。(28/553c)

〖赤玄天北水井君〗*〈1/一〉赤玄天北水井君五人,官將一百二十人,主治天下六畜牛馬,皆使類蕃息。(28/554a)

〖青龍君〗*〈1/一〉〖匱室〗*〈1/一〉青龍君,官將一百二十人,治匱室,主萬民虛耗,不宜六畜,主利宅舍。(28/536a)

〖王相君〗*〈2/一〉凡畜養牛馬驢騾等,列毛色頭數,啟百蟲畜收王相君將吏一合來下主者。(28/537c)

〖昊水期〗*〈1/一〉〖赤雲室〗*〈1/一〉昊水期,官將一百二十人,治赤雲室,主及天下六畜疾病之精祟,收之。(28/538a)

〖黑小騏君〗*〈1/一〉黑小騏君,官將一百二十人,赤靈君主天下牛馬六畜疫病之鬼,收三十六精祟,欲畜養生馬猪牛,烈色數,啟百蟲畜收王相官將,一合來下,令其蕃息。(28/554a)

〖天陽君〗*〈1/一〉〖夬君肉室〗*〈1/一〉天陽君一人,官將一百二十人,治夬君肉室,主萬民宅中不利牛馬,保護之,令好盛不死。(28/538a)

〖天休君〗*〈1/一〉〖扶君泉室〗*〈1/一〉天陽君一人,天休君五人,官將一百二十人,治扶君泉室,主收宅中衰耗不利牛馬六畜,下此神保護,令盛好,不復死亡。(28/551c)

〖太治官〗*〈1/一〉太治官請主厚君吏一合下,收捕故炁飲食之鬼,漁捕射獵,各各慈心,不相侵害。(28/554a)

〖主厚君〗*〈1/一〉例見"太治官"。

〖太河君〗*〈1/一〉太河君,官將一百二十人,治九江室,主絕錄。河伯敕水吏,主爲捕獵人主慈愍心,棄釣焚網。(28/554a)

〖河伯敕水吏〗*〈1/一〉例見"太河君"。

〖別求宅利天河君〗*〈1/一〉別求宅利天河君,官將一百二十人,治九地

室,主民人汙池藕葦芰蕉,求得萬倍。(28/554a)

〖主人九河大漁君〗*〈1/一〉〖玄谷室〗*〈1/一〉主人九河大漁君,官將一百二十人,治玄谷室,主萬民汙池,使四面魚鱉各得其性,不爲精害人。(28/554a)

〖水却君〗*〈1/一〉〖河龍室〗*〈1/一〉水却君一人,官將一百二十人,治河龍室,主天下萬民汙池沼渚一切水族,捕十二目精鬼怪,營護部界。(28/554b)

〖都市監察考召君〗*〈1/一〉都市監察考召君,官將吏兵,一合主天下萬民百估治生,令得主之。(28/554c)

〖朱廬君〗*〈1/一〉〖太元堂〗*〈1/一〉朱廬君,官將一百二十人,治太元堂,主天下金銀鋼鐵錢物不變化,欲求金銀銅鐵,下此神。(28/554b)

〖無上萬福君〗*〈3/一〉無上萬福君,吏二十八人,求五利:金銀、布帛、綿絹、穀米、錢物,所思者至,所索者皆得,主治招財求利。(28/541a)

〖天市君〗*〈1/一〉〖珮室〗*〈1/一〉天市君,官將一百二十人,治珮室,主治天下諸市召考官稱詐小秤小斗,不正入,勅市長,致理民,主之。(28/554b)

〖召考官〗*〈1/一〉例見"天市君"。

〖驛騎門監市君〗*〈1/一〉〖天市室〗*〈2/一〉驛騎門監市君,官將一百二十人,治天市室,主天下諸部惡鬼,考治生坐列屠沽開廬作酒者,百姓貪民侈利,輕秤小斗,詐誑欺人,從民飲食者,考之。(28/554b)

〖驛駱門監市君〗*〈1/一〉驛駱門監市君,官將一百二十人,治天市室,主收天下害鬼考治生殃,屠沽酒開店賣與百姓貧民私行輕秤少升,詐誕欺人,主之。(28/541a)

〖地面昌上君〗*〈1/一〉〖百水室〗*〈1/一〉地面昌上君,官將一百二十人,治百水室,主天民乘舟車販賣,賤交貴貨,重金小斗,固不利人,詐誕都市,不中之人。(28/554b)

〖北面昌盲君〗*〈1/一〉〖北水室〗*〈1/一〉北面昌盲君一人,官將一百二十人,治北水室,主水船人賦買重量,大斗賣利,詐誕都市,不中考之。(28/541a)

2.2.7　治宅舍[0＋1＋44＝45：貳6〈0＋1＋7/0＋一＋五〉叁26〈0＋0＋34/0＋0＋二十六〉肆6〈0＋0＋6/0＋0＋六〉伍6〈0＋0＋6/0＋0＋六〉柒1〈0＋0＋1/0＋0＋一〉]

〖運炁君〗＊〈1/一〉謁請運炁君五人，兵士十萬人，主收（某）家宅中百二十刑殺之鬼。謁請都曹正君五人，兵士十萬人，主收（某）家宅中眾精百邪之鬼。謁請考召君五人，兵士十萬人，主收（某）家宅中下官故炁之鬼。謁請守宅神君五人，兵士十萬人，主收（某）家宅中辟邪盜賊之鬼。謁請廣司君五人，兵士十萬人，主收（某）家宅中十二月建破殺之鬼。謁請北城語命謀議君五人，兵士十萬人，主收（某）家宅中北時建王之鬼。謁請刺史從事千二百人，各官將五人，兵士十萬人，主收（某）家宅中五方瘟疫炁剝人之鬼。謁請无上太和君五人，兵士十萬人，主收（某）家宅中百二十祅魅邪道之鬼（28/368a-b）

〖都曹正君〗＊〈1/一〉例見"運炁君"。

〖考召君〗＊〈1/一〉例見"運炁君"。

〖守宅神君〗＊〈1/一〉例見"運炁君"。

〖廣司君〗＊〈2/一〉例見"運炁君"。

〖北城語命謀議君〗＊〈1/一〉例見"運炁君"。

〖无上太和君₂〗＊〈1/一〉例見"運炁君"。

〖縣邑君〗＊〈1/一〉〖其却食室〗＊〈1/一〉縣邑君，官將一百二十人，治其却食室，主收移徙宅舍。（28/551b）

〖都邑大神君〗＊〈1/一〉〖其却室〗＊〈1/一〉都邑大神君，官將一百二十人，治其却室，主收天下萬姓娶移徙，架起宅舍，繕治蓋屋，制正月食禁忌之鬼。（28/551b）

〖大神人君〗＊〈1/一〉〖其室〗＊〈1/一〉大神人君，官將一百二十人，治其室，主收移徙繕治作塚日食禁忌之鬼。（28/550a）

〖鄉大神〗＊〈1/一〉〖其宮〗＊〈1/一〉鄉大神，官將百二十人，治其宮，主萬民移徙、繕治作塚、月食禁忌之鬼，主之。（28/539c）

〖土地里域君〗＊〈1/一〉土地里域君，官將一百二十人，主移徙舍，官將軍主天下萬民作舍移徙。（28/551b）

〖頻元君〗*〈1/一〉頻元君吏功曹左右官各五人,官將一百二十人,主解諸考謫,令室宅安穩。(28/551c)

〖諸繕治君〗*〈1/一〉諸繕治君,將吏兵各一合下,在鄉里中監察,助(某)起治事,訖三日,一時無他,言舉遷。(28/551c)

〖仙官昌息〗*〈1/一〉〖食逆室〗*〈1/一〉仙官昌息一人,官將一百二十人,治食逆室,主收天下萬民移徙,繕治作舍治墓,令人福利。(28/551b)

〖太玄君〗*〈2/一〉〖逆室〗*〈1/一〉太玄君一人,官將一百二十人,治逆室,主民宅不可居,主利收諸殃殺災怪。(28/535c)

〖仙官激烋君〗*〈1/一〉〖四川室〗*〈1/一〉仙官激烋君,官將一百二十人,治四川室,主收百功禁忌之鬼,治起土方丈舍東西傍,主之。(28/551a)

〖天匠君〗*〈1/一〉〖垂室〗*〈1/一〉天匠君,官將一百二十人,治垂室,主作營鎮,收十二時役使,主四百功禁忌之鬼。(28/550c)

〖元烋君〗*〈1/一〉〖室舍₂〗*〈1/一〉元烋君,官將一百二十人,治室舍,主收天下萬民宅舍及吹,解諸橫禍之鬼。(28/536a)

〖安烋君〗*〈1/一〉〖安丹宮〗*〈1/一〉安烋君,官將一百二十人,治安丹宮,主隱治宅中鬼烋逆亂,分別功賞,令神還,令道明。(28/535c)

〖天玄君〗*〈3/一〉〖安邦室〗*〈1/一〉天玄君一人,官將一百二十人,治安邦室,主收萬民不可居,收殺鬼災怪,主利宅舍。(28/536a)

〖安關室〗*〈1/一〉天玄君,官將一百二十人,治安關室,主萬民舍不可居,利宅。收諸鬼災烋怪,主之,利宅。(28/551b)

〖天官君〗*〈1/一〉〖安洋室〗*〈1/一〉天官君,官將一百二十人,治安洋室,主民人宅舍不可居,收攝殺烋百怪之鬼。(28/551c)

〖救欺君〗*〈2/一〉〖倉明室〗*〈2/一〉救欺君一人,官將一百二十人,治倉明室,主治百姓破墮不利,救護之。(28/547b)

〖解患君〗*〈2/一〉〖倉室〗*〈3/一〉解患君,官將一百二十人,治倉室,令主爲人民解宅滴[謫]破不止者,安利家居。(28/551c)

〖下倉室〗*〈1/一〉解患君,官將一百二十人,治下倉室,主爲民解宅破墮不正者,主之。(28/547b)

〖仙官計平君〗*〈1/一〉〖赤水室〗*〈1/一〉仙官計平君,官將一百二十人,

治赤水室,主收宅殺自稱刑宅破鬼。(28/551c)

〖青帝君〗*〈1/一〉〖靈明絳匱宅〗*〈1/一〉青帝君,官將一百二十人,治靈明絳匱宅,主收天下萬民舍虛耗。(28/551c)

〖天昌君〗*〈2/一〉天昌君,黃衣兵士十萬人,主收捕某宅中一百二十人殃怪,中外強殍十二刑殺來作病者,消除之。(28/535c)

2.2.8　司死亡[1+1+95=97]

2.2.8.1　治亡鬼注氣(0+1+52=53:貳6〈0+1+10/0+一+五〉叁15〈0+0+17/0+0+十五〉肆9〈0+0+9/0+0+九〉伍15〈0+0+15/0+0+十五〉陸4〈0+0+4/0+0+四〉柒2〈0+0+2/0+0+二〉捌1〈0+0+1/0+0+一〉拾貳1〈0+0+1/0+0+一〉)

〖部吏赤天道室考騎老逆將軍〗*〈1/一〉部吏赤天道室考騎老逆將軍二人,太君二人,都官從事老對殺君,各有種數,千人,不營守(某)家保護男女若牙,身中除去死籍,更迎生名,捕死者。(28/544c)

〖都官從事〗*〈1/一〉例見"部吏赤天道室考騎老逆將軍"。

〖太君〗*〈1/一〉例見"部吏赤天道室考騎老逆將軍"。

〖老對殺君〗*〈1/一〉例見"部吏赤天道室考騎老逆將軍"。

〖諫議大夫〗*〈1/一〉又請諫議大夫十二人,經隱真君、談君,主和諭先亡。(28/535b)

〖經隱真君〗*〈1/一〉例見"諫議大夫"。

〖談君〗*〈1/一〉例見"諫議大夫"。

〖收神土明君〗*〈1/一〉若家故殟不寧,夢惡錯亂,魂魄不守,請收神土明君官將一百二十人治之。(28/535b)

〖無上高蒼君〗*〈1/一〉無上高蒼君,兵十萬,主收先祖五墓之鬼來著子孫者,主之。(28/550c)

〖無上方蒼君〗*〈1/一〉無上方蒼君,兵士十萬人,主收卻先祖五墓之鬼未[來]病子孫者,分別生死之炁,斷絕耗害,主之。(28/539b)

〖無上方官君〗*〈1/一〉無上方官君,兵士十萬人,主收先祖病子孫語者,主收斷之。(28/539b)

【三尫慰愈君】*〈1/一〉三尫慰愈君五人,官將一百二十人,都星君官將一百二十人,斷家鬼伏連。(28/535b)

【都官君】*〈1/一〉【太陰室】*〈1/一〉都官君,官將一百二十人,治太陰室,主收某家中星死血親之鬼,耗亂人者,斷絕之。(28/539b)

【赤天食尫君】*〈1/一〉赤天食尫君,官將一百二十人,主收家惡鬼爲祟害者。(28/535b)

【大皓大典者吏】*〈1/一〉若故婦致來注病生人,請大皓大典者吏收攝故婦,致魂魄,檢押死人(某),不得令還賊病生人。(28/539c)

【無上天君】*〈1/一〉無上天君,兵士十萬人,收(某)家中水火湯注乙石二十刑殺之鬼,却死未[來]生,復連殃注之尫,消滅之。(28/539b)

【石仙君】*〈1/一〉石仙君,將一百二十人,治天下萬民家中外亡强猙之鬼,厭絕注鬼爲人精祟者,轉相注易後生人疾病者死,主斷絕之。(28/539b)

【石安君】*〈2/一〉【始室】*〈1/一〉石安君,官將一百二十人,治始室,主收死人未[來]爲精祟者,斷絕耗害之。(28/539b)

【誅殃君】*〈2/一〉【倉明堂】*〈1/一〉誅殃君,官將一百二十人,治倉明堂,主爲某收斷死次,還流逆殺,殃咎復連生人者,斷絕之。(28/539c)

【高都君】*〈1/一〉石安君、都星君、誅殃君各一人,官將一百二十人,斷外家亡人復連。高都君、朔平君官將一百二十人。(28/535b)

【無上化不君】*〈1/一〉無上化不君,兵士十萬人,收一百二斗注鬼殺尫,却死來生,主之。(28/544c)

【無上萬官君】*〈1/一〉無上萬官君,兵士十萬人,收地上逆淫注尫,消滅。(28/544c)

【無上平天君】*〈1/一〉無上平天君,兵士十萬人,主收天下一百二十人殃注鬼殺在人身中者,消滅之。(28/544c)

【黃老君】*〈1/一〉天師曰:吾上太山謁見黃老君,教吾殺鬼,語我神方。(28/367c)

【女青】*女神名。〈1/一〉大道垂律,女青所傳。三五七九,長生之本。(18/249a)

【天一女青】*〈1/一〉天一女青煞鬼萬千。(18/244a)

〖太一九炁〗*〈1/一〉太一九炁收邪神鬼。(18/244a)

〖太一₂〗*〈6/一〉太一主煞无形无名鬼,長一丈六尺,赤幘,赤衣服。(18/240c)

〖斗綱加煞〗*〈1/一〉斗綱加煞七人,長九丈,赤幘,主煞天下姦邪逆鬼。(18/240c)

〖甲乙君〗*〈1/一〉(東方青帝无名煞鬼)從東方甲乙君使令,以甲乙日辰日午時煞也。(18/240b)

〖無上九天丈人〗*〈1/一〉無上九天丈人中堅大兵百,主收自稱千二道鬼。(28/548c)

〖秦關得明君〗*〈1/一〉〖少室〗*〈1/一〉秦關得明君,官將一百一十人,治少室,主收天下自稱刑謫[謫]之鬼。(28/550b)

〖赤選君〗*〈1/一〉赤選君五人,主攝四面八方之鬼。(28/546c)

〖赤天萬靈君〗*〈1/一〉〖陽水室〗*〈1/一〉赤天萬靈君一人,官將一百二十人,治陽水室,主收天下大逆不正之鬼,考治之。(28/548a)

〖老毒君〗*〈1/一〉〖赤白室〗*〈1/一〉老毒君,官將一百二十人,治赤白室,主收千二邪因及逆不正之祟鬼。(28/547b)

〖無上黃周君〗*〈1/一〉無上黃周君,兵一百萬人,主收此時司命强殺人之鬼收之。(28/548a)

〖無上四開君〗*〈1/一〉無上四開君,兵士十萬人,主收破萬炁十二逆之鬼。(28/548b)

〖天罡大五丁君〗*〈1/一〉天罡大五丁君,兵百萬人,主收符破廟,多怨坐席血食逆鬼,考責藏,不得令脫。(28/548c)

〖玄都君〗*〈1/一〉玄都君一人,官將一百二十人,治北都室,主收天下解五部將,移徙故炁。(28/551b)

〖高麼大鼓五湖將軍〗*〈1/一〉高麼大鼓五湖將軍及甲逆鱗兵士四十萬眾,生收捕故炁逆鬼行凶者。(28/548a)

〖玄老大將軍〗*〈1/一〉玄老大將軍十二人,官將一百二十人,主收三官逆炁稱神道也。(28/548c-549a)

〖天中國大兵〗*〈1/一〉天中國大兵四百萬人,主收捕送炁瘴炁。(28/

548a）

〖無上中國大兵士〗*〈1/一〉無上中國大兵士四百萬人，主收除邪氣妖鬼。
（28/548a）

〖中堅大兵〗*〈1/一〉無上九天丈人中堅大兵百，主收自稱千二道鬼。
（28/548c）

〖天地破惡大怤兵〗*〈1/一〉收考天地破惡大怤兵百眾生，主收天下萬民
二千道千鬼。（28/548c）

〖太清天營兵士〗*〈1/一〉太清天營兵士百萬人眾，主收三千六，考察止
之。（28/536c）

〖遠兵士〗*〈1/一〉遠兵士，太王主元，一九三氣，丈人九氣，父母太一使我
收煞，汝急出來。良久，俯，三叱叱，二十四暗暗。（18/247b）

2.2.8.2　治墓葬（1＋0＋43＝44：貳4〈1＋0＋3/一＋0＋三〉叁29〈0＋0
＋35/0＋0＋二十九〉肆6〈0＋0＋6/0＋0＋六〉伍3〈0＋0＋6/0＋0＋四〉陸1
〈0＋0＋1/0＋0＋一〉柒1〈0＋0＋1/0＋0＋一〉）

〖葬送君〗*〈1/一〉葬送君，將吏兵一合下，主營護道士所發起居葬送之
鬼。（28/549c）

〖造功吏〗*〈1/一〉（太玄君）造功吏一合來下，營護發喪處，道路不得阻
遏。（28/550a）

〖營星君〗*〈1/一〉〖越宮〗*〈1/一〉營星君，官將一百二十人，治越宮，主
爲天下萬民追逐安穩塚墓。（28/536b）

〖地申君〗*〈1/一〉〖遂宮〗*〈1/一〉地申君一人，官將一百二十人，治遂
宮，主天下萬民開塚戶，啼哭言窖［害］，令厭有歲病。（28/540a）

〖地甲君〗*〈1/一〉〖壞宮〗*〈1/一〉地甲君一人，官將一百二十人，治壞
宮，主天下萬民開塚戶，啼哭言害。（28/536b）

〖九甲君〗*〈1/一〉〖九坎室〗*〈1/一〉九甲君，官將一百二十人，治九坎
室，主收天下民間石開葬埋上啼哭衰麻合客，令無禍事疾病。（28/550a）

〖九地君〗*〈5/一〉【宮室】*〈1/一〉九地君一人，官將一百二十人，治宮
室，主萬［補：民］葬埋，勑堤收萬鬼解過，主葬埋之。（28/540a）

〖茂里室〗*〈1/一〉九地君，官將一百二十人，治茂里室，主收天下萬民葬

370

埋,收勑十二月建十二月墓鬼,解求適主葬埋已訖,續得疾病,塚中有訟,連禍鄉邑者。(28/550a)

【平治宮】*〈1/一〉九地君,官將一百二十人,治平治宮,主收葬埋之鬼。(28/536b)

【太黃太極君】*〈1/一〉太黃太極君,符下女青詔書地下二千石泰山二十四獄,主收塚墓之鬼。(28/550c)

【太素太始君】*〈1/一〉太素太始君五人,官將一百二十人,一合下符攝地二千石女青詔書丘丞墓伯十二塚鬼。(28/550c)

【漢明玄君】*〈1/一〉【五俗室】*〈1/一〉漢明玄君,官將一百二十人,治五俗室,主收室墓鬼。(28/549c)

【越性室】*〈1/一〉九德君,官將一百二十人,治越性室,牢帥塚五害不利不到墓養命之鬼。(28/550b)

【都侯君】*〈1/一〉【太清宮】*〈1/一〉都侯君,將吏一百二十人,治太清宮,主收墓鬼。(28/536b)

【左都侯君】*〈1/一〉【太清元室】*〈1/一〉左都侯君,官將一百二十人,治太清元室,主收天下兵塚鬼,絕墓丘丞墓相、塚中二千石爲祟病人者。(28/549c)

【絕墓神兵】*〈1/一〉右郡候君,官將吏一百二十人,治泰玄室,主收丘墓之鬼,絕墓神兵、墓伯、塚中二千石爲民作精祟。(28/539c)

【右郡候君】*〈1/一〉【泰玄室】*〈1/一〉右郡候君,官將吏一百二十人,治泰玄室,主收丘墓之鬼,絕墓神兵、墓伯、塚中二千石爲民作精祟。(28/539c)

【文意君】*〈1/一〉【内㳦宮】*〈1/一〉文意君,官將一百二十人,治内㳦宮,主收塚訟鬼。(28/536b)

【章驛君】*〈1/一〉【泰請室】*〈1/一〉章驛君,官將一百二十人,治泰請室,主收圭墓絕墓神、丘丞墓伯、塚中千二[二千]石爲民作精祟者。(28/550a)

【絕墓神】*〈1/一〉例見"章驛君"。

【大言官君】*〈1/一〉【安渠室】*〈1/一〉大言官君,將一百二十人,治安渠室,主收天下萬民葬埋之後,死人不安、疾病生人者墓塚之鬼。(28/539c)

【大言君】*〈1/一〉【母渠室】*〈2/一〉大言君,官將一百二十人,治母渠

室,主收天下萬民葬埋後有疾、塚訟之鬼,主之。(28/550a)

〖赤玄君〗*〈1/一〉〖少陽室〗*〈2/一〉赤玄君,官將一百二十人,治少陽室,主收天下諸墓耗鬼。(28/550b)

〖演豹君〗*〈1/一〉〖五諾室〗*〈1/一〉演豹君五人,官將一百二十人,治五諾室,主收天下墓鬼。(28/550b)

〖地畜靈〗*〈1/一〉〖廣靈室〗*〈1/一〉地畜靈,官將一百二十人,治廣靈室,主收塚堠墓卿石袄鬼。(28/550a)

〖太白中陣明皇君〗*〈1/一〉太白中陣明皇君,官將一百二十人,主收捕禁塚一切之鬼,各令伏匿,葬埋後請復還治也。(28/549c)

〖河伯河水使者〗*〈1/一〉河伯河水使者十二人,從事小郵驛馬故行,主收捕塚墓男女之殃殍。(28/550b)

〖素車白馬君〗*〈4/二〉素車白馬君,兵士十萬人,主收十二墓鬼未[來]病生人者,斷絕之。(28/539b)

2.2.9　治精靈[2+0+124=126]

2.2.9.1　治太歲土公社灶(2+0+54=56:貳8〈2+0+11/二+0+七〉叁29〈0+0+37/0+0+二十九〉肆9〈0+0+10/0+0+九〉伍7〈0+0+10/0+0+七〉陸3〈0+0+3/0+0+三〉)

〖太山府〗*泰山神府。〈1/一〉勑詣太山府,并及行使者,收捕姦邪鬼,袄魅耗亂者,及時誅邪偽,露尸於道左,御史上天曹,今以奏得下。(28/368a)

〖地官₁〗*地府。〈2/一〉道人與俗相去遠矣。何以言之? 道人清正,名上屬天;俗人穢濁,死屬地官,豈不遠乎。(18/235b)

〖昌落君〗*〈1/一〉〖城昌室〗*〈1/一〉昌落君一人,官將一百二十人,治城昌室,主收移徙太歲大將軍。(28/551b)

〖揚方君〗*〈1/一〉〖天龍門室〗*〈1/一〉揚方君,官將一百二十人,治天龍門室,主收太歲大將軍十二月建土炁。(28/551a)

〖陽方君〗*〈2/一〉〖天門室〗*〈1/一〉陽方君,官將一百二十人,治天門室,主收天下諸墓功太歲大將軍,太玄真符攝下女青詔書,主之。(28/550b)

〖青龍宮〗*〈1/一〉陽方君,將一百二十人,治青龍宮。(28/535c)

〖制地君〗*〈2/一〉〖宜泉室〗*〈1/一〉制地君五人,官將一百二十人,治宜泉室,主收天下高卑太歲,行年本命上土公之鬼。(28/550c)

〖地里室〗*〈2/一〉制地君,官將一百二十人,治地里室,主收天下土公之鬼。(28/550c)

〖平石君〗*〈1/一〉〖南犯室〗*〈1/一〉平石君,官將一百二十人,治南犯室,主收天下高卑土公一百二十人,禁忌土公逆鬼。(28/551a)

〖九德君〗*〈2/一〉〖水室〗*〈1/一〉九德君,官將一百二十人,治水室,主收天下土公之鬼。(28/550c)

〖九玄察炁君〗*〈3/一〉〖四澤室〗*〈1/一〉九玄察炁君一人,官將一百二十人,治四澤室,主自禰[稱]葬埋土公之炁,除滅消散之。(28/539c)

〖西釋宮〗*〈1/一〉九玄察炁君,官將一百二十人,治西釋宮,主收葬埋土公鬼。(28/536b)

〖西驛室〗*〈1/一〉九玄察炁君,官將一百二十人,圭治西驛室。主收天下葬埋之鬼爲精崇者。(28/549c)

〖安石君〗*〈2/一〉〖玄黃室〗*〈2/一〉安石君,官將一百二十人,治玄黃室,主收天下諸山獵精土公之鬼。(28/550c)

〖安上君〗*〈1/一〉安上君,官將一百二十人,治玄黃室。(28/535c)

〖玄真室〗*〈1/一〉安石君,官將一百二十人,治玄真室。(28/535c)

〖安玄君〗*〈1/一〉〖丙午室〗*〈2/一〉安玄君,官將一百二十人,治丙午室,主收捕天下水土公之鬼。(28/551a)

〖安和君〗*〈1/一〉安和君,官將一百二十人,治丙午室。(28/535c)

〖九天君〗*〈1/一〉九天君,官將一百二十人,治地里室,收天下萬民葬埋,收勅十二月建墓鬼,解土讁。(28/550a)

〖考召考官吏〗*〈2/一〉考召考官吏,主收解宅內四面土炁,破射妨害,殺炁消滅,身無宅[它],胎姙安穩。(28/547a)

〖剛武敢健君〗*〈1/一〉剛武敢健君吏一合下部將軍吏,主收捕天下土炁之鬼。(28/550c)

〖山秦皇老君〗*〈1/一〉【地室】*〈1/一〉山秦皇老君一人,官將一百二十人,治地室,主天下崖石之精,主之。(28/543a)

〖平神君〗*〈1/一〉〖陽照宫〗*〈1/一〉平神君,官將一百二十人,治陽照宫,主收解社竃未[來]害人者,分別之。(28/544b)

〖漢明地黄皇君〗*〈1/一〉〖理室黄門〗*〈1/一〉漢明地黄皇君,官將一百二十人,治理室黄門,主收天下自稱温竃靈之鬼。(28/551a)

〖無上監烝君〗*〈1/一〉無上監烝君,兵十萬衆,主收竃伏龍形德殃注竃祭耗虚鬼。(28/551a)

〖周天玉女〗*〈1/一〉周天玉女千二百人,赤衣,三環角結,主男女百病竃鬼所爲。(28/544b)

〖竃火玉女〗*〈1/一〉竃火玉女千二百人,赤衣,收一百二十人竃祟病人者。(28/544b)

〖爐火玉女〗*〈1/一〉爐火玉女千二百人,赤衣,主收一百二十竃鬼中伏烝。(28/551a)

〖太上剪板兵〗*〈1/一〉太上剪板兵十萬人,主爲萬民收解天下一百二十人并竃鬼爲人作精祟,斷之。(28/544b)

〖太上前校大兵〗*〈1/一〉太上前校大兵四十九萬人,主收一百二十并竃鬼。(28/551a)

〖無上太衡兵士〗*〈1/一〉無上太衡兵士十萬人,主解星社來作祟病者,捉勑社神,解放生魂還附之身中,不得拘攝,永相去離。分別鬼祟,絶斷耗害,除劫,須散之。(28/544b)

〖天西辰君〗*〈1/一〉【大宫】*〈1/一〉天西辰君一人,赤衣裳兵士十萬人,主收考召正烝所主大宫時,頓治功曹左右。(28/540a)

〖頓治功曹〗*〈2/一〉例見"天西辰君"。

〖天河君〗*〈1/一〉〖九江室〗*〈2/一〉天河君,官將吏一百二十人,治九江室,主記録河伯勑水更生爲休,莫加月三輔之張、三鈎三荀卿得。(28/541a)

〖河伯〗*〈5/二〉例見"天河君"。

〖青龍源水君〗*〈1/一〉青龍源水君、九水丈人、水帝君,又請水平政君,兵士十人,又請安官置官,官將一百二十人,分解水君。(28/535b)

〖九水丈人〗＊〈1/一〉例見"青龍源水君"。

〖水帝君〗＊〈1/一〉例見"青龍源水君"。

〖水平政君〗＊〈1/一〉例見"青龍源水君"。

〖安官〗＊〈1/一〉例見"青龍源水君"。

〖置官〗＊〈1/一〉例見"青龍源水君"。

〖水君〗＊〈1/一〉例見"青龍源水君"。

2.2.9.2　治萬物精魅(0＋0＋46：貳3〈0＋0＋3/0＋0＋三〉叄27〈0＋0＋29/0＋0＋二十七〉肆5〈0＋0＋5/0＋0＋五〉伍7〈0＋0＋7/0＋0＋七〉：陸4〈0＋0＋4/0＋0＋四〉)

〖朱都主〗＊〈1/一〉〖蘆陽室〗＊〈1/一〉朱都主,官將一百二十人,治蘆陽室,主天下萬魅百精災某身者,收邪鬼等病者,爲某摧滅之。(28/546c)

〖旌明中徹君〗＊〈1/一〉〖俗室〗＊〈1/一〉旌明中徹君一人,官將一百二十人,治俗室,收天下萬物之精魅,主之。(28/543a)

〖大角獄君〗＊〈1/一〉〖五大行宫〗＊〈1/一〉大角獄君,官將一百二十人,治五大行宫,主收天下有物萬精來著人者,除滅之。(28/542c)

〖北上君〗＊〈1/一〉〖天留室〗＊〈1/一〉北上君,官將一百二十人,治天留室,北斗七星精,共時十二殺。(28/548b)

〖兵星太白君〗＊〈1/一〉兵星太白君十萬人,主收捕精魁祟,災害之家,恐作文字不可知,召窮奇,使噉怪鬼,消除之。又請天綱君,官將一百二十人。(28/535c)

〖天綱君〗＊〈1/一〉例見"兵星太白君"。

〖明郎君〗＊〈1/一〉〖安莊室〗＊〈1/一〉明郎君一人,官將一百二十人,治安莊室,主收天下自稱妖精爲毒害諸精。(28/543a)

〖九天前司馬〗＊〈1/一〉九天前司馬千二百人,絳衣赤幘,主收天下木石之精魅。(28/542c)

〖無上無土君〗＊〈1/一〉無上無土君五人,官將一百二十人,主捕收天下衆老之精、覉神兵稱官誤號者,又請上千師萬聾聖鬼殺消除之。(28/549a)

〖上千師萬聾聖〗＊〈1/一〉例見"無上無土君"。

〖實地君〗＊〈1/一〉〖文宮〗＊〈1/一〉實地君一人,官將一百二十人,治文

宮,主收考地上獸之精,諸道行逆劫真强病之。(28/542c)

〖赤沙君〗*〈2/一〗〖靈昌室〗*〈1/一〗赤沙君,官將一百二十人,治靈昌室,主收自稱五蠱六魃之鬼,一鬼二吹,耗害宅舍,上利之道。(28/535c)

〖百靈君〗*〈1/一〗〖平天室〗*〈1/一〗百靈君,官將一百二十室,主收天下五色蟲毒之鬼。(28/548c)

〖廣老君〗*〈1/一〗廣老君一人,官將一百二十人,治倉室,主收天下鋒蝗蚜召之鬼,主治百精。(28/543a)

〖澤明都君〗*〈1/一〗〖天五平室〗*〈1/一〗澤明都君一人,官將一百二十人,主治天五平室,主天下自稱考神蛇雀石草木精魅。(28/543a)

〖山夷君〗*〈1/一〗〖令倉室〗*〈1/一〗山夷君,官將一百二十人,治令倉室,主收蚖蛇毒蠱,山中萬獸,虎狼精毒殺殺,消滅之。(28/544c)

〖先生君〗*〈1/一〗〖神水室〗*〈1/一〗先生君一人,官將一百二十人,治神水室,主爲萬民醫治蛇蚖五毒精,殺不得行。(28/544c)

〖九諫君〗*〈1/一〗〖成信宮〗*〈1/一〗九諫君一人,官將一百二十人,治成信宮,主收天下自稱河伯水龍蛇之精病人者,主之。(28/542c)

〖天上白蛇君〗*〈1/一〗天上白蛇君三十九人,收萬民爲蛇毒之鬼所中,便得殺不行。(28/545a)

〖高脊君〗*〈1/一〗〖寄明宮〗*〈1/一〗高脊君,官將一百二十人,治寄明宮,主收天下龍蛇災害人者。(28/542c)

〖始陽平君〗*〈1/一〗〖七俗室〗*〈1/一〗始陽平君,官將一百二十人,治七俗室,主收河龍七獄吏宅殺鬼。(28/551c)

〖胡將軍〗*〈1/一〗胡將軍千二百人,各將胡兵士十萬人,主能收天地身稱爲道五龍之精,考之。(28/542c)

〖胡兵士〗*〈1/一〗例見"胡將軍"。

〖天封大兵士〗*〈1/一〗天封大兵士十萬人,黃衣,收龍蛇之精狂歌自爲之神,主者。(28/543a)

〖北玄君〗*〈1/一〗〖皇宮〗*〈1/一〗北玄君一人,官將一百二十人,治皇宮,主收龍蛇精老虎精,主之。(28/543a)

〖東海大睦塗君〗*〈1/一〗東海大睦塗君,官將一百二十人,主收勾星狐貉

之精,并收癒。(28/535b)

　　〖三炁陽無元君〗*〈1/一〉〖黄靈室〗*〈1/一〉三炁陽無元君,官將一百二十人,治黄靈室,主收精怪之精。(28/544b)

　　〖三炁賜功君〗*〈1/一〉〖黄雲室₂〗*〈2/一〉三炁賜功君一人,官將一百二十人,治黄雲室,主收天下老鼠之精魅病人者,主之。(28/543a)

　　〖南山白虎將吏〗*〈1/一〉南山白虎將吏,主收除宅內群鼠犯害,驅離無令留停。(28/544b)

　　2.2.9.3　治扰民求食精怪(0＋0＋24:貳2〈0＋0＋2/0＋0＋二〉叁16〈0＋0＋19/0＋0＋十六〉伍3〈0＋0＋3/0＋0＋三〉陸2〈0＋0＋2/0＋0＋二〉捌1〈0＋0＋1/0＋0＋一〉)

　　〖石明君〗*〈1/一〉〖執治室〗*〈1/一〉石明君,官將一百二十人,治執治室,主誅除符病飲食精魅之鬼,爲某收捐邪鬼,主立解除之。(28/546c)

　　〖蓋天大考將軍〗*〈1/一〉蓋天大考將軍十萬人,主收捕天下飲食橫行鬼賊,爲人作精祟病人者,收治之。(28/548a)

　　〖北曹五千君〗*〈1/一〉北曹五千君,官將一百二十人,治朱陽室,主收天地父母從民責飲食之鬼。(28/548b)

　　〖天上東海赤天內君〗*〈1/一〉天上東海赤天內君百萬人,主收一百二十符,即飲食之鬼。(28/548a)

　　〖大傅君〗*〈1/一〉〖西平室〗*〈1/一〉大傅君,官將一百二十人,治西平室,主收某家符廣鬼賊上頓人家作狀,主責求飲食作害者。(28/548b)

　　〖中官君〗*〈1/一〉〖陽春室〗*〈1/一〉中官君,將一百二十人,治陽春室,主收天下六丁六甲之鬼責民血食之鬼。(28/548b)

　　〖北都君〗*〈1/一〉北都君,官將一百二十人,主收太歲將軍飲食之鬼。(28/548b)

　　〖玄天君〗*〈1/一〉〖北都室〗*〈2/一〉玄天君,官將一百二十人,治北都室,主收大歲將軍從民求飲食者。(28/548b)

　　〖北平五門君〗*〈1/一〉〖朱陽室〗*〈2/一〉北平五門君,官將一百二十人,治朱陽室,收自稱天地父母從民責飲食之鬼。(28/548b)

　　〖赤王君〗*〈1/一〉〖天北室〗*〈1/一〉赤王君,官將一百二十人,治天北

室,主收北時司命從民取食鬼者。(28/548c)

〖天願白候將軍〗*〈1/一〉天願白候將軍,兵士十萬人,主收自稱天地水三官,萬道逆殺鬼,考問人,不得從民求飲食。(28/548c)

〖靈官₂〗*〈1/一〉〖戒室忌〗*〈1/一〉靈官,官將一百二十人,治戒室忌,主收自稱皇天上帝飲食之鬼。(28/548c)

〖太上督天兵〗*〈1/一〉太上督天兵四十萬人,主收自稱皇天上帝之鬼。(28/548b)

〖北天君〗*〈1/一〉〖主室〗*〈1/一〉北天君,官將一百二十人,治主室,收天下自稱五帝飲食之鬼。(28/548c)

〖九炁君〗*〈2/一〉〖七徹室〗*〈1/一〉九炁君,官將一百二十人,治七徹室,主收天下身稱天翁,從民求飲食之鬼。(28/548c)

　　早期天師道文獻中有關神靈和治所的名稱中,存在不少十分相似的名稱,它們職司相似,名稱的用字微別。其中有的是治所相同,但神靈名字略有不同;有的是神靈名字相同而治所名稱略有不同。這種不同往往就是多一字少一字或換一字,或者其中一字的筆劃部首微有不同,很像是筆誤造成的異文。但問題是,這些有差異名字出現在同一章節的上下文中,在没有足够證據的情況下,似乎又不宜簡單地把它們作爲筆誤處理。因此,本書對這一類現象一仍其舊,但把它們相鄰排列,以便嗣後深究。

第三节　鬼怪姓名 {71 + 7 + 236 = 314}

　　鬼怪大多不利於人,受天庭神靈的轄治。跟神靈一樣,鬼怪也都是人格化的,他們往往跟常人一樣,有自己的姓和名,這些姓名往往有某些蘊義,值得關注。

3.1　鬼怪姓氏 [4 + 0 + 3 = 7:壹 5〈4 + 0 + 1/四 + 0 + 一〉貳 2〈0 + 0 + 2/0 + 0 + 二〉]

　　鬼怪中,有的姓氏跟常人一致,我們已經在上文中作了討論,但也有部分

姓氏比較特殊,未見於載籍,姑列於此:

【伴】*姓。〈1/一〉北斗三台招搖大鬼,姓伴名玩。(18/240a)

【本₂】*姓。〈1/一〉甲午十日一旬,凶神,姓本名滿。(18/241c)

【滇₂】*姓。〈1/一〉南斗三台鬼,姓滇名溫夫。(18/240a)

【遐】*姓。〈1/一〉北方黑帝,姓遐名明。(18/240c)

〖遐反〗*〈1/一〉天帝常司過鬼,姓遐反,名班子。(18/240c)

〖天邪〗*〈1/一〉西方凶神鬼,姓天邪名古子。(18/240a)

〖达〗*〈1/一〉西方白帝,姓达名顏。(18/240b)

3.2　職司鬼名〔67 +7 +233 =307〕

此外,早期天師道文獻中還有大量的鬼神,他們或姓名具備,或有名無姓,以下,根據他們起效或依附的對象,把它們的名字分類列出:

3.2.1　凶煞名〔12 +1 +23 =36:壹 13〈10 +1 +2/十 +一 +二〉貳 15〈3 +0 +13/二 +0 +十三〉叁 4〈0 +0 +4/0 +0 + 四〉陸 1〈0 +0 +1/0 +0 + 一〉柒 1〈0 +0 +1/0 +0 + 一〉捌 2〈0 +0 +2/0 +0 + 二〉〕

〖角子〗*〈1/一〉東方凶神鬼,姓堅名角子。(18/240a)

【玉】*〈1/一〉南方凶神鬼,姓精名玉,又名後竹。(18/240a)

〖後竹〗*〈1/一〉例見"玉"。

〖古子〗*〈1/一〉西方凶神鬼,姓天邪名古子。(18/240a)

【精₄】*〈1/一〉北方凶神鬼,姓王名精。(18/240a)

〖應子〗*〈1/一〉中央凶神鬼,姓戴名應子。(18/240a)

【勗₂】*〈1/一〉五方逆煞注鬼,名勗。(18/240a)

【天殃₂】*〈2/一〉天考逆煞直符鬼,名天殃,一名越。(18/240a)

【越】*〈1/一〉例見"天殃"。

〖天一神長惡子孫鬼〗*〈1/一〉〖高罩子〗*〈1/一〉天一神長惡子孫鬼,名高罩子。(18/240a)

〖天一神長傷還子鬼〗*〈1/一〉〖譚契子〗*〈1/一〉天一神長傷還子鬼,名譚契子。(18/240b)

〖天飛行長鐶子鬼〗*〈1/一〉〖梁扶〗*〈1/一〉天飛行長鐶子鬼,名梁扶,一名汝夫。(18/240b)

〖汝夫〗*〈1/一〉例見"梁扶"。

〖天信義長鬼子〗*〈1/一〉〖太紫元〗*〈1/一〉天信義長鬼子,名太紫元。(18/240b)

〖谷玄〗*〈1/一〉東方青帝無名煞鬼,姓元名谷玄,從東方甲乙君使令,以甲乙日辰日午時煞也。(18/240b)

【乳₂】*〈1/一〉南方赤帝[補:無名煞鬼],姓夔名乳。(18/240b)

【顔】*〈1/一〉西方白帝[補:無名煞鬼],姓这名顔。(18/240b)

【明₆】*〈1/一〉北方黑帝[補:無名煞鬼],姓遐名明。(18/240c)

〖班子〗*〈1/一〉天帝常司過鬼,姓遐反,名班子,日暝人定時,下聽人口語,逆知心神,還啓考煞。(18/240c)

〖還臨子〗*〈1/一〉北斗主煞一鬼,上下烏衣,長七千丈,姓吳,名還臨子。(18/240c)

〖進强〗*〈1/一〉五嶽鬼,名進强。(18/240c)

【慧】*〈1/一〉天三五考煞鬼,名慧,長一丈七尺,白衣,赤幘,持戟向人。(18/240c)

〖三可〗*〈1/一〉雲中无頭壞軍死將逆惡大鬼,姓李名三可。(18/240a)

〖瓔子〗*〈1/一〉天雲中遊行鬼,名瓔子,又名憘。(18/240b)

〖憘〗*〈1/一〉天雲中遊行鬼,名瓔子,又名憘。(18/240b)

〖琙子〗*〈1/一〉天雲中二十八宿直煞鬼,名琙子。(18/240b)

【玉衡₂】*〈1/一〉甲子十日一旬,凶神,姓玄名玉衡。(18/241c)

〖逤〗*〈1/一〉甲寅十日一旬,凶神,姓蘇名逤。(18/242a)

〖堅子〗*〈1/一〉甲辰十日一旬,凶神,姓恒名堅子。(18/242a)

【滿₅】*〈1/一〉甲午十日一旬,凶神,姓本名滿。(18/241c)

〖閤〗*〈1/一〉甲申十日一旬,凶神,姓既名閤。(18/241c)

【捧₂】*〈1/一〉甲戌十日一旬,凶神,姓恒名捧。(18/241c)

3.2.2　當值鬼名[5 + 2 + 61 = 68：壹7〈5 + 0 + 2/五 + 0 + 二〉貳51
〈0 + 2 + 49/0 + 二 + 四十九〉叁9〈0 + 0 + 9/0 + 0 + 九〉肆1〈0 + 0 + 1/0
+ 0 + 一〉]

〖伯神子〗＊〈1/一〉東方青帝直符鬼，名伯神子，一名果子。(18/240b)

〖果子〗＊〈1/一〉例見"伯神子"。(18/240b)

〖泰伯子〗＊〈1/一〉南方赤帝直符鬼，名泰伯子。(18/240b)

〖伯和子〗＊〈1/一〉西方白帝直符鬼，名伯和子。(18/240b)

〖忝衣子〗＊〈1/一〉北方黑帝直符鬼，名忝衣子。(18/240b)

〖伯溪〗＊〈1/一〉中央黃帝直符鬼，名伯溪，一名淵。(18/240b)

【淵】＊〈1/一〉例見"伯溪"。

【結₄】＊〈1/一〉五方直符注鬼，名結。(18/240a)

〖元光〗＊〈1/一〉甲子日鬼，名元光。(18/240c)

〖邴彰〗＊〈1/一〉乙丑日鬼，名邴彰。(18/240c)

〖釗昌〗＊〈1/一〉丙寅日鬼，名釗昌。(18/240c)

〖子方〗＊〈1/一〉丁卯日鬼，名子方。(18/240c)

〖生進〗＊〈1/一〉戊辰日鬼，名生進。(18/240c)

〖傳弁〗＊〈1/一〉己巳日鬼，名傳弁。(18/240c)

〖柴方〗＊〈1/一〉庚午日鬼，名柴方。(18/240c)

〖音父〗＊〈1/一〉辛未日鬼，名音父。(18/240c)

〖石松〗＊〈1/一〉壬申日鬼，名石松。(18/241a)

〖倚迲〗＊〈1/一〉癸酉日鬼，名倚迲。(18/241a)

〖甲光〗＊〈1/一〉甲戌日鬼，名甲光。(18/241a)

〖远進〗＊〈1/一〉乙亥日鬼，名远進。(18/241a)

〖留遐〗＊〈1/一〉丙子日鬼，名留遐。(18/241a)

〖王眸〗＊〈1/一〉丁丑日鬼，名王眸。(18/241a)

〖却心〗＊〈1/一〉戊寅日鬼，名却心。(18/241a)

〖遥子〗＊〈1/一〉己卯日鬼，名遥子。(18/241a)

〖耳子〗＊〈1/一〉庚辰日鬼，名耳子。(18/241a)

【元聲】*〈1/一〉辛巳日鬼,名元聲。(18/241a)

【御₂】*〈1/一〉壬午日鬼,名御。(18/241a)

【歷厨】*〈1/一〉癸未日鬼,名歷厨。(18/241a)

【瑯光】*〈1/一〉甲申日鬼,名瑯光。(18/241a)

【聶下】*〈1/一〉乙酉日鬼,名聶下。(18/241a)

【龍生】*〈1/一〉丙戌日鬼,名龍生。(18/241a)

【石爺】*〈1/一〉丁亥日鬼,名石爺。(18/241a)

【證方】*〈1/一〉戊子日鬼,名證方。(18/241a)

【旨都】*〈1/一〉己丑日鬼,名旨都。(18/241a)

【芩】*〈1/一〉庚寅日鬼,名芩。(18/241a)

【懯】*〈1/一〉辛卯日鬼,名懯。(18/241a)

【契₂】*〈1/一〉壬辰日鬼,名契。(18/241b)

【輩方】*〈1/一〉癸巳日鬼,名輩方。(18/241b)

【麻子角】*〈1/一〉甲午日鬼,名麻子角。(18/241b)

【不扶鬻】*〈1/一〉乙未日鬼,名不扶鬻。(18/241b)

【右公】*〈1/一〉丙申日鬼,名右公。(18/241b)

【進卿一集】*〈1/一〉丁酉日鬼,名進卿一集。(18/241b)

【召厷高】*〈1/一〉戊戌日鬼,名召厷高。(18/241b)

【珠夫子】*〈1/一〉己亥日鬼,名珠夫子。(18/241b)

【季方】*〈1/一〉庚子日鬼,名季方。(18/241b)

【迮】*〈1/一〉辛丑日鬼,名迮。(18/241b)

【羅結】*〈1/一〉壬寅日鬼,名羅結。(18/241b)

【健木】*〈1/一〉癸卯日鬼,名健木。(18/241b)

【索良】*〈1/一〉甲辰日鬼,名索良。(18/241b)

【晶冗】*〈1/一〉乙巳日鬼,名晶冗。(18/241b)

【挺濃】*〈1/一〉丙午日鬼,名挺濃。(18/241b)

【矣伍】*〈1/一〉丁未日鬼,名矣伍。(18/241b)

【却劀】*〈1/一〉戊申日鬼,名却劀。(18/241b)

【戴劫】*〈1/一〉己酉日鬼,名戴劫。(18/241b)

〖總夫〗*〈1／一〉庚戌日鬼,名總夫。(18/241b)

〖安懸〗*〈1／一〉辛亥日鬼,名安懸。(18/241b)

〖道子〗*〈1／一〉壬子日鬼,名道子。(18/241c)

〖唱适〗*〈1／一〉癸丑日鬼,名唱适。(18/241c)

〖別狀〗*〈1／一〉甲寅日鬼,名別狀。(18/241c)

〖天喑〗*〈1／一〉乙卯日鬼,名天喑。(18/241c)

〖天灘〗*〈1／一〉丙辰日鬼,名天灘。(18/241c)

〖天橫〗*〈1／一〉丁巳日鬼,名天橫。(18/241c)

〖耳述〗*〈1／一〉戊午日鬼,名耳述。(18/241c)

〖噁噁〗*〈1／一〉己未日鬼,名噁噁。(18/241c)

〖義俚〗*〈1／一〉庚申日鬼,名義俚。(18/241c)

〖義呼〗*〈1／一〉辛酉日鬼,名義呼。(18/241c)

〖逤夫〗*〈1／一〉壬戌日鬼,名逤夫。(18/241c)

〖苔高敵〗*〈1／一〉癸亥日鬼,名苔高敵。(18/241c)

3.2.3　杂司鬼名[6＋0＋22＝28:壹6〈6＋0＋0／六＋0＋0〉貳13〈0＋0＋13／0＋0＋十三〉叁8〈0＋0＋9／0＋0＋八〉肆1〈0＋0＋1／0＋0＋一〉]

【匭】*〈1／一〉南鄉三老鬼,俗五道鬼,姓車名匭,主諸死人録籍,考計生人罪,皆向之。(18/239c)

【車₃】*〈1／一〉東斗三台鬼,姓角名車。(18/240a)

〖温夫〗*〈1／一〉南斗三台鬼,姓滇名温夫。(18/240a)

【球】*〈1／一〉西斗三台鬼,姓車名球。(18/240a)

【玩】*〈1／一〉北斗三台招搖大鬼,姓伴名玩。(18/240a)

【咸₂】*〈1／一〉中斗三台鬼,姓王名咸。(18/240a)

〖侯夫〗*〈1／一〉道上將軍名侯夫。(18/246b)

〖逸車〗*〈1／一〉道下將軍名逸車。(18/246b)

〖居集〗*〈1／一〉太玄之鬼,名居集。(18/243a)

〖子碑〗*〈1／一〉(太和之鬼)子行見者,其名子碑,三呼之,形自見。(18/

244b)

〖河紛〗*〈1/一〉（太和之鬼）若水行見者,呼河紛,其亦作水鬼,易形爲鳥形,明如烏大,子煞之,勿告人,三年,人行來出入山海,永無所畏,大吉。(18/244b)

〖堪坋〗*〈1/一〉昌利之鬼,名堪坋。(18/243a)

【趣₂】*〈1/一〉遥亂之鬼,名趣,一名歎發。(18/244a)

〖歎發〗*〈1/一〉例見"趣"。

〖耳獝〗*〈1/一〉五嶽之鬼,名耳獝,一名山夫。(18/244a)

〖山夫〗*〈1/一〉例見"獝"。(18/244a)

〖瑾生子〗*〈1/一〉天獄鬼,名瑾生子。(18/243c)

〖客夫元〗*〈1/一〉天鞭鬼,名客夫元。(18/243c)

〖文延玄〗*〈1/一〉天上逆鬼名文延玄。(18/246b)

〖精子〗*〈1/一〉地下逆鬼名精子。(18/246b)

〖石未子〗*〈2/一〉呪曰:石未子,石未子,太一使汝爲我使。何物逆鬼,令速出速出。(18/247b)

〖青龍蛟〗*〈1/一〉天師曰:東方野道青龍蛟,南方野道炎火耀,西方野道白虎嘯,北方野道玄武尾掉,中央野道黃帝飲汝血,血出毒出矣。(28/369c)

〖炎火耀〗*〈1/一〉例見"青龍蛟"。

〖白虎嘯〗*〈1/一〉例見"青龍蛟"。

〖玄武尾掉〗*〈1/一〉例見"青龍蛟"。

〖咸池〗*〈1/一〉吾持神呪速出,去江海中,有窮奇共避邪,將咸池食野道肉,噉野道皮,汝不急去死,乃至天帥神呪,急急如律令。(28/369b)

〖銜狀〗*〈1/一〉吾知汝姓名,北海大神謂銜狀,身長三丈,頭長三尺。(28/369c)

〖呂公子〗*〈1/一〉名主人宮中小玄明君,官將一百二十人,主攝河伯呂公子,三十六水帝,十二溪女,九江[補:水帝]、河平侯作掾吏,部水鬼,興雲下雨。(28/557a)

3.2.4　人事鬼名[1 + 2 + 20 = 23：壹 1〈0 + 0 + 1/0 + 0 + 一〉貳 14
〈1 + 1 + 12/一 + 一 + 十二〉叁 7〈0 + 1 + 6/0 + 一 + 六〉伍 1〈0 + 0 + 1/0
+ 0 + 一〉]

〖焬精華〗*〈1/一〉焬精華。右一鬼，主害人田蠱，蠱女鬼夫。立春日平
旦，可向天門三咒。(18/247b)

〖金進邊百逍〗*〈1/一〉金進邊百逍。右一鬼，是旦夕掃除鬼，令人失財。
(18/247b)

〖穳張〗*〈1/一〉遊獦鬼名穳張。(18/251b)

〖硛〗*〈1/一〉長男之鬼，名硛，一名子石。(18/244a)

〖子石〗*〈1/一〉例見“君石”。(18/244a)

〖刃方〗*〈1/一〉血食鬼名刃方。(18/251b)

〖真果〗*〈1/一〉傷死鬼名真果。(18/251b)

〖史蘇煡〗*〈1/一〉獄死鬼名史蘇煡。(18/251b)

〖逆千〗*〈1/一〉客死鬼名逆千。(18/251b)

【伏藏₂】*〈1/一〉餓死鬼名伏藏。(18/251b)

〖戴文〗*〈1/一〉男淫之鬼，名戴文。(18/243a)

〖截交〗*〈1/一〉女淫之鬼，名截交。(18/243a)

〖莧悟千〗*〈1/一〉男傷鬼名莧悟千。(18/251b)

〖艾赤丹〗*〈1/一〉女傷鬼名艾赤丹。(18/251b)

〖遠世〗*〈1/一〉千歲白骨鬼，名遠世。(18/243c)

〖音世〗*〈1/一〉百歲白骨鬼，名音世。(18/243c)

〖琕翏〗*〈1/一〉五十年鬼，名琕翏。(18/243c)

〖害知〗*〈1/一〉冢訟鬼名害知。(18/251b)

〖地令〗*〈1/一〉丘丞鬼名地令。(18/251b)

〖土下侯〗*〈1/一〉墓伯鬼名土下侯。(18/251b)

〖二千石₂〗*〈1/一〉冢下鬼名二千石。(18/251b)

〖謹忠世〗*〈1/一〉古凶鬼謹忠世、逆鬼莽耳。右二鬼是古死人敗塚或巫
師不正道士之鬼，鬼害人百行，子知其名，鬼自伏住，不敢動。(18/246b)

〖弄耳〗*〈1／一〉例見"謹忠世"。

3.2.5　疾病鬼名[28＋0＋34＝62：壹25〈25＋0＋0／二十五＋0＋0〉貳33〈3＋0＋31／三＋0＋三十〉叄2〈0＋0＋3／0＋0＋二〉肆2〈0＋0＋2／0＋0＋二〉]

〖元達〗*〈2／一〉東方青炁鬼主,姓劉,名元達,領萬鬼,行惡風之病。(18／250a)

〖元伯〗*〈1／一〉南方赤炁鬼主,姓張,名元伯,領萬鬼,行熱毒之病。(18／250a)

〖公明〗*〈1／一〉西方白炁鬼主,姓趙,名公明,領萬鬼,行注炁之病。(18／250a)

〖士季〗*〈1／一〉北方黑炁鬼主,姓鍾,名士季,領萬鬼,行惡毒霍亂、心腹絞痛之病。(18／250a)

〖文業〗*〈1／一〉中央黃炁鬼主,姓史,名文業,領萬鬼,行惡瘡癩腫之病。(18／250a)

【高遠】*〈1／一〉青炁溫鬼,名高遠。(18／243a)

〖伯桑〗*〈1／一〉白炁溫鬼,名伯桑。(18／243b)

〖士玄〗*〈1／一〉赤炁溫鬼,名士玄。(18／243b)

〖君太〗*〈1／一〉黃炁溫鬼,名君太。(18／243b)

〖文遏〗*〈1／一〉黑炁溫鬼,名文遏。(18／243b)

〖咎遠〗*〈1／一〉東方青溫鬼名咎遠。(18／250a)

〖士言〗*〈1／一〉南方赤溫鬼名士言。(18／250a)

【堯】*〈1／一〉西方白溫鬼名堯。(18／250b)

〖天遏〗*〈1／一〉北方黑溫鬼名天遏。(18／250b)

〖太黃奴〗*〈2／一〉中央黃溫鬼名太黃奴。(18／250b)

〖誅女〗*〈1／一〉第六溫鬼名誅女。(18／250b)

〖伯陵〗*〈1／一〉第七溫鬼名伯陵。(18／250b)

【梁州】*〈1／一〉(五方溫鬼)祖父名梁州,祖母名交成,父名延年,母名出中。(18／250b)

【延年₂】*〈1/一〉例見"梁州"。

〖交成〗*〈1/一〉例見"梁州"。

〖出中〗*〈1/一〉例見"梁州"。

【惟₂】*〈1/一〉正月温鬼名惟。（18/250c）

【腫₂】*〈1/一〉二月温鬼名腫。（18/250c）

【劉₂】*〈1/一〉三月温鬼名劉。（18/250c）

【存₄】*〈1/一〉四月温鬼名存。（18/250c）

【垒】*〈1/一〉五月温鬼名垒。（18/250c）

【殊】*〈1/一〉六月温鬼名殊。（18/250c）

【半₂】*〈1/一〉七月温鬼名半。（18/250c）

【懷₂】*〈1/一〉八月温鬼，名懷。（18/250c）

【農₂】*〈1/一〉九月温鬼名農。（18/250c）

【卑₂】*〈1/一〉十月温鬼名卑。（18/250c）

【贏】*〈1/一〉十一月温鬼名贏。（18/250c）

【堅₃】*〈1/一〉十二月温鬼，名堅。（18/250c）

【根₂】*〈1/一〉子日温鬼名根。（18/250c）

【蕩₂】*〈1/一〉丑日温鬼名蕩。（18/250c）

【怡】*〈1/一〉寅日温鬼名怡。（18/250c）

【疑】*〈1/一〉卯日温鬼名疑。（18/250c）

【厄₂】*〈1/一〉辰日温鬼名厄。（18/251a）

【愛₃】*〈1/一〉巳日温鬼名愛。（18/251a）

【悟₂】*〈1/一〉午日温鬼名悟。（18/251a）

〖奴長〗*〈1/一〉未日温鬼名奴長。（18/251a）

【未₄】*〈1/一〉申日温鬼名未。（18/251a）

【石₂】*〈1/一〉酉日温鬼名石。（18/251a）

【志₂】*〈1/一〉戌日温鬼名志。（18/251a）

【憂₃】*〈1/一〉亥日温鬼名憂。（18/251a）

〖釋渠〗*〈1/一〉一蠱鬼名釋渠。（18/250b）

【咎₄】*〈1／一〉二蠱鬼名咎。(18/250b)

〖禮咎〗*〈1／一〉三蠱鬼名禮咎。(18/250b)

〖成晏〗*〈1／一〉四蠱鬼名成晏。(18/250b)

〖不釋〗*〈1／一〉五蠱鬼名不釋。(18/250b)

〖烏悟〗*〈1／一〉六蠱鬼名烏悟。(18/250b)

〖綠支〗*〈1／一〉七蠱鬼名綠支。(18/250b)

〖育夷〗*〈1／一〉八蠱鬼名育夷。(18/250b)

〖石千〗*〈1／一〉九蠱鬼名石千。(18/250b)

〖紫肝方轉〗*〈1／一〉紫肝方轉、汏泧、塵發。右三鬼是世中癲癇煞人之鬼,其赤衣服,烏冠幘,主收人魂。子知其名,有疾即差,鬼不敢干。(18/247a)

〖汏泧〗*〈1／一〉例見"紫肝方轉"。

〖塵發〗*〈1／一〉例見"紫肝方轉"。

〖桑華載〗*〈1／一〉桑華載、辟氣途付。右二鬼是女人月水之精鬼,常貪陰陽血味,女子月水來,日夕存之,呼名,鬼不敢害人。(18/247a)

〖辟氣途付〗*〈1／一〉例見"桑華載"。

〖語忌〗*〈1／一〉語忌、敬遽。右二鬼女臨產鬼,女子產生時呼此鬼名,即不害人。(18/247a)。

〖敬遽〗*〈1／一〉例見"語忌"。

〖文通〗*〈1／一〉昊時病人之鬼名文通。(18/251a)

3.2.6 生物鬼名[1＋2＋13＝16：貳9〈1＋2＋6／一＋二＋六〉叄6〈0＋0＋6／0＋0＋六〉肆1〈0＋0＋1／0＋0＋一〉]

〖健莊子〗*〈1／一〉虎精之鬼,名健莊子。(18/242c)

〖咳藙〗*〈1／一〉虎狼鬼名咳藙。(18/251b)

〖俐石圭〗*〈1／一〉蛇精之鬼,名俐石圭。(18/242c)

〖大晶子〗*〈1／一〉狩精之鬼,名大晶子。(18/242c)

〖馬厠子〗*〈1／一〉猴精之鬼,名馬厠子。(18/242c)

〖勾舉〗*〈1／一〉狐狸鬼名勾舉。(18/251b)

〖遠午〗*〈1／一〉狐精之鬼,名遠午。(18/242c)

【甲子】*〈1/一〉蛇龍鬼,名甲子。(18/251b)

〖地殃〗*〈1/一〉黿鼉鬼名地殃。(18/251b)

〖遰迲〗*〈1/一〉百蟲之鬼,名遰迲。(18/243a)

〖群夭〗*〈1/一〉木精之鬼,名群夭。(18/242c)

〖方域〗*〈1/一〉大樹之鬼,名方域。(18/243a)

〖轉其〗*〈1/一〉小木之鬼,名轉其。(18/243a)

〖連不智〗*〈1/一〉猵樹之鬼,名連不智。(18/242c)

〖斧金木和〗*〈1/一〉斧金木和、鎧鉀粗。右二鬼,是人家宅上有樹或竹林爲烏白鷺群鳥所依,皆有邪魅,子知其名,三呼之,鬼知人不可干。(18/247a)

〖鎧鉀粗〗*〈1/一〉例見"斧金木和"。

3.2.7　器物鬼名[7 + 0 + 25 = 32:壹6〈5 + 0 + 1/五 + 0 + 一〉貳21〈2 + 0 + 19/二 + 0 + 十九〉叁4〈0 + 0 + 4/0 + 0 + 四〉肆1〈0 + 0 + 1/0 + 0 + 一〉]

〖因兑〗*〈1/一〉金精鬼名因兑。(18/251a)

〖乘巛〗*〈1/一〉土精鬼名乘巛。(18/251a)

〖附離〗*〈1/一〉火精鬼名附離。(18/251a)

〖託坎〗*〈1/一〉水精鬼名託坎。(18/251a)

〖倚震〗*〈1/一〉木精鬼名倚震。(18/251a)

〖矯乾〗*〈1/一〉五精鬼名矯乾。(18/251b)

〖醫願〗*〈1/一〉鐵精之鬼,名醫願。(18/243c)

〖夷衝〗*〈1/一〉金精之鬼,名夷衝。(18/243c)

〖揚煞〗*〈1/一〉銅器之鬼,名揚煞。(18/243c)

〖令精華〗*〈1/一〉令精華、是補坐。右二鬼人家宅中有銅金錢精,主作於此鬼。鬼或變化作人形,居宅不安,呼之即去。(18/246c)

〖是補坐〗*〈1/一〉例見"令精華"。

〖元蘇〗*〈1/一〉五味之鬼,名元蘇。(18/244a)

〖後服〗*〈1/一〉食器之鬼,名後服。(18/243b)

〖父雉〗*〈1/一〉坩坑鬼,名父雉,一名羅元。(18/243b)

〖是廬〗*〈1／一〉衣服之鬼，名是廬。（18／244a）

〖提敬〗*〈1／一〉五綵之鬼，名提敬。（18／244a）

〖後繻〗*〈1／一〉五色之鬼，名後繻。（18／243a）

〖子賢〗*〈1／一〉甲鎧之鬼，名子賢。（18／243b）

〖耳禽〗*〈1／一〉戟罕之鬼，名耳禽。（18／243b）

〖兀生〗*〈1／一〉五斧之鬼，名兀生。（18／244a）

〖劍子夫〗*〈1／一〉刀鬼，名劍子夫。（18／243b）

〖如賢子〗*〈1／一〉元子車鬼，名如賢子，又馬車牛之鬼。（18／243b）

【賜₂】*〈1／一〉犬馬鬼，名賜。（18／243c）

【慟】*〈1／一〉車鬼，名慟。（18／243c）

【天賜】*〈1／一〉朴樔之鬼，名天賜，一名兵車。（18／243c）

【兵車】*〈1／一〉例見"天賜"。

【晏₂】*〈1／一〉傘蓋鬼，名晏。（18／243b）

【託₃】*〈1／一〉麾幢鬼，名託。（18／243b）

【亂₅】*〈1／一〉鼓音鬼，名亂。（18／243b）

〖讘〗*〈1／一〉笙篁鬼，名讘。（18／243b）

〖羅元〗*〈1／一〉例見"父雊"。（18／243b）

〖赫子一扶〗*〈1／一〉牀鬼，名赫子一扶。（18／243b）

3.2.8　建築鬼名［0＋0＋20：壹1〈0＋0＋1／0＋0＋一〉貳16〈0＋0＋16／0＋0＋十六〉叁3〈0＋0＋3／0＋0＋三〉］

〖搖子〗*〈1／一〉屋室之鬼，名搖子。（18／243b）

〖迭臥〗*〈1／一〉天正鬼迭臥、地正鬼枔木。右二鬼是宅中死煞守鬼，常住人堂屋梁上，夜主傷害人雞犬六畜。子知其名，鬼伏住不敢動。（18／246b）

〖枔木〗*〈1／一〉例見"迭臥"。

〖申久年〗*〈1／一〉申久年、後穆高。右二鬼，人家作屋，不契柱色鼻，朝成立見，星月有靈神，主煞人爲邪。（18／246b）

〖後穆高〗*〈1／一〉例見"申久年"。

〖己巴艮〗*〈1／一〉己巴艮、赦姑、殷呇。右三鬼是人屋中四壁角中鬼，主

人夫妻無道,不順陰陽,此鬼白直符,直符白奏事,除人生籍。(18/246c)

〖赦姑〗*〈1/一〉例見"己巴艮"。

〖殷咎〗*〈1/一〉例見"己巴艮"。

〖天載〗*〈1/一〉天載、芘嚮。右二鬼是門伯戸丞,白日爲神福室,暮作鬼。(18/246c)

〖芘嚮〗*〈1/一〉例見"天載"。

〖文羅〗*〈1/一〉柱木之鬼,名文羅,一名元羅。(18/244a)

〖元羅〗*〈1/一〉例見"文羅"。(18/244a)

〖頃天〗*〈1/一〉圂厠之鬼,名頃天。(18/243b)

〖瑗〗*〈1/一〉井鬼,名瑗。(18/243b)

〖干遠〗*〈1/一〉竈鬼,名干遠。(18/243b)

〖月遡〗*〈1/一〉塼石之鬼,名月遡。(18/243a)

〖汝遠〗*〈1/一〉樸木之鬼,名汝遠。(18/243a)

〖鳴哌〗*〈1/一〉木榴之鬼,名鳴哌。(18/243a)

〖赫子〗*〈1/一〉圩莒鬼,名赫子,一名入徵。(18/243b)

〖入徵〗*〈1/一〉例見"赫子"。(18/243b)

3.2.9　地理鬼名[7 + 0 + 15 = 22:壹 5〈5 + 0 + 0/五 + 0 + 0〉貳 12〈2 + 0 + 10/二 + 0 + 十〉叁 5〈0 + 0 + 5/0 + 0 + 五〉]

〖濯肉〗*〈1/一〉山精之鬼長一尺,名濯肉。(18/242c)

〖弓强〗*〈1/一〉大山之鬼,名弓强。(18/242c)

〖和邴〗*〈1/一〉小山之鬼,名和邴。(18/242c)

〖璁肉子〗*〈1/一〉石精之鬼,名璁肉子。(18/242c)

〖啓削〗*〈1/一〉山室之鬼,名啓削。(18/243a)

〖水連〗*〈1/一〉石舀之鬼,名水連。(18/243a)

〖客臾〗*〈1/一〉土琵之鬼,名客臾。(18/243a)

〖柱佳乩〗*〈1/一〉盖山之鬼,名柱佳乩。(18/243a)

【天王】*〈1/一〉山都之鬼,名天王。(18/243a)

【元₃】*〈1/一〉地青土公鬼,名元。(18/243c)

〖赤赫元〗*〈1/一〉地赤土公鬼，名赤赫元。(18/243c)

〖尅元〗*〈1/一〉地黃土公鬼，名尅元。(18/243c)

〖述本〗*〈1/一〉地白土公鬼，名述本。(18/243c)

【士民】*〈1/一〉地黑土公鬼，名士民。(18/243c)

【達₂】*〈1/一〉河伯鬼，名達。(18/243c)

【活₂】*〈1/一〉九江鬼，名活。(18/243c)

【建₄】*〈1/一〉三河鬼，名建。(18/243c)

【候】*〈1/一〉四瀆鬼，名候。(18/243c)

〖截逍子〗*〈1/一〉五涝之鬼，名截逍子。(18/242c)

〖活耕〗*〈1/一〉空流之鬼，名活耕。(18/243a)

〖逆鱗子〗*〈1/一〉江辺虫之鬼，名逆鱗子。(18/243a)

〖咸覽〗*〈1/一〉漢明之鬼，名咸覽。(18/243a)

　　早期天師道文獻中的鬼怪名字中，有些采用的是一般用詞，可以從用詞上探討命名的含義。但也有不少鬼怪名字，使用了難於理解的生僻字，或者使用了取義不明的字，其中到底如何反映了當時道教信仰中的觀念，還有待研究。

第四节　符籍{1＋1＋50＝52：貳10〈1＋1＋8/一＋一＋八〉叁4〈0＋0＋4/0＋0＋四〉肆17〈0＋0＋37/0＋0＋十七〉伍2〈0＋0＋3/0＋0＋二〉陸7〈0＋0＋8/0＋0＋七〉柒1〈0＋0＋1/0＋0＋一〉捌4〈0＋0＋4/0＋0＋四〉玖1〈0＋0＋1/0＋0＋一〉拾5〈0＋0＋6/0＋0＋五〉拾肆1〈0＋0＋1/0＋0＋一〉}

　　〖黃老〗*符籙名。〈1/一〉甲申大水蕩沃穢濁，仙官乘龍，日不進寸，不見種人，但見佩黃老職治之人與三官百鬼，文墨紛紛，更相毀鄙。(32/593b)

　　【道德₂】*《老子》一名《道德經》。〈1/一〉《妙真》自吾所作，《黃庭》三靈七言皆訓喻本經，爲《道德》之光華。(18/237a)

　　〖老經〗*《老子》。〈1/一〉道出元炁從《老經》，合景內外神真形，羅縷紫機上天庭，遠望八極登太清。(18/248c)

〖想爾〗*《老子想爾注》。〈1/一〉以《想爾》《妙真》《三靈七言》復不真正,而故謂道欺人,哀哉可傷。(18/236b)

〖女青鬼律〗*早期天師道重要戒律書。〈2/一〉故出《女青鬼律》書,傳行天下樂何如? 有智自來謁真儔,元者自去太山居。(18/248c)

〖女青詔書〗*《女青鬼律》。〈3/一〉陽方君,官將一百二十人,治天門室,主收天下諸墓功太歲大將軍,太玄真符攝下《女青詔書》,主之。(28/550b)

〖女青玄都鬼律令〗*《女青鬼律》。〈1/一〉念子不得久世長生,吾受太上教勑嚴切,今以示天民,令知禁忌,不犯鬼神靈書《女青玄都鬼律令》,使汝曹皆悉知聞,逆者還順,惡者還善,改往修來,當依《鬼律令》。(18/244c)

〖鬼律令〗*《女青鬼律》。〈1/一〉例見"女青玄都鬼律令"。

〖鬼律〗*《女青鬼律》。〈4/一〉太上大道不忍見之,二年七月七日日中時,下此《鬼律》八卷,紀天下鬼神姓名,吉凶之術。(18/239c)

〖玄都鬼律〗*《女青鬼律》。〈2/一〉天蜂、青蠅、蟲蛇、野獸、狐狸、六畜五毒之炁,藏在宅中不肯去者,伏惟太上勅下天曹,應咒斬殺之,如《玄都鬼律》,不得相干,奉天師神咒,急急如律令。(28/368c)

〖黃書契令〗*記載道教房中術的道經。〈1/一〉道士雖知黃書契令,不知二十四神人,故爲僞人。(18/245c)

〖契令〗*黃書契令。〈1/一〉可至契令思元辰,七九之運別真人。(18/248a)

〖黃庭₂〗*《黃庭經》。〈1/一〉《妙真》自吾所作,《黃庭》三靈七言皆訓喻本經,爲《道德》之光華。(18/237a)

〖三靈七言〗*《黃庭經》。《黃庭經》用七言韻語寫成,其中,《太上黃庭內景玉經》有"保我泥丸三奇靈"之語,《太上黃庭外景玉經》有"觀志遊神三奇靈"之語。〈2/一〉以《想爾》《妙真》《三靈七言》復不真正,而故謂道欺人,哀哉可傷。(18/236b)

〖六天文三天上真正法〗*道經名。〈1/一〉上清除六天之文、三天正法,後聖君受太上,清虛小有天王撰集上仙真錄,總名爲"六天文三天上真正法",以捕萬鬼,收束衆邪。(28/410a)

〖三天正法〗*《六天文三天上真正法》。〈10/一〉太上告後聖君曰:凡受

《三天正法》,不得妄入殗穢。(28/409b)

【三正】*《六天文三天上真正法》。〈1/一〉呪曰:天清在上,微道退幽,三正理運,六炁沉消,上真靈籙,攝御萬祆。(28/408c)

【妙真】*《妙真經》。〈2/一〉《妙真》自吾所作,《黄庭》三靈七言皆訓喻本經,爲《道德》之光華。(18/237a)

【上部太紫】*道經名。〈1/一〉皆同一契心合并,義各如一道引經,黄赤大要守長生,《上部太紫》人數并。(18/248b)

【四極明科】*即《太真玉帝四極明科經》。〈1/一〉太上告後聖君曰:此五條,出《四極明科》第十一篇中篇。(28/409b)

【四極】*即《太真玉帝四極明科經》。〈1/一〉泄閉不從科條者,七世獲考,如《四極》科法。(28/410a)

【太陰書】*道經名。〈1/一〉奉之如法,必登上清,八皇以此爲祕仙券。有者《太陰書》名玉簡。(28/410a)

【太真章】*經書名。〈1/一〉三真超無際,俯仰太帝堂,稟承三天制,驅洗六天凶,正立無塵穢,洞究《太真章》,以救承唐世,啓悟末學子。(28/407c)

【陰陽中經】*道經名。〈2/一〉那得過度見太平,《陰陽中經》事難明。時有開解能思精,出陽入陰至玄冥。(28/373a)

【黄老赤籙】*符籙名。〈2/一〉太上開化,不以吾輕賤小人,受吾真法爲百鬼主者,使開二十四治以應二十四氣,置署職籙,以化邪俗之人,黄老赤籙以修長生,吾言大道永畢。(32/593a)

【黄老大要紫黄金剛】*符籙名。〈1/一〉當斯之時,明此符真,雖受職,治黄老大要紫黄金剛,不見九光萬稱之符,不免三官驅除,死没黄泉,不得過土戶。(32/594a)

【廣生太真五嶽兵符】*符籙名。〈1/一〉得佩廣生太真五嶽兵符,給玉女十二人,侍衛佩者身。(28/409c)

【太玄九光萬稱生符】*符籙名。〈1/一〉爲料種民應備事急,今出太玄九光萬稱生符,以簡料真一,甄別種人。(32/593c)

【九光萬稱生符】*"太玄九光萬稱生符"。〈1/一〉不欲尸解者,當合神丹,故須九光萬稱生符,不得此符,不得名上太玄生簿。(32/594a)

〖九光萬稱符〗*“太玄九光萬稱生符”。〈2/一〉其是壬辰癸巳前得吾九光萬稱符者,皆在種人之例,壬辰癸巳後受符無復及也。(32/594b)

〖九光萬稱〗*“太玄九光萬稱生符”。〈1/一〉明此符真,雖受職,治黃老大要紫黃金剛,不見九光萬稱之符,不免三官驅除,死沒黃泉。(32/594a)

〖萬稱九光符〗*“太玄九光萬稱生符”。〈1/一〉太上救十二仙官遊行天下,見有佩吾萬稱九光符者,便以種民定數,注上太玄玉籙。(32/593c)

〖萬稱九光〗*“太玄九光萬稱生符”。〈2/一〉三一有百人,萬稱九光有一人;三一有千人,萬稱九光有十人爾。(32/594b)

〖太玄真符〗*符籙名。〈1/一〉陽方君,官將一百二十人,治天門室,主收天下諸墓功太歲大將軍,太玄真符,攝下女青詔書,主之。(28/550b)

〖衆文三天九微玄都太真陰陽靈籙〗*符籙名。〈1/一〉凡受衆文三天九微玄都太真陰陽靈籙,恒當精心苦念,入室燒香,祈請真靈。(28/408a)

〖三天九微玄都太真靈籙〗*“衆文三天九微玄都太真陰陽靈籙”。〈1/一〉三天九微玄都太真靈籙,出於九天真王,以傳太上及三天玉皇,元始天王以授西王母、靈飛太真太上丈人,以授衆仙得道真人。(28/407b)

〖三天正法太上衆文靈籙〗*“衆文三天九微玄都太真陰陽靈籙”。〈1/一〉凡有骨相,名糸東華,得佩三天正法太上衆文靈籙。(28/408b)

〖三元大君紫文〗*符籙名。〈1/一〉太上告後聖君曰:得佩三元大君紫文者,給玉童玉女各十二人,侍衛佩者身。(28/409c)

〖太上元君真文〗*符籙名。〈1/一〉得佩太上元君真文,給玉女十二人,侍衛佩者身。(28/409c)

〖太微靈都婉轉真三方文〗*符籙名。〈2/一〉九天真王授於太上大道君太微靈都婉轉真三方文、衆書真籙,以制六天三天之法。(28/407b)

〖蓬萊高上真書〗*符籙名。〈1/一〉得佩蓬萊高上真書者,給玉童十二人,侍衛佩者身。(28/409c)

〖天帝君愍真書〗*符籙名。〈1/一〉得佩天帝君愍真書,給玉童十人,侍衛佩者身。(28/409c)

〖天帝丈人黃上真書〗*符籙名。〈1/一〉得佩天帝丈人黃上真書,給玉女百人,知吉凶。(28/409c)

【玄洲仙伯開天萬仙真書】* 符籙名。〈1/一〉得佩玄洲仙伯開天萬仙真書,給玉童十二人,侍衛佩者身。(28/409c)

【元始天王真書】* 符籙名。〈1/一〉得佩元始天王真書,出有入無,又給玉童玉女各十二人,侍衛佩者身。(28/409c)

【紫微玄宮玉文飛天真書】* 符籙名。〈1/一〉得佩紫微玄宮玉文飛天真書,給玉童玉女各二十四人,侍衛佩者身。(28/409c)

【衆書八靈真籙】* 符籙名。〈2/一〉奉請九微八道上皇、九華帝玄黃女、九靈之官、監真使者,稱名某甲,昔受衆書八靈真籙九年。(28/408b)

【衆書真籙】* "衆書八靈真籙"。〈2/一〉九天真王授於太上大道君太微靈都婉轉真三方文、衆書真籙,以制六天三天之法。(28/407b)

【八神圖】* 圖籍名。〈1/一〉第一百十四戒者,不得畜世俗占事八神圖,亦不得習。(18/220b)

【太玄生簿】* 圖籍名。〈1/一〉不欲尸解者,當合神丹,故須九光萬稱生符,不得此符,不得名上太玄生簿。(32/594a)

【太玄玉錄】* "太玄生簿"。〈1/一〉太上救十二仙官遊行天下,見有佩吾萬稱九光符者,便以種民定數,注上太玄玉錄,壹無所復問。(32/593c)

【太玄紫簿】* "太玄生簿"。〈3/一〉中犯不正,名曰奸淫,三官皆錄爲奸盜。身入三塗、名編黑籍,太玄紫簿,未得一人。(32/593b)

第五节　早期天師道文獻道教專名小結

根據以上叙述,早期天師道十种文獻中出現的帶有虛擬性質的專用於道教境界、人物、符籍用詞情況如下(見表四):

表四　早期天師道文獻的道教世界專名

1　仙界	{3+1+26=30} 貳16,叁13,柒1
1.1　天界	3+1+10=14:貳10〈7+1+39/三-一+十〉叁3〈0+0+6/0+0+五〉柒1〈0+0+1/0+0+一〉
1.2　建築	0+0+16=16:貳6〈0+0+8/0+0+六〉叁10〈0+0+13/0+0+十〉

2　道教神系	｛13＋6＋940＝959｝壹 1，貳 101，叁 491，肆 149，伍 134，陸 46，柒 16，捌 11，玖 8，拾貳 2
2.1　天庭君吏	3＋0＋66＝69：壹 1〈5＋0＋0／二＋0＋0〉貳 12〈3＋0＋27／三＋0＋十三〉叁 11〈0＋0＋32／0＋0＋十二〉肆 29〈0＋0＋68／0＋0＋四十三〉伍 4〈0＋0＋15／0＋0＋五〉陸 6〈0＋0＋6／0＋0＋六〉柒 1〈0＋0＋1／0＋0＋一〉捌 4〈0＋0＋4／0＋0＋四〉玖 1〈0＋0＋1／0＋0＋一〉
2.2　職司諸君	［10＋6＋874＝890］
2.2.1　司天氣	0＋0＋26＝26：貳 1〈0＋0＋1／0＋0＋一〉叁 10〈0＋0＋10／0＋0＋十〉肆 7〈0＋0＋7／0＋0＋七〉伍 6〈0＋0＋9／0＋0＋六〉陸 2〈0＋0＋2／0＋0＋二〉
2.2.2　司居行安康	0＋0＋51＝51：貳 2〈0＋0＋2／0＋0＋二〉叁 31〈0＋0＋37／0＋0＋三十一〉肆 12〈0＋0＋12／0＋0＋十二〉伍 6〈0＋0＋6／0＋0＋六〉
2.2.3　治身體疾病	（2＋3＋230＝235）
治百病	0＋1＋47＝48：貳 4〈0＋0＋4／0＋0＋四〉叁 25〈0＋0＋26／0＋0＋二十五〉肆 7〈0＋0＋7／0＋0＋七〉伍 8〈0＋0＋8／0＋0＋八〉陸 1〈0＋0＋1／0＋0＋一〉柒 1〈0＋0＋1／0＋0＋一〉捌 1〈0＋0＋1／0＋0＋一〉玖 1〈0＋0＋1／0＋0＋一〉
治目病	0＋1＋23＝24：貳 5〈0＋1＋5／0＋一＋四〉叁 16〈0＋0＋16／十六〉肆 1〈0＋0＋1／0＋0＋一〉伍 2〈0＋0＋2／0＋0＋二〉
治耳喉病	0＋1＋23＝24：貳 4〈0＋1＋3／0＋0＋一＋三〉叁 13〈0＋0＋14／0＋0＋十三〉肆 3〈0＋0＋3／0＋0＋三〉伍 3〈0＋0＋3／0＋0＋三〉捌 1〈0＋0＋1／0＋0＋一〉
治吐逆淋露	2＋0＋28＝30：貳 3〈2＋0＋1／二＋0＋一〉叁 10〈0＋0＋11／0＋0＋十〉肆 5〈0＋0＋5／0＋0＋五〉伍 11〈0＋0＋11／0＋0＋十一〉柒 1〈0＋0＋1／0＋0＋一〉
治瘡癰腫瘤	0＋0＋22＝22：貳 2〈0＋0＋2／0＋0＋二〉叁 17〈0＋0＋18／十七〉肆 2〈0＋0＋4／0＋0＋二〉伍 1〈0＋0＋1／0＋0＋一〉
治風痹羸弱	0＋0＋19＝19：叁 14〈0＋0＋17／0＋0＋十四〉肆 2〈0＋0＋2／0＋0＋二〉伍 2〈0＋0＋2／0＋0＋二〉陸 1〈0＋0＋1／0＋0＋一〉
治傷寒瘟病	0＋0＋20＝20：貳 3〈0＋0＋4／0＋0＋三〉叁 7〈0＋0＋8／0＋0＋七〉肆 4〈0＋0＋4／0＋0＋四〉伍 6〈0＋0＋7／0＋0＋六〉
治驚狂	0＋0＋27＝27：貳 2〈0＋0＋2／0＋0＋二〉叁 18〈0＋0＋24／0＋0＋十八〉肆 4〈0＋0＋4／0＋0＋四〉伍 2〈0＋0＋2／0＋0＋二〉捌 1〈0＋0＋1／0＋0＋一〉
治帶下孕產	0＋0＋21＝21：貳 1〈0＋0＋1／0＋0＋一〉叁 11〈0＋0＋11／0＋0＋十一〉肆 5〈0＋0＋5／0＋0＋五〉伍 3〈0＋0＋3／0＋0＋三〉玖 1〈0＋0＋1／0＋0＋一〉
2.2.4　司婚姻家庭	1＋0＋51＝52：貳 6〈1＋0＋6／一＋0＋五〉叁 31〈0＋0＋37／0＋0＋三十一〉肆 3〈0＋0＋3／0＋0＋三〉伍 8〈0＋0＋9／0＋0＋八〉陸 2〈0＋0＋2／0＋0＋二〉柒 2〈0＋0＋2／0＋0＋二〉

續　表

2.2.5　社會管理	(3＋1＋175＝179)
教育監察	0＋1＋55＝56：貳9〈0＋1＋21/0＋一＋十〉叁29〈0＋0＋36/0＋0＋二十九〉肆6〈0＋0＋7/0＋0＋六〉伍4〈0＋0＋4/0＋0＋四〉陸4〈0＋0＋4/0＋0＋四〉柒2〈0＋0＋2/0＋0＋二〉玖1〈0＋0＋1/0＋0＋一〉拾貳1〈0＋0＋1/0＋0＋一〉
司官事刑獄口舌	0＋0＋80＝80：貳1〈0＋0＋1/0＋0＋一〉叁35〈0＋0＋49/0＋0＋三十五〉肆13〈0＋0＋14/0＋0＋十三〉伍15〈0＋0＋17/0＋0＋十五〉陸12〈0＋0＋12/0＋0＋十二〉柒1〈0＋0＋1/0＋0＋一〉捌2〈0＋0＋2/0＋0＋二〉玖1〈0＋0＋1/0＋0＋一〉
司劫盜叛逆	3＋0＋40＝43：貳11〈3＋0＋10/三＋0＋八〉叁20〈0＋0＋21/0＋0＋二十〉肆5〈0＋0＋7/0＋0＋五〉伍6〈0＋0＋8/0＋0＋六〉陸1〈0＋0＋1/0＋0＋一〉
2.2.6　司生產理財	1＋0＋78＝79：貳6〈2＋0＋5/一＋0＋五〉叁51〈0＋0＋58/0＋0＋五十一〉肆6〈0＋0＋6/0＋0＋六〉伍7〈0＋0＋9/0＋0＋七〉陸2〈0＋0＋2/0＋0＋二〉柒4〈0＋0＋4/0＋0＋四〉玖3〈0＋0＋3/0＋0＋三〉
2.2.7　治宅舍	0＋1＋44＝45：貳6〈0＋1＋7/0＋一＋五〉叁26〈0＋0＋34/0＋0＋二十六〉肆6〈0＋0＋6/0＋0＋六〉伍6〈0＋0＋6/0＋0＋六〉柒1〈0＋0＋1/0＋0＋一〉
2.2.8　司死亡	(1＋1＋95＝97)
治亡鬼注氣	0＋1＋52＝53：貳6〈0＋1＋10/0＋一＋五〉叁15〈0＋0＋17/0＋0＋十五〉肆9〈0＋0＋9/0＋0＋九〉伍15〈0＋0＋15/0＋0＋十五〉陸4〈0＋0＋4/0＋0＋四〉柒2〈0＋0＋2/0＋0＋二〉捌1〈0＋0＋1/0＋0＋一〉拾貳1〈0＋0＋1/0＋0＋一〉
治墓葬	1＋0＋43＝44：貳4〈1＋0＋3/一＋0＋三〉叁29〈0＋0＋35/0＋0＋二十九〉肆6〈0＋0＋6/0＋0＋六〉伍3〈0＋0＋6/0＋0＋四〉陸1〈0＋0＋1/0＋0＋一〉柒1〈0＋0＋1/0＋0＋一〉
2.2.9　治精靈	(2＋0＋124＝126)
治太歲土公社灶	2＋0＋54＝56：貳8〈2＋0＋11/二＋0＋七〉叁29〈0＋0＋37/0＋0＋二十九〉肆9〈0＋0＋10/0＋0＋九〉伍7〈0＋0＋10/0＋0＋七〉陸3〈0＋0＋3/0＋0＋三〉
治萬物精魅	0＋0＋46：貳3〈0＋0＋3/0＋0＋三〉叁27〈0＋0＋29/0＋0＋二十七〉肆5〈0＋0＋5/0＋0＋五〉伍7〈0＋0＋7/0＋0＋七〉陸4〈0＋0＋4/0＋0＋四〉
治扰民求食精怪	0＋0＋24：貳2〈0＋0＋2/0＋0＋二〉叁16〈0＋0＋19/0＋0＋十六〉伍3〈0＋0＋3/0＋0＋三〉陸2〈0＋0＋2/0＋0＋二〉捌1〈0＋0＋1/0＋0＋一〉
3　鬼怪姓名	{71＋7＋236＝314}壹69,貳186,叁48,肆6,伍1,陸1,柒1,捌2
3.1　鬼怪姓氏	4＋0＋3＝7：壹5〈4＋0＋1/四＋0＋一〉貳2〈0＋0＋2/0＋0＋二〉
3.2　鬼神職司	[67＋7＋233＝307]
3.2.1　凶煞	12＋1＋23＝36：壹13〈10＋1＋2/十＋一＋二〉貳15〈3＋0＋13/二＋0＋十三〉叁4〈0＋0＋4/0＋0＋四〉陸1〈0＋0＋1/0＋0＋一〉柒1〈0＋0＋1/0＋0＋一〉捌2〈0＋0＋2/0＋0＋二〉

續　表

3.2.2　當值	5 + 2 + 61 = 68：壹 7〈5 + 0 + 2/五 + 0 + 二〉貳 51〈0 + 2 + 49/0 + 二 + 四十九〉叁 9〈0 + 0 + 9/0 + 0 + 九〉肆 1〈0 + 0 + 1/0 + 0 + 一〉
3.2.3　杂司	6 + 0 + 22 = 28：壹 6〈6 + 0 + 0/六 + 0 + 0〉貳 13〈0 + 0 + 13/0 + 0 + 十三〉叁 8〈0 + 0 + 9/0 + 0 + 八〉肆 1〈0 + 0 + 1/0 + 0 + 一〉
3.2.4　人事	1 + 2 + 20 = 23：壹 1〈0 + 0 + 1/0 + 0 + 一〉貳 14〈1 + 1 + 12/一 + 一 + 十二〉叁 7〈0 + 1 + 6/0 + 一 + 六〉伍 1〈0 + 0 + 1/0 + 0 + 一〉
3.2.5　疾病	28 + 0 + 34 = 62：壹 25〈25 + 0 + 0/二十五 + 0 + 0〉貳 33〈3 + 0 + 31/三 + 0 + 三十〉叁 2〈0 + 0 + 3/0 + 0 + 二〉肆 2〈0 + 0 + 2/0 + 0 + 二〉
3.2.6　生物	1 + 2 + 13 = 16：貳 9〈1 + 2 + 6/一 + 二 + 六〉叁 6〈0 + 0 + 6/0 + 0 + 六〉肆 1〈0 + 0 + 1/0 + 0 + 一〉
3.2.7　器物	7 + 0 + 25 = 32：壹 6〈5 + 0 + 1/五 + 0 + 一〉貳 21〈2 + 0 + 19/二 + 0 + 十九〉叁 4〈0 + 0 + 4/0 + 0 + 四〉肆 1〈0 + 0 + 1/0 + 0 + 一〉
3.2.8　建築	0 + 0 + 20：壹 1〈0 + 0 + 1/0 + 0 + 一〉貳 16〈0 + 0 + 16/0 + 0 + 十六〉叁 3〈0 + 0 + 3/0 + 0 + 三〉
3.2.9　地理	7 + 0 + 15 = 22：壹 5〈5 + 0 + 0/五 + 0 + 0〉貳 12〈2 + 0 + 10/二 + 0 + 十〉叁 5〈0 + 0 + 5/0 + 0 + 五〉
4　符籍	1 + 1 + 50 = 52：貳 10〈1 + 1 + 8/一 + 一 + 八〉叁 4〈0 + 0 + 4/0 + 0 + 四〉肆 17〈0 + 0 + 37/0 + 0 + 十七〉伍 2〈0 + 0 + 3/0 + 0 + 二〉陸 7〈0 + 0 + 8/0 + 0 + 七〉柒 1〈0 + 0 + 1/0 + 0 + 一〉捌 4〈0 + 0 + 4/0 + 0 + 四〉玖 1〈0 + 0 + 1/0 + 0 + 一〉拾 5〈0 + 0 + 6/0 + 0 + 五〉拾肆 1〈0 + 0 + 1/0 + 0 + 一〉
總計	88 + 15 + 1252 = 1355：〈99 + 14 + 1404 = 1517/九十 + 十四 + 一千二百六十七 = 一千三百七十一〉 壹 70〈65 + 1 + 8/六十二 + 一 + 八〉貳 313〈34 + 12 + 357/二十八 + 十二 + 二百八十四〉叁 556〈0 + 1 + 668/0 + 一 + 五百五十八〉肆 172〈0 + 0 + 113/0 + 0 + 一百八十六〉伍 138〈0 + 0 + 150/0 + 0 + 一百二十五〉陸 53〈0 + 0 + 54/0 + 0 + 五十三〉柒 19〈0 + 0 + 19/0 + 0 + 十九〉捌 17〈0 + 0 + 17/0 + 0 + 十七〉玖 9〈0 + 0 + 9/0 + 0 + 九〉拾 5〈0 + 0 + 6/0 + 0 + 五〉拾貳 2〈0 + 0 + 2/0 + 0 + 二〉拾肆 1〈0 + 0 + 1/0 + 0 + 一〉

　　在全部 1355 個虛擬性的道教專名中,有 88 個是在先秦舊詞基礎上賦予新義,占 6.50% ;15 個是在兩漢舊詞的基礎上賦予新義,占 1.11% ;1252 個是魏晉新造的詞,占 92.39% 。大量道教專用詞語是當時新造成分。可見,在構建道教虛擬世界時,由於缺乏足夠的現實依據,構建者很難在傳統概念中得到足夠的支持,從而不得不大量創用新形式來表達新的概念,新建的概念系統與傳統詞彙系統的關係非常疏遠,導致了很高的詞彙創新率。而缺乏傳統詞彙系統支援的詞彙創新成分,在閱讀理解方面,存在許多障礙,成爲早期天師道

文獻中最不易闡釋的部分。

從詞語的長度來看,道經中用於虛擬世界的 1355 個專名明顯高於一般用詞,計單音節 70 個,雙音節 313 個,叁音節 556 個,肆音節 172 個,伍音節 138 個,陸音節 53 個,柒音節 19 個,捌音節 17 個,玖音節 9 個,拾音節 5 個,拾貳音節 2 個,拾肆音節 1 個。以三音詞語爲主,形成中間高兩邊低的一個曲綫(見圖二):

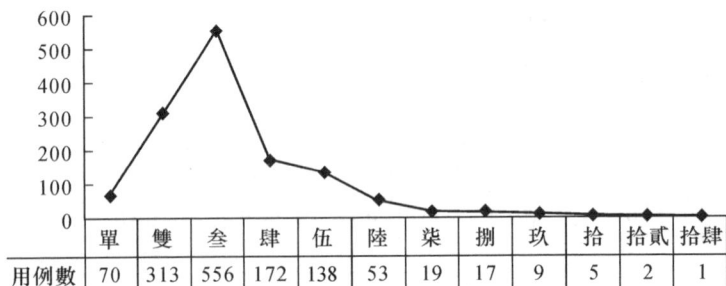

	單	雙	叁	肆	伍	陸	柒	捌	玖	拾	拾貳	拾肆
用例數	70	313	556	172	138	53	19	17	9	5	2	1

圖二

其中,單音節專名主要是部分鬼神的名字,因爲鬼神的名字都是擬人的,人名有單名,鬼神也有單名。不過,多數鬼神名字還是雙音甚至三音、四音。

此外,用於鬼神稱號、建築、符籙名稱大多是由多個概念複合而成,這些以雙音詞或單音詞爲表達形式的概念複合產生的多音節詞語,它的長度顯然不是一兩個音節所能包含的,一些含義複雜的名稱因此長達十多個音節。從這個角度來看,意義的複合性對於詞語長度的擴展發生了重大的作用,其中專名的影響不可忽視。

另一方面,在詞語形式延長的同時,也出現了相反的變化。一些帶有權威性、複現率比較高的神靈和符籙的名稱,出現了縮略,長度縮短。

第五章　早期天師道文獻的詞彙構成

第一节　早期天師道文獻通用詞彙總貌

　　早期天師道 10 部文獻總共 48849 字，一共 8648 個詞項，包括通用的詞彙成分 7265 個，道教世界專名 1355 個，另有 28 個詞語未能釋讀，本書不作討論。以下是早期天師道詞彙中的通用詞彙成分整體情況（見表五）：

表五　早期天師道文獻的通用詞彙成分概況

時代＼詞義	先秦詞先秦義【　】	先秦詞兩漢義【　〗+兩漢詞兩漢義〖　〗	先秦詞魏晋義【　】＊+兩漢詞魏晋義〖　〗＊+魏晋新詞〖　】＊	合計
總計	3561：單 1932〈20141/四千二百九十四〉雙 1605〈4399/二千三百二十四〉叁 11〈18/十四〉肆 13〈18/十七〉	448 + 1054 = 1502：單 208 + 42 = 250〈950 + 114/三百三十二 + 五十〉雙 237 + 983 = 1220〈514 + 1778/三百十一 + 一千二百一十二〉叁 0 + 10 = 10〈0 + 11/0 + 十〉肆 0 + 21 = 21〈0 + 23/0 + 二十二〉陸 0 + 1 = 1〈0 + 1/0 + 一〉	352 + 202 + 1648 = 2202：單 134 + 10 + 18 = 162〈508 + 40 + 36/一百八十二 + 十三 + 二十〉雙 218 + 191 + 1246 = 1655〈503 + 289 + 2150/二百六十五 + 二百十六 + 一千三百四十七〉叁 0 + 3 + 81 = 84〈0 + 7 + 95/0 + 三 + 八十五〉肆 1 + 1 + 284 = 286〈1 + 2 + 335/一 + 一 + 二百九十七〉伍 0 + 1 + 10 = 11〈0 + 18 + 15/0 + 三 + 十一〉陸 0 + 0 + 4 = 4〈0 + 0 + 4/0 + 0 + 四〉	7265：單 2344〈21789 /四千八百九十一〉雙 4480〈9633/五千六百七十五〉叁 105〈131/一百十二〉肆 320〈379/三百三十八〉伍 11〈33/十四〉陸 5〈5/五〉

續　表

時代 ╲ 詞義		先秦詞先秦義【　】	先秦詞兩漢義【　】+兩漢詞兩漢義〖　〗	先秦詞魏晉義【　】˙+兩漢詞魏晉義〖　〗˙+魏晉新詞〚　〛˙	合計
1　名物		1188：單 491〈3355/九百六十九〉雙 686〈2150/一千零五十二〉叁 7〈11/九〉肆 4〈8/七〉	123＋412＝535：單 35＋17＝52〈117＋40/五十五＋二十二〉雙 88＋386＝474〈239＋762/一百二十七＋四百九十一〉叁 7〈0＋8/0＋七〉肆 2〈0＋2/0＋二〉	131＋105＋669＝905：單 33＋8＋8＝49〈328＋16＋9/五十三＋九＋九〉雙 98＋98＋539＝735〈299＋160＋1191/一百二十七＋一百一十五＋五百九十八〉叁 2＋54＝56〈0＋6＋65/0＋二＋五十七〉肆 1＋55＝56〈0＋2＋74/0＋一＋六十一〉伍 6〈0＋0＋10/0＋0＋七〉陸 3〈0＋0＋3/0＋0＋三〉	2628：單 592〈3865/一千一百十七〉雙 1895〈4801/二千五百十〉叁 70〈90/七十五〉肆 62〈86/六十八〉伍 6〈10/七〉陸 3〈3/三〉
1.1　人物神靈		302：單 84〈1353/一百八十六〉雙 214〈906/三百六十四〉叁 3〈6/四〉肆 1〈3/二〉	46＋126＝172：單 14＋4＝18〈58＋13/二十三＋七〉雙 32＋120＝152〈102＋340/四十九＋一百七十〉叁 0＋2＝2〈0＋2/0＋二〉	56＋36＋274＝366：單 10＋5＋2＝17〈50＋8＋2/十九＋五＋二〉雙 46＋33＋192＝271〈228＋53＋743/六十九＋四十二＋二百二十八〉叁 0＋1＋35＝36〈0＋5＋46/0＋一＋三十八〉肆 0＋1＋36＝37〈0＋2＋47/0＋一＋三十九〉伍 0＋0＋4＝4〈0＋0＋8/0＋0＋五〉陸 0＋0＋1＝1〈0＋0＋1/0＋0＋一〉	840：單 119〈1484/二百四十二〉雙 637〈2372/九百二十〉叁 41〈59/四十五〉肆 38〈52/三十九〉伍 4〈8/五〉陸 1〈1/一〉
1.1.1 親緣關係	親屬	35：單 13〈59/二十七〉雙 21〈69/四十〉叁 1〈1/一〉	1＋6＝7：單 1＋0〈1＋0/一＋0〉雙 0＋6〈0＋9/0＋六〉	4＋2＋8＝14：單 1＋0＋0〈1＋0＋0/一＋0＋0〉雙 3＋2＋8〈4＋3＋10/三＋二＋八〉	56：單 15〈61/二十九〉雙 40〈95/五十九〉叁 1〈1/一〉
	家庭族類	17：單 6〈31/十四〉雙 11〈24/十三〉	2＋8＝10：雙 2＋8〈3＋12/二＋九〉	0＋0＋4＝4：單 0＋0＋1〈0＋0＋1/0＋0＋一〉雙 0＋0＋2〈0＋0＋2/0＋0＋二〉叁 0＋0＋1〈0＋0＋1/0＋0＋一〉	31：單 7〈32/十五〉雙 23〈41/二十六〉叁 1〈1/一〉
1.1.2 社會關係	主從等次	59：單 11〈88/二十四〉雙 48〈241/八十六〉	6＋18＝24：單 2＋0〈2＋0/二＋0〉雙 4＋18〈23＋43/八＋二十二〉	0＋2＋10＝12：雙 0＋2＋8〈0＋2＋9/0＋二＋九〉叁 0＋0＋2〈0＋0＋2/0＋0＋二〉	95：單 13〈90/二十六〉雙 80〈318/一百二十七〉叁 2〈2/二〉
	友伴敵對	5：單 2〈2/二〉雙 3〈4/四〉	1＋4＝5：單 0＋2〈0＋10/0＋四〉雙 1＋2〈1＋4/一＋二〉	4＋2＋0＝6：雙 4＋2＋0〈5＋2＋0/五＋二＋0〉	16：單 4〈12/六〉雙 12〈16/十四〉

時代／詞義	先秦詞先秦義【】	先秦詞兩漢義【〗+ 兩漢詞兩漢義〖〗	先秦詞魏晉義【〗* + 兩漢詞魏晉義〖〗* + 魏晉新詞〖〗*	合計
1.1.3　生理特點	30：單 7〈26/十四〉雙 23〈194/四十八〉	1+9=10：雙 1+9〈1+16/一+十一〉	3+1+7=11：單 0+1+0〈0+1+0/0+一+0〉雙 3+0+6〈4+0+6/三+0+六〉叁 0+0+1〈0+0+2/0+0+一〉	51：單 8〈27/十五〉雙 42〈221/六十九〉叁 1〈2/一〉
1.1.4　才質品性	37：單 7〈29/十一〉雙 30〈109/五十一〉	3+11=14：雙 3+10〈3+31/三+十三〉叁 0+1〈0+1/0+一〉	2+5+17=24：雙 2+5+16〈3+10+36/三+七+二十〉叁 0+0+1〈0+0+1/0+0+一〉	75：單 7〈29/十一〉雙 66〈192/九十七〉叁 2〈2/二〉
1.1.5　行為職業	20：單 5〈37/九〉雙 14〈60/十六〉叁 1〈4/二〉	5+7=12：單 2+0〈32+0/九+0〉雙 3+6〈32+31/九+十二〉叁 0+1〈0+1/0+一〉	9+3+33=45：單 1+0+1〈1+0+1/一+0+一〉雙 8+3+19〈94+8+22/二十+六+二十〉叁 0+0+8〈0+0+11/0+0+十〉肆 0+0+5〈0+0+5/0+0+五〉	77：單 9〈71/二十〉雙 53〈247/八十三〉叁 10〈16/十三〉肆 5〈5/五〉
1.1.6　人物統稱	10：單 6〈219/二十九〉雙 4〈11/六〉	2+0=2：雙 2+0〈9+0/三+0〉	2+1+4=7：雙 2+1+3〈2+1+5/二+一+三〉肆 0+0+1〈0+0+5/0+0+一〉	19：單 6〈219/二十九〉雙 12〈28/十五〉肆 1〈5/一〉
1.1.7 神靈精氣 — 天帝神仙	30：單 4〈58/十一〉雙 25〈93/四十四〉肆 1〈3/二〉	7+31=38：單 2+1〈15+2/四+二〉雙 5+30〈11+122/七+四十九〉	11+7+76=94：雙 11+5+51〈38+6+505/十六+五+六十一〉叁 0+1+9〈0+5+10/0+一+十〉肆 0+1+12〈0+2+12/0+一+十二〉伍 0+0+3〈0+0+7/0+0+四〉陸 0+0+1〈0+0+1/0+0+一〉	162：單 7〈75/十七〉雙 127〈775/一百八十二〉叁 10〈15/十一〉肆 14〈17/十五〉伍 3〈7/四〉陸 1〈1/一〉
1.1.7 神靈精氣 — 精靈鬼怪	11：單 7〈743/二十二〉雙 4〈32/十二〉	7+14=21：雙 7+14〈11+36/十一+二十三〉	5+5+79=89：單 2+0+0〈2+0+0/二+0+0〉雙 3+5+58〈52+6+103/五+五+七十〉叁 0+0+5〈0+0+5/0+0+五〉肆 0+0+16〈0+0+22/0+0+十六〉	121：單 9〈745/二十四〉雙 91〈240/一百二十六〉叁 5〈5/五〉肆 16〈22/十六〉
1.1.7 神靈精氣 — 氣	27：單 4〈47/十一〉雙 22〈58/三十四〉叁 1〈1/一〉	4+8=12：雙 4+8〈8+24/四+十三〉	15+5+16=36：單 5+0+0〈45+0+0/十四+0+0〉雙 10+5+10〈26+12+26/十二+七+十七〉叁 0+0+4〈0+0+9/0+0+四〉肆 0+0+1〈0+0+2/0+0+一〉伍 0+0+1〈0+0+1/0+0+一〉	75：單 9〈92/二十五〉雙 59〈154/八十七〉叁 5〈10/五〉肆 1〈2/一〉伍 1〈1/一〉

續 表

時代 詞義	先秦詞先秦義【】	先秦詞兩漢義【 》+ 兩漢詞兩漢義《 》	先秦詞魏晋義【 】＊+ 兩漢詞魏晋義《 》＊+ 魏晋新詞〔〕＊	合計
1.1.8 人物姓氏	21：單 12〈14／十二〉雙 9〈11／十〉	7＋10＝17：單 7＋1〈8＋1／七＋一〉雙 0＋9〈0＋12／0＋十〉	1＋3＋20＝24：單 1＋4＋0〈1＋7＋0／一＋四＋0〉雙 0＋3＋11〈0＋3＋19／0＋三＋十二〉叁 0＋0＋4〈0＋0＋5／0＋0＋四〉肆 0＋0＋1〈0＋0＋1／0＋0＋一〉	62：單 25〈31／二十五〉雙 32〈45／三十五〉叁 4〈5／四〉肆 1〈1／一〉
1.2 肢體壽命	86：單 50〈292／一百零六〉雙 35〈77／四十六〉肆 1〈1／一〉	5＋11＝16：單 2＋1＝3〈3＋1／二＋一〉雙 3＋10＝13〈6＋16／三＋十三〉	1＋3＋16＝20：雙 1＋3＋14＝18〈1＋3＋15／一＋三＋十五〉肆 0＋0＋2＝2〈0＋0＋2／0＋0＋二〉	122：單 53〈296／一百零九〉雙 66〈118／八十一〉肆 3〈3／三〉
1.2.1 頭部五官	27：單 18〈86／三十六〉雙 9〈14／十〉	0＋1＝1：雙 0＋1〈0＋2／0＋一〉	0＋0＋5＝5：雙 0＋0＋4〈0＋0＋4／0＋0＋四〉肆 0＋0＋1〈0＋0＋1／0＋0＋一〉	33：單 18〈86／三十六〉雙 14〈20／十五〉肆 1〈1／一〉
1.2.2 肢體內臟	45：單 27〈181／五十七〉雙 17〈38／二十二〉肆 1〈1／一〉	3＋9＝12：單 1＋1〈1＋1／一＋一〉雙 2＋8〈5＋9／二＋八〉	1＋1＋9＝11：雙 1＋1＋8〈1＋1＋8／一＋一＋八〉肆 0＋0＋1〈0＋0＋1／0＋0＋一〉	68：單 29〈183／五十九〉雙 37〈62／四十二〉肆 2〈2／二〉
1.2.3 壽命	14：單 5〈25／十三〉雙 9〈25／十四〉	2＋1＝3：單 1＋0〈2＋0／一＋0〉雙 1＋1〈1＋5／一＋四〉	0＋2＋2＝4：雙 0＋2＋2〈0＋2＋3／0＋二＋三〉	21：單 6〈27／十四〉雙 15〈36／二十四〉
1.3 动植諸物	233：單 123〈348／一百九十一〉雙 110〈220／一百四十五〉	18＋91＝109：單 10＋9＝19〈29＋19／十四＋九〉雙 8＋80＝88〈20＋105／十＋九十一〉叁 0＋2＝2〈0＋2／0＋二〉	22＋24＋131＝177：單 4＋2＋2＝8〈29＋2＋2／八＋二＋二〉雙 18＋21＋120＝159〈20＋25＋138／二十＋二十三＋一百二十三〉叁 0＋1＋7＝8〈0＋1＋7／0＋一＋七〉肆 1〈0＋0＋1／0＋0＋一〉伍 1〈0＋0＋1／0＋0＋一〉	519：單 150〈429／二百二十六〉雙 357〈528／四百十二〉叁 10〈10／十〉肆 1〈1／一〉伍 1〈1／一〉
1.3.1 萬物禽獸昆蟲	79：單 36〈110／六十二〉雙 43〈101／六十三〉	2＋17＝19：單 0＋1〈0＋1／0＋一〉雙 2＋16〈5＋20／三＋二十〉	2＋4＋22＝28：雙 2＋4＋20〈2＋6＋33／二＋五＋二十二〉肆 0＋0＋1〈0＋0＋1／0＋0＋一〉伍 0＋0＋1〈0＋0＋1／0＋0＋一〉	126：單 37〈111／六十三〉雙 87〈167／一百十五〉肆 1〈1／一〉伍 1〈1／一〉

續表

時代　詞義	先秦詞先秦義【】	先秦詞兩漢義【〗＋兩漢詞兩漢義〖〗	先秦詞魏晉義【〗* ＋兩漢詞魏晉義〖〗* ＋魏晉新詞〖〗*	合計
1.3.2 植物藥物飲食	52：單 30〈65/四十四〉雙 22〈48/三十一〉	0＋17＝17：單 0＋3〈0＋3/0＋三〉雙 0＋14〈0＋15/0＋十四〉	2＋6＋17＝25：單 2＋0＋0〈3＋0＋0/二＋0＋0〉雙 0＋6＋14〈0＋8＋15/0＋七＋十五〉叄 0＋0＋3〈0＋0＋3/0＋0＋三〉	94：單 35〈71/四十九〉雙 56〈86/六十七〉叄 3〈3/三〉
1.3.3 服裝織物	23：單 13〈53/十八〉雙 10〈18/十一〉	2＋12＝14：單 0＋2〈0＋12/0＋二〉雙 2＋10〈2＋13/二＋十一〉	0＋1＋6＝7：單 0＋0＋1〈0＋0＋1/0＋0＋一〉雙 0＋0＋4〈0＋0＋5/0＋0＋四〉叄 0＋1＋1〈0＋1＋1/0＋一＋一〉	44：單 16〈66/二十一〉雙 26〈38/二十八〉叄 2〈2/二〉
1.3.4 器物工具	36：單 22〈54/三十二〉雙 14〈16/十六〉	3＋15＝18：單 2＋2〈6＋2/二＋二〉雙 1＋13〈3＋13/一＋十三〉	5＋2＋42＝49：單 0＋1＋1〈0＋1＋1/0＋一＋一〉雙 5＋1＋38〈5＋1＋39/五＋一＋三十八〉叄 0＋0＋3〈0＋0＋3/0＋0＋三〉	103：單 28〈64/三十八〉雙 72〈77/七十四〉叄 3〈3/三〉
1.3.5 文書典籍	8：單 8〈29/十三〉	8＋21＝29：單 7＋1〈20＋1/十＋一〉雙 1＋18〈1＋32/一＋二十三〉叄 0＋2〈0＋2/0＋二〉	9＋9＋34＝52：單 2＋1＋0〈26＋1＋0/六＋一＋0〉雙 7＋8＋34〈9＋8＋35/九＋八＋三十四〉	89：單 19〈77/三十一〉雙 68〈85/七十五〉叄 2〈2/二〉
1.3.6 財利金屬	31：單 13〈36/二十一〉雙 18〈34/二十一〉	3＋6＝9：單 1＋0〈3＋0/二＋0〉雙 2＋6〈9＋8/三＋七〉	4＋2＋9＝15：雙 4＋2＋9〈4＋2＋10/四＋二＋九〉	55：單 14〈39/二十三〉雙 41〈67/四十六〉
1.3.7 廢棄物	4：單 1〈1/一〉雙 3〈3/三〉	0＋3＝3：雙 0＋3〈0＋4/0＋三〉	0＋0＋1＝1：雙 0＋0＋1〈0＋0＋1/0＋0＋一〉	8：單 1〈1/一〉雙 7〈8/七〉
1.4 自然環境	275：單 107〈716/二百一十七〉雙 162〈617/二百七十一〉叄 4〈5/五〉肆 2〈4/四〉	29＋83＝112：單 5＋2＝7〈11＋4/八＋三〉雙 24＋78＝102〈52＋137/三十七＋九十二〉叄 0＋1＝1〈0＋1/0＋一〉肆 0＋2＝2〈0＋2/0＋二〉	20＋16＋114＝150：單 6＋0＋3＝9〈16＋0＋3/九＋0＋三〉雙 14＋16＋99＝129〈15＋23＋139/十三＋十八＋一百零八〉叄 0＋0＋5＝5〈0＋0＋5/0＋0＋五〉肆 0＋0＋5＝5〈0＋0＋10/0＋0＋七〉伍 0＋0＋1＝1〈0＋0＋1/0＋0＋一〉陸 0＋0＋1＝1〈0＋0＋1/0＋0＋一〉	537：單 123〈750/二百五十〉雙 393〈983/五百三十九〉叄 10〈11/十一〉肆 9〈16/十三〉伍 1〈1/一〉陸 1〈1/一〉
1.4.1 建築道路	44：單 27〈143/五十五〉雙 17〈30/二十三〉	7＋21＝28：單 2＋0〈2＋0/二＋0〉雙 5＋21〈10＋42/十＋二十六〉	5＋8＋32＝45：單 2＋0＋1〈4＋0＋1/二＋0＋一〉雙 3＋8＋29〈4＋14＋56/三＋九＋三十一〉肆 0＋0＋1〈0＋0＋1/0＋0＋一〉陸 0＋0＋1〈0＋0＋1/0＋0＋一〉	117：單 32〈150/六十〉雙 83〈156/一百零二〉肆 1〈1/一〉陸 1〈1/一〉

續表

時代＼詞義	先秦詞先秦義【 】	先秦詞兩漢義【 】＋兩漢詞兩漢義〖 〗	先秦詞魏晋義【 】＊＋兩漢詞魏晋義〖 〗＊＋魏晋新詞〔 〕＊	合計
1.4.2 方位處所	56：單18〈250/五十五〉雙37〈128/七十〉肆1〈1/一〉	6＋5＝11：單1＋0〈4＋0/三＋0〉雙5＋4〈9＋7/六＋五〉肆0＋1〈0＋1/0＋一〉	1＋3＋11＝15：雙1＋3＋11〈0＋3＋16/0＋三＋十四〉	82：單19〈254/五十八〉雙61〈163/九十八〉肆2〈2/二〉
1.4.3 國土疆界地名	44：單11〈30/十六〉雙32〈243/六十〉叁1〈1/一〉	5＋19＝24：單0＋1〈0＋3/0＋二〉雙5＋17〈9＋21/七＋十八〉叁0＋1〈0＋1/0＋一〉	5＋1＋25＝31：單2＋0＋0〈10＋0＋0/五＋0＋0〉雙3＋1＋17〈4＋1＋25/三＋一＋二十一〉叁0＋0＋5〈0＋0＋5/0＋0＋五〉肆0＋0＋2〈0＋0＋6/0＋0＋四〉伍0＋0＋1〈0＋0＋1/0＋0＋一〉	99：單14〈43/二十三〉雙75〈303/一百十〉叁7〈7/七〉肆2〈6/四〉伍1〈1/一〉
1.4.4 地理氣象	68：單27〈165/五十九〉雙40〈81/五十三〉叁1〈1/一〉	2＋14＝16：單1＋1〈1＋1/一＋一〉雙1＋12〈2＋14/一＋十二〉肆0＋1〈0＋1/0＋一〉	3＋0＋23＝26：單1＋0＋1〈1＋0＋1/一＋0＋一〉雙2＋0＋22〈2＋0＋22/二＋0＋二十二〉	110：單31〈169/六十三〉雙77〈121/九十〉叁1〈1/一〉肆1〈1/一〉
1.4.5 天文	48：單11〈110/二十六〉雙34〈128/六十一〉叁2〈3/三〉肆1〈3/三〉	8＋23＝31：單1＋0〈4＋0/二＋0〉雙7＋23〈21＋52/十二＋三十〉	5＋4＋22＝31：單1＋0＋1〈1＋0＋1/一＋0＋一〉雙4＋4＋19〈4＋5＋19/四＋五＋十九〉肆0＋0＋2〈0＋0＋3/0＋0＋二〉	110：單14〈116/三十〉雙91〈229/一百三十一〉叁2〈3/三〉肆3〈6/五〉
1.4.6 八卦五行	15：單13〈18/十六〉雙2〈7/四〉	1＋1＝2：雙1＋1〈1＋1/一＋一〉	1＋0＋1＝2：雙1＋0＋1〈1＋0＋1/一＋0＋一〉	19：單13〈18/十六〉雙6〈11/八〉
1.5 智能意念	85：單39〈109/六十九〉雙46〈62/五十四〉	9＋29＝38：雙9＋29＝38〈19＋43/十三＋三十五〉	9＋6＋47＝62：單3＋1＋0＝4〈4＋6＋0/三＋二＋0〉雙6＋5＋40＝51〈10＋7＋59/七＋五＋四十三〉叁0＋0＋5＝5〈0＋0＋5/0＋0＋五〉肆0＋0＋2＝2〈0＋0＋2/0＋0＋二〉	185：單43〈119/七十四〉雙135〈200/一百五十七〉叁5〈5/五〉肆2〈2/二〉
1.5.1 話語音樂	20：單12〈24/十七〉雙8〈10/九〉	0＋7＝7：雙0＋7〈0＋8/0＋八〉	0＋2＋9＝11：雙0＋2＋8〈0＋2＋20/0＋二＋八〉肆0＋0＋1〈0＋0＋1/0＋0＋一〉	38：單12〈24/十七〉雙25〈40/二十七〉肆1〈1/一〉

續　表

時代＼詞義	先秦詞先秦義【 】	先秦詞兩漢義【 〗＋兩漢詞兩漢義〖 〗	先秦詞魏晋義【 〗＊＋兩漢詞魏晋義〖 〗＊＋魏晋新詞〖 〗＊	合計
1.5.2　性情欲念	33：單 11〈41/二十〉雙 22〈29/二十六〉	3＋8＝11：雙 3＋8〈8＋11/四＋九〉	4＋1＋21＝26：單 2＋0＋0〈3＋0＋0/二＋0＋0〉雙 2＋1＋19〈3＋2＋26/二＋一＋二十二〉叁 0＋0＋2〈0＋0＋2/0＋0＋二〉	70：單 13〈44/二十二〉雙 55〈79/六十四〉叁 2〈2/二〉
1.5.3　聲望力量	5：單 3〈5/五〉雙 2〈2/二〉	0＋3＝3：雙 0＋3〈0＋5/0＋五〉	1＋0＋4＝5：單 1＋0＋0〈1＋0＋0/一＋0＋0〉雙 0＋0＋3〈0＋0＋3/0＋0＋三〉叁 0＋0＋1〈0＋0＋1/0＋0＋一〉	13：單 4〈6/六〉雙 8〈10/九〉叁 1〈1/一〉
1.5.4　要旨緣由	20：單 9〈20/十六〉雙 11〈18/十四〉	1＋5＝6：雙 1＋5〈1＋13/一＋八〉	2＋1＋8＝11：單 0＋1＋0〈0＋6＋0/0＋二＋0〉雙 2＋0＋6〈4＋0＋6/三＋0＋六〉叁 0＋0＋1〈0＋0＋1/0＋0＋一〉肆 0＋0＋1〈0＋0＋1/0＋0＋一〉	37：單 10〈26/十八〉雙 25〈42/三十二〉叁 1〈1/一〉肆 1〈1/一〉
1.5.5　方法途徑	7：單 4〈19/十一〉雙 3〈3/三〉	5＋6＝11：雙 5＋6〈10＋6/八＋六〉	2＋2＋5＝9：雙 2＋2＋4〈3＋3＋4/二＋二＋四〉叁 0＋0＋1〈0＋0＋1/0＋0＋一〉	27：單 4〈19/十一〉雙 22〈29/二十五〉叁 1〈1/一〉
1.6　社會事物	207：單 88〈537/一百九十〉雙 119〈268/一百七十二〉	16＋72＝88：單 4＋1＝5〈16＋3/八＋二〉雙 12＋69＝81〈40＋121/十五＋九十〉叁 0＋2＝2〈0＋3/0＋二〉	23＋20＋87＝130：單 10＋0＋1＝11〈229＋0＋2/十四＋0＋二〉雙 13＋20＋74＝107〈25＋49＋97/十七＋二十六＋八十一〉叁 0＋0＋2＝2〈0＋0＋2/0＋0＋二〉肆 0＋0＋9＝9〈0＋0＋12/0＋0＋十〉陸 0＋0＋1＝1〈0＋0＋1/0＋0＋一〉	425：單 104〈787/二百十六〉雙 307〈600/四百零一〉叁 4〈5/四〉肆 9〈12/十〉陸 1〈1/一〉
1.6.1　名稱機構職銜	28：單 13〈114/三十〉雙 15〈43/十八〉	2＋12＝14：單 2＋0〈3＋0/二＋0〉雙 0＋12〈0＋26/0＋十七〉	4＋3＋16＝23：單 2＋0＋0〈5＋0＋0/二＋0＋0〉雙 2＋3＋13〈2＋5＋23/二＋四＋十七〉肆 0＋0＋3〈0＋0＋5/0＋0＋四〉	65：單 17〈122/三十四〉雙 45〈99/五十八〉肆 3〈5/四〉
1.6.2　事務情實	36：單 16〈50/二十九〉雙 20〈41/二十七〉	2＋12＝14：雙 2＋12〈2＋22/二＋十四〉	2＋3＋6＝11：雙 2＋3＋5〈2＋6＋5/二＋三＋五〉叁 0＋0＋1〈0＋0＋1/0＋0＋一〉	61：單 16〈50/二十九〉雙 44〈78/五十三〉叁 1〈1/一〉

續　表

時代＼詞義	先秦詞先秦義【 】	先秦詞兩漢義【 】＋兩漢詞兩漢義〖 〗	先秦詞魏晉義【 】＊＋兩漢詞魏晉義〖 〗＊＋魏晉新詞〔 〕＊	合計
1.6.3 功業福德	22：單11〈63/三十一〉雙11〈22/十四〉	1＋9＝10：雙1＋9〈1＋10/一＋十〉	0＋0＋2＝2：雙0＋0＋2〈0＋0＋2/0＋0＋二〉	34：單11〈63/三十一〉雙23〈35/二十七〉
1.6.4 過失罪行	18：單7〈48/十七〉雙11〈22/十三〉	1＋4＝5：雙1＋4〈1＋10/一＋十〉	0＋1＋0＝1：雙0＋1＋0〈0＋2＋0/0＋一＋0〉	24：單7〈48/十七〉雙17〈35/二十五〉
1.6.5 吉凶災異	56：單23〈96/四十八〉雙33〈65/五十四〉	5＋21＝26：單1＋0〈8＋0/三＋0〉雙4＋19〈13＋33/五＋二十五〉參0＋2〈0＋3/0＋二〉	1＋3＋30＝34：單0＋0＋1〈0＋0＋2/0＋0＋二〉雙1＋3＋25〈1＋6＋34/一＋五＋二十七〉肆0＋0＋4〈0＋0＋5/0＋0＋四〉	116：單25〈106/五十三〉雙85〈152/一百十七〉參2〈3/二〉肆4〈5/四〉
1.6.6 天命典制	47：單18〈166/三十五〉雙29〈75/四十六〉	5＋14＝19：單1＋1〈5＋3/三＋二〉雙4＋13〈23＋20/六＋十四〉	16＋10＋33＝59：單8＋0＋0〈224＋0＋0/十二＋0＋0〉雙8＋10＋29〈20＋30＋33/十二＋十三＋三十〉參0＋0＋1〈0＋0＋1/0＋0＋一〉肆0＋0＋2〈0＋0＋2/0＋0＋二〉陸0＋0＋1〈0＋0＋1/0＋0＋一〉	125：單28〈398/五十二〉雙93〈201/一百二十一〉參1〈1/一〉肆2〈2/二〉陸1〈1/一〉
2 行為	1560：單927〈6461/一千九百十七〉雙626〈1602/八百四十八〉參2〈2/二〉肆5〈5/五〉	214＋486＝700：單120＋20＝140〈609＋70/一百八十四＋二十六〉雙94＋449＝543〈191＋803/一百十六＋五百五十二〉參3〈0＋3/0＋三〉肆13〈0＋15/0＋十四〉陸1〈0＋1/0＋一〉	167＋74＋782＝1023：單77＋2＋8＝87〈149＋24＋25/一百一＋四＋九〉雙90＋70＋559＝719〈116＋102＋765/一百二＋七十七＋五百九十四〉參0＋1＋16＝17〈0＋1＋18/0＋一＋十六〉肆1＋0＋193＝194〈1＋0＋221/一＋0＋一百九十八〉伍0＋1＋4＝5〈0＋18＋5/0＋三＋四〉陸1〈0＋0＋1/0＋0＋一〉	3283：單1154〈7338/二千二百四十一〉雙1888〈3579/二千二百八十九〉參22〈24/二十二〉肆212〈242/二百十八〉伍5〈23/七〉陸2〈2/二〉
2.1 有生行為	132：單55〈509/九十六〉雙77〈195/一百零六〉	13＋55＝68：單7＋3＝10〈12＋46/八＋五〉雙6＋48＝54〈7＋73/六＋五十八〉參0＋3＝3〈0＋3/0＋三〉肆0＋1＝1〈0＋1/0＋一〉	16＋9＋114＝139：單5＋0＋2＝7〈8＋0＋5/五＋0＋二〉雙10＋8＋68＝86〈16＋9＋132/十三＋八＋七十六〉參0＋1＋11＝12〈0＋1＋12/0＋一＋十一〉肆1＋0＋29＝30〈1＋0＋40/一＋0＋三十〉伍0＋0＋4＝4〈0＋0＋5/0＋0＋四〉	339：單72〈580/一百十六〉雙217〈432/二百六十七〉參15〈16/十五〉肆31〈42/三十二〉伍4〈5/四〉

時代 詞義		先秦詞先秦義【】	先秦詞兩漢義【】+ 兩漢詞兩漢義〖〗	先秦詞魏晉義【】* + 兩漢 詞魏晉義〖〗* + 魏晉新詞〖〗*	合計
2.1.1 生命 過程	婚戀 生育	34：單 18〈92/ 三十三〉雙 16 〈46/二十三〉	4 + 12 = 16：單 1 + 0 〈1 + 0/一 + 0〉雙 3 + 10〈4 + 14/三 + 十 二〉叁 0 + 2〈0 + 2/0 + 二〉	9 + 2 + 15 = 26：單 3 + 0 + 0〈5 + 0 + 0/三 + 0 + 0〉雙 5 + 2 + 8〈11 + 2 + 15/七 + 二 + 九〉肆 1 + 0 + 7〈1 + 0 + 15/一 + 0 + 八〉	76：單 22〈98/ 三十七〉雙 44 〈92/五十六〉 叁 2〈2/二〉 肆 8〈16/九〉
	生存 衰亡	32： 單 11 〈108/三十〉 雙 21〈55/三 十六〉	1 + 18 = 19：雙 1 + 17 〈1 + 25/一 + 二十 一〉肆 0 + 1〈0 + 1/0 + 一〉	1 + 1 + 21 = 23：雙 1 + 1 + 9〈1 + 1 + 31/一 + 一 + 十〉肆 0 + 0 + 12〈0 + 0 + 14/0 + 0 + 十二〉	74： 單 11 〈108/三十〉 雙 50〈114/七 十〉肆 13 〈15/十三〉
2.1.2 疾病 治療	疾病 生理	49： 單 14 〈147/二十〉 雙 35〈87/四 十一〉	6 + 20 = 26：單 4 + 2 〈9 + 2/五 + 二〉雙 2 + 17〈2 + 27/二 + 二 十〉叁 0 + 1〈0 + 1/0 + 一〉	6 + 5 + 71 = 82：單 2 + 0 + 2〈3 + 0 + 5/二 + 0 + 二〉雙 4 + 4 + 44 〈4 + 5 + 73/五 + 四 + 四十八〉 叁 0 + 1 + 11〈0 + 1 + 12/0 + 一 + 十一〉肆 0 + 0 + 10〈0 + 0 + 11/0 + 0 + 十〉伍 0 + 0 + 4〈0 + 0 + 5/0 + 0 + 四〉	157：單 24 〈166/三 十 一〉雙 106 〈198/一百二 十〉叁 13 〈14/十三〉肆 10〈11/十〉伍 4〈5/四〉
	醫治 康復	17： 單 12 〈162/十三〉 雙 5〈7/六〉	2 + 5 = 7：單 2 + 1〈2 + 44/二 + 三〉雙 0 + 4〈0 + 7/0 + 五〉	0 + 1 + 7 = 8：雙 0 + 1 + 7〈0 + 1 + 13/0 + 一 + 九〉	32： 單 15 〈208/十八〉 雙 17〈28/二 十一〉
2.2　五官 肢體行爲		387： 單 231 〈1164/五百 零八〉雙 155 〈352/二百二 十二〉叁 1〈1/ 一〉	60 + 121 = 181：單 29 + 7 = 36〈73 + 11/四 十八 + 九〉雙 31 + 110 = 141〈88 + 183/ 四十一 + 一百三十〉 肆 0 + 3 = 3〈0 + 5/0 + 四〉陸 0 + 1 = 1〈0 + 1 /0 + 一〉	46 + 19 + 184 = 249：單 22 + 1 + 3 = 26〈41 + 24 + 14/三十三 + 四 三〉雙 24 + 18 + 123 = 165〈31 + 22 + 178/二十八 + 二十 + 一 百三十〉叁 0 + 0 + 4 = 4〈0 + 0 + 5/0 + 0 + 四〉肆 0 + 0 + 54 = 54 〈0 + 0 + 61/0 + 0 + 五十六〉	817：單 293 〈1327/六 百 零五〉雙 461 〈854/五百七 十一〉叁 5 〈6/五〉肆 57 〈66/六十〉陸 1〈1/一〉
2.2.1 口部 行爲	食飲 享用	19：單 12〈42/ 二十五〉雙 7 〈49/十九〉	0 + 4 = 4：單 0 + 1〈0 + 3/0 + 二〉雙 0 + 3 〈0 + 3/0 + 三〉	0 + 0 + 4 = 4：單 0 + 0 + 1〈0 + 0 + 12/0 + 0 + 一〉雙 0 + 0 + 2〈0 + 0 + 3/0 + 0 + 二〉肆 0 + 0 + 1 〈0 + 0 + 1/0 + 0 + 一〉	27：單 14〈57/ 二十八〉雙 12 〈55/二十四〉 肆 1〈1/一〉

續　表

時代＼詞義	先秦詞先秦義【】	先秦詞兩漢義【】+兩漢詞兩漢義〖〗	先秦詞魏晉義【】* +兩漢詞魏晉義〖〗* +魏晉新詞〖〗*	合計
2.2.1 口部行爲 呼喚使令	21：單 15〈54/三十一〉雙 6〈27/九〉	0＋2＝2：單 0＋2〈0＋3/0＋二〉	1＋0＋6＝7：單 1＋0＋0〈1＋0＋0/一＋0＋0〉雙 0＋0＋3〈0＋0＋3/0＋0＋三〉肆 0＋0＋3〈0＋0＋3/0＋0＋三〉	30：單 18〈58/三十四〉雙 9〈30/十二〉肆 3〈3/三〉
言論告白	44：單 27〈207/七十一〉雙 17〈25/二十一〉	8＋15＝23：單 5＋0〈12＋0/八＋0〉雙 3＋15〈6＋16/四＋十五〉	3＋4＋21＝28：單 1＋0＋1〈2＋0＋1/二＋0＋一〉雙 2＋4＋14〈3＋5＋17/三＋四＋十六〉叁 0＋0＋1〈0＋0＋1/0＋0＋一〉肆 0＋0＋5〈0＋0＋5/0＋0＋五〉	95：單 33〈222/八十二〉雙 55〈72/六十三〉叁 1〈1/一〉肆 5〈5/五〉
欺譽罵詈	16：單 7〈14/十〉雙 9〈21/十三〉	3＋7＝10：單 1＋1〈1＋1/一＋一〉雙 2＋6〈36＋17/六＋九〉	3＋1＋8＝12：雙 3＋1＋4〈3＋1＋4/三＋一＋四〉肆 0＋0＋4〈0＋0＋5/0＋0＋四〉	38：單 9〈16/十二〉雙 25〈82/三十六〉肆 4〈5/四〉
宣教誦讀	10：單 8〈45/二十〉雙 2〈3/三〉	5＋7＝12：單 3＋1〈24＋1/九＋一〉雙 2＋6〈2＋15/二＋八〉	0＋4＋15＝19：單 0＋1＋0〈0＋24＋0/0＋四＋0〉雙 0＋3＋14〈0＋3＋16/0＋三＋十五〉肆 0＋0＋1〈0＋0＋1/0＋0＋一〉	41：單 13〈94/三十四〉雙 27〈39/三十一〉肆 1〈1/一〉
2.2.2 首目耳鼻行爲	31：單 15〈90/三十四〉雙 16〈21/十八〉	4＋7＝11：單 2＋0〈2＋0/二＋0〉雙 2＋6〈3＋7/二＋六〉陸 0＋1〈0＋1/0＋一〉	2＋0＋9＝11：單 1＋0＋0〈2＋0＋0/二＋0＋0〉雙 1＋0＋8〈1＋0＋9/一＋0＋八〉肆 0＋0＋1〈0＋0＋1/0＋0＋一〉	53：單 18〈94/三十七〉雙 33〈41/三十五〉肆 1〈1/一〉陸 1〈1/一〉
2.2.3 肢體行爲 手部	28：單 23〈45/三十九〉雙 5〈6/五〉	7＋7＝14：單 7＋0〈9＋0/九＋0〉雙 0＋7〈0＋8/0＋八〉	8＋1＋14＝23：單 8＋0＋1〈11＋0＋1/九＋0＋一〉雙 0＋1＋10〈0＋1＋11/0＋一＋十〉肆 0＋0＋3〈0＋0＋3/0＋0＋三〉	65：單 39〈66/五十八〉雙 23〈26/二十四〉肆 3〈3/三〉
脚部軀體	20：單 14〈29/二十〉雙 6〈12/七〉	3＋7＝10：單 0＋1〈0＋2/0＋二〉雙 3＋5〈3＋17/三＋八〉肆 0＋1〈0＋1/0＋一〉	2＋0＋10＝12：單 1＋0＋0〈1＋0＋0/一＋0＋0〉雙 1＋0＋6〈1＋0＋9/一＋0＋六〉叁 0＋0＋1〈0＋0＋1/0＋0＋一〉肆 0＋0＋3〈0＋0＋4/0＋0＋三〉	42：單 16〈32/二十三〉雙 21〈42/二十五〉叁 1〈1/一〉肆 4〈5/四〉

續　表

時代\詞義		先秦詞先秦義【 】	先秦詞兩漢義【 】+兩漢詞兩漢義【 】	先秦詞魏晉義【 】*＋兩漢詞魏晉義【 】*＋魏晉新詞【 】*	合計
2.2.4 軀體位移	離去	18：單10〈63/二十九〉雙8〈20/九〉	1+5＝6：雙1+5〈3+7/一+六〉	2+1+3＝6：單1+0+0〈2+0+0/一+0+0〉雙1+1+3〈1+1+3/一+一+三〉	30：單11〈65/三十〉雙19〈35/二十一〉
	前往	17：單17〈50/三十八〉	3+0＝3：單3+0〈4+0/四+0〉	0+0+1＝1：雙0+0+1〈0+0+1/0+0+一〉	21：單20〈54/四十二〉雙1〈1/一〉
	來歸	28：單23〈225/六十六〉雙5〈14/九〉	0+2＝2：雙0+2〈0+2/0+二〉	0+1+5＝6：雙0+1+5〈0+1+10/0+一+六〉	36：單23〈225/六十六〉雙13〈27/十八〉
	上下	7：單6〈92/二十四〉雙1〈1/一〉	3+1＝4：單1+0〈2+0/二+0〉雙2+1〈5+1/三+一〉	1+0+0＝1：單1+0+0〈2+0+0/二+0+0〉	12：單8〈96/二十八〉雙4〈7/五〉
	經歷	5：單5〈18/十二〉	2+0＝2：單2+0〈3+0/二+0〉	0	7：單7〈21/十四〉
	移動	32：單13〈30/二十〉雙19〈50/三十二〉	0+6＝6：雙0+5〈0+10/0+七〉肆0+1〈0+1/0+一〉	5+0+7＝12：單1+0+0〈1+0+0/一+0+0〉雙4+0+5〈4+0+11/四+0+五〉肆0+0+2〈0+0+6/0+0+三〉	50：單14〈31/二十一〉雙33〈75/四十八〉肆3〈7/四〉
2.2.5 生活行爲	起居	24：單15〈74/三十五〉雙9〈13/十二〉	1+8＝9：單1+0〈2+0/二+0〉雙0+8〈0+11/0+九〉	3+1+10＝14：單2+0+0〈2+0+0/二+0+0〉雙1+1+7〈1+1+8/一+一+七〉肆0+0+3〈0+0+3/0+0+三〉	47：單18〈78/三十九〉雙26〈34/三十〉肆3〈3/三〉
	衣飾衛生	14：單8〈58/十五〉雙5〈9/七〉叁1〈1/一〉	2+3＝5：單1+0〈2+0/一+0〉雙1+3〈1+5/一+三〉	2+2+5＝9：單1+0+0〈2+0+0/二+0+0〉雙1+2+2〈1+4+2/一+三+二〉肆0+0+3〈0+0+3/0+0+三〉	28：單10〈62/十八〉雙14〈22/十七〉叁1〈1/一〉肆3〈3/三〉
	遊戲	4：單2〈4/三〉雙2〈2/二〉	1+3＝4：雙1+3〈2+3/二+三〉	2+0+2＝4：單1+0+0〈10+0+0/六+0+0〉雙1+0+1〈1+0+1/一+0+一〉肆0+0+1〈0+0+1/0+0+一〉	12：單3〈14/九〉雙8〈9/九〉肆1〈1/一〉
	修養信仰	49：單11〈24/十六〉雙38〈79/五十五〉	17+37＝54：單3+1〈12+1/八+一〉雙14+35〈27+61/十七+四十二〉肆0+1〈0+3/0+二〉	12+4+64＝80：單3+0+0〈5+0+0/五+0+0〉雙9+4+38〈15+5+70/十二+五+四十一〉叁0+0+2〈0+0+3/0+0+二〉肆0+0+24〈0+0+25/0+0+二十五〉	183：單18〈42/三十〉雙138〈257/一百七十二〉叁2〈3/二〉肆25〈28/二十七〉

續　表

時代＼詞義	先秦詞先秦義【】	先秦詞兩漢義【】+兩漢詞兩漢義【】	先秦詞魏晋義【】*+兩漢詞魏晋義【】*+魏晋新詞〖〗*	合計
2.3　心理感受	176：單94〈703/二百零八〉雙82〈216/一百零六〉	15+45=60：單7+1=8〈14+1/十二+一〉雙8+41=49〈14+72/九+五十一〉肆0+3=3〈0+3/0+三〉	8+3+53=64：單2+0+0=2〈3+0/0/二+0+0〉雙6+3+33=42〈9+11+39/七+四+三十六〉肆0+0+20=20〈0+0+23/二十一〉	300：單104〈721/二百二十三〉雙173〈361/二百十三〉肆23〈26/二十四〉
2.3.1　感知	10：單5〈16/十一〉雙5〈6/五〉	0	0+0+1=1：雙0+0+1〈0+0+1/0+0+一〉	11：單5〈16/十一〉雙6〈7/六〉
2.3.2　適意安寧	19：單8〈17/十二〉雙11〈51/十七〉	1+12=13：雙1+10〈1+14/一+十三〉肆0+2〈0+2/0+二〉	2+1+4=7：雙2+1+1〈2+9+1/二+二+一〉肆0+0+3〈0+0+3/0+0+三〉	39：單8〈17/十二〉雙26〈78/三十六〉肆5〈5/五〉
2.3.3　膽量勇氣	7：單4〈46/十四〉雙3〈3/三〉	0	0	7：單4〈46/十四〉雙3〈3/三〉
2.3.4　悔愧悲苦	24：單14〈47/二十五〉雙10〈14/十三〉	4+9=13：單3+0〈3+0/三+0〉雙1+9〈1+11/一+十〉	0+0+6=6：雙0+0+5〈0+0+5/0+0+五〉肆0+0+1〈0+0+1/0+0+一〉	44：單17〈50/二十八〉雙26〈31/二十九〉肆1〈1/一〉
2.3.5　怨怒憎忌	26：單11〈24/十五〉雙15〈24/十八〉	0+5=5：雙0+5〈0+16/0+五〉	1+0+7=8：雙1+0+6〈2+0+8/一+0+八〉肆0+0+1〈0+0+1/0+0+一〉	38：單11〈24/十五〉雙26〈50/三十二〉肆1〈1/一〉
2.3.6　控制放縱	25：單10〈69/二十二〉雙15〈17/十五〉	3+10=13：雙3+9〈6+12/三+九〉肆0+1〈0+1/0+一〉	1+1+20=22：雙1+1+10〈3+1+11/二+一+十一〉肆0+0+10〈0+0+11/0+0+十〉	60：單10〈69/二十二〉雙39〈50/四十一〉肆11〈12/十一〉
2.3.7　欲求	47：單29〈167/五十五〉雙18〈29/二十三〉	3+6=9：單2+0〈3+0/三+0〉雙1+6〈1+7/一+七〉	4+1+15=20：單2+0+0〈3+0/0/二+0+0〉雙2+1+10〈2+1+13/二+一+十〉肆0+0+5〈0+0+7/0+0+六〉	76：單33〈173/六十〉雙38〈53/四十四〉肆5〈7/六〉
2.3.8　能願	18：單13〈317/五十四〉雙5〈72/十二〉	4+3=7：單2+1〈8+1/六+一〉雙2+2〈5+12/三+七〉	0	25：單16〈326/六十一〉雙9〈89/二十二〉

續　表

時代＼詞義	先秦詞先秦義【】	先秦詞兩漢義【〗＋兩漢詞兩漢義〖〗	先秦詞魏晉義【〗＊＋兩漢詞魏晉義〖〗＊＋魏晉新詞〖〗＊	合計
2.4　人際行爲	431：單 250〈2326/四百九十一〉雙179〈577/二百三十〉肆2〈2/二〉	61＋163＝224：單39＋2＝41〈136＋5/五十六＋四〉雙22＋159＝181〈36＋298/二十八＋一百九十五〉肆0＋2＝2〈0＋2/0＋二〉	49＋23＋245＝317：單18＝0＋1＝19〈24＋0＋3/十八＋0＋一〉雙31＋22＋198＝251〈36＋34＋236/三十四＋二十三＋二百零五〉肆0＋0＋45＝45〈0＋0＋46/0＋0＋四十五〉伍0＋1＋0＝1〈0＋18＋0/0＋三＋0〉陸0＋0＋1＝1〈0＋0＋1/0＋0＋一〉	972：單310〈2494/五百七十〉雙611〈1217/七百十五〉肆49〈50/四十九〉伍1〈18/三〉陸1〈1/一〉
2.4.1　慈愛尊奉親近	71：單40〈126/六十三〉雙30〈48/三十九〉肆1〈1/一〉	9＋13＝22：單7＋0〈11＋0/十＋0〉雙2＋13＝15〈2＋24/二＋十九〉	6＋1＋13＝20：單2＋0＋0〈6＋0＋0/二＋0＋0〉雙4＋1＋10〈4＋1＋11/四＋一＋十〉肆0＋0＋3〈0＋0＋3/0＋0＋三〉	113：單49〈143/七十五〉雙60〈90/七十五〉肆4〈4/四〉
2.4.2　佑助保護	24：單16〈78/三十七〉雙8〈21/九〉	3＋14＝17：單2＋0〈13＋0/六＋0〉雙1＋14〈5＋36/三＋十五〉	2＋0＋23＝25：單1＋0＋0〈1＋0＋0/一＋0＋0〉雙1＋0＋20〈1＋0＋20/一＋0＋二十〉肆0＋0＋3〈0＋0＋3/0＋0＋三〉	66：單19〈92/四十四〉雙44〈83/四十八〉肆3〈3/三〉
2.4.3　會聚追隨	40：單24〈89/四十九〉雙16〈42/二十〉	7＋14＝21：單6＋0〈61＋0/十＋0〉雙1＋14〈2＋25/二＋十六〉	3＋4＋13＝20：雙3＋4＋11〈3＋4＋11/三＋四＋十一〉肆0＋0＋2〈0＋0＋2/0＋0＋二〉	81：單30〈150/五十九〉雙49〈87/五十六〉肆2〈2/二〉
2.4.4　施受傳遞	40：單32〈165/七十一〉雙8〈10/十〉	5＋10＝15：單3＋0〈3＋0/三＋0〉雙2＋10〈2＋13/二＋十一〉	4＋1＋23＝28：單1＋0＋1〈1＋0＋3/一＋0＋一〉雙3＋1＋19〈3＋1＋23/三＋一＋二十〉肆0＋0＋3〈0＋0＋3/0＋0＋三〉	83：單37〈172/七十六〉雙43〈52/五十七〉肆3〈3/三〉
2.4.5　輕鄙背欺	41：單17〈53/二十五〉雙24〈41/三十四〉	0＋17＝17：雙0＋16〈0＋25/0＋十九〉肆0＋1〈0＋1/0＋一〉	3＋1＋17＝21：單2＋0＋0〈3＋0＋0/二＋0＋0〉雙1＋1＋15〈2＋3＋19/一＋一＋十七〉肆0＋0＋2〈0＋0＋2/0＋0＋二〉	79：單19〈56/二十七〉雙57〈90/七十二〉肆3〈3/三〉
2.4.6　敵對衝突	57：單29〈178/五十九〉雙28〈59/三十四〉	7＋21＝28：單4＋0〈4＋0/四＋0〉雙3＋21〈3＋28/三＋二十五〉	2＋2＋37＝41：雙2＋2＋31〈2＋3＋45/二＋二＋三十三〉肆0＋0＋6〈0＋0＋6/0＋0＋六〉	126：單33〈182/六十三〉雙87〈140/九十九〉肆6〈6/六〉

413

續　表

時代　詞義		先秦詞先秦義【】	先秦詞兩漢義【〗+兩漢詞兩漢義〖〗	先秦詞魏晉義【】*+兩漢詞魏晉義〖〗*+魏晉新詞〖〗*	合計
2.4.7 社會治理	任職管理	56：單 36〈1173/七十二〉雙 20〈31/二十四〉	12+23＝35：單 8+2〈12+5/十＋四〉雙 4+21〈7+37/六+二十六〉	12+5+40＝57：單 7+0+0〈8+0+0/七+0+0〉雙 5+4+23〈6+4+28/六＋四＋二十四〉肆 0+0+16〈0+0+16/0+0＋十六〉伍 0+1+0〈0＋18+0/0＋三+0〉陸 0+0+1〈0+0+1/0+0＋一〉	148：單 53〈1198/九十三〉雙 77〈113/八十〉肆 16〈16/十六〉伍 1〈18/三〉陸 1〈1/一〉
	請求約定	6：單 1〈2/一〉雙 5〈8/五〉	1+3＝4：單 1+0〈1+0/一＋0〉雙 0+3〈0+3/0＋三〉	0+0+8＝8：雙 0+0+6〈0+0+6/0+0＋六〉肆 0+0+2〈0+0+2/0+0＋二〉	18　單 2〈3/二〉雙 14〈17/十四〉肆 2〈2/二〉
	依順	28：單 21〈96/五十五〉雙 7〈14/八〉	2+8＝10：雙 2+8〈2+13/二＋十一〉	6+1+8＝15：單 3+0+0〈3+0+0/三+0+0〉雙 3+1+8〈3+1+9/三＋一＋八〉	52：單 24〈99/五十八〉雙 29〈42/三十三〉
	防禁	16：單 10〈73/二十一〉雙 6〈246/十五〉	0+5＝5：雙 0+5〈0+6/0＋五〉	3+0+7＝10：單 1+0+0〈1+0+0/一+0+0〉雙 2+0+7〈2+0+7/二+0＋七〉	31：單 11〈74/二十二〉雙 20〈261/二十九〉
	過惡懲貸	52：單 24〈293/三十八〉雙 27〈57/三十二〉肆 1〈1/一〉	15+35＝50：單 8+0〈31+0/十二+0〉雙 7+34〈13+88/八＋四十五〉肆 1〈0+1/0＋一〉	8+8+56＝72：單 1+0+0〈1+0+0/一+0+0〉雙 7+8+48〈10+17+57/九＋九＋四十九〉肆 0+0+8〈0+0+9/0+0＋八〉	174：單 33〈325/五十一〉雙 131〈242/一百五十二〉肆 10〈11/十〉
2.5 役物行爲		272：單 185〈1334/三百八十五〉雙 83〈176/一百十二〉叁 1〈1/一〉肆 3〈3/三〉	38+62＝100：單 23+3＝26〈338+3/四十＋三〉雙 15+55＝70〈31+108/十九＋七十一〉肆 4〈0+4/0＋四〉	28+13+122＝163：單 20+1+1＝22〈48+0+2/二十六+0＋二〉雙 9+12+87＝108〈12+17+116/九＋十四＋九十五〉叁 0+0+1＝1〈0+0+1/0+0＋一〉肆 0+0+32＝32〈0+0+32/三十二〉	534：單 233〈1725/四百五十六〉雙 261〈460/三百二十〉叁 2〈2/二〉肆 39〈39/三十九〉
2.5.1 解知辨識	解知	20：單 12〈109/二十七〉雙 8〈11/十〉	2+1＝3：雙 2+1〈3+1/三＋一〉	0+2+14＝16：雙 0+2+10〈0+4+11/0＋三＋十一〉肆 0+0+4〈0+0+4/0+0＋四〉	39：單 12〈109/二十七〉雙 23〈30/二十八〉肆 4〈4/四〉

時代 詞義		先秦詞先秦義【 】	先秦詞兩漢義【 】+ 兩漢詞兩漢義〖 〗	先秦詞魏晋義【 】* + 兩漢詞魏晋義〖 〗* + 魏晋新詞〖 〗*	合計
2.5.1 解知辨識	稱名判定	20：單 15〈148/五十三〉雙 5〈26/十三〉	2＋3＝5：單 1＋0〈271＋0/一 ＋0〉雙 1＋3〈1＋4/一＋三〉	2＋0＋7＝9：單 2＋0＋0〈2＋0＋0/二＋0＋0〉雙 0＋0＋6〈0＋0＋7/0＋0＋六〉肆 0＋0＋1〈0＋0＋1/0＋0＋一〉	34：單 18〈421/五十三〉雙 15〈38/二十三〉肆 1〈1/一〉
	思考謀劃	17：單 8〈26/十一〉雙 7〈9/九〉叁 1〈1/一〉肆 1〈1/一〉	2＋5＝7：單 1＋0〈1＋0/一＋0〉雙 1＋4〈2＋6/一＋五〉肆 1＋0〈1＋0/1＋0＋一〉	1＋1＋2＝4：單 1＋0＋0〈1＋0＋0/一＋0＋0〉雙 0＋1＋2〈0＋1＋2/0＋一＋二〉	28：單 10〈28/十三〉雙 15〈20/十八〉叁 1〈1/一〉肆 2〈2/二〉
	專心意念	8：單 4〈44/十〉雙 4〈8/五〉	4＋3＝7：單 2＋0〈16＋0/五＋0〉雙 2＋3〈3＋3/三＋三〉	4＋2＋7＝13：單 1＋0＋1〈3＋0＋1/二＋0＋一〉雙 3＋2＋5〈3＋3＋9/三＋三＋五〉肆 0＋0＋1〈0＋0＋1/0＋0＋一〉	28：單 8〈64/十八〉雙 19〈29/二十二〉肆 1〈1/一〉
2.5.2 生産經營	勞作	76：單 47〈163/七十二〉雙 28〈63/三十六〉肆 1〈1/一〉	7＋23＝30：單 5＋2〈8＋2/五＋二〉雙 2＋20〈2＋32/二＋二十三〉肆 0＋1〈0＋1/0＋一〉	7＋3＋25＝35：單 5＋1＋0〈7＋0＋1/五＋0＋一〉雙 2＋2＋19〈2＋2＋19/二＋二＋十九〉叁 0＋0＋1〈0＋0＋1/0＋0＋一〉肆 0＋0＋5〈0＋0＋5/0＋0＋五〉	141：單 60〈181/八十五〉雙 73〈120/八十四〉叁 1〈1/一〉肆 7〈7/七〉
	設立備辦	19：單 18〈35/二十七〉雙 1〈1/一〉	3＋2＝5：單 2＋1〈11＋1/五＋一〉雙 1＋1〈1＋1/一＋一〉	3＋1＋5＝9：單 2＋0＋0〈3＋0＋0/三＋0＋0〉雙 1＋1＋4〈1＋2＋5/一＋一＋四〉肆 0＋0＋1〈0＋0＋1/0＋0＋一〉	33：單 23〈50/三十六〉雙 9〈11/九〉肆 1〈1/一〉
	理財	15：單 7〈10/九〉雙 7〈11/七〉肆 1〈1/一〉	0＋5＝5：雙 0＋3〈0＋5/0＋五〉肆 0＋2〈0＋2/0＋二〉	0＋1＋12＝13：雙 0＋1＋3〈0＋1＋3/0＋一＋三〉肆 0＋0＋9〈0＋0＋9/0＋0＋九〉	33：單 7〈10/九〉雙 14〈20/十六〉肆 12〈12/十二〉
2.5.3 尋求獲取致使		37：單 26〈360/六十九〉雙 11〈23/十三〉	6＋7＝13：單 4＋0〈6＋0/五＋0〉雙 2＋7〈3＋12/二＋八〉	4＋3＋11＝18：單 4＋0＋0〈25＋0＋0/七＋0＋0〉雙 0＋3＋7〈0＋4＋9/0＋三＋七〉肆 0＋0＋4〈0＋0＋4/0＋0＋四〉	68：單 34〈391/八十一〉雙 30〈51/三十三〉肆 4〈4/四〉
2.5.4 占有留存		20：單 17〈223/四十二〉雙 3〈3/三〉	3＋1＝4：單 3＋0〈15＋0/八＋0〉雙 0＋1〈0＋1/0＋一〉	3＋0＋4＝7：單 3＋0＋0〈5＋0＋0/四＋0＋0〉雙 1＋0＋3〈1＋0＋3/一＋0＋三〉	31：單 23〈243/五十四〉雙 8〈8/八〉

續　表

時代＼詞義	先秦詞先秦義【】	先秦詞兩漢義【】+兩漢詞兩漢義【】	先秦詞魏晉義【】*+兩漢詞魏晉義【】*+魏晉新詞【】*	合計
2.5.5 棄除亡失	40：單31〈216/六十八〉雙9〈21/十五〉	9+12=21：單5+0〈10+0/十+0〉雙4+12〈16+43/六+二十一〉	4+0+35=39：單2+0+0〈2+0+0/二+0+0〉雙2+0+28〈5+0+48/二+0+三十五〉肆0+0+7〈0+0+7/0+0+七〉	100：單38〈228/八十〉雙55〈133/七十九〉肆7〈7/七〉
2.6 事物運行	162：單112〈425/二百二十九〉雙50〈86/七十二〉	27+40=67：單15+4=19〈36+4/二十+四〉雙12+36=48〈15+69/十三+四十七〉	20+7+64=91：單10+0+1=11〈25+0+1/十七+0+一〉雙10+7+50=67〈12+9+64/十一+八+五十二〉肆0+0+13=13〈0+0+19/0+0+十四〉	320：單142〈491/二百七十一〉雙165〈255/二百零三〉肆13〈19/十四〉
2.6.1 現隱	26：單19〈54/四十一〉雙7〈8/八〉	2+7=9：單2+2〈2+2/二+二〉雙0+5〈0+7/0+六〉	4+1+8=13：單3+0+0〈3+0+0/三+0+0〉雙1+1+8〈1+1+8/一+一+八〉	48：單26〈61/四十八〉雙22〈25/二十四〉
2.6.2 運行通塞難易	38：單20〈96/四十一〉雙18〈30/二十五〉	9+10=19：單4+2〈4+2/四+二〉雙5+8〈8+8/六+八〉	5+1+21=27：單2+0+0〈2+0+0/二+0+0〉雙3+1+16〈4+3+16/三+二+十六〉肆0+0+5〈0+0+5/0+0+五〉	84：單28〈104/四十九〉雙51〈69/六十〉肆5〈5/五〉
2.6.3 散布	20：單14〈45/二十六〉雙6〈15/十二〉	1+9=10：雙1+9〈1+16/一+十一〉	2+3+12=17：單1+0+0〈5+0+0/四+0+0〉雙1+3+9〈2+3+11/二+三+十〉肆0+0+3〈0+0+9/0+0+四〉	47：單15〈50/三十〉雙29〈48/三十九〉肆3〈9/四〉
2.6.4 增減變化	19：單13〈93/三十四〉雙6〈14/十〉	2+5=7：單1+0〈1+0/一+0〉雙1+5〈1+5/一+五〉	2+0+9=11：單1+0+0〈6+0+0/三+0+0〉雙1+0+7〈1+0+8/一+0+七〉肆0+0+2〈0+0+2/0+0+二〉	37：單15〈100/三十八〉雙20〈29/二十四〉肆2〈2/二〉
2.6.5 起止成毀	39：單32〈107/六十四〉雙7〈11/十〉	9+5=14：單5+0〈11+0/五+0〉雙4+5〈4+7/四+七〉	4+2+11=17：單1+0+0〈1+0+0/一+0+0〉雙3+2+8〈3+2+9/三+二+八〉肆0+0+3〈0+0+3/0+0+三〉	70：單38〈119/七十〉雙29〈36/三十四〉肆3〈3/三〉
2.6.6 事物關係	20：單14〈30/二十三〉雙6〈8/七〉	4+4=8：單3+0〈18+0/八+0〉雙1+4〈1+26/一+十〉	3+0+3=6：單2+0+1〈8+0+1/四+0+一〉雙1+0+2〈1+0+12/一+0+三〉	34：單20〈57/三十六〉雙14〈48/二十二〉

時代　詞義	先秦詞先秦義【　】	先秦詞兩漢義【　】+兩漢詞兩漢義〖　〗	先秦詞魏晉義【　】*+兩漢詞魏晉義〖　〗*+魏晉新詞〔　〕*	合計
3　性狀及其他	813：單 513〈10325/一千四百零八〉雙 294〈647/四百二十四〉叁 2〈5/三〉肆 4〈5/五〉	111 + 156 = 267：單 53 + 5 = 58〈224 + 4/九十三 + 二〉雙 55 + 148 = 203〈84 + 213/六十八 + 一百六十九〉肆 0 + 6 = 6〈0 + 6/0 + 六〉	54 + 23 + 197 = 274：單 24 + 0 + 2 = 26〈31 + 0 + 2/二十八 + 0 + 二〉雙 30 + 0 + 148 = 201〈88 + 27 + 194/三十六 + 二十四 + 一百五十五〉叁 11〈0 + 0 + 12/0 + 0 + 十二〉肆 36〈0 + 0 + 40/0 + 0 + 三十八〉	1354：單 597〈10586/一千五百三十三〉雙 698〈1253/八百七十六〉叁 13〈17/十五〉肆 46〈51/四十九〉
3.1　人物性狀	133：單 59〈125/八十三〉雙 74〈168/一百零四〉	12 + 53 = 65：單 2 + 0 = 2〈2 + 0/二 + 0〉雙 10 + 51 = 61〈13 + 69/十一 + 五十九〉肆 0 + 2 = 2〈0 + 2/0 + 二〉	11 + 5 + 64 = 80：單 2 + 0 + 1 = 3〈2 + 0 + 1/二 + 0 + 一〉雙 9 + 5 + 45 = 59〈11 + 5 + 61/九 + 五 + 四十九〉肆 0 + 0 + 1818〈0 + 0 + 20/0 + 0 十八〉	278：單 64〈130/八十八〉雙 194〈327/二百三十七〉肆 20〈22/二十〉
3.1.1　外貌	12：單 4〈4/四〉雙 8〈14/十一〉	2 + 4 = 6：雙 2 + 4〈2 + 4/二 + 四〉	3 + 0 + 6 = 9：單 0 + 0 + 1〈0 + 1/0 + 一〉雙 3 + 0 + 5〈3 + 0 + 5/三 + 0 + 五〉	27：單 5〈5/五〉雙 22〈28/二十五〉
3.1.2　生理狀態	15：單 8〈12/八〉雙 7〈12/八〉	1 + 2 = 3：單 1 + 0〈1 + 0/一 + 0〉雙 0 + 2〈0 + 2/0 + 二〉	2 + 1 + 10 = 13：單 1 + 0 + 0〈1 + 0 + 0/一 + 0 + 0〉雙 1 + 1 + 5〈1 + 1 + 5/一 + 一 + 五〉肆 0 + 0 + 5〈0 + 0 + 5/0 + 0 + 五〉	31：單 10〈14/十〉雙 16〈21/十七〉肆 5〈5/五〉
3.1.3　心境	18：單 9〈25/十六〉雙 9〈12/十一〉	2 + 9 = 11：雙 2 + 8〈2 + 10/二 + 十〉肆 0 + 1〈0 + 1/0 + 一〉	1 + 2 + 7 = 10：雙 1 + 2 + 6〈1 + 2 + 8/一 + 二 + 六〉肆 0 + 0 + 1〈0 + 0 + 1/0 + 0 + 一〉	39：單 9〈25/十六〉雙 28〈35/三十二〉肆 2〈2/二〉
3.1.4　心智修養	36：單 16〈32/二十二〉雙 20〈47/三十〉	5 + 20 = 25：雙 5 + 19〈8 + 28/六 + 二十三〉肆 0 + 1〈0 + 1/0 + 一〉	1 + 0 + 17 = 18：雙 1 + 0 + 16〈1 + 0 + 23/一 + 0 + 十八〉肆 0 + 0 + 1〈0 + 0 + 1/0 + 0 + 一〉	79：單 16〈32/二十二〉雙 61〈107/七十八〉肆 2〈2/二〉
3.1.5　真偽善惡	31：單 15〈32/二十〉雙 16〈50/二十八〉	2 + 15 = 17：單 1 + 0〈1 + 0/一 + 0〉雙 1 + 15〈1 + 22/一 + 十七〉	4 + 2 + 21 = 27：單 1 + 0 + 0〈1 + 0 + 0/一 + 0 + 0〉雙 3 + 2 + 13〈5 + 2 + 20/三 + 二 + 十五〉肆 0 + 0 + 8〈0 + 0 + 8/0 + 0 + 八〉	75：單 17〈34/二十二〉雙 50〈100/六十六〉肆 8〈8/八〉
3.1.6　富貴貧賤	21：單 7〈20/十三〉雙 14〈33/十六〉	0 + 3 = 3：雙 0 + 3〈0 + 3/0 + 三〉	0 + 0 + 3 = 3：肆 0 + 0 + 3〈0 + 0 + 5/0 + 0 + 三〉	27：單 7〈20/十三〉雙 17〈36/十九〉肆 3〈5/三〉

續　表

時代 / 詞義	先秦詞先秦義【 】	先秦詞兩漢義【 】+兩漢詞兩漢義【 】	先秦詞魏晉義【 】* + 兩漢詞魏晉義【 】* + 魏晉新詞【 】*	合計
3.2　物體性狀	108：單 63〈174/一百零一〉雙 44〈80/六十三〉肆 1〈1/一〉	19+37=56：單 10+1=11〈20+1/十一+一〉雙 9+36=45〈10+42/九+三十九〉	12+9+53=74：單 4+0+0=4〈6+0+0/六+0+0〉雙 8+9+46=63〈9+10+54/八+九+四十七〉參 0+0+1=1〈0+0+1/0+0+一〉肆 0+0+6=6〈0+0+8/0+0+八〉	238：單 78〈201/一百十九〉雙 152〈205/一百七十五〉參 1〈1/一〉肆 7〈9/九〉
3.2.1　外形	15：單 12〈24/十六〉雙 3〈3/三〉	1+1=2：雙 1+1〈1+2/一+一〉	0+1+4=5：雙 0+1+3〈0+1+3/0+一+三〉肆 0+0+1〈0+0+1/0+0+一〉	22 單 12〈24/十六〉雙 9〈10/九〉肆 1〈1/一〉
3.2.2　色彩光澤	27：單 15〈77/三十三〉雙 12〈27/二十三〉	5+13=18：單 3+0〈11+0/三+0〉雙 2+13〈2+13/二+十三〉	4+3+13=20：雙 4+3+11〈4+4+12/四+三+十一〉肆 0+0+2〈0+0+3/0+0+三〉	65：單 18〈88/三十六〉雙 45〈62/五十六〉肆 2〈3/三〉
3.2.3　音聲	5：單 1〈1/一〉雙 4〈5/五〉	2+4=6：單 1+0〈1+0/一+0〉雙 1+4〈2+4/一+四〉	1+0+10=11：雙 1+0+8〈1+0+9/一+0+八〉參 0+0+1〈0+0+1/0+0+一〉肆 0+0+1〈0+0+1/0+0+一〉	22：單 2〈2/二〉雙 18〈21/十九〉參 1〈1/一〉肆 1〈1/一〉
3.2.4　氣味淨污	17：單 8〈17/十二〉雙 9〈10/九〉	1+4=5：單 1+1〈3+1/二+一〉雙 0+3〈0+5/0+四〉	2+1+6=9：單 1+0+0〈1+0+0/一+0+0〉雙 1+1+6〈1+1+7/一+一+六〉	31：單 11〈22/十六〉雙 20〈24/二十一〉
3.2.5　觸感	3：單 1〈1/一〉雙 2〈3/三〉	0+2=2：雙 0+2〈0+2/0+二〉	0+1+1=2：雙 0+1+1〈0+1+1/0+一+一〉	7：單 1〈1/一〉雙 6〈7/七〉
3.2.6　盛衰整缺	25：單 16〈39/二十四〉雙 9〈15/十二〉	8+9=17：單 3+0〈3+0/三+0〉雙 5+9〈5+12/五+十一〉	2+2+16=20：單 2+0+0〈3+0+0/三+0+0〉雙 0+2+14〈0+2+19/0+二+十五〉肆 0+0+2〈0+0+3/0+0+三〉	62：單 21〈45/三十〉雙 39〈53/四十五〉肆 2〈3/三〉
3.2.7 質地	16：單 10〈15/十四〉雙 5〈17/八〉肆 1〈1/一〉	2+4=6：單 2+0〈2+0/二+0〉雙 0+4〈0+4/0+四〉	3+1+3=7：單 1+0+0〈2+0+0/二+0+0〉雙 2+1+3〈3+1+3/二+一+三〉	29：單 13〈19/十八〉雙 15〈28/十八〉肆 1〈1/一〉

時代　　詞義	先秦詞先秦義【】	先秦詞兩漢義【 】＋兩漢詞兩漢義〖 〗	先秦詞魏晋義【 】˙＋兩漢詞魏晋義〖 〗˙＋魏晋新詞〖 〗˙	合計
3.3　類屬	68：單 51〈573/一百三十四〉雙 16〈28/十八〉叁 1〈2/一〉	4＋6＝10：單 1＋0＝1〈1＋0/一＋0〉雙 3＋6＝9〈3＋6/三＋六〉	4＋2＋11＝17：單 1＋0＋0＝1〈1＋0＋0/一＋0＋0〉雙 3＋2＋10＝15〈55＋2＋11/九＋二＋十〉肆 0＋0＋1＝1〈0＋0＋1/0＋0＋一〉	95：單 53〈575/一百三十六〉雙 40〈105/四十八〉叁 1〈2/一〉肆 1〈1/一〉
3.3.1　等次位序	35：單 30〈481/九十〉雙 4〈10/五〉叁 1〈2/一〉	1＋4＝5：雙 1＋4〈1＋4/一＋四〉	2＋0＋6＝8：雙 2＋0＋6〈54＋0＋7/八＋0＋六〉	48：單 30〈481/九十〉雙 17〈76/二十四〉叁 1〈2/一〉
3.3.2　比似類同差異	33：單 21〈92/四十四〉雙 12〈18/十三〉	3＋2＝5：單 1＋0〈1＋0/一＋0〉雙 2＋2〈2＋2/二＋二〉	2＋2＋5＝9：單 1＋0＋0〈1＋0＋0/一＋0＋0〉雙 1＋2＋4〈1＋2＋4/一＋二＋四〉肆 0＋0＋1〈0＋0＋1/0＋0＋一〉	47：單 23〈94/四十六〉雙 23〈29/二十四〉肆 1〈1/一〉
3.4　數量	99：單 73〈4784/二百五十三〉雙 24〈53/三十二〉肆 2〈3/三〉	8＋9＝17：單 6＋0＝6〈17＋0/十＋0〉雙 2＋8＝10〈3＋9/三＋九〉肆 0＋1＝1〈0＋1/0＋一〉	3＋0＋6＝9：單 2＋0＝2〈2＋0＋0/二＋0＋0〉雙 1＋0＋2＝3〈1＋0＋2/一＋0＋二〉叁 4〈0＋0＋4/0＋0＋四〉	125：單 81〈4803/二百六十五〉雙 37〈68/四十七〉叁 4〈4/四〉肆 3〈4/四〉
3.4.1　表量單位	27：單 27〈977/六十〉	6＋0＝6：單 6＋0〈17＋0/十＋0〉	1＋0＋0＝1：單 1＋0＋0〈1＋0＋0/一＋0＋0〉	34：單 34〈995/七十一〉
3.4.2　定數	22：單 19〈3592/一百十六〉雙 3〈3/三〉	0＋1＝1：雙 0＋1〈0＋1/0＋一〉	1＋0＋0＝1：單 1＋0＋0〈1＋0＋0/一＋0＋0〉	24：單 19〈3592/一百十六〉雙 5〈5/五〉
3.4.3　不定數和少量	15：單 7〈25/十七〉雙 7〈9/八〉肆 1〈1/一〉	0＋3＝3：雙 0＋2〈0＋2/0＋二〉肆 0＋1〈0＋1/0＋一〉	0＋0＋2＝2：雙 0＋0＋2〈0＋0＋2/0＋0＋二〉	20：單 7〈25/十七〉雙 11〈13/十二〉肆 2〈2/二〉
3.4.4　大量	21：單 10〈145/三十九〉雙 10〈35/十六〉肆 1〈2/二〉	1＋4＝5：雙 1＋4〈2＋5/二＋五〉	1＋0＋4＝5：單 1＋0＋0〈1＋0＋0/一＋0＋0〉叁 0＋0＋4〈0＋0＋4/0＋0＋四〉	31：單 11〈146/四十〉雙 15〈42/二十三〉叁 4〈4/四〉肆 1〈2/二〉

續　表

時代＼詞義	先秦詞先秦義【　】	先秦詞兩漢義【　】＋兩漢詞兩漢義〖　〗	先秦詞魏晋義【　】＊＋兩漢詞魏晋義〖　〗＊＋魏晋新詞〖　〗＊	合計
3.4.5 頻次	14：單 10〈45/二十一〉雙 4〈6/五〉	1＋1＝2：雙 1＋1〈1＋1/一＋一〉	0	16：單 10〈45/二十一〉雙 6〈8/七〉
3.5 時間	131：單 55〈343/一百四十九〉雙 74〈164/一百零九〉叁 1〈3/二〉肆 1〈1/一〉	25＋29＝54：單 11＋1＝12〈28＋3/二十一〉雙 14＋25＝39〈22＋38/十九＋二十八〉肆 0＋3＝3〈0＋3/0＋三〉	11＋5＋45＝61：單 6＋0＋0＝6〈7＋0＋0/七＋0＋0〉雙 5＋5＋33＝43〈5＋8＋37/五＋六＋三十三〉叁 0＋0＋6＝6〈0＋0＋7/0＋0＋七〉肆 0＋0＋6＝6〈0＋0＋6/0＋0＋六〉	246：單 73〈381/一百七十七〉雙 156〈274/二百〉叁 7〈10/九〉肆 10〈10/十〉
3.5.1 久暫	28：單 14〈89/三十九〉雙 13〈16/十四〉肆 1〈1/一〉	4＋6＝10：雙 4＋6〈6＋10/五＋八〉	3＋2＋12＝17：單 3＋0＋0〈4＋0＋0/四＋0＋0〉雙 0＋2＋5〈0＋2＋5/0＋二＋五〉叁 0＋0＋3〈0＋0＋4/0＋0＋四〉肆 0＋0＋4〈0＋0＋4/0＋0＋四〉	55：單 17〈93/四十三〉雙 30〈39/三十四〉叁 3〈4/四〉肆 5〈5/五〉
3.5.2 定指時間　時點時段	62：單 21〈120/五十〉雙 40〈70/五十六〉叁 1〈3/二〉	15＋15＝30：單 7＋0〈22＋0/十四＋0〉雙 8＋14〈14＋23/十二＋十五〉肆 0＋1〈0＋1/0＋一〉	6＋2＋27＝35：單 3＋0＋0〈3＋0＋0/三＋0＋0〉雙 3＋2＋23〈3＋5＋26/三＋三＋二十三〉叁 0＋0＋3〈0＋0＋3/0＋0＋三〉肆 0＋0＋1〈0＋0＋1/0＋0＋一〉	127：單 31〈145/六十七〉雙 90〈141/一百十二〉叁 4〈6/五〉肆 2〈2/二〉
3.5.2 定指時間　始末	15：單 9〈49/二十六〉雙 6〈22/十二〉	0＋2＝2：肆 0＋2〈0＋2/0＋二〉	0＋1＋4＝5：雙 0＋1＋3〈0＋1＋3/0＋一＋三〉肆 0＋0＋1〈0＋0＋1/0＋0＋一〉	22：單 9〈49/二十六〉雙 10〈26/十六〉肆 3〈3/三〉
3.5.3 相對時間　過去	11：單 5〈17/十〉雙 6〈7/六〉	3＋4＝7：單 2＋1〈2＋3/二＋一〉雙 1＋3〈1＋3/一＋三〉	1＋0＋0＝1：雙 1＋0＋0〈1＋0/一＋0＋0〉	19：單 8〈22/十三〉雙 11〈12/十一〉
3.5.3 相對時間　現在	8：單 2〈38/十一〉雙 6〈39/十五〉	0＋2＝2：雙 0＋2〈0＋2/0＋二〉	0＋0＋2＝2：雙 0＋0＋2〈0＋0＋3/0＋0＋二〉	12：單 2〈28/十一〉雙 10〈44/十九〉
3.5.3 相對時間　將來	7：單 4〈30/十三〉雙 3〈10/六〉	3＋0＝3：單 2＋0〈4＋0/四＋0〉雙 1＋0〈1＋0/一＋0〉	1＋0＋0＝1：雙 1＋0＋0〈1＋0/一＋0＋0〉	11：單 6〈34/十七〉雙 5〈12/八〉

時代＼詞義	先秦詞先秦義【】	先秦詞兩漢義【〗+兩漢詞兩漢義〖〗	先秦詞魏晉義【〗*+兩漢詞魏晉義〖〗*+魏晉新詞〖〗*	合計
3.6　範圍程度	172：單126〈1532/三百六十〉雙46〈100/七十一〉	30+14=44：單18+0=18〈52+0/三十四+0〉雙12+14=26〈25+23/十七+十九〉	11+1+15=27：單8+0+1=9〈12+0+1/九+0+一〉雙3+1+9=13〈6+1+17/三+一+十一〉肆0+0+5=5〈0+0+5/0+0+五〉	243　單153〈1597/四百零四〉雙85〈172/一百二十二〉肆5〈5/五〉
3.6.1　空間	39：單23〈121/五十七〉雙16〈32/二十二〉	4+4=8：單2+0〈12+0/七+0〉雙2+4〈2+4/二+四〉	0+0+3=3：雙0+0+3〈0+0+3/0+0+三〉	50：單25〈133/六十四〉雙25〈41/三十一〉
3.6.2　遍及	36：單24〈223/七十四〉雙12〈39/二十六〉	9+3=12：單5+0〈6+0/五+0〉雙4+3〈11+5/七+四〉	3+0+7=10：單2+0+0〈2+0+0/二+0+0〉雙1+0+2〈1+0+10/一+0+四〉肆0+0+5〈0+0+5/0+0+五〉	58：單31〈231/八十一〉雙22〈66/四十二〉肆5〈5/五〉
3.6.3　接續	48：單38〈579/一百三十三〉雙10〈18/十三〉	6+3=9：單4+0〈22+0/十一+0〉雙2+3〈5+5/二+三〉	2+0+4=6：單2+0+0〈5+0/三+0+0〉雙0+0+4〈0+0+4/0+0+四〉	63：單44〈606/一百四十七〉雙19〈32/二十二〉
3.6.4　限制	20：單14〈110/三十一〉雙6〈8/八〉	4+4=8：單3+0〈5+0/五+0〉雙1+4〈2+9/一+八〉	2+0+1=3：單1+0+1〈1+0+1/一+0+一〉雙1+0+0〈1+0+0/一+0+0〉	31：單19〈117/三十八〉雙12〈20/十八〉
3.6.5　揣測强調否定	15：單15〈469/四十一〉	3+0=3：單1+0〈1+0/一+0〉雙2+0〈3+0/三+0〉	3+0+0=3：單2+0+0〈3+0+0/二+0+0〉雙1+0+0〈4+0+0/一+0+0〉	21：單18〈473/四十四〉雙3〈7/四〉
3.6.6　程度	14：單12〈30/二十四〉雙2〈3/二〉	4+0=4：單3+0〈6+0/五+0〉雙1+0〈2+0/二+0〉	1+1+0=2：單1+0+0〈1+0/一+0+0〉雙0+1+0〈0+1+0/0+一+0〉	20：單16〈37/三十〉雙4〈6/五〉
3.7　結構關係	51：單50〈1773/一百八十六〉雙1〈1/一〉	6+0=6 單5+0=5〈9+0/七+0〉雙1+0=1〈2+0/一+0〉	1+0+0=1 單1+0+0=1〈1+0+0/一+0+0〉	58：單56〈1783/一百九十四〉雙2〈3/二〉
3.7.1　介引	25：單25〈416/八十八〉	4+0=4：單3+0〈4+0/四+0〉雙1+0〈2+0/一+0〉	1+0+0=1：單1+0+0〈1+0/一+0+0〉	30：單29〈421/九十三〉雙1〈2/一〉

續　表

時代＼詞義	先秦詞先秦義【】	先秦詞兩漢義【〗+兩漢詞兩漢義〖〗	先秦詞魏晋義【〗* +兩漢詞魏晋義〖〗* +魏晋新詞〖〗*	合計
3.7.2 助語	26：單 25〈1357/九十八〉雙 1〈1/一〉	2＋0＝2：單 2＋0〈5＋0/三＋0〉	0	28：單 27〈1362/一百零一〉雙 1〈1/一〉
3.8 稱代指示	51：單 36〈1021/一百四十二〉雙 15〈53/二十六〉	7＋8＝15：單 0＋3＝3〈95＋0/八＋0〉雙 4＋8＝12〈6＋26/五＋九〉	1＋1＋3＝5：雙 1＋1＋3＝5〈1＋1＋12/一＋一＋三〉	71：單 39〈1116/一百五十〉雙 32〈99/四十五〉
3.8.1 人物指稱	23：單 21〈873/九十六〉雙 2〈12/五〉．	5＋3＝8：單 3＋0〈95＋0/八＋0〉雙 2＋3〈3＋20/三＋四〉	0＋1＋1＝2：雙 0＋1＋1〈0＋1＋8/0＋一＋一〉	33：單 24〈968/一百零四〉雙 9〈44/十四〉
3.8.2 指示事物	13：單 11〈120/三十五〉雙 2〈12/六〉	0	0	13：單 11〈120/三十五〉雙 2〈12/六〉
3.8.3 疑問指代	15：單 4〈28/十一〉雙 11〈29/十五〉	2＋5＝7：雙 2＋5〈3＋6/二＋五〉	1＋0＋2＝3：雙 1＋0＋2〈1＋0＋4/一＋0＋二〉	25：單 4〈28/十一〉雙 21〈43/二十五〉

第二节　早期天師道文獻詞彙的總體分析

歸納上列通用詞表中的内容,情況如下(見表六)：

表六　早期天師道文獻詞彙通用成分概況

時代＼詞義	先秦詞先秦義	先秦詞兩漢義	兩漢詞兩漢義	先秦詞魏晋義	兩漢詞魏晋義	魏晋新詞	合計
名物/%	1188	123	412(535)	131	105	669(905)	2628
	16.4	1.7	5.7(7.4)	1.8	1.4	9.2(12.5)	36.2
行爲/%	1560	214	486(700)	167	74	782(1023)	3283
	21.4	2.9	6.7(9.6)	2.3	1.0	10.8(14.1)	45.2

時代 詞義	先秦詞 先秦義	先秦詞 兩漢義	兩漢詞 兩漢義	先秦詞 魏晋義	兩漢詞 魏晋義	魏晋新詞	合計
性狀及 其他/%	813	111	156(267)	54	23	197(274)	1354
	11.2	1.5	2.1(3.7)	0.7	0.3	2.7(3.8)	18.6
總計/%	3561	448	1054(1502)	352	202	1648(2202)	7265
	49	6.2	14.5(20.7)	4.8	2.8	22.7(30.2)	100

注:表中括弧裹的數目是同一時代新詞新義的總和。

分析上述資料,可以看到:

一,詞彙的承襲性。

十部天師道文獻的通用詞中,産生於先秦的3561個,占49%,兩漢産生的新詞新義1502個,占20.7%,魏晋産生的新詞新義2202個,占30.3%,有69.7%直接承襲前代用詞。

前代用詞的影響也可以換一個角度來看,十部文獻中,有49%的詞沿用先秦,如果考慮448個(6.2%)在兩漢産生新義的先秦詞和352個(4.8%)在魏晋産生新義的先秦詞,先秦詞的影響達60%;而沿用兩漢産生的詞1054個(14.5%),加上兩漢詞引申的新義202個(2.8%),計1256個,占17.3%;全新的詞彙成分,即魏晋新生的新詞有1648個,占22.7%。對前代的直接承襲,或在承襲中有所變化,是詞彙應用的主要方式。

二,詞彙變化以形式變化爲主,意義引申爲輔。

在詞彙發展中,采用新詞新形式的,在漢代有1054個(14.5%),魏晋有1648個(22.7%),共2702個,占37.2%;而采用舊詞賦予新義的,包括先秦詞兩漢義448個(6.2%)、先秦詞魏晋義352個(4.8%)、兩漢詞魏晋義202(2.8%),共1002個,占13.8%。通過義變産生的詞彙新質只有通過形式創新的詞彙新質的三分之一强。

三,詞彙舊成分中,發生意義變化的只占很小的部分。

在先秦詞中,意義沿用不變的有3561個(49%),意義變化的有448個(兩漢,占6.2%)和352個(魏晋,占4.8%),二者的比例是49:11。兩漢詞中,意義不變的有1054個(14.5%),意義變化的是202個(2.8%),二者的比例爲

14.5:2.8。綜合來看,前代的詞彙形式在魏晉時期意義發生變化與不變化的比例約爲 5:1。

四,行爲概念表達爲主。

從詞義類別來看,行爲詞的數量最多,共 3283 個,占 45.2%,名物詞 2628 個,占 36.2%,性狀詞數量最少,加上其他詞,共 1354 個,占 18.6%。

五,詞彙創新以名物和行爲爲主。

名物詞沿用前代的有先秦 1188 個(16.4%)和兩漢的 535 個(7.4%),共 1723 個,占 23.8%,而魏晉新質爲 905 個,占 12.5%。

行爲詞沿用先秦的 1560 個(21.4%)、沿用兩漢的 700 個(9.6%),共 2360 個,占 31%,而魏晉新質爲 1023 個,占 14.1%。

性狀詞沿用先秦的 813 個(11.2%),沿用兩漢的 267 個(3.7%),共 1080 個,占 14.9%,而魏晉新質爲 274 個,占 3.8%。

其中,名物詞和行爲詞在沿用與創新之間的比例分別爲 23.8:12.5 和 31:14.1,在 2:1 上下,反映新興的道教,在一些有別於世俗事物和行爲的表達方面,具有更多的創新需求,而性狀等詞比率不到 3:1,創新需求明顯偏弱。

第三节　早期天師道通用詞彙成分的複音化分析

複音化是漢語詞彙發展的總趨勢,頗受歷史詞彙研究者的關注。複雜的詞彙內部關係,導致了複雜的漢語詞彙複音化過程。但是,對這個過程的簡單、片面的觀察和分析,可能得到跟事實不符的結論。比如,以往某些分析中,一些被論者定爲已經實現複音化的古文獻,讀者在閱讀的時候,却感受不到其中複音詞的優勢,其中的分析顯然存在偏差。因此,對複音化的觀察和分析,不能簡單地統計文獻中單音詞和複音詞數量的比率,需要綜合考慮多方面的因素,通過深入的觀察和分析,才能得出真正反映詞彙實際情況的科學的結論。

3.1　複音化的分析層面

漢語詞彙經歷了由單音爲主向複音變化的過程。由於詞彙內部關係複雜，諸多歷史和社會因素的影響，形成詞彙的不同層面，複音化是一個漸進的過程，它不可能在短期內對整個詞彙發生影響，而是經歷了一個從局部向全面擴展的過程，因此，複音化在詞彙內部不同層面中的進程是不一致的。通常，我們首先注意到的一種文獻用詞中的複音化情況，是在這種文獻所用的詞彙成分中，單音詞和複音詞的數量和比率，這反映了詞庫成員的面貌。不過，由於每個詞的使用率（複現率）不同，語流中實際出現的單音詞和複音詞的數量會呈現另一面貌，這是我們在閱讀中感受的複音化程度，是複音化在語用層面的表現。二者有時差異很大，語用層面的複音化遠遠遲於詞庫層面的複音化。

漢語複音化是在一個單音爲主的詞彙系統中，不斷增入複音詞的過程，而詞彙中複音詞的增入，則是通過複音新詞大量產生、不斷進入以單音爲主的詞彙中來實現的，從這個意義上説，漢語詞彙的複音化，也是複音詞對單音詞系統不斷"稀釋"的結果。因此，漢語詞彙的複音化，必須先從新詞的複音化開始，使複音詞在詞庫中不斷地從局部的優勢轉向整體的優勢，即從每個時期新詞中的多數發展到整個詞彙中的多數。

詞彙是語言中變化最快的部分，各個詞彙成分活力不同，即在使用中機會不均等。從共時的情況來看，有的詞使用率高，有的詞使用率低。但詞的使用率有一定的偶然性，有時，由於話題或表達者的關係，某些詞在某一場合下有很高的使用率，但在其他場合中很少有人使用，因此，詞的分布率可以糾正對簡單使用率的觀察和偏頗。存在於個別詞之間的這類差別，集中反映到單音詞與複音詞之間，可以讓我們看到二者在活力上的差異，複音化應該是複音詞活力不斷遞增的過程。

考察詞彙的複音化，有兩個大的視角，一是對詞彙整體作觀察，分析比較其中單音詞與複音詞的消長情況，也可以從詞彙的局部作觀察，從詞彙的變化或新生部分，來看複音詞與單音詞的消長情況。

此外，詞彙的複音化的考察，不僅要注意單音詞與複音詞之間的差別，還需要注意其他一些方面，包括：詞的個體數量（即詞庫的面貌，就本書而言，指早期天師道十種文獻中，出現過的詞的數量），詞的使用次數（即以每個詞在早期天師道十種文獻中的具體使用次數計算，不考慮它的分布情況），詞的分布情況（即以十種考察文獻中每種文獻中是否使用某個詞來計算，不論使用數量），等等。

以下是從總表中抽取的與複音化分析有關的資料（見表七）：

表七　早期天師道詞彙使用量統計

	先秦兩漢舊詞舊義			先秦兩漢舊詞新義			魏晉新詞			合計		
	詞量	詞次	詞面	詞量	詞次	詞面	詞量	詞次	詞面	詞量	詞次	詞面
單音	2182	21205	4676	144	548	195	18	36	20	2344	21789	4891
雙音	2825	6691	3847	409	792	481	1246	2105	1347	4480	9588	5675
三音	21	29	24	3	7	3	81	95	85	105	131	112
肆音	34	41	39	2	3	2	284	335	297	320	379	338
伍音				1	18	3	10	15	11	11	33	14
陸音	1	1	1				4	4	4	5	5	5
總計	5063	27967	8587	559	1368	684	1643	2590	1764	7265	31925	11035
複音小計	2881	6762	3911	415	820	489	1625	2554	1744	4921	10136	6144

根據上述統計，早期天師道通用詞彙成分 7265 個，使用 31925 次，累計在十種文獻中出現 11035 篇次。其中，有單音詞 2344 個，使用 21789 次，在十種文獻中累計出現 4891 篇次。複音詞中，包括雙音詞 4480 個，使用 9588 次，在十種文獻中累計出現 5675 篇次；三音 105 個，使用 131 次，在十種文獻中累計出現 112 篇次；四音 320 個，使用 379 次，在十種文獻中累計出現 338 篇次；五音詞 11 個，使用 33 次，在十種文獻中累計出現 14 篇次；六音詞 5 個，使用 5 次，在十種文獻中累計出現 5 篇次，合計複音詞 4921 個，使用 10136 次，在十種文獻中累計出現 6144 篇次。

3.2　詞彙整體層面的複音化考察

從詞彙的整體來看，漢語詞彙的複音化，首先是複音詞的數量增加，在總計 7265 個詞中，複音詞與單音詞的數量是 4921∶2344，按百分比計算爲 67.74∶32.26，詞庫中可供選用的單音詞比複音詞少一半以上。早期天師道十種文獻中複音詞與單音詞的數量，可以圖示爲（見圖三）：

複音　　　　　　　　　　67. 76 : 32. 26　　　　　　　　單音

圖三　詞庫的複音化程度

　　可見複音詞在當時詞庫中占有超過三分之二的優勢。但詞庫成分是詞彙
的備用成分,它不是呈現在語流中的詞彙實現成分。實際上,詞庫中有些詞在
語用中比較活躍,它們的影響要大些,而有些詞在語用中不太活躍,它們的影
響要小些。語用中詞的具體使用情況,直接影響人們對詞彙的整體印象,反映
人們在實際語言材料中真切感受到的詞彙複音化的程度,因此,還需要從語用
的角度展開分析。

　　語用中的詞彙複音化,可以從兩個方面來觀察,一是在一定範圍內的使用
數量,一是詞在一定範圍內的分布廣度。詞的使用數量可以通過簡單的使用
次數的統計獲得,在十種文獻中,4921 個複音詞共使用了 10136 次,2344 個單
音詞共使用了 21789 次,分別占總數 31925 的 31. 75 : 68. 25。早期天師道詞彙
的複音詞與單音詞的使用率,可以圖示如下(見圖四):

複音　　　　　　　　　　31. 75 : 68. 25　　　　　　　　單音

圖四　語流中的複音化程度

　　在語用層面,情況相反,單音詞的整體使用率超過三分之二,也就是説,閱
讀中每三個詞裏有兩個是單音的。

　　此外,單音詞與複音詞在不同場合出現的情況,即它們的整體分布面,也是
反映複音化的一個方面,在早期天師道十種文獻中,4921 個複音詞的累計分布量
爲6144 篇次,2344 個單音詞的累計分布量爲4891 篇次,它們分別占總數 11035
的55. 68 : 44. 32,複音詞和單音詞的整體文獻覆蓋面,可以圖示如下(見圖五):

複音　　　　　　　　　　55. 68 : 44. 32　　　　　　　　單音

圖五　語境分布中的複音化程度

從這個角度看,複音詞的使用又勝過單音詞。

3.3 詞彙新質層面的複音化考察

詞彙複音化的程度,還可以從詞彙的新質層面來考察。詞彙新質是指詞彙中發生變化的部分,詞彙變化過程中,複音詞與單音詞所占據的地位不同,成爲我們瞭解詞彙複音化的重要方面。根據我們的統計(見上表),在早期天師道十種文獻的詞彙新質中,單音詞和複音詞的情況如下:

早期天師道十種文獻 1643 個新詞中,有 1625 個複音詞,18 個單音詞,複音詞與單音詞的比例是:98. 90:1. 10;複音新詞的使用量爲 2554 次,單音新詞的使用量爲 36 次,二者比例爲 98. 61:1. 39;單音新詞的文獻覆蓋量爲 20 篇次,複音新詞的文獻覆蓋量爲 1744 篇次,二者比例爲 98. 87:1. 13。二者與複音詞與單音詞的數量比率基本一致,平均三者爲 98. 79:1. 21。圖示如下(見圖六):

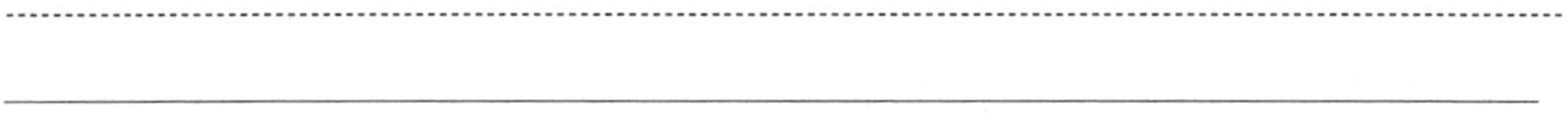

複音　　　　　　　　　　　98. 79:1. 21　　　　　　　　　　單音

圖六　天師道十種文獻新詞中的複音化程度

早期天師道十種文獻中,共出現 559 個新義,其中複音舊詞新義 415 個,單音舊詞新義 144 個,二者的比例是:74. 24:25. 76;複音新義的使用量爲 820 次,單音新義的使用量爲 548 次,共 1368 次,二者的比例是 59. 94:41. 06;複音新義的文獻覆蓋量爲 489 篇次,單音新義的文獻覆蓋量爲 195 篇次,共 684 篇次,二者的比例是 71. 49:28. 51,複音詞新義的整體使用率和覆蓋率低於複音詞的數量比率。綜合三個方面,它的平均比率爲 68. 56:31. 44,圖示如下(見圖七):

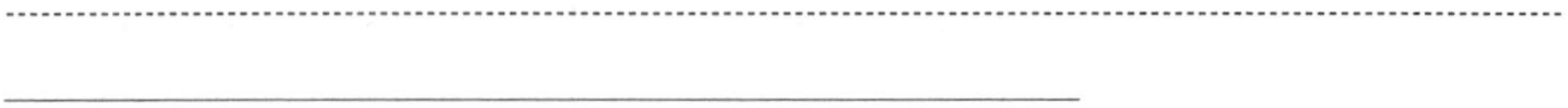

複音　　　　　　　　　　　68. 56:31. 44　　　　　　　　　　單音

圖七　天師道十種文獻新義中的複音化程度

在這個層面,複音詞對單音詞也已經有了相當的優勢。

3.4 詞彙個體的活力考察

詞彙複音化和程度,還跟詞彙成分活力有關。詞彙成分中複音詞和單音詞的活力差異,可以從它們的使用率和分布率來考察。個體使用率是指每個詞在考察文獻中平均的使用次數,分布率也叫覆蓋率,指文獻中對每個詞使用的次數,如果以一種文獻爲一個語境,那麼能夠在更多文獻中出現的詞,它的使用範圍(出現的語境)就廣。因此,個體使用率高、個體分布面(覆蓋率)廣的詞彙成分,它們的活力顯然要高些。

從整個詞彙層面來看,早期天師道十部文獻中4921個通用的複音詞使用了10136次,使用率爲2.60,即平均每個詞使用了2.6次;它們出現在6144篇次的文獻中,分布率爲1.25,即每個詞平均出現在1.25種文獻中。2344個通用的單音詞,使用21789次,使用率爲9.30;它們出現在4891篇次的文獻中,分布率爲2.90。

從詞彙新質的新詞層面來看,早期天師道十種文獻中,複音新詞1625個,使用2554次,使用率爲1.57;1625個複音新詞分布在1744篇次的文獻中,分布率爲1.07。單音新詞18個,使用36次,使用率爲2;分布在20篇文獻中,分布率爲1.11。

此外,從詞彙新質的新義層面來看,早期天師道十種文獻中,共有415個複音新義,使用820次,使用率爲1.98;它們分布在489篇次文獻中,分布率爲1.18。單音新義144個,使用548次,使用率爲3.81;它們分布在195篇次文獻中,分布率爲1.35(見表八)。

表八 複音詞與單音詞的使用率和分布率

	詞彙整體		詞彙新質			
			新義		新詞	
	複音	單音	複音	單音	複音	單音
個體使用率	2.60	9.30	1.98	3.81	1.57	2.00
個體分布率	1.25	2.90	1.18	1.35	1.07	1.11

由表八可以看到,單音詞的使用率和分布率都明顯高於複音詞,反映了在能產性方面明顯低於複音詞的單音詞彙成分,在語用中仍然占據相當的優勢。綜合以上各項中的使用率,複音與單音的比例是 6.15:15.11,換算爲百分比 28.93:71.07,可以圖示爲(見圖八):

複音　　　　　　　　　　　　28.93:71.07　　　　　　　　　　單音

圖八　詞彙使用率中的複音化程度

複音詞和單音詞的綜合分布率是 3.50:5.36,換算爲百分之是 39.50:60.50,可以圖示爲(見圖九):

複音　　　　　　　　　　　　39.50:60.50　　　　　　　　　　單音

圖九　詞彙覆蓋率中的複音化程度

在這個層面,單音詞又優於複音詞。

3.5　早期天師道十部文獻複音化程度的綜合評價

綜合以上詞彙不同層面的複音化表現,可以觀察到複音化在詞彙的表面和內部不同層面的不同表現,得出符合大衆語感和詞彙複音化進程的客觀評價,認識到,漢語詞彙複音化是在不同層面逐漸展開的。

第一,複音化進展最快,也應該是最先切入的,是詞彙的新詞層面,新生詞中複音詞數量超過並壓倒單音詞,是複音化的開端。複音詞的高新生率積累到魏晉文獻中,高達 98.79:1.21,新詞幾乎都采用複音的形式,這説明,至少在魏晉時期,新詞層面已經高度複音化——這一資料,跟目前歷史詞彙的專書或專題描寫的結論是一致的,各種討論中古新詞的研究,都很少列出新生的單音詞,而有數以百計的複音新詞。

第二,新義層面的複音化,即有更多新義來自複音詞,而單音舊詞引申出的新義數量在減少,這在十種天師道文獻中也有 68.56:31.44 的優勢。

第三,詞彙中複音新詞新義的迅速增加,而單音成分的相對保守和停滯,最終改變了詞庫中複音詞與單音詞的數量對比，十部天師道文獻所呈現的詞庫中複音詞對單音詞以 67.76∶32.26，説明複音形式在詞彙中的影響日益增長。

第四，由於複音詞整體數量的優勢，不同文獻中采用的不同複音詞的可能也在增加，複音詞在語境分布方面，也超過了單音詞，達到 55.68∶44.32。

不過，到這個時候，説複音化已經完成或複音詞完全占了上風，還爲時過早。因爲在以下幾個層面，複音化還任重道遠：

第五，在語用中單音詞的使用數量仍然超過複音詞，複音詞在語流中對單音詞的比率，即説話或閱讀時平均使用複音詞或單音詞的數量，只占 31.75∶68.25。

第六，複音詞的個體平均覆蓋率以 39.50∶60.50 低於單音詞，因此，複音詞整體的分布面（即我們在每種文獻中遇到不同的複音詞的機會）並不等於每個複音詞單獨出現的機會，複音詞的個體使用面，即每個複音詞在不同文獻中平均出現的機會還低於單音詞。

第七，複音詞在詞彙的個體使用率上，以 28.93∶71.07 遠低於單音詞，複音詞的個體活力不如單音詞。

由此，我們可以看出，漢語詞彙的複音化，是通過不同層面，逐步擴展的，

它的擴展順序，是從以下幾個層面依次進行的：1，新詞；2，新義；3，詞庫；4，整體覆蓋面；5，語流；6，個體覆蓋率；7，個體使用率。

此外，綜合以上各項數據，可以給早期天師道十種文獻的複音化程度作一整體評價，方法就是把以上七項統計分析的數據作平均處理，即：（67.76＋31.75＋55.68＋98.79＋68.56＋28.93＋39.50∶32.26＋68.25＋44.32＋1.21＋31.44＋71.07＋60.50）÷7，結果是 55.85∶44.15，可以圖示如下（見圖十）：

複音　　　　　　　　　　　　　55.85∶44.15　　　　　　　　　　單音

圖十　早期天師道十種文獻複音化程度評價

總體上看，在魏晋天師道十種文獻中，複音詞已在詞彙中占據上風，但優勢還很有限，單音詞的影響仍然十分强大。

第四节　早期天師道十種文獻詞彙的分層分析

　　詞彙的層次性是漢語詞彙研究的基礎問題,歷來備受語言學者的關注。習慣上,詞彙被分爲基本詞彙和一般詞彙兩部分,但這種區分過於粗略,不足以説明詞彙内部的複雜構成。因而,探索更爲科學嚴密、操作性更强的方法,對詞彙層次深入分析,是一個值得關注的研究方向。我們以早期(魏晉)天師道文獻爲基礎材料,根據詞語的穩定性(時間)和普遍性(空間),對其中詞彙的層次分布作一調查。

　　語言是一種社會現象,從它的時間和空間的分布來分析,處在共時平面中的詞彙並非形成于一時,而是不同時間層面的語言成分逐漸累積而成,其中有著明顯的層次性。通常把詞彙分爲"基本詞彙"和"一般詞彙"兩個部分,但這種粗泛的分類影響了詞彙研究的深入,一些學者在語言分析實踐中不斷提出新見解,如潘允中(1959)、符淮青(1985)、劉叔新(1990)、曹煒(2004)等就把"基本詞彙"和"一般詞彙"内部的類别進一步細化,分爲許多小類,但由於是兩分框架下的二次分類,算不上新的分類法。也有學者提出從不同角度對詞彙進行分類,如曹煒(2004)從"出現年代的遠近""特殊來源""結構特徵""語體特徵"等八個方面對詞彙進行分類。但這種方法也存在缺陷,正如徐通鏘(2003)在曹書的序言中所説:"合理和理想的分類只能從一個觀察視角出發,不然,必然會使分類的結果呈現出相互交叉和矛盾。"

　　詞彙層次的劃分,實質上受到"判定標準"的管控。早期對漢語"基本詞彙"的劃分主要是依據斯大林《馬克思主義和語言學問題》中的"穩固性""能產性""全民常用性"三條標準。但研究者發現,若以此爲標準,那麼很多本應屬於"基本詞彙"的詞語會被"拒之門外"。潘允中認爲"並不是所有基本詞都同時具備這些特徵的,有的只具有其中的兩個,如親屬名稱多半都是這樣"(1959:98),林燾(1954)、劉叔新(1964)也質疑基本詞的"能產性"特徵。後來,周薦提出"用歷史悠久和適用範圍廣泛這樣兩個標準劃分出來的詞語,不但覆蓋面大,而且這相當數量的詞語也確實是語言詞彙穩定性的一個基本因素,能够成爲共時平面上詞彙的基礎"(1987:78)。雖然在研究中,大家都秉持着某種標準,但一直以來,"理論上的缺陷使基本詞的確定存在很大的隨意性"(蘇培成1995:138),劃分出的"基本詞彙"和"一般詞彙"往往是經驗性的例舉,缺乏操作性。無怪乎有人認爲"'基本詞彙'是一個内涵不清,外延不明,缺乏現實基礎的概念"(周行2012:24)。在這樣的局面之下,探索詞彙分層操作方法也就成爲了學者們努力的方向。其中,蘇培成提出的"基本詞彙"認定方法就頗具新意,具體的做法"首先是要在共時平面上,通過詞頻統計確定歷史發展不同時期的常用詞彙;然後再從不同時期的常用詞彙中尋找共同的部分,得出來的就是漢語的基本詞彙"(1995:140-141)。這種共時與歷時相結合的統計分析法,與以往的研究相比,更加科學,操作性也更强,給了我們很多啓發。

　　儘管詞彙研究者做了大量工作,但至今詞彙的層次分析,依然維持着"基本詞彙"和"一般詞彙"兩分法的格局,没有明顯改觀。

　　基於此,我們認爲對詞彙層次的劃分應該在封閉性的語料中進行描寫分析,明確劃分標準,確定統計方法,對所有詞語作無遺漏的統計分析,根據統計資料確定每個詞語在系統中占據的位置。

　　道教是一個特殊的社會組成,有着自己的社會觀和行爲方式,道教文獻中出現的各種用語中,既有大量全民通行的成分,也包含許多爲本社團服務的特殊用語。因此,分析魏晋時期天師道文獻用語與全民用語的關係,既考察漢語中普遍穩定使用的部分,也關注反映當時時尚和道教影響下的特殊用語,是本研究的兩個重要方面。因此,本項研究參考先秦、兩漢、魏晋時期的其他文獻,考察十種早期天師道文獻中所有詞項的歷史來源,通過瞭解它們産生或變化的時代,觀察魏晋時期這批材料用詞的歷史來源,分析其中呈現的先秦、兩漢和魏晋三個不同階段的道經詞彙變化的不同趨向,呈現它的承襲、變化和發展的大致面貌。

　　從穩定性和普遍性來分析,詞彙形成一個環靶狀的結構,不同的詞在這個系統中占據不同的位置,它反映了不同詞彙成分在語用中的活躍程度,也是人們對詞彙中各成分熟悉程度的體現。以下據此對早期天師道十種文獻的通用詞作一分析。

　　首先是穩定性的觀察,早期天師道文獻中的用詞中,沿用先秦産生的詞彙成分使用期都超過了 500 年,穩定性最高,其次是兩漢產生沿用到魏晉的詞彙成分大多有 100 年以上的歷史,穩定性居中,魏晉出現的詞彙新質,尚未受到時間的篩選,穩定性還有待語用實踐的檢驗,由於文獻條件的限制,本書沒有在魏晉時期内部再作時間段的區分。

詞彙使用的普遍度,反映每個詞在文獻的覆蓋率和使用率兩個方面,從覆蓋率來看,我們把它們分爲出現在十種文獻中的 8 種以上、6—7 種文獻、4—5 種文獻、2—3 種文獻,以及只見於 1 種文獻等五類。[①] 從使用率來看,可以分爲:超過 100 例的、30—99 例的、10—29 例的、2—9 例的、只有 1 個用例的五類,這樣就形成了這樣一個比較梯度(見表九):

表九　詞彙分層評價因素

産生時代	先秦	兩漢	魏晉		
文獻覆蓋數	8—10 種	6—7 種	4—5 種	2—3 種	1 種
使用次數	100 次以上	30—99 次	10—29 次	2—9 次	1 次
等　　次	5	4	3	2	1

但是,在三個因素中,文獻覆蓋數和使用次數是反映詞的普遍度的兩個方面,它們共同與表示穩定性的時間因素相對。因此,如果文獻覆蓋數和使用次數以 1 作爲基準,時間應該以 2 倍計算,即先秦爲 10,兩漢爲 8,魏晉爲 6。於是,在這個評價系統中,一個詞最高爲 20 分,最低爲 8 分,以下用這個標準對 7265 個通用詞作分析(各詞目按數量順序排列,各詞目所帶方括號表示它們的時代;詞目後〈〉內是它們的使用次數和所見文獻數,其中數字相同的,只在最後一個詞目後作標示):

20 分,先秦詞先秦義,文獻覆蓋數 8—10,使用次數 100 以上(20 例):

【之$_3$】〈578/十〉【之$_2$】〈347/十〉【者$_1$】〈197/十〉【中$_1$】〈141/十〉【有$_3$】〈107/十〉【所$_2$】〈106/十〉【十】〈811/九〉【一$_1$】〈693/九〉【二$_1$】〈630/九〉【不$_1$】〈408/九〉【人$_1$】〈176/九〉【三$_1$\天下】〈162/九〉【吾】〈112/九〉【鬼】〈687/八〉

---

① 詞的覆蓋率的考察,也可以以同一時期其他文獻作爲對象,本書因考察對象中内部已經有了可供比較的材料,因此,沒有作道經之外的其他文獻的比較。

【不得】〈237/八〉【五】〈165/八〉【令₂】〈150/八〉【道₄】〈132/八〉【也】〈107/八〉

19分,先秦詞先秦義,文獻覆蓋數 8–10,使用次數 33—99(37 例):

【故₆】〈64/十〉【能】〈86/九〉【天】〈81/九〉【此₁】〈73/九〉【死₁】〈67/九〉【至₁\於₃】〈45/九〉【受₁(授₃)】〈42/九〉【爲₆\在₄】〈40/九〉【身₁\人₂\以₃】〈89/八〉【而】〈85/八〉【當₂】〈83/八〉【皆₁】〈81/八〉【知】〈73/八〉【九】〈72/八〉【有₁\七】〈70/八〉【無₁】〈66/八〉【其₂】〈64/八〉【不可】〈62/八〉【可₂】〈61/八〉【若₂\自₁】〈58/八〉【水₁\與₄】〈57/八〉【得₁】〈55/八〉【神₁】〈53/八〉【爲₇】〈49/八〉【入₁】〈48/八〉【各₁】〈43/八〉【爲₃】〈41/八〉【妄】〈39/八〉【如₂】〈38/八〉【今】〈35/八〉

或文獻覆蓋數 6–7,使用次數 100 以上(3 例):

【人₄】〈747/七〉【百₁】〈601/七〉【治₁】〈389/七〉

18分,先秦詞先秦義,文獻覆蓋數 8—10,使用次數 10—29(16 例):

【大道】〈26/十〉【即₂】〈27/九〉【生₄】〈25/九〉【長生】〈21/九〉【人₃】〈29/八〉【地】〈26/八〉【上₁\便】〈25/八〉【真人】〈23/八〉【先₁】〈22/八〉【非₄】〈20/八〉【我₁】〈17/八〉【共】〈16/八〉【事₁】〈15/八〉【間₂】〈14/八〉【成₃】〈13/八〉

或文獻覆蓋數 6—7,使用次數 30—99(31 例):

【萬₁】〈89/七〉【欲₂】〈83/七〉【千₁】〈81/七〉【爲₁₃】〈80/七〉【四】〈77/七〉【六】〈69/七〉【諸₁】〈64/七〉【使₃】〈59/七〉【以₆】〈58/七〉【八】〈53/七〉【得₄】〈49/七〉【來₁】〈47/七〉【生₂】〈43/七〉【天地₁】〈42/七〉【汝】〈40/七〉【還₁】〈37/七〉【犯₁】〈35/七〉【言₃】〈33/七〉【亦】〈32/七〉【男女₁】〈76/六〉【曰₁】〈62/六〉【復₂】〈45/六〉【見₁\相₁】〈44/六〉【名₁】〈40/六〉【太平】〈37/六〉【又₁】〈34/六〉【殺₁\勿】〈32/六〉【百姓\玉女】〈30/六〉

17分,先秦詞先秦義,文獻覆蓋數 6—7,使用次數 10—29(48 例):

【行₆\時₁】〈29/七〉【年₁\求₂】〈27/七〉【當₃】〈23/七〉【心₄】〈22/七〉【形\其1】〈21/七〉【命₅\內₁\出₁】〈16/七〉【後₁】〈15/七〉【隨₃】〈14/七〉【下₂】〈13/七〉【無有】〈12/七〉【成₁\五色】〈10/七〉【及₅】〈28/六〉【勑\自₂】〈26/六〉【在₂】〈24/六〉【有₂\雖\之₄】〈22/六〉【家₂\除】〈21/六〉【食\授₂\多₁\上₁₀】〈19/六〉【傳₁\明₂】〈17/六〉【難₁\同₁\乃₃】〈15/六〉【乘₁(承₄)\未₂】〈14/六〉

【到\必\止₂\已(以 7)】〈13/六〉【足₁\苦₂\盡₁\誰】〈12/六〉【道₂】〈11/六〉【日₁\月₁\啓₂】〈10/六〉

或文獻覆蓋數 4—5，使用次數 30—99(10 例)：

【萬民】〈84/五〉【子₄】〈77/五〉【病₁】〈70/五〉【下₅】〈52/五〉【精₂】〈42/五〉【衣₁】〈38/五〉【佩】〈35/五〉【則₅】〈31/五〉【右₁】〈39/四〉【民₂】〈33/四〉

或文獻覆蓋數 2-3，使用次數 100 以上(5 例)：

【主₁】〈669/三〉【收₁】〈219/三〉【者₆】〈205/三〉【第】〈186/三〉【治₃】〈146/二〉

先秦詞兩漢義，文獻覆蓋數 8-10，使用次數 30-99(1+0 例)：

【師₂】〈31/八〉

16 分，先秦詞先秦義，文獻覆蓋數 6—7，使用次數 2—9(8 例)：

【以爲₂】〈9/七〉【人民₁\國\與₆(舉₆)】〈9/六〉【善惡\重₄】〈8/六〉【近₃】〈7/六〉【恩】〈6/六〉

或文獻覆蓋數 4—5，使用次數 10—29(93 例)：

【宅】〈29/五〉【目】〈25/五〉【善₂】〈24/五〉【飲食₁】〈23/五〉【告₁】〈22/五〉【等₂】〈21/五〉【福\日₂\從₅】〈20/五〉【山】〈19/五〉【鬼神\己₁】〈18/五〉【是₃\常₁\乎₁】〈17/五〉【去₁\爲₈\思₁\求₃\矣】〈16/五〉【手】〈15/五〉【子孫\東方\傷₁】〈14/五〉【物₂\自₃】〈13/五〉【善人\南方\當₁\千₂】〈12/五〉【左\視₁\前₃\居₁\宜₂\避\滅\無不\如此】〈11/五〉【火₁\功₁\過₅\災₁\變₁】〈10/五〉【爲₁】〈28/四〉【萬₂\今日₁】〈27/四〉【賢者】〈22/四〉【焦₅】〈21/四〉【六畜\長₁\但₁\唯(惟₁)】〈20/四〉【塚(冢)】〈18/四〉【惡人\呼₁\辰₂】〈17/四〉【守₁】〈16/四〉【慎₁\壬】〈15/四〉【萬物\經₂\罪₁】〈14/四〉【頭\從₄\勤₁\畢\自然₁\立₅】〈13/四〉【恐\癸\已\以₄】〈12/四〉【氣₅(炁₂)\道\西方\世₄\五嶽\生₃\稱₁\痛₂\付\屬₁\絶₁】〈11/四〉【將軍\陰陽₁\口\井\中央₁\食肉\領\世₃\一₄】〈10/四〉

或文獻覆蓋數 2—3，使用次數 30—99(5 例)：

【日₄】〈82/三〉【解₁】〈51/二〉【吏\兵士\姓】〈31/二〉

15 分，先秦詞先秦義，文獻覆蓋數 4—5，使用次數 2—9(142 例)：

【石₁\言₁\殃\隨₁\依₂\出₄\各₂\更₂\其₃】〈9/五〉【子₁\虎\向₁\化₁\應₃\不

行₁\衆₂\正月\千里〈8/五〉【願₁\稽首\如₁\變化\前₁\乃₁〉〈7/五〉【日₁\吉凶\奉₁\覆₁(復₄)\夫₂〉〈6/五〉【萬姓\録₁\過₁〉〈5/五〉【死人\死者\飲酒\遣₁\既₁\上₉\悉₁\他₁〉〈9/四〉【父子\處₂\八極\聞₁\遊行₁\合₁\先₁\爲₂\是₂\興₁〉〈8/四〉【父母₁\父\男\大小₂\賢₁\壽命\禍害\使₂\讀\修行\畏\應₁\助\會₁\與₁\捕\去₃\數₃\長₂\如₄\無₃〉〈7/四〉【胡₁\君₁\子₃\玄武\屋\道路\西₁\四方₂\召₁\語₁\問\書₁\東₂\登₁\貪₂\淫泆(婬泆)\救₁\從₁\乘₂(承₃)\別₁\以爲₁\藏\分布\兩₁\一₁\前₂\小₁\於₅〉〈6/四〉【狼\樹\無所\水旱\上₆\西₂\罵詈\度世₁\再拜₁\立₂\示₁\自然₂\通\榮₁\百₂\始₂\將₅\俱₂\身₁\他人〉〈5/四〉【五帝\衆₁\草木\牀(床)\其中\制₃\化生\往₁\上₃\誅₁\分₁\消₁\度₃\出₇\塞\無形\五彩(五綵)\過₃\少₁\日₃\今世\莫不\同₃〉〈4/四〉

或文獻覆蓋數2—3,使用次數10—29(59例):

【赤】〈28/三〉【念₁】〈26/三〉【敢₁】〈23/三〉【逆₃】〈22/三〉【耳₂】〈21/三〉【甲₂\月₂】〈19/三〉【自稱】〈18/三〉【疾病₁\者₃】〈17/三〉【民人\將₃\害₁\制₁\日₆】〈16/三〉【姓名\不正\子₅】〈15/三〉【尺】〈14/三〉【百病\分別₁\致₃(至₄)\丈】〈13/三〉【竈₁\五方\行₄】〈12/三〉【夫₁\養\白₁\以來\大₁\凡₁】〈11/三〉【女\生人\愚人\邪₃\申₂\豈₁】〈10/三〉【女子\煞】〈26/二〉【男子】〈24/二〉【一合】〈22/二〉【次₁】〈19/二〉【信₂】〈16/二〉【惡₁\給\衆₃】〈15/二〉【盜賊\攝₂】〈14/二〉,【謹】〈13/二〉【斬殺\倍\富貴】〈12/二〉【墓\樂₃\歲₂】〈11/二〉,【欲₁\得₂\戌】〈10/二〉

或文獻覆蓋數1,使用次數30—99(1例):

【温】〈40/一〉

先秦詞兩漢義或兩漢詞兩漢義,文獻覆蓋數6-7,使用次數10-29(3+2例):

【教₁】〈20/六〉【弟子】〈16/六〉【下₃】〈11/六〉〖更相〗〈23/七〉〖神仙〗〈24/六〉

文獻覆蓋數4-5,使用次數30-99(3+0例):

〖口舌〗〈34/五〉【某】〈79/四〉【請₃】〈55/四〉

14分,先秦詞先秦義,文獻覆蓋數2—3,使用次數2—9(856例):

【木₁\飲食₂\九天\出₂\處₁\丁₁\午\恒₁\久₁\於₂】〈9/三〉【夫妻\魂魄\北

斗$_1$、禍$_1$、經$_1$、怨$_1$、被$_2$、用$_1$、順$_1$、著$_3$、曰$_3$、思$_2$、失$_1$、亥、百萬、期$_1$、無窮】〈8/三〉【聖人、神$_2$、魚、罪過、衞、遠$_1$、來下、治身、姁姁、親$_1$、干、不利、伐$_1$、作$_1$、下$_7$、快、好$_1$、邪偽$_1$、黃、備$_1$、久$_2$〉〈7/三〉【母$_1$、元炁$_1$(元氣)、龍、蛇、草、利$_2$、利$_1$、東、法$_1$、外$_1$、風雨、陰陽$_2$、五行、父母$_2$、獄$_1$、惡$_3$、禁$_2$、言語、道$_5$、事$_1$、并$_1$、逐$_2$、欺$_1$、不神、加$_1$、始$_1$、及$_1$、樂$_2$、尊$_1$、幾$_1$、日中、昔$_1$、於是$_2$、未$_3$、於$_4$(于$_2$)、焉$_2$、見$_3$、何不】〈6/三〉【官$_1$、臣$_1$、主人、婦女、白骨、精神、齒$_1$、壽$_1$、青龍、朱雀、門户、北$_1$、民間、月$_1$、要$_1$、災害$_1$、曰$_2$、勸$_1$、記(紀2)、作$_1$、脱$_1$、詣$_1$、行$_1$、流$_1$、習$_1$、憂$_1$、貪$_1$、持$_2$、受$_2$、不從、亂$_2$、正法、隨$_1$、禁$_1$、明$_5$、號$_2$、露$_1$、斷$_2$、強、善$_4$、黑、青、重$_5$、餘$_2$、千萬、時$_6$、後世、爾$_3$、之$_5$}〈5/三〉【兄弟、妻、真氣$_1$(真炁)、人生$_2$、毒$_1$、内外、九州、山川、江海、五星、元$_1$、教、災殃、厄$_1$、毒$_2$、太一$_1$、亡$_3$、血食、罵$_1$、觀$_2$、聞$_1$、反$_1$、歸、出入、驚$_1$、佐$_1$、迎、受$_4$、承$_1$、分$_1$、施$_1$、流$_3$、起$_3$、敗、忠信、正$_1$、絳、末$_1$、若$_1$、世$_1$、年$_4$、群$_2$、速$_1$、周$_2$、之後、今日$_2$、去$_2$、下$_1$、具$_3$、俱$_1$、無極、遂$_2$、莫$_2$、最、我$_2$、莫$_1$}〈4/三〉【主$_2$、忠臣、賢人、群凶、神君、惡氣(惡炁)、面$_1$、體$_1$、山林、車$_1$、車馬、坐$_1$、書$_2$、功$_2$、北方、傍$_1$、左右、漢中、青雲、星辰、熒惑、二十八宿、人心、威$_1$、故$_1$、災患、急$_4$、毒害、斬$_1$、受氣(受炁)、起$_4$、死喪、服$_1$、吐$_1$、謂$_3$、語$_3$、奏$_1$、誦$_1$、執$_1$、持$_1$、至$_2$、南$_2$、周旋、避世潔己、不安、姁、祐$_1$、輔$_1$、集$_1$、導$_1$、賜$_1$、詐稱、理$_1$、求$_1$、舍$_2$、辟$_1$、放$_1$、布$_5$、流行、停$_1$、訖$_1$、色$_1$、光$_1$、數$_1$、永$_1$、三代、晝夜、方$_3$、繞$_1$、盡$_3$、並$_1$、餘$_1$、於$_6$、與$_7$、者$_4$、此$_2$}〈3/三〉【五藏(五臟)、蠶(蚕)、誹謗、收$_2$、寅$_1$、急$_3$、何$_1$}〈9/二〉【逆氣(逆炁)、室家、血$_1$、歲星、天道、衣$_2$、逢$_1$、察$_2$、開$_1$、乙、丙、戊、庚、辛、丑、卯、未、酉、億萬}〈8/二〉【子$_2$、馬、地上、一$_5$、北向、逐$_1$、却$_2$、澄$_1$、己$_2$、每$_1$、遠$_1$}〈7/二〉【人家、愚者、凶$_3$、耳$_1$、衣服、財$_1$、金銀、角$_2$、世俗、浮雲、雲中、位$_1$、惡事、謂$_1$、云$_1$、帶$_1$、行善、定$_1$、孝$_1$、不孝、按$_1$、有罪、搜索、勤身、反$_3$、哉$_1$、何$_2$}〈6/二〉【夫婦、君臣、天民、人人、氣$_4$、五穀、室$_1$、太山、名山、土$_1$、海水、志$_1$、行$_7$、名$_7$、難$_1$、紀綱、遊$_1$、急$_1$、制$_1$、濟$_1$、無益、仁義、罰$_1$、明$_3$、歲$_1$、日$_7$、元年、都$_2$、由$_2$、或$_1$、然$_1$、爾$_1$}〈5/二〉【婦、世人、小兒、君子、非其人、神明、正氣(正炁)、鼻$_1$、頸$_1$、六腑、心$_3$、窮奇、猪$_1$、糧$_1$、穀(谷$_2$)、斧$_1$、財寶、鐵$_1$、家$_1$、四瀆、三光、太白、兵$_2$、信$_1$、功德、死亡、聽$_1$、氣$_3$(炁$_1$)、立$_1$、降$_1$、爲善、愛$_1$、好$_3$、遵$_1$、由$_1$、報$_1$、見$_2$、授$_1$、違$_1$、亂$_1$、殺害(煞害)、視$_3$、依$_1$、衞、留$_1$、存$_2$、消$_2$、見$_4$、通$_1$、聰明、貞$_2$、忠$_1$、忠$_1$、真$_4$、美$_1$、強弱、譬如、一旦、廣$_3$、後$_4$、因$_1$、輒$_1$、然$_3$、大$_2$、甲$_3$}〈4/二〉【妻子、王者、姦臣、群生$_2$、小人、士$_1$、童$_1$、皇天上帝、大神、

神靈\五龍\魂\白氣(白炁)\心腹\獸\鹿\狐狸\鳥\百蟲\簡\金\城\道里\地下\四海\市\田宅\弱水\霜\太歲$_1$\語$_2$\惡言\人情\內$_2$\名$_4$\實$_2$\道$_3$\虛無\生道俗\在$_1$\長存\長存$_2$\延年$_1$\疾\癰(癃)\名$_3$\名$_5$\治病\語言$_2$\言$_4$\呼$_3$\逃亡\來$_2$\至於\歷\周流\坐起\戴\掃除\遊\爲道\養生\安$_1$\慎$_1$\禱$_1$\冀\淫$_2$\好生\精誠\敬$_2$\慈孝\侍\保$_2$\扶\相從\從$_2$\追\稟\二心\負\視$_2$\逆$_1$\不須\訟\咎$_3$\改\知道\作$_2$\破$_3$\穿\取$_3$\請$_2$\取$_1$\以$_1$\積\廢\秘\稽留\不通\益$_1$\易$_1$\飢渴\猶豫\智\忠貞\勤苦\天殺(天煞)\高$_2$\朗$_1$\清$_7$\穢\堅$_1$\上$_2$\以下\初$_1$\猶$_1$\里$_2$\斛\億\三$_1$\不及\數$_4$\末世\十二時\夜\新故\相去\微$_1$\又$_2$\至$_3$\甚$_2$\少$_3$\於$_7$\當$_4$\斯\焉$_1$\豈可】〈3/二〉【孝子\骨肉$_2$\上下$_3$\天子\帝王\所親\老小\赤子$_1$\忠良\軍\賊$_2$\民$_1$\萬人\群$_1$\皇天\妖(祅)\老子\舌\喉咽\髮\人身\骨節\肺$_1$\臂\物$_1$\飛龍\蟲蛇\魚鱉\鼠$_1$\羊\飛鳥\芝英\食$_1$\酒\肉\囊\器\財利\錢$_1$\尾\廬\梁\柱\東南\西北\南$_1$\中央\黄泉\崖\孟津\源\河\海\雷\太白星\天門$_1$\水$_2$\火$_2$\金$_3$\情$_1$\心中\本$_1$\從來\姓字\名$_9$\字$_2$\常事\故$_3$\所得\務\役\人事\効$_2$(效)\功名\榮禄\德$_2$\吉\怪\災變\水火\刑殺\無極$_2$\德$_3$\理$_1$\義方\人生$_1$\畜養\更生\頭痛\寒熱\飲\吞\役使\鳴\説$_1$\陳\論$_1$\相語\丁寧\笑\明聽\呼吸\著$_1$\履$_1$\退$_1$\去$_4$\右$_2$\之$_1$\訖$_1$\通$_1$\行至\還$_3$\却$_1$\還$_4$\轉\獨行\夜行\周行\浮遊\飛$_1$\居$_1$\坐\卧$_1$\悟$_1$\被髮\立$_4$\學\法$_2$\自責\徘徊\感動$_2$\清静\平$_4$\清$_6$\不寧\恚怒\慕$_1$\肯\慈$_2$\淫$_3$(婬)\好色\得$_5$\重$_2$\崇\拜\請$_4$\將$_1$\相遇\合并\授與\相傳\含\獲$_1$\不聽\不適\不信$_2$\欺詐\不調\侵害\荼毒\受任\作$_5$\充\御$_1$\正$_1$\統治\立功\和\伏\逆順\聽$_3$\託$_1$\禁止\犯禁\掠取\伺候\坐$_3$\答\無知\斷$_4$\有心\勤心\圖$_1$\用心\焚燒\採擇\懸\掘\置$_1$\張$_1$\營$_2$\賣\索\無名\奪$_1$\求$_5$\招\致$_2$(至$_5$)\於$_1$\蕩$_1$\散$_1$\隱\伏匿\相通\風雨$_2$\壅\出$_3$\布散\滿$_1$\休$_1$\窮$_2$\不起\不作\成形\係$_2$\連$_1$\相連\大樂\嚴$_1$\儼然\利貞\正$_2$\忠孝\異$_2$\邪逆\姦邪$_2$\貴賤\屈$_1$\玄黄\明$_1$\天光\揚聲\清$_1$\焦枯(燋枯)\倒錯\縱横\竭\妙\微$_2$\重$_1$\異$_1$\類$_1$\雙\過$_6$\半$_1$\再\三四\足$_1$\不可勝數\萬端\及$_3$\長$_3$\勤$_4$\一時\世世\四時$_1$\朝$_1$\暮$_1$\日日\月$_3$\日月$_2$\至今\今時\短$_1$\無間$_1$\同$_2$\共相\周$_1$\一切$_1$\多$_2$\無外\是以\各自\獨$_1$\獨$_2$\非但\極$_1$\益$_3$\深$_4$\甚$_1$\大$_3$\中$_5$\於$_8$\有$_4$\君$_2$\奈何$_2$】〈2/二〉

　　文獻覆蓋數1，使用次數10—29(17例)：

【嫁娶】〈21／一〉【兵₁】〈16／一〉【劍\牽】〈15／一〉，【傷寒\葬埋】〈14／一〉，【痛₁\移徙】〈13／一〉【遠行\利₃\念₂\一₃】〈11／一〉，【蠱₂\牢獄\無爲\不和\斷₁】〈10／一〉

先秦詞兩漢義或兩漢詞兩漢義，文獻覆蓋數6—7，使用次數2—9(0＋1例)：

〚叩頭〛〈7／六〉

文獻覆蓋數4—5，使用次數10—29(6＋3例)：

【或₃】〈15／五〉【相₂】〈13／五〉【護\持₄】〈12／五〉【主者】〈17／四〉【年₂】〈11／四〉〚吏兵〛〈16／五〉〚道氣〛〈11／四〉〚萬神〛〈10／四〉

文獻覆蓋數2—3，使用次數30—99(0＋1例)：

〚差₂〛〈44／三〉

文獻覆蓋數1，使用次數100以上(1＋0例)：

【名₂】〈271／一〉

先秦詞魏晉義，文獻覆蓋數6—7，使用次數30—99(2＋0＋0例)：

【太上】*〈53／七〉【祭酒】*〈45／七〉

13分，先秦詞先秦義，文獻覆蓋數1，使用次數2–9(407例)：

【愚\雨\形₂\不宜】〈8／一〉【吏民\左右₂\號₁\合₄\無令\終₂\貧賤\己身】〈7／一〉【天年\牛\録₂(籙₂)\歌\保護\止₄\無道\田作\埋\出₈\旬\寸\萬里】〈6／一〉【喉\網\舍₁\鄉\斗₂\祟\下₉\悔₁\不忍\保₁\無赦\苦₃\然後\在₃】〈5／一〉【先祖\兄\弟\將帥\邪₁\神女\頰\酒肉\百川\下德\世₅\腫痛\舒₂\面₂\修身\正₄\祭\受福\治民\同心\屯\作₆\繕治\易₄\勞\不倦\逆惡\於₉\歟(與₈)\何所】〈4／一〉【將吏\人衆\帝\清炁\耳目\身形\腹\四肢\瓜瓠\苗\果(菓)\布帛\五利\宮\里₃\崑崙\獄\汙池\霖雨\風雷\太虛\國家\爵\職₂\中德\重罪\殃禍\蕃息\腫\大風\瘡\愈\稱名₁\啼哭\亡₁\致₁\動₁\合和\惡₃\望₁\慈\敬₁\守₃\合₁\相應\合符\隨時₁\繫₂\改悔\謂₂\專心\治生\貨賂₂\責₁\取₄\棄\易₃\變易\精₁\童蒙\憒憒₁\凶₂\惡₂\百倍\千億\無量\月節\以致\或₂\則₃\耶\何如\奈何₁\豈不】〈3／一〉【胤\胡人\五霸\官吏\下官\兆民\從者\尊卑\後生\丈人\病者\大人\明者\姦₁\姦邪\同志\屠沽\賊子\群靈\百神\太極\赤炁₁\黑炁\王喬\恒₂\王₄\口齒\咽喉\身體\關節\心₁\人命₁\年壽\齡\鳥獸\熊\犬

烏$_1$\蟲$_1$\毒蟲$_1$\樹木$_1$\禾穀$_1$\棗$_1$\莖$_1$\毒藥$_1$\絲$_1$\絹$_1$\衣裳$_1$\船$_1$\書$_3$\財物$_1$\財貨$_1$\錢財$_1$\
貨賂$_1$\寶$_1$\一錢$_1$\銅$_1$\蚕室$_1$\室堂$_1$\戶$_1$\八方$_1$\四面$_1$\其間$_1$\山海$_1$\高$_1$\田$_1$\風$_1$\雲炁$_1$\太
清$_1$\懸象$_1$\乾$_1$\坤$_1$\説$_1$\辭$_1$\真$_1$\願$_1$\心意$_1$\人意$_1$\意$_1$\根$_1$\根本$_1$\名姓$_1$\無名$_2$\迹$_1$\
善行$_1$\德$_1$\大惡$_1$\邪惡$_1$\邪亂$_1$\無咎$_1$\害$_2$\患$_1$\災$_2$\元命$_1$\生$_1$\供養$_1$\畜$_1$\生命$_1$\常
存$_1$\没$_1$\兵$_3$\炁結$_1$\偏枯$_1$\耳聾$_1$\暗啞$_1$\瘉$_1$\邪$_2$\醫$_1$\痊$_1$\命$_3$\使令$_1$\謝$_1$\怨$_2$\詛$_1$\仰
望$_1$\流盼$_1$\著名$_1$\伸$_1$\就$_2$\就$_1$\走$_1$\眠$_1$\服$_1$\浴$_1$\沐浴$_1$\養性$_1$\自戒$_1$\化$_2$\動$_3$\驚人$_1$\
清净$_1$\大辱$_1$\恨$_1$\積怨$_1$\怒$_1$\忌諱$_1$\縱$_1$\放縱$_1$\縱恣$_1$\寧$_1$\祝$_1$\願請$_1$\願$_4$\淫色$_1$\貪
利$_2$\可以$_1$\可以$_2$\含弘$_1$\愛$_2$\施惠$_1$\翼$_1$\承天$_1$\朝$_3$\死罪$_1$\相保$_1$\營$_1$\卹$_1$\相見$_1$\須$_1$\
奉$_2$\遇$_1$\反$_2$\忿争$_1$\陵$_1$\衝$_2$\傷害$_1$\害身$_1$\拜$_3$\置$_4$\奪$_2$\和同$_1$\和合$_2$\約$_1$\因$_2$\不
禁$_1$\證$_1$\罪$_3$\解$_3$\可謂$_1$\專一$_1$\種$_3$\盛$_1$\縛$_2$\斬$_2$\埋葬$_1$\建$_1$\置$_1$\入$_3$\俾（畀）$_1$\畜$_2$\
剔$_1$\破$_2$\死敗$_1$\施行$_1$\行$_2$\四通$_1$\徹$_1$\平$_1$\宣布$_1$\增$_1$\損$_1$\廢$_2$\卒$_1$\不已$_1$\相及$_1$\連$_2$\
續$_1$\俠$_1$\人形$_1$\美色$_1$\翩翩$_1$\老$_1$\聖$_2$\閟閟$_1$\貴$_1$\驕奢$_1$\卑$_1$\中$_6$\利$_1$\皓皓$_1$\光$_2$\
氣$_2$\清虛$_1$\困$_1$\綿綿$_1$\十二辰$_1$\及$_2$\別$_2$\不然$_1$\無過$_1$\無上$_1$\不如$_1$\例$_1$\數$_2$\寡$_1$\三
五$_1$\萬年$_1$\近$_2$\須臾$_1$\百歲$_1$\時$_3$\平旦$_1$\暮$_1$\新$_1$\古$_1$\先日$_1$\故$_4$\初$_4$\深$_3$\弘$_1$\弘大$_1$\
無涯$_1$\則$_4$\是$_1$\且$_1$\不$_2$\固$_1$\身$_3$\豈$_2$\諸$_2$\及$_4$\彼$_2$\何以$_1$】〈2／一〉

先秦詞兩漢義或兩漢新詞，文獻覆蓋數4—5，使用次數2—9(8＋9例)：

【修$_2$\須$_2$】〈7／五〉【中$_2$】〈6／五〉【三五$_2$\一切$_2$】〈7／四〉【中庭\道法$_1$\過$_4$】〈4／四〉

〖百鬼〗〈9／五〉〖驅除〗〈7／五〉〖天曹〗〈9／四〉〖自當\奉行〗〈8／四〉〖文書$_2$〗〈7／四〉〖精勤(精懃)〗〈6／四〉〖年命\但當〗〈5／四〉

文獻覆蓋數2—3，使用次數10—29(7＋10例)：

【考】〈17／三〉【臣$_2$】〈15／三〉【君$_3$】〈11／三〉【文$_2$\專$_2$】〈10／三〉〖官事〗〈18／二〉【斷絶】〈11／二〉〖兵馬〗〈11／三〉〖仙官\咒詛〗〈10／三〉〖收捕〗〈20／二〉〖汝曹〗〈18／二〉〖土公〗〈16／二〉〖侍衛〗〈14／二〉〖消滅$_2$〗〈13／二〉〖幀\宅舍〗〈11／二〉

先秦詞魏晋義或兩漢詞魏晋義或魏晋新詞，文獻覆蓋數6－7，使用次數10－29(2＋0＋1)：

【氣$_6$(炁$_3$)】＊〈19／六〉【行$_5$】＊〈10／六〉〖故氣(故炁)〗＊〈11／六〉

或文獻覆蓋數4－5，使用次數30－99(1＋0＋0)：

【天師】＊〈40/五〉

或文獻覆蓋數 2—3,使用次數 100 以上(1＋0＋1):

【戒】＊〈198/二〉〖官將〗＊〈407/二〉

12 分,先秦詞先秦義,文獻覆蓋數 1,使用次數 1(1803 例):

【先人\祖\祖父母\祖父\祖母\所生\親₃\母親\父兄\婦姑\寡婦\嬖妾\長男\親戚\外親\室₃\舉家\內人\他家\宗族\種\類₂\夷\南蠻\夷蠻\夷狄\蠻夷\長₄\皇₂\王\先王\聖主\人主\國君\諸侯\君父\大子\貴\將相\百官\百僚\群寮\官人\長吏\故臣\門下\生民\散民\俗₂\貧民\齊人\異民\朋友\賓客\客\儷\僕妾\尊₃\後人\老少\老稚\老人₁\童子\兒\嬰兒\胎₁\力士\大德\聖₁\賢良\群賢\吉人\良人\善士\知者\中民\中人\賤₂\僞人\貪夫\貪民\凶人\惡者\虎狼\豺狼\狼子\其人\無辜₂\百功\良醫\明師\士卒\盜\賊盜\寇賊\行列\人數\天帝\大帝\上皇\高天\神祇\萬靈\眾神\天人\神人\司神\御史\祇\社神\社稷\竈₂\竈君\形神\靈₂\魅\太初\二炁\陰陽炁\形炁\血氣\五精₁\五氣₂\神炁₁\五氣₁\地炁\陰氣\邪氣\黃帝\幽王\赧王\許由\尹喜\魯班\范蠡\戴₂\李\劉\史\蘇\吳\元₂\張₃\趙\鍾\頭首\頭面\面目\額\眸子\咽\嚨\毛\眉\鬢\毫毛\角₁\形骸\肢體\骨肉\骨\肌\肩\智\心₂\腹內\臍\小腹\腋\脅\智脅\背₁\脊\五臟六腑\肝\肝心\脾\十指\肶\脚\生₅\性命\民命\年₅\大命₂\行年\生物\群生₁\蟲₂\野獸\眾獸\百獸\走獸\猛獸\白龍\黃龍\黑龍\赤龍\蛇龍\神蛇\螣蛇\龜\竈鼃\逆鱗\騏鱗\猴\狐\兔\騾\狗\貓\百鳥\六翮\羽\羽翼\毛羽\雀\鳳凰\鶴\鳩\白雉\雞\蜎飛\蝡動\朝生\蜃\青蠅\蟲蝗\毒蟲\蠱₁\疾₂\林\深林\竹林\大樹\百草\生草\菜\稻\禾\桑\葦\芰\藕\禾苗\葉\華葉\華英\榮₁\實₁\米\醫藥\藥\良藥\食飲₂\五味₂\漿\醴\肴\餌\素絲\布₁\尺帛\巾\衣冠\衰麻\冠\表\衣裘\裳\履₁\被\鎧\甲\甲鎧\赭衣\器物\舟車\輿\喪車\車駕\勒₁\鞭\車輪\羽蓋\坐席\棺\甀\食器\羅網\天網\刃₁\刃₂\兵刃\刀\戟\殳\黃鉞\鐵杖\琴\筆\錐\籍₁\篇\文₁\易₆\益₂\私₁\私利\券契₁\祿\禮₂\用₂\寶物\金帛\金錢\千金\黃金₂\金鐵\金鐶\塵垢\滓\糞壤\糞土\臺\屋室\室₂\民宅\蓬户\廣庭\堂\窖\門亭\厠₁\鼻₂\瓦石\壁\異室\井竈\孔\丘墓\長城\河梁\路\道左\八紀\四方₁\東西南北\東北\西南\南鄉\表裏\裏\中₄\表₂\旁\一邊\一方\兩傍\陽₁\所₁\境₂\四面₂\往往₂\所在₁\所在₂\處所\所處

所從\所出\異處\北海\境₁\部界\下地\萬國\中國\郡縣\州\郡₁\縣\里₁\鄉里\
鄉邑\故鄉\邑\城市\遼東\華山\南嶽\崑崙山\丹穴\濛汜\桑林\九江\大江\
高山\丘山\神山\谷₁\幽谷\谷口\廣野\平地\土地\田畝\泉水\甘泉\水泉\渚\
池\沼\池澤\水澤\深淵\名水\江\江河\河海\百谷王\巨海\洲\濱\河濱\氣₁\
雲雨\雨水\霖\大雨\大水\冬雷\煙\影\上下₂\昊天\天上\七政\白日₁\列星\
流星\辰星\熒惑星\鎮星\南斗\北辰\璇璣\玉衡\招搖\建₃\破₄\辰₁\畢₁\參\閶
闔\食₄\日食\月食\震\巽\坎\離₁\艮\兌\土₂\木₂\金木\語言₁\論₂\人言\浮說\華
言\言₂\一言\諺言\音\樂₁\曲\章₁\宮商\角₃\徵\情₂\情₃\常性\天心\衆心\
心意₁\心志\旨\情₄\大願\所願\所存\中情\中₃\好心\孝心\兩心\姦心\惡心\
嗜慾\貪心\私情\望₂\力\威神\威勢\要言\大要\樞機\真要\本根\基₁\初₂\母₂\
原₁\本末\所以\無故\術\方₂\小智\密謀\神道\名字\祖諱\異名\家國\乾坤\
官₂\尊位\三公\公門\官府\郵\客舍\萬事\事事\世事\衆事\所主\所見\所思\可
欲\職₁\百業\農₁\政\大兵\往行\形影₁\轍迹\情實\勢\狀₁\狀₂\時₄\小善\
名₆\功勞\功賞\恩意\上德\無辜₁\失₃\咎₂\罪₂\失德\過惡\過罪\大罪\大逆\
禍福\災禍\災祥\無害\天福\大吉\不祥\變₂\變₃\異₃\故₂\殃咎\咎₁\凶₁\罪₄\
憂₂\患害\禍殃\禍災\禍患\禍亂\大災\禍事\天凶\天殃\天災\水害\災兵\塗
炭\太清₂\命₄\大命₁\天命\天綱\玄冥\道理\至道\微道\情₅\義\則₁\正道\
經₃\常₂\五常\時俗\法度\略\法則\官法\法令\令₁\威令\禁令\官禁\常刑\烹\
黥\祭祀\婚姻\娶\姦₂\受命\孕\生民₂\生成\萌生\出₅\發₁\生育\乳₁\餒\覆
育\滋\息₄\長₅\熟\絕嗣\無後\活₁\生活\壽₂\長久₂\不死\根生\有疾\不壽\
衰₂\生死\死生\死傷\死₂\絕₂\死終\老死\強死\殺身\眥\病疾\疾疫\疫病\時
熱\羸\絞痛\脹滿\病水\拘急\痿\消渴\咳嗽\目眩\戴眼\聾\喑聾\熱病\熱毒\
惡風\霍亂\帶下\癃疽\癰腫\顛病\狂惑₁\佯狂\醉\六脉\沉₂\浮₂\散₃\浮沉₂\
救₂\為₄\救療\灸刺\起₁\起₃\食飲\口腹\觴\渴₂\啖\嚙\嚥\杜口\食₃\呼₂\
稱₂\命₆\有命\教令\欷\嘷\嘯\自陳\論議\論說\發言\多言\苟語\狂言\難言\
命₁\示₂\告₃\上言\關₁\告₂\呼天\上告\請雨\請問\對\發聲\吹₁\仰歎\面譽\
怒₂\呵\叱咄\怨咎\讒\毀告\譖人\毀辱\訓\啓₁\布₂\宣\諷誦\顧\喜笑\哭泣\
瞑目\觀₁\降鑒\察₁\覩\行₈\望見\遠望\遊觀\希見\聞見\聞知\洗耳\短㤆\指\
彈\撫\舉₅\舉樂\引₁\把\捉₂\握固\舉₁\提\捧₁\契\攀\據₁\撲\交手\籍₂\

載₃\記功\躡\跪\正立\據₂\騎\俯\伏地\申₁\舒₁\相望\相向\臨₂\東向\背₂\離合\離散\別₃\逝\遠逝\行遊\免\奔走\逃遁\進\上₈\詣₁\趣₁\趍\摩\北₂\來宜\即₁\極₂\造\臨₁\徊\迴₁\入₂\入門\浮₁\低昂\超₁\侵₁\蠢\遷\流徙\行步\步行\行道\同行\轉運\遊₃\翔\流₂\水行\舉₂\飛翔\高飛\安₁\安居\寄\不棄\隱居\休息₁\止₁\宿\睡寐\夢₁\夢₂\惡夢\流散\被₃\脫₃\反首\大小便\小便\盤游\遊獵\娛\爲人\行身\爲身\自修\全身\盡節\抱樸\執₂\執志\守節\守善\積善\明順\法天\法道\師₁\効\則₂\正身\自解\高世\心正\合德\道引\超然\得福\致福\祠祭\神祀\占\受教\受命₂\應感\震動\快心\從心\遂₁\合₂\和心\安₃\易₅\安利\安寧\安静\永寧\不敢\恐怖₁\驚狂\悔₂\惋\倦\患₂\憚勞\惡殺\哀痛心\荼毒₂\可哀\恤\悒悒\憂患\忍₁\忍₂\恥\怨惡\怨恨\仇怨\忿₁\恚\嗔\忿怒\暴怒\狂悖\恐怖₂\憎\憎惡\大惡₂\忌\固₂\嫉妬\妬姤\節\禁制\謹慎\明慎\自用\自衒\私行\泄₂\狂\慢\淫溢\恣欲\放逸\放恣\飛揚\擅\不節\悖亂\好惡\愛憎\欲₄\願₃\禱₂\願欲\惟願\祈\意欲\寶₂\喜₂\利₆\甘\淫₁\婬亂\好樂\好施\好學\貪財\貪利₁\無望\且₁\庶\獲₂\可₃\可得\宜₁\寬弘\披衿\慈愛\恩惠\惻隱\哀憐\傷₁\勖\惠施\禮₁\厚\任用\肅\賢₂\尊₄\舉₃\奉持\奉辭\與₂\孝順\師事\悦\狎\私親\相親\無偏無黨\無親\媚\阿黨\群黨\賀慶\拜₁\在上\唯唯\大₄\煩₂\敢₃\竊\敢₂\不材\敢不\守₂\自守₁\保身\利於\有利\聚衆\收合\大會\來會\高會\值\來迎\合形\并合\要結\交₁\往₂\往來₁\請₁\待\止₃\胥\相隨\從₃\授受\布₃\賞\賜與\獻₁\承₂\相承\傳₂\相授\欽承\奉₃\納\聞₃\逆₁\服₂\載₂\遭\犯₂\罹\歷₂\遇難\輕₁\輕₂\輕踈\吐舌\不親\不應\不用₁\不順₁\不順₂\二₂\背₃\相違\乖離\勃亂\逆亂\叛₁\作亂\不信₁\陽₂\託₂\蠱₃\給\詐\誑\欺誣\奸詐\機巧\競\分爭\爭權\亂₄\不治\凌\壓\陵人\相干\加₂\耗₁\刻₂\損₂\中₇\病₁\禍\毀傷\傷殺\血₂\賊\殺傷\殺伐\殺戮\謀殺\劫殺\誅伐\攻伐\戰鬬\征戰\戰\陷₂\貫\陷₁\自刑\自刺\推\舉₄\選舉\舉善\詳\進退\侯\登₂\使₁\受職\受命₁\備₃\理物\御世\措\牧\總統\執₁\操持\管\將₄\控\自治\立治\親民\和民\調\善₃\歸心\尅\屬託\盟要\信盟\約誓\利₅\因₁\聽₂\和順\應天\時₂\合時\賴\恃\資₁\備₁\防\防閑\糺禁\無₄\無法\失理\不法\犯罪\爲非\行惡\爲害\蠶食\盜竊\司聽\司過\告₄\天網恢恢\取₂\拘繫\束縛\謫\受罰\得罪\生殺\送₁\行刑\髡\絞\謝過\改過\贖₁\赦\原₂\

遣₂\開₂\覺\曉\達₁\通₅\通₆\分₄\分明₁\得知\明知\知聞\自知₁\無知₂\如₃\以₂\不離\足₃\無疑\静思\三思\深念\量₁\謀\圖₁\與₃\奈\無如之何\不得不\移心\不顧\專精\意₂\忘\當事\應₂\從事\造₁\作₈\作₇\修₁\上₇\施₃\施行₂\有爲\並力\躬行\先行\勉力\勤行\勤₂\有勞\不勤\修理\失時\農耕\收入\蚕桑\漁獵\狩獵\然火\燒\爇\服牛乘馬\驅\載₁\負檐\灌\撓\折₁\選\料\求₄\繋₁\縛束\叩\鍛\刻₁\伐₁\鑿\決₁\葬\歸土\造₂\建₂\立₃\建立\著₂\置₂\具₁\具₂\設₁\設₂\署\布₄\揲\定數\計₁\借\賈市\買賤賣貴\發₄\賦斂\聚斂\賣官\求索\索求\追逐\責求\乞\强求\求福\争\掠\遇₂\底\召₁\爲₉\使然\速禍\可貴\將₂\挾\携\附\積聚\伏₁\遺\子遺\得₃\爲₅\録₃\放₂\委\棄捐\屏\殺₂\净\解₂\罷\消散\殄滅\消亡\朽\空₁\虛\非₃\靡有\莫有\亡₂\失₂\滅亡\顯₂\垂₃\明₄\垂天\發₃\漏泄\垂象\私₁\密\壅₂\潛\揜\翳\伏藏\深藏\隱匿\開閉\決₂\動静\運₁\運₃\行₃\太和₁\通₃\開通\通利\滑利\同光\光照\照\稽遲\限₁\閉塞\隔塞\散₂\泄₁\施₂\揚\易₂\發₂\充滿\充塞\滋₂\更₁\改更\轉₃\沉浮₁\維新\更立\化₃\權輿\朝₂\盡₂\息₃\降₂\竟\究₁\訖₂\窮₁\成₅\滿₂\終₁\敗傷\衰₁\破₁\壞\毁\崩₁\傾₁\傾移\親疎\嗣\接₁\係₁\延\次₂\相推\更互\代\交錯\間₁\好₁\美₁\美好\色₁\色₃\女色\翩翩\翩翩₄\雌雄\尊₁\丁壯\露₂\飢餓\饑餓\飢寒\疲\勤₃\疲勞\歡心\喜₁\安樂\歡悦\愷悌\欣欣\休休\嚴₁\確\煩\憍\自驕\神聖\巍巍\清₃\仁₁\貞₁\正₃\平₂\誠₁\真₅\忠直\柔弱\奇₁\大迷\迷惑\迷亂\狂惑₂\真偽\曲直\美惡\佳₁\是₁\端正₁\不端\不平\不純\濫₁\非₁\謬\濁₃\醜\毒₃\惡₄\非₂\辟邪₁\奸惡\尊高\尊貴\榮華\榮富\富樂\奢泰\驕恣\流俗\賤₁\鄙\輕賤\貧苦\大正\齊₁\平₁\坦坦\方₁\三角\傾₁\攲\還₅\湛\素質\朱\丹\紅\黄白\青黄\邪色\光澤\融\赫赫\冥冥\聲₁\音聲\鼓音\肅肅\息₂\滋味\五味₁\香美\苦₁\潔清\淑淑\清₅\清明\清微\清净₂\寒暑\寒₁\大一\昌\隆₁\茂\王₃\張₂\熾盛\如雲\成₄\錯\弊\世衰\極₃\微₃\單\不備\堅固\安₄\剛强\金玉\微妙\窈窈冥冥\專₁\雜\濁₁\爛\空₂\甲乙₂\支干\象\齊₂\等₁\無異\差₁\不同₁\不一\相反\奇異\不群\超₂\逾\甚₃\過度₁\出₆\相₃\考校\屬₂\紀₁\分₅\攲斗₁\升\兩₂\名₁₀\金₂\帀\三三₁\八八\重₃\九重\多少\若干\希\千無一人\無幾\一二\五六\充斥\三₂\萬數\萬億\徑₁\直₃\比至\乃至\逮至\屢\千歲\尚₁\日久\遠₁\長久₁\良久\不久\宿昔\一日\奄忽\忽忽\忽然\卒₂\迅\日行千里\百世\世₂\

歲月\年歲\時$_5$\時世\日$_5$\夏\商\季世\生時\終身\明年\甲乙$_1$\孟春\立春\歲終\月朔\四時$_2$\晨暮\旦夕\朝夕\朝暮\晨\黃昏\日夕\夜半\元辰\何時\此時\從今\從此\以時\終始\舊\早\既$_2$\後\終已\上古\下世\既往\往日\昔日\當今\於是$_1$\後$_3$\以後\行$_9$\遙\窈冥\窈冥$_2$\冥$_1$\窈\深$_1$\深\萬丈\近$_1$\蕩蕩\湯湯\浩浩\高大\大小$_1$\皇$_1$\細微\上下$_1$\前後\無$_2$\畢$_2$\咸$_1$\兼$_1$\皆$_2$\共同\壹\備具\無期\無方\稍稍\又$_3$\反覆\然$_2$\猶$_2$\在於\於$_{10}$\若$_3$\故$_5$\而乃\且$_3$\不然$_2$\用$_3$\其$_6$\爲$_{11}$\是故\雖然\尚$_1$\有$_5$\親$_2$\唯有\直$_1$\正$_1$\外$_3$\無它$_1$\無復$_2$\不但\分$_7$\曾\其$_5$\誠$_2$\真$_7$\乃$_2$\侈\淺薄\于$_1$\乎$_1$\爲$_{10}$\與$_5$\則$_6$\而已\邪$_4$\爲$_{12}$\者$_2$\爾$_1$\彼\躬\乙$_2$\其$_4$\他$_2$\如是\安$_6$\何以$_2$\如何\何由】〈1／一〉

先秦詞兩漢義或兩漢詞兩漢義,文獻覆蓋數 2—3,使用次數 2—9(89 + 147 例):

【善$_1$\著$_4$】〈8／三〉【運$_3$\白$_2$\營衛】〈5／三〉【天官$_2$\邊\人間\蒙\隨時$_2$\并$_2$\深$_5$】〈4／三〉【神鬼\厭】〈3／三〉【人物】〈8／二〉【學者\懷$_1$\通$_9$】〈6／二〉【卷\天門$_2$\注$_3$】〈5／二〉【七星\星\上天\齋\不足\縱橫$_2$\失度\通$_7$\者$_5$】〈4／二〉【赤子$_2$\辟邪$_2$\信$_3$\心腸\語$_4$\敕\行道$_2$\攝$_1$\一出\開$_3$\除去\出$_9$\憒憒$_2$\濁$_2$\下$_1$\白日$_2$】〈3／二〉【人民$_2$\眾邪\凶惡\家居\道中\東西\長短$_3$\災害$_2$\文墨\妄言\寫\條$_1$\向$_2$\昇\住\遊戲\學道\銜命\正心\想\垂$_2$\謁\相將\命$_2$\送$_2$\首\不解\一心\致$_4$\住$_1$\種$_2$\紛紛\應時\已去\臨$_3$\欲$_3$\漸\別$_4$\但$_2$\勿得\不勝\將$_6$\一身】〈2／二〉〖輩\俗人\三台】〈9／三〉〖奴婢\惡逆】〈8／三〉〖仙人\違犯】〈5／三〉〖真仙\要當\合會\口訣\補\制御\殃及\解脫】〈4／三〉〖災厄\白虎\妖惑\誅除\田蠶\販賣】〈3／三〉〖禁忌 1】〈9／二〉〖修善】〈7／二〉〖功曹\女人\求請\消除】〈6／二〉〖魁罡】〈5／二〉〖民戶\魂神\十方\瑯琊\地戶\真道\禁忌$_2$\飛行\輕慢\收攝\駭駕\輕淫\月建】〈4／二〉〖豪強\童女(僮女)\神真\惡鬼\干吉\絲綿\真經\錢物\居宅\玉闕\秦\混沌\諸天\三靈\心神$_1$\三災\科\保命\客死\醫治\嗷\遠離\臥息\開心\改往修來\屍解\道俗\如意\中傷\宣化\賓伏\作害\監察\收治$_1$\消滅$_1$\布行\錯亂\自相】〈3／二〉〖清賢\真神\仙$_1$\地祇\邪神\精邪\百怪\魍魎\微氣\瘴疠\驛馬\飛蜂\朱書\天庭\道上\祕言\持心\生名\亭傳(停傳)\陰私\功過\凶殃\厄難\咎殃\產生\成生\沒命\壽終\作病\惡瘡\篤病\訾毀\搏頰\踏(蹋)\按行(案行)\受道\清身\請福\喜悅\相宜\可

傷\貪惜\吊問(弔問)\報效\伏惟\蒙恩\干亂\厭固\耗亂\署置\出教\來附\降伏\精思$_2$\除滅\羅列\毀敗\破壞\轀軻\急急\精專\凶逆\穢濁\狼藉\百端\來久\延長\各各$_1$〗〈2/二〉

或文獻覆蓋數1,使用次數10—29(1+4例):

【道人】〈10/一〉〖凶神〗〈12/一〉〖後學〗〈11/一〉〖怨仇\營護〗〈10/一〉

先秦詞魏晉義或兩漢詞魏晉義或魏晉新詞,文獻覆蓋數4—5,使用次數10—29(4+1+2例):

【符】*〈25/五〉【氣$_7$(炁$_4$)】*〈22/五〉【三官】*〈11/五〉【作$_{10}$】*〈21/四〉〖咒$_3$〗*〈24/四〉〖種民〗*〈18/五〉〖鬼賊〗*〈13/四〉

文獻覆蓋數2－3,使用次數30－99(1+0+0例):

【野道】*〈48/二〉

11分,先秦詞兩漢義或兩漢新詞,文獻覆蓋數1,使用次數2—9(64+125例):

【無它$_2$(無他)】〈8/一〉【男女$_2$】〈7/一〉【晏$_1$(宴)】〈6/一〉【案\水炁\薄】〈5/一〉【真$_3$\心腹$_2$\守道\思道\不謹\囚繫\烏$_2$\所以$_2$】〈4/一〉【北斗$_2$\上下$_4$\鐵鎖\中外\神方$_2$\輕重\別離\録$_4$\結\封】〈3/一〉【人家$_2$\豪傑\真君\車$_1$\人形$_3$\筭$_2$\眾生\萬方\六合\源流\鬼門\亭\三五$_3$\交接\得$_6$\言$_5$\毀傷$_2$\自見\度$_2$\著$_5$\通道\守一\無神\榜\思念$_1$\治$_2$\部$_1$\馳騁\受$_3$\了$_1$\没$_5$\轉$_2$\清潔\凶凶\以時$_1$\全\一切$_3$\分別$_2$\自從\何得】〈2/一〉〖教戒\謁請\劫掠〗〈8/一〉〖素女\禹步\精進〗〈7/一〉〖考吏\精魅\典治〗〈6/一〉〖從官\真文\逐捕\葬送〗〈5/一〉〖上清$_1$\太素\諸職\狂易〗〈4/一〉〖貴子\此輩\諸賢\四靈\眾真\清濁\瓊宮\九靈$_1$\貪欲\道元\刑害\披髮\百六\舊事\病痛\昇仙\怨望\臨危\勸進\田種$_1$\解除\竟天\清正\姦非\千年\下古\纔\爾乃〗〈3/一〉〖末嗣\胡兒\司官\本主\真官\百靈\侍郎\茾屍\黃炁\青氣(青炁)\眼目\五內\穀米(谷米)\天冠\死籍\月水\漢安\都市\長流\細流\太易\星宿\彗字\鑊湯\光怪\罪名\禍變\災怪\大陽九\報應\天禁\淫通\陽九\增息\增年\横夭\行病\風痺\疼痛\差愈\唤$_2$\變鬪\呼嗟\歷觀\行來\舉動\清齋\度身\升度\病苦\傲慢\盈溢\隨意\奉迎\輕易\調戲\威制\犯害\封掌\監臨\趣向\預防\劫盜\考煞\考治\推論\謀議\漁捕\絕斷\度厄\列布\勉自\邪淫\長短$_1$\甘香\太始\漢國\人定\晨

夜₂\何異〗〈2／一〉

先秦詞魏晉義或兩漢詞魏晉義或魏晉新詞，文獻覆蓋數4—5，使用次數2—9（2＋1＋1例）：

【治₇】*〈9／四〉【列】*〈5／四〉〖道士〗*〈6／四〉〖過度₃〗*〈7／四〉

或文獻覆蓋數2－3，使用次數10－29（0＋1＋4例）：

〖急急如律令〗*〈18／三〉〖家宅〗*〈14／三〉〖奪筭〗*〈21／二〉〖奉道〗*〈19／二〉〖復連〗*〈11／二〉

10分，先秦詞兩漢義或兩漢詞兩漢義，文獻覆蓋數1，使用次數1（265＋752例）：

【壻\門户₂\王₂\上官\僮\舊人\亡人\末學₁\剛強₂\邪僞₂\生₇\尊神\太歲₂\鬼怪\有物\五精\兵將\真氣₂\神炁₂\火炁\既₃\堅₂\角₄\精₃\夒\玄胎₂\人命₂\服飾\單衣\棓\神文\書₄\表₃\狀₃\祝₁\字₁\黃金\玄宮\中室\營₃\衝\起居\方外\天地₂\九土\南陽\流₄\玄黃₂\日辰\朝陽\太陰\本心\大義\方術\邪道\大略\名₈\緩急\嫌疑\成功\妨害\死事\天時\相接\成₂\奉己\生活₂\鼠₂\渴₂\赤白\不隨\復₁\還₂\發₅\是非\責₃\伐₃\諭\善戒\相聞\看\塞耳\息₁\擬₁\摘\團\序\造₄\俯仰\坐列\乘龍\奔\趨\上昇\掃\盥洗\樂道\順道\自守₂\慕\建德\登天\占事\自得\恨₂\慮\枉\恥辱\約束\無狀\幸₁\僥倖\可₁\不當\奇₂\寬\愍\和合₁\伏₂\忝\再拜\休₂\結₁\鬱\預₁\厠₂\垂₁\相付\沐浴₂\過₂\送₃\爭進\持₃\侵₁\變動\擾亂\劫₁\亂₃\養士\荷\任₁\退₂\不理\預₂\責₂\克\沉浮₂\歸誠\犯法\橫行\作惡\牽引\鉗\受辭\贖\自知₂\定立\治₄\思想\苦身\蓋₂\起₅\銷\發喪\開門\向₄\引₂\得當\齋\復₃\脫₂\清₄\掃除₂\辟除\没\蓋₁\傳行\迴₂\洞\和適\失正\屈₂\陷入\劇\施行₃\廣₁\形變\起₆\來₃\開闔\完全\破碎\敗亂\嚮應\形像\廣長\丁₂\堅固₂\恍惚\平正\順下\不明₁\真₆\不直\正方\煌煌\靈光\瞑\響\虧盈\浮沉₁\蒙蒙\踴躍\滿₄\虛空₁\缺\少₂\裂\急₂\長短₂\部₃\絕世\非常\盤\條₂\往往\深遠\漏刻\漢\一生\比年\比\自後\斷₅\中₈\會₁\際會\及時\頃\往者\適\將來\冥₂\深長\無際\初₃\所有\種種\齊₃\廣₂\都₁\無復₁\因₄\分₂\殊\自然₃\惡₆\激\以₅\坐₄\何₃\餘₃\下愚\何用〗〈1／一〉〖姑翁\母女\兒女\後代\家口\外家\種姓\部落\羌胡\秦人\強臣\牧守\縣官₁\關令\市長\掾屬\掾吏\導從\孤貧\孤弱\權強\侶\群輩\尊老\師尊\白髮\老公\老壯\

童男\病家\忠賢\骨相\柱梁\道俗人\愚子\佞邪\惡民\帝王師\本師\營陣\軍兵\奸盜\天皇$_1$\玉皇\八皇\靈官$_1$\神師\靈神\衆仙\神將\神兵\天丁\侍女\身神\心神$_2$\遊光\老精\群精\三尸\三蟲\魔邪\害氣\祅氣\天皇$_2$\李君\翁仲\韓終\張良\黃生\張角\角$_5$\形身\身首\死尸\半身\皮\九孔\腹腸\丹田\含氣$_2$\萬獸\毒獸\蚖蛇\天鹿\胡馬\驢\狐狢\老鼠\衆禽\白鷺\毛衣\蟲蟻\蟲毒\草花\草穢\花\顆\食物\大蒜\蕉\鳳腦\芝草\穀糧\米穀\五辛\神藥\仙藥\流霞\穀帛\白素\綿絹\錦綺\雲錦\紋\手巾\黃巾\綺衣\毛裘\華蓋\栟\釜竈\刀圭\印綬\玉符\玉璽\紙\大網\刀兵\刀劍\鋒鋋\鉏鎅\銅器\銅人\寶經\經書\靈書\靈章\本經\譜\錄籍\生籍\文書$_1$\書疏\詞訟\明文\七言\河雒\五千文\太平經\財色\見錢\玉瑰\紫玉\戶賦\朽石\塵穢\紫庭\大極\居家$_2$\舍宅\舍屋\室舍\室宅$_1$\冥室\籬落\宮堂\土城\天路\山道\浮橋\六方\四面八方\上方\目前$_2$\三界\下方\國土\齊土\州郡\市里\軍營\本鄉\西關\長安\廣漢\華陰\臨邛縣\日南\蜀郡\三河\靈嶽\巇石\孔穴\野田\溫泉\陂湖\波池\氣候\煙雲\紫雲\冬雷夏霜\晴\溟涬\二儀\八朗\雲間\星月\天日\虛危\角亢\斗樞\火星\天關\運度\火行\辭語\靈訓\邪言\醜聲\惡語\伎樂\執性\素性\丹心\憍氣\利色\利欲\公名\精思\明訣\真言\妙法\真法\太玄$_1$\要法\蠱道\權詐\總名\五姓\別名\所部\郡府\官獄\天獄\世道\俗事\萬機\穢累\便宜\行狀\蹤迹\爲行\外行\大効\百行$_1$\後善\禄命\世利\恩福\天恩\聖恩》〈1／一〉

〖違失$_1$\惡行\災責\福報\福德\福利\福慶\凶禍\凶邪\橫禍\災疾\災異\大百六\命運\大運$_1$\運會\玄符\六紀\道戒\法常\舊儀\鞭杖\妻娶\房室\合陰陽\交陰陽\懷姙\產乳\養育$_1$\熟成\久生\久活\命長\得壽\還年不老\死沒\喪命\命終\寄死\市死\賊死\斬死\萬病\雜病\痾\時病\疫氣\注病\吐逆\黃疸病\火逆\癖\瘖癃\痿黃\痛處\療治\除愈\噉食\獨食\吐出\喚$_1$\語默\口言\上奏\啓告\陳說\具白\條列\條狀\口語\狂語\妄語\告誓\應答\狂歌\感歎\咒$_1$\謗訕\中傷$_2$\教勅\教命\勸戒\囑\誦詠\含笑\啼吟\百聞不如一見\張目\觀視\覰看\掩目\披雲\彈射\記錄$_1$\疏記\撰集\住立\開張\轉向\虎步龍驤\去離\迴避\流移\藏竄\來還\迴轉\昇天\往還$_1$\前却\乘雲駕龍\行客\居家$_1$\止宿\朝起\卧起\夢寐\蔽形\洗濯\遊宴\遊逸\射獵\啓悟\好道\遵教\執守\執意\善積\積行\順俗\改心\含氣$_1$\還精\斷穀\服氣\服食\輕身\通神\仙$_2$\飛仙\祠

祀\血祀\上章\祈請\卜問\卜相\喜慶\如願\得宜\各有所在\安神\安心定意\
交泰\平定\肅清\憂怖\憂念\悲淚\可痛\傷悼\惶怖\驚悒\離怨\怨枉\憤激\
發舒\放情\任心\任意\喜怒無常\聽恣\妄自\求生\愛色\苟貪\規圖\乞丐\巨\
愛惜\披懷\憐愍\省念\恭慕\阿諛\尊奉\伏聽\挾輔\翼贊\輔正\扶將\扶助\
扶送\解釋\救護\救命\備衛\衛護\擁護\上謁\謁見\上詣\會合\聚會\聚集\
結黨\凝成\合成\合精\屈節\侍從\口授\承用\受災\受罪\遇禍\遇災\送還\
投書\輕忽\侮蔑\可笑\猜疑\別居\違戾\違失₂\違背\反叛\虛言無實\稱詐\
欺殆\欺罔\觸犯\濁亂\姦亂\生分\威懾\爭勢\涄辱\凌人\摧藏\犯暴\傷損\
摧傷\賊病\耗病\討伐\推擇\仕宦\在事\高遷\黜退\封邑\把持\總領\執伏\
致理\興化\催\驅使\僕役\請求\克期\誓盟\相習\從化\歸命\稱臣\隄防\檢
押\相禁\制止\犯事\抄盜\盜取\司察\陰察\考察\追捕\攝錄\收考\收戮\治
罪\禁錮\考掠\考問\推問\誅斬\被誅\打殺\露尸\棄市\首過\賞善罰惡\識音\
自號\核實\苦念\迴心\迫不得已\精心\專念\念念\努力\勤勤\無所不爲\施
用\整理\補治\移轉\佃\種作\種植\採取\起土\起屋\築治\造作\架\發掘\埋
藏\部署\編\市買\傾城量金\趣利\因公行私\求乞\考求\募求\致來\致使\令
使\齎持\棄背\滅除\禳災\消災\發露\隱藏\祕₁\祕₂\幽微\淵玄\天歷\運周\
垂至\揚光\映\洞達\礙\杜塞\鬱積\稽滯\成行\盈路\放毒\行疫\變改\改變\
改易\更改\翻然\窮已\立成\消盡\相混\包含\囊括\真形\裸形\交好\嚴振\
肥健\輕便\嚴切\輕躁\心迷意惑\困頓\切急\切切\冗散\聖明\清公\清儉\貞
潔\貞孝\謙卑\謙讓\明正\偏頗\以曲爲直\懈惰\闇塞\憧愚\頑愚\愚癡\愚淺\
浮華\浮薄\浮僞\暴酷\貪狠\陰賊\傾邪\邪傾\祅邪\邪俗\錯謬\榮顯\獨貴\
薄命\毛色\正白\朱藍\金光₁\斑斑\流景\奇彩\光景\光炁\華光\火光₁\正明\
清晏\瀁溹\清音\喑噁\喑喑\臭香₁\甜\溫暖\枯竭\興隆\茂好\飽滿\森然\落
驛\混濁\擾攘\堅剛\重濁\至要\至真\帝世\第一\六庚\六壬\翕然\絕殊\三
六\少有\萬無一人\兩三\萬千\萬萬\填坑\復重\千載\積日\短促\赤漢\漢
世\西漢\建安\二十四氣\八節\今月\中時\晨夜₁\從古以來\從古至今\昔時\
頃年\平常\目前₁\目下\長遠₁\攸長\汪汪\千尋\皆悉\悉皆\遂乃\尚復\各
各₂\何但\某甲\王甲\阿誰\何當\何苦\何緣』〈1／一〉

　　先秦詞魏晉義或兩漢詞魏晉義或魏晉新詞,文獻覆蓋數 2—3,使用次數

2—9(38 + 21 + 80 例)：

【應₄】*〈7/三〉【法₁\作₇】*〈6/三〉【道德₁\律令\得道】*〈5/三〉【三師】*〈4/三〉【度₁】*〈3/三〉【律】*〈9/二〉【聖君】*〈8/二〉【三氣₂(三炁)\殺氣(殺炁\煞炁)】*〈5/二〉【陰陽₆\轉₄】*〈4/二〉【無事\自爲\存₃】*〈3/二〉【同法\志士\伏屍\券契₂\左契\黃赤\說₂\上聞\作₄\沉₁\衣\同氣(同炁)\就事\疾病₂\殺生\辦\停₂\布氣(布炁)\興₂\質\促₁】*〈2/二〉〖縣官₂〗*〈9/三〉〖種人〗*〈6/三〉9〖安穩〗*〈9/二〉〖符命〗*〈7/二〉〖呪₂〗*〈6/二〉〖九氣\九龍\神丹\職治\虛耗\佩帶\留難\本命₁〗*〈3/二〉〖玄炁\九宮\五靈\厄急\禮拜\叛道\識真\存念〗*〈2/二〉〖轉相〗*〈8/三〉〖邪精\燒香〗*〈7/三〉〖正一\除差〗*〈6/三〉〖六甲\五毒\二十四治〗*〈5/三〉〖天炁(天氣)\世間〗*〈4/三〉〖地仙\百精\名諱\瞋恚(嗔恚)〗*〈3/三〉〖三五七九\五瘟〗*〈9/二〉〖收除\辟斥\行神布炁\莊事(壯事)\逆殺(逆煞)〗*〈6/二〉〖殃注\行來出入〗*〈5/二〉〖神男\六丁₁\精祟\鬼殺(鬼煞)\七九\破殺〗*〈4/二〉〖素男\天地水三官\社竈\殃殺\趙昇\里域\色欲\評論\貪淫愛色\相尅\度脫\強羾〗*〈3/二〉〖經教\獄君\女官\男女官\新故民\正真₂\三將軍\癲癇(顛癇)\鬼炁\墓伯\生門₁\行厨\天中\黃庭₁\陽平\毒心\淫情\正一盟威\三塗(三途)\劫₂\風毒\注炁\上啓\勸化\出來\白日昇天\自大\奉受\負違\假託\拜署\收付\干知\摧滅\列陣\隔戾(骼戾)\混混沌沌\浩汗\日一日〗*〈2/二〉

或文獻覆蓋數1,使用次數 10—29(0 + 0 + 3 例)：

〖神呪〗*〈13/一〉〖玉童\噗〗*〈12/一〉

9分,先秦詞魏晋義或兩漢詞魏晋義或魏晋新詞,文獻覆蓋數1,使用次數2—9(52 + 25 + 161 例)：

【真靈\念₄】*〈5/一〉【大夫\生氣(生炁)\土炁\部₂\俗₃\解散\不用₂\上仙\壇\三道₁\注₂(主₄)\娉(聘)\三五₄\上₄\向₃】*〈3/一〉【母子\陰陽₃\天綱₂\百毒\三氣₁\吹₂\餘氣\子₆\壇場\陰陽₅\情性\念₃\一法\真₂\真氣₃\道法₂\格\引₃\叛₂\奉法\幸₁\不同\蠪\喜怒\直₁\收束\合₅\投₁\落\注₄\流光\好惡₂\不明₂\固久\頗】*〈2/一〉〖考召〗*〈7/一〉〖真正〗*〈6/一〉〖二千石₁\九炁\壇所〗*〈5/一〉〖効信₁〗*〈4/一〉〖返逆\專作〗*〈3/一〉〖家親\刺史從事\中神\

萬精\別室\五難\三一₂\五逆₁\大運₂\惡毒\道説\壓伏\明解\修建\希望\玄景\大期】*〈2/一〉〖蟲鼠\汝輩】*〈8/一〉〖君吏】*〈7/一〉〖鬼主\塚墓(冢墓)\淋露】*〈6/一〉〖男女老壯\玄女\精真炁\干君\土户\降臨\浮空\耗害\存思】*〈5/一〉〖上真\祅惑\昇₂\愛欲\奸好\舌强\翁\塚訟\劫抄\滋好】*〈4/一〉〖民子\玄男\太歲大將軍\衆精百邪\祅魅\邪魅\凌陰\真名₁\殃殃\戒律\却死來生\死傾\目病\吸咄\癲病\瘧病\伏住\過度₂\持戒\叩齒\陟真\詭\詐誕\簡料\至尊至神】*〈3/一〉〖故婦\七玄\男女子\骨分\人種\逆人₂\係天師\厄人\兵賊\九真\玉男\八帝\九公\水帝\三魂七魄\精怪\鬼祟\殃怪\醜宿惡星\姤鬼妬神\丘丞墓伯\墓卿石祅\九玄炁\玄元始氣\始炁\舍炁\陰炁\張道陵\蟲畜\蛇蚖\屐履\雲興\靈籙\色利\九都\玉殿\金樓\五墓\墓塚\海陽\壁角\四冥(四溟)\沃焦\職籙\正一平炁\懸尸六害\大厄\殃丁\科文\胎姙\目海生瞖\吐病\鼠漏\帶下十二病\死肌病\匡義\腹目\非真毀賢\咒殺\笑喜\條牒\步綱\披髮狂走\行止\守戒\飛昇仙\祭禱\恣心快意\願想\希仰\好尚\撫哀\決氣\稟承\中刑\宅殺\刑禱\剋遣\削退\攝御\直煞\從用\淫盗\理訴\收捐\拘攝\譴考\改心易腸\身稱\安著\退削\生炁吐精\走作\增疾\破墮\慣悶\愚冥\清貞\鬱冥\叱叱\穢污\蕩蕩滌滌\秀好\已上\承唐\金馬\夕夕\今來\溢口\可不\那得】*〈2/一〉

8分,先秦詞魏晉義或兩漢詞魏晉義或魏晉新詞,文獻覆蓋數1,使用次數1(250＋152＋1395例):

〖先代\老人₂\郎\同道\同義\異端\丈人₂\乳母\真一\生民₃\生者\臣₃\學士\末學₂\逃亡₂\餘人\人形₂\太王\丈人₃\司馬\天官\水官\陰₂\惡₅\靈₁\中氣\元炁₂\三三₂\伏炁\香\尹\陰陽₄\蛟龍\猛虎\牆\網羅\天羅\騎乘\翠羽\土木\道經\圖書\官契\右契\經言\章₂\身寶\水精\信義\十錢\九室₁\治₆\方丈\東夷\人間₂\九地₁\户₂\九地₂\雨泉\陰₁\方圓\空虛\虛空₂\南斗₂\門\二五中₉\大意\分₆\邪因\神方₁\諱\名位\官屬\所關\正法₂\三道₂\歷₃\非法\華\行氣\赤炁₂\秋收冬藏\下₈\結₂\懸命\大病\有急\攻心\癰\雲中₂\喝\鬥争\稱名₂\自舉\説道\善聽\收₃\請₅\勒₂\糸\注₁\殺₃\步\折足\趨走\舉遷\雲行\走氣\遊行₂\折₂\著₆\投₂\正體\衣服₂\周遊\案法\如法\同化\善行₂\治心\治志\飛₂\休息₂\端正₂\存₁\思念₂\顧畏\無間₂\私通\不報\叩\覆₂\度世₂\周合\混

一\一氣\溉\傳道\往來$_2$\遭喪\外$_2$\交争\自殺\即位\督$_2$\帶$_2$\行使\中正\置署\督$_1$\促$_2$\牒\垂$_4$\應$_5$\一如\憑\任$_1$\聽決\歸宗\制節\羅網$_2$\斷$_3$\逆道\形德\行炁\捉$_1$\對問\係$_3$\判\箅$_1$\用意\志意\自專\驅逐\下$_6$\大得\色$_4$\貯\置立\安$_5$\搜\擇$_2$\有素\收$_4$\滌除\禳\没$_3$\主$_3$\形影$_2$\生$_6$\没$_2$\擬$_2$\自明\開通$_2$\橫\變作\不舉\不行$_2$\上$_5$\微薄\合$_6$\相因\百巧\鬱鬱\長大\翩翩$_2$\暗\顛倒\遊心\衰耗\鍊\貪淫\渾濁\合道\耗$_2$\綵色\分明$_2$\曜靈\英英\玉音\朗$_2$\污穢\鬪\至重\高下\玄同\互\通$_8$\丈六\百$_3$\浮$_1$\暫\魏\魏氏\太和$_2$\年$_3$\交$_2$\日辰$_2$\已往\身後\了$_2$\合$_7$\不極\但$_3$\絕$_3$\正當\約$_2$\滿$_3$\何物】*〈1／一〉〖妻夫\閑官\下曹\舍客\凶黨\牙\龍胎\善女\群俗\陰家\國師\經師\中才\太醫\魂精\火光$_2$\金光$_2$\鬼兵\三微\黃石\武帝\楊公\五體\本命$_2$\終年\蟄藏\逆毛\六龍\聖皇\衆官\明真\毒炁$_2$\神林\老樹\田種$_2$\斗米\毒炁$_1$\通天冠\印章\厢\天經籙$_1$\上清$_2$\文字$_1$\死名\章奏\投文\文字$_2$\草書\禮敬\効信\九城\紫殿\閑房\金門\道門\周圓\背向\屏處\義國\空洞\天清\觜參\和言\口説\妖妄\三尊\帝號\百行$_2$\真實\刑謫\一元\玄化\三一$_1$\師道\太玄$_2$\科條\吐精\養育$_2$\生年\五逆$_2$\十二病\得炁\驚病\收治$_2$\言聲\言道\開啓\聲響\傳宣\傳虛\相解\南度\往還$_2$\出處\便溺\如律\守窮\得真\無防\志願\上朝\翕習\結氣\交連\纏綿\交關\鎮厭\興治\施炁\正統\指陳\迴向\背道\相考\切正\解去\悔咎\校計\記錄$_2$\殷勤\澆\藏埋\假舉\橫求\招來\轉生\布流\流布\充盛\周竟\立效\調暢\安意\沖和\奸淫\枉暴\微微\光華\冥然\臭香$_2$\溫寒\鬱勃\糸錯\長遠$_2$\應合\外客\玄遠\急促\終數\沉重\身心】*〈1／一〉〖神父\翁姑\妻奴\適主\血親\中宗\連藉\戶戶\傖\胡夷人\世相\相卿\分司\吏生\使從\監伺吏\監作\獄注吏\醫吏\師老\强丁\女性\故殤\胎兒\脆卵\元者\道長\勳人\善男\種生\尸民\尸人\愚俗\奸師\邪師\逆人$_1$\五濁子\小豎\道主\道尊\正一真人\嗣師\系師\師君\山神師\師主\法師\籍師\治官\治頭祭酒\別治主者\男官\男女民\男女生\散治民\故民\巫師\千師萬醫\估賈生\禮頭主\鹽女\舉工\兵人\千賊萬盜\三元\萬兆\神仙君\丈六軀\神陰\衆靈\靈真\真儁\中真\下真\仙聖\仙靈\仙道人\天仙\仙童（仙僮）\金童\天翁\左監祭酒\六質\六直\六端\六慇\監真使者\赤車使者\通事書佐\中元之君\精君\執事吏\靈司\左右官\官從\屬將\千二百官\考官\官醫\天醫\五官治病醫吏\三天$_2$\左

右監神\熒惑吏\星社\三官帝\地官₂\溪女\龍王\太歲將軍\大歲將軍\河龍七獄吏\解五部將\北時司命\水土公\稷社\伏龍\城神\門丞\門伯户丞\姦神\生魂\清靈\温竈靈\閑客\群祅\衆祅\衆鬼\百魅\萬鬼\萬祅\萬炁\五蠱六魃\五蠱六魃\五虛六耗\千鬼萬神\千邪萬祅\千殃萬魅\萬魅百精\六精\六炁\精毒\精鬼祟\精妖\精魁\惡精\妖精\鬼精\鬼蠱\怪鬼\魔魅\魊魈\小魅\妖魅\邪靈\妖殃\非殃\炁殺\拘刑鬼天\姐星姤鬼\天正鬼\地正鬼\土玉鬼\人精\蛇魅\銅金錢精\髮光\木光\水光\血光\衣光\鬼王\鬼帥\五主\鬼官\鬼伍\寒鬼\下鬼\丘丞\丘丞墓相\太真\太玄元始炁\中和氣\王道炁\元陽\强炁\疾炁\沴氣\秦始\漢始皇\山中黃\干帛\帛君\趙生\趙大夫\王長\長₆\英\稚\木子三台\口弓\木子\弓長\目寶\八木\牙齒\音喉\三環角結\初形\空尸\强尸\背脊\十二宮室\心府\中丹\生門₂\陰門\血性\水族\黃驎\巨虯\躍龍\蛇虺\蟒蛇\老虎\白獸\生鼠\靈禽\勾星\梟鳥\鴉鵲\蟲兒\天蜂\蟲獠\自天父母蚕\鋒蜂蚜召\花果\鐶剛\木蘭樹\狸樹\木榴\苗稼\紫藥\馬穀\粮精\厨食\厚食\齋餅\九藥\千日丹\精石髓\蛇毒\巾帽\三縫冠\壁帳\繂\飛青\金銀器\水梡\坩坑\崖蚕\簿\曲鑿\五斧\地網\鐵釣\塼石\榑木\柱木\巨炭\香火\玉笈\桃刺\黃神\越章\笙簹\玉籥\雲璈\兵鋒\刀仗\剛劍\戟甲\槍棘\礜磨\銅枷\九龍轡\龍轡\羽駕\紫輦\元子車\顯蓋\朴椽\旌蓋\傘蓋\麾幢\流旗\水船\櫓棹\大書\書經\官符\教案\靈文\清文\真書\真錄\寶文\仙券\祕經\祕符\符經\經符\符錄\符章\咒章\符真\飛符\下符\生符\法錄\令符\簿録\大簿\玉簡\玉曆\生録\黑籍\投祭\短紙\訟詞\中篇\羅珠\好金\銀銅\禮賂\私寶\要信\脆物\贓賄\濁混\九宮十二營衛\天宮\玉虛\石廬\離樓\宮舍\宮第\舍營\堂屋\寢房\静舍\園墟\津門\圊厠\店\營鎮\圩莒\靈林\三丘五墓\十墓\室墓\塚堠\古瘞\故行\十天\水巔\闇中\通處\故州\中華\北濱\九幽\泉壤\淮揚\建鄴城\本治\鹿堂\鶴鳴\鵠鳴\渠停赤石城\雲臺治\屯里\禁地\成都宮\華陰堂\金容城\山都\盖山\江河淮海\漢明\幽河\四始\山頭\神壟\土㘵\崖石\石㐠\涯岸\泉元\九源\淵池\沼城\五洿\滇₁\海江\空流\煙浪\變風\顛風\碧霞\丹霞\天雷\流冥\元化\二玄\空玄\太冥\率天\旻蒼\碧落\碧霄\太霄\星文\星罡\剛\太白兵星\五斗\東斗\西斗\中斗\熒星\天罡\靈關\人門\中五\祝説\特説\義言\鬼語\雜説邪文\雲歌\神鳳\九靈₂\情念\神思\中腸\心口中\內實\心趣\

福願\世情\慈愍心\慈心\惡腸\妄想\邪念\心罪\淫妬\煩欲\影夢\聖力\心分\骨間分\骨炁\寶訣\真訣\真要訣\異訣\道極數訖\華根\根元\真統\手法\不死道\外炁\鬼法\偽伎\真名₂\諱字\署宮\營署\下牢\法位\真爵\籙職\空缺\盟威正一\西事\軍國事\紫機\群行\衰隙\顯報\諸善\千善\破邪\妖媚\鬼災炁怪\祟害\鼠耗\三殺\萬殃\三災九厄\五殘六賊\急厄\留殃\尸殃\非殃\殃患\殃殍\狂殍\外殍\惡難\衰厄\刑厄\土謫\注謫\死次\無上玄老太上\法化\本父母\常運\道運\玄命\冥契\運劫\赤門\玄關\幽關\清政\魯道蕩蕩\天赦\地赦\正典\法節\法訓\法戒\經戒\要律\道律\道科\科法\禁戒重律\祕教\鬼教\法事\黃籙\竈祭\口手胃心\一心兩口\反男爲女\虛結空胎\安胎\日月成滿\落去\臨產\產解\絕子\垂枝布葉\盡壽\長生不老\久視長生\久世長生\長生延命\得壽遐亡\還壽延年\暮臥朝起\死而更生\沉生\減筭\除筭\垂困\命在日夕\大限\注死\前亡後死\死者如崩\急病\急疾\歲病\羸嬰\羸病\癃殘\胞形骨消\肌骨刑禍\連添收骨\目寶海出瞖\口禁\絕音\翁舌病\咄吸\吸吐\吐沫\激滿\連曆\痛炁曆\百脉病\淋露病\厭赤陽\厭赤陽黃\過下淺癖\疟\扶凍\瘤疽\瘤癰\翁癰脆水病\腫癰\幘微露之踵\浮風\三風\風面\腰膝病\驚掣\臠縮\死肌\痿跛\祟病\水火湯注\斗注\惡注\得屬\注易\瘟病\瘟毒\瘟疫炁\雲中病\犯易\九狂心膈\顛狂癇病\雄癇顛病\馬癇病\顛狂病\消定\差除\差了\差去\復差\鹿食牛飲\殘囓\嘯咤\呼喚\呼天震地\呼天引地\指鬼呼神\嗅天\垂告\羅縷\披陳\空囊傾心\指摘\藏善出惡\自是非他\啓事\關奏\列奏\啓傳\唵\咤言\說空\妄言綺語\祅言妄語\弄口舌\兩舌\虛唱\忌罵\心念口泄\自詛索死\罵天詈地\嘲毀\侵謗\說姐\設教施戒\開化\化示\化看\普告\勅誥\指勅\旨教\訓喻\演散\咒願\呪訟\詠誦\奮頭\六覺\視看\眼見\精視\目視\發讀\鍼入縷出\束手\垂手\掌手\奮爪\捉把\擲\係著\彈琴鼓弦\領録\注上\按名列言\條名上簿\增録\抄出\踏躡\入步\三才步\披髮奔走\被髮呼走\平坐\跨踞\漏脫\遠迮\退然\誥詣\入來\奄至\還附\出入去來\遊走\遨翔\輕翔\坐起寐臥\枕石漱流\別岐\定坐\眠寐\還正\止頓\投止\無動無作\交頸腫領\露形\髡頭剔鬚\沐頭剔鬢\澡浣\歷犯\輕行妄遊\順運\順天奉時\法地則天\念道奉真\信真任道\護法\端心正意\秉志\習効\自習\念行\自檢\守生\清己\凝誠\關念\棄利去欲\遠嫌避害\事清\如戒\心拜\澡煉\十鍊九轉\閉房\

閉炁\制炁\致谷食炁\練形\鍊形\鍊胎\修真種德\積修\進修\善積行著\脫度\滅度\白日高飛\飛舉\昇仙房\仙化\配天享地\禮鬼\侍香\敕壇\驚神駭鬼\亂真\入俗勝真\指偽名真\持真入偽\捨真就偽\就偽棄真\協偽背真\行逆劫真\傷神犯氣\臨危惜命\尅心\棲心靜神\神定體安\各得其性\安完\心傷\心愁意苦\銜痛\虛苦\愁慘\畏懾\嫌恨\憎戾\忿錯\患厭\妬賢嫉才\姐賴\節慎\捉心\挫心\隱意定志\雞行鳴趨\擅己自用\恣隨\亂縱\指南作北\從心恣意\任情恣意\任心恣意\任意從心\恣意快心\貪縱\遊身\穢身\亂志\發願\請願\祈恩\仰意\陰祝\樂富棄貧\貪戀\貪榮\貪禄苟榮\貪財受利\貪色淫心\哀卹\愛念\憐貧愛老\親依\合音\手足不離\尊天敬神\敬師\奉敬\奉請\勤請\侍給\係養\保愛\保宜\扶命\協輔\輔匡\輔易\助國扶命\助國壯命\憂濟\拯拔\化度\救度\廣化\廣度\苦言利行\將送\接扶\助佐\挾傍\營守\私飾\邪寵\集并\逆見\值逢\攜襟\玄凝\結堅\事會\混籍\包囊\納招\結黨連群\帶日挾月\附影\獻禮\賥市\酌祭\溉食\出讓\割給\降致\施寫\付度\分氣\授氣\盟授\追授\父死子係\承信\胤承\逢災遇害\遭凶遇死\輕孤易貧\敬貴恥賤\鄙辱\毀鄙\毀慢\脫落\伐逆\逆戾\反迷\違慢\詭託\委託\誘枉\詐誑\逼犯\逢忤\競貪\競相高上\尅制\變剋\驚觸\恐人\恐嚇\聊亂\蠱亂\苦撓\掠亂\鬼亂神錯\掠使\伐耗\損害\痛害\妄害\尅害\時殺\日殺\月殺\歲殺\刑宅\災衝\刑固\履險導刃\十有九傷\十往十死\萬無有全\補用\積級受號\侯封\執正立權\理運\攝制\統攝\臨正\威御\沐制\隱治\省理\料理\平集\威平\催切\督屬\躬臨\領行\攝下\佐天行化\乘三使六\領神四部行氣\料生別死\除死著生\遷故迎新\除祅存種\養善伐惡\誅惡養善\誅邪滅偽\流刑行仁\麟舞鳳鳴\六合如一\臥不閉門\治正轉亂\求申\券要\密誓\指天大誓\分符\同意合心\齊功\通同\合世\從神\導趣\精注\弭伏\伏恩\隨便\屯住\應備\繫絕\節禁\閉固\禁斷\禁敕\犯戒\敗刑亂政\違道叛德\亡義違仁\抄賣\行凶\決災\造凶\凶吹\厭蠱\作怪\濫誤\過積結罪\過積罪成\過積罪滿\訟考\考訟\訟逮\收解\收掠\收却\禁拘\攝却\捕收\辟捕\捉縛\拷楚\拷掠\鞭打\冥拷\推治\考罰\考計\檢校\罪坐\考責\比考\天考\三考\殃考\考讁\讁破\風刀\呵詧\解放\決放\懺謝\思過改愍\曉易\知悉\開解\解音\發悟\披究\洞究\求知\逆知\出陽入陰\見世知變\見一知萬\攝綱舉網\稱官言具號\甄別\紀別\斷彈\科校\推校\

謀合\謀圖\誌\憶知\感存\内思\存道\思神念真\作役\勉身\負土躡水\策御\控駕\走馬馳車\揚舟\養畜\捕獵\籠罩\探巢破卵\修營\架起\動促\填補\結土爲象\燒敗\炊熟\九鍊\煉藥\棄釣焚網\開決\出喪\投埋\葬死送\造出\圖局\真列\雜案紛落\招財求利\大斛賣利\輕秤少升\輕秤小斗\小秤小斗\重金小斗\賤交貴貨\賦買重量\取人自益\賣術\斂索\保賃\趣求\請福祈恩\求生乞活\百福同臻\邪求\馳務\叛本逐末\選索\選種\指謫\留停\餘滯\敬積\逆解\除辟\破射\却減\收制\回化\脱下\洗蕩\蕩沃\罷厭\驅離\驅洗\制解\辟却\漂蕩\拔脱\厭絶\得度\收符破廟\誅符伐廟\辟非\避邪\去災\除害止惡\除災去害\防災除害\脱災免害\禳災却禍\厭禳\陋露\著狀\輕泄\泄漏\泄閉\文世\隱秘\遮藏\迴運\内營\出有入無\道然\動雷發電\風驟雷翠\天陽地激\雨沸雲奔\西傾\合景\結芒\流映\流横\傾流\輪運\洞源\速易\失輔\羅截\屈滯\阻遏\洞暢\還流\精流\溢布\天市地盈\連天\徹響\流響\倍次\變散\靈化\天迴地轉\改形易象\演明\巽濡\激給\初化\息休\沉消\折傷\破嶢\崩山裂石\破貴亡賤\破門滅户\顛殞\殞顛\着\伏連\人容\表質\吒\狼當\六象\神儀\銅牙鐵齒\健食\身精人安\好盛\盛好\狂忽\夢寤顛倒\勞體\勞神損精\勞心苦志\踟躕\斷亂\荒濁\迷塞\託愚作癡\慊切\真誠\貞鏡照天\朴實\清信\清忠\素貞\名巧\背戾\了戾\戾便\鬼點\詭點\玩墮\功滿行著\背面異辭\背向異辭\口是心非\外是内非\朝降暮反\反是爲非\人頭蟲心\中惡\含毒\含害\醜逆\逆淫\佞毒\迴狂\强絶\正戾\忌誕\廣狡\榮身富己\重金累紫\恢羅\無形無像\丁字\糜碎\八景\慘黄\枯黄\絳黄\絳紫\朱青\焕赫\藹沫\晃晃昱昱\徹日\紫輝\萬響\高厲聲\甀叫釜鳴\瓊振\粲麗\諠然\喻呵\淵響\寂絶\盛潔\嚴潔\血味\殗穢\濁殗\乾陸\昌隆\翁翁\昌利\擾擾如羊\浩擾\浩亂\歷亂\遂亂\狼粹\珍窮\減減\耗虚\金貴\輕清\灰腐\極上\上利\中上\元紀\元始\一契\等數\正真₁\毫分不差\非凡\七六\頭數\百千萬\千萬億\千億萬\億萬千\遠殊\日月同暉\彌日竟夕\旦來暮去\月一月\歲一歲\日不進寸\促勤\飄然\立時\瞬間\年限\上期\承唐世\小陽九\小百六\大劫\澆季\赤名之域\黄初\正元\年初\冬天\歲冬\昊時\午時\冥旰\日暝\六乙\六丙\六丁₂\六戊\六己\六辛\六癸\從來至今\生來\從爾\後身\登時\綿邈\遐幽\粉米\周天徧地\萬不一脱\萬無一存\無底無對\門至户達\非不\方更\方乃\脱得\只】*〈1/一〉

457

以上材料,可以歸納如下(見表十):

表十　早期天師道十種文獻詞彙的歷時背景和共時分布

	先秦詞先秦義【】	先秦詞兩漢義【】	兩漢詞兩漢義〖〗	先秦詞魏晉義【】*	兩漢詞魏晉義〖〗*	魏晉新詞〖〗*	共計
100 以上/八—十	20						20
30—99/八—十	37	1	0				38
10—29/八—十	16						16
2—9/八—十							
100 以上/六—七	3						3
30—99/六—七	31			2	0	0	33
10—29/六—七	48	3	2	2	0	1	56
2—9/六—七	8	0	1				9
100 以上/四—五							
30—99/四—五	10	3	0	1	0	0	14
10—29/四—五	93	6	3	4	1	2	109
2—9/四—五	142	8	9	2	1	1	163
100 以上/二—三	5			1	0	1	7
30－99/二—三	5	0	1	1	0	0	7
10—29/二—三	59	7	10	0	1	4	81
2－9/二—三	856	89	147	38	21	80	1231
100 以上/一		1	0				1
30—99/一	1						1
10—29/一	17	1	4	0	0	3	25
2—9/一	407	64	125	52	25	161	834
1/一	1803	265	752	250	152	1395	4617
合　計	3561	448	1054	353	201	1648	7265

從歷時情況和使用率、分布面分析,得分在 20—16 的詞,是當時詞彙的基本層成分;得分在 15—12 的詞,屬常用層成分;得分在 11—9 的詞,往往帶有較强的群體特徵,屬局域層成分;得分爲 8 的詞,使用局限最大,是邊緣成分。

觀察上述詞彙分層情況,可以瞭解到:

一,詞彙成分中,多數成分的使用率和分布面都很有限,其中十種文獻中 1 見的有 4617 個,占 63.55%,用例在十個以内,分布不超過三種文獻的有 1065 個,占 14.66%,這一方面跟我們考察的材料數量偏少有關,但也在某種程度上反映了詞彙使用的實際情況:在有限的範圍内,很多詞的複現率很低。

二,詞彙中,詞的影響力跟它們的産生時間有密切關係,使用率高、分布面廣的詞,絶大多數是産生時間較早的詞。後起的詞或詞義,儘管個別詞依靠某些特殊的因素而具有較高的使用率或分布面,但絶大多數在使用率和分布面上都很有局限。比如使用率超過 100 次的詞中,有 20 個是先秦的詞,另有 1 個是先秦詞在兩漢獲得的新義;分布面超過八種文獻的 74 個詞中,只有一個是先秦詞在兩漢獲得的新義,其餘都是先秦産生的舊詞舊義。

三,年代久遠的詞内部也有分化,其中一部分非常活躍,而另一部分(超過一半)相對沉寂,使用率和分布面都很有限,比如産生於先秦的 3561 個詞中,有 1803 個在十種文獻中僅 1 見。

四,詞義的虛實和詞的語法功能差異影響詞的使用率,一批語義虛化而功能性強的詞,因爲使用率高、分布廣而在這個分析中占據核心的位置,但是在實際的交際中,基本意義的表達是由實詞來完成的。因此,在實際的分析中,應該把虛詞和實詞加以區分,在實詞中,還應該把能够充當句子主幹成分的幹詞和主要充當句子修飾成分的飾詞進行區分。本書在這方面有欠深入,值得努力。

五,文獻反映的詞彙面貌,但受所涉内容的影響,跟詞彙的實際面貌之間存在差距,一些反映日常生活中常用事物行爲的詞彙成分,受文獻内容和語體等因素的影響,在文獻中没有得到充分的展示。這種文獻對詞彙帶有偏向性的隨機反映,普遍地存在於各類文獻之中,文獻用詞對詞彙的反映是不全面的。

六,在這個分析中,詞彙成分之間的關係是離散的,詞彙内部的系統關係全部被打亂了。通常,我們可以從詞彙的形式或意義對各詞彙成分進行分析,比如單音-複音關係、同音關係、同構關係、同義-反義-類義關係,等等。但是,在詞彙分層的分析中,反映詞彙内部成分形義關聯的各種關係,被忽略了,而存在於這些關係中的各詞彙成員的活力差異被突顯了出來。比如,多義詞各義項之間,不同義項的活躍程度差異很大,詞的基本義或較早引申義未必比後起的引申義更活躍;而同一組同義詞項中,有些在穩定性和普遍性方面都比較占優,有些則居劣勢。總之,這個分析打亂了通常的詞彙內部關係,無助於我們對這些關係的把握,但能説明我們瞭解具有系列關係的同一組詞和詞項在活力方面的差異,觀察詞彙中各成員在語用中的活躍情況,另有獨特的價值。

第五节　早期天師道文獻的意義系統

5.1　早期天師道文獻詞彙概念系統的完備性

詞彙從共時的角度所展示的意義系統,是現實概念系統的反映,但是,現實生活中客觀存在的各種概念,並不是全部都會出現在有限的語料範圍之內的,語料對於現實的反映具有抽樣性。儘管如此,一些反映生活基本概念或文獻談論焦點概念的詞彙成分,在語料中出現的機會更多,它們在意義的系統性方面也會更加完備。相反,有些概念在文獻詞彙中的反映可能就不那麼完備。語料在詞彙概念系統反映方面的這些差異,正是文獻詞彙偏向的反映,也能體現文獻內容對詞彙影響的一個方面。早期天師道文獻詞彙概念系統,從完備性來看,大體可以分爲以下幾類:

5.1.1　系統完整,意義明確。如 1.1.4 根據人的才智品性對人稱謂,反映對人的社會評價,這方面的用詞數量豐富,反映了文獻對於不同品質的人的愛恨分明態度。語料中,像 3.5 中有關時間的用詞也相當完備。

5.1.2　系統主體完整,部分枝末的意義未得到充分表現。如 1.1.1.1 親屬關係,包括兄弟、夫妻及妾、父母、公婆、父母子女、婆媳、祖父母、祖先、子孫後嗣,都比較齊備,但是,未有關於女兒、姐妹以及姑舅姨方面的用詞,只有泛及女系親屬的"外親"一詞,與表示男系親屬的"中宗"相對;此外,有表示失去丈夫的"寡婦"和去世妻子的"故婦",却沒有相對的、表示失去妻子的男子或去世的丈夫的用詞,反映了男權視角的關注重點。1.4.6 八卦五行中,五行是齊備的,但有五行中"金木"的合稱,沒有其他的合稱,有"火德"沒有其他四行的"德"。

5.1.3　系統輪廓完整,其中部分内容比較細緻,另有部分比較粗略。如1.1.3 根據性别、年齡、生死、健康狀况等生理特點對人的區分,其中,基於性别和年齡的用詞比較豐富,而反映健康狀况的詞則很少。1.1.5 以職業和行爲作爲稱謂的造詞理據,其中有關道教人物、士兵和盗賊的用詞很多,而涉及其他職業和行爲的稱謂詞罕見。

5.1.4　系統輪廓完整,但細部不甚清晰。如 1.1.1.2,家庭族類關係,文獻中反映家庭、宗族、部落以及各方鄰近民族的名稱,都有出現,雖不細緻,但大體比較完備。

5.1.5　系統輪廓不够明朗,但細部内容頗豐,反映概念系統本身有待完善或展示的概念不够完善。比如 1.1.7.1 有關天帝神仙的用詞數量也不少,包括天帝、神靈、衆神、仙真、仙女、地神、土神、水神、城神、灶神、北斗神、太歲神和奸邪凶神,以及一些職司神靈,名目衆多,但其中的系統等次關係不甚明了。

5.1.6　有些概念,在天師道文獻中只是隨機性的偶或性提及,没有展示比較完整的概念系統。比如 1.1.8 有關人物姓氏的詞;1.3.2 有關植物、藥物、飲食的詞,等等。

從語義場觀察到的意義系統關係,可以看到,早期天師道文獻詞彙中,意義序列完整、個體成員衆多的部分形成了早期天師道文獻詞彙的活躍區。

5.2　天師道文獻詞彙的新生率

我們把詞語按意義和時代分類,其中,有的類别的詞在各時段都有産生,有的却偏於某一時段,因此,從歷時的角度來看,出現在同一語義場的各個成分,産生的時代是有差别的,它顯示了早期天師道詞彙的創新焦點,體現天師道社團對詞彙應用或發展的影響,也反映漢語詞彙在歷史發展中的不平衡關係。以下是早期天師道文獻詞彙的新生率統計(見表十一):

表十一　早期天師道文獻詞彙的新生率

		先秦旧詞	兩漢旧质	魏晋新质	合計	新生率
總計		3561	1502	2202	7265	30.31%
1　名物		1188	535	905	2628	34.44%
1.1　人物神靈		302	172	366	840	43.57%
1.1.1 親缘關係	1　親屬	35	7	14	56	25.00%
	2　家庭族類	17	10	4	31	12.90%
1.1.2 社會關係	1　主從等次	59	24	12	95	12.63%
	2　友伴敵對	5	5	6	16	37.50%
1.1.3　生理特點		30	10	11	51	21.57%
1.1.4　才質品性		37	14	24	75	32.00%
1.1.5　行爲職業		20	12	45	77	58.44%
1.1.6　人物統稱		10	2	7	19	36.84%
1.1.7 神靈精氣	1　天帝神仙	30	38	94	162	58.02%
	2　精靈鬼怪	11	21	89	121	73.55%
	3　氣	27	12	36	75	48.00%
1.1.8　人物姓氏		21	17	24	62	38.71%
1.2　肢體壽命		86	16	20	122	16.39
1.2.1　頭部五官		27	1	5	33	15.15%
1.2.2　肢體内臟		45	12	11	68	16.18%
1.2.3　壽命		14	3	4	21	19.05%
1.3　动植诸物		233	109	177	519	34.10%
1.3.1　萬物禽獸昆蟲		79	19	28	126	22.22%
1.3.2　植物藥物飲食		52	17	25	94	26.60%
1.3.3　服裝織物		23	14	7	44	15.91%
1.3.4　器物工具		36	18	49	103	47.57%
1.3.5　文書典籍		8	29	52	89	58.43%
1.3.6　財利金屬		31	9	15	55	27.27%
1.3.7　廢棄物		4	3	1	8	12.50%

		先秦旧詞	兩漢旧质	魏晋新质	合計	新生率
1.4	自然環境	275	112	150	537	27.93%
1.4.1	建築道路	44	28	45	117	38.46%
1.4.2	方位處所	56	11	15	82	18.29%
1.4.3	國土疆界地名	44	24	31	99	31.31%
1.4.4	地理氣象	68	16	26	110	23.64%
1.4.5	天文	48	31	31	110	28.18%
1.4.6	八卦五行	15	2	2	19	10.53%
1.5	智能意念	85	38	62	185	33.51%
1.5.1	話語音樂	20	7	11	38	28.95%
1.5.2	性情欲念	33	11	26	70	37.14%
1.5.3	聲望力量	5	3	5	13	38.46%
1.5.4	要旨緣由	20	6	11	37	29.73%
1.5.5	方法途徑	7	11	9	27	33.33%
1.6	社會事物	207	88	130	425	30.59%
1.6.1	名稱機構職銜	28	14	23	65	35.38%
1.6.2	事務情實	36	14	11	61	18.03%
1.6.3	功業福德	22	10	2	34	5.88%
1.6.4	過失罪行	18	5	1	24	4.17%
1.6.5	吉凶災異	56	26	34	116	29.31%
1.6.6	天命典制	47	19	59	125	47.20%
2	行爲	1560	700	1023	3283	31.16%
2.1	有生行爲	132	68	139	339	41.00%
2.1.1 生命過程	1 婚戀生育	34	16	26	76	34.21%
	2 生存衰亡	32	19	23	74	31.08%
2.1.2 疾病治療	1 疾病生理	49	26	82	157	52.23%
	2 醫治康復	17	7	8	32	25.00%
2.2	五官肢體行爲	387	181	249	817	30.48%

續　表

		先秦旧詞	兩漢旧质	魏晋新质	合計	新生率
2.2.1 口部行爲	1　食飲享用	19	4	4	27	14.81&
	2　呼唤使令	21	2	7	30	23.33%
	3　言論告白	44	23	28	95	29.47%
	4　歎譽罵詈	16	10	12	38	31.58%
	5　宣教誦讀	10	12	19	41	46.34%
2.2.2　首目耳鼻行爲		31	11	11	53	20.75%
2.2.3 肢體行爲	1　手部	28	14	23	65	35.38%
	2　脚部軀體	20	10	12	42	28.57%
2.2.4 軀體位移	1　離去	18	6	6	30	20.00%
	2　前往	17	3	1	21	4.76%
	3　來歸	28	2	6	36	16.67%
	4　上下	7	4	1	12	8.33%
	5　經歷	5	2	0	7	0
	6　移動	32	6	12	50	24.00%
2.2.5 生活行爲	1　起居	24	9	14	47	29.79%
	2　衣飾衛生	14	5	9	28	32.14%
	3　遊戲	4	4	4	12	33.33%
	4　修養信仰	49	54	80	183	43.72%
2.3　心理感受		176	60	64	300	21.33%
2.3.1　感知		10	0	1	11	9.09%
2.3.2　適意安寧		19	13	7	39	17.95%
2.3.3　膽量勇氣		7	0	0	7	0
2.3.4　悔愧悲苦		24	13	6	44	13.64%
2.3.5　怨怒憎忌		26	5	8	38	21.05%
2.3.6　控制放縱		25	13	22	60	36.37%
2.3.7　欲求		47	9	20	76	26.32%
2.3.8　能願		18	7	0	25	0

續　表

			先秦旧詞	兩漢旧质	魏晋新质	合計	新生率
2.4		人際行爲	431	224	317	972	34.20%
2.4.1		慈愛尊奉親近	71	22	20	113	17.70%
2.4.2		佑助保護	24	17	25	66	37.88%
2.4.3		會聚追隨	40	21	20	81	24.69%
2.4.4		施受傳遞	40	15	28	83	33.73%
2.4.5		輕鄙背欺	41	17	21	79	26.58%
2.4.6		敵對衝突	57	28	41	126	32.54%
2.4.7 社會治理	1	任職管理	56	35	57	148	38.51%
	2	請求約定	6	4	8	18	44.44%
	3	依順	28	10	15	52	28.84%
	4	防禁	16	5	10	31	32.26%
	5	過惡懲貸	52	50	72	174	41.38%
2.5		役物行爲	272	100	163	534	30.52%
2.5.1 解知辨識	1	解知	20	3	16	39	41.26%
	2	稱名判定	20	5	9	34	26.47%
	3	思考謀劃	17	7	4	28	14.29%
	4	專心意念	8	7	13	28	46.43%
2.5.2 生産經營	1	勞作	76	30	35	141	24.82%
	2	設立備辦	19	5	9	33	27.27%
	3	理財	15	5	13	33	39.39%
2.5.3		尋求獲取致使	37	13	18	68	26.47%
2.5.4		占有留存	20	4	7	31	22.58%
2.5.5		棄除亡失	40	21	39	100	39.00%
2.6		事物運行	162	67	91	320	28.44%
2.6.1		現隱	26	9	13	48	27.08%
2.6.2		運行通塞難易	38	19	27	84	32.14%
2.6.3		散布	20	10	17	47	36.17%

續　表

	先秦旧詞	兩漢旧质	魏晋新质	合計	新生率
2.6.4　增減變化	19	7	11	37	29.73%
2.6.5　起止成毁	39	14	17	70	24.29%
2.6.6　事物關係	20	8	6	34	17.65%
3　性狀及其他	813	267	274	1354	20.24%
3.1　人物性狀	133	65	80	278	28.78%
3.1.1　外貌	12	6	9	27	33.33%
3.1.2　生理狀態	15	3	13	31	41.94%
3.1.3　心境	18	11	10	39	25.64%
3.1.4　心智修養	36	25	18	79	22.78%
3.1.5　真偽善惡	31	17	27	75	36.00%
3.1.6　富貴貧賤	21	3	3	27	11.11%
3.2　物體性狀	108	56	74	238	31.09%
3.2.1　外形	15	2	5	22	22.72%
3.2.2　色彩光澤	27	18	20	65	30.77%
3.2.3　音聲	5	6	11	22	50.00%
3.2.4　氣味净污	17	5	9	31	29;03%
3.2.5　觸感	3	2	2	7	28.57%
3.2.6　盛衰整缺	25	17	20	62	32.26%
3.2.7　質地	16	6	7	29	24.14%
3.3　類屬	68	10	17	95	17.89%
3.3.1　等次位序	35	5	8	48	16.67%
3.3.2　比似類同差異	33	5	9	47	19.15%
3.4　数量	99	17	9	125	7.20%
3.4.1　表量單位	27	6	1	34	2.94%
3.4.2　定數	22	1	1	24	4.17%
3.4.3　不定數和少量	15	3	2	20	10.00%
3.4.4　大量	21	5	5	31	16.13%

		先秦旧詞	兩漢旧质	魏晋新质	合計	新生率
3.4.5　頻次		14	2	0	16	0
3.5　時間		131	54	61	246	24.80%
3.5.1　久暫		28	10	17	55	30.90%
3.5.2 定指時間	1　時點時段	62	30	35	127	27.56%
	2　始末	15	2	5	22	22.72%
3.5.3 相對時間	1　過去	11	7	1	19	5.26%
	2　現在	8	2	2	12	16.67%
	3　將來	7	3	1	11	9.09%
3.6　範圍程度		172	44	27	243	11.11%
3.6.1　空間		39	8	3	50	6.00%
3.6.2　遍及		36	12	10	58	17.24%
3.6.3　接續		48	9	6	63	9.52%
3.6.4　限制		20	8	3	31	9.68%
3.6.5　揣測強調否定		15	3	3	21	14.29%
3.6.6　程度		14	4	2	20	10.00%
3.7　結構關係		51	6	1	58	1.72%
3.7.1　介引		25	4	1	30	3.33%
3.7.2　助語		26	2	0	28	0
3.8　稱代指示		51	15	5	71	7.04%
3.8.1　人物指稱		23	8	2	33	6.06%
3.8.2　指示事物		13	0	0	13	0
3.8.3　疑問指代		15	7	3	25	12.00%

5.2.1　早期天師道文獻詞彙中的穩定部分

在本書分析所獲的全部 7265 個詞項中,魏晋詞彙新質有 2202 個,占 30.31%,但其中有些詞義類別,在前代詞語的基礎上很少增加,以下是魏晋詞彙新質中增量不到 15%(低於魏晋詞彙新質平均水準的一半)的一些類別(見表十二):

表十二　早期天師道文獻詞彙中低新生率的類別

類　別	先秦產生	兩漢產生	魏晉產生	總計	新生率
1.1.1.2　家庭族類	17	10	4	31	12.90
1.1.2.1　主從等次	59	24	12	95	12.63
1.3.7　廢棄物	4	3	1	8	12.50
1.4.6　八卦五行	15	2	2	19	10.53
1.6.3　功業福德	22	10	2	34	5.88
1.6.4　過失罪行	18	15	1	24	4.17
2.2.1.1　食飲享用	19	4	4	27	14.81
2.2.4.2　前往	17	3	1	21	4.76
2.2.4.4　上下	7	4	1	12	8.33
2.2.4.5　經歷	5	2	0	7	0
2.3.1　感知	10	0	1	11	9.09
2.3.3　膽量勇氣	7	0	0	7	0
2.3.4　悔愧悲苦	24	13	6	44	13.64
2.3.8　能願	18	7	0	25	0
2.5.1.3　思考謀劃	17	7	4	28	14.29
3.1.6　富貴貧賤	21	3	3	27	11.11
3.4.1　表量單位	27	6	1	34	2.94
3.4.2　定數	22	1	11	24	4.17
3.4.3　不定數和少量	15	3	2	20	10.00
3.4.5　頻次	14	2	0	16	0
3.5.2.1　過去	11	7	1	19	5.26
3.5.2.3　將來	7	3	1	11	9.09
3.6.1　空間	39	8	3	50	6.00
3.6.3　接續	48	9	6	63	9.52
3.6.4　限制	20	8	3	31	9.68
3.6.5　揣測強調否定	15	3	3	21	14.29
3.6.6　程度	14	4	2	20	10.00

	先秦旧詞	兩漢旧质	魏晋新质	合計	新生率
3.7.1　介引	25	4	1	30	3.33
3.7.2　助語	26	2	0	28	0
3.8.1　人物指稱	23	8	2	33	6.06
3.8.2　指示事物	13	0	0	13	0
3.8.3　疑問指代	15	7	3	25	12.00

　　早期天師道文獻中這些類別的詞,有的在魏晋時期完全没有出現新成分,有的只出現了極少數的幾個,説明它們處於高度的穩定狀態,概念和形式的繼承性好,是詞彙的穩定部分,新生率因此很低。

　　早期天師道文獻中詞彙變化最小的部分,主要是表示結構關係的語法性成分(介引、助語)和稱代指示的詞(人物指稱、指示事物、疑問指代),它們的整體新生率分别爲1.72%和7.04%。

　　此外,表示數量、時間、範圍程度的詞,整體新生率也都很低,其中,數量五個小類中有四個已見表十二,未見表十二的"大量類"新生率是16.13%,數量類詞整體新生率7.2%。時間有三個小類,在其中表示相對時間的三個次類中,過去和將來都見表十二,表示"現在"的新生率是16.67%,也明顯偏低,其表示久暫和定指時間的一些特殊時點概念,如朝代年號,新生率比較高,因此抬高了時間類的整體新生率,爲24.80%。表示範圍桯度的六個小類中,五個已見上表,只有新生率17.24%的遍及類不在表十二中,整體新生率爲11.11%。

　　總之,傳統分析中所謂的虛詞或半虛半實詞的穩定性明顯高於各類實詞。

　　實詞中,也有一些類别的新生率不高。如名物詞中,指稱一般人物稱謂的詞新生率大多偏低,尤其是家庭族類和人物主從等次的詞,不到13%,跟它們相鄰的親屬類詞的新生率是25%,友伴敵對類詞新生率是37.5%,生理特徵類詞新生率是21.57%。

　　此外,表示廢棄物的詞,傳統哲學中的八卦五行的詞,表示功德罪業的詞,等等,新生率都很低。跟八卦五行相鄰的天文、地理氣象、方位處所類,新生率也較低,分別爲28.18%、23.64%、18.29%;跟功德罪過相鄰的事務情實類,也只有18.03%的新生率。

在行爲詞中,表示食飲、軀體位移、心理感受和思考謀劃的詞新生率都很低,其中,表示軀體位移下轄的六個小類中有三個列入上表,其他的三個小類新生率也偏低:離去類20.00%、來歸類16.67%、移動類24%,軀體位移類詞一共156個,魏晋新詞26個,整體的新生率爲16.67%。心理感受下轄八個小類,有四個小類新生率明顯偏低,已見表十二,其他的四個小類中,只有控制放縱類詞36.67%偏高,其他三個小類的新生率也不高:適意安寧類17.95%、怨怒憎忌類21.05%、欲求類26.32%,心理感受類共300個詞,魏晋詞彙新質64個,整體新生率21.33%,偏低。

在狀態詞中,除了上面已經談過的内容,屬於人物性狀的富貴貧賤狀態類詞明顯低,跟它同類的詞語中,外貌類33.33%、生理狀態類41.93%、真僞善惡類36%,都略偏高,但心境類25.64%、心智修養類22.78%,都偏低。人物性狀類詞共278個,魏晋詞彙新質80個,整體新生率28.78%,略微偏低。

5.2.2　早期天師道文獻詞彙中的活躍部分

在早期天師道文獻詞彙中,有一些類别具有較高的新生率,形成當時詞彙的活躍區,是當時詞彙的生長點或熱點,以下是魏晋詞彙新質占本類40%以上的類别(見表十三):

表十三　早期天師道文獻詞彙中高新生率的類别

類　別	先秦産生	兩漢産生	魏晋産生	總計	占比
1.1.5　行爲職業	20	12	45	77	58.44
1.1.7.1　天帝神仙	30	38	94	162	58.02
1.1.7.2　精靈鬼怪	11	21	89	121	73.55
1.1.7.3　氣	27	12	36	75	48.00
1.3.4　器物工具	36	18	49	103	47.57
1.3.5　文書典籍	8	29	52	89	58.43
1.6.6　天命典制	47	19	59	125	47.20

類　別	先秦産生	兩漢産生	魏晋産生	總計	占比
2.1.2.1　疾病生理	49	26	82	157	52.23
2.2.1.5　宣教誦讀	10	12	19	41	46.34
2.2.5.4　修養信仰	49	54	80	183	43.72
2.4.7.2　請求約定	6	4	8	18	44.44
2.4.7.5　過惡懲貸	52	50	72	174	41.38
2.5.1.1　解知	20	3	16	39	41.26
2.5.1.4　專心意念	8	7	13	28	46.43
3.1.2　生理狀態	15	3	13	31	41.94
3.2.3　音聲	5	6	11	22	50.00

早期天師道文獻詞彙新生率高的,首先是有關道教人物神鬼精氣的詞,其中,包括表示世間活動的道教人物用詞行爲職業類詞和神靈精氣類詞(含天帝神仙、精靈鬼怪、氣三個次類),這兩個類別共435個詞,魏晋産生的新質有264個,占60.69%。

動植諸物中,器物工具和文書典籍兩個小類的新生率也偏高,這不僅因器物工具和文書典籍中,涉及了一些社會新事物,還在於對道教特有事物描寫的需要,道教高度重視符籙典册,常常談及各種記録宣傳道教思想的經文、天庭記録人間善惡的文書、驅凶禳災的符咒等等,以及道教專用的印章、樂器、車馬儀仗義等物,二者的平均新生率達到52.60%。

道教的社會觀念,反映在有關天命典制的用詞上,爲此,在傳統的觀念用詞的基礎上,新增了數量衆多的詞彙新質,新生率達到47.20%。

疾病是人生的苦難,道教重視通過治病消災來幫助大衆,傳播本教,文獻中有關這方面的概念數量可觀。與此相關,人的生理行爲也得到了普遍的重視,有生行爲中,除疾病生理類之外,婚戀生育類新生率是34.21%,生存衰亡類新生率是31.08%,醫治康復類新生率是25%,整體新生率41.00%,也是偏高的。

傳教讀經是道教徒修行的重要方式,有關宣教誦讀的行爲雖非道教人士所特有,但道教的宗教生活特點還是大大促進了這方面詞彙新質的產生,達46.34%。與此相類,有關修養信仰的詞彙新質也有相當的新生率,爲43.72%。

宗教重視人的社會行爲規範,提倡本教主張的人際交往方式,因此,在人際行爲用詞中,下屬於社會治理的表示請求約定和過惡懲貸兩個次類有較高的新生率,整個社會治理類 423 個詞,魏晉詞彙新質有 162 個,占 38.30%,整體偏高。

此外,解知和專心憶念是宗教修行中的兩個重要方面,它們的新生率因此偏高。與道教關注人的疾病生理相應,有關生理狀態的詞也有較高的新生率。道教在描寫天界活動時常常通過色彩和音聲渲染氣氛,這方面的詞彙的數量雖然不多,但新生率也都偏高。

儘管詞彙的新生率與道教活動存在密切關係,但是,新生的詞彙成分,並不是都屬於道教的專用概念,其中有相當一部分是全民通用的概念,與宗教並無直接或必然的關係,只是道教在他們宗教活動中更多地涉及了這些概念,致使這方面的用詞數量增加,這說明,宗教活動對全民一般詞彙的影響也是值得關注的。

5.2.3 早期天師道文獻詞彙的整體新生率

從總體來看,早期天師道文獻詞彙發展是不平衡的,從詞彙的各大類來觀察,大致可以分爲四種情況,以下對此作一全面的梳理:

5.2.3.1 活躍或部分活躍。

有生行爲中,有關疾病生理部分十分活躍,其他如婚戀生育、生存衰亡和醫治康復的概念,在道教中也有一定的關注度,産生了不少詞彙新質,因此整體的新生率偏高,達 41%。

物體性狀類中,各小類大多接近或略低於平均水準,僅音聲小類新生率較高,但數量不多,對整體影響不大,整體新生率爲 31.09%,稍高於平均水準。

5.2.3.2 穩定。

肢體壽命類雖無明顯偏低的類別,但全部 122 個詞中魏晉新質 20 個,新生率 16.39%,整體明顯偏於穩定。

　　心理感受類中,膽量勇氣、能願類没有新生成分,感知、適意安寧、悔愧悲苦、怨怒憎忌、欲求類新生率都不高,只有控制放縱類略高一點,本大類的整體新生率僅21.33%,偏於穩定。

　　表示類屬的詞不多,它們的新生率也不高,兩個小類總共95個詞,新質17個新生率爲17.89%,偏於穩定。

　　數量類中,表頻次的小類没有新質,其他各小類也很少詞彙新質,它的整體新生率只有7.20%,相當穩定。

　　時間類中,只有表示久暫的小類新生率接近平均水準,其他各類都明顯低於這個水準,它們的整體新生率24.80%,整體比較穩定。

　　範圍程度類中的各小類,新生率最高的是遍及小類的17.24%,整體新生率爲11.11%,相當穩定。

　　表示結構關係的成分有58個,只有一個詞彙新質,占1.72%,非常穩定。

　　稱代指示類的新生率也很低,7.04%,相當穩定。

5.2.3.3　活躍與穩定相雜。

　　人物神靈類中,親緣和社會關係的詞相對比較穩定,新生率偏低,但有關行爲職業和神靈精氣的詞十分活躍,數量大、新生率高,致使人物神靈類整體新生率偏高,達43.57%。

　　動植諸物中,廢棄物類數量少且僅一例新質,明顯偏低。其他幾類,如萬物禽獸昆蟲(22.22%)、植物藥物飲食(26.60%)、服裝織物(15.91%)、財利金屬(27.27%)新生率也都偏低,但器物工具和文書典籍十分活躍,數量較多,整體新生率達34.10%,高於平均水準。

　　自然環境類中,建築道路、國土疆界類中因涉及天界仙宫洞府等道教想象和現實的活動場所,新生率偏高,而八卦五行比較穩定,方位處所、地理氣象類也相對穩定,整體新生率爲27.93%,略低於平均水準。

　　社會事物類中,功業福德和過失罪行類相當穩定,新生率很低,表示一般事務情實的詞新生率也偏低,而涉及道教社會理想和架構的名稱機構職銜和天命典制類新生率偏高,兩相抵消,新生率達到平均水準。

　　五官肢體行爲類中内涵豐富,其中,有關口部行爲的食飲享用類新生率低,呼唤使令類也偏低,而宣教誦讀類新生率却很高,兩相平衡,接近平均水準。其他各類中,表示身體位移類 26 個詞彙新質占本次類總數 156 個的 16.67%,明顯偏低;但生活行爲類中由於修養信仰這個次類新生率高,因而這一小類整體新生率也高,本大類各部分平衡的結果,新生率爲 30.48%,接近平均水準。

人際行爲類中,各小類的新生率大多接近平均水準,僅慈愛尊奉親近小類偏低,社會治理小類中有兩個次類偏高,導致整個大類整體略高於平均水準。

役物行爲類中,解知辨識小類中,解知、專心憶念兩個次類新生率高,而思考謀劃次類新生率低,其他各類新生率大多比較接近平均水準,這個大類的整體新生率 30.52%,也接近整體平均水準。

人物性狀類中,生理狀態類新生率 41.94%,比較活躍,富貴貧賤類新生率 11.11%,比較穩定,其他各類介於二者之間,整體新生率 28.78%,略低於平均水準。

5.2.3.4 雖有變化但不活躍。

智慧意念類中,各小類差別不大,接近或略高於平均水準,總體新生率爲 33.51%,有變化但起伏不大。

事物運行類中,只有事物關係小類新生率 17.65% 偏低,其他各小類都接近平均水準,整體新生率 28.44%,略低於平均水準。

總之,從早期天師道文獻的詞彙新質中可以看到,詞義虛的成分變化少穩定性高,詞義實的成分變化多,穩定性差。由於文獻内容的影響,反映道教事物的部分詞彙新生率高,受道教關注的事物詞彙新生率也高,此外,道教表達的方式或表達習慣也影響了一部分詞的使用,導致部分詞語的産生或變化。因此,道教文獻既有反映道教用詞的一個方面,也有反映大衆普通用詞的方面。

詞彙的新生率是詞彙生長點的直接反映,詞彙中新生率高的部分也是詞彙的高生長點。新生的詞彙成分,有的補充了詞彙系統中空缺的部分,成爲某個語義場中意義序列的一個環節,但也有許多新生成分,只是爲已有的表達形式提供了新的表達選擇,是對詞彙中有舊質作了形式上的翻新。

5.3　從早期天師道文獻詞彙新質看詞彙創新和詞彙翻新

詞彙的新成分可能表達新概念，也可能表達舊概念。我們把新的詞彙形式稱爲新詞，在原有詞彙形式基礎上産生另外意義的稱爲新義，再把新詞新義統稱爲詞彙新質；把新生的概念稱爲新義，舊有的概念稱爲舊義。詞彙創新指詞彙新質表新義，詞彙翻新指詞彙新質表舊義，此外，一些後起的詞彙成分在使用中替換了舊有的詞彙成分，爲詞彙歷時替換。

不考慮詞彙歷時替換的因素，觀察在共時的條件下，詞彙創新與詞彙翻新對詞彙發展的影響，是瞭解詞彙發展動因的一個重要方面。

魏晉詞彙新質共 2202 個，數量衆多，以下對新生率超過 50% 的行爲職業、天帝神仙、精靈鬼怪、文書典籍、疾病生理、音聲等幾組詞在這一方面的表現，用内部比較的方法，作一抽樣分析。由於這一部分詞彙新質的數量超過舊質，因此，可以在最大程度上看出新概念對於詞彙創新的影響。其中魏晉新質成分如果在此前没有同義形式，即判爲創新成分；如此前已經有同義成分，即判爲詞彙翻新；如雖無此前的同義成分，而在新質中遇到兩個或多個同義的新生成分，即以其中一個爲創新成分，其他爲翻新成分。以下對有同義關係的詞按意義分行列出，並引它們的釋義，各行前括弧中的是魏晉之前已經産生的同義形式，同義形式數量多的稍舉一二例。没有同義關係的詞則只列詞目。

由於本項調查的比較範圍只限於早期天師道十種文獻，因此，有的新形式的同義舊形式没有出現在十種文獻之中，但在其他文獻中有使用，因此有待修正。爲此，本書在適當範圍内作了一點調查，補出了部分概念在六朝以前的用詞，標以｛　｝號，列在相關概念之前。

5.3.1　行爲職業類

早期天師道文獻按行爲職業劃分的人物小類中共 77 個詞項，有詞彙新質共 45 條，占 58.44%。45 條新質中 22 條有同義關係，包括 16 組。16 組中 5 組没有舊表達形式，4 組在同類文獻中有舊表達形式，7 組在其他文獻中有舊表達形式：

〖道主〗 *道教的始祖。〖道尊〗 *道教的始祖。

〖系師〗*指天師道第三代天師張魯。〖係天師〗*系師。〖師君〗*天師道第三代天師張魯。

〖經師〗*負責傳授經籍的道師。〖籍師〗*掌管經籍符籙的道師。

〖治官〗*早期天師道行政單位"治"的管理者。〖治頭祭酒〗*早期天師道各治的首領。

【生民₃】*道民;普通道衆。【生者】*道民。

(【師₂】)〖師主〗*傳道的師傅。

(【弟子】)【臣₃】*道教信徒。

(【兵士】【士卒】〖軍兵〗)〖兵人〗*士兵。

(【寇賊】〖奸盗〗)〖千賊萬盗〗*所有的盗賊。

|後學|【末學₂】*後學。〈1/一〉

|巫|〖巫師〗*以祈禱、卜筮、星占並用藥物爲人求福、却災、治病的人。

|賈|〖估〗*商人。

|商/詐人|〖賈生〗*商人。引申爲欺詐不誠的人。

|役人|〖舉工〗*力役。

|困人|〖厄人〗*受苦難之人。

|亡人|【逃亡₂】*逃亡的人。

沒有同義形式的有:

【三師】*【天師】*〖正一真人〗*〖嗣師〗*〖國師〗*〖山神師〗*〖法師〗*【祭酒】*〖別治主者〗*〖道士〗*〖男官〗*〖女官〗*〖男女官〗*〖男女民〗*〖男女生〗*〖散治民〗*〖新故民〗*〖故民〗*【學士】*〖千師萬醫〗*〖禮頭主〗*〖鹽女〗*〖兵賊〗*。

本類45條詞彙新質,表示39個概念(16個同義組各表一個概念,23個無同義形式也各表一個概念),其中有11個概念舊有表達形式(4個見於同類道經,7個見於其他文獻),計創新成分28個(5組全新同義組各計一例,加上23例無同義新質),翻新成分17個。

5.3.2　天帝神仙類

早期天師道文獻中,天帝神仙類162個詞項,詞彙新質共94條,占

58.02%。94 條新質中,35 條有同義形式,可分爲 19 組。其中,5 組没有舊的表達形式,12 組在同類文獻中有舊表達形式,2 組在其他文獻中有舊表達形式:

【聖君】＊太平之世統治世間的仙君。〖神仙君〗＊神君。〖丈六軀〗＊本指佛的化身,道教借指道教聖君。

【上仙】＊天上的神仙。〖天仙〗＊天上神仙。

【三官】＊天官、地官、水官三帝的合稱。〖三官帝〗＊天官、地官、水官的合稱。〖天地水三官〗＊天官、地官、水官的合稱。

【水官】＊三官之一。〖水帝〗＊主管水府的神仙。

〖門丞〗＊掌管門户的官。〖門伯户丞〗＊掌管門户的神靈。

(【帝】【上皇】〖天皇₁〗)〖聖皇〗＊天帝。【太王】＊天帝。

(【真人】)〖明真〗＊仙人神靈。〖靈真〗＊真仙。【真靈】＊真人;神仙。〖正真₂〗＊真靈;仙人。〖上真〗＊真仙。〖真儔〗＊仙人。

(【神₁】【神靈】)〖神陰〗＊神靈;神仙。

(【萬靈】【群靈】)〖衆靈〗＊諸神。

(【仙人】〖神仙〗)〖仙聖〗＊對神仙的尊稱。〖仙靈〗＊神仙。

(〖八皇〗)〖八帝〗＊八方天帝。

(〖神將〗)〖官將〗＊天將。

(【司神】)〖考官〗＊負責考察監督的仙官。

(〖心神₂〗)〖中神〗＊心神。

(【太歲₂】)〖太歲將軍〗＊主凶殺的神。〖大歲將軍〗＊主凶殺的神。〖太歲大將軍〗＊主凶殺的神。

(【竈₂】【竈君】)〖伏龍〗＊竈神。

(〖邪神〗)〖姦神〗＊姦邪的神靈。

｛天公｝〖天翁〗＊天公。

｛社稷｝〖稷社〗＊古代帝王、諸侯所祭的土神和穀神。

没有同義形式的有:

〖衆官〗＊〖九真〗＊〖中真〗＊〖下真〗＊【仙道人】＊【地仙】＊【丈人₃】＊〖神

男】*〖素男〗*〖玄男〗*〖玉男〗*〖玄女〗*〖仙童(仙僮)〗*〖金童〗*〖玉童〗*
〖九公〗*【天綱₂】*〖左監祭酒〗*〖六質〗*〖六直〗*〖六端〗*〖六愨〗*〖監真使
者〗*〖赤車使者〗*〖通事書佐〗*〖中元之君〗*〖精君〗*〖執事吏〗*〖三將
軍〗*〖靈司〗*〖左右官〗*〖司馬〗*〖大夫〗*〖君吏〗*〖二千石₁〗*〖刺史從
事〗*〖官從〗*〖屬將〗*〖六甲〗*【六丁₁】*〖千二百官〗*〖官醫〗*〖天醫〗*【太
醫】*〖五官治病醫吏〗*〖三天₂〗*〖左右監神〗*〖熒惑吏〗*〖星社〗*【天官₁】*
【地官₂】*〖溪女〗*〖龍王〗*〖河龍七獄吏〗*〖解五部將〗*〖北時司命〗*〖水土
公〗*〖社竈〗*〖城神〗*。

本類 94 個詞彙新質,表達了 78 個概念(19 個同義組各表一個概念,59 個
無同義形式各表一個概念),其中有 14 個此前已有表達形式(12 個見於同類
道經,2 個見於其他文獻),計創新成分 64 個(5 個全新同義組各取一個,加上
59 個無同義形式),翻新成分 30 個。

5.3.3　精靈鬼怪類

早期天師道文獻中,精靈鬼怪類共 121 個詞項,其中詞彙新質 89 條,占
73.55%。在 89 條新質中,54 條有同義形式,分爲 5 組。5 組中,有 2 組全是新
質,3 組在同類道經中出現舊有表達形式:

〖姤鬼姤神〗*嫉妒害人的鬼神。〖姤星姤鬼〗*嫉妒害人的星宿鬼怪。

〖丘丞〗*依附丘墓的精怪。〖丘丞墓伯〗*依附墳墓的精怪。〖丘丞墓
相〗*依附墳墓的精怪。〖墓伯〗*依附墳墓的精怪。〖墓卿石袄〗*依附墳墓的
精怪。

(【魂魄】【魂】)〖魂精〗*魂魄。〖三魂七魄〗*對魂魄的總稱。

(【靈₂】【精魅】)〖清靈〗*精怪。〖精怪〗*妖魔鬼怪。〖精鬼祟〗*害人的
鬼物。〖精祟〗*鬼怪。〖精妖〗*精怪;妖怪。〖邪精〗*凶邪精怪。〖惡精〗*邪
惡的精怪。〖妖精〗*妖怪精靈之類。〖鬼精〗*鬼怪;精怪。〖鬼炁〗*鬼怪;精
怪。〖鬼祟〗*鬼怪。〖鬼蠱〗*鬼魅。〖鬼賊〗*鬼怪。〖殃怪〗*致殃禍的精怪。
〖怪鬼〗*妖怪;精怪。〖邪靈〗*凶邪的靈怪。〖袄惑〗*妖邪的精怪。〖妖殍〗*
妖邪鬼怪。〖非殍〗*邪惡的鬼怪。〖妖魅〗*指妖魔鬼怪之類。〖袄魅〗*指妖

魔鬼怪之類。〖邪魅〗*作祟害人的鬼怪。〖陰₂〗*鬼怪。〖惡₅〗*邪惡鬼祟。〖魔魅〗*魔鬼。

（〖群精〗）〖萬精〗*各種精怪。〖百精〗*各種精怪。〖衆鬼〗*各種鬼怪。〖萬鬼〗*衆鬼。〖百魅〗*各種鬼魅。〖精毒〗*精怪。〖群祅〗*各種危害人的精怪。〖衆祅〗*各種危害人的精怪。〖萬祅〗*各種妖邪。〖五蠱六尪〗*各種鬼魅精怪。〖五蠱六魃〗*指各種鬼魅精怪。〖五虛六耗〗*各種禍祟災殃的精怪。〖千鬼萬神〗*各種鬼神。〖千邪萬祅〗*指各種妖邪之物。〖千殃萬魅〗*各種災殃鬼魅。〖萬魅百精〗*指各種精怪。〖衆精百邪〗*指各種精邪鬼怪。〖六精〗*指六天妖氣精怪。〖六尪〗*指六天妖氣鬼怪。〖萬尪〗*各種邪氣鬼怪。

沒有同義形式的有：

〖生魂〗*〖百毒〗*〖温竈靈〗*〖閑客〗*〖精魁〗*〖鬼殺（鬼煞）〗*〖殃殺〗*〖尪魈〗*〖小魅〗*〖尪殺〗*〖野道〗*〖伏屍〗*〖拘刑鬼天〗*〖天正鬼〗*〖地正鬼〗*〖土玉鬼〗*〖人精〗*〖蛇魅〗*〖銅金錢精〗*〖髮光〗*〖木光〗*〖水光〗*〖血光〗*〖衣光〗*〖火光₂〗*〖金光₂〗*〖鬼王〗*〖鬼帥〗*〖鬼兵〗*〖鬼主〗*〖五主〗*〖鬼官〗*〖鬼伍〗*〖寒鬼〗*〖下鬼〗*。

本類 89 條詞彙新質，表達 40 個概念（5 個同義組各表一個概念，35 條沒有同義關係的新質各表一個概念），其中 3 組在同類道經中出現了此前產生的同義形式，計創新成分 37 個（2 個全新質同義組各計一例，加 35 個無同義形式新質），翻新成分 52 個。

5.3.4 文書典籍類

早期天師道文獻中，文書典籍類共 89 個詞項，詞彙新質 52 條，占 58.43%。52 條詞彙新質中，35 條有同義形式，分爲 10 組，其中 1 組全由詞彙新質組成，9 組在同類道經中出現了舊有的表達形式：

〖上清₂〗*上清仙録。〖大簿〗*仙録籍簿。〖玉簡〗*仙録簿籍。〖玉曆〗*仙録籍簿。

（〖經₂〗）〖大書〗*記載世間至理要言的書籍。〖書經〗*經書典籍。

（〖文書₁〗）〖官符〗*官府下行的文書。

（〖寶經〗【神文】）【道經】*道教的經典。〖靈文〗*道教經文。〖清文〗*清正的道教經文。〖真書〗*道教的經書。〖真錄〗*道教的經書符錄。【圖書】*道教經籍符錄。〖寶文〗*道教經書符錄。〖符經〗*符錄經籍。〖經符〗*道經符錄。〖仙券〗*道教經籍。〖祕經〗*神秘的道經。【官契】*道教書契、符信。

（〖靈章〗【真文】）〖祕符〗*神秘的符錄。〖符錄〗*道教所傳秘密文書符和錄的統稱。〖符章〗*符錄。【券契₂】*符信;符錄。〖靈錄〗*道教經籍符錄。〖符真〗*真符;具有法力的符錄。〖飛符〗*符錄。〖法錄〗*驅鬼壓邪的丹書、符咒。〖令符〗*能驅令鬼神的符信。

（〖錄籍〗）〖簿錄〗*簿籍。道教認爲人的生死禍福等皆載於仙官簿籍。

（〖生籍〗）【右契】*天界記錄生存者的籍簿。〖生錄〗*記錄活人姓名的簿籍。

（〖死籍〗）〖左契〗*天界記錄死亡者的籍簿。〖死名〗*將死者的名籍。

（【篇】【卷】）【章₂】*文章的段或篇。

（【文₁】【字₁】）〖文字₂〗*道教的符錄文字。

沒有同義形式的有:

〖教案〗*〖天經〗*〖錄₁〗*【符】*〖咒章〗*〖下符〗*〖生符〗*〖文字₁〗*〖黑籍〗*〖章奏〗*〖投祭〗*〖投文〗*〖短紙〗*〖訟詞〗*【經言】*〖中篇〗*〖草書〗*。

本類詞彙新質 52 條,表達 27 個概念(10 個同義組各表一個概念,17 條無同義的新質各表一個概念),其中 9 個在同類道經中出現舊有的表達形式,計創新成分 18 個(1 個全新質同義組取一例,加上 17 個無同義形式的詞彙新質),翻新成分 34 個。

5.3.5　疾病生理類

早期天師道文獻中,疾病生理類 157 個詞項,其中詞彙新質 82 條,占 52.23%。82 條新質中,52 條有同義形式,分爲 30 組。30 組中,有 10 組全由新質構成,16 組在同類道經中出現舊有表達形式,4 組在其他文獻中有舊表達形式:

〖急病〗*指突然發作、來勢凶猛的疾病。〖急疾〗*突然發作的疾病。

〖胞形骨消〗* 形體消瘦。〖肌骨刑禍〗* 形體消瘦。

〖目實海出瞖〗* 白内障。〖目海生瞖〗* 白内障。

〖吸咄〗* 病名。〖咄吸〗* 病名。同"吸咄"。〖吸吐〗* 病名。同"吸咄"。

〖連曆〗* 接連遭逢氣脉不暢之痛。〖痛炁曆〗* 氣脉不暢引發疼痛。

〖淋露〗* 中醫名詞。指傷於霧露之邪而致頭沈胸悶,昏昏不清,肢體重滯,上言懶動,或身發寒熱者。〖淋露病〗* 參"淋露"。

〖厭赤陽〗* 病名。〖厭赤陽黄〗* 病名。

〖帶下十二病〗* 人身腰帶以下器官的病症。〖十二病〗* 帶下十二病。

〖瘤疽〗* 毒瘡腫瘤。〖瘤癰〗* 腫瘤性皮膚化膿炎症。

〖雲中病〗* 風病。【雲中₂】* 雲中病。

(【病₁】)【大病】* 嚴重的疾疫。〖惡毒〗* 嚴重的疾疫。

(【疾₁】【有疾】)【有急】* 有疾病。

(【羸】)〖羸病〗* 衰弱羸瘦之病。

(【喑啞】)〖絶音〗* 無法説話;喪失説話能力。

(【吐逆】)〖吐病〗* 嘔吐病。

(【脹滿】)〖激滿〗* 腫脹。

(【癰腫】)〖腫癰〗* 癰疽膿腫。

(【瘫(癰)】)〖翁〗* 癰。

(【腫₁】)【癃】* 腫。

(〖風痺〗)〖風毒〗* 與所居處潮濕低下有關的致病因素。

(【拘急】)〖驚掣〗* 因驚風引起的抽搐。

(【瘧】)〖瘧病〗* 瘧疾。

(【注₃】〖注病〗)〖惡注〗* 邪惡的注氣。〖注炁〗* 傳染性疾病。注者住也,言其病連滯停住,死又注易傍人也。

(【得₆】)〖得炁〗* 中邪毒之氣;感染。〖得屬〗* 感染;傳染疾病。屬,指疾病的聯接性特徵。〖注易〗* 指疾病接連不斷。

(【温】)〖瘟病〗* 各種急性熱病。〖瘟毒〗* 瘟疫。〖瘟疫炁〗* 瘟疫病。〖五瘟〗* 天下各種瘟疫。

（〖顛病〗〖狂惑₁〗〖狂易〗）〖犯易〗*精神失常。〖九狂心膈〗*精神錯亂。〖顛狂病〗*言語、行爲失常的精神病。

｛癩｝〖癩病〗*一種惡瘡，頑癬性疾病。

｛攣｝〖攣縮〗*蜷曲。

｛痿｝〖死肌〗*肌肉麻木活動不靈。〖死肌病〗*肌肉麻木活動不靈。

｛癇｝〖癲癇（顛癇）〗*突發的暫時性大腦機能紊亂。俗稱羊癲瘋或羊癲風。〖顛狂癇病〗*癲癇。

沒有同義形式的有：

〖歲病〗*〖羸嬰〗*〖癃殘〗*【格】*〖連添收骨〗*【攻心】*〖目病〗*〖口禁〗*〖翁舌病〗*〖舌強〗*〖五逆₂〗*〖吐沫〗*〖百脉病〗*〖鼠漏〗*〖過下淺癬〗*〖疟〗*〖扶凍〗*〖翁癃脆水病〗*〖幘微露之踵〗*〖浮風〗*〖三風〗*〖風面〗*〖腰膝病〗*〖痿跂〗*〖祟病〗*〖水火湯注〗*〖斗注〗*〖驚病〗*〖雄癇顛病〗*〖馬癇病〗*。

本類詞彙新質82條，表達60個概念（30個同義組各表一個概念，30個無同義新質也各表一個概念），其中20個此前已有表達形式（16個在同類道經中有同義舊形式，4個在其他文獻中有同義舊形式），計創新成分40個（10個全新質同義組各取一例，加上30個無同義新質），翻新成分42個。

5.3.6 音聲類

早期天師道文獻中，音聲類共22個詞項，其中詞彙新質共11條，占50%。11條新質中，6條有同義形式，分爲5組。5組中，1組全屬新質，1組在同類道經中出現同義舊形式，3組在其他文獻中有同義舊形式：

【玉音】*清越優雅的聲音。〖瓊振〗*如擊打玉石發出的清越優雅的聲音。

（【揚聲】）〖高厲聲〗*大聲。

｛誼｝〖誼然〗*聲大而雜。

｛叱｝〖叱叱〗*象聲詞。

｛寂｝〖寂絕〗*安静；寂静。

沒有同義形式的有：

〖萬響〗*〖甄叫金鳴〗*〖粲麗〗*〖喻呵〗*〖淵響〗*。

本類 11 條詞彙新質，表達 10 個概念(5 個同義組加上 5 條無同義形式的新質)，其中 4 個此前已有表達形式(1 組見於同類道經，3 組見於其他文獻)，計創新成分 6 個(1 個全新質同義組取一例，加上 5 個無同義新質)，翻新成分 5 個。

以上考察，可以總結如下(見表十四)：

表十四　高新生率詞的創新率統計

類　　別	新詞總數	新詞概念數	有舊形式的概念	創新成分	翻新成分	創新率(%)
行爲職業	45	39	11	28	17	62. 22
天帝神仙	94	78	14	64	30	68. 09
精靈鬼怪	89	40	3	37	52	41. 57
文書典籍	52	27	9	18	34	34. 62
疾病生理	82	60	20	40	42	48. 78
音　聲	11	10	4	6	5	54. 55
總　　計	373	254	61	193	180	51. 74

5.3.7　高新生率詞汇成分的特點

詞彙新質的研究，是詞彙研究的重要部分。詞彙新質的產生與社會發展變化中新事物表達的關係密切，但這種關係的具體情況尚無切實的考察。早期天師道在當時的社會上，可以視爲影響廣泛的新事物，利用保存至今的早期天師道文獻，來觀察新事物與新生詞彙成分的關係，有助於深入瞭解詞彙發展中的内在規律。

爲此，本書在全面描寫早期天師道文獻詞彙的基礎上，擇取了其中新生率最高的六個小類，對詞彙新質中的創新和翻新情況進行分析。

第一，高新生率詞彙成分在整體詞彙語義分布中的情況，六個小類最多的是有關道教人物或神靈的新詞，行爲職業人物、天帝神仙和精靈鬼怪類大多與此有關，此外是文書典籍類，其中多與道教資料有關。疾病生理類本來與道教思想無涉，但道教有爲民解除疾苦的宗旨，因此，通過醫藥和各種禳除術療治疾病，也是道教工作的重要部分，這方面的詞彙新質因此數量不少。音聲類數量不多,但新質的比例很高,也反映了道教在宗教宣傳方面對於音聲描寫的重視。

第二,詞彙成分的創新與翻新關係是不平衡的,在有的類別中創新率偏高,在有的類別中翻新率偏高。但沒有一個類別只有創新或只有翻新,可見二者在詞彙發展中的作用,應給予同樣關注的。

第三,從本項調查可以看到,詞彙新成分在很多時候,確實是表達了新概念,反映新事物新現象和新認識的新概念,這樣的詞彙新質占 51.74%,新概念對詞彙新成分的産生起了積極的作用。

但是,我們也應該清晰地認識到,詞彙的新成分不僅是爲新概念而産生,一些詞彙新成分表達的是舊概念,或是重複地爲新概念創造表達形式,結果,有些概念儘管已經有了多個表達形式,仍然不能阻止人們采用新的表達形式,對舊概念表達形式的翻新占了詞彙新質的 48.26%。

第四,詞彙翻新的結果,是造成了一批同義詞,造成了部分概念表達形式的冗餘,是一種違反經濟原則的語用現象。但是,這種冗餘具有積極的表達功能,它豐富了人們的表達手段,人們通過在多種表達方式中的選擇,來提高表達效果,滿足表達的需要,有著無可替代的語用價值。

第五,詞彙的新質和詞彙成分的翻新現象,不是平均地分布在詞彙的各個部分,它總是集中在詞彙的某些部分,這些部分,其實就是當時交際中人們最關心或關注的部分,也就是表達的熱點。而出現表達熱點的部分,也是當時詞彙的生長點,即詞彙發展變化最顯著的部分,這不僅是詞彙史研究最關切的部分,也是是詞彙學研究應該着力的部分。

5.4　早期天師道文獻的同義現象

同義詞是最常見的詞彙現象,歷來關注者不少。但是,跟很多詞彙問題一樣,人們的關注點多集中在一些具體的同義關係之中,缺乏對同義詞的宏觀觀察。"從理論上看,急需另一種探索,即采用共時的視角,對某一斷代的同義詞系統作相對封閉或封閉式的考察"(池昌海 2000:70),即"對漢語某一歷史時期的同義詞進行考察、研究"(張生漢 2008:9),而研究對象最好是封閉的某種語料,在研究方法上,"一方面要研究其全部的同義詞組,另一方面還要展示全部同義詞組,而且要舉出典型例證。在此基礎上描述專書同義詞的使用情況,揭示其類型、特點及規律,這樣才能讓人看出專書同義詞的全貌,而且便於人們對所歸納的同義詞組的可靠性作出評判"(徐正考·2003:93)。

5.4.1　共時視角下的早期天師道文獻同義詞

本書采用描寫的方法,對十部魏晉天師道文獻中的同義詞作一觀察,步驟如下:

首先,把文獻中全部用詞逐一切分開來,然後,歸併各詞的用例,多義詞按意義析分爲不同的詞項(在詞目下標數位以示區別,如:人$_1$、人$_2$),書寫不同的異形詞歸併爲同一詞項,共獲得通用詞彙 7265 個詞項。

在此基礎上,我們以人本原則對這些詞語按意義進行分類,意義相同的詞項因此歸在一起,由此,發現了包含 3451 個詞項的 861 組的同義詞。其中最少的爲兩個詞構成的同義聚合,最大的爲 52 個詞構成的同義聚合,大致情況如下(見表十五,由於本書擬對 10 詞以上各組同義詞作具體陳述,爲簡潔起見,表中沒有細列 10 詞以上各組同義詞的各別統計數,關心這一細節的讀者,可以通過下文的敘述中作具體瞭解):

表十五　早期天師道十種文獻同義詞組統計

各組詞數	2 詞	3 詞	4 詞	5 詞	6 詞	7 詞	8 詞	9 詞	10 詞以上	總計
同義組數量	383	188	91	64	30	20	20	12	53	861(組)
詞項合計	766	564	364	320	180	140	160	108	849	3451(個)

從表中可以看出,同義組的數量,隨各組成員的增加而遞減。從整體上看,由兩詞構成的同義組最多,由三詞構成的同義組要比兩片語少一半多,四詞同義組又比三詞同義組少一半多,由十詞以上構成的同義組,都在個位數,有的只有一個,甚至沒有。因此,可以把兩、三詞構成的同義組視爲小規模的同義組,四、五詞構成的同義組視爲中等規模的同義組,六詞以上的同義組視爲大規模的同義組,其中十詞以上的同義組視爲超大規模的同義組。

從早期天師道十種文獻詞彙整體來看,在總共通用詞彙 7265 個詞項中,有 3451 個詞項具有同義關係,這就意味著,詞彙中有將近一半(48.74%)的詞項處在同義聚合中。可以説,同義關係是詞彙聚合中最重要的關係之一。

從經濟原則的角度看,在同義關係的各詞項中,有一個作爲基式是必須保存的,其他的詞項從表意的必要性來看,處在冗餘狀態。因此,861 組同義詞所含的 3451 個詞項中,有 2590 個詞項可以視爲詞彙的冗余成分,占全部通用詞彙 7265 個詞項的三分之一强(35. 65%)。

由於此前未見有關這方面的討論,如此高的詞彙同義冗餘率需要驗證。爲此,我們抽樣考察了《現代漢語詞典》(第六版)中第 500—501、1000—1001 頁中各詞項,觀察其中采用同義相釋(包括用同義詞相釋,比如"過不去:抱歉",也包括同義詞組相釋,比如"過得去:通得過"或"過關,通過關口")的情況,結果如下(見表十六):

表十六 《現代漢語詞典》中同義相釋情況抽樣調查

頁碼	詞頭數	詞項數	同義詞相釋	同義詞組相釋	同義相釋合計
500—501	73	95	21(22. 11%)	22(23. 16%)	43(45. 26%)
1000—1001	72	99	23(23. 23%)	17(17. 17%)	40(40. 40%)

把同義詞組相釋視爲同義關係,標準稍嫌寬泛,但考慮到古今詞彙差異,很多古代的單音詞到現代只能作構詞語素,參考這一部分的同義關係也是必要的。因此,從現代角度觀察到的詞彙同義現象,與我們對早期天師道文獻中同義關係的調查結果,在大體上是吻合的。同義冗餘是詞彙的基本特徵。

5.4.2 早期天師道文獻中同義詞的歷時觀察

爲了深入觀察早期天師道文獻中的同義詞項,利用辭書和語料庫,追溯各詞産生的時代,包括:A 先秦、B 兩漢、C 魏晉,有些前代産生的詞在後代發生了新義項,包括先秦詞在漢代産生新義(BA),或魏晉新義(CA),也有漢代詞在魏晉産生新義(CB),形成了三大類、六種不同歷史背景的同義關係,這些來自不同時代的詞項,在早期天師道文獻中,聚集在一起,形成了帶有不同歷史背景的同義聚合,包括:完全沿用先秦的同義聚合"A",由先秦和兩漢舊詞舊義構成的同義聚合"A/BA/B",包含從先秦到魏晉不同階段的同義聚合"A—C",以及完全由魏晉新詞新義構成的同義聚合"C/CA/CB"(見表十七):

表十七　早期天師道文獻中同義聚合的歷史構成

各組詞數	2詞	3詞	4詞	5詞	6詞	7詞	8詞	9詞	10詞以上	合計
A	165	68	25	7	3	—	2	—	1	271
A/BA/B	94	42	26	14	5	6	3	1	2	193
A—C	63	53	33	41	22	13	14	11	50	301
C/CA/CB	61	25	7	2	—	1	1	—	—	97
合計	383	188	91	64	30	20	20	12	53	861

　　在早期天師道文獻的同義組中,歷史傳承的成分非常引人注意。其中,同義組中各詞項全部來自先秦的(A)有271組,兼由先秦兩漢產生的詞項構成的同義組(A/BA/B)有193組,合併計算,魏晉時期的同義詞組,多數(464組,占總數861組的53.89%)屬完全承襲前代,沒有新創成分。

　　不過,承襲前代的同義聚合,規模有限,完全出自先秦的271個同義組(A)中,85.98%爲小規模的同義組,兼由先秦兩漢產生的詞項構成的193個同義組(A/BA/B)中,小規模的同義組占70.46%,也高於小規模同義組的整體占比66.32%。

　　全部由魏晉新產生詞項構成的同義組(C/CA/CB)數量較少,只有97個,其中小規模的同義組高達88.66%,較大的同義組只有兩個。

　　兼由各個時期產生的詞項構成的同義組(A—C)的規模較大,尤其是53個超大組合中,有50個都在這一部分。

　　從以上的統計可以看到,詞彙中的同義聚合具有相當高的穩定性和傳承性,魏晉天師道文獻中的同義組中,31.48%(271個)來自先秦,沿用數百年而不衰;魏晉使用的多數的同義組(271+193,53.89%)完全承襲前代,同義組在歷代的語用中不斷地得到發展(193+301,57.38%)。換個角度說,同義是詞彙中富有生命力的現象。

　　此外,從整體看,在具有同義關係的全部3451個詞項中,先秦產生1830個、先秦詞兩漢產生新義205個、兩漢產生475個,三者爲完全繼承前代的詞項,共2510個,占全部同義詞項的72.73%;先秦詞在魏晉產生新義的155個,兩漢詞在魏晉產生新義的82個,在前代舊詞基礎上產生新義237個,占全部同義詞項的 6.87% ; 魏晋新詞 704 個, 占 20.40% 。

人們尋求新的方式以提高表達的效果, 加上新事物新概念表達的需要, 促成了詞彙的迅速變化。但是, 這種迅速變化是以廣泛的繼承爲基礎的, 詞彙新生成分的數量需要限制在某個可接受的範圍之内, 否則, 就會阻礙交際正常進行。早期天師道文獻中的同義現象中, 舊質與新質的比例大致爲 3:1, 反映了詞彙在繼承和創新中的平衡關係。

5.4.3　早期天師道文獻中的同義詞組

出現在早期天師道文獻中的同義現象, 反映了語用中對某些概念的特别關注, 導致對於同一概念表述的花樣翻新。這類翻新, 有的與文獻作者的創用有關, 有的却是古已有之。因此, 同義形式中有的以繼承前代産生的爲主, 有的以當代創新爲主, 也有的介於二者之間。

5.4.3.1　沿用舊有形式爲主的同義組

在同義組中, 最引人注意的是, 大量前代的同義形式被承襲使用, 有的同義組中的成員, 甚至全部是前代産生的, 如表示"捨棄"義的一組,【舍$_2$】【委】【廢$_1$】【棄】【屏】【棄捐】〖棄背〗7 個形式中, 6 個産生於先秦, 1 個産生於兩漢; 表示"將來"義的一組,【後$_3$】【後世】【以後】〖將來〗4 個形式中, 3 個産生於先秦, 1 個産生於兩漢。

很多情況下, 同義組中的成員, 以前代已經産生的爲主, 後代有少數的補充。以下是同義組中, 魏晋新增形式低於 30% 的, 例如:

【民$_2$】【民人】【人民$_1$】【生民$_1$】【天民】【兆民】【萬民】【萬姓】【群生$_2$】【散民】【百姓】【小人】【俗$_2$】【赤子$_2$】【男女$_2$】〖萬兆〗*〖民子〗*。在這組表示"民衆、百姓"的 17 個同義形式中, 有 13 個産生於先秦時期, 有 2 個産生於兩漢時期, 另有 2 個産生於魏晋時期。

【氣$_4$】【炁$_5$】【太極】【太初】【元炁$_1$(元氣)】【正氣(正炁)】【陰陽$_1$】【二炁】【道氣】【真氣$_2$】〖太真〗*〖天炁(天氣)〗*。表示"元氣"的同義形式 12 個, 先秦産生的有 8 個, 兩漢增加了 2 個, 魏晋新增的有 2 個。

【家$_1$】【宅】【屋】【廬】【舍$_1$】【室$_2$】【屋室】【室堂】〖居家$_2$〗〖居宅〗〖舍宅〗〖宅舍〗【家居】〖舍屋〗〖室舍$_1$〗〖室宅〗【宮舍】*〖宮第〗*〖舍營〗*〖家宅〗*。

表示"舍宅"的 20 個形式中,先秦產生的有 8 個,兩漢產生的有 8 個,魏晋產生的有 4 個。

【生₄】【活₁】【在₁】【生活₁】【生命】〚生年〛*。表示"生存"的 5 個形式,先秦產生了 5 個,魏晋增補了 1 個。

【死₁】【亡₃】【絕₂】【没₁】【死終】【死亡】〚死喪〛〚死没〛〚没命〛〚喪命〛〚命終〛〚壽終〛〚死傾〛*。表示"死亡"的 13 個同義形式,先秦產生 7 個,兩漢產生了 5 個,魏晋增補了 1 個。

【言₃】【説₁】【道₅】【稱₁】【陳】【言語】【語言₂】【語₄】〚口言〛〚言聲〛*〚言道〛*〚羅縷〛*〚披陳〛*。表示"述説"的同義形式 13 個,先秦產生的有 7 個,兩漢產生的有 2 個,魏晋新增 4 個。

【論₁】【語₁】【言₄】【論議】【論説】〚口語〛【是非】【輕重】【説₂】〚道説〛*〚評論〛*。表示"議論"的同義形式共 11 個,先秦產生的有 5 個,兩漢產生的有 4 個,魏晋產生了 2 個。

【告₃】【上₆】【奏】【啓₂】【關】【上言】【上告】〚上奏〛〚啓告〛【白₂】【言₅】〚開啓〛*〚上聞〛*〚關奏〛*〚上啓〛*〚列奏〛*〚啓傳〛*。表示"稟告"的形式 17 個,先秦產生的有 7 個,兩漢增加了 4 個,魏晋新增的有 6 個。

【讒】【誹謗】【毀呰】【譖人】【毀辱】〚謗訕〛〚毀傷₂〛〚訾毀〛〚嘲毀〛*〚侵謗〛*〚説姐〛*。表示"詆毀"的同義形式 11 個,先秦產生的有 5 個,兩漢增加了 3 個,魏晋新增的有 3 個。

【視₁】【觀₁】【視】【見₁】【看】〚觀視〛〚視看〛*〚眼見〛*。表示"觀看"的形式 8 個,先秦產生的有 4 個,兩漢產生的有 2 個,魏晋增加了 2 個。

【怨₁】【恨₁】【忿】【恚】【怨惡】【怨恨】【仇怨】【積怨】〚怨仇〛〚怨望〛〚嫌恨〛*。表示"仇恨"的同義形式 11 個,先秦產生了 8 個,兩漢 2 個,魏晋增補 1 個。

【固₂】【嫉妒】【妬娟】【娟妒】〚娟賴〛*。表示"嫉妒"的同義形式 5 個,先秦產生了 4 個,魏晋增加了 1 個。

違背:【負】【背₃】【違】【反₂】【相違】〚乖離〛〚違戾〛〚違失₂〛〚違犯〛〚違背〛〚伐逆〛*〚負違〛*〚逆戾〛*。本組同義形式 13 個,先秦產生的有 6 個,兩漢產生了 4 個,魏晉產生了 3﹒個。

【紿】【欺】【詐】【誑】【欺誣】【欺詐】〖稱詐〗〖欺殆〗〖欺罔〗〖誘枉〗*〖詐誕〗*〖詐誑〗*。表示"欺騙"的同義形式 12 個,先秦產生的有 6 個,兩漢產生了 3 個,魏晉產生 3 個。

【耗₁】【害₁】【刻₂】【損₂】【傷₁】【中₇】【病₂】【禍₂】【毀傷₁】【傷害】〖犯暴〗〖賊病〗〖犯害〗〖伐耗〗*〖耗害〗*〖損害〗*〖痛害〗*〖妄害〗*。表示"傷害"的形式 18 個,先秦產生 10 個,兩漢增加 3 個,魏晉新增 5 個。

【制₂】【止₄】【禁₁】【禁止】【相禁】〖制止〗〖閉固〗*〖禁斷〗*。表示"禁止"的同義形式 8 個,先秦產生 4 個,兩漢產生 2 個,魏晉產生 2 個。

【覺】【曉】【解₃】【達₁】【通₅】【知】【分₄】【明₂】【分明₁】【得知】【明知】【知聞】〖明解〗*〖曉易〗*〖知悉〗*〖開解〗*。表示"知曉"的同義形式 16 個,先秦產生了 12 個,沒有兩漢新增的,魏晉新增了 4 個。

【用心】【專精】【專心】【專一】【一心】【專₂】〖精心〗〖專念〗【用意】*【志意】*〖自專〗*。表示"專心"的同義形式 11 個,先秦產生的有 4 個,兩漢產生的有 4 個,魏晉產生了 3 個。

【埋】【葬】【埋葬】〖葬埋〗〖歸土〗〖葬死送〗*。表示"埋葬"的同義形式 6 個,先秦產生了 5 個,兩漢沒有增加,魏晉新增 1 個。

【索】【求₁】【取₃】【求索】【索求】【追逐】〖搜索〗〖考求〗〖搜〗*〖趣求〗*。表示"尋求"的同義形式 10 個,先秦產生了 7 個,兩漢產生了 1 個,魏晉產生了 2 個。

【流₃】【施₁】【揚】【易₂】【發₂】【布₅】【行₄】【宣布】【分布】【布散】【施行₃】〖布行〗〖洞暢〗*〖布流〗*〖流布〗*〖還流〗*〖走作〗*。表示"散布"的同義形式 17 個,先秦產生的有 10 個,兩漢增加了 2 個,魏晉新增的有 5 個。

【辟】【剔】【殺₂】【卻₂】【消₁】【破₂】【除】【淨】【蕩₁】【解₁】【消散】【復₃】【脫₂】【斷絕】〖除去〗〖解除〗〖解脫〗〖滅除〗〖驅除〗〖消除〗〖消滅₂〗〖除辟〗*〖破射〗*〖卻減〗*〖收除〗*〖收制〗*〖洗蕩〗*。表示"消除"有同義形式 27 個,先秦產生了 11 個,兩漢產生了 10 個,魏晉產生了 6 個。

【衰₁】【破₁】【壞】【毀】【敗】【崩】〖敗傷〗【沒₅】〖破碎〗〖敗亂〗〖毀敗〗〖破

壞】〖破墮】*〖破殞】*。表示"毀敗"的同義形式 14 個,先秦產生了 7 個,兩漢產生了 5 個,魏晉產生了 2 個。

【光₁】【朗₁】【明₁】【融】【光澤】【正明】〖焕赫】*〖藹沫】*〖晃晃昱昱】*。表示"明亮"有同義形式 9 個,先秦產生了 5 個,兩漢產生了 1 個,魏晋新增 3 個。

【古】【昔】【既往】【往日】【昔日】【先日】【頃】〖往者〗〖昔時〗〖已往〗*。表示"過去(從前)"有同義形式共 10 個,產生於先秦的有 6 個,兩漢增加 2 個,魏晋新增 1 個。

【今】【今日₂】【今時】【今世】【當今】〖目前₁〗〖目下〗〖今來】*。表示"現在(目前)"的同義形式 8 個,先秦產生的有 5 個,兩漢增加 2 個,魏晋新增 1 個。

【萬₂】【百萬】【千萬】【千億】【萬數】【萬億】【億萬】【無量】【不可勝數】〖萬千〗〖萬萬〗〖百千萬〗*〖千萬億〗*〖千億萬〗*〖億萬千】*。在早期天師道十種文獻中,"三""百""千"也承用先秦,有表示衆多的意思,但這三個詞沒有明顯的誇張義,因此未計入。在其他的 14 個表示數量極多的形式中,有 9 個產生於先秦,2 個產生於兩漢,魏晋產生了 4 個。

5.4.3.2　采用魏晋新形式爲主的同義組

有些概念的同義形式,則以魏晋新創爲主,即魏晋新增的同義成分達到或超過 50%,其中主要是一些涉及道教事物的概念,例如:

【真人】【真₃】〖真君〗〖真神〗〖真仙〗〖仙₁〗〖仙人〗〖九真】*〖靈真】*【真靈】*〖真儔】*〖正真₂】*〖上真】*〖仙聖】*〖仙靈】*〖仙道人】*〖上仙】*〖天仙】*〖神陰】*〖明真】*。這一組 20 個有關天界人物"真仙"的同義形式中,產生於先秦時期的有 1 個,產生於漢代時期的有 6 個,魏晋時期又產生了 13 個。脱胎换骨、修煉成仙、飛升天界,是道教修行者所要達到的理想目標,有關這方面的表達形式因此反映了道教的興起對於這一概念表達的形式需求。

【鬼】【靈₂】〖精魅〗〖精邪〗〖清靈】*〖精毒】*〖精怪】*〖精鬼祟】*〖精祟】*〖精妖】*〖邪精】*〖惡精】*〖妖精】*〖鬼精】*〖鬼殀】*〖鬼祟】*〖鬼蠱】*〖鬼賊】*〖怪鬼】*〖魔魅】*〖妖魅】*〖祅魅】*〖邪魅】*〖邪靈】*〖祅惑】*〖妖殀】*〖非殀】*〖殀殺】*〖陰₂】*〖惡₅】*。表示"精靈鬼怪"的同義形式 30 個,先秦產生的有 2 個,兩漢增加了 2 個,魏晉新增的有 26 個。

【魂】【魂魄】〖魂神〗〖魂精〗*〖三魂七魄】*〖生魂】*。表示“魂魄”的同義形式 6 個,先秦產生的有 2 個,兩漢增加了 1 個,魏晉新增的有 3 個。

【昊天】【太清$_1$】【天上】【雲中$_1$】〖諸天〗〖八朗〗〖九靈$_1$〗〖雲間〗〖二玄】*【空虛】*【虛空$_2$】*〖空玄】*〖太冥】*〖率天】*〖旻蒼】*〖碧落】*〖碧霄】*〖太霄】*。表示“天空”有同義形式 18 個,先秦產生的有 4 個,兩漢增加了 4 個,魏晉新增的有 10 個。

【經$_2$】〖寶經〗【神文〗〖經書〗〖靈書〗〖靈章〗〖真經〗〖真文〗【書$_4$〗【文$_2$〗〖天經〗*〖大書】*〖書經〗*【道經】*〖靈文】*〖清文】*〖真書】*【圖書】*〖仙券】*〖祕經】*。表示“道經”的同義形式 20 個,先秦產生的有 1 個本來泛指各類經籍,在天師道文獻中通常指道經,兩漢增加了 9 個,魏晉新增的有 10 個。

【録$_2$(籙$_2$)】【籍$_1$】〖録籍〗〖文書$_2$〗〖簿録】*〖大簿】*〖玉簡】*〖玉曆】*。表示“簿籍”的同義形式 8 個,先秦產生的有 2 個,兩漢增加了 2 個,魏晉新增的有 4 個。

〖科〗〖道戒〗【法$_1$】*【道法$_2$】*〖正典】*〖法節】*〖法訓】*【戒】*【律】*【律令】*〖法戒】*〖經戒】*〖戒律】*〖要律】*〖道律】*〖道科】*〖科法】*〖科條〗*〖科文】*。表示“科戒”的同義形式 19 個,沒有先秦產生的,兩漢產生了 2 個,魏晉新增的有 17 個。

【墓】【丘墓】【塚(冢)】〖靈林】*〖墓塚】*〖室墓】*〖塚墓(塚墓)】*〖塚堠】*〖土户】*。表示“墳墓”同義形式 9 個,先秦產生 3 個,魏晉新增 6 個。

【顛病】【狂惑$_1$】〖狂易〗〖驚病〗*〖犯易】*〖九狂心膈】*〖顛狂病】*。表示“瘋癲”有同義形式 7 個,先秦產生 2 個,兩漢增加 1 個,魏晉新增 4 個。

【呼$_1$】〖喚$_1$〗【喝】*〖嘯吒】*〖呼喚】*。表示“呼叫”有同義形式 5 個,產生於先秦的 1 個,產生於兩漢的 1 個,魏晉新增 3 個。

【統】【領】【將$_4$】〖制御〗〖總領〗〖封掌〗〖執伏〗〖攝御】*〖攝制】*〖統攝】*〖臨正】*〖威御】*【督$_2$】*【帶$_2$】*。表示“統領”有同義形式 14 個,先秦產生的有 3 個,兩漢增加了 4 個,魏晉新增的有 7 個。

【考〗〖考掠〗〖推治】*【對問】*〖考召〗*〖相考〗*〖考罰】*〖考責】*〖比考】*。表示“拷問”的同義形式 9 個,沒有先秦產生的,兩漢出現了 2 個,魏晉新增的有 7 個。

【改悔】〖首過〗〖悔咎〗*〖懺謝〗*〖思過改滑〗*〖改心易腸〗*。表示"懺悔"有同義形式 6 個,先秦產生 1 個,兩漢增加了 1 個,魏晋新增 4 個。

【厭】〖辟除〗〖度厄〗〖禳災〗〖消災〗【禳】*〖去災〗*〖除害止惡〗*〖除災去害〗*〖防災除害〗*〖脫災免害〗*〖禳災却禍〗*〖厭禳〗*。表示"禳除"的同義形式 13 個,先秦没有產生,兩漢產生了 5 個,魏晋新增的有 8 個。

【冥冥】〖瞑〗〖混混沌沌〗*〖鬱冥〗*〖冥然〗*。表示"昏暗"的同義形式 5 個,先秦產生的有 1 個,兩漢增加了 1 個,魏晋新增的有 3 個。

【穢】【濁₂】〖穢濁〗〖穢污〗*〖污穢〗*〖殗穢〗*〖濁殗〗*。表示"污穢"的同義形式 7 個,先秦產生 1 個,兩漢產生 2 個,魏晋產生的有 4 個。

有些同義組全部產生於魏晋,它們主要表達道教事物行爲概念,也有個別表達道教特別關注的行爲,例如:

符籙:【符】*〖籙₁〗*〖祕符〗*〖符經〗*〖經符〗*〖符籙〗*【券契₂】*〖符章〗*〖咒章〗*〖靈籙〗*〖真籙〗*〖符真〗*〖飛符〗*。

禮信:〖禮敬〗*〖効信₂〗*【信義】*〖要信〗*〖賧物〗*。

奉道:【案法】*【奉法】*【如法】*〖如律〗*〖念道奉真〗*〖信真任道〗*〖奉道〗*。

亂道:〖亂真〗*〖入俗勝真〗*〖指偽名真〗*〖持真入偽〗*〖捨真就偽〗*〖就偽棄真〗*〖恊偽背真〗*〖行逆劫真〗*。

賣方欺詐:〖大剋賣利〗*〖輕秤少升〗*〖輕秤小斗〗*〖小秤小斗〗*〖重金小斗〗*〖賤交貴貨〗*〖賦買重量〗*。

5.4.3.3 新舊交雜的同義組

我們把各同義組中魏晋新增同義形式數量在 30% 至 50% 之間的,歸入本類,例如:

長壽:【壽₂】【長存₁】【長久₂】【長生】【常存】【延年₁】【不死】〖久生〗〖久活〗〖命長〗〖增年〗〖得壽〗〖盡壽〗*〖長生不老〗*〖久視長生〗*〖久世長生〗*〖長生延命〗*〖得壽遏亡〗*〖還壽延年〗*。本組同義形式 19 個,先秦產生的有 7 個,兩漢產生的有 5 個,魏晋產生的有 7 個。

　　内心：【内₂】【中₃】【中情】【心中】【心腸】〖心腹₂〗〖中腸〗*〖心口中〗*〖内實〗*。本組同義形式 9 個,先秦產生的有 4 個,兩漢增加了 2 個,魏晉新增的有 3 個。

　　災禍：【害₂】【患₁】【禍₁】【咎₁】【凶₁】【殃】【災₁】【災變】【災害₁】【災患】【災禍】【殃禍】【殃咎】【災殃】【毒害】【患害】【禍殃】【禍災】【禍害】【禍患】【災害₂】〖凶禍〗〖凶殃〗〖厄難〗〖禍變〗〖刑害〗〖咎殃〗〖災厄〗〖災怪〗〖災疾〗〖災異〗【衰耗】*〖虛耗〗*〖厄急〗*〖大厄〗*〖屍殃〗*〖非殃〗*〖殃丁〗*〖殃患〗*〖殃殄〗*〖殄殃〗*〖狂殄〗*〖惡難〗*〖衰厄〗*〖刑厄〗*。本組 45 個同義形式,先秦產生了 20 個,兩漢產生了 11 個,魏晉新增了 14 個。

　　痊癒：【痊】【愈】【起₁】【復₁】【還₂】〖差₂〗〖差愈〗〖除愈〗〖差除〗*〖差了〗*〖差去〗*〖除差〗*〖復差〗*。本組同義形式 13 個,先秦產生的有 3 個,兩漢增加了 5 個,魏晉新增的有 5 個。

　　悲傷：【哀】【痛₂】【痛心】【荼毒₂】〖悲淚〗〖心傷〗*〖心愁意苦〗*〖銜痛〗*〖愁慘〗*。本組同義形式 9 個,先秦產生的有 4 個,兩漢增加了 1 個,魏晉新增的有 4 個。

　　期望：【欲₂】【願₂】【願欲】【惟願】【祈】【冀】【望₃】【慕₁】【想】【幸₂】【存₁】*〖志願〗*〖願想〗*〖希仰〗*〖仰意〗*。本組同義形式 15 個,先秦產生的有 8 個,兩漢增加了 2 個,魏晉新增的有 5 個。

　　放縱：【縱】【擅】【淫溢】【恣欲】【放逸】【放恣】【飛揚】【放縱】【縱恣】〖發舒〗〖盈溢〗【任心】〖任意〗〖隨意〗〖從心恣意〗*〖任情恣意〗*〖任心恣意〗*〖任意從心〗*〖恣心快意〗*〖恣意快心〗*。本組同義形式 20 個,先秦產生了 9 個,兩漢產生了 5 個,魏晉產生了 6 個。

　　書寫：【書₁】【寫】【勒₂】*【作₄】*。本組同義形式 4 個,先秦產生的有 1 個,兩漢產生的有 1 個,魏晉新增了 2 個。

　　記錄：【籍₂】【記(紀2)】【錄₁】【載₃】【著₁】〖記錄₁〗【条】*【上₄】*〖注₁〗*〖領錄〗*〖注上〗*。本組同義形式 11 個,先秦產生的有 5 個,兩漢產生的 1 個,魏晉產生的有 5 個。

　　捕捉：【捕】【攝₂】【取₂】【得₂】【收₁】〖逐捕〗〖追捕〗〖錄₄〗〖攝錄〗〖收捕〗

〖收攝〗〖收治₁〗【捉₁】*【收束】*〖收解〗*〖收捐〗*〖收却〗*〖禁拘〗*〖拘攝〗*〖攝却〗*〖捕收〗*〖辟捕〗*〖捉縛〗*。本組同義形式 23 個,先秦產生的有 5 個,兩漢增加了 7 個,魏晋新增的有 11 個。

思念:【思₁】【念₁】【意₂】【懷₁】〖思想〗〖念念〗〖感存〗*【存₃】*〖存念〗*〖存思〗*〖內思〗*。本組同義形式 11 個,其中先秦產生的有 3 個,兩漢產生的有 3 個,魏晋產生的有 4 個。

駕馭:【驅】〖驂駕〗〖策御〗*〖控駕〗*。本組同義形式 4 個,先秦、兩漢各產生了 1 個,魏晋新增了 2 個。

紛亂:【倒錯】【錯】〖縱橫₁〗〖狼藉〗〖錯亂〗〖混濁〗〖擾攘〗【鬭】*〖歷亂〗*〖紊錯〗*〖遝亂〗*〖浩擾〗*〖浩亂〗*〖狼粹〗*。本組同義形式 14 個,先秦產生的有 3 個,兩漢產生的有 4 個,魏晋新增的有 7 個。

覆滅:【傾₂】【傾移】〖顛殞〗*〖殞顛〗*。本組同義形式 4 個,先秦產生的有 2 個,魏晋新增 2 個。

表示潔凈:【清₂】【清凈₂】〖潔清〗〖盛潔〗*〖嚴潔〗*。本組同義形式 5 個,先秦產生了 3 個,魏晋新增 2 個。

根據以上的描寫,可以看到早期天師道文獻中豐富的同義關係。在全部字數不到五萬字的早期天師道文獻中,有一批非常"發達"的同義組,如"災禍"義有 52 個成員,"精靈鬼怪"義 37 個,"消除"義有 35 個,"放縱"義 28 個,"傷害""捕捉"各 22 個,"全部""真仙""衆鬼怪"義各 21 個,"舍宅"義 20 個,成員達到 10 個以上的 53 組同義聚合中,有 10 組成員達到二十個以上。

在語用中,適量的同義形式可以滿足交際中的一般修辭需要,但過量的同義形式遠遠超出了一般修辭的需求,反映了表達者對某些事物或概念的高度關注或特別的強調。如果把這些受到高度關注的熱點概念串連起來,形成一個序列,凸顯道教宣傳的重心:

首先,是有關人、生命、理想境界和環境的概念:民衆(17),交媾(12),死亡(12),壽命(11),長壽(16),成仙(14),神人仙真(21),光明(13),天空(14),天下(10),舍宅(20)。

其次,是造成人生威脅的外在原因:邪惡(14),衆鬼怪(21),精靈鬼怪(37),散布(22),災禍(52),紛亂(14);而影響人生也有人們自身的原因,如放縱(28),詆謗(14),仇恨(11),過失(11),欺騙(12),議論(13),違背(13);結果導致:毀敗(13),傷害(22),殺害(12)。

因此,需要奉行道教完善自我:期望(14),專心(11),思念(10),知曉(16),達到(12),根本(10),道經(19),符籙(14),科戒(19);同時,依託超自然的力量除凶趨吉:述説(16),稟告(18),天帝(11),統領(17),記録(12),捕捉(22),拷問(11),隱藏(11),消除(35),改變(12),護助(11),痊瘉(13)。

此外,還有一些强調數量範圍的概念,以增强感染力:過去(10),聚集(11),長久(13),數量極多(15),全部(21)。

5.4.4　同義詞的衍生規則

同義是在某個概念已有表達形式的基礎上,增生了新的表達形式,是詞彙翻新的結果。由此造成的詞彙的增衍部分,在表意上是無值的(長召其、張志毅,2003:41-46),但它豐富了語言表達的手段,具有特殊的語用功能,是詞彙中必有的成分。考察同義詞衍生,有助於窺見漢語詞彙發展的規則。

考察同義詞的衍生,有兩個層面,一是新形式與舊形式的關係,新形式可能是在舊形式的基礎上形成,也可能與舊形式没有關係;一是新形式與原有的詞彙系統的關係,新形式可能采用原有的詞彙構成單位構成新詞,也可以用與舊有的詞彙成分無關的語素另造新詞。

一,原創新詞。指創造一個與原有的詞彙成分没有直接關係的新語素來構成新詞,比如表示"今"的反義詞,既有"古",又有"昔"。

二,複合新造。指利用跟這個概念無關的現有語素構成新詞,比如,表示埋葬的意義,本來有一個"葬",後來又有了"歸土"的説法。"壽"表示長壽,但又有"長生""常存""延年$_1$""不死""久活""增年"等,造出的詞彙形式雖然是新的,但所用的語素都是詞彙系統中已經存在的,只不過它們跟這個同義形式没有關係。

一些複合新造詞,它們的意義常常比較隱晦,比如表示述説的"羅縷""披陳",表示議論的"是非",表示數量巨大的"不可勝數"等等,都在語素組合的基礎上,還有一個意義的生成環節。

爲同一個概念創造彼此没有關聯的不同表達形式的方法,是新詞産生的主要途徑之一,它的特點是,在爲一個概念再造新的表達形式的時候,完全不考慮這個概念舊有的形式,新詞的構成成分與這個概念的舊形式之間沒有任何關聯。但多數情況下,新詞的産生與舊詞存在某種間接或直接的關係。

三,詞義變化。對一個詞的意義稍作改變,用來表達另一個概念,形成了這個詞的新義,也是同義詞形成的重要手段。比如,"背"原指人的背脊,"負"指用背載物,"違"指離別,"反"指翻過來,它們都通過意義的引申,具有了"違背"的意義。

發生引申變化的詞,本來並不表達這個概念,但這個詞原有的意義跟引申後的意義之間存在著間接的關聯,引申後表達的概念跟引申前的概念之間的這種關聯性,使人發生聯想,導致詞義變化的發生,形成新義。

有些詞義變化,只是詞義的範圍縮小,比如,"葬"表示掩埋屍體,而表示泛指的"埋"詞義縮小,也可以專指"葬";"經"本來泛指各家各派的典範文獻,但是,在道經中,它被直接用來指道教的文獻,與"道經""寶經""靈章"等同義,詞義也縮小了。

四,同義組合。複合是同義詞中很常見的現象,把兩個具有同義關係的成分組合在一起,表達它們原來可以各自表達的意義,構成一個新的同義詞,如"痊癒""願欲""懺謝""比考""穢濁"等等,這時候,兩個語素的意義加在一起,其實跟一個語素相同。

一些四音節的詞語,往往是兩個雙音同義複合成分的並用,這也是一種同義組合,比如:"長生不老""久視長生""久世長生""長生延命""得壽遐亡""還壽延年""從心恣意""任情恣意""任心恣意""任意從心""恣心快意""恣意快心""心愁意苦",在這些兩兩組合的四字組中,采用其中的一個雙音成分就可以表達的意義,這裏却使用了兩個同義的雙音成分來表達。

從語義關係來看,在同義組合中的不同構成語素,可以對同一事物從不同的角度進行叙述,比如表示痊癒義的"差了""差去",其中的"差"表示病被除去,其中"病"是被處置的對象,但"了"和"去"表示病本身已經結束或離開,"病"是主動者,因此,"差了"和"差去"是用表示"病"的主動行爲詞和被行爲詞相結合構成複合詞,跟"痊癒""除愈""差除"不完全相同。此外,表示痊癒"復差"中,"復"指身體恢復,它的表達主體是人的身體,而"差"的表達主體是病,兩個表達不同主體的行爲詞,由於所表達的内容相同,並列成詞,跟一般的同義組合也不盡相同,這是一些比較特殊的同義現象。

五,類義組合。有時兩個連用的語素並不完全同義,而是表示類似的概念,把它們組合在一起,泛指所有此類事物行爲,比如"災"本指自然的災害,"害"指對人不利的事物現象,它們合在一起表示嚴重影響人們生存的外界因素,這一個同義組中的"災患""殃禍""患害""禍變""災異"等,也是由近義語素組合而成的。

在同義組合和類義組合的詞中,有一部分是同素逆序形式,即兩個詞采用的是相同的構成語素,語序不同而意義相同,比如:"舍宅"和"宅舍","差除"和"除差","顛隕"和"隕顛","墓塚"和"塚墓","穢污"和"污穢","殃禍"和"禍殃","收捕"和"捕收","恣心快意"和"恣意快心"等等。

六,附增語素。很多複合詞,是在原來單音詞的基礎上增加一個語素形成的,新增的語素雖然與基礎語素不同義,且另有明確的意義,但在組合後它並没有造成這個詞的實際意義變化,只是把原詞中包含的某個意義在形式上凸顯了出來,加以強調。在上列材料中,附增語素凸顯的意義有:

工具。把"言""語"說成"口言"或"口語",附增的語素表示的是言語動作的工具"口";其實,説話就是用"口"發出"聲",這本來是不言而喻的事情,因爲説話不可能不用"口"。但是,表達者把本來隱含在"言"或"語"中的工具説了出來,導致了新的表達形式的誕生,其中的附增的語素,雖然没有給這個詞帶來新的意義,但是它強調了這個行爲的工具。"眼見""策御"中的"眼"和"策"也都有強調行爲的工具的作用,但都未改變詞義。

處所。比如"中腸"的"中","内思"的"内",強調事物"腸"和行爲"思"的位置是在人體之内。"天仙"表示"仙"的活動空間。

數量。"民"表示民衆,又有"萬民""兆民",其中表示的"萬""兆"都是虛指衆多,它們的出現,只是顯化了民衆中的"衆多"意義。"三魂七魄"中"三"和"七"則是對魂魄的數量描寫。

外形。有"丘墓"指"墓","丘"反映的是它的外形。

色彩。"碧霄"中"碧"表示天空的色彩。

類屬。"今""昔"說成"今時""昔時","時"表示"今""昔"的範疇。"顛狂病"即指顛狂,"病"説明它所屬的範疇。

目的。"收治""收捐""收却"中"治""捐""却"都表示"收"的目的:加以懲處或從社會公共生活中清除掉。

功用。"室墓"指墓,"室"反映的是墓作爲死者居處的功用。

狀態。"散民"中"散"表示民衆分布的狀況。

範圍。"總領"中"總"説明"領"的範圍。

屬性。把天界的簿籍叫做"大簿""玉簡""玉曆",用"大""玉"表示珍貴尊崇的意義。把道經稱爲"靈文""清文""真書""仙券",突出了它的道教屬性。"天民""民子"中,"天"和"子"則是不同角度對民衆在自然社會中的定位:他們具有天賦的身份,受到統治者的管理。

中心意義。通過義域縮小形成的詞,如表示人的内心的"中",增入了表示中心意義的"情""心"使"中"退居修飾地位構成"中情""心中"。

行爲主體。"終""喪""没"通過引申有了"死亡"的意義,但後來又有了"命終""壽終""喪命""没命",爲這些行爲詞增入了行爲主體,但仍然表示行爲的意義。

行爲結果。把"言"説成"言聲",其中"聲"是"言"這一行爲的結果。説話當然有"聲",但這個"聲"一般可以不説。表示欺騙的"誘枉"中,"枉"表示"誘"的受事者在"誘"的行爲生效後遭受的結果,"誘""枉"的叙述主體不同。又如"悲涙"表示悲傷,其中"涙"指流涙,是内心悲傷引起的外現行爲,悲傷不一定流涙,但流涙是悲傷的具體體現,加了一個"涙"也没有改變"悲"的意義。

行爲本身。把"壽"説成"得壽""盡壽","得""盡"表示"壽"的實現。

有些附增語素表示的是與基礎語素相關的意義,比如"盛潔""嚴潔"中的"盛"和"嚴"都是整齊的意思,它們跟"潔"相結合表示清潔,整齊未必乾净,但乾净通常與整齊密切相關,因爲一片凌亂的狀態不會給人以乾净的感覺,所以,從乾净義來説,"盛"和"嚴"並没有給"潔"帶來新的意義。"死傾"中的"傾"本身没有死亡的意義,它表示的是死亡時的連帶動作"倒下"。

有些附增語素僅僅是連及,比如表示人的内心用"心腸""心腹",其中的"腸"和"腹"都不是人的思維器官,與人的心理活動無關。

在原詞基礎上附綴構成新詞,也是一種附增,比如"鼠"説成"老鼠","燕"

説成"燕子",但在我們的調查範圍内没有發現。

七,重疊。把一個詞作爲構詞語素,重疊後造成一個構成語素與原詞相同,但語素數量不同的新形式,比如"念"重疊爲"念念"。有些重疊形式,在我們調查的範圍内没有基式,只有重疊式,如"冥冥""混混沌沌"等,這類方式在早期道經中很少見。

八,縮略。有些詞是在原有形式的基礎上簡化而成,如表示專致的"專精""專一"都是先秦時期就已經産生的,到兩漢時期可以單用"專"表示這個意義。"真人"也是先秦出現的,兩漢可以説成"真",並複合爲"上真""真儒"等詞。在我們的材料中,還發現一例由縮略語素構成的複合形式"萬兆","萬"和"兆"通常説成"萬民""兆民",道經中"兆"有單獨指人的用法,信徒可以自稱"小兆",但"萬"没有此類用例,"萬兆"顯然是"萬民""兆民"的基礎上合成的新詞。

縮略中,把"專精"縮略成"專"一類的用例,在歷時層面上看,跟詞義縮小形成的"經"又附增爲"道經",是兩種完全相反的變化,但是,從共時的層面來看,它們都是一簡一繁的關係,不從源流上作區别,就混同了。

在新詞的構成過程中,有一種很普通的手段,就是替換同義或近義的語素。在一個複合的詞語形式的基礎上,把其中一個語素用另一個同義的語素進行替換,形成新詞,一些不同的附增形式,就是這樣造成的,比如表示民衆的"百姓""萬姓""萬民""兆民"中,表示衆多的"百"與"萬"、"萬"與"兆"發生替換,指人的"姓"與"民"發生替換。有些替換發生在複合新造的過程中,如"任心""任意""隨意"中,"任"和"隨"、"心"和"意"也都通過同義替換造成了新的詞彙形式。不過,這種手段與上述分析角度不同,因此没有列入。

5.4.5　同義詞的衍生原因及對漢語詞彙發展的影響

"同義關係是一種聚合冗餘,同義詞語的並存,不是表意所必需的,因爲人們可以使用其中一個詞語來表達其他同義詞語要表示的意義,但語言的事實却是多方面的因素促進了同義形式的創新。"(俞理明、顧滿林 2013:402)

表達中的創新意識或個性化表現的需要。我們注意到,同義詞群多數並不表達新概念,而只是對舊概念表達形式的翻新,這也表明詞彙成分新陳代謝的動力,不僅來自客觀事物的變化,還來自人們的主觀選擇,大量的詞彙變化可能出於人們趨新趨奇的心理,對舊有表達形式的厭倦,在表達中更弦易轍、尋求更好的表達效果的結果。比如表示"墳墓"義,本有"墓""丘墓""塚"等多個詞語形式,但魏晉新詞"土戶"更能體現出道教對"墳墓"的個性化理解和認識,"土戶"猶如人間居室可以出入之"門戶",只是屍體的暫居之所。再如表"禮信"(敬謝的禮物)義的"賧物","賧"即"敬獻僧道或神靈的財物",此詞只出現在道教文獻之中,其他文獻未見用例。

不同構詞理據和不同聯想關係。具有"一義相同"的同義詞群之所以能够在共時層面存在還有一個原因,就是這些同義詞間的差異。"異者,或在理性意義上,則往往是詞義側重點、詞義範圍、搭配對象、語義輕重等方面的差異;或在附加意義上,則往往是感情色彩、形象色彩、語體色彩、地域色彩等色彩的不同。"(黃金貴 2003:63)這樣,個體間的細微差異所形成的互補和對立關係可以滿足多樣化的表達需求,不同的語體、不同的情感色彩、不同的強調角度、不同的語境都可以找到貼切的表達形式,"同義詞聚合關係的存在極大地豐富了語言的表現力"(李文澤 2001:90)。如表達"交媾"概念的 12 個同義形式,"房室"委婉含蓄(處所),"交接""相接"直白粗俗(動作),"陰陽$_6$""合陰陽""交陰陽"羞晦而充滿理趣(物件),"三五$_4$""七九""三五七九""黃赤""行氣""赤炁$_2$"則帶有較強的道教社團語言性質(隱秘的修煉方術)。再如"天地"義 6 個,"天地$_1$"以指稱的對象複合表義,"乾坤"從卦象的意義內涵轉指,"陰陽$_2$""上下""玄黃$_2$""二儀"分別通過"性質""方位""顏色""作用"个同側面轉指。

語言中同義詞的大量存在,爲人們表達同一思想、概念提供了充足的詞庫備選項,人們可以根據需要選擇更切合語境、更有表現力的詞來完成表達。豐富的同義形式也反映了人們對外界事物認知的縝密細緻程度,豐富了漢語的詞彙。

當然,同義冗餘有悖語言的經濟性原則,加重了使用者的記憶負擔,有它的消極面。社會變化引起人們關注點的變化,導致語用需求的變化,同義聚合也會隨表達熱點的轉移而改變,既有增加,也有淘汰,通過調節達到新的平衡。就本書所及的大量同義形式而言,很多沒有保留下來,有些使用範圍甚至沒有超出道教群體,但也有不少影響至今,給人不少啓發。

結　語

　　本書對早期天師道十種文獻的詞彙作了全盤的描寫，並用語義場的思路，按名物、行爲、性狀三大類作了分類的展示，其中，爲了區分全民性的通用詞彙和表達道教虛擬世界概念的特殊詞彙，本書把表達非現實世界的道教專名作了單獨的陳述。不過，描寫和展示並不是目的，而是深入探討的基礎，描寫是爲下一步的討論提供基礎材料，而全面的展示則爲分析提出可供核查的依據。

　　在分離出特殊的道教專名之後，剩下的就是全民通行的詞彙成分，包括部分具有濃厚道教色彩、主要用於道教群體，但大衆比較瞭解的詞彙成分。這一部分詞彙成分可以視爲當時詞彙的一個樣本，通過對這個樣本的觀察，可以瞭解當時詞彙的概貌。

　　複音化是漢語詞彙發展的總趨勢，但如何評價反映不同時期漢語詞彙的複音化程度，存在着相當大的深入空間，本書從詞彙的各個層面對詞彙的複音化作了分析，嘗試用一種綜合的考察方法，來確切地說明一種文獻用詞的複音化的程度。

　　通常把詞彙分爲基本詞彙和一般詞彙兩個部分，本書主張把詞彙分爲基本層、常用層、局域層和邊緣層呈環靶狀的四個部分，並通過各詞的穩定性和普遍度兩個方面，作了全面的分析。通過這個分析，我們看到，從這個角度得出的結果，跟詞彙的系統性沒有太多的關係，它主要反映的是詞彙中不同成分在語用中的活躍程度，而處在同一系統中的各詞彙成分，它們的活躍程度往往有很大的差別，因此，詞彙的分層分析的作用，並不在於對詞彙的系統瞭解，而主要通過詞的活躍程度，考察詞彙中不同來歷的成分的影響程度，分析各成員的新舊替換的關係。關注詞彙中的活躍部分，對於語文教學是很有實用價值的。

　　意義是詞彙表達的目的，由於表意的需要，各種詞語在交際中被使用。通過那些曾經被人使用的詞語，可以瞭解當時交際的熱點和盲點，其中意義序列完整、成員衆多的部分是詞彙的活躍區，詞彙活躍區中出現新質的部分形成的詞彙的生長點。詞彙的生長點能産性高的，形成詞彙高生長點，反映文獻作者所關注的熱點内容。從意義的角度來看，詞彙的活躍區表現在以下幾個方面：

　　一，從語義场的角度觀察到的意義系統的完整程度，即對表達一個意義序列（比如干支、五行、五色、六畜等等）的詞是否有全面的使用。

　　二，各語義場中成員的數量越多、詞的意義區分越細，活躍程度越高。

　　三，詞彙中某個語義場成員的同義關係越多，這一部分的活躍程度越高。

　　詞彙的生長點表現在以下幾個方面：

　　一，詞彙新成分的分布。在詞彙各個部分中，新成分多的部分，顯然是詞彙發展變化大的部分。

　　二，詞彙新成員在語義場中的地位。在語義場中具有補缺功能的詞彙創新成分，是對詞彙表意系統的補充，它主要滿足概念表達的客觀需要，是一種基礎的詞彙變化，它的出現，是因爲現實的表達形式中存在缺位元需要填補。而詞彙翻新則是爲已有表達形式的概念再找新的表達形式，是表達者主觀上對表達需求作用的結果，由於原表達系統中並不存在空缺的部分，新生成分産生時的阻力更大，因而贅衍性的詞彙翻新成分的生長力更高。

　　三，詞彙新質中同義成分的數量。同義成分數量多的部分，是生長的熱點。

　　詞彙翻新促成大量同義詞的産生，通過同義詞之間的源流關係，還可以瞭解到詞彙增衍的方式，瞭解造詞過程中的各種動因。

　　對語料的全面描寫，有助於更深入細緻地觀察語料中所包含的各現象，避免跑馬式或拉網式的資料搜集中可能出現的遺漏。當然，這樣的分析中，出現的困難和障礙也會更多，但是，對於任何研究來説，克服障礙正是取得進展的必不可少的前提，因此，困難、障礙多的工作，正是研究者所應該積極面對的，研究在某種意義上説，就是"自找麻煩"。在此期間，我們或許未能圓滿地解決這些困難或障礙，但是，解決這些困難障礙的努力和過程，正是推進研究不斷前進的過程。

　　由於語料的抽樣性，通過一部分語料來瞭解一個時代的語言現象，是有局限的，但不能因此否定對具有局部性的語料全面描寫的必要性。因爲，沒有一個具體的抽樣分析，就不會有對全域的基本瞭解，儘管一種語料只能反映一個時期語言的部分面貌，但是，它是我们争取全面瞭解這個時代語言全貌的起點，我們可以通過這樣的努力，選用更多的樣本，不斷接近對這個時期語言面貌的整體瞭解。

附録:待質詞句(28)

〖約當〗* 牽三復牽一,披雲朗白日。三災蕩穢累,約當被中出。(18/239a)

〖被〗* 牽三復牽一,披雲朗白日。三災蕩穢累,約當被中出。(18/239a)

〖江遞〗* 〈1/一〉江遞之鬼,名逆鱗子(遞,孫容切)。(18/243a)

〖一九〗* 遠兵士,太王主元,一九三氣,丈人九氣,父母太一使我收煞,汝急出
來。(18/247b)

〖長六朱〗* 天下人民各頑愚,見世憒憒不知憂,寒鬼入來與子遊,太白流横長
六朱,老公道上更相扶,饑餓搏頰輒叩頭,米穀金貴不可求。(18/248a)

〖治進〗* 熒惑太白變作人,專作苟語小兒邊,走作邪僞相交連,撲子喉咽不得
吞,治進道路更相傳,念子死亡不出年,一則大樂後相恐,天地運會故令然。
(18/248a)

〖北時建王〗* 謁請北城語命謀議君五人,兵士十萬人,主收某家宅中北時建王
之鬼。(28/368b)

〖口中安十〗* 口中安十為良醫,愷悌君子民所思。但當披懷來趣之,消除惡逆
心無疑。(28/372b) 田字?

〖刑生〗* 天公君一人,衛郎三萬九千人,刑生,可以此世過厄千歲。(28/538b)

〖乙石〗* 無上天君,兵士十萬人,收某家中水火湯注乙石二十刑殺之鬼,却死
未[來]生,復連殃注之炁,消滅之。(28/539b)

〖堤〗* 九地君一人,官將一百二十人,治宮室,主萬[補:民]葬埋,勅堤收萬鬼
解過,主葬埋之。(28/540a)

〖爲師馬天下切〗* 國三考白兔君,官將一百二十人,治駱城室,治中鬼亂,考召
師罪過,下此神爲師馬天下切,分別官吏兵,解罪師過。(28/540b)

〖召佹凢〗* 田作種種,當啓所部署宮,四野五野七野都平君,城、山川、祇、稷社

召儵亢。(28/540c)

〖莫加月三輔之張、三鈎三荀卿得〗*天河君,官將吏一百二十人,治九江室,主記録河伯勑水更生爲休,莫加月三輔之張、三鈎三荀卿得。(28/541b)

〖主祭天官道鬼號、不別炁曆,師祭酒得道〗*制天君,官將二十人,治丈人室,主祭天官道鬼號、不別炁曆,師祭酒得道,下屯神,分别主之。(28/541c)

〖面七曰面色念土水上無〗*華景君,官將一百二十人,治白玄室,主師入山,精思面七曰念面色土水上無,還年不老,陰陽炁備之。(28/542a)

〖同還結忌〗*經官素女千二百人,同還結忌,主固治男女百病,令差。(28/545c)

〖三祖九和〗*蓋地司侯君,三祖九和,主解治之吐病之鬼。(28/546a)｜蓋化司侯君,三祖九和,主人吐病,令差。(28/546a)

〖過地星路〗*太衡君五人,官將一百二十人,治凶至室,治男女過地星路,吸咄,主治之。(28/547b)

〖千舫〗*右續令天三人,即千舫治急病攻心欲絶,主治之。(28/547c)

〖緒帥〗*中央天兵士十萬人,赤幘君,主收捕緒帥行刑,及返逆不正者。(28/547c)

〖符廣〗*大傅君,官將一百二十人,治西平室,主收某家符廣鬼賊上頓人家作狀,主責求飲食作害者。(28/548b)

〖共時十二殺〗*北上君,官將一百二十人,治天留室,北斗七星精,共時十二殺。(28/548b)

〖心化自欺過手罪〗*辭曹君,官將一百二十人,治仙里室,主責疾者辭語,男女大小心化自欺過手罪,差。(28/549a)

〖合客〗*九甲君,官將一百二十人,治九坎室,主收天下民間石開葬埋上啼哭衰麻合客,令無禍事疾病。(28/550a)

〖牢帥塚五害不利不到墓養命〗*九德君,官將一百二十人,治越性室,牢帥塚五害不利不到墓養命之鬼。(28/550b)

〖三陽比筭〗*聖人前救三陽比筭,南至大江,北至北濱,東至東夷,西至濛汜。(32/593b)

〖逋禱〗*兵死鬼,星死鬼,血死鬼,逋禱鬼,斬死鬼。(28/370b)疑爲"逋逃"。

參考文獻

專著類

蔡鏡浩《魏晋南北朝詞語例釋》,江蘇古籍出版社,1990 年。

曹　煒《現代漢語詞彙研究》,北京大學出版社,2004 年。

陳國符《道藏源流考》(新修訂版),中華書局,2014 年。

程湘清《漢語史專書複音詞研究》(增訂本),商務印書館,2008 年。

池昌海《〈史記〉同義詞研究》,上海古籍出版社,2002 年。

丁培仁《增注新修道藏目録》,巴蜀書社,2008 年。

董秀芳《詞彙化:漢語雙音詞的衍生和發展》,商務印書館,2011 年。

董志翹、蔡鏡浩《中古虛詞語法例釋》,吉林教育出版社,1994 年。

董志翹《中古近代漢語探微》,中華書局,2007 年。

董志翹《中古文獻語言論集》,巴蜀書社,2000 年。

方一新、王雲路《中古漢語讀本》,吉林教育出版社,1993 年。

方一新《魏晋南北朝史書詞語箋釋》,黄山書社,1997 年。

方一新《中古近代漢語詞彙學》,商務印書館,2010 年。

馮利華《中古道書語言研究》,巴蜀書社,2010 年。

符淮青《漢語詞彙學史》,安徽教育出版社,1993 年。

符淮青《現代漢語詞彙》,北京大學出版社,1985 年。

高小方、蔣來娣《漢語史語料學》,高等教育出版社,2005 年。

胡敕瑞《〈論衡〉與東漢佛典詞語比較研究》,巴蜀書社,2002 年。

胡孚琛《中華道教大辭典》,中國社會科學出版社,1995 年。

黄海德、李剛編《簡明道教辭典》,四川大學出版社,1991 年。

黄生、黄承吉《字詁義府合按》,中華書局,1984 年。

江藍生《魏晋南北朝小説詞語匯釋》,語文出版社,1988 年。

蔣紹愚《古漢語詞彙綱要》,商務印書館,2007 年。

李後强主編《瓦屋山道教文化》,四川民族出版社,2000 年。

李維琦《佛經釋詞》,嶽麓書社,1993 年。

李維琦《佛經續釋詞》,嶽麓書社,1999 年。

李維琦《佛經詞語匯釋》,湖南師範大學出版社,2004 年。

李宗江《漢語常用詞演變研究》,漢語大詞典出版社,1997 年。

梁曉紅《佛典詞語的構造與漢語詞彙的發展》,北京語言學院出版社,1994 年。

劉百順《魏晋南北朝史書語詞札記》,陝西師範大學出版社,1993 年。

劉世儒《魏晋南北朝量詞研究》,中華書局,1965 年。

劉叔新《漢語描寫詞彙學》(重排本),商務印書館,2005 年。

劉屹《敬天與崇道——中古經教道教形成的思想史背景》,中華書局,2005 年。

劉祖國《魏晋南北朝道教文獻詞彙研究》,山東大學出版社,2018 年。

牛尚鵬《道經字詞考釋》,中國社會科學出版社,2017 年。

陸志韋《漢語的構詞法》,科學出版社,1957 年。

吕鵬志《唐前道教儀式史綱》,中華書局,2009 年。

吕叔湘《漢語語法分析問題》,商務印書館,1979 年。

潘允中《漢語語法史概要》,中州書畫社,1982 年。

卿希泰主編《中國道教史》,四川人民出版社,1988 年。

卿希泰主編《中國道教思想史》(第一卷),人民出版社,2009 年。

卿希泰《道教文化新探》,四川人民出版社,1988 年。

饒宗頤《老子想爾注校證》,上海古籍出版社,1991 年。

任繼愈主編《道藏提要》,中國社會科學出版社,1991 年。

任繼愈主編《中國道教史》,上海人民出版社,1990 年。

沈曾植《海日樓札叢》,中華書局,1962 年。

史存直《漢語史綱要》,中華書局,2008 年。

蘇新春《詞彙計量及實現》,商務印書館,2010 年。

孫錫信《漢語歷史語法要略》,復旦大學出版社,1992 年。

唐長孺《魏晋南北朝史論拾遺》,中華書局,1983 年。

汪維輝《東漢-隋常用詞演變研究》(修訂本),商務印書館,2017 年。

王家祐《道教論稿》,巴蜀書社,1987 年。

王力《同源字典》,商務印書館,1982 年。

王力《漢語史稿》,中華書局,2006 年。

王力《中國語言學史》,復旦大學出版社,2007 年。

王彤偉《〈三國志〉同義詞及其歷時演變研究》,巴蜀書社,2010 年。

王雲路《中古漢語詞彙史》(上下),商務印書館,2010 年。

王雲路、方一新《中古漢語語詞例釋》,吉林教育出版社,1992 年。

吳金華《三國志校詁》,江蘇古籍出版社,1990 年。

吳金華《三國志叢考》,上海古籍出版社,2000 年。

夏先忠《六朝上清經用韵研究》,西南交通大學出版社,2017 年。

向熹《簡明漢語史》,商務印書館,2010 年。

許威漢《二十世紀的漢語詞彙學》,書海出版社,2000 年。

顔洽茂《佛教語言闡釋–中古佛經詞彙研究》,杭州大學出版社,1997 年。

楊伯峻《古漢語虛詞》,中華書局,2000 年。

葉貴良《敦煌道經詞語考釋》,巴蜀書社,2009 年。

葉貴良《敦煌道經寫本與詞彙研究》,巴蜀書社,2007 年。

俞理明《漢語縮略研究——縮略:語言符號的再符號化》,巴蜀書社,2005 年。

俞理明《佛經文獻語言》,巴蜀書社,1993 年。

俞理明《〈太平經〉正讀》,巴蜀書社,2001 年。

俞理明、顧滿林《東漢佛道文獻詞彙新質研究》,商務印書館,2013 年。

張永言《詞彙學簡論》,華中工學院出版社,1982 年。

張永言《語文學論集》,語文出版社,1999 年。

張澤洪《道教齋醮科儀研究》,巴蜀書社,1999 年。

趙豔芳《認知語言學概論》,上海外語教育出版社,2001 年。

趙振鐸《中國語言學史》,河北教育出版社,2000 年。

周薦《漢語詞彙研究史綱》,語文出版社,1995 年。

周一良《魏晋南北朝史札記》,中華書局,1985 年。

周作明《中古上清經行爲詞新質研究》,中國社會科學出版社,2013 年。

周作明、俞理明《東晋南北朝道經名物詞新質研究》,中國社會科學出版社,
　　2015 年。

朱慶之《佛典與中古漢語詞彙研究》,文津出版社(臺灣),1992 年。

朱越利《道教要籍概論》,北京燕山出版社,1992 年。

朱越利《道藏分類解題》,華夏出版社,1996 年。

朱越利《道經總論》,遼寧教育出版社,1997 年。

(法)Kristofer Schipper and Franciscus Verellen, *The Taoist Canon: A Historical
　　Companion to the Daozang*, London: The university of Chicago Press, 2004.

(法)索安著,呂鵬志、陳平等譯《西方道教研究編年史》,中華書局,2002 年。

(美)Chaofen Sun, *Word-Order Chang and Grammticalization in the History of
　　Chinese*. Stanford: Stanford University, 1996.

(美)楊聯陞《中國語文札記》,中國人民大學出版社,2010 年。

(日)福井康順等監修,朱越利等譯《道教》,上海古籍出版社,1992 年。

(日)吉川忠夫、麥谷邦夫編,朱越利譯《真誥校注》,中國社會科學出版社,
　　2006 年。

(日)太田辰夫著,江藍生、白維國譯《漢語史通考》,重慶出版社,1991。

(日)太田辰夫著,蔣紹愚、徐昌華譯《中國語歷史文法》,北京大學出版社,
　　2003 年 11 月。

(日)小林正美著,李慶譯《六朝道教史研究》,四川人民出版社,2001 年。

(日)志村良治著,江藍生、白維國譯《中國中世語法史研究》,中華書局,
　　1995 年。

(瑞典)Bernhard Karlgren, *Etudes sur la phonologie chinoise*, Leyde Stockholm and
　　Gotembourg, 1915-1926. 趙元任、李方桂、羅常培譯《中國音韵學研究》,商
　　務印書館,1940 年。

期刊類

白彬、代麗娟《試從考古材料看〈女青鬼律〉的成書年代和流行地域》,《宗教學
　　研究》,2007 年第 1 期。

曹伯韓《字·詞·短語》,《語文學習》,1954 年 8 月號。

陳秀蘭《魏晋南北朝文詞語札記》,《語言研究》,2003 年第 3 期。

長召其、張志毅《異形詞是詞位的無值變體》,《語言文字應用》,2003 年第
　　3 期。

成妍《〈抱朴子内篇〉詞彙研究》,南京師範大學碩士論文,2006 年。

池昌海《古漢語同義詞研究的現狀和存在的主要問題》,《杭州師範學院學
　　報》,2000 年第 1 期。

董志翹《也論中古漢語詞彙的溯源問題》,《漢語史研究集刊》(第一輯),巴蜀
　　書社,1998 年。

丁培仁《道教戒律書考要》,《宗教學研究》,2006 年第 2 期。

范曉《詞同詞素、詞組的區別》,《語文學習》,1980 年第 9 期。

方一新《〈抱朴子内篇〉詞義瑣記》,《浙江大學學報》,1999 年第 4 期。

方一新《20 世紀中古漢語詞彙研究》,《中古漢語研究》(二),商務印書
　　館,2005。

方一新《中古漢語詞義求證方法略論》,《浙江大學學報》2005 年第 5 期。

方一新、郭曉妮《近十年中古漢語詞彙研究的回顧與展望》,《古漢語研究》,
　　2010 年第 3 期。

馮利華《〈真誥〉詞語校釋三則》,《中國道教》,2002 年第 3 期。

馮利華《〈真誥〉詞語輯釋》,《古漢語研究》,2002 年 4 期。

馮利華、李雙兵《六朝道經詞彙研究發微——以古上清經爲中心》,《唐都學
　　刊》,2006 年第 3 期。

馮利華《道教文獻詞語札記》,《宗教學研究》,2006 年第 4 期。

馮勝利《論漢語的韵律詞》,《中國社會科學》,1996 年第 1 期。

馮勝利《從韵律看"詞""語"分流之大界》,《中國語文》,2001 年第 1 期。

葛兆光《關於道教研究的歷史和方法》,《中國典籍與文化》,2003 年第 1 期。

郭在貽《讀江藍生〈魏晋南北朝小説詞語匯釋〉》,《中國語文》,1989 年第 3 期。

郭作飛《〈張協狀元〉詞彙研究》,四川大學博士學位論文,2007 年。

洪篤仁《詞和詞組的區別》,《學術論壇》1957 年第 2 期。

黄金貴《論同義詞之"同"》,《浙江大學學報》,2000 年第 4 期。

黄金貴《古今漢語同義詞辨析異同論》,《古漢語研究》,2003 年第 3 期。

黄月圓《複合詞研究》,《國外語言學》,1995 年第 2 期。

季琴《三國支謙譯經詞彙研究》,浙江大學博士論文,2004 年。

雷漢卿、周作明《〈真誥〉詞語補釋》,《宗教學研究》,2010 年第 3 期。

李剛《張修在道教史上的地位》,《四川大學學報叢刊》第 25 輯《宗教學研究論集》,1985 年。後收入《瓦屋山道教文化》,四川民族出版社,2000 年 8 月。

林漢達《什麼不是詞兒——大於詞兒的不是詞兒》,《中國語文》,1955 年 5 月號。

林　燾《漢語基本詞彙的幾個問題》,《中國語文》,1954 年第 7 期。

李麗《〈魏書〉詞彙研究》,南京師範大學博士論文,2005 年。

李文澤《宋代語言中的同義詞聚合》,《四川大學學報》,2001 年第 1 期。

劉琳《三張五斗米道的一部重要文獻——〈正一法文經章官品〉》,《古籍整理與研究》,1989 年第 4 期。

劉世儒《論魏晉南北朝的量詞》,《中國語文》,1959 年 11 月號。

劉叔新《論詞彙體系問題——與黄景欣同志商榷》,《中國語文》,1964 年第 3 期。

劉曉然《雙音短語的詞彙化——以〈太平經〉爲例》,四川大學博士學位論文,2007 年。

劉文正《〈太平經〉動詞即相關基本句法研究》,湖南師範大學博士學位論文,2009 年。

劉祖國《〈太平經〉研究述評》,《漢語史研究集刊》(第八輯),巴蜀書社,2005 年。

劉祖國《〈太平經〉詞彙研究》,華東師範大學博士學位論文,2009 年。

羅業愷《近二十年道教語言研究綜述》,《宗教學研究》,2009 年第 3 期。

吕思勉《道教起源雜考》,《齊魯學報》,1941 年第 2 期,後收入《秦漢史》,上海古籍出版社,1983 年。

吕叔湘《漢語研究工作者的當前任務》,《中國語文》,1961 年第 4 期。

馬真《先秦複音詞初探》,《北京大學學報》,1980 年第 5 期。

潘允中《漢語基本詞彙的形成及其發展》,《中山大學學報》,1959 年第 1、2 期合刊。

強昱《百年道教學研究的反思》,《首都師範大學學報》,2001 年第 5 期。

卿希泰《道教研究百年的回顧和展望》,《四川大學學報》,2006 年第 4 期。

卿希泰《有關五斗米道的幾個問題》,《中國哲學》,1980 年第 4 輯。後收入《道教文化新探》,四川人民出版社,1988 年。

卿希泰《試論〈太上洞淵神咒經〉的烏託邦思想及其年代問題》,《四川師範大學學報》,2008 年第 5 期。

史光輝《東漢佛經詞彙研究》,浙江大學博士學位論文,2000 年。

史光輝《20 世紀 80 年代以來中古漢語詞彙研究的回顧與反思》,《福州大學學報》,2004 年第 3 期。

帥志嵩、譚代龍《佛教文獻語言研究論著目録(1980–2000)》,《漢語史研究集刊》(第四輯),2001 年。

蘇培成《關於基本詞彙的一些思考》,收入《詞彙學新研究》,語文出版社,1995 年。

孫朝奮《再論助詞"着"的用法及其來源》,《中國語文》,1997 年第 2 期。

譚代龍《〈根本説一切有部毗奈耶破僧事〉詞彙研究》,四川大學碩士學位論文,2002 年。

湯一介《論早期道教的發展》,《世界宗教研究》,1982 年第 4 期。

田啓濤《魏晉南北朝天師道典籍中的"縣官"》,《宗教學研究》,2010 年第 4 期。

田啓濤《早期天師道文獻詞語拾詁》,《漢語史研究集刊》(第 13 輯),2010 年 6 月。

田啓濤《"搏頰"辨正》,《漢語史學報》(第 23 輯),2020 年 11 月。

田啓濤《搏頰——一種已消失的道教儀式》,《中國宗教》,2011 年第 5 期。

田啓濤《早期道教詞語札記》,《綿陽師範學院學報》,2011 年第 6 期。

田啓濤《漢語詞彙複音化再認識》,《寧波大學學報》,2013 年第 6 期。

田啓濤、俞理明《漢語詞彙複音化的觀察視點和方法》,《中國語文》,2016 年第 3 期。

田啓濤、俞理明《同義詞的衍生及對漢語詞彙發展的影響》,《寧波大學學報》,2017 年第 5 期。

田啓濤、俞理明《早期天師道文獻中詞彙的層次性》,《漢語史研究集刊》(第 25

輯),2018 年 12 月。

王洪君《從字和字組看詞和短語》,《中國語文》,1994 年第 2 期。

王洪君《漢語的韵律詞和韵律短語》,《中國語文》,2000 年第 6 期。

王家祐《張陵五斗米道與西南民族》,《貴州民族研究》,1983 年第 4 期。

王卡《〈黄書〉考源》,《世界宗教研究》,1997 年第 2 期。

王力《詞和仂語的界限問題》,《中國語文》,1953 年 9 月號。

王明《論〈太平經〉的成書時代和作者》,《世界宗教研究》,1982 年第 1 期。

王啓濤《近五十年來的中古漢語詞彙研究》,四川師範大學學報,2003 年第
　　1 期。

王雲路《百年中古漢語詞彙研究述略》,《浙江大學學報》,2001 年第 4 期。

王雲路《中古漢語詞彙研究綜述》,《古漢語研究》,2003 年第 2 期。

王宗昱《〈正一法文經章官品〉初探》,收入程恭讓主編《天問》(丙戌卷),江蘇
　　人民出版社,2006 年。

王宗昱《〈正一法文經章官品〉校勘》,收入鄭開編《水窮雲起集》,社會科學文
　　獻出版社,2009 年。

汪維輝《〈周氏冥通記〉詞彙研究》,《中古近代漢語研究》(第一輯),上海教育
　　出版社,2000 年。

汪維輝《六世紀漢語詞彙的南北差異——以〈齊民要術〉與〈周氏冥通記〉爲
　　例》,《中國語文》,2007 年第 2 期。

魏培泉《東漢魏晋南北朝在語法史上的地位》,《漢學研究》第 18 卷特刊,2000
　　年 12 月。

夏先忠《六朝道教典籍〈上清、靈寶經〉用韵研究》,四川大學博士學位論文,
　　2009 年。

徐正考《古漢語專書同義詞的研究方法與原則問題》,《吉林大學社會科學學
　　報》,2003 年第 4 期。

閻玉文《〈三國志〉複音詞專題研究》,復旦大學博士學位論文,2003 年。

葉貴良《"羿"字考辨》,《語言研究》,2004 年第 3 期。

葉貴良《説"真"》,《古漢語研究》,2008 年第 4 期。

尹志華《早期道教的日月崇拜及道教的存思日月法》,《中國道教》,2004 年第 6 期。

虞萬里《黄庭經新證》,《文史》第二十九輯,中華書局,1988。後收入《榆枋齋學術論集》,江蘇古籍出版社,2001 年。

俞理明、譚代龍《共時材料中的歷時分析——從〈根本説一切有部毗奈耶破僧事〉看漢語詞彙的發展》,《四川大學學報》,2004 年第 5 期。

俞理明、周作明《論道教典籍語料在漢語詞彙研究中的價值》,《綿陽師範學院學報》,2005 年第 4 期。

俞理明《東漢佛道文獻詞彙研究的構想》,《漢語史研究集刊》(第八輯),2005 年。

俞理明《詞彙歷史研究中的宏觀認識》,《江蘇大學學報》,2008 年第 3 期。

俞理明《〈玄都律文〉的用詞和〈漢語大詞典〉的釋義》,《漢語史研究集刊》(第十三輯),2010 年。

俞理明《六朝道教文獻語言研究的新探索——評夏先忠〈六朝上清經用韻研究〉》,《現代語文》,2011 年第 6 期。

曾昭聰、劉玉紅《漢譯佛經修辭研究的回顧與展望》,《修辭學習》,2008 年第 5 期。

曾昭聰、劉玉紅《佛典文獻詞彙研究的現狀與展望》,《暨南學報》,2010 年第 2 期。

張崇富《試析陶弘景對舊天師道"黄赤之道"的改造》,《宗教學研究》,2003 年第 1 期。

張崇富《早期道教的文字觀和經典觀》,《四川大學學報》,2003 年第 4 期。

張聯榮《〈孟子〉趙注中的並列複合結構》,《漢語史研究集刊》(第六輯),2003 年。

張生漢《古漢語同義詞研究的時空觀念》,《語言研究》,2008 年第 1 期。

張世禄《詞和詞組的分別》,《語文知識》,1956 年 2 月號,後收入《張世禄語言學論文集》,學林出版社,1984 年。

張松輝《〈正一法文天師教戒科經〉成書年代考》,《世界宗教研究》,1994 年第 1 期。

張婷、曾昭聰、曹小雲《十年來道教典籍詞彙研究綜述》,《滁州學院學報》,2005 年第 4 期。

張永言、汪維輝《關於漢語詞彙史研究的一點思考》,《中國語文》,1995 年第 6 期。

張永言《從詞彙史看〈列子〉的成書年代》,原載《季羨林教授八十華誕紀念論文集》,江西人民出版社,1991。後收入《語文學論集》(增訂本),語文出版社,1999。修訂後又發表於《漢語史學報》第六輯,上海教育出版社,2006 年。

趙益《東晉南北朝古道經研究簡述及分析》,《古籍整理研究學刊》,2004 年第4 期。

周　薦《基本詞彙與一般詞彙劃分芻議》,《南開學報》,1987 年第 3 期。

周　行《關於"基本詞彙"的再探討》,《漢字文化》,2012 年第 1 期。

周作明《東晉南朝道教上清派經典詞彙新詞新義研究》,四川大學碩士學位論文,2004 年。

周作明《東晉南朝上清經中的"兆"》,《宗教學研究》,2004 年第 4 期。

周作明《東晉南朝上清經中的幾個道教用詞》,《漢語史研究集刊》(第八輯),2005 年。

周作明《道典中一段札文的兩個語詞解讀》,《宗教學研究》,2005 年第 2 期。

周作明《點校本〈雲笈七籤〉商補三則》,《圖書館雜誌》,2005 年第 10 期。

周作明《東晉南朝上清經中的動詞"宴/晏"》,《漢語史研究集刊》(第九輯),2006 年。

周作明《東晉南朝道教上清派經典行爲詞新質研究》,四川大學博士學位論文,2007 年。

周作明《點校本〈雲笈七籤〉商補續—兼論道教典籍的整理》,《圖書館雜誌》,2007 年第 2 期。

竺家寧《佛經語言研究綜述——詞彙篇》,《佛教圖書館館訊》,2006 年第 44 期。

朱彥《複合詞語義的曲折性及其與短語的劃分》,《世界漢語教學》,2005 年第1 期。

朱越利《炁氣二字異同辨》,《世界宗教研究》,1982 年第 1 期。

朱越利《〈黃書〉考》,《中國哲學》(第 19 輯),1989 年。

（俄）鋼和泰著,胡適譯《音譯梵書與中國古音》,《國學季刊》,1923 年第 1 卷第
　　1 期。

詞目檢索

551

後　記

　　本書是在我博士論文基礎上修改完成的。似水流年,從錦江之畔到甬江之濱,轉眼間博士畢業已近十年。

　　2007 年 9 月,我從河南商丘出發,來到四川大學,開始碩士階段的學習。由於是工作之後再讀碩士,倍加珍惜這來之不易的機會,"焚膏油以繼晷,恒兀兀以窮年"。2009 年 6 月中期分流,獲得提前攻讀博士的機會,承導師俞理明先生不棄,收入門下。而當年俞老師申報的國家社科基金項目"早期天師道文獻詞彙描寫研究"獲得立項,這也是我後來博士論文選題的來源,這或許亦是一種機緣,自此我開始接觸道教文獻。對我而言,這是一個全新的領域。接下來的日子裏,在俞老師悉心指導下,我開始閱讀道教史和《正統道藏》中的天師道及相關文獻。三年中,我每當遇到迷茫和困惑時,總能在俞老師的答疑解惑中繼續向前。可以説,論文的每一步都是在俞老師悉心指導下完成的。

　　我們的研究是以"描寫"爲手段展開的,詞彙描寫是一項細密而艱巨的工作。這樣窮盡性的詞彙描寫,前人還不曾做過,我們也是初步的嘗試。突破隨機性抽樣調查,通過對語料全面的描寫和分析,語言的面貌更爲系統、清晰地呈現在我們面前。胡適之先生説:"有幾分證據,説幾分話。"這種治學方法至今仍值得借鑒。"實事求是,無徵不信",應該是語言研究應該秉持的精神。

　　本書的部分内容曾在《中國語文》《漢語史研究集刊》《漢語史學報》《敦煌研究》《宗教學研究》《中國宗教》《中國俗文化研究》《寧波大學學報》《合肥師範學院學報》等刊物上發表過。感謝這些刊物爲我們提供成果發表的平臺。畢業之後,我們又以此研究爲基礎,先後申請到了教育部、全國高校古籍整理研究工作委員會及國家社科基金等的項目。

　　一路走來,離不開師友的幫助和鼓勵,親人的理解和支持。感謝導師俞理

595

明先生,師恩難忘,銘記在心;感謝碩士階段導師王彤偉先生多年來對我的指導和關心;感謝碩、博階段,給我授課的雷漢卿、蔣宗福、楊光榮、譚偉、肖婭曼、顧滿林等諸位先生;感謝周作明師兄多次爲我提供寶貴的參考資料;感謝輔導員張放老師,張老師博學多識,思維活躍,給我不少啓發。博士畢業後,來到寧波大學工作,在學術研究和生活中,多得周志鋒先生的指點和幫助,於此謝之。感謝妻子徐華無怨無悔地照顧着家庭和孩子,使我無後顧之憂,她的鼓勵和支持使我走到今天。

路漫漫,其修遠兮! 今後,惟有嚴謹治學,勤奮工作,才能不辜負師友、親人的關懷與期望。

囿于學力,書中定有許多不足之處,希望專家學者多提意見和建議。

田啓濤

2012 年 4 月於川大望江東一舍

2021 年 4 月於寧波大學